HUBERT FICHTE – RITEN DES AUTORS
UND LEBEN DER LITERATUR

Hartmut Böhme

HUBERT FICHTE

Riten des Autors und Leben der Literatur

J. B. Metzlersche Verlagsbuchhandlung
Stuttgart

Die Deutsche Bibliothek – CIP-Einheitsaufnahme

Böhme, Hartmut:
Hubert Fichte : Riten des Autors und Leben der Literatur /
Hartmut Böhme. – Stuttgart : Metzler, 1992
ISBN 3-476-00831-2

ISBN 3-476-00831-2

Dieses Werk einschließlich aller seiner Teile ist urheberrechtlich geschützt. Jede Verwertung außerhalb der engen Grenzen des Urheberrechtsgesetzes ist ohne Zustimmung des Verlages unzulässig und strafbar. Das gilt insbesondere für Vervielfältigungen, Übersetzungen, Mikroverfilmungen und die Einspeicherung und Verarbeitung in elektronischen Systemen.

© 1992 J. B. Metzlersche Verlagsbuchhandlung
und Carl Ernst Poeschel Verlag GmbH in Stuttgart
Einbandgestaltung: Willy Löffelhardt
Druck: Gulde-Druck, Tübingen
Printed in Germany

Inhalt

I. VORAUSSETZUNGEN 9
1. Tod und Wiedergeburt. Zum rituellen Sinn von Theater und Literatur bei Fichte.............. 9
2. Kurze Annäherung an die Poetik Fichtes.. 18
3. Zur Auflösung des Identitäts-Begriffs und des autobiographischen Schreibens.................. 21
4. Poetik des Anderen und Heteronomen... 29
   Wissenschaft und Magie als Pole der Sprache 29 – Das Interview und die Frage 32 – Zwiespalt der Frage 36 – Feature, Collage und Montage 42
5. Welt der Wörter – Welt der Bilder. Der Schriftsteller und die Fotografin........................ 46

II. DIE HÖRSPIELE – ERKUNDUNGEN DES POETISCHEN RAUMES............................ 57
1. ‚Ich würde ein…' – Experiment der menschlichen Stimme.. 57
   Neues Hörspiel 57 – Die Stimme als musikalisches Phänomen 58
2. San Pedro Claver – Eine ganz neue Variante des Jesuitentheaters.................................. 63
   Sprachreduktion und Weltverwörterung 63 – Pedro Claver und Hubert Fichte – ungleiche Brüder 65 – Correspondances 70 – *O Folter! O große Kasteiung!* 71 – Sadomasochistisches Theater und Karnevalisierung 76
3. ‚Ich bin ein Löwe…' – Über den Ort des Schreibens im Fremden.................................. 80
   Das Paradies, das Fremde und das Empedokles-Fragment 80 – Die autobiographischen Schichten 84 – Flugphantasien 84 – Nanã 87 – Die Collagen 90 – Musik und Klang, Raum und Zeit 90 – Der kosmogonische Mythos. Zauber der Analogien 93 – Die lyrischen Zitate: *Buchstaben der Psyche* 98

III. ‚DAS WAISENHAUS' – GRUNDLAGE DES WERKES... 107
1. Baukästen und Konjunktive.. 107
2. Walter Benjamins „Lesekasten"... 109
3. Detlevs Setzkasten – das Nichts – mütterlicher Körper... 111
4. Abwehrmechanismen und Bildbauklötze.. 119
5. *Die Mutter war verschwunden*.. 123
6. Das Puppenauge.. 126
7. Zerstückelung und Schreibimpuls.. 132
8. Ikonologie der Tortur und der Anatomie... 134
9. Marter im Waisenhaus... 142
10. Spaziergang nach Aichach.. 144
    Animation und Deanimation 144 – Die Dämonie des Klasels 146 – Endgericht und Faschismus 148 – Bilder der Rettung 150 – *Totenmesse in Abwesenheit.* Einführung ins Spiel der Zeichen 152
11. An der Grenze des Wahnsinns... 153
12. Montage und Demontage... 155
13. Cartesianischer Roman... 159

IV. ‚DETLEVS IMITATIONEN „GRÜNSPAN"' – ERFAHRUNG DER ANATOMIE ... 163

1. Bombennacht – Sprachnacht ... 163
2. À la recherche ... 167
3. *Das Gebot der Stunde für den Anatomen* ... 168
4. Faschismus und Anatomie ... 171
5. Endzeit des Erzählens ... 175
6. Kontinuität des Faschismus ... 180

V. ‚VERSUCH ÜBER DIE PUBERTÄT' – IM ZENTRUM ... 183

1. Grundkonstellationen und Urszenen ... 183
2. Erzählzeiten und erzählte Zeiten ... 185
3. Das Double und das Schreiben ... 188
4. Die anatomische Versuchung ... 191
5. Warum *Ägyptisches Museum?* Exkurs zur Figura Serpentinata Philologica ... 193
6. *Warum malte Rembrandt?* – „Grosse Anatomie" (Leonore Mau) ... 199
7. Zombies, Totenkult, Opferritual – ‚Versuch über die Pubertät' und ‚Xango' ... 202
8. Pozzi: Töten des Untoten. Mit einem Exkurs zu „Thomas Chatterton" ... 204
9. *Maske aus Sprache* – Pozzis Erweckung. Exkurs zu einem Logodaedalium des Fichteschen Manierismus ... 207
10. Pozzis Begräbnis – das Bestattungsritual des Priesters Joãozinho da Gomea ... 215
11. Totenbuch ‚Xango' ... 221
    Tote ohne Namen 221 – Der Tod Pedros: Güte hat hier keinen Platz 222 – Der Tod Carlos Lamarcas: „Schmutzige Hände", „Tote ohne Begräbnis", Schreiben und Fotografieren 224
12. Pozzis Hände ... 230
13. Die erotischen Archetypen Hände, Haut, Baum – mit einem Exkurs zum Matrosen Paul und zu Gotthold Ephraim Lessing ... 232
14. Eros und Trance – Schwarz/Weiß ... 238
15. SCHWÄRZE ... 241
    Die Marquise von O. Ohnmacht und Orgasmus 241 – Gerd Werner. Simulierte Auslöschung 244 – *Nun ist der Zauber da*. Schwarzer Matrose 245 – Exkurs zur Räumlichkeit des Erzählens 247 – Leibliches Bewußtsein und Erinnern 248 – Todeszauber und Lebensbann 250 – Der Baum Loko, Xango, Aschenputtel: Chiffren der Ekstase 251 – Magie und Säkularisation. Sich-Übersteigen des Romans 256
16. Weißer und schwarzer Mann – homosexuelles Begehren und Reisebewegung ... 260
17. Die Metaphysik des Schwarzen und des Weißen ... 264
18. Das weiße Ritual. Der Selbstmord von Alex ... 269
19. Theatralische Sendungen Fichtes ... 271

20. Müßige und reißende Zeit – Mythisierung und Säkularisation.................278
    Sophokles / Hölderlin: „Oidipus Tyrannos" 278 – Zerreißung und Zäsur 281 – Zeiterfahrung 283 – *Homersexualität* – Achill. Bild Fichtes 285 – Im Spiegel der Mythen. 288 – *Säkularisation heißt Bisexualität* 290 – Hans Eppendorfer – Rituale der Sexualität und des Opfers 292

VI. DER SCHWULE ‚ÖDIPUS AUF HÅKNÄSS' AUS LOKSTEDT................299
1. ‚Ödipus auf Håknäss' und ‚Hotel Garni'..299
2. Bernhardt und Huberta. Ödipus und die Sphinx.........................304
3. Die Energie des Wissen-Wollens..307
4. Hat Freud recht?...310
5. *Kennst du Lajos ?*...313
6. Die Mutter – Iokaste – Klytämnestra – Hamlets Mutter.............316

VII. TRAGISCHE IDENTIFIKATIONEN...327
1. Szenisches Erinnern...327
2. *Lob des Arsches* und *Gier nach Wegwurf*....................................329
3. Rituale und Litaneien des magischen Grundes............................331
4. ‚Die Geschichte der Nanā'...335
    Die Mütter. Der Schlüssel 335 – Die Motti: Luther und Benn 337 – Der Nanā-Kult 339 – Schonung der Mutter? 341 – „Iphigenie", Familienkrieg, Theatermorde 343 – *Nanā. Ilse Koch* 348 – Schreiben, Befreien, Quälen 351 – Reflexe primärer Liebe 356 – Der Nanā-Kult: *Explosion* 360

VIII. ‚DER PLATZ DER GEHENKTEN' – *EINE ANDERE ANORDNUNG VON EMPFINDSAMKEITEN*...367
1. Prolog. Schichtungen und Schaltungen.......................................367
2. Heilige und Profane Schrift...370
3. Klassen und Katastrophen..378
4. Mikrologien...381
5. Spuren des Glücks...385
6. Glück oder die Poetik des Erscheinens..388
7. Mündlichkeit und Schriftlichkeit..395
8. Der unerschöpfliche Buchstabe..401
9. Epilog. Die Idee des „Einen Buches"..405

ANHANG...415
A. Zur Zitierweise des Werkes von Hubert Fichte...........................415
B. Bibliographie..417
C. Danksagung..426

I. VORAUSSETZUNGEN

1. Tod und Wiedergeburt.
Zum rituellen Sinn von Theater und Literatur bei Fichte

An den Hamburger Kammerspielen (Intendantin: Ida Ehre) spielte der 12jährige Hubert Fichte 1947 die Hauptrolle des Johnny in William Saroyans „My Heart's in the Highland".[1] Fichte erzählt davon in seinem Roman ‚Detlevs Imitationen „Grünspan"'. Während der Premiere tritt ein, was besonders junge Schauspieler fürchten: der Text rutscht weg; für Augenblicke der Panik droht der Absturz des *Kinderstars*, der sich mit Johnny identifikatorisch verschmolzen hat.
Ich vergesse.
Ich.
Wer Ich?
Detlev?
Johnny?
Ich sehe Detlev, der Johnny spielt, auf der Bühne stehen und die Zuschauer sehen Johnny vor seinem Vater, und wenn Detlev das richtige Wort nicht einfällt, dann hat Johnny aufgehört zu existieren, ohne gestorben zu sein. (Grünspan, 170)

Ein Augenblick der Anomie. Zeiten und Ichs verwirren und verknäueln sich: das Erzähl-Ich, die Rollenidentität *Johnny*, die erzählten Identitäten *Detlev* und *Jäcki*. Der Text zählt die Sekunden, während derer sich der Schrecken durch alle ineinander geschichteten Ich-Formationen ausbreitet. An der Stelle, wo der Dramentext ins Stocken gerät, bildet das Schweigen einen Raum der Leere, in welchen die angsterfüllten Assoziationen und Erinnerungen Detlevs, Jäckis und des Erzähl-Ichs einschlagen wie Steine in eine unbewegte Wasserfläche: *Zehn, neun, acht, sieben, sechs, fünf, vier, drei...: –* was wäre bei Null? *Explosion? Bombenangriff? Nichts? Skandal? Tod? Hinrichtung? Ende? KZ? Verhungern? Irrsinn?*

Alle Vokabeln des Schreckens, der das Werk Fichtes erfüllt, wären hier einzusetzen. Während die Sekunden des Vergessens tackern, schießt die Angst in den Text ein. Sie verwirbelt die getrennten Ich-Dimensionen des Autors und seiner Doubles zu einem dispersen Gemenge (vgl. Grünspan, 170–2), in welchem die Identitäten nicht nur, sondern auch die Zeiten und Räume, vor allem aber die grammatisch-syntaktische und phonetische[2] Ordnung der Sprache sich auflösen. Die Sekunden *Zehn, neun, acht...* auf der Bühne der Kammerspiele verschmelzen mit den Sekunden, die der

---

[1] Premiere 27.6.1947. Regie: Eduard Wiemuth. Den Vater Johnnys spielte Hermann Schomberg. Kindlers Literatur-Lexikon, TB-Ausgabe Bd. 15, Sp.6538 gibt fälschlich die Wiener Inszenierung vom 29.12.1949 als deutschsprachige Erstaufführung an.

[2] Die Auflösung des Phonetischen ist auch am Stammeln und Lispeln des Textes abzulesen.

8jährige Detlev *abseits von den anderen auf dem Balkon* des Waisenhauses in Scheyern (Waisenhaus, 9 = Grünspan, 171) erlebt, als er – auf die Mutter wartend – beiläufig nach einem Puppenauge faßt, das jedoch Vogelscheiße ist – die nun, ihm zum Spott, an seinen Fingern klebt: Detlev in Schrecken gebannt. Diese Sekunden auf dem **Balkon**, der eine **Bühne** ist, wie die Bühne jetzt ein Balkon ist, auf dem Detlev einer absoluten Sichtbarkeit preisgegeben ist, erfüllen den Wortsinn von *Djemma el Fna* – Name des Platzes in Marakesch, der zum Romantitel ‚Der Platz der Gehenkten' wird, obwohl ‚Djemma el Fna' eigentlich heißt: Moschee, Versammlung, Fenster, das Beendete, der Tod, der Platz der Toten und: *Die Versammlung des Volkes, das Angst hat. / Das einen schrecklichen Augenblick erlebt.* (Platz, 108). Genau darum geht es – schon im ‚Waisenhaus', in ‚Detlevs Imitationen „Grünspan"', im ‚Versuch über die Pubertät': der Balkon, die Bühne, der Seziersaal – **Plätze**, die durch einen plötzlich einfallenden Schrecken gebildet werden, Orte der Preisgabe und der Angst, die bis auf den Grund reicht, wo der Tod das Leben sich zu unterwerfen droht. Doch diese Momente des entblößenden Schreckens, der stumm ist und stumm macht, diese Augenblicke der Bewußtseinsauslöschung (der *Obrigação da Consciencia*, die Fichte jahrzehntelang erforschte) sind zugleich Kammern einer Zeugung und einer Wiedergeburt: aus dem Durchlauf der Vernicht(s)ung ersteht Detlev auf der Bühne als zweiter Phönix – entsteht, wichtiger noch, das Erzählen der Romane: die traumatischen Augenblicke der Leere sind die Geburtskammern des Autors Fichte.

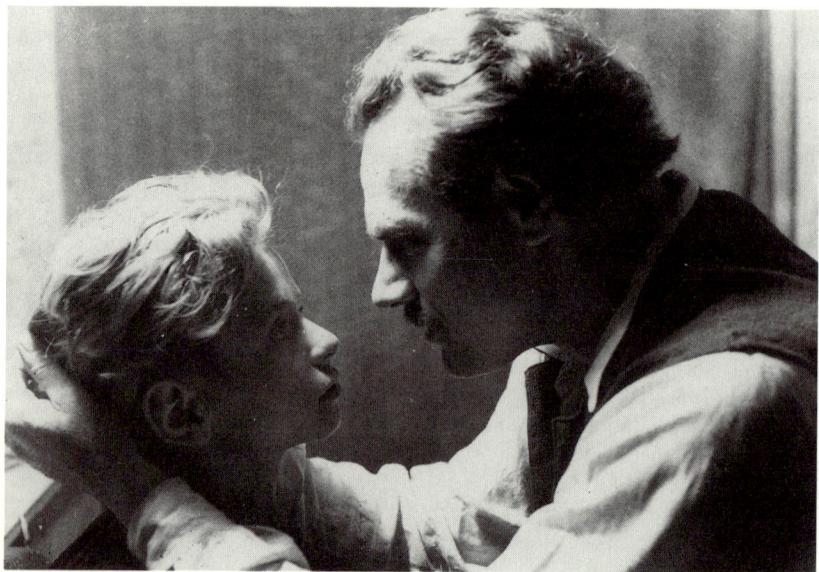

Abb. 1. Hubert Fichte und Hermann Schonberg in William Saroyan: My Heart's in the Highland.
Foto: R. Clausen.

Auf der Bühne findet Detlev-Johnny zum Text, zur Sprache zurück –; auf der Bühne der Literatur findet der Autor, dieses Vergessen erinnernd, zur Erzählung seiner Romane:
Es geht noch einmal alles weiter. ...
Ich habe vergessen, was Detlev um ein Haar vergessen hatte. Mein Name steht als erster, vor dem des Vaters auf dem Programm. Jetzt kann ich zufällig sterben.
Nichts. Bildlos. Namenlos. Bewußtlos.
Ich kann nie wieder vergessen werden. Einer wird auch in aller Ewigkeit wissen, daß ich den Johnny in „Mein Herz ist im Hochland" gespielt habe.
Applaus. (Grünspan, 172)

Zuvor hatte es geheißen: er hatte *aufgehört zu existieren, ohne gestorben zu sein*. Das ist der intermediäre Zustand der *lebenden Leichname*, der *Zombies*, der Untoten und Wiedergänger, auf deren Spuren Fichte in seinen Trance-Studien immer wieder stößt. Hatte nicht schon die im Grünspan- und Nanã-Roman vielzitierte Iphigenie gefleht: „Und rette mich, die du vom Tod errettet, / Auch von dem Leben hier, dem zweiten Tode!" (Goethe: Iphigenie, V. 52/3)

Fühlte die Goethesche Iphigenie sich als Zombie? Jedenfalls figuriert sie das Opfer, das im blutigen Ritual für den Krieg erbracht werden muß. Sie erleidet auf dem ‚Altar' – der ein ‚Balkon' und eine ‚Bühne' ist – die symbolische Zerreißung (den σπαραγμός), den Tod, aus dem sie – durch Entrückung, die einer Schamanenreise ähnelt – von Artemis dem Leben neu geschenkt wird, um als renata nun Priesterin eines fremden Kultes zu sein: verwandelt, wiedererstanden auf einer anderen Seinsstufe, in anderer Zeit und anderem Raum – eine griechische Königstochter, namenlos geworden, Dienerin einer archaischen Göttin, die, so glaubt das fremde, ferne Volk der Taurer, in geheimen heiligen Zeremonien blutige Menschenopfer fordert –; eine Verwandte der afroamerikanischen Göttin Nanã, der malignen Muttergöttin, die das Opfer des Sohnes verlangt – heiße dieser Ödipus, Orest, Detlev, Jäcki oder Hubert. Wir sind mitten in den mythischen Phantasmen der Blut- und Zerreißungsrituale, von denen die Vorstellung dieses Autors lebenslang erfüllt bleibt und die zum wesentlichen Antrieb seiner Erforschung der afroamerikanischen Kultformen und des *Zerbrechens des Bewußtseins* werden.

Der Einschlag des Schreckens ins Ich, *das einen schrecklichen Augenblick erlebt*, bildet den *Platz der Gehenkten* im Bewußtsein. Auf dem Altar, auf der Bühne, auf dem Balkon, in der Morgue, in der Pariser Schwulensauna, im Ägyptischen Museum....[1] ereignet sich eine Unterbrechung des Zeitflusses; das Ich erlebt den Verlust des Bewußtseins, die Außerkraftsetzung der grenzerhaltenden Ich-Bestände und Abwehrmechanismen. Immer wieder sucht Fichte die *Plätze* und *Augenblicke* einer Überwältigung oder Besessenheit, die das Ich für Momente herausschneidet aus dem heraklitischen Fließen (vgl. Grünspan, 68) und es verräumlicht, zu einem ‚Schauplatz' verwandelt von Mächten und Kräften, die nicht dem ‚Eigenen', sondern ‚Fremden' angehören.

---

[1] Dies sind alles ‚Räume', aus denen bei Fichte ganze Romane hervorgehen oder die entscheidende Schaltstellen seiner Bewußtseinsgeschichte darstellen.

In Anlehnung an Arnold van Genneps Studien zu den „Übergangsriten" (1909) hat Viktor Turner die Gestalt dieser Räumlichkeit als „Schwellenraum" bestimmt.[1] Dies ist ein Raum des Liminalen, ein Transitorium, ein Grenzraum, ein ‚Zwischen', to metaxü, ein ‚mitten in der Rede', ‚mitten im Graben', ein Zwischenraum und eine Zwischenzeit – ein Intermediäres also, ein Medium, das nicht der Ordnung ‚dieser Welt' folgt, sondern eine eigene geheime Organisation darstellt und ist. Der Schwellenraum wird rituell ‚ausgeschnitten' – durch ‚Trennung' von zeiträumlichen wie sozialen und symbolischen Kontexten. Das ins Metaxü gebannte Subjekt wird in einen Zustand des Liminalen versetzt und verwandelt (metamorphisiert), bis auf einer neuen Stufe – der „Angliederung" – eine oft als Wiedergeburt erlebte Reintegration in Zeit und Raum und in den Sozialverband erfolgt. Die liminale Welt ist asozial, entstrukturiert (wenngleich rituell geordnet), chaotisch, heilig. Sie zu betreten heißt, während der Phase des Aufenthaltes im Schwellenraum für die soziale Welt namenlos und tot zu sein (oder sich so zu fühlen). Der liminale Zustand, den Detlev hier auf der Bühne sekundenlang durchläuft, ist ähnlich wie die rituelle Liminalität durch eine Auflösung der Ordnung gekennzeichnet (darum spricht V. Turner von Anti-Struktur). Detlev wird in ein diffuses Chaos getaucht von karnevalesker Verwirbelung vertrauter Elemente der Biographie (die gleichsam ihren „Sitz im Leben" verlieren); er erleidet einen symbolischen Tod und eine tiefe Asozialität, die ihn radikal von allen anderen – den Mitspielern, dem Publikum – abschneidet: für Momente ist Detlev ‚in die Wildnis' ver-rückt, oder genauer: in einen Schwellenraum eingeschlossen, in dem er sprachohnmächtig, depersonalisiert und eigenschaftslos wird -: lebend tot. Und der Tod, der sich ihm ankündigt, bedeutet: *Nichts. Bildlos. Namenlos. Bewußtlos.* (Grünspan, 172). Detlev, Jäcki, Hubert – wie jeder Neophyt – ist ein Exterritorialer der normativen und symbolischen Ordnung.

Gewiß, Detlev erlebt die Passage des Schwellenraumes in größter Isolation als ein zerreißendes Angeblicktwerden durch die Anderen – während Turner gerade das Eintauchen in eine communitas als charakteristisch für die Liminalität ansieht (was Fichte an den afroamerikanischen Riten natürlich auch beobachtet). Gewiß, es ist der Autor Fichte, der zur Zeit der Abfassung des ‚Grünspan' bereits das Studium der Trance-Riten aufgenommen hatte und der hier post festum das Stocken der Sprache Detlevs als rituelle Entrückung und ‚kleinen Tod' darstellt. Fichte konstruiert – schon im ‚Grünspan' – wichtige Schlüsselszenen der Biographie im Schema ritueller Trance, mithin so, wie er, wenige Jahre danach, den ‚Versuch über die Pubertät' als das Erzählexperiment anlegt, die Erfahrung der Hamburger Pubertät in der kultischen Ordnung von Trance zu deuten. Grundlage hiervon ist die – nicht nur von Fichte, sondern vielen Ethnologen vertretene – Auffassung, daß die Erfahrungsformen der Pubertät und bestimmte rites de passage miteinander korrespondieren. Fichte versteht seine Romane mithin als narrative Konstruktionen des im Erleben selbst unbewußten rituellen Ablaufs von biographischen Krisen. ‚Detlev' ist dabei die Kunstfigur, in der sich die Erinnerung an den Hubert Fichte, der 1947 den Johnny spielte, mit der

---

[1] Viktor Turner: Das Ritual. Struktur und Anti-Struktur. Frankfurt/M. u. New York 1989, S. 95ff; ders.: Vom Ritual zum Theater. Der Ernst des menschlichen Spiels. Frankfurt/M. u. New York 1989, S. 28ff, bes. 34–4o.

postfesten Konstruktion des Erinnerten überschneidet. Die Figuren des Detlev, des Jäcki und des Ich sind also weder gleichzusetzen mit der biographischen Identität ‚Hubert Fichte' auf der Zeitachse seines gelebten Lebens, noch sind sie erfundene Identitäten im fiktiven Kosmos des Narrativen. Sondern sie sind metaxü, ‚Zwischenwesen' auf der ‚Bühne' des Textes, mediale Konstruktionen des Autors oder auch, im Wortsinn: die Ekstasen des Autors. Fichte hat in seinen Trance-Studien begriffen, daß die Form des liminalen Schwellenraumes homolog ist der Form der fiktiven Autobiographie. Diese verwandelt das Ich, unter welchem Namen auch immer, zu einem Medium, entrückt es in ‚Zwischenzeiten' und ‚Zwischenräume', die einer prinzipiell anderen Ordnung gehorchen als der realhistorischen Biographie.

* * *

Die Szene des ‚vergessenen Textes' auf der Bühne der Kammerspiele gibt jedoch auch zu erkennen, in welcher Weise biographische Erfahrung und mediale Verwandlung funktional aufeinander bezogen sind. Sie sind es zweifach: materiell und symbolisch.

Auf der erzählten Ebene fällt auf, daß die sekundenlange Unterbrechung der Szene durch die plötzliche Amnesie des Hauptdarstellers zu einer Art Implosion führt. Das Vergessen des Textes löst eine wilde Entfesselung von Phantasien aus. In ihnen durchlebt Detlev nicht nur den Rücksturz der Sprache ins Lispeln und Stammeln bis hin zur Aphasie, sondern auch einen darin sich ausdrückenden Prozeß der Annihilation (*Auslöthchen. Authlöthchen. Auslöschen. Auth...Auth...ö...*, Grünspan, 171). In diesem Prozeß besetzt das Essen und Hungern ein zentrales Motivfeld. Der „Skandal" auf der Bühne hieße Arbeitslosigkeit. Erfolgreicher Kinderdarsteller zu sein, das heißt 1947 vor allem: etwas zu essen zu haben, von der Mutter unabhängig zu werden, die ihn nicht hinreichend ernähren kann, weswegen er *eine Trichterbrust* bekam (Nanā, 105). Nicht ohne Grund nimmt deswegen das *Premièreessen* nach der geglückten Aufführung breiten Textraum ein (Grünspan, 172–4): Schauspielkunst ist für Detlev ein Mittel der Nahrungsbeschaffung. In diesem elementaren Sinn ist Kunst für Fichte bestimmt als Einsatz im Kampf um Selbsterhaltung zur Abwendung des Todes (des befürchteten Verhungerns). Den Text vergessen, ihn nicht ‚nach außen' bringen zu können, sondern ihn ‚in sich selbst', im schwarzen Loch der Aphasie verschluckt zu haben, heißt nichts zu **essen** zu bekommen. Lethe trinken ist der Tod –, wie das Trinken des Einweihungsgetränkes, des Abó, *bewußtlos* macht. Und Bewußtlosigkeit setzt der Text hier (Grünspan, 172) mit dem Tode gleich. Erinnern dagegen bedeutet, den ‚Stoff des Lebens' gewinnen: Essen **und** (Auto)Biographie.

Damit ist die zweite Funktion des ‚Texterinnerns' auf der Bühne gegeben. Schauspieler sein: das heißt, sich ins objektive Erinnern eintragen: *Ich kann nie wieder vergessen werden*. Über die gefräßige, saturnische Zeit, die das Ich ißt und vergißt, soll auf der Bühne wie in einem magischen Ritual triumphiert werden. Detlev, der seit den Bombenangriffen auf Hamburg 1943 nie mehr Zeit hat und wie gehetzt *so schnell wies geht, so unermeßlich vieles* werden will (Grünspan, 69) -: Detlev entdeckt im ‚Medium' des Theaters eine Möglichkeit, gegen das Vergessen, das der Tod ist, etwas zu setzen, was *in aller Ewigkeit* Bestand hat: die Konservierung des Namens, an den eine unlöschliche Erinnerung geknüpft ist: er war am 27.6.1947 der Johnny auf der Bühne der Kammerspiele. Dieses symbolische Überleben im Gedächtnis der Historia errettet vom Ephemeren des Schauspiels nicht nur, sondern grundlegender von der Hinfälligkeit des Daseins, die durch nichts schlagender allegorisiert wird als durch die zerbombte Ruinenlandschaft rings um das Theater. *Mein Name* wird ins Buch der Geschichte geschrieben und dadurch gerettet. Es geht, im Begehren Detlevs, um nichts geringeres als die Wiedergeburt in einem gegen die Vergängnis resistenten Erinnern. Darum **muß** er über die Sekunden des Stockens hinweg, in denen sich der Schlund der Zeit öffnet, um ihn zu fressen; und es grenzt an einen religiösen Erlösungsvorgang, als er weitersprechen kann und im „Applaus" jener Glanz der Bestätigung aufgeht, der ihn – wie er glaubt – in das auratische Kleid seines niemals mehr auslöschbaren Namens hüllt. Auch diese Transsubstantiation des ephemeren Körpers, welcher von der Zeit gefressen und vergessen wird, in die Immaterialität eines objektiven Gedächtnisses, folgt – wie zuvor das Motivfeld ‚Hungern und Essen' – einer Logik des Oralen. Im Licht der Bühne ist Detlev der bodenlosen Angst und der grandiosen Lust des Angeblicktwerdens ausgesetzt – und es entsteht der paradoxe Vorgang, bei welchem die Blicke, die ihn verzehren, zur Nahrung seiner verzehrenden Sehnsucht nach Spiegelung wird. Das Schauspielen funktioniert wie eine heilige Zeremonie, ja, wie die heiligste überhaupt, das Abendmahl. In den Sekunden des Absturzes und dem schließlichen Triumph erlebt Detlev die Abfolge von Opferung (Hinrichtung), einer Wiedergeburt im Applaus des Publikums und einer symbolischen Auferstehung im Gedächtnis *in aller Ewigkeit*. Eine der Imitationen Detlevs mithin ist die Imitatio Christi im Medium der Kunst, die ihrerseits ganz im Zeichen steht, der vernichtenden Gefräßigkeit der Zeit durch Transsubstantiation des symbolischen Körpers in die unverzehrbare Materie des Erinnerns zu entkommen. Unter der Hand wird das Ephemere des Schauspiels und die Armseligkeit einer Nachkriegs-Bühne zum heiligen Altar, auf dem sich, in Gestalt der Kunst, das Ritual der Opferung und Erlösung des Selbst abspielt.

Es gibt ein Emblem des 17. Jahrhunderts, auf welchem im Vordergrund eine Frau, die Historia zu sehen ist, die, den Blick gerichtet auf das Ruinenfeld der von Saturn vernichteten Realgeschichte, ins Buch der Geschichte einträgt, was dem Verfall überantwortet und doch ins Gedächtnis der Schrift, ins Buch gerettet wird. Libri manent. Dieser Metaphysik der rettenden Schrift der Historia, die vielleicht niemals mehr triumphierte als in der von Fichte bewunderten Epoche des barocken Manierismus, diese seltsame, verwandelnde Umschreibung des Flüchtigen in die noch seltsamere, als ewig hypostasierte Beständigkeit des Buchstabens, welcher der Kelch des Gedächtnis ist, – diese Metaphysik ist, wie mir scheint, dem religiösen Ritual von Sterben und Wiedergeburt entnommen, das in unserem Kulturkreis seinen heiligsten Ausdruck in der Zeremonie des Abendmahles gefunden hat. Dieser Tiefenschicht nähert Fichte die Szene Detlevs auf der Bühne an. Er entdeckt dabei nicht nur die Verankerung der durchlebten Gefühle von Todesangst und Ewigkeitsglanz in einem archaischen Ritual der Opferung; er entdeckt auch, daß diese Opferung dem oral-narzißtischen Schema des verzehrenden Hungers und der erlösenden Labung folgt. Der Mund, das Auge und das Gedächtnis sind nach dem gleichen Muster organisiert, das nur den Gegensatz von Verschlungenwerden und beseligendem Glück kennt. Der Sinn des

Theaters als Opfermahl ist es, daß die verzehrte Materie ‚gewandelt' wird zur heiligen Materie des Gedächtnisses: „Solches tut zu meinem Gedächtnis" (Luk. 22, 19), könnte auch Detlev dem zur Gemeinde gewordenen Publikum sagen.

Beides gilt es zu realisieren: im sensus litteralis dient das Theater zur Erlangung von Nahrung im hungernden Nachkriegs-Hamburg. Im sensus spiritualis ist das Schauspiel ein Ritus der Opferung, welcher der Erzeugung von immaterieller Erlösungs-Substanz dient: dem Stoff der Unvergessenheit (die der Stoff der Wahrheit – ἀλήθεια – ist). Es kann kein Zweifel sein, daß – auf den tiefsten Schichten seiner Erfahrung – der Aufklärer Fichte die Kunst als quasi-religiösen Opfer-Ritus anlegt, der die Auferstehung des symbolischen Leibes des Dichters im immateriellen und darum unzerstörbar scheinenden Reich der Zeichen begehrt.

Diesem Zweck konnte das ohnehin flüchtige Medium des Theaters nicht mehr dienen, als Fichte nach seiner letzten größeren Rolle (im August 1951 in André Lems „Der Purpurstreifen") zunehmenden Schwierigkeiten konfrontiert ist, Engagements zu finden, die ihn sowohl ernähren wie mit Glanz laben konnten. Statt dessen begann er zu stempeln, geriet erneut in Abhängigkeit von Mutter und Großeltern – bis er endlich 1952 nach Frankreich aufbricht. Diese Reise erlebt er als Flucht und zugleich als *eine Art Geburt*, wieder also im rituellen Schema (Nanā, 110; Pubertät, 216). Die landwirtschaftlichen Jahre stellt Fichte in der ‚Geschichte der Nanā' als einen Versuch dar, *noch einmal ganz von vorn* zu beginnen, *beim Sammeln und Hüten und Roden*, ein Weg zurück *zum barfüßigen Ahnen in den Frühwald* (Nanā, 12, 38). Man darf dies als Regression auf die frühe Stufe steinzeitlicher bäuerlicher Praxis deuten, – so, als suche er auf diesem Weg, diesseits der gekränkten Sehnsucht nach Verewigung im Theater, nunmehr eine genealogische Verankerung in der archaischen Zeittiefe der neolythischen Ahnen. Auf Dauer konnte die Landwirtschaft so wenig wie die Sozialarbeit das Begehren nach (Selbst-)Darstellung stillen. Hatte doch das Theater versprochen, den Spieler gänzlich ins Lichtkleid des Ruhmes zu hüllen, so daß der Tod seinen Stachel zu verlieren schien. *Jetzt kann ich zufällig sterben.* (Grünspan, 172) Eine Rückkehr zur Kunst der Spiegelung wurde während der Inkubationsjahre in Frankreich, Schweden und Deutschland 1952–1959/60 immer dringlicher. Das Theater aber war temps perdu. Bei gleichem Antrieb war ein Wechsel des Mediums mithin notwendig. *Ich wollte schreiben. / Nur noch schreiben.*, sagt Jäcki in ‚Hotel Garni' (119) für die Zeit 1958/9. Und als dann, 1963, das erste Buch ("Der Aufbruch nach Turku") erscheint, heißt es: – *Ein Buch*, dachte Jäcki. / – *Jetzt kann ich sterben.* (Kleiner Hauptbahnhof, 184). Dies ist ein unmittelbarer Reflex auf jene Szene in den Kammerspielen, als er – badend im Applaus – sterben zu können meint – mit einem ewigen Namen, damals als Schauspieler, jetzt als Autor.

Man wird solche Sätze ganz ernst nehmen müssen. Sie bestimmen die Passion eines Menschen, der die Energie des Lebens restlos in die Energie des Schreibens umzuwandeln begehrt. Es sind Sätze eines ästhetischen Programms, in der das Leben keinen anderen Zweck hat, als Schrift zu werden. Die *Gier, sprechend zu überleben* (Forschungsbericht, 35); der *Versuch, durch Schreiben zu überleben* (Pubertät, 213) – all dies sind Formeln des *Experiments* mit sich selbst: *zu leben, um eine Form der*

*Darstellung zu erreichen.*¹ In ‚Alte Welt' formuliert Fichte für das Jahr 1967: *Ich interessiere mich weniger für mein Leben als für meinen Roman Fleuve. Ich will anfangen fürs Schreiben zu leben, nicht wie bisher leben um was zum Schreiben zu haben.* Und: *Ich lebe von Büchern für Bücher.* (Alte Welt I, 407, 287).²

Während die zeitgleiche politische Revolte die Literatur für tot erklärt, wenn diese nicht strikt in den Dienst der Politik gestellt würde, beginnt der Autor Fichte ein gigantisches Projekt zu realisieren, das genau den umgekehrten Weg geht. Gegen den Satz ‚Literatur ist nichts, wenn sie nicht Funktion des Lebens ist', setzt er: ‚das Leben ist nichts, wenn es nicht Funktion der Literatur ist'. Daß heißt mit den Füßen in den Wolken wandern – oder genauer: ein Leben in einem trikontinentalen Raum entfalten (mit weitaus mehr empirischer Aufklärung erfüllt als sie die Praxis fordernden Literaten von 1968 ihrerseits leisteten); das heißt, eine *peripatetische Darstellungsweise* (Lazarus, 436) entwickeln, die dennoch im ersten und letzten dem radikal ästhetischen Programm folgt, wonach nichts war, wenn es nicht Schrift wird. Es ist, als stünde die emblematische Inschrift „Libri manent" über der Fichteschen Leidenschaft des Schreibens. Darin ist weniger eine idealistische Überschätzung der Literatur oder ein quer zum Zeitgeist stehender Ästhetizismus auszumachen, als vielmehr der Glauben, der ungeheuerlichen Gegenwart des Todes und der zerstückelnden Zeit gerade nicht auf der Ebene des Lebens Paroli bieten zu können, sondern nur dadurch, daß das verfließende Leben zum Fluß der Romane, zum roman fleuve metamorphisiert wird.

Darauf eigentlich zielt nach Fichte die Intention der Schrift – oder, wie man heute sagt: das Textbegehren. Leben, um zu erinnern; erinnern, um zu schreiben; schreiben, um nicht **vergessen** zu werden: alles ist versuchte Abwendung des Todes. Doch diese Abwendung verlangt, das Leben vollständig zu entäußern. Alles Leben muß Stoff werden, der von der Schrift verzehrt wird, um wiederzuerstehen in der Ordnung der graphischen Zeichen mit ihrem trügerischen Versprechen auf Ewigkeit. So verlangt dieses Programm eine beispiellose Verausgabung der Lebensenergie ebenso wie eine gierige Welt-Einleibung, die schließlich, in paradoxer Umkehrung, gerade den Preis des Todes erfordert: die Opferung des Lebendigen, um der Wiedererstehung im Wort teilhaftig zu werden. Jedes Wort, das Fichte schreibt, ist, in dieser Logik, der Tod des zugleich Ungesagten – darum das viele Weiß auf den Seiten seiner Bücher; darum vielleicht auch die Vernichtung großer Teile des Nachlasses, weil von diesem Leben nur sein und bleiben soll, was der *Darstellung* für wert erachtet wurde.

Ahnbar wird der Schmerz darüber, daß die Ruine des roman fleuve (von geplanten 19 Bänden) gleichwohl bezeugt, wie vergeblich der Vergängnis durch noch so monumentale *Verwörterung* zu entkommen versucht wird. Auch die Sphäre der den Körper überlebenden Zeichen ist vom Ephemeren infiziert und niemand vermag sie zu jener ‚idealen Festung' zu vollenden, vor der *in aller Ewigkeit* die Zeit haltmacht. Alle Kunst ist zuletzt *Ägyptisches Museum,* wie es Fichte versteht: die in der Absicht auf Unsterblichkeit unternommene Mumifizierung der Körper wird on the long run zum

---

[1] So Fichte im Interview mit Dieter E. Zimmer: Leben, um einen Stil zu finden – schreiben, um sich einzuholen. In: Thomas Beckermann (Hg.): Hubert Fichte. Materialien zu Leben und Werk. Frankfurt/M. 1985, S. 116.

[2] Es wird zitiert nach dem noch unveröffentlichten Typoskript bzw. der Handschrift, Bd. I und II.

Museum der grotesken Vielgestalt der mors triumphans.[1] So verlangt und bezeugt das Werk Fichtes ein doppeltes Opfer: des Lebens für die Schrift, um die Zeit zu besiegen; und der Schrift für die Zeit, die ihre souveräne Unbesiegbarkeit auch der architekturalen Grandiosität dieses nur als Ruine möglichen Riesenwerks aufgeprägt hat. – Es gilt, diese äußerste Sehnsucht nach Überleben des Todes in den Erscheinungsformen des Werkes zu studieren – auch deswegen, weil, wie mir scheint, darin mehr von dem unheimlichen, heimlich hybriden Zug der Kunst zum Ausdruck kommt als in jenen Werken, die in kleiner Münze Gewinn und Verlust der gesellschaftlichen Entwicklung berechnen – in bester Aufklärungstradition, in der Fichte selbstverständlich auch steht. Doch Zauber und Versuchung, Wahn und Utopie des ästhetischen Impulses finden sich auf dieser Seite des Schreibens kaum; sondern fast immer bei jenen poètes maudits, in deren kalte Ungemeinschaft und häretische Heimatlosigkeit der Autor Fichte wohl eigentlich gehört. Mit ihnen ‚Brüderlichkeit' zu entwickeln, wie es Fichte in seinen literaturgeschichtlichen Essays und correspondances versucht hat, ist vielleicht eine Art von Beziehung, die auch seinem Werk gegenüber angemessen ist. Von allem Anfang an verausgabte dieser Autor sich an das vielleicht sinnloseste, vielleicht einzig würdige Projekt: im unabschließbaren Ringen mit der annihilierenden Macht des Todes diesem etwas abzulisten von der Essenz geglückter Form. Daß der alles erodierende Tod dennoch nicht aufzuhalten ist, wußte schon der 7jährige Detlev im Waisenhaus 1942/3.

Heute scheint es so, daß Wissenschaft und Kunst sich wieder zu vereinigen beginnen in dem Versuch, die naturgeschichtlichen Grenzen, die das Leben zwischen Geburt und Tod einklammern, auszuheben durch die Errichtung eines „postbiologischen Zeitalters", welches das Dasein aus der Enge des Körpers in die göttliche Souveränität des elektronischen Kosmos überführt. Fichte vergegenwärtigt durch die lebensgeschichtlich erworbene, leiblich-biologisch fundierte Kraft des Erinnerns eine jeweils zwanzig Jahre zurückliegende Zeit, mit der sich synchron zu schalten die Absicht des telescoping von Erzählzeit und erzählter Zeit ist. Dieser Versuch ist immer noch geschuldet der heute als überholt deklarierten Historizität des innerhalb der Naturgeschichte operierenden Bewußtseins. Lethe und Mnemosyne sind Hypostasen einer Natur, die von den elektronischen Medien abgelöst werden soll. Es geht heute mithin um die radikale Ausschaltung des zeitlichen lags zwischen Erlebniszeit und Lebenszeit. Die Avantgardisten der elektronischen Medien arbeiten an der in Echtzeit realisierten Verkoppelung von „Sinnenbewußtsein" und virtueller Realität. Dies bedeutet, recht verstanden, den Versuch, die Bindung des Körpers an seine erste und zweite Natur aufzuheben. Genau dies wird auch in den phantasmatischen Visionen der prothetischen und gentechnischen Ablösung des natürlichen Körpers durch den künstlichen Menschen angestrebt.

Hier sollen solche Ideen und Programme nicht entfaltet werden. Es gilt nur darauf aufmerksam zu machen, daß die virulente Anstrengung, die Natur auszuschalten, sie zu transformieren in artifizielle Realität oder sie qualitativ zu überbieten, von Energien

---

[1] Dies wird Fichte im Reise-Feature „Organisierte Ägypten-Rundreise 1969" bewußt und legt fortan durch sein Werk Spuren (insbesondere in der Auseinandersetzung mit Hans Henny Jahnn). Vgl. dazu S. 193ff. dieses Buches.

gespeist ist, die nicht von heute sind, sondern eher zu den urgeschichtlichen Antrieben der Kunst und der Technik gehören. So weit der Ethnopoet und Romankünstler Fichte inhaltlich und moralisch von der postmodernen elektronischen Medien-Artifizialität entfernt ist, so nahe rückt er ihr in dem magischen Versuch, den Tod durch die Investition aller Vermögen in eine artifizielle Welt abwesend zu machen. Er realisiert dieses Experiment, indem er sich selbst zum Medium, zum Aufzeichnungs- und Speicher-Organ verwandelt: um über die Zeiten von drei Jahrtausenden und die Räume von drei Kontinenten hinweg ein gewaltiges Netzwerk von strukturalen Homologien, Korrespondenzen, Synchronisierungen und Simultaneitäten herzustellen: ein Buch als Welt. Der darin gebündelte Wunsch nach Autarkie erzählt sich, anders als in den Neuen Medien, bei Fichte freilich selbst, er wird reflexiv und in seiner Genese transparent. Darin liegt ein unschätzbarer Erkenntniswert auch für die Reflexion jener semio-technologischen Revolution der Medien, die der Buchautor Fichte, der mit traditionellen Techniken gleichwohl ähnlich arbeitete wie ein hochkomplexer Computer, nicht mehr wahrnahm – nicht mehr wahrnehmen mußte.

2. Kurze Annäherung an die Poetik Fichtes

Die Literatur Fichtes ist intertextuell und interkulturell. Das hat seinen biographischen Grund darin, daß Fichte von 1952 bis zu seinem Tod 1986 in über 20 Ländern ein intensives Reise- und Arbeitsleben verbrachte. Das setzt die Fähigkeit voraus, unter allen klimatischen, sozialen, kulturellen, ethnischen, politischen Bedingungen, also in jeder Lebenslage zu schreiben – und zwar an jedem Ort über jeden Gegenstand und über jede Zeit und jeden anderen Ort: in New York über Herodot, in Caracas über Lohenstein, in Portugal über die Subkulturkneipe ‚Palette‘, in Bahia 1974 über Hamburg 1949, in Hamburg 1985 über den Zaubermarkt von Bé in Dahomey 1975. Der Autor: unusque ubiquam. Immer und überall eine ungeheure Neugier, ein leidenschaftlicher Forschungsdrang. Immer fragen, im Fragen leben, mit den Befragten leben: das setzt Polyglosie voraus. Eine vehemente Entdeckerenergie im Kosmos einer fast 3000jährigen Weltliteratur, mit der er das eigene Schreiben vernetzt: offene und verdeckte correspondances mit Empedokles, Herodot, Sophokles, Sappho, mit Lohenstein, Hölderlin, Jahnn und Bobrowski, mit Pedro Claver, Proust, Sartre, Borges, Genet u.v.a. Selbstverständlich sind professionelle Recherchierkompetenz, die Beherrschung von Interviewtechniken, teilnehmender Beobachtung, action research, von Datensammlung, Archivierung und Verzettelung. Eine wichtige Bedingung eines solchen Schreibens ist: angstfrei sein – genauer: nicht etwa keine Ängste haben, sondern durch eine intensive Selbsterforschung bis hinunter auf die archaischen Schichten der Kindheit sich mit allen Erscheinungsformen der eigenen Angst vermitteln. Ferner ist die Autorschaft Fichtes durch Polyvalenz charakterisiert, das heißt: in beinahe allen Lagen einen synchronen, nicht-hierarchischen Zusammenhang realisieren von genießen, arbeiten, schreiben, lesen, beobachten, fühlen, denken, fragenfragenfragen, staunen, begehren, sezieren, korrespondieren, spiegeln, montieren, collagieren, erinnern. Das Außenseiter-Sein (Jude, Halbwaise,

Homosexueller, Forscher ohne Schulabschluß etc.) läßt Fichte nicht zur Identität des Opfers werden, sondern verwandelt es in die Poduktivität der Randzonen.[1] Es gibt keine Intertextualität und Interkulturalität von festen sozialen, theoretischen, literarischen Zentren her. Darum ist die Bewegungsform Fichtes, lebend und schreibend, ambulant und polymorph.

Ambulanz und Polymorphie bilden nicht nur eine spezifische Form des Wissens, die Fichte die *Reiseform des Wissens* nennt. Sondern sie bedeuten zugleich den leidenschaftlichen Einsatz des Körpers, der Sinne und der Sexualität für das Projekt der forschenden Literatur. Der Autor macht sich im Wortsinn zum ‚Organ' des Erkennens -: die ständige Verausgabung der polymorphen sexuellen Vitalkräfte bildet die Grundfigur einer „Erotologie" (G. Mattenklott), die bei Fichte zugleich zu einer Poetologie und Erkenntnisbewegung wird.

Ist die Schreibweise Fichtes im Freudschen Sinn polymorph pervers (und wird gerade dadurch intertextuell und interkulturell), so bedarf es innerhalb des erotischen Kraftfeldes dennoch der Auszeichnung einer besonderen Polarität, die formkonstitutiv wird: des Voyeurismus und des Exhibitionismus. Einmal wird das sexuell fundierte Körperbewußtsein zu einem neugierigen, dennoch distanzwahrenden Aufzeichnungsorgan, zum Speicher, zum Register, zum Medium; zum anderen wird der Körper zur Darstellung und Ausstellung, zur Performance und zur theatralisch-poetischen Erscheinung.

Zur Textform Fichtes gehören eine provokative Respektlosigkeit vor etablierten Instanzen ebenso wie alle Formen des Klatsches und der Karnevalisierung, vor allem jedoch eine außerordentliche Achtung des Menschen und eine prinzipielle Egalität und Brüderlichkeit. Diese bilden die aufklärerische Wurzel Fichtes – nicht in dem Sinn, daß er etwa auf die Aufklärung sich bezöge (im Gegenteil wäre diese für ihn wohl eher ein System der inneren und äußeren Kolonisierung). Sondern sie resultieren aus Erfahrungen des Pathos, der Passion, der Sym-Pathie, der *Empfindlichkeit*. Aus dem autobiographischen Pathos, das die eigene Lebensgeschichte bereits wie ein Ethnogramm, als Fremdsein im Eigenen entwickelt, entsteht das ethnopoetische Schreiben als Kritik der imperialistischen Strategien der Industriegesellschaften und der kolonisierenden Wissensformen der Anthropologie. Bei aller Ausnüchterung des Stils gibt es bei Fichte ein Pathos der Anteilnahme an den unterdrückten Kulturen und Subkulturen, eine prosaisch gewordene, erfahrungsdichte Schreibweise von terreur und compassion, die beinahe niemals, wie im Exotismus, die eigenen Leiden und Wünsche in Passionsbildern oder Utopiegemälden fremder Kulturen projektiv aufgehen läßt.

Der egalitäre (und auch subversive) Zug zeigt sich an der Interviewpraxis Fichtes, bei der Staatspräsidenten nicht mehr respektiert werden als afrikanische Straßenhändler, Stricher in Marrakesch, bahianische Priester, Hamburger Prostituierte, senegalesische Heiler oder ein schwuler Ledermann. Geistesgeschichtlich drückt sich diese egalitär-brüderliche Geste dadurch aus, daß nicht Platon oder Euripides, sondern

---

[1] Vgl. Rainer Guldin: Riten der Randzonen. Hubert Fichtes Untersuchungen zur Tradition des Abartigen. Diss. Zürich 1984.

Herodot, Sappho und Empedokles zu Orientierungsfiguren werden, nicht Lessing oder Goethe, sondern Quirinus Kuhlmann, Lohenstein und Platen, nicht Th. Mann, Grass und Böll, sondern Jahnn, Bobrowski und Unica Zürn. Im Ethnologischen erkennt man dies daran, daß die Ergebnisse der universitären ethnologischen Forschung nicht mehr zählen als die Stimmen schwarzer Gläubiger von Trancereligionen.

Pathetisches Weltwissen heißt also nicht, daß ein System von Wissen sich über die Welt als sein Objekt vernetzt, sondern eine Vielfalt von Selbstartikulationen zu einem komplizierten vielstimmigen Klangkörper montiert werden.

Zur Intertextualität und Interkulturalität[1] Fichtes gehört ferner eine besondere Form von Präsenz und Erinnerung (das macht seine Beziehung zu Proust aus). Ein höchst entwickeltes Sinnenbewußtsein (R. zur Lippe) hält das Gegenwärtige offen für den Einfall der Erinnerung. Die Gegenwart des Jetzt wird ständig von Vergangenheit unterschichtet. Das Erzählen ist deshalb nicht chronologisch, sondern struktural geordnet wie in einem mehrdimensionalen Raum. Das Erinnern zeigt ferner Züge des Theaters, es ist ein szenisches Erinnern – und: es bildet sich physisch dem Körper ein. Das Erinnern ist eine Ekstasis des Körpers. Es folgt magischen Ritualen und szenisch-theatralischen Mustern, die der Text nachbildet. Die Erinnerung funktioniert ferner architektural. Sie schafft Räume von Ähnlichkeiten, correspondances, Konfigurationen, Wiederholungen, Analogien, Variationen, Emulationen, die insgesamt eine Art Piranesischen Struktur-Körper bilden, in welchem die huschenden Bewegungen der Assoziationen, die blitzhaften Beleuchtungen, die Chocs von Kollisionen, die Erfahrungen des Denkens sich bilden.

Ein Beispiel: von einem thematischen Focus aus, dem Sadomasochismus, werden Bezüge hergestellt zum afrikanischen Geheimkult der Leopardenmänner, zu den Ritualen der Ledermänner, zu Prousts „Sodom und Gomarrha", zu den Tierschlachtungen seiner Haushälterin, zu Hölderlins Ödipus-Übersetzung, zu Opferkulten, zum Deutschen Ledermuseum, zu Sade usw.: daraus wird ein Hörspiel montiert, in welchem der Autor nicht einen eigenen Text, sondern einen ‚Intertext' herstellt, der den eigenen Vorstellungsraum als Szene für das vielstimmige Auftreten anderer Texte benutzt. Das ist das Hörspiel ‚Der blutige Mann' von 1976. Von da aus ergeben sich jedoch hunderte von Korrespondenzen ins Gesamtwerk Fichtes. Sie reichen, **biographisch**, von den Zerstückelungs-Phantasien des 7jährigen während des Faschismus bis zu den spätesten Einsichten in die prinzipielle Fragmentierung des Ich; das reicht, **literaturgeschichtlich**, vom Aufspüren ritueller Opferungen als Tiefenschicht der antiken Tragödie, den Gewaltritualen in Homers und Herodots Werk bis zu den sakralen Gewaltformen bei Jean Genet; das reicht, **ethnologisch**, von der Erforschung der *Blutbäder* in den Initiationszeremonien der afroamerikanischen Religionen bis zum Studium der transkontinentalen Wanderung von Opferkulten aus dem afrikanisch-orientalischen Raum ins antike Griechenland oder ins heutige Süd-

---

[1] Hierzu D. Simo: Interkulturalität und ästhetische Erfahrung. Untersuchungen zum Werk Hubert Fichtes. Stuttgart 1992. – Leo Kreutzer: Hubert Fichte oder: Für eine Ästhetik der Antiquiertheit des Menschen. In: ders.: Literatur und Entwicklung. Studien zu einer Literatur der Ungleichzeitigkeit. Frankfurt/M. 1989; S. 76-94.

amerika; und das reicht, **werkbiographisch**, vom Drama des 26jährigen, dem ‚Ödipus auf Håknäss' bis zum letzten Roman ‚Der Platz der Gehenkten'.

Dieses Beispiel kann nur andeuten, daß das gesamte Werk Fichtes, wie erst jetzt langsam hervortritt, ein einziges Buch darstellt. Ohne daß dafür eine Texttheorie zur Verfügung stünde, muß man mit einer Strukturkomplexität fertig werden, die das gesamte Œuvre in einer kaum auflösbaren Verweisungsdichte verschnürt und vernetzt. Es handelt sich um eine Gesamtkomposition, die jeden einzelnen Text als Moment eines übergreifenden poetischen Kalküls erscheinen läßt. Selbst das schon gigantische Projekt eines 19bändigen roman fleuve könnte, auch wenn es vollendet wäre, in keiner Weise als geschlossenes Werk angesehen werden. Fichte arbeitete an dem vielleicht hybriden Vorhaben, das Mallarmésche „Le Livre", das „absolute Buch" und den „enzyklopädischen Roman" des Novalis zu schreiben. Fichte, trotz seiner in der deutschsprachigen Nachkriegsliteratur einzigartigen Welterfahrung, ist als Autor dennoch ein Bewohner der „Bibliothek von Babel" des Jorge Luis Borges.

An die Stelle einer Positionierung in der familialen Genealogie, in der muttersprachlichen Kultur, im nationalen literarischen Feld, worin Autoren gewöhnlich Namen und Identiät gewinnen, tritt bei Fichte, dem schwulen Autor, eine verflüssigende Investition der eigenen Kraft in die Heimatlosigkeit der strukturalen Netzwerke literarischer Korrespondenzen der Weltliteratur und der synkretistischen, schmutzigen Überschneidungen der Kulturen von drei Kontinenten.

3. Zur Auflösung des Identitäts-Begriffs und des autobiographischen Schreibens

Das Ich und das Nicht-Ich, das Eigene und das Fremde: zwischen diesen Polen spannt sich sein Schreiben, bewegt sich das Sprechen Fichtes. Aber weder das Ich gerinnt dabei zu einer festen Identität, noch gewinnt das Nicht-Ich eine Objektivität. Beide, Identität und Objektivität, können bestimmten Literaturtypen zugeordnet werden – und das ist in der Nachkriegsliteratur auch geschehen. Der eine Typ ist die Literatur des autobiographischen Schreibens, wie es sich besonders in den 70er Jahren ausgeprägt hat; und damit hat Fichte tatsächlich zu tun, aber schon lange bevor dieser Literaturtyp à la mode war. Der andere Typ ist die Literatur des Dokumentarismus, wie er sich in den 60er Jahren etablierte. Und dem Dokumentarismus steht Fichte nah, inhaltlich wie formal, ohne daß man ihn zur dokumentarischen Methode rechnen könnte, wie etwa gewisse Literaturabschnitte bei Peter Weiss und H.M. Enzensberger oder das ganze Werk von Hochhuth und Wallraff. Immerhin haben diese beiden Literaturtypen dazu geführt, das Werk Fichtes zu ordnen in dem freilich falschen Schema, wonach der autobiographischen eine dokumentarische Werkepoche gefolgt sei.

Denn bereits mitten in der sog. autobiographischen Phase wurde deutlich, daß das Werk Fichtes nicht die Stimme **eines** Autors ist, **eines** Schreibsubjekts und nicht das Ausschreiben **einer** Subjektivität, sondern daß dieses Werk in einer für die Nachkriegsliteratur einmaligen Weise durch Vielstimmigkeit gekennzeichnet ist.

Vielstimmigkeit als poetisches Prinzip widerspricht der autobiographischen Schreibweise traditioneller Machart. Diese Vielstimmigkeit hatte längst begonnen, als die Literaturkritik noch glaubte, Fichte auf den Typ des autobiographischen Schreibens festlegen zu können. Das lag sicher auch daran, daß die Literaturkritik sich an der Erscheinungsform „Buch" orientierte. Fichte ist aber nicht in erster Linie ein Buchautor, sondern ein Rundfunkautor. Seine Literatur ist radiophon oder zumindest audiophon. Sie ist eigentlich eine Hörliteratur und vom Ereignis des Hörens und vom Medium Radio geprägt. Zudem hatte Fichte in den 60er Jahren längst (und das bestätigt die Vielstimmigkeit als Formprinzip) mit den Reisefeatures begonnen und erprobte Formen des ethnopoetischen Hörspiels. Beides ist bei ihm nicht immer auseinanderzuhalten. Oft ist es zur Bezeichnung „Hörspiel" oder „Feature" gekommen je nach der Rundfunk-Redaktion, die einen Text realisiert hat

Bereits in den 60er Jahren finden wir Radiotexte über Reisen nach Griechenland, Nordafrika, Portugal. So kann der Roman ‚Detlevs Imitationen „Grünspan"' (1971) als Beleg für die autobiographische Phase nur dienen, wenn man die Radiotexte der gleichen Zeit nicht in die literaturkritische Analyse des Werkes einbezog. Es gilt allgemein, daß Fehlurteile über Fichte entstehen müssen, wenn man die unterschiedlichen Veröffentlichungsorte seiner Texte nicht beachtet. So können für den Buchautor bestimmte Thesen gelten, die, wenn man Fichte als Autor des Mediums Radio nimmt, schon längst nicht mehr haltbar waren.

Ähnliches gilt auch für die sog. ethnopoetische Phase. Gibt es sie, als abgrenzbare Werkepoche, überhaupt? Nimmt man ‚Xango' (1976) als Beginn und ‚Lazarus' (1985) als Ende, dann ist diese Einteilung schon deswegen unhaltbar, weil bereits der ‚Versuch über die Pubertät' (1974) ohne die Erfahrungen in Brasilien und Haiti überhaupt nicht denkbar ist und ein so klassisch autobiographisches Thema wie die eigene Pubertät bereits vollständig integriert ist mit den ethnologischen Studien zu Trance und Ritualität in den afroamerikanischen Kulturen. Zugleich finden wir in diesem Roman eine weitere Literaturform, nämlich das Interview, hier in der verkappten Form, daß das Interview, unter Fortlassung der Fragen, zu großen Monologen montiert wird (die ‚anderen Pubertäten'). Die Interview-Literatur Fichtes reicht bis in die frühen 60er Jahre zurück und zeigt, daß Fichte schon sehr früh die autobiographische Selbstbefragung um die Fremdbefragung erweiterte. Spätestens 1974 beginnt Fichte das Romanprojekt ‚Die Geschichte der Empfindlichkeit', wobei noch unabsehbar ist, was es bedeutet, daß Fichte bereits für die Zeit von 1967 vom Plan zu seinem roman fleuve spricht (Alte Welt II, 407). Dieses Romanprojekt entspricht nun überhaupt nicht mehr dem Befund, wonach Fichte zur Ethnopoesie übergegangen sei, nachdem er seine Lebensgeschichte ‚ausgeschrieben' habe. Nachdem jetzt große Teile des nachgelassenen Romanwerks veröffentlicht worden sind, verdichtet sich vielmehr der Eindruck, daß Fichte sowohl die autobiographische wie die ethnopoetische Schreibweise teils nebeneinander, teils integriert weiterentwickelt hat. Das ethnopoetische Schreiben hat höchstens die Hälfte, wenn nicht weniger, der schriftstellerischen Konzentration Fichtes in Anspruch genommen, wenn man nicht, mit gutem Grund, davon ausgeht, daß eine – gewiß noch nicht völlig bewußte – Verzahnung von autobiographischem und ethnographischem Schreiben von Anfang an bestand, dann nämlich, wenn man die frühen Texte als Ethnographie der Heimat liest.

Der literaturwissenschaftlichen Phaseneinteilung (frühes autobiographisches Werk, später die Zuwendung zu fremden Kulturen) liegt selbst ein literarisches Muster zugrunde, nämlich das Modell des Bildungsromans, den ein Autor nicht nur schreibt, sondern den er in seinem Leben auch durchläuft. Und eben dies ist im Fall Fichtes unhaltbar. Das Autobiographie- und Roman-Modell der Literatur des 18. und des 19. Jahrhunderts selber zum Deutungsschema einer Schriftstellerbiographie zu machen, entspricht einem Vorurteil, das aus der Germanistik bis in die Literaturkritik gedrungen ist, jedoch auf Hubert Fichte wie die meisten Autoren der Moderne nicht paßt. Denn diesem Modell liegt, nahezu unvermeidlich, ein Begriff von Identität zugrunde, wie er in der Tradition der idealistischen Subjektphilosophie entwickelt wurde und herrschend blieb noch in den gegenwärtigen soziologischen Rollen- und Identitätskonzepten und den von ihnen abgeleiteten Theorien des autobiographischen Schreibens.

Diesem Konzept liegen erhebliche Voraussetzungen zugrunde. Zunächst die Behauptung, daß das individuelle Leben sich von der Kindheit bis zum Erwachsenendasein entwickelt über spezifische, aber universelle Reifungskrisen. Durch diese Reifungskrisen hindurch realisiere sich eine evolutionäre Logik, eine Art Teleologie, welche jede frühere Stufe eines Lebens als notwendiges Moment späterer, reiferer Ich-Formationen absorbiert. Ziel ist die Ausbildung eines Ichs mit folgenden Funktionsmerkmalen:

1. **Autonomie.** Diese wird verstanden als das Ergebnis eines Prozesses zunehmender Unabhängigkeit von jenen Determinationen, die in den Herkunftsmächten eines Subjektes liegen, also Determinationen durch die Zwänge von Trieben, durch die Eltern, durch die moralischen Normen, die verinnerlicht werden, durch die gesellschaftlichen Sozialisationsinstanzen, von denen das Ich abhängig ist. Autonomie konzentriert sich in einem Bedürfnis; sie wird also verinnerlicht und verwandelt in eine Wunschstruktur; man ist nicht autonom, sondern man möchte es auch sein, man möchte gewiß sein, in Handlungszusammenhängen selbständig sich entwerfen und entscheiden zu können.

2. **Identität:** Sie ist eine Funktionsebene des Ichs, durch welche in allen denkbaren Situationen, Erfahrungen und Konflikten das Ich sich seiner inne ist, wer es ist. Identität ist ein System gut funktionierender Abgrenzungen des Ich von Anderen und Anderem. Diese Abgrenzung wird als ständig erlebt und das eigene Selbst darin positiv narzißtisch (als unverwechselbar, ‚jemeinig‘, besonders) besetzt.

3. **Flexibilität:** Sie wird bestimmt als die Fähigkeit zwischen eigenen Bedürfnissen, Dispositionen und moralischen Prinzipien einerseits und den wechselnden Anforderungen externer Realitäten andererseits situativ beweglich zu vermitteln. Dieser Flexibilität, durch die der Veränderung von Zeit und Geschichte, von moralischen Normen und Wissen Rechnung getragen wird und welche das Leben nicht in Wiederholungsritualen erstarren läßt, korrespondiert auf der anderen Seite die Forderung nach

4. **Konsistenz.** Sie meint, metaphorisch gesprochen, im panta rhei des Lebens die Fähigkeit, sich unverwechselbar, besonders, eigentümlich, eigensinnig, zusammenhängend durchzuhalten. Ein Mensch, der in sich kohärent ist, nannte man früher einen „Charakter". Heute ist damit eher funktionalistisch die Fähigkeit gemeint, innerhalb bestimmter Varianzen einen wiedererkennbaren, nicht nur kontingenten und heterogenen, Widersprüche balancierenden Entscheidungs- und Handlungsstil, einen ‚Habitus' aufzuweisen.

Man kann an diesen vier Kategorien des heute gängigen Ich-Konzepts erkennen, daß Autonomie und Flexibilität einerseits und Identität und Konsistenz andererseits zueinander gehören. Sie sind gleichsam paarweise auf den beiden zentralen Ebenen des Ichs angeordnet: auf der pragmatischen Ebene die Autonomie und Flexibilität und auf der Ebene des Selbstbewußtseins die Leistung der Identität und der Kohärenz. Während in der Philosophie, so weit sie auf der Linie des deutschen Idealismus liegt, dieses Ich-Konzept als Konstruktion von nichtrealen, sondern transzendentalen Strukturen des Subjekts verstanden wurde, ist in der Literatur, spätestens seit Goethes „Werther", immer deutlich gewesen, daß jedwedes Subjekt nicht transzendental konstruiert, sondern historisch gebildet wird. Diese Einsicht verdankt sich dem Unterschied zwischen philosophisch diskursiver Konstruktion und narrativer Entwicklung des Ichs, wie er durch die Ausdifferenzierung von philosophischen und wissenschaftlichen Diskursen einerseits und des Bildungsromans und der Autobiographie andererseits absehbar wurde. D.h. in der Literatur erwiesen sich die sogenannten transzendentalen Strukturen als historische Bildungen. Dieses literarische Wissen wurde im Verlauf des 19. und endgültig im 20. Jahrhundert eingeholt auch von der Soziologie, der Psychologie und den Entwicklungstheorien, in denen die Identitätstheorie systematisch als eine Theorie lebensgeschichtlicher Bildungsprozesse von Subjektivität herausgearbeitet wurde. Subjektivität wurde nicht mehr statisch, ahistorisch, sondern (und das ist ein Gewinn) als bewegt-bewegend, als historisch-prozessual und als Funktions-ensemble verstanden. In jedem Fall lag der Literatur wie der philosophischen oder soziologischen Konzeption von Subjektivität ein normativer Ansatz zugrunde. Eben jenes nicht perverse, sondern gereifte und normale, nicht triebgeschüttelte, sondern Bedürfnis balancierende, nicht böse, sondern moralisch handelnde, nicht Elternschaft verweigernde, sondern sich in der Generationenkette positionierende, im historischen Netz gut verortete ICH. Ein Ich, das funktional leistungsfähig, gleichwohl emotional lebendig agiert, in Übereinstimmung mit anderen und gleichwohl unverwechselbar eigentümlich handeln soll. Bei allen theorieinternen Differenzen ist dieses Konzept zwischen Wilhelm Dilthey bis zu Jürgen Habermas das große Gemeinsame der Entwürfe von Subjektivität.

Das autobiographische Erzählen nun, sofern es literaturwissenschaftlich konzeptualisiert wurde, fand in dieser Theorietradition seinen Platz. Man ging durchschnittlich davon aus, daß alles individuelle Leben durch Krisen und Konflikte zwischen innerer und äußerer Welt hindurchgeht, daß jedes Individuum lebensgeschichtliche Frustrationen und Traumatisierungen hinnehmen muß, daß Irritationen und Erschütterungen verschiedenster Art den Bestand des Ich phasenspezifisch gefährden. Von da aus hat das autobiographische Erzählen die Funktion zugewiesen bekommen, im

Lichte späterer Formationen des Ichs die Widersprüche, Problemzonen, die Konflikte und Verletzungen der eigenen Geschichte in einen erzählerischen Zusammenhang zu bringen. Das autobiographische Erzählkontinuum ist dabei der ästhetische Ausweis davon, daß die destruktiven und die zentrifugalen, die zwanghaften und die erlittenen Erfahrungen überwunden und auf einer höheren Ebene der Ich-Organisation aufgehoben sind. Die autobiographische Erzählorganisation als ästhetische Form ist schon der Ausdruck einer höheren Ich-Organisation. Autobiographisches Erzählen ist mithin das Erzählen vergangener Problemlagen und Krisen im Lichte ihrer Lösung und Überwindung. Dadurch gewinnt der autobiographische Text Kohärenz in der erzählinternen Zeitdimension, und er gewinnt Konsistenz in der erzählstrukturellen Komponiertheit. Beides sind Marken der erreichten Kohärenz und Konsistenz des Ichs selbst. Die Textform also der Autobiographie klassischer Prägung ist der Ausweis von Identität und Autonomie des Ich. Und daher ergibt sich jene enge, beinah unauflösbare Verschweißung zwischen der subjektphilosophischen Tradition und der autobiographischen Form, vermittelt über die literaturwissenschaftliche Konzeptbildung autobiographischen Erzählens.

All diese ideologischen Voraussetzungen (und es sind ideologische Voraussetzungen) der im autobiographischen Erzählen ausgewiesenen Ich-Identität haben sich sozialgeschichtlich wie literaturgeschichtlich als naiv und obsolet erwiesen. Wenn man nicht schon Jean Paul als den ersten Autor der Dezentrierung des Subjekts bezeichnen will, so gilt spätestens seit Robert Musils Roman „Der Mann ohne Eigenschaften", daß ein solcherart idealisiertes Subjektkonzept eine Fiktion ist. Die Literatur, obwohl sie gewiß auch nach 1900 weiterhin dem Individuellen, dem Besonderen und Unwiederholbaren verschrieben ist, entwickelte in der Krise des Erzählens eine Kritik auch an dieser Fiktion des identischen Subjekts. Es sind mindestens drei Ebenen, auf denen die Literatur Erfahrungen der Subjektauflösungen thematisierte, die ineins Auflösungen der autobiographischen Form des Erzählens bedeuteten:

Die erste Ebene wird durch den Einbruch der Psychoanalyse um 1900 markiert. In ihr finden die Erfahrungen des Unbewußten, des Archaischen und Naturhaften am Menschen, insbesondere seiner Sexualität ihren diskursiven Ort. Die unbewußten Determinationen und die Ubiquität der Sexualität ist es, die bei Freud die Einsicht reifen lassen, daß der Mensch nicht „Herr im eigenen Hause" ist. Bereits damit ist das Ideal des souveränen Ichs, das Ideal der Autonomie aufgehoben, auch dann, wenn Freud die Psychoanalyse selbst in den Dienst der Aufklärung und des Bewußtseins stellte. Es sind dezentrierende, unpersönliche, schwer oder gar nicht zu kontrollierende Mächte im Inneren des Subjektes, welche die Zentralität des Bewußtseins, als Kern von Identität, gefährden oder auflösen. Die psychoanalytische Einsicht wurde vorbereitet und begleitet von einem breiten Prozeß der literarischen Entdeckung eben dieser Dezentrierung des Subjekts. In der Literatur kann man ferner so etwas wie den Einbruch des Körpers beobachten. Dieser war nicht länger als das beherrschte Instrument in die Regie planender Vernunft zu nehmen, sondern behauptete einen gewissermaßen wilden, archaischen, rituellen Eigensinn. Und man entdeckte, daß die Agentur der Gesellschaft, in der das Ich sich in friedlichen Reifungsprozessen bilden sollte, nämlich die Familie, eine andere Form der Hölle war. Alle diese literarischen und diskursiven Entdeckungen offenbaren Tiefenschichten der Person in den überpersönlichen Riten des Körpers und der Triebe. Es sind Entdeckungen der Urgeschichte gerade in den Avantgarden der Moderne. Darum ist die metaphorische Bindung der Psychoanalyse an den Mythos des Ödipus ebensowenig zufällig wie frühere Versuche, die Psychoanalyse zu erweitern um die Dimensionen der Ethnologie und Mythenforschung. Immer geht es hierbei auch um die in die Moderne selbst eingeschlossenen Archaismen und Exotismen, um die Mythologien, Magien, rituellen Zeremonien der modernen Gesellschaft im Spiegel des Uralten.

Die Entdeckung des Fremden, Exotischen, Außereuropäischen im Kubismus oder bei Carl Einstein wie zuvor schon bei Gauguin und Rimbaud, das hieß immer auch die Entdeckung des Automatischen und des Rituellen in Körpervollzügen, in seelischen Ereignisketten, in psychischen Reifungskrisen. Riten aber, Initiationen, Zeremonien sind Merkmale einer voraufklärerischen Vormoderne, die mitten im Kern der Moderne bewußt und zur ästhetischen Gestalt wird. Schon dies macht es schwer, die Fiktion des aufgeklärten, selbstbewußten Subjektes aufrecht zu erhalten. Bereits bei einem der einflußreichen Theoretiker um 1900, bei Ernst Mach, in der „Analyse der Empfindungen" findet sich der Satz: „Das Ich ist unrettbar". Musil löst entsprechend das subjektzentrische Erzählen auf als eine fiktionale Naivität, in der sich „Herr im Hause", wie er Freud zitierend sagt, nur fühlen kann, wer über eine spezifische Verkürzung des Verstandes verfügt, eine Art perspektivischer Engführung in der Wahrnehmung seiner selbst und der Welt. Den Begriff Perspektive übernimmt Musil von Nietzsche. Perspektive meint hier, daß das Leben im Gefühl einer unverwechselbaren Ich-Identität ein ständiges Ausblenden ist der archaischen Konstitutionsbedingungen des Individuums jenseits seines Bewußtseins. Hiermit sind die historischen Grenzen des Programms des Selbstreflexivität erreicht und ihr Anspruch, alles Naturhafte, alles Körperliche, alles Phantastische, alles Historische in Reflexion auflösen zu können, wird nicht ohne Ironie verabschiedet.

Die zweite Ebene wird durch den Einbruch der industriellen Massengesellschaft gebildet, im Verbund damit das Eindringen der Soziologie in das öffentliche und damit auch literarische Bewußtsein. Die Literatur registriert ab 1900 zunehmend schärfer, daß die moderne Gesellschaft, von der durchrationalisierten Lebenswelt über die Groß-organisationen von Verkehrs- und Verwaltungssystemen bis hin zu der technischen Durchdringung und Verplanung der Produktion einschließlich der industriellen Form des Krieges, Strukturen schafft, die gegenüber dem Individuum gleichgültig und immun sind. Ja, die gesellschaftlichen Apparate eignen sich Menschen als Funktionselemente und mechanische Teilkörper an. Die modernen Organisationsformen abstrahieren von der Jeweiligkeit und lebensgeschichtlichen Prägung der Menschen, um sie als uniforme Masse den Imperativen der sozialen Megamaschinen einzuverleiben. Gegen diesen Machtblock erscheint das identische Selbst als eine residuale Schwundstufe des historisch überholten Idealismus ohne jede soziale Deckung. Im Gegenteil erscheint Subjektivität in der Literatur nach 1900 zunehmend als eine Lebensform von exterritorialen Außenseitern, von chancenlosen Outdrops und marginalisierten Künstlern, von Perversen und Wahnsinnigen. Der Eigensinn des Subjektes ist gesellschaftlich der Wahnsinn oder auch das Verbrechen. Das ist die

Einsicht, die der Expressionismus vollzieht. Allenfalls einige ästhetisch differenzierte und zugleich erfolgreiche Künstler, wie z.B. Thomas Mann, konnten sich den Luxus autonomer Subjektivität leisten. Die meisten hatten den Preis der Dezentrierung zu zahlen, je nach sozialem Status: Armut, Leiden, Krankheiten, Neurose, Psychose, Wahnsinn, Außenseitertum.

Angesichts solcher strukturellen Umwälzungen kann der Roman nicht mehr das Erzählen von Lebensgeschichten in der aufsteigenden Linie von Ich-Differenzierung sein, sondern im Gegenteil ein Erzählen von unlösbaren Konflikten, von unheilbaren Traumatisierungen, irreversiblen Entdifferenzierungen, von subkulturellen Abweichungen ohne Integrationschancen. Das kann man sehen an den großen Romanen von Kafka, Döblin, Broch, Musil, aber auch an den Kriegsromanen des ersten Weltkriegs, insofern sie die Vergleichgültigung des Menschen in den destruktiven Megamaschinen der Kriegsarbeit darstellen. Die Situation des Menschen in der Literatur erscheint überwiegend unter dem Emblem seiner anhaltenden Katastrophe. Im ganzen kann man sagen, daß die Erzählliteratur nach 1900 auch strukturell überwältigt wird durch die Mächte der Gesellschaft und durch das abstrakte Allgemeine des sozialen Handelns. Dadurch wird auch das Modell des autobiographischen Erzählens angegriffen. Die gesellschaftlichen, ökonomischen, politischen, wissenschaftlichen Machtkonzentrationen vollziehen schon in der klassischen Moderne das Ende des Subjektes und damit auch das Ende der Metaphysik des Logos, der Vernunft, des intelligiblen Ich oder des in Gott resümierten Sinns der Welt. Zugleich werden die Erfahrungen der Ohnmacht und des Ausgeliefertseins oft zu Anlässen für neue Formen von Metaphysik, Religion und Mythisierung: Fluchtbewegungen vor dem Zugriff der gesellschaftlichen Apparate und vor einer nahezu vollständig scheinenden Determination des Menschen durch die Objektwelt. Sinnsuche, Remythisierung, neue religiöse Interessen, Bildung exotischer Subkulturen findet man in der Literatur seit Rilke, George, Hofmannsthal. Bei Hesse blühen neue Religiosität und Exotismus. Doch ist die Wendung zu vormodernen Herkunftswelten verbreitet und ablesbar auch an der Konjunktur von Esoterik, Kabbala und Alchemie in der Kunst nach 1900. Oft wird die Gesellschaft der Moderne selbst als eine Form mythischer Realität verstanden. Die Unwiderstehlichkeit und der Schicksalscharakter der technischen Moderne erzeugt so etwas wie Industrie- und Kriegsmythen – wie man sie findet im Expressionismus, in der frühen Arbeiterliteratur, bei Ernst Jünger. All diese sozialen Erfahrungen wie auch die vergeblichen Versuche, sie abzuwehren und in neue religiöse oder metaphysische Lösungen zu überführen, zeigen prinzipiell die Unmöglichkeit eines subjektzentristischen, autobiographischen Erzählens.

Die dritte Ebene, auf der das Autobiographie-Modell zusammenbricht, ist die Ebene der Sprache und der Kommunikation. Die Fiktion des Subjektes hängt am Logozentrismus. An der Idee nämlich, daß das Subjekt sich im Zusammenhang vernünftig geregelter Kommunikation und Redeweisen bildet. Die Literatur nach 1900 aber entdeckt, daß es keine Konvergenz von Vernunft und Sprache gibt. Vielmehr stellt die vernunftförmige Sprache innerhalb des sprachlich Möglichen und des kommunikativ Realen nur einen winzigen, disziplinierten Ausschnitt dar. Das ist auch eine philosophische Entdeckung von Wittgenstein, vor allem ist es eine Entdeckung der österreichischen Literatur. Was heißt das?

Zum einen: die realen Kommunikationsformen erweisen sich als weitgehend von Macht durchsetzt. Sie bilden keinen Raum eines identitätsstiftenden, sprachlichen Handelns. Sondern sprachliches Verhaltens ist formell geregelt durch Hierarchien, Kommandostrukturen und durch die Verkoppelungen der passiven Kommunikationsteilnehmer mit den modernen Massenmedien der damaligen Zeit, also Zeitung und Radio. Karl Kraus ist der gründlichste Aufdecker der verhunzten Sprache. Sprachverhalten gehorcht, so die Einsicht, dem weitgehend automatisierten stimulus-response-Schema in konventionalisierten Regelabläufen. Zum anderen entdeckt die Literatur die Eigenmacht der Sprache, wie sie auch von Freud in bestimmten unbewußten Mechanismen analysiert wurde. Im Witz nämlich, im Versprechen, in den metaphorischen und metonymischen Sprachfiguren, in den assoziativen Verkettungen, in alogischen, agrammatischen Wortfolgen, in den privatsprachlichen, also kommunikativ ausgeschlossenen Symboliken und semantischen Neubesetzungen von Verrückten und anderen, in spontanen Sprachschöpfungen, im Lallen, in Litaneien und rein klanglichen Sprachfolgen, in Sprachstörungen, die von korrumpierten Grammatiken und Semantiken bis zur Aphasie reichen können, entsteht ein Kosmos von ungeahnten Sprachformen jenseits der vernünftigen Rede des Subjekts.

Diese sprachlichen Phänomene dementieren die Verzahnung von Subjektautonomie und sprachlich kultivierter Differenzierung. Sie werden von den literarischen Avantgarden bewußt eingesetzt, also nicht nur erlitten wie in den Sprachzerstörungen von Kranken und Opfern. Die Literatur macht diese Sprachzerstörung selber zu Kunstmitteln, nutzt sie zu sprachlichen Innovationen, überführt sie in ästhetisch willkürliche, intendierte Sprachdeformationen, die nun ihrerseits als Kritik funktionieren jenes sprachsouveränen Subjektes, das nun nicht mehr Herr über sein Sprechen ist, sondern einer Sprache, seiner Sprache und der Sprache der Anderen unterworfen ist.

Geht man von angeführten drei Dimensionen aus, die bis 1933 alle realisiert und technisch-künstlerisch bewältigt sind, wird man zugeben, daß weite Teile der Nachkriegsliteratur und besonders die am biographischen oder autobiographischen Modell orientierten Autoren ziemlich naiv und ästhetisch regressiv sind. Dagegen bewegt sich Fichte – aber natürlich auch andere Autoren – in seinen autobiographischen Texten auf der Höhe der Einsichten, die von der nahezu absoluten Gefährdung des Subjektes in der modernen Gesellschaft ausgehen. Literatur kann nur in der radikalen ästhetischen Gestaltung des ent-setzten Ich den Versuch wagen, das Subjektive dennoch zu retten – das Subjektive, nicht das Subjekt. Entsetzung des Ich soll hier meinen: zum einen das Entsetzen, das in die Strukturen der modernen Gesellschaft eingebaut ist und sich in den Subjekten als Schrecken, Angst, Terror, Zerstörung verkörpert. Dies meint die mannigfachen Formen der Entpersönlichung und Entdifferenzierung des Ich. Entsetzen kann jedoch auch ein Freigesetztwerden heißen, Freisetzung von den rationalistischen Strategien der Ich-Formation oder des gesellschaftlichen Konformismus; sowie schließlich ein Freisetzen der historischen Schichten und des Unbewußten des Menschen, Freisetzung für Erfahrungen des

Unwiderruflichen, des Widerfahrens dessen, worüber man nicht Herr wird, dessen, dem man unterliegt, dessen, was möglicherweise subhuman oder übermenschlich, mythisch oder mystisch ist. Die Frage nach dem Subjekt, dem Subjektiven, dem Überlebenkönnen, der Rettung und dem Rettungslosen ist eine Grundfrage Fichteschen Werkes.

4. Poetik des Anderen und Heteronomen

Wissenschaft und Magie als Pole der Sprache

Seit Wissenschaft als disziplinierter Diskurs existiert (ich sehe hier von anderen Momenten von Wissenschaft ab, wie Experiment, Beobachtung, Messung usw.) – also: seit Aristoteles –, wird Literatur als andere Redeform bewußt. Literatur ist zunächst und vor allem Darstellung und ist nicht primär Dargestelltes. Sie ist Vergegenwärtigung von Vergangenheit (Mnemosyne). Sie ist ein Ensemble von nichtdiskursiven Wirkungen, die in der Topik und Rhetorik der Literatur zu fassen sind. Für Fichte heißt dies zunächst, daß Literatur in der Magie, im Ritus wurzelt. Die ältere griechische Tragödie, so führte er in ‚Mein Freund Herodot' aus, bildet den Übergang vom Mythos zur Literatur und ist darin gerade noch verstehbar als die rituelle Vergegenwärtigung sakraler Ereignisse. Für Fichte ist die Tragödie eine Quasi-Liturgie. Die Tragödie markiert mithin die Epochenwende von der liturgischen, magischen Form zum autonomen literarischen Kunstwerk. Also eine Wende im Säkularisierungsprozeß, den Fichte zwischen Euripides und Sophokles beginnen läßt. Des weiteren nimmt Fichte an, daß diese magische Wurzel durch die Geschichte hindurch der Literatur immanent bleibe: *Dichterwort war Orakelwort, Macht, Welt, von Homer bis Rimbaud und Kafka ...* (HuL I, 387) Das will sagen: der Literatur liegt ein Zeichenbegriff zugrunde, oder besser: ein Zeichenereignis, worin sich eine *Identifikation des Wortes mit der Welt* vollzieht, ein *trancetragender Gleichklang* (HuL I, 387) von Wort und Geschehen, von Wort und Ding, von Wort und Heiligem. Darin wirkt die sprachmagische Überzeugung, daß Wörter eigenmächtige, eigenlebendige Wesen seien. Fichte zitiert frühgriechische Steininschriften an den Kolossen von Abu Simbel und den Götterstatuen in Nubien, wo die Wörter *ich zu sich selbst sagen*. So heißt es etwa: *Telephos hat mich geschrieben.* (HuL I, 413;387). Und solche nahezu autopoietischen Phänomene einer archaischen Sprache im Gegensatz zur literarischen Poiesis des Autors sind es, die Fichte die Formeln bilden läßt:
Magie und Tragödie.
Zauberspruch und Schriftstellerei. (HuL I, 419)
   Diese Zweipoligkeit religiöser und säkularisierter Elemente der Schrift gilt noch für Fichtes poetischen Wahlbruder Herodot, *der die Welt in Wörtern neu erstellte und verstellte* (HuL I, 419), also die Welt in ein Buch zusammenzuziehen versuchte. Die Welt als Buch, das Buch als Welt – liegt darin der Antrieb des Schreibens seit Herodot? Bis hin zur babylonischen Bibliothek von Jorge Louis Borges? Herodot je-

denfalls betrieb – so Fichte – das Programm einer *Weltverwörterung*, einer *Verwörterung der Welt* (HuL I, 410/413;419). Dieses Programm chrarakterisiert indessen nicht nur Herodot und nicht nur Fichte selbst, sondern, wie er meint, die Wurzel von Literatur überhaupt: *die Welt mit Zeichen überdeckt* (HuL I, 410); die Welt als Wort, im Wort. Ohne eine sprachmagische Grundströmung ist ein solches poetisches Programm, wie Fichte es an Herodot entwickelt und für sich selber in Anspruch nimmt, unsinnig.

Hier begegnet die Literatur vielleicht in ihrer größten Entfernung zu Wissenschaft – und das füllt den Begriff von Literatur nicht aus und Fichtes Schreiben schon gar nicht. Um das zu verdeutlichen, kann das dokumentarische Verfahren zum Ausgang genommen werden. Zwar reicht es nicht wie die Tragödie ähnlich weit in archaische und magische Praktiken zurück, dennoch ist es uralt. Das Erzählen dessen, was war, ist ein Sich-Verankern in der Genealogie der Ahnen, im Herkommen, ist also zuerst ein Positionieren in der Ordnung der Zeit. Und Erzählen ist ein Bericht dessen, was anderswo ist. Für den Reisenden, sei es der Krieger, Händler oder schon in der Antike der Bildungsreisende und Exilierte, ist es ein Erzählen des Fremden, im Verhältnis zu dem man verstehen lernt, wer man selber ist. Erzählen ist also tendenziell die Relativierung des Eigenen im Spiegel des Anderen. Das geschieht durch die Herstellung von narrativen Topographien, einer Erzähl-Ordnung der Räume, durch eine mentale Geographie in Wörtern. Natürlich spriessen aus dieser Wurzel auch die Mythen, die Flunkereien, die Legenden, Sagen, Märchen, sproßt die Möglichkeit des Großsprechens und der Lüge, also die Freiheit der Fiktion: Geburt des Autors. Aber aus dieser Wurzel schreibt sich auch der Bericht her, die Reiseliteratur in allen ihren Formmöglichkeiten, die Ethnographie und die Historie. Darum ist es Fichte zu tun – und auch hier greift er hinter die dokumentarischen Verfahren des 20. Jahrhundert zurück auf ältere Traditionen, nämlich erneut auf Herodot. Doch warum?

Im 20. Jahrhundert – was heißt hier Dokumentarismus? Sofern er Literatur oder auch nur historische Quellensammlung ist, stand und steht der Dokumentarismus im Schatten des Positivismus. Das gilt auch, wenn der Dokumentarismus, wie oft, verknüpft ist mit aufklärerischen Impulsen, also die Aufdeckung von Sachverhalten und die Überführung von Aberglauben, Ideologien, Vorurteilen durch gezielte Komposition von Informationen anstrebt. Positivismus heißt hier die Unterschlagung der Bildungsbedingungen, unter denen Informationen überhaupt zustandekommen; heißt ferner die Abstraktion von der Erfahrungsmaterialität des Schreibenden, der berichtet und nicht vorkommt im Text; und Positivismus heißt Absehung vom Mitspielen der Sprache der Darstellung, die mit dem Dargestellten naiv gleichgesetzt wird oder, wie es Fichte in den ‚Ketzerischen Bemerkungen für eine neue Wissenschaft vom Menschen' (1976), sagt: *Der Typus der Beschreibung und der Typus des Beschriebenen gehen unkritisch ineinander auf.* (Petersilie, 359) Dokumentarismus als Faktographie, so will Fichte sagen, ist bloßer Schein, ein Effekt der Selbsttäuschung des Autors und der Täuschung der Hörer und Leser, denen suggeriert wird, die dargestellte Sache sei identisch mit der Darstellung der Sache. Jedes Dokumentationsverfahren dieses Schlages ist Objektivismus – es unterwirft sich dem wissenschaftlichen Informationsbegriff, dem Kriterium wissenschaftlicher Wahrheit und verfehlt dabei sich selbst, ohne wirklich Objektivität zu gewinnen. Selbst noch, wo, wie bei Georg Lukács, gegen die faktographisch-positivistische Reportage das Prinzip der ästhetischen Gestaltung gesetzt wird, schwebt im Hintergrund, nämlich als Doktrin des sozialistischen Realismus, das Ideal der objektiven Wahrheit, auf die hin jede ästhetische Operation verpflichtet wird als dienende Funktion.

Für Fichte, der wie kaum ein anderer Autor dokumentarisch verfährt, ist die positivistische Methode sowohl in der Literatur wie in der Wissenschaft nicht nur naiv und überholt, sondern gefährlich: eine Fortsetzung des Kolonialismus in den Humanwissenschaften selbst:

Die Unmenschlichkeit, die Verachtung des Sprachlichen gehen in den Wissenschaften vom Menschen so weit, dass es Forscher gibt, die, ohne auch nur Portugiesisch zu sprechen, über den brasilianischen Synkretismus arbeiten, die von afrikanischen Geisteskranken publizieren, ohne eine afrikanische Sprache zu beherrschen – oder gar zu verstehen.

Da wird der wissenschaftliche Jargon zur Ausdrucksweise des blanken Neokolonialismus. Er verhüllt Zusammenhänge, anstatt sie aufzudecken, er verdrängt seine ideologischen Reflexe, anstatt sie zu reflektieren.

Eine solche Sprache powert aus, quält, und es ist Qual, sie aus sich herauszudrücken – so dass endlich die Verursacher der sprachlichen Umweltkatastrophe in ihr mithusten. (Petersilie, 360)

Fichte kritisiert, daß die Sprache der Wissenschaft sich über die Sprache derer legt, die erforscht werden: die also stimmlos gemacht und somit wahrhaft zum Objekt, zum Material werden. Die Wissenschafts-Sprache schiebt sich als Block der Abwehr und Verdrängung vor das Besprochene, unterschlagend, daß das Besprochene selbst Sprache ist und Sprache hat: es sind Menschen. Dadurch entsteht eine Art Unbelehrbarkeit der Wissenschaft, weil diese sich als Wissen über ihr Objekt etabliert, nicht aber ein Vernehmen ist, ein Zuhören, Sich-Belehren lassen. *Lernen wir von den Erkenntnissen der Indianer, der Afrikaner, der Araber?/ Von ihren Ernährungsweisen? Ihrer Architektur? Ihrem Städtebau?/ Ihrem Gesundheitswesen?* (Petersilie, 361). Die Antwort lautet „nein" und die Folge davon ist: *Die Sprache des wissenschaftlichen Weltbildes hat sich die Welt ähnlich gemacht und die Verkrüppelungen in dieser Sprache sind mitverantwortlich für die Verkrüppelungen in unserer Welt.* (Petersilie, 361) Die Metapher *sprachliche Umweltkatastrophe* ist real gemeint. Die Verseuchung und Vergiftung der Sprache in der Form wissenschaftlicher Objektivität ist für Fichte eine Ursache für die realen Verseuchungen in der sozialen und natürlichen Umwelt.

Dieser methodologische Neokolonialismus dringe bis in die Operationen und Tricks der ‚Menschenforscher' ein, die ihre Gegenstände, Indianer, Schwarze usw., verhören, ihnen Informationen abkaufen, ihnen Wissen ablisten, sie entmündigen – oft genug von einer Position der Verachtung aus, des Unbeteiligtseins, der Unempfindlichkeit, der Unberührtheit, als seien dies Tugenden des Wissenschaftlers.

Es ist bekannt, daß Fichte den Wissenschaftsbetrieb als Einrichtung des Hochmuts, der Ignoranz, des Eigendünkels und der kolonialen Macht aus schärfste kritisiert hat. Mehrfach hat er davon gesprochen, daß die Wissenschaft als soziale Einrichtung dringend selbst einer ethnologischen Erforschung bedürfe, damit sie ein Bewußtsein ihrer eigenen Ritualisierungen und Reduzierungen bekäme (Petersilie, 361). Ja, weil

Fichte das Wissen so hochschätzt, verachtet er die Wissenschaft. Doch weil er das Wissen hochschätzt, mißachtet er ebenso das, was er das *Zupoetisieren* (Petersilie, 363) in der Literatur nennt. *Zupoetisieren* – das ist, wenn an die Stelle genauer Beobachtung und reflektierter Erfahrung der Schein der Autonomie, die poetische Willkür und die mit sich selbst spielende Phantasie treten. Das Fichtesche Programm einer *poetischen Anthropologie* (Petersilie, 365) heißt mithin zuerst Kritik: Wissenschaft ist sprachliche Entmündigung der Menschen und sie entbehrt jedes Kunstverstandes. Zugleich impliziert dies auch eine Kritik der Literatur, wenn und insofern sie glaubt, auf die Disziplinen der geregelten Beobachtung und der Logik verzichten zu können. Positiv zielt Fichte *auf eine mögliche Erweiterung der Wissenschaft durch poetische Kategorien* und ineins damit auf eine *Fundierung des Poetischen durch empirisches und logisches Vorgehen* (Petersilie, 365) Also: Literarisierung der Wissenschaftssprache und Erfahrungsgebot der poetischen Sprache! Wissenschaft soll Sprachkunst werden und das heißt nicht nur, die Sprache des Anderen – die Fremdsprache – können, sondern über alle Facetten des darstellenden Sprechens verfügen. Fichte nennt: Redefiguren, Periphrasen, Spielformen, Concetti, Rhythmus, Timbre, Schärfe, Raffung, Widersprüche, Metaphern, Assoziationen, Fragment, Litanei, Korrespondenzen. Sie alle könnten Stilform der Wissenschaft selbst sein.

In der Tat berührt Fichte mit dieser Literarisierung der Wissenschaft ein Tabu. Denn Wissenschaft hat sich gerade durch Abgrenzung von Kunst gebildet und ist dadurch erfolgreich geworden. Umgekehrt, die Literatur betreffend, haßt Fichte nichts so sehr wie das Adjektiv oder die Metapher, stellvertretend für alles, was er schlechte Poetisierung nennt ohne Informationsgewinn. Denn, und darin ist Fichte Aufklärer, Literaten sollten *auf die Stichhaltigkeit ihrer Aussagen hin befragt werden* (Petersilie, 364). Sprache des l'art pour l'art interessiert Fichte nicht. Er beargwöhnt sie als inhaltsleere Modeware im Rhythmus der Büchermessen.

Man erkennt, daß die Diskussion des Dokumentarismus bei Fichte zur Erkundung eines Feldes zwischen Literatur und Wissenschaft führt. Auf diesem Feld entwickelt Fichte die Techniken, die ihn charakterisieren werden: es ist die Collage, das Interview und das Feature (Petersilie, 364), das Fichte einmal das *Siegel meiner Arbeit* nennt.[1] Diese drei, zwischen Wissenschaft und Literatur changierenden Verfahren sollen im folgenden eingeführt werden.

Das Interview und die Frage

Das Interview ist eine Form der journalistischen Recherche. Gewöhnlich kennen wir zwei Formen des Interviews, die beide autoritativ sind. Die eine Form ödet aus den Medien an, wo Journalisten Impulsgeber sind zur Selbstdarstellung von Politikern und Prominenten. Eine abgekartete Pseudokommunikation mit Pseudoinformation und mit einem Maximum von Personality-Show. Bei der anderen Form unterwirft sich der Fragende nicht dem Ritual der Selbstinszenierung des Befragten. Sondern umgekehrt hat oder maßt der Fragende sich selbst Autorität an, so etwa im Verhör

---

[1] Hubert Fichte im Gespräch mit Peter Laemmle. NDR 28.10.1980, S. 16.

und der Beichte. Letztere sind nicht in einer Medien-Öffentlichkeit, sondern einer institutionellen Privatöffentlichkeit situiert. Auch das wissenschaftliche Interview war (und ist es heute nicht unbedingt) eine Szene der Reduktion, worin der Befragte oft als bloßer Informant zu funktionieren hatte für Zusammenhänge, die er weder durchschauen noch kontrollieren konnte. Die politische, polizeiförmige und wissenschaftliche Verderbnis des Interviews trifft ein höchst flexibles, weiches Mittel der Wissenserzeugung. Auch dann, wenn es gelingt, unterscheidet es sich grundsätzlich vom Dialog oder Gespräch, denn im Interview sind die Rollen der Sprecher asymmetrisch verteilt. Der Fragende und der Antwortende bilden zwei strukturell geschiedene Rollen der Szene. Das ist durchaus prekär, weil tendenziell darin Macht ausgeübt werden kann oder Ängste ausgelöst. Denn das Monopol der Frage ist eines der Macht, das den meisten Menschen in vielen Kulturen aus ängstigenden Situationen bekannt ist – die Fragen der Eltern, der Priester, der Lehrer, der Polizisten, der Vorgesetzten. Die Perversion des Interviews – und für diese Perversion hat Fichte sich immer interessiert – ist die Inquisition, die Folter, die peinliche Befragung. Die Folter ist eine Befragung des Geistes auf dem Wege der Körperqual. Der Körper wird in der Straffolter bezeichnet, stigmatisiert, beschriftet. Insofern ist Kafkas Erzählung „In der Strafkolonie" das immer noch unüberholte Modell dieses Zusammenhangs von Befragung, Schrift und Folter.

Es gibt genug Gründe, daß im kollektiven Gedächtnis der Völker die Befragung mit dem Tod assoziiert ist. Jede Frage birgt Gefahr. Du bist entdeckt. Deine Schuld kommt heraus. Dein Geheimnis ist gelüftet. Deine Wahrheit kommt zutage. Dein Innerstes wird hervorgezerrt. Fichte weiß, daß dies den Hintergrund der Angst bei jeder Befragung bildet.

Auch Forschung ist Fragen. Fragen ist aufdecken. Aufdecken ist tendenziell Zerstörung, Aggression, Verletzung des Anderen. An jeder Frage haftet vielleicht die Blutspur der Geschichte. Dies macht sie so zwiespältig, besonders für den, welcher – wie Fichte – ohne das forschende Fragen, wie Fichte hier sagt, aufhört zu existieren. Wenn Fichte eingesteht: ich frage, also lebe ich – das ist sein cartesianisches Axiom –, so weiß er gleichzeitig, daß dieser Satz auch heißen kann: ich frage, also töte ich (vgl. HuL I, 383).

Wer, wie Fichte, im Laufe seines Lebens Hunderte von Menschen befragt, der hat begriffen, daß vielleicht kein Sprechakt so sehr zwischen empfindlicher Schonung und rücksichtsloser Gewalt changieren kann wie die Frage. Das also, was das Interview konstituiert, die Frage nämlich, macht es im Falle des Gelingens zur Kunst. Im Falle des Mißlingens aber wird das Interview zur körperlosen Gewalt. Und weil dies so ist, hat Fichte recht damit, daß eine Ethnologie, die sich im Interview das Hauptmittel ihres Forschens geschaffen hat, die Fortsetzung des Kolonialismus sein kann. An die Stelle der physischen Ausbeutung und Ausrottung tritt das Interview als mentale Form der kulturellen Ausplünderung, Aneignung, Vernichtung. Wenn Fichte 20 Jahre lang als Vertreter der Ersten Welt und der weißen Rasse vorwiegend Farbigen der Dritten Welt Fragen stellte, so darf man sicher sein, daß ihn dabei der Schatten des Kolonialisten begleitete, mit dem identifiziert zu werden sofort den Zusammenbruch jeder ethnopoetischen Forschung herbeiführt.

Zumeist findet die Befragung zwischen mehr oder weniger unbekannten Personen statt. Die Interviewpartner entbehren gewöhnlich der wechselseitigen Kenntnis, die Vertrauen schafft und das Gespräch trägt. Fichte hat darum bestimmte Bedingungen sich selbst auferlegt und durch jahrelange Arbeit eingeübt. Zu diesen Voraussetzungen zählt zuerst die Kenntnis der Sprache des Interviewten; dies ist keine selbstverständliche Voraussetzung – auch nicht in der Ethnologie. Unabdingbar ist ferner die lange Dauer der Beschäftigung mit der Kultur oder Subkultur, worin der Interviewte lebt, sowie ein partielles Mitleben der Praxiszusammenhänge des Befragten bis hin zum action research. Wichtig ist weiterhin die vielstündige Dauer des Interviews, die dem Befragten Zeit gibt und ihm die Chance zur Entfaltung einräumt. Die tatsächliche Interviewdauer ist oft gering im Verhältnis zu den Vorgesprächen. So werden, wie im Falle Wollis und Hans Eppendorfers, aber auch von Interviewpartnern in der Karibik, die Interviews nach Jahren wiederholt. Unabdingbar ist eine methodisch kaum lernbare, nur durch Erfahrung zu gewinnende Balance zwischen Neugier und Diskretion, zwischen Lenkung und Laufenlassen, zwischen Insistieren auf einem Thema und Abschweife, Leerlauf, Redundanz. Dazu gehört schließlich Aufmerksamkeit und Zuhörenkönnen, vor allem aber die libidinöse Besetzung dessen, was der Andere sagt. Es bedarf also eines Zurücktretenkönnens hinter das Sprechen des Anderen – und das ist der Gegensatz zu allem, was den Begriff des europäischen Autors ausmacht. Und noch wichtiger ist wohl, was Fichte an Herodot wie an einem Spiegelbild erkennt, die erotische Besetzung des Anderen. Oft hat Fichte gesagt, daß die erotische Schönheit schwarzer Körper eine Grundlage für seine Ethnographie ist. Nun ist von einem Ethnologen nicht zu verlangen, daß er ein erotisches Verhältnis zu den Partnern seines Forschens einnimmt: doch erinnert das sexuelle Phantasma Fichtes an den schon von Freud aufgedeckten Zusammenhang von Sexualität, Neugier und Wissen. Wissenwollen ist eine vom Eros abgezweigte Energie. Und vermutlich ist dieser Wissens-Eros der wirksamste Schutz davor, daß das forschende Fragen nicht von vornherein zu einer Machtbeziehung verkommt. Zärtlichkeit also – als die andere Seite des Forschens, das Fichte einen *zerstörerischen Reflex* nennt – erzeugt das Wissen als ein Dokument erotischer Leidenschaft. Zwischen Erforscher und Erforschtem kommt ein sympathetischer Fluß ins Spiel, der nicht etwa die Differenzen und Fremdheiten verschleift und verleugnet – wie oft in der zivilisierten Liebe –, sondern der seine erotische Spannung gerade aus der Fremdheit und Differenz gewinnt. Schließlich aber bedarf die Kunst der Frage einer ständigen Auseinandersetzung mit sich selbst. Was die Wissenschaft abstrakt Selbstreflexion, die Psychoanalyse Durcharbeitung des Selbst nennt, das ist bei Fichte die niemals beendete, schreibende Befragung seiner selbst, die Ethnographie des Ich.

Wenn ich richtig sehe, gibt es bei Fichte deswegen auch keine Dialektik von eigener und fremder Kultur, von Vertrautem und Unvertrauten. Sondern die Forschungsreisen und Fluchtbewegungen zwischen Hamburg und Afrika, Süd- und Mittelamerika sind eine Bewegung zwischen zwei Fremdheiten, die sich in Beziehung setzen, und von zwei Vertrautheiten, die sich entgegensetzen. Zu Peter Laemmle sagt Fichte:

Das Unbekannte in mir ist ja nicht das Unbekannte, was ich in Afrika erfahre.[1] Die Suche nach diesen zwei Unbekanntheitsformen motiviert zugleich das Reisen und das Schreiben und, zwischen beiden vermittelnd, das Fragen.

So entsteht bei Fichte eine Poetik der Frage und des Interviews, die damit erstmals zur ‚hohen' Literatur werden. Aber es gibt bei Fichte auch die Tricks – Geld, Geschenke, Einladungen –, nicht gerade Glasperlen. Und die Aura des Schriftstellers, der dem armseligen Interviewten der 3. Welt schmeichelt; der zu einem Ereignis wird oder sich dazu macht, zu einer Verführung; der seine Sensibilitäten auch als Mittel des Zungelockerns einsetzt. Fichte hat all den Schmutz des Fragens mitgemacht – den Stricher bezahlt und gevögelt, den er interviewen will; die Zeremonien der Macht geachtet und sich ihnen unterworfen, wenn es z.B. um das Interview von Staatspräsidenten geht. All die kleinen Bestechungen, die nötig sind, um einer Vaudou-Priesterin die Zunge zu lösen. Oder er hat, zurecht, Prostituierte bezahlt, die er interviewte, weil es ihre Arbeitszeit war. Er hat sich in größter Achtung verehrten Instanzen wie Borges oder Genet genähert. Natürlich – all das auch. Immer auch die kleinen Miesigkeiten und Tricks und schmutzigen Begleitumstände des Fragens. Und doch bleibt der Respekt des Anderen die nötige Voraussetzung dafür, daß, wie in keinem anderen Werk der modernen Literatur, die Frage eine so strukturbildende Rolle spielt wie im Werk Fichtes. Und die Frage ist der Grund dafür, daß das Werk Fichtes in einzigartiger Weise polyphon ist. Nicht nur das Sprechen eines Autors, sondern die Kunst des Sprechenlassens. Eine Vielstimmigkeit, die nicht dem Gesetz des Autorsubjekts unterworfen, sondern von diesem ins Spiel gebracht wird, ist der befremdliche und ganz eigene Ton des Fichteschen Werks. Befremdlich, weil die Tradition der Subjektphilosophie und mit ihr die Literaturgeschichte des subjektzentrierten Autors uns daran gewöhnt haben, im literarischen Werk die eine, einzige Stimme in ihrer unverwechselbaren Originalität zu suchen. Jedoch der Ehrgeiz Fichtes zielt nicht nur auf die aus der bürgerlichen Literatur allzu bekannte Monomythie des eigenen Selbst.

Peter Laemmle sagt treffend: in Fichte dominiere „... ein Bedürfnis, sich selbst in anderen Existenzen aufzuspüren, solange mit fremden und eigenen Stimmen zu sprechen, bis sie untrennbar eins werden ..."[2] Das ist gewiß richtig. Und man findet das nicht nur in den identifikatorischen Zusammenschlüssen mit Interviewten, sondern vor allem auch in den rituellen Sprachmasken, die Fichte in den Romanen anlegt. Das ist bei einem Autor, dessen Grundmuster der Welterfahrung die Identifikation und Imitation ist, anders auch nicht zu erwarten. Dennoch ist dies nur die eine Seite – und sie birgt auch Gefahren. Denn jenes symbiotische Aufgehen der „fremden und eigenen Stimme" in **einem** Text folgt dem Wunsch nach Verschmelzung und Spiegelung, worin die Differenz und Andersheit des Anderen gelöscht werden kann und der Schein einer communitas erzeugt wird, die nichts ist als der Effekt eines sprachlichen

---

[1] Ebd. S. 11.
[2] Ebd. S. 1. Reinhold Werner erkennt darin einen narzißtisch-verschmelzenden Zug Fichtes, der immer der Abstoßung von einem (feindlichen) Gegenpol bedürfte [R.W.: Möglichkeiten und Unmöglichkeiten einer (Auto-) Biographie. In: H.Böhme/ N.Tiling (Hg.): Leben, um eine Form der Darstellung zu erreichen. Frankfurt/M. 1991, S. 161–179].

Beschwörungsrituals. Dann verdeckt die Polyphonie des Textes nur die anhaltende Monomythie des Autors. Auf der Gegenseite der von Laemmle angesprochenen Textform des Einswerdens von Ich und Anderem finden sich freilich hinreichend viele Interviews, Dialog-Collagen, Darstellungen, die den Anderen Raum zur Entfaltung geben. Eine Untersuchung der Fichteschen Texte in der ganzen Bandbreite des polarkonträren Gegensatzes von monomythischen, rein ich-artikulierenden Texten und polyphonen, einer „Ästhetik des Diversen" (V.Segalen) folgenden Schreibformen steht noch aus.

Zwiespalt der Frage[1]

Im Roman ‚Kleiner Hauptbahnhof oder Lob des Strichs' (1983/4), worin Fichte vom Einstieg seines Protagonisten Jäcki in die professionelle Schriftstellerei erzählt, gibt es einen Disput über das Interview, das Jäcki mit C.F.v. Weizsäcker über dessen Mitwirkung beim versuchten Bau einer deutschen Atombombe führte. Jäcki:
– *Beim Interviewen gibt es ein Moment, da ist es stärker als du. Du schreibst ein Interview nicht selbst, es wird mit dir gemacht.*
– *Das stimmt nicht: Du machst es.*
– *Du fragst. Aber daß du zum Fragen bereit bist, das wird mit dir angerichtet.* (Kleiner Hauptbahnhof, 193)

Es scheint so einfach: Fragen stellen – das ist ein Tun. Aktiv. Aber wieso ist das, was man macht, gleichzeitig das Widerfahren einer Kraft, die stärker ist, als man selbst? Das ist dann der Fall, wenn, was man tut, Passion ist – und die ist im Fall des Fragens jene Passion, von der Hölderlin sagt, es sei „dies Allessuchende, Allesdeutende" – „beinahe nach Furienart" ein „niedertretendes, fast schamloses Streben" (Anmerkungen zum Ödipus).[2] Im scheinbar sachlich neutralen Einholen von Wissen also eine Leidenschaft, zu der man nicht entschieden ist, sondern von ihr ‚besessen'. Im letzten eine existenzielle Notwendigkeit: quaeso, ergo sum. Die leidenschaftlichen Energien, die im Fragen wirken können, sind der Grund, warum eine „Logik der Frage" oder „ontologische Analyse der Frage" immer zu kurz greifen und die Frage eo ipso mit einer Dignität belegen, die der Wirklichkeit kaum entspricht. Die destruktiven Kräfte, die im Fragen herrschen können, sind es, die eine strenge Selbstreflexion des Fragenden erforderlich machen, eine Kontrolle durch Form – sei diese Methode oder Kunst.

Im Roman ‚Forschungsbericht', der die Erzählung des Mißlingen eben dieses (ethnologischen) Forschens ist, gibt es, kurz vor Beginn eines Interviews, eine Passage, in welcher die nervöse Energie des Fragenden spürbar wird, ein Hin und Her von

---

[1] Zu spät habe ich das sehr gute Buch registriert von Aaron Ronald Bodenheimer: Warum? Von der Obszönität des Fragens. 2.Aufl. Stuttgart 1985. Der von Bodenheimer vertretenen Analyse und Auffassung des Fragens pflichte nahezu immer bei. – Philosophisches zur Frage s. bei H.Böhme: Zur anthropologischen und autobiographischen Dimension der Frage im Werk Hubert Fichtes. In: Jürgen Barkhoff/ Eda Sagarra (Hg.): Anthropologie und Literatur um 1800. München 1992.
[2] S. dazu S. 278ff. dieses Buches.

methodischen Vorsichtsmaßregeln und gehetzter Kampfbegier, von Wissen um die latente oder offenbare Gewalt wie um die empfindliche Schmiegsamkeit der Frage:
Ich darf keine unnötige Frage verschießen. Die Frage ist obszön. Die Frage ist die Folter. Es dürfen auch keine Pausen entstehen in denen die Spannung absackt. Ich muß das Gerüst meiner Fragen im Kopf haben. Die einzelnen Teile frei beweglich, daß ich dem Gespräch auf wichtige Nebengeleise folgen kann, dann immer auf die Grundbewegung zurückkommen, und sollte sich die Grundbewegung drehen, daß ich die Details, die mir unerläßlich sind, dennoch erfahre – wie bei Genet, der gar nicht die Absicht hatte, einem Gespräch zu folgen, der wollte die Fragen zerstören. (Forschungsbericht, 143)

Das Interview als Schlachtfeld, die Fragetechnik als Finesse des Duells, als Strategie des Sieges durch Entlarvung, Enttarnung des Partners als Gegner. Dagegen ist es nichts als guter Vorsatz, wenn es heißt: *Jäcki wollte Robbe-Grillet nicht entlarven./ Jäcki haßte die Maske der Spiegelinterviews.* (Kleiner Hauptbahnhof, 186). Die Frage, philosophisch ausgezeichnet mit anthropologischer Würde, ästhetisch in den Rang eines ursprünglichen tragischen Mechanismus gerückt (Sophokles: Oidipus Tyrannos) –: das ist zu wenig, um den verzerrenden Übertragungsmechanismen und der gewaltförmige Schärfe zu steuern, von denen das Fragen überwältigt und getrieben sein kann. Durch die Passion des Fragens ist Fichte in einen Zwiespalt gestürzt, den er nicht wissenschaftlich, sondern poetisch zu bewältigen versucht.

Im Paralipomena-Band ‚Das Haus der Mina' (1989), der die Erforschungen eines afroamerikanischen Kultes in São Luiz de Maranhão 1980/1 dokumentiert, versucht Fichte, *die Situation der Entmündigung und Ausbeutung von Informanten abzuschwächen* dadurch, daß er die Antworten der befragten Priesterinnen *zu einer großen, von ihnen nachprüfbaren Collage zusammenzufügen* beschließt (Mina, 19). Dies ist eine Technik, die Fichte seit den 60er Jahren entwickelt, um dem methodischen Problem der Frage zu umgehen. Er löscht sich als Fragenden aus und verwandelt die Antworten in ein Sagen – als sei, was der andere spricht, eine Art innerer Monolog. Das ist ein problematisches Verfahren, das mitunter den Schein eines Monologs erzeugt, einer Authentizität, durch welche die immer prekäre Balance des Frage-Antwort-Spiels verschleiert wird (auch wenn dabei gute Texte entstehen).

Hier, im ‚Haus der Mina', wählt er eine modifizierte Form der Collage. Fichte will die Geschichte und das Sterben eines Tempels festhalten – durch ein Sprach-Patchwork, das er aus den frageinduzierten Äußerungen der alten Priesterinnen montiert. Es ist der Versuch, der imperialen Asymmetrie fragezentrierter Ethnologie durch das poetische Mittel der Collage zu entgehen. Denn: *Die konventionelle Abhandlung eines ethnologischen Feldes übersetzt den Diskurs der Informanten in den Diskurs des Universitätsbetriebes./ Der zweite Diskurs wird als höherstehend ... postuliert./ Er tauscht Komplettheit und Präzision von Theorie und Empirie vor, die fast nie der Fall sind.* (Mina, 18) Fichte geht von der Zwiespältigkeit des Fragens aus. Er stellt eine methodologische Reflexion voran, die ihren Ausgang nimmt an der *Lüge* und *Lücke*, die mitten im Sprechen das „Geheimnis" dessen markieren, was das forschende Fragen gerade an den Tag bringen möchte:
Die Lüge – die Lücke:
Von Oidipos Tyrannos bis Psycho.

Das Buch über die Foltern in Algerien heißt La Question.
In jeder Zivilisation ist die Frage verpönt.
Das Unbehagen in der Kultur bringt Beichte, Schauprozeß, Psychoanalyse, Interview und ethnologische Forschung.
Der Frager in São Luiz de Maranhão, in einer nachkolonialen, neokolonialistischen Gesellschaft, ist immer auch die Herrschaft, die nach einem Vergehen, einem Vergessen fragt und die sich fragend, wie Ödipus, selbst entlarvt.
Dem Sadismus des Fragers wird der Sadismus des Antwortenden entgegengesetzt.
Kisila ist das Schimpfwort der Nago für den unartigen Frager; ...
Das Fernsehen hat Interviews in den Gouverneurspalast von São Luiz gebracht und in jede Favela. (Mina, 17)

Es sind hier einige der biographischen, kulturellen und ethnologischen Aporien des Fragens versammelt, mit denen Fichte konfrontiert war. Europa – von Ödipus bis Hitchcocks „Psycho" – ist eine Zivilisation des endlosen, kein Tabu respektierenden Fragens: die *Lücke* und *Lüge* im Sprechen der Befragten sind die Provokation einer Wissensbegier, welche zwischen Wahrheitswahn und Folter beinahe nie zur Balance von Diskretion und Enthüllung gefunden hat. Daß die Tortur die Kehrseite der Wahrheit ist, muß jeder Fragende erfahren.

Schon an Herodot, den er auch hier erinnert (Mina, 17), beobachtet Fichte die unleserlich gewordene Spur eines Schreibens, das zwischen zwei Solidaritäten schwankt: zu offenbaren und zu verschweigen. Mitten in dem Text, der eine *Verwörterung der Welt* (HuL I, 419), das *schriftliche Abbild der Welt* (HuL I, 382) sein will – was könnte europäischer sein? –, macht Fichte ein Schweigen Herodots aus: Was bedeutet dies? Ist Herodot, so fragt Fichte, in Kulte eingeweiht, die dem Sprechen Grenzen setzen? Ein Fall ähnlich wie Pierre Verger (HuL I, 405), Vivaldo Costa Lima oder Gisèle Binon-Cossard (Xango, 322), die beides waren, Eingeweihte und Wissenschaftler, eingespannt in Redezwang und Schweigegebot? In ‚Xango' sagt Fichte, auf der ‚Fahndung' nach der Mixtur des geheimen Einweihungsgetränkes Abó: *Ich selbst bin durch keinerlei Zeremonie oder Wort zum Schweigen verpflichtet ... schließlich fühle ich mich unweigerlich der Tradition des Wissenwollens und Fragens verpflichtet* (Xango, 322) – der Aufklärung also, die ihren Gegner im Dunkel des Schweigens ausmacht. Andererseits aber weiß Fichte – und auch hierbei identifiziert er sich mit Herodot:
Forschen.
Aufdecken.
Es ist ein zerstörerischer Reflex.
Ohne ihn höre ich auf zu existieren. (HuL I, 383)
Die *Schwierigkeiten beim Schreiben der Wahrheit* (HuL I, 393) beginnen weit vor Brecht: das Fragen, Aufdecken, Schreiben könnte, im Moment der Wahrheit, nicht nur den Erkennenden töten – wie Semele, Aktaion, den Jüngling zu Sais –, sondern auch das Erkannte zerstören. Die existentielle Obsession, alles ins Licht der Sprache zu ziehen, ist auch eine Tortur, die dem befragten Objekt angetan wird, in dessen schmerzverzerrten Zügen sich das sadistische Antlitz des Fragenden spiegelt. In ‚Xango' schon erfährt Fichte, daß *im klassischen Bahia ... die Frage verpönt* ist (Xango, 326) – *Das Fragen wird nicht nur bei den Afrikanern als anstössig empfunden* (Xango,

234). Tatsächlich hat das Frageverbot in vielen afrikanischen Stämme die Kraft eines Tabus. Fichte vermutet, *dass Schriftkenntnis zur Lockerung von Sprachtabus beiträgt* (Xango, 326). Eben diese Lockerung, zu der der Schriftsteller an vorderster Front beiträgt, bleibt zwiespältig. *Wenn die Anthropologen kommen, verlassen uns die Götter*, zitiert Fichte einen Haitianer (Xango, 214). Und zu diesen Anthropologen gehört auch Fichte – und sein Problem ist, eine Sprache zu finden, die den *zerstörerischen Reflex*, der in sie unvermeidlich eingebaut ist, durch Empfindlichkeit, Achtung und Schonung mildert.

Das aber ist schwierig. Wie geht man um mit der *Lüge* und der *Lücke*, auf die der Fragende stößt? Wie sehr provoziert den wissensbegierigen Europäer eine Beobachtung wie diese: *Die Geheimnisse für immer zu bewahren durch die Vernichtung des Kultes, scheint ein unterirdischer Trieb der Casa das Minas zu sein.* (Mina, 16)? Und: *...das Verschweigen entzieht sich jeder Probe* (Mina, 17), nämlich den bekannten Fragetechniken zur Gegenkontrolle von Aussagen. Der befreundete Ethnologe Sergio Ferretti, der seit Jahren die Casa das Minas erforscht, kommentiert: *Praktisch – / Was geheim ist, vergisst man bald.* (Mina, 16). Doch: Ist das richtig? angemessen? zynisch? oberflächlich?

Der Frager ... ist immer auch die Herrschaft, die nach einem Vergehen, einem Vergessen fragt (Mina, 17). Das ist Fichtes Impuls, der Impuls der Frage und des Schreibens, die ins Geheimnis dringen und kein Vergessen hinnehmen will: *Welches Vergessen erinnere ich?*, heißt es im ‚Platz der Gehenkten' (216). Europa, von Platon bis Freud, ist eine Kultur der zum Buchstaben drängenden Anamnesis, der Dokumentation des *Vergehens*, des Erfragens dessen, was sie zerstört. Darin wird sie sich ihrer selbst inne. Und in dieser Doppelheit arbeitet Fichte –: der im Erfragen des Anderen sich selbst entlarvende Ödipus.[1]

Profane Existenz und göttliche widersprechen sich im Körper der Gläubigen eines Besessenheitskultes, schreibt Fichte (Mina, 17). Es scheint, daß Fichte diesen Widerspruch auch an sich selbst, als Widerspruch des Fragens aus der Distanz und der magischer Partizipation, als Widerspruch zwischen Schrift und Verschweigen erfahren hat. Auch hier ist ihm Herodot der Spiegel, in dem er sich selbst studiert. In oralen Kulturen, welche die Einrichtung des Erzählers noch kennen, schützt gerade das Ephemere des Gesprochenen die magische Präsenz und dunkle Würde des Wortes (‚Der Platz der Gehenkten'). Eingedenk dessen geht Fichte die Schwierigkeit auf, die in der unwiderruflichen Säkularisation des Heiligen und Rituellen durch die Schrift liegt. *Herodot*, so führt er aus und spricht dabei von sich selbst, *ist Avantgarde, Aufklärung. ... Magie, Religion erscheinen bei ihm als Gegenstand der Forschung, der Historiä und Apodeixis* (HuL I, 401/2): „Ich schreibe nun, was mir die Wahrheit zu sein scheint." (Herodot) Das ist der Imperativ, alles zu sagen.

Dann aber trifft Fichte auf das Schweigen im Text, auf *Gesangartiges, Litaneihaftes in der Prosa*, auf *den materialen Rest einer archaischen Musik* (HuL I, 386), die ihn zweifeln läßt, inwieweit die Forschungsprosa Herodots nur als ein *Ausdruck von Säkularisierung*, als *Entgöttlichung* und *Aufklärungsprozeß* (HuL I, 387) aufzufassen ist.

---

[1] Zur Bedeutung des Ödipus-Stoffes im Fichteschen Werk vgl. S. 278ff. u. 299ff. dieses Buches.

Die magischen Bindungen des Verhaltensforschers, des Aufdeckers, des Aufklärers gingen wohl tief genug. (HuL I, 404) Damit aber läßt Fichte in Herodot eine Spaltung beginnen, die er als signifikant für den Status gerade der avantgardistischen Literatur ansieht: ein Schwanken *zwischen Aufklärung und Magie* (HuL l, 401, vgl. 386, 419), das der *schmerzlichsten* Erkenntnis geschuldet ist, daß auch *der Freie nur in einem Labyrinth von Riten existieren kann, wie der Krebs in seinen Schalen; hat er die alten zerstört oder verleugnet, schafft er sich neue, sekundäre, software.* (HuL I, 401) *Aus Forschungseifer schlüpft er* (= Herodot) *in die Argumentation der Magier hinein und plötzlich bemerkt er, wie die Versuchsanordnung über ihm zuschnappt.* (HuL I, 383) Die Grundmechanismen der Fichteschen Erfahrung, Imitation und Identifikation, enthalten genau diese magische Bindung, die den Sprechenden in das Besprochene, den Beobachtenden in das Beobachtete, den Betrachtenden ins Bild einsaugt und darin verschwinden läßt – wie es Benjamin von jenem chinesischen Maler erzählt, der den Freunden sein neuestes Bild zeigt: „Wie sich die Freunde aber nach dem Maler umsahen, war der fort und in dem Bild. Da wandelte er auf dem schmalen Weg zur Tür, stand vor ihr still, kehrte sich um, lächelte und verschwand in ihrem Spalt."[1]

In dem nachgelassenen Band ‚Explosion. Roman der Ethnologie' schildert Fichte die Teilnahme am Blutopfer-Ritual für die Göttin Nanã. Mit geradezu apotropäischen Prozeduren schützt er sich, im Dienst datenerhebender Aufklärung, vor dem Sog der Identifikation – und wird doch in Bann geschlagen, ins Ritual „entstellt" (Benjamin) und erfährt am eigenen Leibe, was er die Katharsis des Ödipus nennt: daß es keine unberührbare Souveränität des Forschens gibt, sondern immer wieder der Forscher in seinen Gegenstand hineinverwandelt werden kann, so daß die distanzwahrende Kraft des Auges und der in Frage und Antwort sich erhaltenden Sprache zusammenbricht, der „Spalt" sich schließt und der Schreibende im Ausdruck des Schweigens nur noch sein Verschwinden markieren kann. Dies ist jene Grenze, die Fichte im Dienst der *Verwörterung* meidet – und nicht meiden kann, so daß auch seine Texte in der Doppeltheit von Magie und Aufklärung *schwanken*.

Gegenüber den ‚ansteckenden' Effekten der Partizipation gewährt die Frage dem Fragenden jenen Schutz, den sie zugleich dem Befragten entzieht – der zudem in die Versuchung gerät, die *Geheimhaltung*, zu der er als *Geweihter auf jeden Fall gezwungen* ist (Xango, 327), zu brechen. Fragen bedeutet Techniken zu entwickeln, jene *Schalen* entfernen, die den *Krebs* schützen – ein Bild, das an die vivisektorischen Prozeduren erinnert, in welche Fichte seit jener „Grossen Anatomie" eingangs des Romans ‚Versuch über die Pubertät' das Schreiben faßt. Gerät er durch Identifikation potentiell selbst in die Szene des *Zerbrechens des Bewußtseins*, der Zerstückelung und Zerlegung, so ist das Fragen ein Wechseln in die Position des Sezierers: die Frage ist das Skalpell des forschenden Autors. Und diese Verletzung des lebendigen Menschen, die in ihrem Extrem, der peinlichen Befragung in der Folter, nur die schmerzende Penetranz alles Fragens potenziert, scheint Fichte nur verantworten zu können, indem er zwei methodologische Maßregeln einhält, die für die Humanwissenschaft wie für

---

[1] Walter Benjamin: Die Mummerehlen. In: Gesammelte Schriften, Taschenbuch-Ausgabe, hg. v. R. Tiedemann, Bd. 10, Frankfurt/M. 1980, S. 263.

die Literatur Geltung beanspruchen: (1) Fragen ist nur legitim im Maße, wie der Fragende sich selbst ‚in Frage stellt' – das ist die Linie der autobiographischen Autopsie Fichtes; (2) das durch Fragen gewonnene ‚Sprachmaterial' darf nicht in einen hegemonialen Diskurs übersetzt, sondern allenfalls in ein poetisches Arrangement versetzt werden, das dem Befragten seinen Eigensinn beläßt – das ist die Linie der Ethnopoesie.

Im ‚Haus der Mina' versucht Fichte ein collagierendes *Struktur-Schreiben*, wie er es nennt. Die *Erforschung der Geschichte der Casa das Minas* soll zugleich die *Erforschungsgeschichte* (Mina, 19) abbilden, ein synchron-diachrones Koordinatennetz, in welches die Antworten der Priesterinnen unter thematischen Blöcken geordnet werden. Indessen: dies ist ein methodisch durchaus fragwürdiges Verfahren, um den Schnitten des *perfekten intellektuellen Folterinstruments*, des *anachron geordneten Zettelkastens* (Mina, 19/20) und dem entmündigenden Diskurs der Ethnologie zu entgehen. Denn der Preis ist, daß auf begriffliche wie narrative Erklärung verzichtet werden muß und ein Text entsteht, dessen Verfahren ebenso transparent ist wie sein Gegenstand opak bleibt. Fichte hat vermieden, was Roland Barthes die „ethnographische Versuchung" nannte – um den vielleicht heilsamen Preis, das sich das Dargestellte in dem Maß ins Geheimnis zurückzieht, wie es zur Sprache gebracht wird.

Der Frager ... ist immer auch die Herrschaft, hieß es. Und der erste Haiti-Text (1972) beginnt:
Wir sind die Sieger.
Wir treten auf mit der Haltung der Siegreichen.
Wissen ist Macht.
Das Weltbild der Physik ist das Weltbild der siegreichen Physiker.
Der Ethnologe geht siegreich aus der Strukturenanalyse des Indianerstammes hervor.
Reportagen sind Trophäen aus Hunger, aus Hermaphroditen, aus Hingerichteten.
Der Maler siegt über Materialien und Gesichter. (Nur Cézanne verzichtete zuletzt auf Siege und liess weisse Flecken als Niederlagen auf der Leinwand zurück.)...
Im Gespräch siegen wir an zwei Fronten: Über das Sujet und über den Partner ...
Ich gehe aus Haiti nicht als Sieger hervor.
Meine Aufzeichnungen sind die Aufzeichnungen von Irrtümern, Fehlschlüssen, Kurzschlusshandlungen. Gäbe es zwischen dem Wittgenstein'schen Schweigen und der Sprache unserer Siegeranalysen und Siegersynthesen eine Sprache, in der die Bewegung sich abwechselnder und widersprechender Ansichten deutlich werden könnte, das Dilemma von Empfindlichkeit und Anpassung, Verzweifeln und Praxis – ich würde sie benutzen.
Es wäre eine wesentlich andere Sprache. (Xango, 119)

Tatsächlich dokumentiert Fichte in allen durch Befragung gewonnenen Büchern die eigenen Niederlagen; er schreibt den Roman ‚Forschungsbericht' als Erzählung des Scheiterns einer ethnologischen Recherche; er erfährt – durch den Ledermann Hans Eppendorfer oder die befragte Anthropologin Gisèle Bino-Cossard – einen Vertrauensentzug im Augenblick der Veröffentlichung des im Interview Preisgegebenen; tatsächlich gibt es, bis in die druckgraphische Gestaltung der Seiten hinein, bei Fichte eine Poetik der *weissen Flecken*; und es gibt den Raum des Ungesagten, an dem das

Fragen endet und augenblickslang der Text eintritt ins Fraglose. All dies muß noch untersucht werden, um die Leistung der Fichteschen Sprache zwischen endloser Fragelust und nicht-signativem Ausdruck zu beurteilen.

Feature, Collage und Montage

Bereits nach dem Roman-Erstling ‚Das Waisenhaus' tritt die gesamte literarische Produktion Fichtes ins Zeichen des Features und der Collage.[1] Große Teile des Werkes sind als „Feature-Roman" bezeichnet worden. Dieser Terminus erinnert daran, daß auch Fichtes Buchveröffentlichungen zumeist „radiophon" sind, auf zuvor produzierte Sendungen zurückgehen oder von den Techniken bestimmt sind, wie sie für das Medium Radio entwickelt wurden. Die Collage beherrscht die Formensprache des Hörspiels, des Romans, der Ethnopoesie, des literaturgeschichtlichen Essays, schließlich sogar die autobiographischen Texte. Es ist zu fragen ob die ‚Geschichte der Empfindlichkeit' als roman fleuve zu bezeichnen ist, eine Bezeichnung, die von der Literaturkritik angenommen wurde, um Fichtes *Riesenwerk* der „Recherche" von Marcel Proust anzunähern oder, was Fichte ebenso lieb gewesen wäre, in die Nachfolge des barocken Großromans zu stellen. Doch die ‚Geschichte der Empfindlichkeit' ist kein Romanstrom, sondern eine fragmentarische Groß-Collage, die sich strukturell überhaupt nicht abhebt von den Textformen, die in den Radiotexten und Buchveröffentlichungen der vorangegangenen 20 Jahre bereits absehbar waren.

Fichte hatte nur einen literarisch und ökonomisch bedeutenden Erfolg, das war 1968 ‚Die Palette'. Einige Preise sind ihm zugesprochen worden, ein Stipendium in der „Villa Massimo". Als Buch-, Zeitschriften-, Zeitungsautor hat er einiges verdient – zu wenig zum Leben. Die explosive Vermehrung seiner Reiseaktivität aber, wie sie in der zweiten Hälfte der 60er Jahre einsetzt, war davon nicht finanzierbar. Fichte hat zwar schon in den 50er Jahren mehr im Ausland als in Deutschland gelebt; doch war dies ein Leben im gesellschaftlichen Abseits und in ökonomischer Dürftigkeit: Schäfer, landwirtschaftlicher Lehrling, Praktikant, Sozialarbeiter, Kleinautor. Es geht hier nicht um die Professionalisierungs-Strategien Fichtes, über welche die Romane ‚Kleiner Hauptbahnhof' und ‚Alte Welt' Auskunft geben. Wichtig ist hier, was Fichte freimütig eingestanden hat, daß er als Autor sowohl ästhetisch wie ökonomisch ohne den Rundfunk nicht denkbar ist. Das Radio ist nicht nur die ökonomische Basis Fichtes, sondern auch die stärkste Determinante seiner literarischen Formensprache. Nicht der literarische Markt trägt Fichte, sondern die eingeschränkte Öffentlichkeit des Rundfunkmediums. Diese hat Fichte allerdings professionell genutzt. Das Radio hat ihm eine Unabhängigkeit von der Marktöffentlichkeit des Literaturbetriebes ermöglicht und, insofern Fichte in den letzten 20 Jahren auch Ethnologe und Literaturforscher war, ihn auch unabhängig bleiben lassen von traditionellen Forschungsein-

---

[1] Zum allgemeinen vgl. Volker Hage: Collagen in der deutschen Literatur. Zur Praxis und Theorie eines Schreibverfahrens. Frankfurt/M – Bern – New York – Nancy 1984 (Fichte wird gar nicht erst behandelt!) – Manfred Durzak: Zitat und Montage im deutschen Roman der Gegenwart. In: ders. (Hg.): Die deutsche Literatur der Gegenwart. Aspekte und Tendenzen. Stuttgart 1971. – Volker Klotz: Zitat und Montage in neuerer Literatur und Kunst. In: Sprache im technischen Zeitalter H. 60, 1976, S. 259–277.

richtungen wie Universitäten u.ä. Ohne die Rundfunkhonorare keine Reisen, ohne Reisen nicht ‚Petersilie', ‚Xango', ‚Lazarus'; ohne Rundfunk niemals das auch anmaßende Projekt, ein 19bändiges Werk schreiben zu wollen und zu können, ohne es zu veröffentlichen.

Das Feature ist eine spezifische Rundfunkform, die später auch in die Zeitung und in das Fernsehen gewandert ist. Die Wortwurzel factura verweist auf die Differenz zu einem Kunstwerkbegriff, der in der Tradition des Ganzheitlichen und Organischen steht: hiernach bildet das Werk in seiner Form-Inhalts-Struktur eine Totalität, die die ästhetische Intention eines Autors zur vollkommenen Gestalt werden lassen soll. Das Feature dagegen geht in Deutschland auf die Rundfunkform des „Aufrisses" um 1930 zurück und wird, nach Alexander Braun, definiert als eine Form, „ein Thema der Geschichte oder des Zeitgeschehens, eine Erscheinung des äußeren oder ein Problem des inneren Lebens in Variationen zu behandeln. Dokumentarische Zeugnisse standen neben Spielszenen, realistische Diskussionen neben literarischen Spiegelungen, scheinbar ungeordnet und doch innerlich gebunden und die Totalität anstrebend".[1] Aus dieser Definition geht hervor, daß, wenn überhaupt Totalität angestrebt ist, diese nicht durch eine Autorsubjektivität gebildet wird, sondern allenfalls in der Konfiguration der heterogenen Sprechweisen, der Vielfalt der Perspektiven und der Sprecher besteht.

Das Feature ist eine Zweckform, die wesentlich aus der sekundären Bearbeitung vorgefundener Materialien hervorgeht, welche in ihrer Polyphonie, Widersprüchlichkeit und Unabgeschlossenheit dem Hörer eine kalkulierte Vielfalt von Wahrnehmungsperspektiven und Deutungen zur eigenen Beurteilung anbietet. Informationen werden dabei gegenläufig geschnitten, O-Ton-Dokumente von Zeugen oder Betroffenen etwa mit Stellungnahmen von offiziellen Institutionen konstelliert, essayistisch reflektierende Passagen des Autors wechseln mit Erlebnisberichten oder Befragungen ab. Harte facts stehen neben theatralisierten Fiktionen. Eine solche Formstruktur ist gewiß auch der Flüchtigkeit des Mediums geschuldet, das längere Wortsendungen nur bei stetem Wechsel der Sprechform erlaubt; einmal, um ein diffuses Hörpublikum in seinen verschiedenen Rezeptionsgewohnheiten zu bedienen, zum anderen, um den „durchhörenden" Rezipienten mit spannungsreichen Formenwechseln bei der Sendung zu halten. Doch ist diese Begründung einseitig und gerade fürs Feature nicht kennzeichnend. Vielmehr ist für die Featureform wichtiger, daß ein aufklärerischer Wille sich verschiedener, in der Weimarer Republik entwickelter literarischer Techniken bedient, um aus ihnen eine spezielle Radioform zu synthetisieren. Hier ist zum einen die sozialaufklärerische Reportage zu nennen, die eine aus authentischem Material und Erlebnisschilderung verdichtete Dokumentarform darstellt. Da ist zum anderen das Theater, das in der Weimarer Republik eine Reihe von Techniken entwickelt hat, die in den Rundfunk einwandern. So etwa das Ineinanderarbeiten von stilisierten Spielszenen, die als exemplarische Verdeutlichung von Informationskontexten benutzt werden; so ferner die montierende Verknüpfung sich widersprechender Dokumente, Stellungnahmen, Deutungen. Man erinnere sich an den multimedialen Einsatz im

---

[1] Zit. nach Metzlers Literatur-Lexikon, hg.v. G. u. I. Schweikle. Stuttgart 1984, S. 146.

Theater der Weimarer Republik: Film, Schautafel, Diaprojektion, Zeitungsnachricht, Gesang, Musik, Spielhandlung usw. Auch wenn das Feature monomedial ist, so übernimmt es Techniken aus anderen Medien, aus Zeitung, Theater, Film; und es arbeitet sie radiophon um zu einer Art Hörbildmontage. So ist die Schnittechnik für den Film und für den Hörfunk gleichermaßen charakteristisch und wird im Feature oft, wie im Theater oder Roman, als Verfremdungseffekt benutzt: indem etwa szenische Evidenz gegengeschnitten wird von Hintergrundsinformationen oder O-Ton-Dokumente in Reflexionspassagen montiert werden mit dem Ziel, Kontraste, Widersprüche, Brüche zu erzeugen, die Distanz ermöglichen und die Urteilskraft des Hörers herausfordern.

Diese kritischen Möglichkeiten des Features wurden 1933 abgeschnitten und erst nach dem Krieg unter Einfluß des angelsächsischen Rundfunks in Deutschland reaktualisiert und weiterentwickelt. Und hier stehen wir bereits mitten im Einflußbereich der Fichteschen Radioarbeiten. Denn im NWDR, dem Vorläufer des NDR, bildete das Feature nach dem Vorbild der BBC eine eigene Rundfunkabteilung, worin wichtige Nachkriegsautoren wie Axel Eggebrecht, Alfred Andersch und vor allem Ernst Schnabel das Feature wie auch das Hörspiel kultivierten. Die dritten Ketten der Nordsender mit ihren literarischen Nachtprogrammen, die Hörspiel- und Featureabteilungen beeinflußten nachhaltig die literarische Entwicklung Fichtes. Insbesondere Ernst Schnabel hat dem jungen Fichte die wichtigsten Formmöglichkeiten für die Funkessay-, Hörspiel- und Featurearbeiten vorgegeben.

Die genannten Formmuster finden sich sämtlich im Œuvre Fichtes wieder; und über sie hinaus einige weitere, die ebenfalls aus Überschneidungen der neuen Massenmedien mit der Literatur entstanden sind. So benutzt Fichte in seinen Features und Hörspielen auch die Filmtechnik der Vor- und Rückblende, den Wechsel von detailgenauem Ausschnitt und Totale, die verfremdenden medialen Transformationen von vertrauten Gegenständen oder Sprachmaterialien und den antipsychologischen, antierzählerischen Phänomenalismus. Es sind dies Formmuster, die heute zumeist der Collage zugerechnet werden.

Jeder weiß, was eine Collage ist. Niemand aber hat die Ästhetik der Collage treffender formuliert als der von Fichte bewunderte Lautréamont, nach welchem Schönheit „die unvermutete Begegnung einer Nähmaschine und eines Regenschirms auf einem Seziertisch" sei.[1] Diese Formulierung Lautréamonts muß hier auch deswegen zitiert werden, weil Fichte sie bei der Darstellung eines Ganges durch die Lokstedter Stadtlandschaft unauffällig zitiert; der Spaziergang ist ein Gang auch durch die verschiedenen Stile der Moderne. *Hinter dem Bahndamm beginnen die Schrebergärten – die Begegnung eines Gartenklosetts und eines Heinzelmanns auf einer Gasmaske.* (Pubertät, 90) Die zufällige oder intendierte Konfiguration des Heterogenen, Unzusammengehörigen, Ephemeren in der Collage kann alles sein: Surrealismus, Popkunst, Blick-Trouvaille, Schrebergarten-Assemblage, Performance des Geschmacklosen, Müllwerke, „Ästhetik des Diversen" (V.Segalen) oder die Ding-Konstellationen auf den Altären synkretistischer Religionen in Brasilien oder Haiti. ‚Lazarus und die Waschmaschine'

---

[1] Lautréamont: Die Gesänge des Maldoror. In: Das Gesamtwerk. Reinbek b. Hamburg 1988, S. 223.

ist eine andere Formel dieser Ästhetik: „unvermutete Begegnung" eines Heiligen mit einem Industrieprodukt auf einem Buchdeckel. So einflußreich derartige afroamerikanische Assemblagen auf Fichtes Stil werden, so befinden wir uns bei der Bestimmung der ästhetischen Traditionen, aus denen Fichtes Schreiben gespeist wird, mit der Collage gleichwohl zunächst bei der Avantgarde des 20. Jahrhunderts. Und im Manierismus; im Stilprinzip der discordia concors (Fichte nimmt darauf mehrfach Bezug) finden wir eine ähnliche Ästhetik des Disparaten; dessen Montierung zu einem unerhörten Kunstgebilde soll den Abstand zwischen Natur und Artefakt so groß wie möglich erscheinen lassen.

Die kubistischen Bildcollagen demonstrierten das Prinzip, das sogleich im bildkünstlerischen und literarischen Dadaismus, Futurismus und Surrealismus breite Anwendung fand: nämlich das Zusammenkleben (collage) heterogener Formelemente aus Malerei, Foto, Schrift, Zeichnung, Zeitung, Reklame; ebenso heterogen sind die Materialien: Papier, Textilien, Metall, Holz, Leinwand, Kunststoffe. So entsteht ein willkürlich scheinendes Ensemble unterschiedlicher ästhetischer Signale. Hier, bei der Collage ist die Bildfläche noch der vereinheitlichende Grund der heterogenen Materialien und optischen Reize, während die Assemblage die Collagierung ins Dreidimensionale erweitert.

Eine ähnliche Auflösung der Einheit des Sujets, der Technik, des Mediums wie bei der bildkünstlerischen Collage findet sich auch in der literarischen Collage, welche die klassische Form „Buch" und die literarische Sprache als Autorsprache auflöst. Das beginnt damit, daß unterschiedlichste Sprachebenen ins Werk einmontiert und gegeneinander geschnitten, kontrastiert oder provokativ ineinander verwoben werden: wissenschaftliche Fachsprachen und Lyrismen, Slang, Dialekt und Hochsprache, Metapher und Begriff, Zeitungssprache und Philosophiediskurs, Geplapper und soziologische Analyse, Autorfiktion und Originalzitat, Klatsch und Information usw. Hierdurch entsteht eine solche Fülle semantischer Brüche, zufälliger und schockartiger Konstellationen, ein solches zwischen Ordnung und Chaos changierendes Redegemisch, daß die Fiktion erschüttert wird, es gäbe irgendwo ein ausgezeichnetes Redesubjekt oder eine ausgezeichnete Sprachform, deren ästhetische Ordnung als solche schon eine Ordnung der Welt und ihrer Bedeutungen garantierte. Darüber hinaus franst die literarische Collage das Buch-Schrift-Medium an den Rändern aus. So wird etwa die Anordnung der Schriftzeichen zum Pictogramm oder die Literatur verläßt das Buch und wird – wie schon im Dadaismus oder im Futurismus – zur Aktion, zur Szene. Dem stummen Buch und stillen Lesen wird durch die Hörcollage gekontert. Nicht in der Schrift, sondern im Klangereignis findet das Literarische seinen Ort. Schrift wandert – wie schon bei Kurt Schwitters – ins Bild oder transformiert sich in Richtung auf Melodie, Rhythmus, Timbre, Geräusch – ohne Anspruch auf Grammatik und Semantik, also ohne propositionalen Gehalt. Hinzu kommen die literaturinternen Formauflösungen, durch welche z.B. der Roman als gewissermaßen monochrome Welt eines Erzählsubjekts zu einer Großcollage aller Literaturgenres verwandelt werden kann. Der Roman ist zugleich Essay, Gesang, Theater, Erzählung, Traktat, Gedicht, Straßenszene, Salondiskurs, innerer Monolog und geschichtsphilosophisches oder soziologisches Konstrukt, Idylle und Tragödie, mystisch oder magisch gebannter Augenblick profaner Erleuchtungen oder das Stakkato der Augenblicksblitze in der Reizflut der Großstadt. So etwa schon bei Hermann Broch, Alfred Döblin und natürlich bei James Joyce.

Geschichtsphilosophisch führen diese ästhetischen Techniken zwischen 1910 und 1933 das Ende der Ordnung der literarischen Gattungen herbei, das Ende der privilegierten Ordnung des Buches als „Welt im Buch" und das Ende der Doktrin von der Ganzheit des Sinns, der im ästhetischen Subjekt Gestalt wird. Die Collage hieß, daß an die Stelle ästhetischer Integration die Desintegration trat, an die Stelle der homogenen die heterogene Form, an die Stelle der kontinuierlichen Ereigniskette der Schock, der Widerspruch, das isoliert hervorspringende Element. An die Stelle der motivierten oder kausalen Entwicklung tritt das factum brutum des Zufalls und die ebenso diffuse wie determinierende Stimulanz des Reizes; an die Stelle der Psychologie der subjektiven Stimmungen tritt das Ephemere der Erscheinungen; an die Stelle narrativer oder hermeneutischer Überlieferungszusammenhänge tritt die Konfiguration, die allegorische Korrespondenz und die zur Simultaneität verräumlichte Zeit. In der Literatur nach 1960 wurden diese Techniken sämtlich wieder aufgegriffen und zu speziellen Literaturkonzepten ausgeformt, so etwa in der konkreten oder der visuellen Poesie, in der Dokumentarmontage, in der Cut-up-Methode und der sogenannten Permutation. Die wohl geeignetste Literaturform für solche Formexperimente war das Hörspiel, das seit den 60er Jahren sich sämtliche Möglichkeiten der Collage und Montage, der Sprachexperimente an den Grenzen der Musik, des Geräuschs, der komplizierten Partituren von Sprach- und Klangrhythmen aneignet und Verbindungen eingeht zu serieller und elektronischer Musik. Die Prinzipien der minimal music werden auf die Sprache übertragen. Kurzum, das Hörspiel wird zur eigenständigen avantgardistischen Kunstform schlechthin. Und als solches wird es für Fichte wichtig.

5. *Welt der Wörter – Welt der Bilder*. Der Schriftsteller und die Fotografin

In dem Interview, das Gisela Lindemann 1981 mit Hubert Fichte über die ‚Geschichte der Empfindlichkeit' führte, spricht Fichte zum ersten Mal über die Rivalität zwischen Jäcki und Irma, über die Konkurrenz zweier Medien und Künste:

Da ist die Welt der Wörter und die Welt der Bilder; Irma, die andere Hauptfigur des Ganzen, ist Fotografin, und es geschieht eine sehr seltsame, sehr mörderische Auseinandersetzung zwischen dem Schriftsteller und der Fotografin. Wer gewinnt die Oberhand? Wird jetzt die Fotografin vom Essayisten gegängelt in allen ihren Lebensbezügen und in ihrem Beruf, oder geht der Kampf zugunsten der Fotografin aus, wird sie ihn mit Bildern so zuschwemmen, daß er seinen artistischen Impetus verliert?[1]

Gisela Lindemann, die eine Radio-Lesung des Romans ‚Forschungsbericht' organisiert und diesen deswegen bereits damals gelesen hatte, ist überrascht und fragt noch

---

[1] G. Lindemann/ H. Fichte: „In Grazie das Mörderische verwandeln". In: Sprache im technischen Zeitalter Jg. 25, H. 3, S. 314.

einmal nach. Tatsächlich mußte aus den beiden zu ‚Xango' (1976) und ‚Petersilie'
(1980) komplementär als Band II. und IV. des Werkes ‚Die afroamerikanischen
Religionen' veröffentlichten Fotobänden der Eindruck einer kreativen Kooperation
zwischen Bildkünstlerin und Wortkünstler hervorgehen. Die in ‚Xango' abgedruckte
panegyrische Hymne auf die Fotografin ließ nicht die Spur einer Medienkonkurrenz
entdecken. Ganz sicher ist die Reise-, Forschungs- und Produktions-Gemeinschaft
von Hubert Fichte und Leonore Mau von außerordentlicher Stabilität gewesen –
vielleicht das Stabilste überhaupt in Fichtes Leben. Und das heute noch gar nicht
absehbare Ergebnis dieser jahrzehntelangen Kooperation ist die Tatsache, daß es m.W.
kein anderes Werk gibt, daß in dieser Weise in zwei Medien dokumentiert vorläge.
Auf Dauer – dann nämlich, wenn das Foto-Archiv Leonore Maus in gleicher Weise
zugänglich und erforscht wird wie das literarische Werk Fichtes – wird man erkennen,
daß man nur von **einem** Werk wird sprechen dürfen, das in zwei medialen Zuständen
überliefert ist.[1]

Auf die Nachfrage von Gisela Lindemann jedoch antwortet Fichte:

*Der Kampf bleibt ganz sicher unerbittlich. Wir bestehen ja im Unbewußten nicht aus
wohlmeinenden Reaktionen, sondern aus verbrecherischen. Sie sprechen das Problem der
Grazie an und der Eleganz. Ich glaube, die Chance der Poesie und der Poesie eines solchen
Riesenwerkes kann die Grazie sein. Und in Grazie das Mörderische verwandeln, das ist
doch wohl das, was Ästhetik zum Gegenstand hat.*[2]

Eine erstaunliche Antwort, die in ihren weitreichenden Konsequenzen hier nicht
entwickelt werden kann. Im Blick auf das Verhältnis von Wortkunst und Fotografie
bestätigt Fichte eine weit über die übliche Medienkonkurrenz hinausgehende Rivalität, die bis in die Tiefenschichten der Person reiche: es geht um ästhetische Selbstbehauptung, die in der Phantasie den Preis des Mordes und Verbrechens nicht scheut;
und es geht um eine Darstellungsform, durch welche das ‚unbewußte' Gemetzel jene
Grazie und *Eleganz* gewinnt[3], die das Schöne kennzeichnet – selbst dann und gerade
dann, wenn das Schöne nichts ist „als des Schrecklichen Anfang". Und Rilke fährt in
seiner Ersten Duineser Elegie fort: „Und wir bewundern es so, weil es gelassen ver-
schmäht, uns zu zerstören."[4]

Gewiß folgt Fichte nicht der Rilkeschen Ästhetik. Dennoch wird man durch das
Rilke-Zitat aufmerksam auf einen Zusammenhang, der für Fichtes Werk insgesamt
kennzeichnend ist: jene Energie *zu leben, um eine Form der Darstellung zu erreichen*, ist
deswegen so unheimlich und hemmungslos, weil nur durch sie der nackte Schrecken
in Form zu verwandeln möglich erscheint. Ineins mit der Preisgabe an die Gewalt und
die Zerstörung kommt in der ästhetischen Form eine Gelassenheit zur Erscheinung,
die den Leser nicht nur, sondern zuerst den Autor selbst zugleich entblößt und schont.

---

[1]Peter Braun (Hamburg) arbeitet an einer Dissertation über „Irmas Kunst. Die Präsenz der Fotografien
Leonore Maus in den Texten Hubert Fichtes."
[2]G.isela Lindemann/ H.ubert Fichte a.a.O. S. 314.
[3]Sind dies Schillersche Begriffe? Oder entstammen sie eher manieristischen Traditionen? Denkt Fichte
hier an Lohenstein, bei dem sich wirklich eine Ästhetik des Mörderischen aufweisen läßt?
[4]Rainer Maria Rilke: Werke in 3 Bdn., hg.v.R. Sieber-Rilke u. E. Zinn. Bd. 1, Frankfurt/M. 1973,
S. 441.

Das *Verbrecherische* und das *Mörderische* wird zur Energie und zur Grundgeste der literarischen Gestaltung Fichtes.

Vor diesem Hintergrund erhält eine in der ‚Geschichte der Empfindlichkeit' öfters kryptisch zitierte Szene symptomatischen Sinn. Es ist die Szene, mit welcher Fichte den roman delta überhaupt eröffnet: auf Seite 1 des Romans ‚Hotel Garni' schildert Fichte die Gelassenheit, mit der Irma Jäcki ihre Fotos *zerschneiden* sowie zu Illustrationen für sein Theaterstück *collagieren* läßt. Nicht ohne Hintersinn wählt Fichte diese kurze Schilderung zur Exposition seines „Riesenwerkes". Die scheinbar harmlose Situation in Irmas Zimmer (noch im Blankeneser ehelichen Hause) verbirgt nämlich auf ihrer Tiefenstruktur eine paradigmatische Urszene – und nur deswegen kann sie zu einer der wichtigsten Schaltstellen des Fichteschen Werkes werden. Das Zerschneiden der Fotos von Irma gehört dem Phantasma des Zerstückelns und Zerfetzens an, der ‚mörderischen' und ‚verbrecherischen' Impulse und Obsessionen, die vom ersten Roman an den Fond des Gesamtwerkes bilden. Das Zerschneiden der Fotos ist ein ritueller Mord in effigie –: eine Ermordung Irmas, die Zerstörung ihrer Kunst. Die Herkunft dieser Todeswünsche wird erst später durchsichtig werden. Hier ist zunächst festzuhalten, daß das latent *Mörderische* dieses Aktes zum Bestandteil eines ästhetischen Verfahrens wird – der Collage nämlich, welche die Grundoperation der Fichteschen Ästhetik darstellt. Fichtes Kunst muß ihren Anfang finden und ihren Ausgang nehmen in der Preisgabe an das *Mörderische*, das seinen Kern in der Zerstückelung hat; und erst in ihrem Durchgang kann sich die Gewalt als Komplement der ästhetischen Form zeigen. Zerschneiden und Collagieren sind Kunstverfahren, in denen das *Mörderische* ganz und gar gegenwärtig wird; und zugleich ist diese Ästhetik ein ‚Verschmähen' davon, wirklich zu töten – Irma, die Mutter, uns[1]. Das Vermögen, durch welches Fichte das Zerstückeln und den Formprozeß – beinahe immer, immer aber mit äußerster Anstrengung – zu balancieren vermag, bildet das Moment von Gelassenheit in dieser extremsten Gespanntheit der Gegensätze. Gelassenheit in einem doppelten Sinn: in der Kunst ereignet sich ein Überlassen an die ‚Szene' des Mordes ebenso wie zugleich ein Entrücktsein in eine eigentümliche Ferne von aller Gewalt. Gewiß liegt hier auch die Wurzel des moralisch und psychologisch schwer zu vermittelnden Gegensatzes, der zwischen der Gewaltfaszination und dem Gandhiismus Fichtes herrscht. In den grundlegenden Konfigurationen des Werkes wird diese Kontrapunktik ständig wiederbegegnen. Hier aber ist entscheidend, daß Irma in der Ruhe, mit der sie beim Zerschneiden der Fotos – wie bewußt auch immer – ihrer symbolischen Ermordung beiwohnt, die Gewißheit eines nicht weiter herzuleitenden Schutzes realisiert: das ist die Gelassenheit mitten im Schrecken der Kunst. Diese schützende Distanz setzt Irma in den Stand, das ästhetische Verfahren Fichtes, das Zerschneiden und Collagieren zu bewundern, mithin als ‚schön' wahrzunehmen. In gewisser Hinsicht wird Irma dadurch zur ersten Adressatin des Werkes. Vor ihr, ihren Augen, kann und darf Fichte – in der Herodotschen Formel[2] – schreiben, *was ihm als die Wahrheit erschien* (Kleiner Haupt-

---

[1] Vgl. dazu S. 288 ff. u. 321 ff. dieses Buches.
[2] Die Herodot-Formel s. HuL I, 383.

bahnhof, 90): *Um wenigstens vor Irma nicht zu lügen.* Und: *Irma fand gut, was Jäcki schrieb. ... Sie schnitt an seinen Texten nicht herum, wie er an ihren Fotos.* (Kleiner Hauptbahnhof, 90, 95)

Diese Affirmation bildet die Grundlage jenes unverblümten Ehrgeizes, den er, in typischer Geste, nämlich imperativ für beide formuliert: – *Du machst aus mir einen großen Dichter./ – Und ich mache aus dir eine große Fotografin.* (Kleiner Hauptbahnhof, 68). Über die Funktion hinaus, sich wechselseitig zu spiegeln und zu steigern, hat dieser korrespondierende Zusammenschluß seinen wichtigeren Halt daran, daß Irma – als erste Leserin – jener Ästhetik vertraut, die „des Schrecklichen Anfang" ist. Irma läßt sich vom *Mörderischen* der Fichteschen Kunst erfassen und faßt sie zugleich in eigene Bilder.

Ein weiterer, kryptischer Hintergrund der Zerschneidungs-Szene wird erst dann transparent, wenn erkannt wird – was Fichte auf Seite 1 seiner Exposition des roman delta sorgfältig verbirgt – : daß nämlich das Zerschneiden der Fotos den Illustrationen des nachgelassenen Dramas ‚Ödipus auf Håknäss' (1960/1) dient. Fichte stilisiert sich in seinem gesamten Werk als der sich selbst entlarvende Ödipus (Mina, 17): dieser ist seine Grundfigur und sein erstes Double, in den Auseinandersetzungen mit Sophokles/Hölderlin, der Orestie, Freud, dem Nanā-Kult, ja, mit den afro-amerikanischen Trance-Ritualen überhaupt. Ödipus nicht als Vatermörder, sondern als schwuler Muttermörder, „geritten" von einem Gott, besessen davon, noch im Fremdesten seiner eigenen biographischen Spur nachzufragen.[1] Diesem ‚antiken Gemetzel' ist die Fotografin in ihrer symbolischen Zerstückelung ebenfalls ausgesetzt – ohne daß der Leser dies wahrnehmen kann. Irma hat die „im Unbewußten" fixierten Dramen einer die Mutter zwischen „primärer Liebe" (M. Balint) und mörderischem Haß *einkeilenden* Spaltung ebenso ‚lassen' können wie die damit verbundenen endlosen Reisen durch den Kontinent der *Schönheit des Mannes* (Liebe, 52), deren Roman Fichte schon zu Beginn der 60er Jahre schreiben will. In das *Mörderische* der rivalisierenden Beziehung von Schriftsteller und Fotografin ist mithin die gesamte lebensgeschichtliche Konfliktszenerie Fichtes eingeschmolzen.

***

In dem Interview mit Gisela Lindemann gibt es eine Passage, in der Fichte einbekennt, worin für ihn das schmerzliche Ungenügen der Literatur und die Vorzüge von Irmas Kunst liegen.

Es ist ganz einfach: ich wollte immer schwarz sein, Jäcki scheitert, Irma wird schwarz. Und Irma wird tatsächlich schwarz, als sie, die Fotografin in New York, in Harlem in einer Bücherhalle ausstellt, ihre Bilder aus diesen zwanzig Jahren, von denen der Roman vordergründig handelt, ihre Arbeit jetzt den Leuten vorführen kann, von denen sie sie bezogen hat. Und so bleiben Voodoo-Priester vor den Bildern stehen, machen kleine Voodoo-Zauber, weil sie Angst haben, wenn Black Panther, europäische Intellektuelle ihre Bilder ansehen. Und mit einem Male sieht Jäcki, und es ist sehr schmerzlich für ihn, daß Irma mittels der Bilder etwas geschafft hat, von dem er immer geträumt hat. Er wollte von Afrikanern geliebt werden, er wollte, daß sie seine Bücher läsen und sich an ihnen

---

[1] Vgl. dazu S. 313ff. dieses Buches.

begeisterten. Und er sieht, daß das für einen Schriftsteller fast unmöglich ist, auf Grund von Sprachproblemen auch, und daß eine Fotografin mit Bildern das erreichen kann.[1]

Kunst soll Metamorphose, Medium der Verwandlung sein in etwas, was Fichte nicht ist, aber zu sein begehrt – schwarz –, um dadurch *allerzarteste Berührung* (Pubertät, 66) zu ermöglichen mit jenen, die er liebt und von denen geliebt zu werden ihn verlangt. Die Schrift aber, in die Fichte sein Leben investiert, bleibt für die Schwarzen, denen sie sich adressiert, unentziffert und ungehört. Sie ist nicht das Medium einer Begegnung, nicht Medium, durch das er gesehen, bewundert, geliebt wird. Das Schwarz der Lettern auf dem Weiß der Seite stillt nicht den Schmerz, daß darin der Autor nicht selbst schwarz wird, sondern für die Geliebten nur opak. Sehnsucht nach der Magie der Buchstaben, die doch als das nicht eintritt, was ihm am wichtigsten gewesen wäre: Bezauberung schwarzer Leser durch seine schwarzen Lettern.

– Aber ich bin ganz schwarz – das sieht man nur nicht (Kleiner Hauptbahnhof, 69), sagt Fichte zum schwarzen Geliebten Charles. Wenn er auch, vielleicht, in der sexuellen Ekstase augenblickslang ins Schwarze (d.i. die Fichtesche Formel für den Orgasmus und das Orgiastische) sich zu verwandeln vermag, so wird ihm dies niemals im Schreiben zuteil. Trotz aller Letternschwärze bleibt Fichte gerade als Autor ein Weißer. Er gewinnt im Schreiben für die Schwarzen keine Präsenz, er bleibt weißes Blatt, Leere, nichts. Die Leser, die er findet, sind intellektuelle Weiße wie er – arme Stellvertreter des ersehnten schwarzen Lesers, dem er lebenslang nachreist, ihn nie literarisch, nur phallisch berührend. Während die Afroamerikaner, die er liebt, ihn niemals im Anderen seiner selbst, den Büchern, lieben werden. Die Ekstasen mit ihnen und die Ekstase des Selbst in der Schrift begegnen sich nicht.

Das nun nimmt Fichte gerade von Irmas Kunst an. Was sie von sich selbst durch Auge und Linsen objektiviert, verschmilzt mit dem Gegenständlichen des Bildes, derart, daß zwischen Bild und Betrachter eine magische Korrespondenz ins Spiel kommt, eine Wiedererkenntnis (ἀναγνώρισις) des Betrachters in den Fotos selbst. Dieses Sich-selbst-Erkennen der Schwarzen in den Bildern, die ihrerseits eine Entäußerung Irmas sind, interpretiert Fichte als *Schwarz*-Werden von Irma: beide, Fotografin und Betrachter, sind gleichermaßen ins Bild gerückt, entstellt, verwandelt – das ist die magische Metamorphose – und begegnen sich im „Medium", im Metaxü, im Zwischenraum einer zauberhaften Vermittlung. Für Jäcki gelingt der Fotografin (ohne den erotischen Impuls, der ihn treibt) genau das, was ihm mißlingt: er sieht in ihre Bildkunst das utopische Begehren seiner Schriftkunst hinein. Das muß nicht nur Schmerz, sondern auch Neid und Rivalität erzeugen im Verhältnis zur Fotografin – und davon legt etwa der Roman ‚Eine glückliche Liebe' beredtes Zeugnis ab. Es bleibt – bei aller Kooperation – ein Stachel in Fichte, der es ihm erschwert, in Schrift und Foto nicht antagonistische, sondern differente Medien zu erkennen – mit je eigenen Grenzen, Unvermögen, Leistungen, Schönheiten.

* * *

---

[1] Gisela Lindemann/ Hubert Fichte: „In Grazie das Möderische verwandeln" a.a.O. S. 317.

Ein wesentlicher Grund des geheimen Neides, der sich oft als Verspottung Irmas larviert, ist die von Fichte unterstellte Simultaneität von Objekt und Objektiv, d.h. die fast in Echtzeit vollzogene Verkoppelung von fotografiertem Gegenstand und künstlerischem Akt. Nicht ohne Sarkasmus sagt Jäcki in ‚Glückliche Liebe': – *Die ganze Geschichte in einer tausendstel Sekunde. Die Welt als reines Bild. Das ist die wahre Kunst. Nichts weiter mehr als ein Apparat. ... Es ist Kunst, weil es überhaupt keine Kunst ist, weil es immer in jedem Augenblick Kunst ist. Meine Wörter – die kannst du vergessen.* (Liebe, 28)

Jäcki hadert mit der Ungleichzeitigkeit von Erzählung und Erzähltem (darum versucht Fichte immer wieder, diese Ebenen zu verschmelzen, z.B. im durchgängigen Präsens des Erzählens). Die Nachzeitigkeit des Wortes gegenüber dem Ding bezeichnet den nachparadiesischen Zustand der Sprache, den Jäcki öfters beklagt, weil er – mit Worten – eben das zu erreichen versucht, was die Fotokunst, seiner Auffassung nach, realisiert: *reines Bild* zu sein, Gleichzeitigkeit, Gegenwart, Augenblick eines magischen Zusammenfalls von signifikatorischem Akt und Gegenstand. *Jäcki wollte Reinheit./ .... / Gegenwart*, heißt es im ‚Kleinen Hauptbahnhof' (195): das ist als Sprachprogramm, was er als Ästhetik der Kamera entwickelt hat. Die Zeitform der *tausendstel Sekunde*, in welcher der Apparat arbeitet und in die er die *ganze Geschichte* faßt, korrespondiert aufs genaueste jenen *Drei Sekunden ganz* (Kleiner Hauptbahnhof, 195, 198ff), in welche Fichte die Geschichte des einen Jahres im Waisenhaus kondensieren will. Es ist der Wunsch, den magischen Augenblick der Koinzidenz, den er als ästhetischen Vorzug der Kamera ansieht, im Buch zu imitieren. Insofern gehören alle Roman-Konstruktionen, die auf diesem Prinzip aufbauen, zu „Jäckis Imitationen ‚Irma'". Es ist der Versuch einer Nachstellung: von Bildkunst in Wortkunst.

Mit allen Paradoxien und Vergeblichkeiten. Denn der postfeste Charakter der Literatur ist nicht aufzuheben. – *Ist das ein Leben?/ – Von Buch zu Buch.* (Liebe, 52) Buch-Leben: was heißt dies denn? Im Versuch, das magische Nu, das nunc stans der Erscheinung des Ganzen im Kleinsten zu erreichen, ist es ... die Wortarbeit eines Schriftstellers 1963 an *Drei Sekunden* von 1943. Peter Michel Ladiges hat den flammenden Wahn und die Grandiosität dieses Versuchs offenbar sofort bei der ersten Begegnung mit Fichte in aller Klarheit erkannt; er fragt Fichte, was er mache und dieser erzählt vom ‚Waisenhaus'-Roman:

– *Wovon handelt er?*
– *Von drei Sekunden.*
– *Wann?*
– *1943. Hier wurde das Krüppelheim bombardiert.*[1]
– *Das ist zwanzig Jahre her.*
– *Solange brauche ich für drei Sekunden.*
– *In zwanzig Jahren sind Sie dann mit diesem Abend soweit.* (Kleiner Hauptbahnhof, 221)

---

[1] Diese Erfahrung wird allerdings nicht für ‚Das Waisenhaus', sondern für den Grünspan-Roman konstitutiv.

Tatsächlich ist der 20-Jahre-Abstand zum Erzählten bei Fichte beinahe die Regel. Was für eine Paradoxie; was für ein Wille zur Überbietung der *Gegenwart* der Fotografie! Nichts weniger versucht nämlich der Autor, als in **seinem** Medium den magischen Zusammenfall zweier Zeiten, die zwanzig Jahre auseianderliegen, zur Gegenwart werden zu lassen. Jene drei Sekunden des Wahrnehmungsschocks auf dem Balkon des Waisenhauses 1943 sind das Konstrukt, die mediale Anordnung, um das Jahr 1942/3 zu vergegenwärtigen (d.i. zu beschwören) – es jetzt und hier, 1963, Gegenwart werden zu lassen, so daß der Autor und der 7jährige Hubert sich begegnen können. In gewisser Hinsicht ist jeder Roman Fichtes eine *Maske aus Sprache* (Pubertät, 49) – Medium einer Verrückung in der Zeit, Verwandlung von Damals und Jetzt in ein Drittes, die Gegenwart der Sprache.

Freilich benennt das Ladiges-Gespräch indirekt zwei Unlösbarkeiten dieses Projekts. Es ist zum einen der Tod. Wenn die Nachträglichkeit der Literatur unaufhebbar ist – 20 Jahre, die *gebraucht* werden, um *drei Sekunden ganz* zu erzählen –, dann meint dies: der Tod ist das factum brutum, daß der Fluß des Lebens grundsätzlich nicht zum roman fleuve metamorphisiert werden kann. Die Ästhetik der Gleichzeitigkeit müßte konsequent zu einer absoluten Verräumlichung von Zeit führen – dies wäre die Besiegung des Todes. Zum anderen: ein Jahr 1963/4 an drei Sekunden von 1943 arbeiten, heißt genau genommen, daß die Dauer der schreibenden Vergegenwärtigung eben die Gegenwart verzehrt (oder: tötet). Wenn die Gegenwart des Autors mit der Gegenwart des Schreibens identifiziert wird, so hieße das im Grenzfall, daß zwanzig Jahre nach diesem Jetzt nur noch über das Schreiben der dann 40 Jahre zurückliegenden drei Sekunden geschrieben werden könnte. Auch diese Konsequenz ist in der Ladiges-Szene impliziert: Fichte schreibt 1983 – die Erzählzeit des ‚Kleinen Hauptbahnhofs' – über ein Treffen mit Ladiges 1963, wo über die drei Sekunden von 1943 gesprochen wird. Dies ist die Entropie des Projekts der totalen Simultaneität und Verräumlichung. Die ‚Besiegung' des Todes terminiert also gerade in dessen Universalisierung.

Für die Literatur hieße dies, was Fichte am Beispiel von Irmas Kunst als sein Foto beschreibt: *weiße Eier ... vor einer Kalkwand* (Liebe, 25). Das erinnert an das Gemälde „Suprematistische Konstruktion Weiß in Weiß" (1917/18) von Kasimir Malewitsch. Das Foto berührt die äußerste Grenze einer von Gegenständen entleerten, konstruktiven Reinheit der Idee – die *Welt als reines Bild* (Liebe, 28), nahe der reinen Gegenwart, doch auch dem *Nichts*, wie Irma einwendet: *Du schreibst auch nicht nur über das Nichts.* (Liebe, 25)[1] Darauf liefe im Extrem die Konstruktion absoluter Zeitkoinzidenz in der Literatur hinaus: die weiße leere Seite (wie im ‚Platz der Gehenkten') – oder: das absolute Buch, – oder: die „Welt als Buch", als Alptraum der babylonischen Bibliothek des Jorge Luis Borges. Alle drei Varianten sind Entropien der Literatur – äußerste Ränder des Gebiets der Schrift, wie es Fichte auszirkelt.[2]

---

[1] Ganz anders der Fall, wo Fichte sich angesichts einer verwitterten blauen Tür in Cezimbra an Yves Klein und action painting erinnert fühlt: auch das führt zu einer Auseinandersetzung über Fotokunst (Liebe, 82–84).

[2] Am Ende der Auseinandersetzung zwischen Autor und Fotografin über „Weiß in Weiß" gibt es einen Augenblick der Evidenz, der beide in ihren ästhetischen Intentionen zusammenschließt: drei weiße Non-

Abb. 2. Kasimir Malewitsch: Suprematistische Konstruktion Weiß in Weiß. 1917/8.
New York, Museum of Modern Art.

Doch so ist weder zu leben noch zu schreiben. Es ist vielmehr der Schmerz zu verarbeiten, daß jene Simultaneität und Unmittelbarkeit, wie sie Fichte in den Fotos von Irma realisiert sieht, in der Literatur unerreichbar bleibt. Und das heißt, weite Strecken zu leben, wo man nicht schreibt, um weite Strecken zu schreiben, wo man nicht lebt. In jedem Fall bedeutet das Schreiben die Opferung des dabei Ungeschriebenen (und währenddessen Ungelebten), womit der Tatsache Tribut gezollt wird, daß es eine Koinzidenz von Leben und Literatur nicht gibt.

Es scheint, daß Fichte aus der Einsicht, an bestimmte Qualitäten der beneideten Fotokunst nicht heranreichen zu können, die Strategie entwickelt hat, Irma als alter ego in das Programm seiner Ästhetik hineinzudefinieren. So beauftragt Jäcki Irma z.B. mit einer Fotoserie über die Lokstedter Szenerie seiner Kindheit. Er wiederum schreibt darüber.

---

nen vor einer gekalkten Wand mit silbrigen Fischen auf den Köpfen. Irma und Jäcki wollen ‚blitzschnell' das Foto realisieren. Im magischen Nu des künstlerischen Blicks schweigen die Konkurrenzen. *Irmas Auge starr, wie das Glaskörper des Weitwinkelsuchers. / Metallrosetten zucken auf, schließen sich genau nach dem Bruchteil einer Sekunde. / Die drei weißen Nonnen vor der gekalkten Wand mit silbrigen Schellfischen auf dem Kopf waren schon vorüber.* (Liebe, 29) Dies ist der glückliche Zusammenfall von ‚Motiv' und Klicken des Kameraverschlusses: Ästhetik der Gleichzeitigkeit.

In Sprache im technischen Zeitalter Jg. 25, H. 4, 1987, S. 300–303 wird der Text ‚Weiße Eier fotografieren' abgedruckt (= Kap.5 von ‚Glückliche Liebe') – zusammen mit einem Spiegel-Selbstporträt von Leonore Mau mit einem weißen Ei in der Hand. Interessant ist, daß der Text hier als Motto das Fragment 139 D. von Sappho erhält: „Noch weißer als ein Ei." (Vgl. Sappho: Lieder. Griechisch und deutsch, hg. v. M.Treu. 7.Aufl. München und Zürich 1984, S. 95).

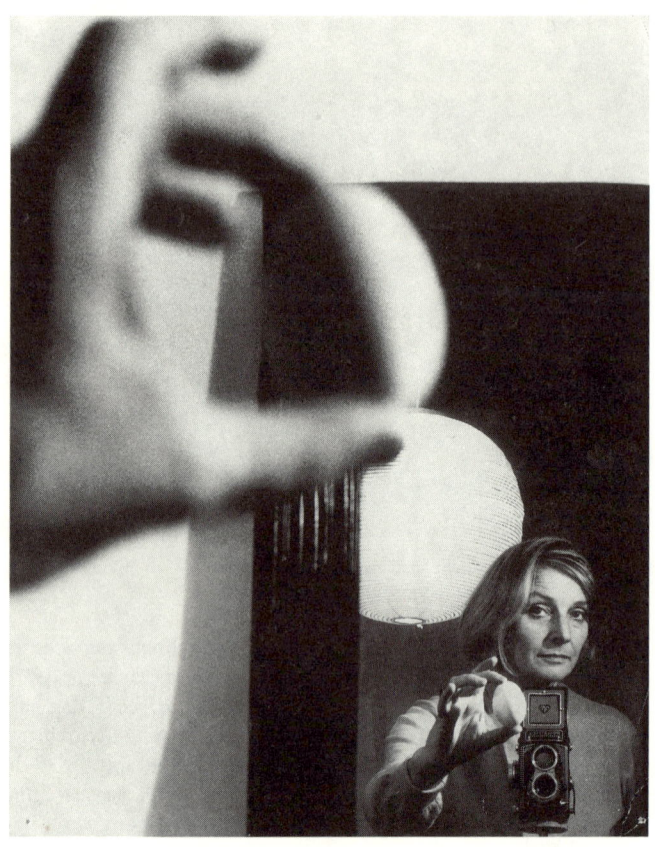

Abb. 3. Leonore Mau: Selbstporträt mit Ei um ein Uhr nachts am 3.10.1967.

Irma fotografierte ein Laubenfenster, das im Unkraut lag./ Jäckis Mutter hatte es aus den mürben Fenstern gedrückt, um der Großmutter zu beweisen, wie abbruchreif alles war.[1] *Das 1:1 vegrößerte Bild aber dreht er in der Dürerstraße gegen die Wand. Es war unerträglicher geworden als die Erinnerung an die Zerstörung der Laube, wo die Schlesier gesessen hatten, auf Opas Kuhkoppel, und selbstgepreßten Apfelmost tranken.* (Kleiner Hauptbahnhof, 196) Das Foto vergegenwärtigt *unerträglich* die Wut und die Trauer darüber, daß die Mutter die geliebte Laube hat abreißen lassen; das Fenster, Emblem einer Zerstörung, ist mehr aber noch das Emblem des Todes (der Großeltern), der verlorenen Kindheit (temps perdu) und – am unerträglichsten – der zerstörten, zerstörerischen Mutter-Sohn-Beziehung. Der Roman dieses Fotos, das eine *Geschichte*

---

[1]Vgl. das Foto „Das Fenster der Laube im Lokstedter Garten" von Leonore Mau im Bildteil des Bandes von Th. Beckermann a.a.O.

in einer tausendstel Sekunde festbannt zum nunc stans, wird, wiederum zwanzig Jahre später, ‚Die Geschichte der Nanā' sein.[1]

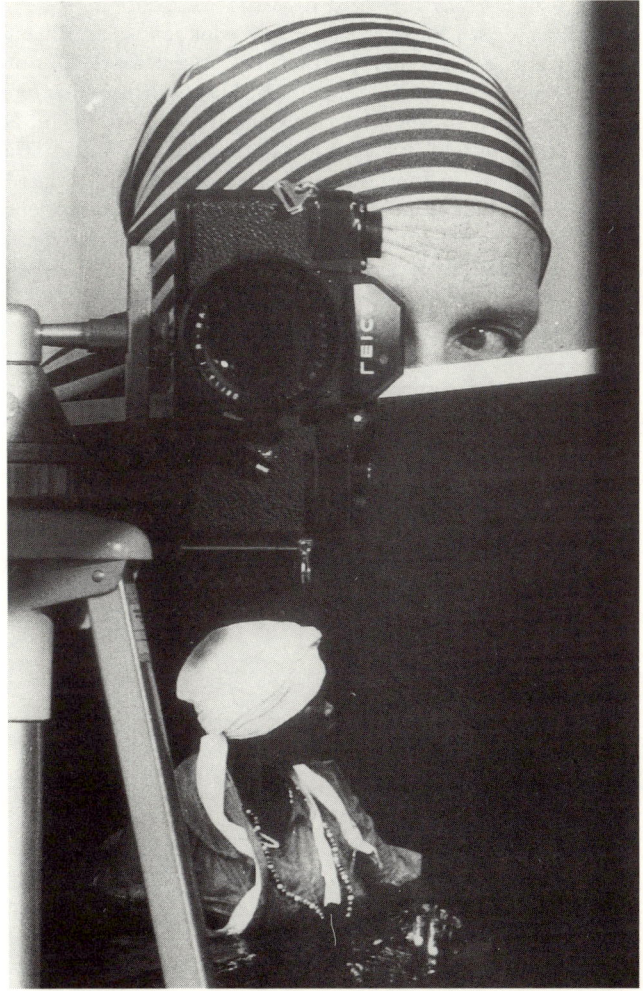

Abb. 4. Leonore Mau: Selbstporträt. 1982.

[1] Die „Geschichte der Nanā" ist vor allem im 1. Teil auch eine Beschreibung von Fotos. Diese Spur ist noch weiterzuverfolgen: Fotos von Irma, die Geschichten erzählen; Texte von Jäcki, die Fotos beschreiben. – Zur esoterischen Vernetzungs-Struktur des Fichteschen Werkes gehört, daß Fichte hier ein Foto, das zu Beginn der 60er Jahre gemacht wird, zur Keimzelle eines ganzen Romans werden läßt.

In dieser Weise zwingt Fichte der Fotokunst sein Programm auch dort auf, wo ihr Resultat, wie hier, *unerträglich* oder *ganz anders... als in Jäckis Erinnerung* (Kleiner Hauptbahnhof, 196) oder, wie im Fall der Harlemer Fotoausstellung über afroamerikanische Trance-Kulte, *schmerzliche* Niederlage ist.

Es scheint, daß die Idee zu einer gemeinsamen Produktion bereits Anfang der 60er Jahre, zu Beginn also der ersten Professionalisierungsphase des Autors Fichte, entstanden ist – zu einer Zeit, wo die Lebens- und Kunstwelten Fichtes und Leonore Maus noch weit auseinander lagen: sie, Architektengattin und Architektur-Fotografin; er, der sich mit Strichern und Zuhältern herumtreibt und von den ‚Strichen' der Schrift leben will (Thema des Romans ‚Kleiner Hauptbahnhof'). In einer Szene mit Irma heißt es dazu – die Ekstase und die Unmöglichkeit dieses Projekts formulierend:
– *Mein Buch zum Lobe des Mannes. Und du machst deine Welt aus Bildern. Ich will die Welt von unten beschreiben und du fotografierst sie von oben. Ich will mit allen Männern der Welt schlafen – ich will alle Männer der Welt beim Schlafen beobachten. Schade, daß wir nicht gemeinsam da rangehen. Was wäre das für ein Experiment!* (Kleiner Hauptbahnhof, 212)

Wieder die definierenden Festlegungen durch den Autor. In modifizierter Weise, Kompromisse und Abstriche akzeptierend, wird dieses Experiment dann doch unternommen. Zwar kann die Fotokunst Irmas niemals der *peripatetischen Darstellungsweise* (Lazarus, 437) Jäckis in der erotischen Welt der Männerliebe folgen; diese ist sein Reservat. Die *Welt aus Bildern* und die *Welt aus Wörtern* aber werden sich berühren im gemeinsamen Feld: dem Studium der afroamerikanischen Kulturen. Keine der beiden Künste wird dabei die Imitation oder Kopie der jeweils anderen sein. Und der dabei dennoch unvermeidliche, untergründige Kampf zwischen Schrift-Steller und *Lichtbildnerin* (wie Jäcki zu Irmas Ärger sagt) wird einer Schönheit dienen, deren Anfang der Schrecken ist.

II. DIE HÖRSPIELE – ERKUNDUNGEN DES POETISCHEN RAUMES

1. ‚Ich würde ein…' – Experiment der menschlichen Stimme

Neues Hörspiel

1971 wurde im SWF in der Regie von Peter Michel Ladiges das Hörspiel ‚Ich würde ein …' produziert.[1] Im Hinblick auf die ästhetischen Möglichkeiten der Sprachcollage und der Erkundung der phonematischen Strukturen ist dieses Hörspiel des radikalste Experiment Fichtes. Zwei Jahre zuvor hatte Klaus Schöning den für die Geschichte des Hörspiels epochemachenden Sammelband „Neues Hörspiel. Texte – Partituren" herausgegeben. Ein Jahr vorher versammelte ebenfalls Klaus Schöning, seinerzeit der verantwortliche Redakteur der Hörspielabteilung des WDR, die verstreuten „Essays, Analysen, Gespräche" zum Neuen Hörspiel in einem Diskussionsband, der die medialen, technischen und ästhetischen Strategien des Neuen Hörspiels einer größeren Öffentlichkeit vorstellte.[2] Hörspiel-Regisseure, Autoren, Kritiker versuchten die radiophonen Möglichkeiten des Hörspiels zu bestimmen, das sich in den vorangegangenen Jahren zunehmend aus seiner Abhängigkeit vom Medium Buch und vom Theater befreit hatte. Es ging um die eigenständig akustischen Dimensionen des Hörspiels im Überschneidungsraum von Musik, Geräusch, Stimme Rhythmus, Klang: deren Dramaturgie hatte mit den klassischen Literaturmedien und dem optisch dominierten Theater zunehmend weniger zu tun. Ausdruck der auch öffentlichen Anerkennung des Experimental-Hörspiels war, daß der Hörspielpreis der Kriegsblinden 1969 dem von Peter Michel Ladiges realisierten Hörspiel „Fünf Mann Menschen" von Ernst Jandl und Friederike Mayröcker zuerkannt wurde. In dieser Preisvergabe drückte sich auch der bedeutende Einfluß der (nicht nur Wiener) Experimentellen Poesie auf die neue Hörspiel-Konzeption aus. Die strenge Orientierung an das akustische Medium Radio und seine technischen Möglichkeiten

---

[1] Das Hörspiel konnte aus drucktechnischen Gründen nicht in den Band „Schulfunk" aufgenommen werden, obwohl die Herausgeberin Gisela Lindemann zurecht diese Partitur als die „konsequenteste" der Hörspiel-Arbeiten Fichtes einschätzt (Schulfunk, 590). Der Fichte-Arbeitsstelle Hamburg liegen Text- und Tonfassung vor. Erstsendung: 6.1.1972.

[2] Klaus Schöning (Hg.): Neues Hörspiel. Texte – Partituren. Frankfurt/M. 1969. – ders.. (Hg.): Neues Hörspiel. Essays, Analysen, Gespräche. Frankfurt/M. 1970. – Wichtig für die Durchsetzung des Neuen Hörspiels ist ferner die von Helmut Heißenbüttel betreute Hörspiel-Nummer der Zeitschrift Akzente (Heft 1, 1969). Auslöser aller dieser Veröffentlichungen war die internationale Expertentagung über das Hörspiel in Frankfurt 1968.

führte umgekehrt zu neuen Textformen, was die Hörspielvorlagen betrifft. Sie wurden zunehmend zu Partituren multimedialer Klangkünste; Hörspielvorlagen von Ferdinand Kriwet oder Mauricio Kagel waren nicht länger wie literarische Texte linear zu lesen; sie stellten eher mehrschichtige, graphisch-ikonologisch-textuelle Gebilde dar, die zwischen Literatur und Musik einen eigenen ästhetischen Raum erkundeten. So erzeugte die Autonomisierung des Akustischen zugleich eine neue Textform, den Seh-Text, der weit über die pikturalen Experimente der Konkreten Poesie hinaus eine komplexe Textgraphik darstellt: tatsächlich der Partitur moderner Musik (M. Kagel, J. Cage) näher als dem Dramen- oder Romantext. Selbstverständlich, daß im Neuen Hörspiel daneben sämtliche in der bildenden Kunst, Musik, Film und Literatur entwickelten Collage- und Montagetechniken hinsichtlich des akustischen Mediums weiterentwickelt wurden. Zugleich zog das Neue Hörspiel erste Konsequenzen des linguistic turn, der in den 60er Jahren zunehmend auch auf die Experimentalliteratur Einfluß gwann. Das heißt, daß zum einen (in der Tradition Wittgensteins) die Einsicht in die sprachliche Konstitution der Erfahrungswelt zunehmend die Reflexion auf die Strukturen des Sprachlichen erforderte – gerade wenn es um das Erkennen der Formen von Erfahrung und der sprachlichen Konstruktion von Welt ging (wie z.B. bei Helmut Heißenbüttel oder Peter Handke). Zum anderen verschob sich auch in der Literatur die Aufmerksamkeit von der langue auf die parole, so daß die gesprochene Sprache mit ihren phonematischen, pragmatischen und historisch-sozialen patterns zum eigentlichen Gegenstand der künstlerischen Praxis werden konnte.

In diesem hörspielgeschichtlichen Zusammenhang findet Fichtes Klangcollage ‚Ich würde ein …' ihren Platz. Nicht allein durch die enge Freundschaft mit Peter Michel Ladiges, der als einer der führenden Regisseure des Neuen Hörspiels ein exzellenter Kenner der technischen und ästhetischen Möglichkeiten der Radiokunst war (und blieb), ist Fichte mit den Strategien des Neuen Hörspiels in enge Berührung gekommen. Vielmehr boten diese Innovationen für ihn die Chance, die seit einigen Jahren zunehmend intensivere Radioarbeit im Hinblick auf radiophone Strategien zu reflektieren und auszuprobieren. Als Fichte ‚Ich würde ein …' konzipierte, bestand mithin eine genaue Koinzidenz der hörspielästhetischen Randbedingungen mit der eigenen ‚radiophonen' Schreibentwicklung –: dadurch wurde dieses in Fichtes Œuvre einmalige Hörspiel-Experiment ermöglicht. Alle anderen Features und Hörspiele sind gleichsam ‚konservativer', d.h. nicht so radikal autoreflexiv auf die Erkundung des Phonematischen selbst konzentriert. Dies heißt keinesfalls, daß dieses Hörspiel das beste von Fichte ist.

Die Stimme als musikalisches Phänomen

Eine gedruckte Fassung von ‚Ich würde ein …' sprengt jedes normale Buchformat. Das am besten vollständig – an einer Wand oder auf dem Boden – ausgefaltete Typoskript verhält sich zur realisierten Sendung wie eine Partitur zur Aufführung. Es gibt keine Handlung, keine Personen, keine Textpragmatik, keine Textlinearität, sondern stattdessen ein vielspaltiges graphisches Gewebe, das aus Rasterungen, Noten,

Zahlenbildern, musikalischen Formmustern besteht, welche das sprachliche Basismaterial – ein einziger Satz – durch Permutation zu einer chaotisch scheinenden, in Wahrheit strengen Vielstimmigkeit variieren. Dieser Satz des Hörspiels lautet: *Ich würde ein Orchesterwerk entwerfen, das aus mechanischen, gesprochenen Sätzen bestünde; denn gibt es ein komplizierteres Instrument als die menschliche Stimme, ein feiner nuancierteres Material als das des Sprechens?*

Seltsamer Satz: wie eine Antwort auf eine Frage: ‚Was würdest Du tun, wenn Du Komponist wärest?'; oder wie ein Entwurf hypothetischer Möglichkeiten: ‚Wenn ich ..., dann würde ich ...'. Aber dieser konjunktivische Irrealis begründet sich indikativisch, in rhetorischer Frageform, als sich selbst beantwortende Frage danach, ob es noch einen Komparativ zur Kompliziertheit der menschlichen Stimme als Vokalinstrument gäbe. Nein, die Stimme ist der Superlativ, die Stimme ist absolutes Instrument. Der Satz wirkt wie ein Fragment aus einer Unterhaltung über Sprache und Musik, Schriftstellerei und Komposition. Doch dieser mögliche pragmatische Kontext – Fichte will sein Verhältnis zu Sprache, Klang, Stimme klären – erscheint nicht. Statt dessen wird der Satz selbstreferentiell, indem es dieser Satz selbst ist, der zum Material der musikalischen Etüden des Hörspiels wird. Es geschieht Eigenartiges: während durch die Hörspielrealisation sich der propositionale und pragmatische Gehalt des Satzes auflöst, indem er auf verschiedenste Weise musikalisch moduliert, phrasiert, rhythmisiert, in verschiedene Medien übersetzt wird, indem also derart der Satz leer und zum reinen Klang wird, erweist sich sein Inhalt als wahr: die Stimme ist absolutes Phänomen.

Wie geschieht das? Der Satz erscheint in Hochdeutsch, Plattdeutsch, Lateinisch, Schwedisch, Türkisch und in Willabo, einem afrikanischen Dialekt (der einer ironischen Regieanweisung zufolge auch ins Yoruba übersetzt werden könnte). Die Vielsprachigkeit blockiert als solche schon die Intention des Hörers auf Verstehen. Das Vielsprachige zielt indessen auf die Modulations- und Artikulationsvielfalt der Lautsprache. Es geht um phonologische Charaktermasken oder, wie Elias Canetti einmal gesagt hat: um Hörmasken der Sprache. Wichtiger aber als diese Vielsprachigkeit ist, daß Fichte den Satz wie ein musikalisches Grundthema benutzt, um ihn nach diversen Kompositionsregeln durchzubuchstabieren oder besser ‚durchzuklingen'. Es sind liturgische und rituelle Musikformen aus dem christlichen Europa; aber auch afrikanische, ägyptische, arabische und jüdische Klangmodelle aus rituellen Kontexten. Der Satz wird in diese Musikformen transponiert, aber niemals als Musik selber, sondern als Sprechtext. Nicht also auf Gesang, sondern auf die Musikalität des Sprechens zielt das Hörspiel.

Ich nenne einige Formen: Lied, Antiphon (ein liturgischer Wechselgesang), mehrere Diaphonien (das sind mehrstimmige Parallelgesänge, auch Organum genannt), ein Conductus (ein liturgischer Gesangtonsatz der Ars antiqua des 12. Jahrhunderts ohne Grundmelodie), eine Rota (ein Rundgesang), eine Motette (ein mehrstimmiger Kirchengesang auf einem Bibelspruch beruhend). Diese alteuropäischen Concentus-Formen liturgischen **Gesangs** werden als Formmuster des **Sprechens** in verschiedensten Sprachen benutzt, Sprechformen, die in Beziehung treten zu den außereuropäischen Ritualformen, denen der Basissatz anverwandelt wird.

Das Hörspiel schreitet historisch und eurozentrisch fort. Der Satz wird nach dem Durchspielen alteuropäischer Liturgieformen in eine mehrstimmige Fuge gesetzt mit Thema, Umkehrung, Krebsgang, Vergrößerung, Coda. Durch diese Fugenform wird endgültig jegliches Buchformat gesprengt und das Hörspiel wird auch optisch zu einem autonomen graphischen Muster.[1] Letzteres auch deswegen, weil jetzt Sätze auf dem Kopf stehen oder im Krebsgang voranschreiten, also unleserlich (bzw. im Hören: unverständlich) werden. Als ‚reiner' Klang ist der Satz völlig entsemantisiert. Diese Auszehrung der Bedeutung wiederum führt, der Fugenfigur der Vergrößerung entsprechend, zu der einzigen Erweiterung des Sprachmaterials, nämlich zu dem plattdeutschen Satz: *Dat is Bloidsinn, dat geit gounich, wie wullt du Snaken umkehrn.* Diese Vergrößerung hat, wie man sieht, einen ironisch metareflexiven Status zum Krebsgang und zur Umkehrung.

Nach der Fuge folgt die *Schicksalssymphonie*: der Basissatz als vielstimmige Sprech-Symphonie in *Allegro con brio* und *Fortissimo*. Aufgrund der symphonischen Artikulationsvielfalt ist hier der Satz bereits auf „Ich würde ein …" reduziert und zwar wegen des Problems der Dauer: den ganzen Satz ‚symphonisieren' würde vermutlich länger dauern, als jetzt das Hörspiel insgesamt an Zeit beansprucht. Noch einmal reduziert wird das Sprachmaterial, nämlich auf das Wort „Ich", wenn Fichte die Stimme den Formmustern der 12-Ton-Musik Anton Weberns unterwirft. Schließlich folgt als letzte Form die *Collage*, womit wir – gleichsam historisch – bei Fichtes Formprinzip par excellence angelangt sind. Aus all diesen Artikulations-, Rhythmus-, Intonations-, Kompositionsmustern entsteht ein vielsprachiges, flackerndes, flüsterndes Sprech-Klang-Gewebe. Die ‚Zitate' aus den vergegangenen Musikformen unterbrechen eine O-Ton-Spur: afrikanischer Marktplatz mit der Stimme eines anpreisenden Händlers oder Ausrufers im Vordergrund. Dieser afrikanische Marktplatz – es könnte die Djemma el Fna sein – verweist auf den Zaubermarkt von Bé im letzten Hörspiel voraus: wie dieser wird auch hier der Markt zum Raum, in welchen die europäischen Formelemente einmontiert werden. Die Collage wird synkretistisch wie der Schluß des Hörspiels ‚Ich bin ein Löwe'. Fichte zitiert die zuvor historisch und ethnisch entwickelten liturgisch-geistlichen und säkularen Formmuster der Sprech-Musik in ein Formgebilde hinein, das – gegenüber der chronologischen Entwicklung vom Mittelalter bis zu Webern – einer Verräumlichung gleicht. Verräumlichung ist die wichtigste ästhetische Struktur der Collage. Das heißt hier: die Collage ist die simultane Versammlung von historisch und ethnisch geschiedenen Möglichkeiten zu einem einzigen Klangraum. Dieser Klangraum ist nicht im Sinne einer organischen Totalität oder als musée imaginaire der Geschichte der menschlichen Stimme zu verstehen. Wohl aber treffen in der Hörcollage heterogene Stimmformen und Artikulationen aufeinander, sie bilden Konfigurationen und

---

[1] Im Sinne von Ferdinand Kriwet (Sehtexte – Hörtexte, in: K. Schöning (Hg.): Neues Hörspiel a.a.O. S. 37ff.) oder Christina Weiss (Seh-Texte. Zur Erweiterung des Textbegriffes in konkreten und nach-konkreten Texten. Nürnberg 1984.) handelt es sich hier um einen „Seh-Text". Gerade diese Doppelbewegung ist charakteristisch für das Neue Hörspiel um 1970: in dem Maße, wie das Akustische autonom wird, erhält die Textvorlage eine optische Autonomie als graphisches Gebilde. Das heißt: in diesem Hörspiel finden wir den Grenzpunkt, von wo aus die bei allen Büchern Fichtes zu stellende Frage nach der graphischen Gestaltung der Seite ihren Ausgang nehmen kann.

Korrespondenzen, gewissermaßen die unbekannte Choreo-graphie der Tanzschritte der menschlichen Stimme.

Bemerkenswert ist die Behandlung des Eingangswortes des Basis-Satzes: *Ich*. *Ich* ist das antwortende Sprecher-Ich des Satzes; *Ich* ist das Satzsubjekt; *Ich* ist der Ausgang des konjunktivischen Entwurfes *würde ein* ...; und *Ich* ist die intelligible Einheit der Behauptung über die menschliche Stimme als absolutes Phänomen. Dieses psychologisch, grammatisch, modal und intelligibel andeutend ins Spiel gebrachte *Ich*, an dessen Merkmalen sofort Grundmuster von Identität, Subjektform und Selbstbewußtsein abgelesen werden können, dieses Wort *Ich* wird an eben der Stelle des Hörspiels zum einzigen Material des Formexperimentes – nämlich bei der seriellen Zersetzung nach der Webernschen 12-Ton-Technik –, die auch historisch durch die Krise des Subjektbegriffs (1910–30) gekennzeichnet ist. Das *Ich* wird nämlich hier vertikal und horizontal gespiegelt, es wird gekrebst, umgedreht, wiederholt; und in der Collage wird das *Ich* noch zusätzlich in *Ick, Ego, Io, Jag* aufgesplittert. Als *Io* wird es zu Variationen von Tonhöhen und -längen benutzt. So wird in den ästhetischen Techniken des 20. Jahrhunderts (12-Ton, serielle Musik, Collage) das *Ich* dissoziiert. Das Ich ist selbst zur Collage geworden. Es hat keine Referenz mehr auf eine irgendwie substantielle Identität: Ende des Subjekts also auch hier; oder vielleicht auch Vervielfältigung, Vervielformung des „Ich". Und dieses, die Vervielformung, zum ästhetischen Prinzip erhoben, bedeutet nichts weniger, als daß hier im Hörspiel (zeitgleich zu ‚Detlevs Imitationen „Grünspan"'), die Fraglichkeit, wenn nicht gar die Zertrümmerung der Identität und des Ich gewendet wird zu der Fähigkeit, vielgestaltige Korrespondenzen aufnehmen zu können – zu anderen Sprachen, Kulturen, Riten, Formen.

Schließlich ist diese Klangcollage für Fichte auch deswegen charakteristisch, weil er das, was er für den Ursprung der Poesie hält, nämlich die rituell gebundene menschliche Stimme, nicht etwa in psychologisch-expressiven Etüden erkundet, sondern in strengen mechanischen Formationen. Es geht nicht um den seelischen Reichtum der Stimme als expressives Zeichen von Individualität; sondern um den überpersönlichen Reichtum, der im „strukturalen Feld" der Menschenstimme liegt. Die generativen Strukturmuster der Stimme sind gewissermaßen geronnene Potentialitäten des Sprechens. Sie wären falsch verstanden, deutete man sie als Besitz eines Individuums. Vielmehr liegen die Formmuster der Stimme in den subjektlosen Codes der Klangriten, der Liturgien, der Litaneien der Völker, in den beinahe mathematischen Zeremonien der stimmlichen Kompositionen – jenseits aller Semantik und Pragmatik und – so will es die Collage demonstrieren – jenseits auch der Geschichte: reiner, inhaltsloser, von keinem Sinn und keiner historischen Bedeutungskonventionalität verunreinigter Klang der Poesie.

Das Hörspiel schließt mit mathematisch konstruierten Zahlenpyramiden, deren geometrische Muster wie in der 12-Ton-Technik, aber auch wie in der damals gängigen Konkreten Poesie angeordnet werden. Damit verlassen wir endgültig das Sprech-Experiment und treten ein in den pythagoräischen Zauber der Mathematik und der abstrakten Metrik geometrischer Gefüge. Dies ist der äußerste Punkt des Fichteschen Werkes, jenseits dessen nichts mehr geht – oder wo er, nach diesem

Aufstieg zum abstraktesten Gipfel poetischen Sprechens (reine Form/reiner Klang) sicher geworden, eine neue Weise der *Verwörterung der Welt* beginnen kann. Fragt man nach dem poetologischen Sinn dieses Hörspielexperiments, so ist darauf durch folgende Umweg-Überlegung eine Antwort zu finden: Fichte sucht nach einer Dimension der Sprache, die jenseits von Grammatik, Semantik und Pragmatik liegt, welche als Regelsysteme die Erzeugung sinnvoller Sätze innerhalb historischer Konventionen garantieren. In dem zeitlich nahen Hörspiel von 1974 ‚Kommen Sie doch in meinen Garten zum Hammelbraten' (Schulfunk, 99–104)[1] hat Fichte anhand einer pragmatischen Standardsituation – eine Grill-Abendeinladung – den Selbstlauf hochkonventionalisierter sprachlicher Muster dargestellt, die gewöhnlich unser Sprechen kommunikativ beherrschen. Das Hörspiel ist eine Demonstration dessen, was Martin Heidegger „das Gerede des Man" nennt: ein unbehaftbarer Mechanismus korrekter Sätze, die alles leisten, was wir von Sprache gewohnt sind – nämlich daß man durch sie Beziehungen aufnimmt und gestaltet, daß man Themen findet, über die man sich austauschen kann, daß man auf Referenzbezüge vertrauen kann und daß semantische ‚Kerne' der Wörter die Bedeutung einer Aussage in kommunikablen Grenzen halten usw. So wird eine soziale Situation sprachlich korrekt und kommunikativ befriedigend gelöst und doch ist das Ganze ein einziges Geplapper fortschrittlichen Mittelstandsbürgertums, *Leerlaufaktivität* (Schulfunk, 118), wie es einmal im Text heißt. Eine *Leerlaufaktivität*, die sich im schmatzenden Fressen des Hammels die einzige sinnliche Konkretheit schafft, bis dann am Ende auch die Kommentatorsprache durchdreht und in einer chaotischen Sprachmetzelei aus Stereotypen und Leermustern kollabiert.

Geht es in diesem Hörspiel um den semantisch – grammatisch korrekt programmierten Sprachschrott, so will Fichte im Hörspiel ‚Ich würde ein …' hinter die Inhaltsseite der Sprache zurück, auf das nämlich, was ihm das Ursprünglichere zu sein scheint: die bloße Stimme, Laut, Klangraum, Rhythmen, Metren, Rituale des Phonematischen. Wie viele Dichter und Sprachtheologen, etwa Jakob Böhme, Johann Georg Hamann oder Jean Jacques Rousseau schließt Fichte sich damit unausdrücklich dem alten Mißtrauen gegen die Schrift an, wie es seit Platon in der Philosophie diskutiert wird. Fichte sucht unterhalb der diskreditierten Konventionen des sprachlichen Handelns einen Ursprung der Sprache, der nicht verunreinigt ist durch Bedeutung, Grammatik, sprachlichen Habitus. In den inhaltslosen Litaneien – solche begegnen uns schon in der ‚Palette' – und ihren phonologischen Form-mustern glaubt Fichte dem Ursprung und der Utopie der Sprache nahe zu sein. Genau entgegengesetzt also zu Jacques Derrida[2] ist es bei Fichte nicht die Schrift, sondern sind es die vorliterarischen, interkulturell verbreiteten, in Riten und Liturgien aufgehobenen Stimm-Muster, die der Sprache zugrunde liegen. An diese religiöse Dimension – die Geburt der Sprache aus dem Geist der Religion – versucht die Poesie wieder anzuschließen. In diesem Urgrund der Sprache, der unvordenklich und vorsubjektiv

---

[1] Süddeutscher Rundfunk. Regie: Peter Michel Ladiges. Erstsendung: 19.9.1974.
[2] Jacques Derrida: Grammatologie. Frankfurt/M. 1983, S. 173ff. – ders.: Die Stimme und das Phänomen. Frankfurt/M. 1979, S. 125ff., 145ff.

ist, möchte Fichte sich mit diesem extremsten seiner Formversuche verankern. Wir werden später sehen, daß seine Annäherung an den Ritus und die Trance in den afroamerikanischen Kulturen genau dieselbe Funktion hat. Aber, so wird sich zeigen, es gibt weder sprachlich noch ethnologisch eine Reise zum Ursprung, zum „rein Entsprungenen" (Hölderlin), denn dieser Ursprung ist imaginär, eine Fiktion, wie Fichte einsehen muß.

2. San Pedro Claver – *Eine ganz neue Variante des Jesuitentheaters*

Sprachreduktion und Weltverwörterung

Vielleicht mußte ein Literat wie Fichte, der so süchtig nach Weltinhalt war und sich Welt einzuverleiben suchte, bis Welt zur Sprache kam, vielleicht mußte dieser Autor durch eine solche absolute Engführung der Sprache gehen. Das eine Wort *Ich*, der eine Satz permutiert bis zur semantischen Entleerung, bis zum Verlöschen von jeder Referenz – und dann: eine geregelte Explosion des einen Satzes in vielsprachige, rituell variierte Klangkörper. Nur im ersten Ansehen erscheint dies erstaunlich für einen Schriftsteller, der neun Jahre später, 1980, von sich sagt: ihm sei Herodot vorangegangen wie diesem Hesiod und Homer. Wie kommt es zu dieser Polarität von absoluter Weltentleerung in den Klang-Clusters des einen Satzes und dem Konzept absoluter Weltfülle im ästhetischen Programm eines Buches als Welt selbst? Wie ist mit diesem Widerspruch das Problem der Schriftstelleridentität verbunden, das Problem eines Autors, der sich *Roman* zu nennen auffordert, der lebt, *um eine Form der Darstellung zu erreichen*? Darauf gibt es keine schnelle Antwort.

Der Herodot-Essay beginnt mit dem Kauf der 2 kg schweren Sonntagsausgabe der New York Times vom 9. November 1980: 2, 2 Millionen Wörter gegen 210456 Wörter des Werks von Herodot, das *die Summe des Wissens über die Welt bedeutete, die Summe des Lebens und der Forschungen Herodots, die Summe der Kunstfertigkeit einer ganzen Epoche.* (HuL I, 382)

Dagegen die Lage heute: das winzige Ich, umzingelt durch *Mauern von Gedrucktem* (ebd.). Was schon ist ein Wort? Ein Satz? Eine Information? Wer kann sie überprüfen? Welche Hybris, zu den Myriaden von Wörtern das eigene Wort hinzufügen zu wollen. Wie soll man noch mit Herodot sagen können: *Ich schreibe nun, was mir die Wahrheit zu sein scheint* – diesen bewunderten Satz, der, in der Verpflichtung auf Wahrheit, im Anspruch der Aufklärung, im halb noch magischen Bann der Dinge durch Wörter, jene weiche Diskretion und behutsame Wahrhaftigkeit einführt: *was mir die Wahrheit zu sein scheint.* Wahrheit – ἀλήθεια – ist das Unverborgene und Unvergessene, das also, was durch Aufklärung, Sprache und Erinnern ins Licht der Erkenntnis tritt und *zu sein scheint*: δόξα – das Scheinen, das bloße Meinen der Wahrheit. Die beiden Begriffe werden bei Platon auseinandergerissen: das eine ist das gesicherte Wissen der Philosophen und Wissenschaftler, das andere ist das bloße Geplapper der vielen, der πολλοί. Hier bei Herodot, und gerade das bewundert

Fichte, steht beides, ἀλήθεια und δόξα, noch zusammen, ja, der Wahrheitswert weist sich aus gerade durch die Einschränkung des „Scheinens", in der weichen Zurücknahme von Behauptungen. Die Dinge ins Unverborgene, Offenbare hinzuformulieren, sie vor dem Vergessen zu hüten, dies ist das Ziel; doch von einer Erkenntnisposition aus und in einer Sprache, deren Abständigkeit zur unverrückbaren Wahrheit unaufhebbar ist. Hinter dieser bleibt sprechende „Ich" immer zurück in der Unzulänglichkeit seines Wissens und seiner Sprache. *Verwörterung der Welt*, das ist eine Unmöglichkeit. Und doch wird für dieses Programm ein ganzes Leben eingesetzt, ein Leben, das ein einziges Reisen wird, ein einziges Buch – Einheit der Welt. Herodot.

Und heute? *Das schriftliche Abbild der Welt, das zur Zeit des Herodot menschlich, unzulänglich hinter der Welt zurückblieb, hat in der New York Times die Welt überholt. Der Einzelne ist nicht mehr fähig, das schriftliche Abbild der Welt, ebensowenig wie Herodot die Welt selbst, zu beherrschen.* (HuL I, 382) Die Beredsamkeit der Medien hat das Sprachsubjekt, hat das Forscher-Ich überholt, mehr noch: die Welt abgehängt. Nicht mehr gilt: *Die Welt mit Zeichen überdeckt* durch Kunst, sondern: *Mauern von Gedrucktem*, dahinter nichts. Literatur ist nur noch Sgrafitti auf den Mauern des immer schon endlosen, immer schon überwältigenden Textes: ‚mich hat Hubert Fichte geschrieben' – mich, das ist das Wort, der Satz, der ‚Wesen' und ‚lebendiges Subjekt' sein will, im Rauschen der Medien, im redseligen Nichtssagen der Textmauern (vgl. HuL I, 395). Inmitten einer von Informationsflut überwältigten Welt, gegen das Geschnatter der Zeitungen, gegen die entmündigende Sprache der Wissenschaft und gegen die ‚zupoetisierende' Sprache der Literatur ist die Hörspielpartitur ‚Ich würde ein ...' eine Etüde über die Sprache, welche die äußerste Reduktion durchläuft, um jenseits davon, in späteren Werken, Anschluß zu finden an das, was für Fichte das Sprechen Herodots ausmacht: auf der Grenze zu stehen zwischen Wortbeschwörung und esoterischem Schweigen, der Magie also verschrieben; und zugleich den Übergang vollziehen zu *Säkularisation, Aufklärung, Avantgarde, Analyse:* also *Ablösung vom Magischen zum Naturwissenschaftlichen hin* (HuL I, 387;401/401). Hier bildet sich schon für Herodot die Grenze des Sprechens; und diesen Grenzraum versucht Fichte mit seinen eigenen Texten einzunehmen. Auf der Grenze bildet sich die Identität des Schriftstellers als doppeltes Nicht-Identischsein. Nichtidentisch mit Magie, nichtidentisch mit Wissenschaft, nicht mit ästhetischem Zauber, nicht mit dem ins Leere umkippenden Hyperrealismus der Informationstechnologien. Schriftsteller zu sein ist zwiespältige Negation: nicht glauben und nicht zweifeln; nicht männlich und nicht weiblich; nicht hetero und nicht schwul; nicht identifizierbar und nicht unkenntlich. Dies ist der Autor: sein Programm und seine Verstellung. Aus diesem ‚Dazwischen', diesem Siedeln im Zwischenraum der Sprachen, der Geschlechter, der Kulturen, der Zeiten entsteht die Collage als Form der Existenz und die Collage als Schreibform. Schreibform **ist** Existenzform. So ist die Verwandlung der Werke Fichtes in eine einzige Collage zugleich eine monumentale Realisierung des Programms, *zu leben, um eine Form der Darstellung zu erreichen.*

Schriftsteller zu sein, ist die Rolle, alle anderen Rollen einzunehmen bzw. sie ins Spiel zu bringen. Formal wird dies vielleicht am deutlichsten in dem Hörspiel ‚Grosses

Auto für den Heiligen Pedro Claver' (1980).[1] Hier gibt es die Rolle „Hubert Fichte", gesprochen von Matthias Ponnier; diese Sprechrolle „Hubert Fichte" hat die Funktion, das Sprechen der anderen Sprecher hervorzurufen, wie ein Spielleiter, und, wie ein antiker Chor oder ein Brechtscher Kommentator, das Geschehen durch Hintergrundinformationen aufzuhellen. So spricht in allen und allem „Hubert Fichte" und so sagt alles in allem der Text *ich zu sich selbst* – wie die antiken Sgraffiti im Herodot-Essay, die das poetische Ideal von Fichte sind. Die Sprache, die „Ich" zu sich selbst sagt, absolutes Sprachsubjekt und Subjekt der Sprache.

Dies bildet den polaren Gegensatz zur Poetik der Vielstimmigkeit. Sie hieß, hinter das Sprechen des oder der Anderen zurückzutreten. Oder ist vielleicht dieses Programm nur ein Trick Fichtes, sich alles Sprechen anzueignen, es hervorzurufen und zu kommentieren, wie ein göttlicher Spielleiter im sakralen Theater? Wer ist der Autor?

Stellen wir diese Frage noch einmal, am Beispiel der Hörspiele ‚Zwei Autos für den Heiligen Pedro Claver' von 1975 und 1980.

Pedro Claver und Hubert Fichte – ungleiche Brüder

Pedro Claver (1580 – 1654) ist ein heilig gesprochener Jesuiten-Priester. Über Jahre hat sich Fichte mit ihm beschäftigt, fasziniert und abgestoßen zugleich von der seltsamen *Taufbesessenheit* (HuL I, 366) dieses Heiligen, der in Cartagena, dem Hauptumschlagplatz des Sklavenhandels der neuen westindischen Kolonien Spaniens, über Jahrzehnte wie ein irrsinniger Fließbandarbeiter zehntausende (manche Quellen sprechen von 300.000) von verschleppten afrikanischen Sklaven taufte. In beiden Hörspielen collagiert Fichte eine Fülle zeitgenössischer Quellen. So zitiert er Ignatius von Loyola, Alonso Rodriguez, den Lehrer des Claver Alonso de Sandoval (dessen Darstellung der Christianisierung der Schwarzen von 1627 Fichte ausführlich behandelt, HuL I, 353–380), den berühmten Kritiker des Indio-Genozids Bartolomé de Las Casas und den heutigen Jesuiten-Pater, Claver-Biographen und Sandoval-Editor Angel Valtierra. In beiden Hörspielen greift Fichte aufs schärfste die Politik der katholischen Kirche an, besonders die Jesuiten, deren manischer Missionswahn zwar keineswegs den Blick für die grenzenlose Inhumanität des Sklavenhandels und des Indio-Genozids verstellte, aber bedeutungslos werden ließ hinter dem göttlichen Auftrag zur Christianisierung der Heiden. Im zweiten Hörspiel ‚Grosses Auto für San

---

[1] Beide Hörspiele über Pedro Claver wurden von Peter Michel Ladiges meisterhaft in Szene gesetzt. Fichte hat recht, wenn er im Vorwort der Erstausgabe der Hörspiele (im Qumran-Verlag 1982) sagt, daß die „Libretti ... nicht die Inszenierungen von Peter Michel Ladiges ersetzen" können. Ein Beispiel mag das verdeutlichen: als Pedro – in der Rolle des schwarzen Sklaven – flieht, erhält er zur Strafe 50 Peitschenschläge. Sie werden in der Regie-Anweisung genannt; dazu Musik aus Monteverdis „L'Incoronazione di Poppea", 2.Akt, 12.Szene: die alte Amme Amalta singt Poppea in den Schlaf; daneben kurze Dialog-Sequenzen aus der Auspeitschungsszene. Ladiges nimmt die Regieanweisung wörtlich und läßt die Peitschenschläge durch die Luft zischen. Die sich hier ergebenden Widersprüche zwischen Oper und Szene, die insistierende Wiederholung des Zischens, die Dialogfetzen: daraus entsteht ein Hörbild, das so quälend vom Rezipienten Besitz ergreift, daß er, wie Pedro selbst, an die Grenze des Erträglichen getrieben wird.

Pedro Claver' versucht Fichte durch eine breite Zitatencollage aus dem Alten und Neuen Testament zu belegen, daß es in christlicher Tradition keinerlei wirksame theologische Reserve gegen Versklavung und geistliche Unterwerfung heidnischer Völker gäbe. Was Fichte vorführt, ist eine Art Perversion des barocken Jesuitentheaters und des spanisch-portugiesischen Auto Sacramental, eine Theaterform, die – wie Fichte Gero von Wilpert ausführen läßt – auf mittelalterliche, kirchlich-geistliche Feier- und Festtagsspiele zurückgeht (Auto: hispanisiert von lat. actus = Einakter). Das geistliche Gloria auf Pedro Claver wird bei Fichte zu einem „Theater der Grausamkeit" à la Atonin Artaud, einem „Theater des Schreckens", wie Richard van Dülmen die frühneuzeitlichen Strafschauspiele zur Herstellung des göttlichen Rechts nennt.[1]

Was ist es, was Fichte zur Beschäftigung mit den süd- und mittelamerikanischen Jesuiten des frühen 17. Jahrhunderts treibt? Was heißt ihn, sich mit Claver auseinandersetzen in einer Ausführlichkeit, wie mit keiner anderen literarischen Figur – Lohenstein und Platen ausgenommen.

Natürlich liegt auf der Hand Fichte als Kolonialismus-Kritiker, als Liebhaber der Schwarzen und der afroamerikanischen Kulturen; das mußte ihn irgendwann kollidieren lassen mit den brutalen Exzessen der Konquistadoren wie mit dem Sakralterrorismus der Missionare zu Beginn der europäisch-westindischen Begegnung. Dieses historisch-politische Motiv ist eindeutig.

Doch es fällt auf, daß Fichte nicht die politischen Lenker in Spanien und Portugal, nicht deren Exekutoren in den Kolonien, nicht die Eroberer und Vizekönige, nicht die Sklavenhändler und Admiräle – nicht also die weltlichen Eliten zum Gegenstand seiner historischen Auseinandersetzung macht, sondern die intellektuellen Eliten, die schriftstellernden Geistlichen.

Meine These ist: der eigentliche Impuls der Hörspiele über Claver und der Auseinandersetzung mit Sandoval ist, daß Fichte seine eigene Rolle – die des europäischen Intellektuellen und Schriftstellers in den westindischen Kolonien – auf ihre mögliche Konsequenz hin durchspielt: Sandoval und Claver als verzerrte Spiegelbilder Fichtes. Insofern geht es hier, neben der offenbaren politischen Kritik, um die Identität des Schriftstellers: um das bis zur Identifikation mit den Schwarzen reichende Mitleiden, das aus dem Widerspruch nicht herauskommt, zugleich der Agent einer beispiellosen Gewalt zu sein. Diese Legierung aber von inniger Anteilnahme und Gewalt macht insbesondere das erste Hörspiel zu einer Etüde über das perverse sexuelle Begehren des Intellektuellen.

Die Formel, die Fichte für diese *unbeugsame und durchgedrehte Figur der Geschichte* Pedro Claver kreiert, lautet: *lind und fürchterlich in eins* (Lazarus, 390). Es ist die Formel des Sadomasochismus, die Claver ahnungslos auch in seine Unterschrift unter das Ordensgelübde setzt: *Petrus Claver Aethiopum semper Servus.* (Lazarus 352, Schulfunk, 299). Aus dieser Unterschriftsformel, in der Claver sich zum *Sklaven der Neger* (ebd.) erklärt, gewinnt Fichte die kompositorische Idee seines ersten Auto für

---

[1] Richard van Dülmen: Das Theater des Schreckens. Gerichtspraxis und Strafritual in der frühen Neuzeit. 2. Aufl. München 1988. – vgl. Michel Foucault: Überwachen und Strafen. Die Geburt des Gefängnisses. Frankfurt/M. 1976.

Claver: der geistliche Bruder Pedro lüstert danach, sich von seinem Sklaven Manuel quälen zu lassen. Bußübungen als S/M-Theater.

Im Claver-Essay des ‚Lazarus'-Bandes schildert Fichte eine Situation, die blitzhaft eine Schnittstelle zwischen Clavers und Fichtes Biographie beleuchtet:

Ich gehe in das Kloster des heiligen Pedro Claver. Ich weiß plötzlich, warum mein Widerstand so groß war:
Schrobenhausen.
Die Stadtpfarrkirche.
Das Waisenhaus. (Lazarus, 386)

Wieder eine Begegnung an einer Stätte des Todes: *das Skelett Clavers ist in den Hauptaltar eingelassen. / Die zahnlosen Kiefer, offen, wie zu einer verzweifelten Disputation. / Die Schädelnähte scheinen aufzuspringen. / Das Skelett eines Mannes, der in Lumpen predigte, in einem vergoldeten Sarkophag. / Seidenkissen. / Die übrigen Knochen von einer Spitzenalbe verdeckt. / Am Arm eine schwarze Binde, wie ein SS-Mann.* (ebd.)

Siegfried Gräffs Anatomie (‚Grünspan') – die Morgue in Bahia (‚Pubertät') – der Mumiensaal im Ägyptischen Museum – die ausgestellten, geschmückten heiligen Knochen Clavers in der Klosterkirche Cartagenas –: es ist, als sei es regelmäßig die Begegnung mit Tod und Toten, welche die *feine Eihaut über dem Unbewußten*[1] zerplatzen läßt und schockhafte Schübe der Erinnerung auslöst.

In der Jesuitenkirche wird eine Abendandacht gehalten. Ich kenne die Bänke, die Lieder.
Vorn links habe ich gekniet ...
Die Kindergläubigkeit packt mich am Hals. (Lazarus, 386)

Stadtpfarrkirche Schrobenhausen – die Jesuitenkirche Pedro Clavers in Cartagena: doppelt belichtete Bilder. Über die gegenwärtige Szene schiebt sich die Waisenhaus-Erinnerung – vergangene Zeit des Schreckens und der Angst in der Sphäre des Sakralfaschismus (Pedro Claver ... *wie ein SS-Mann*).[2] Aber auch Erinnerung an eine vergangene Zukunft: hatte der kleine Detlev nicht Priester werden sollen? Bruder Clavers? Und das ist es, was in einem Nu zwischen Fichte und Claver einen Spannungsbogen schlägt, aus welchem der Funke der Inspiration aufblitzt: die Idee nämlich davon, in der Lebensgeschichte des Heiligen Pedro Claver, *lind und fürchterlich*, die vergangene Möglichkeit des eigenen Lebens zu reflektieren: wer hätte ich sein können, wenn ... (das Schrobenhausener Lebensskript Wirklichkeit geworden wäre) ... oder wenn ich ... (geboren worden wäre *in Verdú, Spanien, 1580, so um den 25. Juni, / in einer Kätnerskate*, Schulfunk 182). Der Schriftsteller Fichte benutzt die Vita des Heiligen, um wie in einer Verrückung und wie in einer Perversion, jetzt: 1975 und 1980, sich im fernen Spiegel einer vergangenen Zukunft zu reflektieren. Claver ist eine Maske, ein Double, ein Dopppelgänger, eine Spekulation Fichtes.[3]

Daß Fichte in Pedro Claver ein katholisch pervertiertes alter ego begegnet, zeigt sich auch an dem ungewollten Treffen, das zwischen Fichte und dem Claver-Biographen

---

[1] Hubert Fichte: Organisierte Ägypten-Rundreise 1969. Funk-Feature SWF 3.10.1970, S. 28. Vgl. S. 193ff. dieses Buches.
[2] Zu erinnern ist, daß auch die Stadtpfarrkirche Schrobenhausen das Skelett eines Heiligen (Alexander) in einem Altar ausgestellt zeigt. (Hinweis von R. Koller)
[3] Zum Double als ästhetischer Strategie vgl. S. 61ff. dieses Buches.

Angel Valtierra S.J. stattfindet.[1] Fichte wollte ihn nicht sehen; aber: *Ich habe mich eingefressen in sein Werk, ihn beschimpft, mich begeistert.* (Lazarus, 387): Beides, Attraktion wie Repulsion, ist Indiz der widersprüchlichen Dynamik und hohen Besetzung, die zwischen Fichte und Claver (bzw. seinem Biographen) herrschen. In Valtierra begegnet Fichte ein doppeltes Double: seiner selbst und Clavers. Der Biograph, der Jesuit ist wie Claver und der in dessen Leben sich *eingefressen* hat wie Fichte – 1200 Seiten, 4 Auflagen – : diesen Angel Valtierra schildert Fichte, angezogen und angewidert wie von einem unwillkommenen Bruder. *Ein Literat, der von Auflagenhöhe, Neuerscheinungen redet, von seinem eigenen Werk*, der spricht mit der *Stimme des Verhaltensforschers, nicht* (der, H.B.) *Stimme des Glaubensbruders* – : und der dennoch die Ausrottung der Palenques durch den spanischen Gouverneur von Cartagena gutheißt. In dieser Weise flackert das Bild Valtierras in ständig widersprüchlicher Beleuchtung – wie das Bild Clavers selbst. *Ich spreche Angel Valtierra S.J. kein zweites Mal.* (Lazarus, 388). Selten verzichtet Fichte auf solche Möglichkeiten. Zu nah – und zu fern zugleich, zu brüderlich und zu feindlich in eins, zu sympathisch und zu erschreckend sind die Doubles des Autors. Sein Verhältnis zu ihnen klärt Fichte vor allem im ersten Hörspiel auf. Dies viel artifiziellere, stärker mit klanglichen und musikalischen Gesten arbeitende Hörspiel ist eine geheime Selbstthematisierung Fichtes, während das zweite, das ‚Grosse Auto' stärker dokumentarisch verfährt und die historisch-politische Dimension der Claver-Biographie im Kontext des Sklavenhandels und der christlichen Tradition profiliert. Das Verhältnis vom ersten zum zweiten Claver-Hörspiel entspricht folglich dem Verhältnis von ‚Versuch über die Pubertät' und ‚Xango'.[2]

Zu den Indizien, welche das erste Hörspiel in großer biographischer Nähe zu Fichte erscheinen lassen, gehört ferner, daß das gesamte Auto als Vorstellung für eine *Reisegruppe aus Hamburg* in Szene gesetzt wird. Im Essay ‚Die Mücken des Heiligen Pedro Claver' schildert Fichte die kulturimperialistischen Folgen des Massentourismus in Cartagena: in veränderter Form setzt der Tourismus fort, wofür Cartagena, als Hauptumschlagplatz des Sklavenhandels, historisch einsteht: Unterdrückung und Ausbeutung der Neuen Welt. Im Hörspiel wird der Kolonialismus mithin auf zwei Zeitebenen dargestellt: auf der historischen (Claver-Zeit) und der gegenwärtigen (die Claver-Szenen als Spektakel für Touristen). Zwei Zeiten – doch eine Geschichte: zu der Fichte, als reisender Weißer aus Deutschland, gehört: *Als Leonore und ich ankommen ...* (Lazarus, 379). Es geht um die unfreiwillige Nähe und gewählte Distanz, die der Schriftsteller zum Phänomen des neokolonialistischen Tourismus unterhält: Ebene der Selbstreflexion auch dies (die im zweiten Hörspiel dann entfallen kann).

Im Essay über den Claver-Freund Alonso de Sandoval schließlich spricht Fichte von *Genozid, KZ, Zwangsverschleppung* (HuL I, 355), von der *Heilsbürokratie eines Konzentrationslagers*, das *an das Moorsoldatenlied* (HuL I, 374) erinnere. Er spricht von

---

[1] In beiden Hörspielen wird Angel Valtierra als Stimme eingesetzt – d.h. aus seiner Biographie über Claver zitiert.
[2] Vgl. S. 179ff. dieses Buches.

Gehirnwäschen der Massen und von *blankem Rassismus* (ebd.). Diese Formeln, dem 20. Jahrhundert entnommen, enthalten einige verkappte Verweise auf Fichte selbst, der sich als Halbjude und Schwuler von KZ bedroht fühlte, der seine Waisenhaus-Zeit als *Zwangsverschleppung* erlebte und das katholische Heim als *Heilsbürokratie* darstellte. Und das überraschende Auftauchen des Moorsoldatenliedes von Wolfgang Langhoff ist eine Erinnerung an den Roman ‚Die Palette‘, worin Fichte das Lied schon einmal zur Darstellung des KZ-Faschismus eingesetzt hatte.[1] So gesehen ist Fichte, über die Rolle des Kritikers hinaus, auch in der Rolle des potentiellen Opfers in den Text eingegangen: Sandoval und Claver als Täter-Intellektuelle, Fichte als Opfer-Intellektueller. Diese These findet eine Stütze in dem anachronistischen Satz des Sandoval-Essays: *die Tauferei der Ideologen hat alle afro-amerikanische Kultur in Kolumbien ausgelöscht* (HuL I, 377). Mit dieser Kultur war Fichte, wenigstens für Jahre, identifiziert: mit der Kultur der Opfer, in welcher er nach Spuren des Überlebens in Gewalt und nach Spuren der Bewußtseinsüberschreitung und rituellen Einbindung suchte. Freilich ist dieser Satz Fichtes falsch und deswegen verräterisch: denn die Ideologen à la Claver und Sandoval haben durch ihren Tauf-Terror die afro-amerikanische Kultur nicht *ausgelöscht*, sondern im Gegenteil hervorgerufen. Der Sklavenhandel, der afrikanische Ethnien und mit ihnen Religionen und Riten nach Amerika brachte sowie das den Schwarzen indoktrinierte Christentum schufen erst, durch eine einzigartige Kompression der Gewalt, im Zusammenstoß der Kulturen jenen Synkretismus, dem Fichtes Forschungen gelten.

Die kleinen Ungleichzeitigkeiten in der Sprache lassen es zweifelhaft erscheinen, ob der Fichtesche Text schlicht auf die ethisch unproblematische Seite der Opfer zu stellen ist. Vielmehr scheint es so: jeder ethnopoetische Text, der zu einem *Auto*, zu einem poetischen Festspiel des Synkretismus wird, kann gerade dadurch zum Mitspieler jener Täter-Gewalt werden, die diesen Synkretismus erst erzwungen hat. Täter- und Opfer-Rolle können ineinander umschlagen.

Noch einmal wird dies deutlich, wenn Fichte in kritischer Intention von der *Gehirnwäsche der Massen* durch die Jesuiten spricht (Schulfunk, 375). Was hier eindeutig bewertbar ist – die europäische Mentalgewalt des Christentums: Täterseite; die westindischen und afrikanischen Völker: Opferseite – das wird für Fichte selbst problematisch, wenn er, vor allem im Band ‚Lazarus‘ unter dem Stichwort *Zerbrechung des Bewußtseins* Formen der *Gehirnwäsche* in eben den synkretistischen Ritualen zu entdecken glaubt, die für ihn zunächst Formen des kulturellen Überlebens der Opfer waren – woraufhin er sich von ihnen, in der Rolle des distanzierten Aufklärers, zurückzieht.

Noch einmal: wer ist ein Autor? der Autor Fichte? In den Hörspielen zu Claver, diesem pervertierten Bruder des Autors, wird Fichte klar, daß diese Autorschaft nicht a priori das ethische Privileg des Guten, des Mitleidens und des Opfers trägt. Zwar

---

[1] Das Moorsoldaten-Lied, dessen ursprünglicher Text von Johann Esser (Melodie: Rudi Goguel) von W. Langhoff (1901–1966) so bearbeitet wurde, daß es von den KZ-Häftlingen gesungen werden durfte, wird zumeist auf das Jahr 1935 datiert: das Geburtsjahr Fichtes. So wird es auch von Fichte in die ‚Palette‘ integriert, als Entsprechung zu den Rassegesetzen von 1935 (Palette, 305/6). Es ist wichtig, daß im Claver-Text die ältesten biographischen Motive Fichtes selbst erscheinen.

bildet dieses Privileg die Rolle, die Fichte sich in der Sprechregie-Funktion des zweiten Hörspiels zuschreibt; aber das ist nicht die ganze Wahrheit. Im Autor Fichte wirkt eine ungeheure Faszination der Gewalt in ihren beiden Seiten, eine Form des ästhetischen Sadomasochismus und der Täter-Opfer-Verschmelzung. Dies tritt hervor im ersten Hörspiel – mit Perspektiven, die weit ins Werk zurück erhellend sind.

Daß Fichte sich diese Zwiespältigkeit der Autorschaft bewußt macht, obwohl er literarisch die Seite des Opferseins in extenso ausgespielt hat, das ist der schwierigeren Wahrheit geschuldet. Der Sandoval-Essay hält die Täter-Opfer-Ambivalenz beinahe programmatisch fest – als Diktum von Peter Michel Ladiges. Es ist, als hätte Fichte einer solchen Einrede des Freundes bedurft:

Es geht nicht darum, wie Peter Michel Ladiges festgestellt hat, die Widersprüche in einem Menschen aufzuzeigen, sondern einen widersprüchlichen Menschen. Und dann folgt ein Satz über Sandoval, der sich wie eine Selbsteinsicht Fichtes liest: *Einem so umgetriebenen und intellektuellen Mann wie Alonso de Sandoval war sicher der Zynismus nicht fremd; doch auch diese Anfechtung mag er nach Geißelhieben ausgeblutet haben – er handelte und schrieb nicht als Zyniker.* (HuL I, 377)

Fichte hatte nicht nur seinen Freund Herodot, sondern auch seine *durchgedrehten* Brüder Sandoval und Claver. Wie ein *widersprüchlicher Mensch* aussehen kann, das soll an Pedro Claver gezeigt werden. Das meiste historische Material des ersten Hörspiels stammt dabei von Sandoval: aber eben jene Szene nicht, die den Täter-Opfer-Tausch zum Zentrum des Hörspiels macht; sie ist Fichtes Erfindung und darin auch die Findung seiner selbst.

Correspondances

Ende eines Lebens, Pedro Claver, 1651, pestkrank. Das Hörspiel blättert sein Leben zurück, doch als Spiel im Spiel. Anachronistisch führt Fichte eine Touristengruppe aus Hamburg ein, die Cartagena und Claver besichtigen will. Touristenführer garantieren *gesicherte Abenteuer*, inbegriffen eine *Frühjahrsauspeitschung... ein paralytischer Jesuitenpater, Negeraufstände, Monteverdi, Kastration, Inquisition, Blutegel, Haie, ohne Aufschlag – Caravelle Reisen!* (Schulfunk, 180)

An dieser Stelle eine Nebenbemerkung zu Monteverdi und der Einschaltung der Musik in diesem Hörspiel. Die Musik wird ausschließlich der Oper „L'Incoronazione di Poppea" (ca. 1642) von Claudio Monteverdi entnommen. Das ist aufschlußreich und ein kleines Beispiel dafür, wie Fichte einzelne Motive in das riesige patchwork seines Werkes verwebt. Die Monteverdi-Oper nämlich benutzt Fichte auch für seine Bearbeitung von Daniel Caspar von Lohensteins „Agrippina", womit die Oper großenteils figuren- und stoffidentisch ist[1]: *Die Szenen der Tragödie Lohensteins werden oft gedoubelt durch Pantomimen zur Musik Monteverdis.* (HuL I 489). Dieser kleine Satz öffnet eine Fülle von Bezügen.

---

[1] Dazu ausführlich Kirstin Pleger: Lohensteins „Agrippina" bearbeitet von Hubert Fichte. Bezüge – Entsprechungen – Umdeutungen. Magister-Arbeit Hamburg 1990. – Diese entdeckungsreiche Arbeit erübrigt eine weitere Behandlung von Fichtes Auseinandersetzung mit Lohenstein.

Die Monteverdi-Oper funktioniert nämlich auch im Claver-Hörspiel als Double, wenn auch nur als akustisches. Sie läßt die heiligen Handlungen der Tauforgien Clavers in Korrespondenz treten zu den sadistischen Orgien, Morden, Perversionen, sexuellen Ritualen am Hofe Neros. Die Oper verbindet ferner das Claver-Hörspiel mit den Lohenstein-Bearbeitungen und Fichtes ausführlichen Essays über Lohenstein, in denen er zeigt, daß Lohensteins Tragödien eine dramatische Enzyklopädie von sexuellen Ritualen darstellen, die in überraschender Homologie zu afrikanischen und afroamerikanischen Vaudou-Kulten stehen. Damit haben wir die Konstellation: antiker Nero/Agrippina-Stoff – Monteverdi-Oper – Lohenstein-Tragödien – Lohenstein-Essays – Claver-Hörspiele.

Zusammengehalten wird diese Konstellation durch die (aus Artauds Buch „Das Theater und sein Double" entnommene) Idee der phantasmatischen Doublierung einer Konfiguration in einem anderen Medium, einem anderen Stoff, einer anderen Zeit, einer anderen Idee. Doubliert werden hier immer sexuelle Rituale – von Nero bis zu Fichtes Hörspiel: ein einziges Theater der Grausamkeit und der Sexualität. Des weiteren – man erinnere sich an Fichtes Genet-Essay ‚Der Autor und sein Double' (HuL II, 310 ff) – geht es um Doublierungen von Autorschaft: die Agrippina-Tragödie von Seneca, die Agrippina-Tragödie von Lohenstein, Fichtes Agrippina-Bearbeitung, die Claver-Hörspiele von Fichte. Von Lohensteins Agrippina-Tragödie sagt Fichte: *Lohenstein ist unser deutscher Seneca. Der Satz Des Feindes Leiche gibt anmuttgen Dampf von ihr sei der Satz eines unversoehnlichen Sadisten; eines Nekrophilen, der Satz eines Intellektuellen in spaeter Zeit, der sich in die Ausrufe archaischer Goetter hineinversetzt, der Satz eines dekadenten Anthropologen.* (HuL I, 170) Die *schroffe und perverse* Oper Monteverdis und ihr Libretto von Giovanni Francesco Busenello; Sandovals seltsam aus sakralen und perversen Elementen gemischtes Buch über die Christianisierung der Schwarzen; die Autorschaft Genets, der die Verwebung von Gewalt, Sexualität und Ritus wiederentdeckt; die Autorschaft Fichtes: der in diesem Spiel der Autoren und Stoffe sich zum Double von allen macht und jeden zum Double des anderen.[1]

Wer ist der Autor Fichte?

O Folter! O große Kasteiung!

Pedro Claver ist ein Schauspiel perverser Heiligkeit. In den Szenen des Hörspiels verschlingen sich fortgesetzt Exhibitionismus und Voyeurismus. Seinen schwarzen Diener Manuel, der sein Sklave, Krankenpfleger, Mitspieler und Vorführer ist, fordert Pedro auf:
Zeig mich ihnen,

---

[1] In dieses Spiel der Doubles – jeder Autor doubelt einen anderen – gehören für die Zeit von 1976 natürlich noch: Hans Eppendorfer, Sade, Larry Townsend, Pasolini, Proust – also diejenigen Autoren, die Fichte für das Thema wichtig wurden, das er in seiner „Biographischen Skizze" unter 1976 vermerkte: „Arbeiten über sadistischen Verhaltensweisen." (Th. Beckermann a.a.O. S. 321) Um 1976 liegt der Höhepunkt der literarischen Versuche über Sadomasochismus, Folter, Gewalt, Perversionen. Das wird schlagend deutlich, wenn man eine Synopse der um 1976 produzierten Texte Fichtes anfertigt.

klappernd
zur
Mortifikation. (Schulfunk, 179)

Pedro sucht die Exhibition seiner masochistischen Qualen; die Zuschauer suchen den voyeuristischen Thrill monströser Folterszenen in exotischer Kulisse und christlichem Gewand. Wo ist hier Fichte? Mit der Caravelle eingeflogener Zuschauer aus Hamburg? Schwarzer Sklave Manuel? Exhibitionistischer Intellektueller Claver? – Es geht um das Zusammenspiel von sämtlichen Positionen, die um das Zentrum des Hörspiels, die Gewalt, aufgebaut werden. – Von Ignatius von Loyola heißt es, anläßlich einer Buß-Reise:

Ich befürchtete nämlich,
ich könnte den Haß,
den ich gegen das eigene Ich gefaßt hatte,
sonst nicht ganz befriedigen.
Seit dem Tage meiner Abreise aus der Heimat
gei-
ßel-
te
ich mich
re-
gel-
mä-
ßig jede Nacht.
Es gibt nicht so viele Fußfesseln und Handschellen, daß ich nicht aus Liebe zur Gott noch mehr verlangte. (Schulfunk, 187/8)

Das ist Original-Ton von Ignatius, dem heiligen Vater der jesuitischen Missionare Claver und Sandoval in Südamerika. Halten wir fest: Selbsthaß, der befriedigt werden will wie ein Schwanz; rituelle Selbstgeißelung aus Liebe zu Gott: heiliger Verkehr. Orgien der Peinigung als Gottesdienst. Masochistische Orgasmen aus Verlangen nach dem Heil. Imitatio Christi: das ist die masochistische Wiederholung der Folter, der Christus als Opfer unterworfen wurde:

Unter-
werfungen sind nützlich
zum ewigen Heil.
Das bedeutet, daß ich mich erniedrige und unterwerfe,
Nachlei-
de was Christus, Unser Herr
lei-
det. (Schulfunk, 189)

Folter, aktiv oder passiv, gedacht oder gemacht, ist der Königsweg zu Gott. Überwindung des Fleisches durch seine Zerfetzung ist Vergeistigung durch das aus dem Körper gepeitschte Blut. Wonnen der Pönitenz. Liebe zu jenem glorreichen Vater im Himmel – Liebe von jenem Vater oben: amor dei, als genitivus subjectivus und objektivus. Diese Gottesliebe erlangt, wer sich mit dem Opfer identifiziert und dessen Qual freiwillig nachahmt, also Menschensohn wird – in der Qual des Fleisches.

Die Qual als Sexualitätsform ist niemals und nirgends ein spontanes Entfesseln des Triebes. Das wäre nichts als der explodierende Augenblick des Blutrausches, atavistischer Orgasmus. Darum geht es nicht. Qual, so weiß Ignatius, so weiß jeder Sadist und jeder Masochist, jeder Folterer und jeder Märtyrer: Qual ist, wie jede kultivierte Sexualität, eine Kunst der Verlängerung, der Zeitdehnung, ist folglich genauestes Kalkül der sexuellen Energien in langsam entfalteter Choreographie der Szene. Qual ist durchgearbeiteter, beherrschter und in diesem Sinn vergeistigter Trieb: Qual ist Ritual. Darum gibt es keine festere Verbindung zwischen Sexualität und Religion als in der Qual. (Dies ist der Punkt, von dem aus Fichte in den Lohenstein-Tragödien Verwandtschaften zu archaischen Religionen und Vaudou-Kulten aufdecken kann).[1]

Folglich entwirft Ignatius eine präzise Dramaturgie des Schmerzes. Auf keinen Fall soll der Schmerz die Substanz des Lebens zerstören, das wäre der befreiende Tod; sondern das Leben soll Schmerz werden. Der Ritus der Qual besteht in der Kunst, immer wieder die Grenze zu finden, auf welcher der Schmerz den Geist nicht in Ohnmacht versinken läßt, sondern wo der gequälte Leib den Geist in äußerste Wachheit treibt, die zugleich äußerste Enge ist: dann ist Geist nur noch das Bewußtsein eines einzigen Gedankens: die Niedrigkeit der eigenen Existenz vor dem Herrn, auf daß dieser sich des Geschundenen gnädig erbarme.

O,
Foltern!
O,
die große Kasteiung! (Schulfunk, 197),

ruft Alonso Rodriguez aus, der seine *Seele* vor das Kreuz hinstellt, anschauend, wie Jesus *voller Schmerzen ... sein Blut über den ganzen Körper ausgießt* (ebd.): dies ist ist auch dein Weg, deine Schmerzenswonne.[2] Und Ignatius:
Nimm auf, o Herr,
und empfange zurück
alle meine Freiheit,
mein Gedächt-
nis. Mei-
nen Intellekt
und meinen ganzen Willen,
alles,
was ich

---

[1] In den Lohenstein-Essays werden hinsichtlich von Gewalt, Sadismus, Sexualität etc. folgende correspondances hergestellt: haitianischer Vaudou – Théâtre de la Cruauté von Artaud – Aristoteles' Katharsis (HuL I, 142) – Psychoanalyse (HuL I, 166) – Blutopfer in Dahomey (HuL I, 180) – Sophokles/ Hölderlin: Ödipus (HuL I, 191) – afrikanische Leopardenmenschen (HuL I, 235) usw.

[2] Bei Alonso Rodriguez darf auch Nina Rodrigues/z assoziiert werden: Sektion der Leichen – Spezialisten des Körpers. Von Alonso Rodriguez wird auch zitiert: *Nimm/ das Bittre/ für/ süß/ und das/ Süße/ für bitter.* (Schulfunk, 197) – : das konnte Fichte nicht entgehen; ist dieser Satz doch die christliche Umkehrung des großartigen Bittersüßen des Eros bei Sappho (fr.137d, HuL II, 103/5).

*bin
und habe.* (Schulfunk, 191).
Die rituellen Pönitenzen, Kasteiungen, Geißelungen Pedro Clavers und ihre Mittel:
*Peitschen, Knuten, Striemen, Ketten,
Ruten, Stricken, Gerten,
Nägel, Klemmen, Seile, Kordeln,
Klammern, Sägen, Feilen, Drähte,
die er alle mit seinen weissen Händen geweiht hat.* (Schulfunk, 182)

Es sind Zeremonien der Entselbstung, bei denen Sexualität und religiöse Erlösung nicht mehr unterscheidbar sind. Kein Zweifel, daß hier intensivste Leibgefühle induziert werden. *Ich hatte* – so sagt Ignatius über seine Exerzitien – , *ich hatte von der Mitte an in einer großen Fülle / Tränen voller Wärme und inneren Wohlgeschmack, / doch ohne irgendwelche Einsichten. / Desgleichen schien es, als könnte ich spürbar / meine Adern oder Teile meines Körpers wahrnehmen; / dabei eine gewisse und fast neue und nicht in dieser Weise gewohnte Wärme / und nach außen rote Andacht / und vieles Aufatmen wegen der vielen Andacht* (Schulfunk, 190).

Hier spricht der Kenner: absolute Gedankenlosigkeit, absolutes Bewußtsein ist das Ziel. Denn eben um die Abtötung des eigensinnig pulsierenden Denk- und Vorstellungsapparates geht es. Die Gedankenleere aber ist gekoppelt mit einer unbekannten Röntgen-Transparenz des Leibes, verbunden mit einer Art Glut: wunderbar die Formel *rote Andacht*. Glut, die den Geist in den Leib einschmilzt, so daß jede willkürlich streunende Ich-Regung, jedes eigensinnige Körperbegehren ent-selbstet wird: das ist die Ekstase der zeremoniellen Selbstkasteiung, eine Art autoagressiver Onanie in der strengen Form mystischer Erlösungssuche; eine Befriedigung des höheren Selbst, das herausprozessiert werden soll in der Schmerzenslust des erniedrigten Körper-Selbst. Keineswegs handelt es sich hier um Askese im Sinne prinzipieller Anästhesierung von Gefühlen. Andererseits aber haben Pedro Claver wie Ignatius von Loyola auch begriffen, daß bei Fortbestehen des ganzen Bündels erotischer und sozialer Emotionalitäten kein Exzess möglich ist. Das Ritual hat deswegen den Sinn, von der diffusen Streuung des Erotischen wegzukommen, um die gesamte erotische Energie gezielt auf einen einzigen Punkt zu konzentrieren. Nichts eignet sich dafür besser als der Schmerz. Die rituelle Selbstfolter funktioniert wie ein Kompressor, der die sozialen Existenzgefühle wie Blut aus den Poren des Körpers presst und den Leib zur reinen Präsenz eines einzigen unvermischten Gefühls, der Qual, aufgipfeln läßt.
*Ich will sein
wie Metall:
hämmerbar!* (Schulfunk, 206) Und Manuel über Pedro:
*In den stillen
heißen Nächten
durcheilt
Pater Peter
die engen Korridore
dieses Kollegiums,
auf dem Haupt*

die Dornenkrone,
auf der Brust
das Nesselhemd,
auf der Schulter
das schwere Kreuz,
schleppt er sich
über die Tribünen
in die Kirche hinunter.
Dreimal geißelt
er sich blutig
jede Nacht
und einmal
jeden Morgen.
Geschnürt und mit
Schnüren
aus Schweineborsten
gegürtet
von der Zehe
bis zum Scheitel,
um den Hals
ein Hundehalsband
mit Stahlstücken. (Schulfunk, 206/7)
Jesus Christus
Gottes
Sohn
Du
bist mein Vater,
Du bist meine Mutter.
Herr,
ich liebe dich,
sehr,
sehr,
sehr! (Schulfunk, 203)
Der gute Geistliche sei
wie
Melkisedek
ohne Vater,
ohne Mutter,
ohne Stammbaum,
ohne Verwandte. (Schulfunk, 195)

Wir werden später sehen, daß diese christliche Ideal-Identität (ohne Vater, Mutter, Stammbaum, Verwandte) den Gegenentwurf darstellt zur kosmischen Genealogie und Metamorphosenlehre im Hörspiel ‚Ich bin ein Löwe'. Beide Male wird der familiale Code durchstrichen, hier im masochistischen Ritual, dort durch die empedokleische

Metempsychose. Pedro will herkunftslos, identitätslos sein, entschlacktes, gehämmmertes Metall, um der einzigen Liebe teilhaftig zu werden, in der alle familialen Signifikanten koinzidieren: Sohn, Vater und Mutter – sie sind eins in Gott, so wie im Schmerz alles zu eins wird.

Sadomasochistisches Theater und Karnevalisierung

Diesen Pedro Claver *trieb nicht die Begierde nach Gold oder Silber, sondern nach dem Schatz der / Seelen* (Schulfunk, 198) – der schwarzen Seelen nämlich. Und hier ist aufschlußreich, daß Claver (wie auch Sandoval) den Sklaven keineswegs nur in der Rolle des Sadisten gegenübertritt, der *in die afrikanischen Zeremonien mit der Peitsche hineinfuhr...* (HuL I, 377). Im Gegenteil: Die Padres empfinden tiefes Mitleid mit den Schwarzen, geben den Verdurstenden Wasser, trösten die Verzweifelten, weinen mit ihnen, erbarmen sich ihrer, spenden den zu Tode Verurteilten Trost, gehen zu den Kranken. Pedro und, deutlicher noch, Sandoval gelingen *in der Anklage des afrikanischen Sklavenhandels Sentenzen von Büchnerscher Schärfe. Ich kenne,* so urteilt Fichte, *keine Schrift der Weltliteratur, die so unerbittlich den Menschenhandel bloßstellte, wie „De Instauranda Aethiopum Salute" des Jesuitenpaters Alonso de Sandoval.* (HuL I, 359) Dazu steht in *totalem Widerspruch* (HuL I, 379) der *Sadomasochismus einer jesustrunkenen Bürokratie, die Menschen verachtet* (HuL I, 373). An diesem Widerspruch arbeitet Fichte, ein Widerspruch, der über die solitäre Askese einzelner Heilssucher hinausgeht und charakteristisch ist für die Ungeheuerlichkeit, daß christliche Heilsbotschaft und Völkermord, Menschenliebe und Folter zwei Seiten derselben Person nicht nur, sondern auch der Institution Kirche sind.

Aus diesem Grund spitzt Fichte jetzt die Szene zu. Was als solistischer Heilsmasochismus eines Einsiedlers dessen Privatperversion sein mag, erhält jetzt Mitspieler in den verschleppten Sklaven, den Opfern des europäischen Imperialismus. Freilich ist Pedro Claver ein seltsamer barmherziger Samariter.

Pedro Claver wurde in das Haus eines reichen Reeders aus Lima gerufen. Dort lag im Abfall zwischen Hühnern und Ratten ein kranker Äthiop, den sie schon aufgegeben hatten.
Peter
drehte
durch!
Raus
zog er das Bronzekreuz. Entnacktete die Brust.
Raus
die Peitsche, die mehrschwänzige mit den Eisenkügelchen, und regnete Schläge auf sich selbst, bis ein Regen von Blut seine Haut feuchtete.
[Pedro:]
Weigerst dich,
Pedro,
dich deinem Nächsten zu nähern?!"
[Manuel:]
Näherte sich

dem Aufgegebenen
küßte
und
leckte
zärtlich
den Kranken
und gab ihm Frieden.
[1. Touristenführer:]
Er leckte
und küßte vielen
die Pickel, die Schwären, die Beulen, die Primäraffekte. (Schulfunk, 207/8.)

Die Sklaven sind als ekelhafte, brestige, stinkende, faulende, eitrige, ausgeworfene, erniedrigte, gefolterte, gepeitschte, verurteilte, enthäutete, kastrierte, zerschnittene, zerhackte, verstümmelte, gevierteilte – alles im Hörspiel vorkommend –: gerade als solche sind sie für Pedro Liebesobjekte. Indem er sich mit ihnen gemein macht, ihre Schwären leckt, sich mit ihrem Schmutz und Eiter besudelt, mit ihren Ausdünstungen und Miasmen vermischt und mit ihrem Blut durchtränkt, gelingt Pedro eine grandiose Steigerung seiner masochistischen Ekstase. Das Mitleiden mit den Schwarzen verschleiert den darin liegenden Rassismus. Nur als ekelhafte sind die Schwarzen attraktiv. Pedro weidet ihre Qual aus; er saugt ihr Opfersein vampiristisch in sich ein. Ja, indem er ihre geschundenen Körper zu seiner Qual macht, rückt er die Leidenden in die Position des Sadisten im Zeichen des auf sich genommenen Kreuzes; und zugleich verbirgt er, daß gerade, indem er sich mit ihrem Elend und ihrer Qual identifiziert, daß gerade, indem er sich in die schwarzen Körper einsaugt, er dennoch ihr heimlicher Sadist ist. Denn mit erbarmungsloser Barmherzigkeit instrumentalisiert er die Neger für seine sakralsexuellen Ekstasen, indem er ohne Unterlaß geistlichen Mehrwert aus ihnen zieht – 300.000 Tauforgasmen – und indem er sie liebt um ihrer Abscheulichkeit willen.

War
ich
nicht
so
entich,
daß ich
war
wie die,
die
ich aufrichten wollte?! (Schulfunk, 244)

Auch diese Imitatio Christi ist ein geheimer Rassismus. Pedro identifiziert sich mit den Opfern, weil diese kein Ich haben, weil sie sub-iectum sind, und eben darum die masochistische Entselbstungsgier Pedros auf sich ziehen im Dienst der Erlösung.

Pedro setzt eine grotesk gräßliche Vertauschung in Szene. Die Polaritäten von Täter-Opfer, Weißer-Schwarzer, Christ-Heide, Sadist-Masochist werden von Pedro ins Verschwimmen gebracht, kippen ineinander um, tauschen und kehren die Rollen um in einem Karneval der obszönen Sakralität; das Heiligste, der Schatz der Seelen, wird zum Ekelhaftesten, das Perverse zum Frommen, der weiße Gewalthaber zum schwarzen Opfer.

Und tatsächlich gehört es zu dieser – wie eine Touristin sagt – *ganz neuen Variante des Jesuitentheaters* (Schulfunk, 241), daß der unersättliche Claver seinen schwarzen Sklaven Manuel zum Rollentausch auffordert, um dem sadomasochistischen Theater den letzten Thrill zu verleihen. Manuel will zuerst nicht mitspielen und sagt:

Quäl ich dich,
Quäl ich dich nicht;
Quäl ich dich nicht,
Quäl ich dich.
Reicht das nicht genug hin? ...
[Pedro:]
Genug ist nicht genug! (Schulfunk, 215)

Manuel formuliert damit die klassische Beziehungsfalle, das double-bind des Masochisten; doch vermag er, der Sklave, den Imperativen des masochistischen Herrn nicht zu widerstehen: er muß den *Herrknecht*, den *Knechtherrn* mimen (Schulfunk, 217). Das Opfer als Täter: Manuel als Pedro, und vice versa Pedro als Manuel – dies ist die Hauptszene des Hörspiels, die ebenfalls in das sightseeing-Programm der Caravelle-Reisegesellschaft *inbegriffen* ist (Schulfunk, 218).

Inszeniert wird die Verschleppung des schwarzen Pedro, des schwarzen Pedro Claver aus Biafra, seine Demütigung auf dem Sklavenmarkt; seine Taufe durch den weißen Pater Manuel, die nun aber von Manuel inszeniert und unverkennbar zu einem sadistischen Ritual und einer schwulen Groteske wird:

Pedro [in der Rolle des Manuel]:
Wurden
wir
gefangen,
unsere Familien gemetzelt,
unsere Götter gehäutet,
reisten von einer Welt in die andre,
um diesem schwulen Hund ausgeliefert zu werden,
wurden wir in Ställen zum Verkauf genudelt,
mit Schuhwichse nachgeschwärzt,
daß er uns leckt?! (Schulfunk, 234).

Pedro wird als flüchtiger Schwarzer von Manuel ausgepeitscht und wegen wiederholter Flucht durch einen *Doktor in schwarzem Leder* (Schulfunk, 239) kastriert.
[Pedro:]
Tus!
Den wilden Stachel
stech ihn
aus! (Schulfunk, 239)

Fichte nähert das karnevalistische Spiel im Spiel immer mehr den Ritualen der S/M-Szene an, aus der Manuel noch einmal versucht auszusteigen:

Bin ich denn ein Jesuitenledermann?
Soll ich dich schinden,
weil du das
Schindluder,
das man mit mir trieb,
imitieren
möchtest,
Luder! (Schulfunk, 240/1)

Doch muß Pedro in seiner Rolle bleiben, die nun Gewalt über ihn und Pedro gewinnt, bis in einem dramaturgisch ungeplanten Umschlagen die Szene sich verselbständigt: Manuels Anrufung der afrikanischen Götter läßt ihn sich ekstatisch mit jenem Gott *Gu* identifizieren (Schulfunk, 245/6), der im Hörspiel ‚Ich bin ein Löwe' als Schutzgott der Zauberer von Abomey gilt. Dies ist eine Revolte des getauften Manuel, der nun, in einem wilden Durcheinanderschütteln afrikanischer und europäisch-amerikanischer Elemente zu jenen synkretistischen Bildungen findet, die ihn sich dem christlichen S/M-Spektakel entziehen und Pedros Identifikation mit den Schwarzen leerlaufen läßt.

Die Frage: wer ist der Autor? läßt sich auch nach diesem Durchgang nicht beantworten. *Schwuler Hund* – so weist Manuel Pedro zurück. Die wie immer auch schwärmerische, christlich-ekstatische, ethnopoetische oder sexuelle Identifikation mit der négritude mißlingt. Es gibt die Perversion der intellektuell verbrämten Sucht nach dem schwarzen Körper. Es gibt die KZ-Angst des weißen schwulen Halbjuden; sie ist nicht dasselbe wie das Leiden der gefolterten Schwarzen. Es gibt die unheimliche Nähe zu Pedro und seiner Faszination durch Ekel und Erniedrigung, Gewalt und Ekstase. Wie schon in ‚Detlevs Imitationen' und im ‚Versuch über die Pubertät' gibt es ein irritierendes Spiel von Identifikationen und Imitationen, aber keine darin sich verfestigende Identität. Nehmen wir, wie beim Traum, die Figuren eines Kunstwerks als verselbständigte Objektivationen einer einzigen zugrundeliegenden Ich-Struktur, dann haben wir nicht die *Widersprüche in einem Menschen ...., sondern einen widersprüchlichen Menschen:* Fichte – Claver, Fichte – Manuel, dieser und jener, beides zugleich und vertauscht in einem undurchsichtigen Spiel sexueller und intellektueller Obsessionen.

Er-
lö-
sung,

sei *der Ausdruck, der Rhythmus dieses Textes,* so heißt es im Klappentext der Qumran-Ausgabe. Aber vor allem ist dieser Text eine Ernüchterung, darüber nämlich, daß es *Erlösung* des Selbst nicht gibt – nicht in der Entselbstung, nicht in der Heiligung, nicht in der Perversion, nicht im Opfer, nicht in der Täterschaft. Allenfalls – womit das Spiel im Spiel endet – gibt es am Schluß eine Einladung zum *Karneval* (Schulfunk, 248): die Möglichkeit Masken anzulegen und in den Larvierungen der Existenz dem tragischen Scheitern der Identität ein spielerisches Schnippchen zu schlagen – und sei es durch Literatur. Ein *Auto* für den Autor – die Persona – die Maske – für Fichte.

3. ‚Ich bin ein Löwe...' – Über den Ort des Schreibens im Fremden

Das Paradies, das Fremde und das Empedokles-Fragment

Was ist das Fremde? Natürlich wissen wir das irgendwie. Ferne Länder, unverständliche Kulturen, fremde Sprachen, Sitten und Gebräuche. Tiere, Pflanzen oder Steine sind uns unterschiedlich fremd. Fremd ist uns vielleicht schon, was wir nicht kennen und gewöhnt sind; was wir nicht selber sind. Fremd fühlen wir uns, wenn bewährte Orientierungsmuster und Wissensbestände versagen und Phänomene rätselhaft vor uns stehen. Fremd ist das Unheimliche, Unheimische. Fremd ist der Gast, der von anderswoher kommt und in der Fremdenherberge nächtigt. Fremd ist, wer nicht zur eigenen Familie, zum eigenen Dorf oder Tal, der eigenen Sippe, Rasse oder Religion gehört. Fremd sind wir uns selbst – in seltsamen Träumen, überwältigenden Gefühlsausbrüchen oder auch in mechanischen Zusammenhängen, in denen wir nicht eigentlich vorkommen, also entfremdet sind: das aber setzt voraus, wir hätten in uns irgendetwas, eine Instanz, einen Innenraum, eine Substanz, ein Selbstgefühl, worin wir uns wahrhaft bei uns fühlen, heimisch und zuhause.

Jede Begegnung mit innerem oder äußerem Fremden ist riskant, eine Infragestellung der Daseins- und Ichbestände, ein eher angstauslösendes als Lust und Neugier weckendes Ereignis. Vor dem Fremden wappnen wir uns, durch Waffen, Ideologien, Abwehrmechanismen, Projektionen, Begegnungs- und Passageriten, durch normative und kognitive Einordnungsversuche, um Erfahrungen der Dissonanz, der Irritation und Angst zu minimieren. Wir wissen, daß es langer kultureller Prozesse bedarf, um dem Fremden gegenüber Verhaltensformen zu entwickeln, die gastfreundlich, einladend, offen, durchlässig, neugierig sind, wodurch wir den Anderen, Fremden ebenso annehmen wie belassen können.

Das ist alles bekannt. Wir wissen, daß eine psychoanalytische Kur eher eine Reise ins „innere Ausland" (Freud) sein kann als eine wirkliche Reise in den Bahnen des Massentourismus. Wir wissen, daß Fremdheit eine historische und gesellschaftliche Kategorie ist, ständig einem sozialen Wertwandel unterworfen. Den Griechen waren alle Nicht-Griechen „Barbaren", nämlich Fremde „da draußen". Das Gesetz der Gastfreundschaft ist eine hochrangige kulturelle Errungenschaft, die immer gegenüber dem xenophobischen Grundzug der europäischen Zivilisation prekär blieb. Längst ist uns Fremdheit auch bekannt als eine Kategorie, die nicht nur die eigene von der anderen Kultur differenziert, sondern auch innergesellschaftlich ständig wirksam ist: jede Gesellschaft, ja jedes Individuum ist von Spannungen, Widersprüchen, Gräben durchzogen, die zu innergesellschaftlichen und intrasubjektiven Fremdheiten führen. Das Fremde ist mitten unter uns und in uns.

Nun will ich den Zugang zum Hörspiel ‚Ich bin ein Löwe' nicht durch solche Überlegungen suchen. Meine Ausgangsthese soll vielmehr sein: der Gegenbegriff zum Fremden ist nicht das Eigene, sondern das Paradies. Die biblischen Genesis-Erzählungen entwickeln das Leben des Menschen als ein Leben im Fremden. Darin reflektiert sich die altisraelitische Erfahrung von Gefangenschaft, Vertreibung, Exil, vom Irren in der Wüste und von der Sehnsucht nach dem gelobten Land. Und die Radikalität im Denken des Fremden, wie wir sie hier finden, kommt einem Dichter wie Hubert Fichte näher als die vergleichsweise gemütlichen Dialektiken vom Eigenen und Fremden in Soziologie und Ethnologie.

Das Paradies ist die Phantasie eines Lebens im vollkommen Vertrauten und Verwandten, bei restlos getilgter Fremdheit. Es gibt nichts Fremdes zwischen Tieren, Pflanzen, Natur und Mensch. Über allem liegt ein spannungs- und aggressionsfreier Frieden. Das heißt: es gibt nicht den Bruch zwischen Natur und Mensch, welcher diesen zu Arbeit, zu Kampf und Mühsal zwingt und die **Natur** als fremd und widerständig, mithin als Objekt (Entgegengeworfenes) erfahren läßt. Es gibt folglich auch keine Fremdheit des **Raumes**; dies ist im Bild der Gartennatur, in Eden als Inbegriff des versöhnten Lebens ausgedrückt. Es gibt auch keine Fremdheit der **Zeit**; vielmehr herrscht die eine, von allen Lebewesen geteilte Zeit der reinen Gegenwärtigkeit, ohne jede Spannung des Jetzt zum Vergangenen und zur Zukunft, welche unser Dasein niemals in der Zeit heimisch werden lassen. Es gibt keine Fremdheit zwischen den **Geschlechtern**, weil der Fluch der Sexualität, der Scham und Moral von ihnen genommen ist. Die Gottesebenbildlichkeit des Menschen besteht gerade in der in Adam und Eva zu androgyner Idealität zusammengenommenen Zweieinheit. Das Fehlen von **Bewußtsein** bedeutet auch das Fehlen von intra- und intersubjektiver Fremdheit: das In-Sich-Ruhen der ersten Menschen bedeutet, daß sie nicht durch den Riß zwischen Selbst- und Fremdwahrnehmung gekennzeichnet sind, sondern in bruchlosen Übergängen ihrer Existenz leben, ja, daß nicht einmal **Selbstdistanzierung** möglich noch nötig ist. Es gibt ferner nicht die Fremdheit in der **Sprache**, weil die adamitische Namensprache keinen Bruch zwischen Zeichen und Bedeutung, zwischen Name und Ding kennt, geschweige denn jene die Menschen heimsuchende Fremdheit der nachbabylonischen Sprachverwirrung. Schließlich gibt es keine Fremdheit der **Gefühle** – jene großen, fremd und mächtig in uns einbrechenden Gefühle und Triebe von Hunger, Durst, Sexualität, Aggression und Angst. Paradiesisches Leben ist ein Leben im nutritiven Kreislauf.

Das Paradies ist das Bild einer durch Gott prästabilisierten Harmonie von Mensch und Natur, Mensch und Lebewesen, Mensch und Mitmensch, von Körpern und Gefühlen, von Zeichen und Bedeutung in der reinen Gegenwärtigkeit des umhegten Raums des Friedens. – Die Vertreibung aus dem Paradies bedeutet dagegen die in Bilder gefaßte Einsicht, daß die menschliche Existenz vom Ursprung her ein dem Fremden unwiderstehlich ausgesetztes Existieren ist. Die biblischen Genesis-Erzählungen sind in ihrer Bildsprache das, was man mit Fichte eine „poetische Anthropologie" nennen könnte.

Die Vertreibung aus dem Paradies und die nachbabylonische Spaltung der Gattung lehren, daß der Mensch auf dieser Erde keine Heimat hat noch findet, daß er nicht in der Mitte des Seins ruht, sondern eine exzentrische, gefährdete, nichtidentische Position in Natur und Gesellschaft einnimmt; daß Trennung und Fremdsein keineswegs nur Mechanismen gesellschaftlicher Wahrnehmung und Ausgrenzung sind, sondern Grundbedingungen, von denen aus alle Anstrengungen, sich in dem irdischen Haus einzurichten, unaufhebbbar geprägt bleiben. Heimat, Haus, Familie, vertraute eigene Kultur, Einrichtungen in Riten, Sitten, Religionen, welche soziale Bindungen schaffen, Sinn stiften und Existenz sichern sollen – dies sind Versuche, jene verstörende Fremde und Unheimlichkeit des nachparadiesischen, also des menschlichen Daseins zu überwinden und in die schwer erträgliche Ausgesetztheit etwas von dem Glanz der Paradies-Phantasie hinüberzuretten. Niemals also, so kann man schließen, ist Heimat und Vertrautheit etwas anderes als Utopie, niemals sind sie uns zu eigen, gegeben, fest, unvordenklicher Besitz. In der Abwehr der radikalen Fremde werden die Bilder des Paradieses erzeugt. Sie treiben die menschlichen Anstrengungen mit der Hoffnung an, wonach gerade, weil am Ursprung ein versöhntes Daseins gestanden habe, in der Zukunft eine Verheimatung der Erde vielleicht doch nicht verstellt sei.

Hubert Fichte, der in seinem Werk nahezu alle Formen des psychischen, sozialen, sexuellen, ethnischen Fremdseins aufgesucht hat, ist gleichwohl geprägt von der Spannung, die zwischen dem Paradies des erlösten Lebens und der unaufhebbaren Fremdheit und Einsamkeit der Existenz besteht. Diese Spannung gibt den Grundton her für seine im einzelnen höchst präzisen Darstellungen von historischen und ethnischen Fremdheiten, seien es solche der eigenen, scheinbar vertrauten Biographie oder von subkulturellen Minderheiten oder seien es Fremdheiten der nichteuropäischen Kulturen in Afrika, Süd- und Mittelamerika.

Diese Ebene des Fichteschen Werks, sein Schreiben auf dem Grund des Fremden und sein Schreiben als Versuch, jenseits religiöser oder politischer Tröstungen eine Idee von Glück und existenzieller Verankerung zu sichern, will ich im folgenden an seinem spätesten Werk zeigen, dem Hörspiel ‚Ich bin ein Löwe/Und meine Eltern sind Eichen und Steine. Die Geschichte des Zaubermarktes von Bé.' (1985)

Dieses letzte Hörspiel Fichtes kann man als Grabschrift bezeichnen, nicht nur, weil in ihm jener metempsychotische Vers des Empedokles zweimal vorkommt, den Leonore Mau, um Uneingeweihten auf dem christlichen Friedhof in Nienstedten die Entzifferung der heidnischen Häresie zu erschweren, in griechischen Lettern auf Fichtes Grabstein hat meißeln lassen, als poetischen Ausdruck seines Verlangens nach Versöhnung. Diese von Dionysos Laertius tradierten Verse von Empedokles in Fichtes Übersetzung lauten:

Einst schon bin ich ein Knabe, ich bin auch ein Mädchen gewesen,
Busch und Vogel und Fisch, der warm aus den Wassern emporschnellt.

Fichte korrigiert hierbei den Herausgeber der vorsokratischen Fragmente Hermann Diels, der „flutenttaucher, stummer Fisch" übersetzte. Es ist kein stummer Fisch, sondern ein aus dem Meer „hervorragender", und zwar „brennend", „feurig", was Fichte sehr schön als *emporschnellen* faßt.[1]

---

[1] Hermann Diels: „Ich war bereits einmal Knabe, Mädchen, Pflanze, Vogel und flutenttaucher, stummer Fisch." (Die Fragmente der Vorsokratiker. 2. Aufl. Bd. 1, Berlin 1906, S. 208). – Jaap Mansfield (Die Vorsokratiker, Bd. 2, Stuttgart 1986, S. 145) übersetzt „feuriger Fisch", was die oxymoronale Struktur der Wendung erfaßt, Fichte betont mehr den dynamisch-energischen Charakter. Im „Forschungsbericht" (1989), dem Roman seiner fehlgeschlagenen ethnologischen Studien in Belize 1980 – es ist die Zeit, in

Wer ist dieser Autor? Wer ist dabei das Ich? Wer bin ich? Diese Fragen werden noch einmal wie in einer Kontrafaktur zum „Theater der Grausamkeit" des San Pedro Claver aufgenommen und in ein poetisches Spiel verwoben, das vorsokratische Kosmologie, afroamerikanische Religion, europäische Literatur und Musik, aufklärerischen Skeptizismus und schließlich die eigene Lebensgeschichte zueinander in Beziehung setzt. Wenn irgendwo, so finden wir in diesem Hörspiel die confessio Hubert Fichtes, das Ideal seines Ich-Entwurfs, das kein identisches Ich will, sondern das Flüchtige einer Form zu sein begehrt im endlosen Strom der Verkörperungen. Das mag wohl ein guter Gedanke sein, wenn man sterben muß.

Die Konstruktion des Hörspiels ähnelt den kompositorischen Figuren, die auch an früheren Romanen zu beobachten sind. Eine gegenwärtige Situation – der Zaubermarkt von Bé – löst eine Kette von Erinnerungen und Vergegenwärtigungen aus. Der Zaubermarkt hat mithin eine ähnliche Funktion wie der Balkon im ‚Waisenhaus' oder der Seziersaal für den ‚Versuch über die Pubertät': der Zaubermarkt bildet die Bühne für ein „Theater der Erinnerung", das hier jedoch nicht nur autobiographische (Ur)-Szenen wiederholt, sondern auch die kosmogonischen Szenen der Weltschöpfung. Es ist, als öffne sich auf dem Zaubermarkt von Bé eine unbekannte Schicht der Erinnerung: an die präexistenziellen Formen der Phylogenese vor der Ontogenese. Oder: vor dem Hintergrund der empedokleischen Lehre legt das Hörspiel den Schluß nahe, als trage das individuelle Gedächtnis des Mikrokosmos in sich die Spuren der Genese des Makrokosmos. Man könnte diese Schicht als die primäre Korrespondenz bezeichnen, welche alle jenen historischen, ethnologischen, literaturgeschichtlichen, interkulturellen Struktur-Entsprechungen – die *correspondances* – grundlegt, in denen sich das *Struktur-Schreiben* (Mina, 19) Fichtes bewegt.

Der Zaubermarkt von Bé wird als Gegenwart aller Zeiten entwickelt, mithin als Raum, in welchem die Zeiten als synchrone Schichten und als Nebeneinander von Analogien Platz finden.

Reinhold Koller hat hierbei auf die Programmatik des Hörspiel-Titels hingewiesen. Er kann als Variation der empedokleischen Metamorphosen gelten. Fichte identifiziert sich mit dem Löwen – wie Hans Eppendorfer mit dem Panther (Pubertät, 257) – in mindestens dreifacher Anspielung: zum einen erwähnt Fichte des öfteren den afrikanischen Geheimbund der Löwen- oder Leopardenmenschen (HuL I, 235,

---

der Jäcki und Irma Altgriechisch lernen –, wird mit Diels noch zweimal „stummer Fisch" übersetzt (Forschungsbericht, 65, 85, 149 vgl. Schulfunk, 552, 546, 574): derartige philologische Probleme waren Fichte wichtig. – Zu den altphilologischen Ebenen der Empedokles-Rezeption vgl. Reinhold Koller: Die Rolle des Altgriechischen im Werk Hubert Fichtes. In: H.Böhme / N.Tilling (Hg.): Leben um eine Form der Darstellung zu erreichen. Frankfurt/M. 1991, S. 227–244. – Fichte hatte das Empedokles-Fragment schon zu Beginn der 60er Jahre kennengelernt und zwar durch Dulu Kruck, die Gönnerin, die den Vers ‚buchstäblich' webt (Kleiner Hauptbahnhof, 128). Dulus Webkunst vor Augen denkt Fichte an seine Fotocollagen zum ‚Ödipus auf Håknäss': eine kleine, aber wichtige Konfiguration, die nämlich den Bogen schließt von Fichtes Beginn – dem Mutterkonflikt, bearbeitet im Ödipus-Drama – bis zu seinem letzten Werk, das ins Zeichen des Empedokles getreten ist, Zeichen auch des überwundenen Mutterkonflikts. Vgl. S. 316ff. u. 336ff. dieses Buches.

186; Schulfunk, 131ff u.ö.)[1]; des weiteren spricht Empedokles bei der Metamorphose ausdrücklich von der Verwandlung der Menschen in bergbewohnende Löwen (Empedokles fr. 127 d.); schließlich dürfte Fichte nicht entgangen sein, daß er als Löwe sich gewissermaßen zum Namenstier von Leonore Mau stilisiert. Die Formel *und meine Eltern sind Eichen und Steine* ist, nach Koller, eine alte griechische Redewendung, die einerseits auf den Deukalion-Mythos Bezug nimmt (Neuschöpfung des Menschen aus Steinen, nach der Sintflut), andererseits auf Menschen angewandt wurde, deren Abstammung unbekannt war.[2] Der Titel spielt auf die mythischen Legenden an, die Fichte um seine Geburt rankte. Der Titelvers ist also die Formel für die außer-familiale, mythische Genealogie und interkulturelle Verflechtung, worin Fichte seine Existenz, eingelassen in den Strom des „Stirb und Werde", am Ende seines Lebens situierte.

Die autobiographischen Schichten

Flugphantasien

Die Hauptsprecher, der Löwe und der Herr aus Basel, sind auseinandergelegte Ich-Anteile Hubert Fichtes. Sie besuchen – 1978 – den Zaubermarkt von Bé in Togo am Rande von Lomé. Der eine – der Löwe – in meditativer Versenkung die Dinge des Zaubermarktes reflektierend; der andere ist ein ethnologischer Filmer, der eine Ausstellung machen will und als skeptischer Kommentator fungiert. Innen- und Außenperspektive also; einerseits partizipatorisches Denken, objektivierendes Festhalten andererseits. – Was Fichte bei Herodot als dessen zwei Seiten endeckte, Magie und Wissenschaft, Religion und Aufklärung, das ist hier in zwei Personen auseinandergelegt, die miteinander teils ein Responsorium, teils eine Kontrafaktur bilden: einen Riß markierend, der durch Fichte selbst geht.

Wieso dürfen Löwe und der Herr aus Basel als zwei Seiten von Fichte gelten? Beide zitieren Details aus Fichtes Biographie bzw. aus seinen früheren Romanen, sogar aus unveröffentlichen Texten (aus der ‚Geschichte der Nanā'). Das beginnt mit Erinnerungsfragmenten aus der Zeit der ersten literarischen und theatralischen Erfahrungen im Nachkriegs-Hamburg: Fragmente aus ‚Detlevs Imitationen' und dem ‚Versuch über die Pubertät'. Die nächste Erinnerung ist eine Anspielung auf die Lektüre von Selma Lagerlöfs „Die wunderbare Reise des kleinen Nils Holgerssons mit den Wildgänsen":

Ich bin der Löwe.
Ich rase und reise.
Ich rase einher und trample und verschlinge.

---

[1] Zu den Leopardenmännern von Catal Hüyük (auch darauf bezieht sich Fichte, vgl. z.B. HuL I, 159) s.a. Walter Burkert: Homo necans. Interpretationen altgriechischer Opferriten und Mythen. Berlin u. New York 1972, S. 23, 54, 93, 103, 128, 132f.
[2] R.Koller a.a.O. S. 255.

Bilder einer Reisebewegung im Schema oral-aggressiver Einverleibungsgier. Auch dies liegt demReisen zugrunde. Doch dann:
Schneller.
Bis ich mich in die Luft erhebe.
Greif.
Anstelle der Gänse des Nils Holgerssons die Metamorphose des Löwen in den mythologischen Greif.
An das Fliegen habe ich sehr genaue Erinnerungen.
Die Winde in den Weichen.
Diese Alliteration und die vokalen Gleichklänge assoziieren das Fliegen mit Harmonie und Lust, das Reisen mit Sexualität, wie es Fichte schon bei Herodot beobachtete:
Ich steuere mit gefiederten Zehen:
Ich kreise jahrtausendelang. (Schulfunk, 555)

Freie, ungebundene Einrichtung der Bewegung im Luftmeer – Aufhebung der Zeit in der vollendeten Räumlichkeit des Kreises.[1] Das nunc stans der mystischen Entgrenzung koinzidiert mit der Vollkommenheit der Kreisfigur als Inbegriff des Ewigen. Dahin will das Umgetriebensein, das Rasen und Reisen – von Herodot bis zu Fichte. Und dann von dort oben: der erhabene Punkt, die Überschau, der göttliche Blick, Nils Holgersson: *Von oben erkennt man deutlich die Autoschlangen und die Mauer.* – Metaphern der Verstopfung und Begrenzung, der scheiternden Bewegung, Metaphern der Enge, Grenze, Angst in einer Gesellschaft, der man entflohen, entflogen ist. Jetzt der fliegende Löwe: *Ich erspähe Gold, Majatempel, Ölreserven, Mäuse.* (Schulfunk, 556)

Alles kann aus der Sehnsucht des Nils Holgerssons hervorgehen, dieser Ursehnsucht des Fliegens und Reisens[2]: Der Blick der Konquistadoren und der Naturausbeuter (Ölreserven), die Entdeckung der fremden Kulturen (Majatempel) und der Blick für Flüchtigkeiten des Lebendigen (Maus). 1943 las die Mutter dem kleinen Detlev *von der Gans vor und dem Zwerg, die über Schweden fliegen* (Grünspan, 20); Stimme der Mutter hinter den abgedunkelten Fenstern, die den wirklichen Fliegern, den Bombenflugzeugen über Hamburg, das Erkennen der Ziele erschweren sollen. Flugphantasien, als Abwehr vor den wirklichen Fliegern des Todes. 1955 liest Fichte selbst „Nils Holgersson" den Söhnen seines holsteinischen Lehrherrn vor, einem ehemaligen

---

[1] Grundsätzlich zur Kreisbewegung vgl. George Poulet: Metamorphosen des Kreises in der Dichtung. Frankfurt/M. – Berlin – Wien 1985 (zuerst 1961). – Die kosmologischen Traditionszusammenhänge, in welche auch das Fichte-Hörspiel einzuordnen ist, behandelt Dietrich Mahnke: Unendliche Sphäre und Allmittelpunkt. Beiträge zur Genealogie der mathematischen Mystik. Halle/Saale 1937.

[2] Vgl. Felix Phillip Ingold: Literatur und Aviatik. Europäische Flugdichtung 1909 – 1927. Frankfurt/M. 1980. – Zum Nils-Holgersson-Motiv vgl. Torsten Teichert: „Herzschlag aussen". Die poetische Konstruktion des Fremden und des Eigenen im Werk von Hubert Fichte. Frankfurt/M. 1987, S. 105–133 und Tomas Vollhaber: Das Nichts – Die Angst – Die Erfahrung. Untersuchungen zur zeitgenössischen schwulen Literatur. Berlin 1987, S. 185f.

Obersturmbannführer aus der Leibstandarte Adolf Hitler.[1] Fliegen und drohender Tod auch hier miteinander konfrontiert.

1958, in Järna /Schweden, berichtet in der Erzählung ‚Lef‘, spielt die Holgersson-Lektüre eine entscheidende Rolle bei der Annäherung Fichtes an den Heimzögling Lef. Diese wird zum Modell aller zukünftigen, erotisch-sprachlichen Versuche der Annäherung an das Fremde: Fichte lernt die fremde Sprache und den fremden Menschen im Buchstabieren des „Nils Holgersson" und entwickelt dabei die Sehnsucht, mit Lef *auf dem Gänserücken nach Norrland wegzureisen* (Turku, 110). Doch dieser (erotische) Versuch scheitert: *Die Wildgänse kreisen nicht mehr. Sie standen unbeweglich, wie mit Reißzwecken in den Himmel geheftet.* (Turku, 111) –: starre Bilder einer Sehnsucht; schlimmer noch: *Die Wildgänse fielen vom Himmel als wären sie aus Bilderbüchern geschnitten und als zöge man die Reißzwecken aus ihrem Buch, mit dem sie auf Karton festgehalten wurden.* (Turku, 113) Kindertraum, der alle Sehnsucht und alle Enttäuschung, den Aufstieg, die Erstarrung und den Absturz, selbst die Bomben und die Massenvernichtung im Krieg und im KZ als drohenden Gegenpol des Kinderwunsches in sich schließt.

Im ‚Versuch über die Pubertät‘ erscheint das Holgersson-Motiv während einer Kokain-Session. Dies ist eine Form der imaginären Reise, die der disziplinierte Fichte zeitlebens nicht schätzt. *Das ist nicht mein Zustand. Das ist eine Extrasituation, die mir mein Bedürfnis nach zärtlicher Auslöschung und blutiger Verdoppelung nicht ersetzen kann.* (Pubertät, 94, vgl. Forschungsbericht, 84)

Keine Drogenreise mit Nils Holgersson. Doch Sehnsucht nach Entgrenzung: über die Zeit von 1949/50 heißt es anachronistisch: *Im Herbst zeigen die Lokstedter Jungen bläuliche Knie und bringen ihre saubergearbeiteten Drachen hoch zu Nils Holgersson, Peer Gynt, Xango und Boeing 747.*(Pubertät, 99) Die kryptische Verbindung von Holgersson mit Ibsens Figur Peer Gynt erscheint im ‚Versuch‘ noch einmal: *Ich stelle mir meine Geburt als eine Reise vor:/ „Nils Holgerssons wunderbare Reise mit den Wildgänsen". / – Hüh! sagt Peer Gynt und reitet seine Mutter zu Tode./Und wo begann die Reise?* (Pubertät, 38)

Dies ist eines der für Fichte so typischen, anspielungsreichen Tableaus von literarischen Figuren, in die er sein eigenes Psychodrama wie eine Privat-Mythologie hineinspiegelt. Die Geburt als Reise (und manchmal umgekehrt: das Reisen als Wiedergeburt), das Reisen/Reiten des seltsamen Schamanen Peer Gynt als Form des Muttermordes (und manchmal das Reisen als Flucht vor der Mutter), und das Reisen als Sexualität (oder Sexualität als Reise): *Und wo begann die Reise? ... Die enge Pforte./Das Kindspech./Die erste Erektion ... an der Mutterbrust.* (ebd.) – Und schließlich, auf der Gegenseite der Geburt und der europäischen Phantasmen der ödipalen Sexualität: die Totenreise in den afroamerikanischen Religionen. Über einen obduzierten, im Pappsarg verstauten Negerjungen im Institut „Nina Rodrigues" heißt es: *Pappe, Holzverstärkungen – wie ein Modellflugzeug; in einem Spanaeroplan tritt der*

---

[1] S. dazu die Erinnerungen des Lehrherrn von Fichte, Hans Willy Sierk aus Süderholm: Auch zum Jungvieh hatte er ein gutes Verhältnis. Hubert Fichte in Süderholm. In: das nachtcafé 30, 14. Jg. 1988/9, S. 93–6.

Negerjunge seine Himmelsreise an. Des schwarzen Nils Holgerssons wunderbare Reise mit den Wildsärgen. (Pubertät, 12)

Viele Formen, Verformungen der Luftreise also, Kindertraum, Drogenwahn, Bombennacht, orgiastische Ekstase, Todesreise, Touristen-Boeing, Schamanen-Ritus, Göttererscheinung, Spähblick des Eroberers, Erinnerung an die Geburt, Erwachen des Sexus, Muttermord – und schließlich die einzige, zweiseitige Form des Fliegens, die sich Fichte wirklich erlaubt: nämlich das Schreiben der Reise und die Reise der Schrift.

Hier nun, im Hörspiel, wird die kindliche Flugphantasie mit archaischen Riten, mit der in nahezu allen Religionen verbreiteten *Luftreise des Schamanen* (Schulfunk, 556) assoziiert, wie der Herr aus Basel konstatiert, mit der „Himmelsreise der Seele", wie der Religionshistoriker Carsten Colpe[1] sagt, mit der „Reise zwischen den Zeiten", wie Hans Peter Duerr[2] formuliert: so, als sei diese kindliche Flugphantasie eine frühe autobiographische Spur für Fichtes spätere Auseinandersetzung mit schamanistischen Ritualen. Das behauptet Fichte tatsächlich im Interview mit Peter Laemmle von 1980.[3] Jetzt aber, 1985, ist der narzißtische Traum des Kindes, das sich mit Nils Holgersson däumlingshaft in den Flug der Gänse verschmolz, längst zum aufgeklärten Wissen des Ethnologen Fichtes geworden. Mircea Eliade ist gelesen, der in seinen Schamanismus-Studien die Himmelsreise zu einem irreduziblen Archetyp aller Kulturen erklärt hatte. So wird die autobiographische Rückwärts-Fahrt zu Nils Holgersson und bis zur eigenen Geburt zur Deckerinnerung des Individuums an seine Verwebung in die interkulturell verbreiteten Imaginationen und Riten der Völker: Metamorphosen des Ich – Hubert – Detlev – Jäcki – Nils Holgersson – Peer Gynt – der Löwe – der Greif – der Schamane – der Ethnologe. Spiel der Identitäten also auch hier.

Nanã

Die nächste autobiographische Erinnerung besteht in einem Zitat aus dem ‚Versuch über die Pubertät', das die Mutter und ihre mythologische Erhöhung zur Göttin Nanã zum Thema hat. Der Text aus der ‚Pubertät' wird von beiden gesprochen, vom Löwen und dem Herrn aus Basel:

Der Herr aus Basel: *In der Küche, am / Hinrichtungsort, zwischen / Narragheizung und Gasherd, / kommt sie / mir entgegen. / Ich träume, sie kommt aus / dem schlammigen Wasser, / selbst wasserartig, nicht / Loko, nicht Iroko, der Baum, / nicht das Bild der*

---

[1]Carsten Colpe: Die „Himmelsreise der Seele" als philosophie- und religionsgeschichtliches Problem. In: FS Joseph Klein, hg.v. E. Fries. Göttingen 1967, S. 85–104.

[2]Hans Peter Duerr: Traumzeit. Über die Grenzen von Wildnis und Zivilisation. Frankfurt/M. 1978, bes. S. 139ff.

[3]Hubert Fichte im Gespräch mit Peter Laemmle, NDR 28.10.1980, S. 2f: „Ich würde eben heute die große Faszination, die dieses Buch ... auf mich ausgeübt hat, schon erklären durch dieses Vorbewußte, möglicherweise Archaische, das die religiösen Übungen, die religiösen Vorstellungen des Schamanentums ansprechen. ... Möglicherweise sind ja alle unsere Reisen Fluchten. Meine Reisen sind ja nun Fluchten aus Deutschland, immer wieder von Deutschland weg ... Nils Holgersson ... war ... die Idee des Aufsteigens, Dinge klein unter sich zu sehen, Überblicke ... gewinnen."

bewußt-/ losen Marquise von O., / sondern Nanā , die älteste / Mutter des Wassers und des / Schlammes mit dem / Krötenton.

Der Löwe:
Eine Zeremonie, die auch dem Eingeweihten unbekannt bleibt.
Schnell wird sie begangen, zwischen Tür und Angel, mit einzelnen, wenigen, unter Kröten und Fröschen und Schlamm schaffen sie hastig die Welt ein zweites Mal, in einem kleinen Nebengelaß, wo es niemand sonst bemerkt.
Der Herr aus Basel: *Nanā kommt, der Meerstern, / mit flatternden Haaren, / und ich laiche sie ein.* (Schulfunk, 560 = Pubertät, 53)

Im ‚Versuch über Pubertät' steht diese Passage im Zusammenhang jener Bewußtseinsexplosion, die durch die Begegnung mit Pozzi ausgelöst wird. Dieser hatte dem 14jährigen gesagt, er sei fifty-fifty; das hieß für Hubert homosexuell: *Pozzi hatte es mir aus dem Urin gelesen.* (Pubertät, 51)
Bumms! Bi! Und Schicksalsymphonie! Ich bin fiftyfifty! Bumms! Bi! Tüten! Fünfte Symphonie!
Fiftyfifty – das heißt homosexuell. ... Tabu! Terrorangriff! Atombombe!
Fiftyfifty! Eine Tunte! Eine Tunte! Eine Tunte! Ein Warmer! Ein Lauwarmer! Ein Warmer Bruder! Eine Huch – Nein! Eine Töhle! ... Eine Triene! Eine Schwuchtel! Ein Arschficker!
Ich bin ein Mischling ersten Grades, ein uneheliches Kind und nun auch noch schwul – das ist übertrieben. (Pubertät, 35/6)

Vielleicht ist das wirklich übertrieben, aber, wie so oft: *Genug ist nicht genug.* – Dieser Satz von Claver ist ein Responsorium auf Iphigenies „Es ist genug". Damit versuchte die Priesterin, das Gemetzel, die Perversionen, die Morde, die Inzeste, die Menschenfresserei in der Familie Iphigenies und Orests zu unterbrechen. Das *Genug ist nicht genug* von Claver artikuliert die süchtige Perversion, aber auch die Sucht Fichtes, dem keine Besonderheit genug ist, alle zieht er sich an, ein neues Stigma, eine neue Maske, ein neuer Stil, eine neue Perversion.

Der Nanā-Stelle in ‚Pubertät' geht der Entschluß voraus, sich mit der Zuschreibung Pozzis zu identifizieren, zu sein, was ihm gesagt wurde. Das klingt etwas dramatisch, denn das coming out war längst schon, seit der Waisenhaus-Zeit im Gange: *War Pozzi nur der Anlaß?* (Pubertät, 41), fragt Fichte sich zurecht. Hier aber der theatralische Umschlag: statt *Schiller, der liebe Gott und Helga Fuchs* (Pubertät, 90) heißt es jetzt: *Zusammenrücken des barocken Kots und Urins ... / Von hinten da rein./ Selbstverständlich.* (Pubertät, 52) *Ich bin Gründgens, Patroklos, Plato, Lionardo, Michelangelo, Buxtehude, Mozart, Friedrich der Große usw.* (Pubertät, 36). Die schwulen Heroen bilden die Genealogie dessen, der aus der familialen Ordnung sich herausgefallen glaubt. Denn jener *Hinrichtungsort zwischen Naragheizung und Gasherd* ist eine mehrfach determinierte Anspielung auf die kindermordende Mutter, die – *Iokaste, Klytämnestra, Medea* in einer Person – angesichts des in flagranti erwischten schwulen Sohnes zur *Verschlingerin*, zu *Nanā* wird (Pubertät, 119). Dieser Hinrichtungsort erinnert ferner an die schon im Waisenhaus phantasierten *Hinrichtungen*. Es ist aber auch eine Erinnerung an den *Gasboiler* in Lokstedt, an dem die Mutter ihre Haare entflammte und Todesängste in Detlev auslöste (Waisenhaus, 50/97, Nanā, 42), Erinnerung an die

Mutter, die *wie eine Königin* ist (Waisenhaus, 97) und der es dennoch *vielleicht lieber (ist), wenn ich tot bin* (Waisenhaus, 97). Erinnerung an die spätere Wiederholung des Gasboiler-Brandes, als Detlev *hofft,* daß sie verbrennt *wie eine katholische Heilige ... zwischen Odol und Niveacrème* (Grünspan, 19). Doch statt dessen fallen die Bomben auf Hamburg und die ängstliche Mutter klammert sich an Oma und Opa, der die himmlische Gottesmutter anruft: *Meerstern ich dich grüße, oho Mariaha hilf* (Grünspan, 24). Denn *die Löwen und Panther* (aus Hagenbeck, H.B.) *sind auch gleich hier!* (Turku, 59) Als sei dies nicht schon genug der Anspielungen, erinnert der *Hinrichtungsort zwischen Narragheizung und Gasherd* auch noch an den *Gas-ofen* des KZ, von dem Detlev phantasierte, er selbst hätte ihn bedient, *um nicht selbst vergast zu werden* (Grünspan, 171, vgl. 164). Die verdrehte Täter-Opfer-Beziehung offenbart, daß die Phantasie, hingerichtet oder vergast zu werden – durch die Mutter, durch die Faschisten –, eine geheime Gegenseite hat, nämlich als rächender Orest die Mutter als *Klytämnestra zwischen Schuhschrank und Badehocker* (Grünspan, 132) hinzurichten. Die Mutter ermorden, die den ersehnten Vater umgebracht hat. Detlev, der Muttermörder, Mörder der Mörderin, die dennoch *Sonne, Mond und Sterne ... das Glück, die Schönheit, die Morgenröte im Aufgang, die Wärme, Meerstern ich dich grüße, die Iphigenie, die Kassiopeia, die Wega in der Leier, der Schatten, die Größe, der beste Vater und Vormund, die Zukunft* ist. (Grünspan, 114)

Meerstern – da ist sie wieder, die Metapher für die Heilige Jungfrau aus dem katholischen Marienlied, das der kleine Detlev im Waisenhaus auf der Flöte blies. Die Meerstern-Mutter, die Schutzmantel-Madonna ist im ‚Versuch über Pubertät' und im Hörspiel ‚Ich bin ein Löwe' zur Nanā geworden: *älteste Mutter des Wassers und des Schlammes mit dem Krötenton* (Pubertät, 53 = Schulfunk, 560). Dieser Krötenton aber füllt den ersten Satz des Buches ‚Versuch über Pubertät': *Im Anfang nur der Ton.* Der Roman eröffnet sich mit einer Kontrafaktur zum ersten Satz des Johannes-Evangeliums: *Am Anfang war das Wort.* Der patrilinearen, logozentrischen Kosmogonie wird die matrilineare, phonozentrische Kosmogonie aus dem Ton entgegengesetzt, Weltgeburt durch die archaische Muttergottheit Nanā – die vom Sohn eingelaicht wird: Ödipus unter Kröten und Fröschen im Schlamm, Matsch, Wasser.[1]

Im ‚Versuch über die Pubertät', anders als im Hörspiel, wird dies als eine strafwürdige Onanie-Phantasie dargestellt –: *Feuchtigkeit, deren Spuren mir die Tagmutter morgens vorhält* (Pubertät, 53). Derartige ödipale Strafphantasien durchziehen das Werk Fichtes: sie gehören zu den Bannbildern, daß die Augen, die wie Hoden sind, herausgerissen werden müssen, ausgestochen, abgeschnitten. Kastrationsrituale griechisch antik, vaudouesk und privatmythologisch.

Und als sei dies an Anspielungen immer noch nicht genug, zitiert das Hörspiel die Kleistsche „Marquise von O." hinein. Die „Marquise" war, ebenso wie die Werke Rudolf Steiners, während der NS-Zeit vor Detlev weggeschlossen; dennoch entdeckt Detlev die Marquise als das von der Mutter gehütete Geheimnis seiner eigenen Sexualität (Grünspan, 109). Mit der vergewaltigten Marquise identifiziert sich Detlev ebenso wie mit dem Vergewaltiger. Wieder ist er Täter und Opfer zugleich

---

[1] S. dazu S. 361ff. dieses Buches.

(Grünspan, 141). Der Roman endet damit, daß Detlev vor dem Spiegel onanierend versucht, sich als Vergewaltiger der Marquise zu phantasieren – vorläufig sein letzter heterosexueller Anlauf. *Aber es kommt gar kein Same aus ihm heraus und fließt in die bewußtlose Gräfin. ... Detlev überlegt, daß er jetzt nicht mehr nur ein Kinderdarsteller ist, sondern daß er die Marquise von O. spielen könnte, er meint, wie Hermann Lenschau den russischen Offizier in der ‚Marquise von O.' spielen könnte.* (Grünspan, 242, vgl. 141)

So endet das Buch mit einem Versprecher, nämlich das vergewaltigte Opfer zu sein – und keineswegs der heterosexuelle Vergewaltiger, den er wie der Schauspieler Lenschau figurieren könnte. Das ist keine bisexuelle Utopie, wie Torsten Teichert meint[1]. Vielmehr bedeutet Nanã, die mythisch überhöhte Mutter, die Negation der sexuellen Doppelidentifikation mit der Marquise **und** ihrem Vergewaltiger, die Negation auch des schwulen Jungen und die Negation des Baumes Loko, in den sich Fichte nach dem Genuß eines Kultgetränkes des doppelgeschlechtlichen Gottes Xango verwandelt (Pubertät, 298).

So finden wir, esoterisch und lakonisch, das gesamte Psychodrama mit der Mutter: das ödipale Begehren, den ödipalen Haß; die Mutter des Todes, der Folter und Hinrichtung, die Mutter als Urschöpferin des Lebens; die rätselhafte Sexualität der Frauen; die religiöse Mutter und die archaische Mutter in den Religionen; schließlich die den Vater und die Kinder mordende Mutter (Schulfunk, 558–561): nichts im Werk Fichtes ist so sehr von Mystifikationen durchzogen wie sein Verhältnis zur Mutter.

Keineswegs sind damit alle Deutungsebenen jener Passagen des Löwen-Hörspiels erschöpft, bei der der Löwe und der Herr aus Basel sich einen Text aus dem ‚Versuch über die Pubertät' teilen. Der Leser wird zu einer geradezu manischen Spurenlese verpflichtet. So muß man hier vom ‚Waisenhaus' bis zum ‚Versuch über die Pubertät' alles gelesen haben, um diese eine Stelle des Hörspiels zu entziffern wie ein Kryptogramm; man muß Kenntnis haben der Bücher ‚Xango' und ‚Das Haus der Mina', um sich mit dem Nanã-Kult vertraut zu machen; und man sollte den 1985 noch unveröffentlichten Roman ‚Die Geschichte der Nanã' kennen. Ein labyrinthisches Unterfangen, um die Maskierungen zu durchschauen und den Spuren zu folgen, mit denen Fichte die Leser in sein Werk wie in einen künstlich arrangierten Dschungel verlockt, als gäbe es dort ein Geheimnis. Das Hörspiel funktioniert nach der manieristischen Poetik des Concettismus.

Die Collagen

Musik und Klang, Raum und Zeit

Neben der autobiographischen und der ethnopoetischen wird die dritte Achse des Hörspiels durch die Kunst gebildet: sie ist präsent durch Zitate von Empedokles und dem Zauberer aus Merseburg – das älteste althochdeutsche Sprachzeugnis –, sowie

---

[1] T. Teichert a.a.O. S. 110.

von Lohenstein und Johannes Bobrowski; ferner wird die Kunst vergegenwärtigt durch die Musik von Couperin, Perotin und Monteverdi (sie vertreten die von Fichte bevorzugte vorklassische Musik des 17. Jahrhunderts.).

Ferner spielen Geräusche und Klänge eine tragende Rolle: elementare Klänge des Gewitters, des Regens und des Windes, die Gesänge der Buckelwale, der Schreiton des Peitschenvogels, das Affengekeckere, die Trillerpfeife, die intensiv rhythmisierten afrikanischen Flöten und die sphärischen Orgelklänge. In der Hörspiel-Realisation werden die Musikfragmente von Couperin, Perotin und Monteverdi oft mit Naturgeräuschen gegengeschnitten. Die Empedokles-Verse und die althochdeutschen Zaubersprüche werden original gesprochen; sie wirken deswegen mehr wie rhythmisierte Klangkörper denn als semantische Aussagen. Der Zauberer von Abomey wird von einer alten Frau gesprochen, in einem litaneihaften, zwischen männlicher und weiblicher Modulation changierenden, monotonen Gleichklang. Der Herr aus Basel spricht stilisiertes Schwyzerdütsch.

So wird das Hörspiel zu einem Forum der Begegnung von Sprache, Gesang, Musik, tierischen Artikulationen und elementaren Geräuschen. Was Fichte anstrebt, ist ein Kosmos des Akustischen. Auf der Ebene der Klänge finden wir eine formale Wiederholung dessen, was das Hörspiel inhaltlich durchläuft: eine Kosmogonie, in die hinein der Mikrokosmos der eigenen Lebensgeschichte und des Werkes projiziert wird.

So wie auf dem Markt der Zauberer die unterschiedlichsten Dinge, Namen und Götter sich ein nicht zu enträtselndes Stelldichein geben, das zu fortwährenden magischen Verknüpfungen und metaphorischen Verwandlungen führt –, so ist auch das Hörspiel eine Art Marktplatz der berührungslosen Begegnung der Klänge, die sich binden und lösen, der Geräusche, der Sprachen und Musiken; ein akustischer Raum, in welchem das kulturell, biographisch, historisch, medial Heterogenste nebeneinander Platz findet. Gewissermaßen winken die Klänge sich über ihre Getrenntheit zu und bilden in der Weise ihrer marktplatzhaften Collagierung den vorsichtigen Versuch, über zeitliche, räumliche und ontologische Klüfte hinweg das miteinander zu bilden, was Fichte im ‚Versuch über die Pubertät' die *allerunmöglichste, schwierigste Situation* nennt: die *Begegnung mit einem anderen* (Pubertät, 65).

Die litaneihafte Aufzählung der Zauberobjekte zu Beginn des Hörspiels bildet eine metonymisch-paradigmatisch geschlungene Kette von isolierten Dingen ohne jeden pragmatische Kontext (Schulfunk, 541). Darin drückt sich ein formales, nämlich das synkretistische Prinzip des Hörspiels aus: das Nebeneinander des heterogenen Materials. Ebenso funktioniert die sinnlos scheinende Aufzählung der Reihe der Zauberer und Verkäufer (Schulfunk, 562). Diese Namensreihe führt zu einer merkwürdigen Vermischung von Menschen-, Heiligen- und Götternamen und zu einer wirr scheinenden Begegnung christlich-europäischer und afrikanischer Namen. Oder Fichte bildet aus der Beschwörungsszene von Lohensteins „Agrippina" eine ebenfalls ihres pragmatischen Kontextes beraubte Wortreihe aus den Namen aller zur Zauberrezeptur Zaroasters gehörenden Objekte, eine Wortcollage, welche die zugleich barocke wie surrealistische Wortalchemie als ein Gegenstück zur Wortreihe der Dinge des Zaubermarkts von Bé erscheinen läßt (Schulfunk, 567/568). Und schließlich versucht der Löwe Fichte, die Sprache der Ewe in eben dieser Weise zu lernen, litaneienhaft, collagenhaft, magisch, mechanisch: durch Wiederholung von nominalen Wortreihen sowie durch metaphorische Verschmelzungen (Schulfunk, 568).

Das Hörspiel als Ganzes folgt einer Poetik der Verräumlichung, die ein strukturales Feld der Korrespondenzen, Assoziationen, Verkettungen, metaphorischen Verwandlungen, Brechungen herstellt. Die Funktion der Verräumlichung, des poetischen Strukturalismus besteht darin, das Getrennte und Heterogene miteinander flüchtige Begegnungen eingehen zu lassen.

Auf der Ebene der Sprechweisen werden dabei konfiguriert: die Sprache der magischen Identifikationen (Ich bin ein ...), des aufklärerisch-kritischen Diskurses (Herr aus Basel), der Philosophie (in ihrer Spannweite von Empedokles bis zu Heidegger und Habermas), der Lyrik (Rilke, Bobrowski, Lohenstein), des dokumentarischen Berichts (Dienstag, den 4. Juli 1978.), des inneren Monologs, des Dialogs, der Aufzählung und der Litanei (Zauberer, Löwe, Lohenstein), der magischen Beschwörungsformel (Zauberer aus Merseburg) – und dies in mehreren Sprachen und Dialekten (potentiell auch afrikanischen).

Dieses Sprech-Sprach-Gewebe tritt in Beziehung zur Musik, vor allem liturgischer Prägung, zum Concentus und zur Instrumentalmusik des 16. und 17. Jahrhunderts, zu afrikanischen Trommelrhythmen und Flötenklängen. Der anthropogene Klangraum wird erweitert und kontrastiert durch Naturklänge animalischer (Affen, Wale, Peitschenvogel) und elementarer Herkunft (Wind, Wasser, Wetter). Die Trillerpfeife steht akustisch zwischen Peitschenvogel und afrikanischen Flöten. Der so entstehende strukturale Raum aus Klängen, Musik, Sprachen, Diskursen hat insgesamt die Funktion, einen intermedialen und interkulturellen **Textkörper** zu erzeugen, in welchen sich die autobiographischen und ethnologischen Erfahrungen Fichtes einschreiben können.

Die räumliche Ordnung des Textes, die einen Begegnungsraum der Kulturen herzustellen vermag, wird ergänzt durch eine diachrone Ordnung. Das ist so schon in den autobiographischen Zügen des Hörspiels. Der räumlichen Bewegung: wie kommt einer von Lokstedt auf den Zaubermarkt in Bé? entspricht die genetische Frage: wie ist aus Detlev Jäcki, aus Jäcki Hubert, aus Hubert der Löwe und der Herr aus Basel, wie ist das jeweilige *Ich bin...* geworden und warum ist nicht vielmehr *Nichts*. Denn dieses *Nichts* ist das eigentliche Gegenwort des Textes zur Fülle seiner Seinsprädikationen. Das unvordenkliche *Ich bin ...* in seiner identifikatorischen Vielfalt, seiner metamorphotischen Flüchtigkeit und seiner existenziellen Stabilität gilt es zu erkunden. Doch dabei bleibt der Text nicht stehen. Wie wird aus *Nichts* Wind, wie wird aus Stein und Wasser die Erde, wie wird aus Wasser der Gesang der Buckelwale, wie wird aus dem Gesang der Buckelwale Orgelklang und Concentus? Wie wird aus dem Affengekeckere die Litanei der Zauberdinge, wie aus der Litanei der Dinge die Magie des Gedichts von Johannes Bobrowski? Wie wird aus dem Analogienzauber der Merseburger Sprüche für gebrochene Gliedmaßen der an Aids sterbende Rock Hudson? Wie wird aus Empedokles Habermas? Wie werden aus dem *Vater des Eisens* Eisenbahnen und Airbusse? Wie aus der göttlichen Schmiedekunst die Kunst des Folterns? Wie wird aus der Mutter: Nanã und aus Nanã die Mutter? Wie wird aus dem Tropfen Tau, in dem das All sich spiegelt und der Ich war, das Selbstbewußtsein? Wie wird aus dem *stummen Fisch in der Salzflut*, der ich war, jener Mensch, dem die Folterer acht Liter Wasser einflößen, daß er zum *Tintenfisch* wird, *der am trockenen Land aus allen Leibesöffnungen Schleim und Feuchtigkeiten sprudeln läßt* (Schulfunk, 558) – das ist nämlich der Lyriker François Villon (Schulfunk, 527 – 529), der schrieb: *Ich sterb vor Durst an der Quelle* (Schulfunk, 530).[1] Wie wird aus dem heraklitischen Urfeuer, aus dem die Welt entsteht (Schulfunk, 546/547), *Hiroshima, Hiroshima*, worin die Welt vergeht (Schulfunk, 570)? Das sind die Fragen des Textes.

Gegenüber der synchronen Anordnungsform, die das Hörspiel zu einem Tableau von Konfigurationen und Korrespondenzen werden läßt, tragen diese Fragen in die topographische Ordnung gewissermaßen Zeitvektoren ein. Sie durchziehen den Raum wie ein Schwarm von Schraffen und Lineaturen, die anfangslos und endlos sind, aber gerichtet durch das Woher? – Wohin?

Der kosmogonische Mythos. Zauber der Analogien

Der kosmogonische Mythos strukturiert das Hörspiel insgesamt und hält beides, Raumkonstellationen und Zeitvektoren, zusammen. Diese Kosmogonie ist es auch, die das vielförmige *Ich bin ...* in der morphologischen Fülle des Seins verankert.

Es werden zwei Weltentstehungs-Mythen entwickelt: Zum einen die Genesis der Welt aus dem mütterlichen Urschlamm (Nanā – Mutter – mater – Materie) und die rituelle Vergegenwärtigung dieser ursprünglichen Zeugung und Geburt von Welt im afroamerikanischen Nanā-Kult (Schulfunk, 560). Kosmogonische Riten haben immer die Funktion, in der Wiederholung des Ursprungs sich eines Seinsgrundes zu vergewissern und die gefährdete Gegenwart des eigenen Daseins und des Daseins der Gruppe durch kultische Vermittlung mit der unerschöpflichen Fülle des göttlichen Anfangs zu konfirmieren.

Der andere kosmogonische Mythos wird aus Fragmenten der vorsokratischen Naturphilosophie, besonders des Empedokles und früher griechischer Atomisten zusammengesetzt (Schulfunk, 544 –554). Dabei geht die Welt aus dem Nichts, der Leere hervor, durch einen Urknall, ein Feuer. So wird der sich ausdehnende Raum erzeugt, in welchem sich nun die übrigen Elemente ausdifferenzieren, Luft, Erde, Wasser und das All sich bildet, die *Milchstraße*, wie es heißt. Die brodelnde Erde ist noch instabil, noch gibt es dramatische Untergänge (Atlantis-Mythos), aber die Erde wird ruhiger, die Basisstoffe des Lebendigen entstehen; *Hefe, Gären im ägyptischen Topf*, und der Herr aus Basel weiß, das ist eine Metapher für Kohlenstoffbildungen. Danach dann *Ansätze der Empfindlichkeit*, nämlich Pflanzen, Bäume. *Der Mensch ist ein Baum. / Eichen meine Eltern./ Die Fichte*. Fische, Affen, Elefanten, Vögel. Hier wird mythische Naturgeschichte abgebrochen und eine Szene des Zaubermarkts von Bé wird eingeschaltet. Danach beginnt die Menschheitsgeschichte.

Gewiß ist diese mythologisch-naturphilosophische Erzählung keine getreue Wiedergabe der Kosmogonie eines bestimmten vorsokratischen Philosophen. Gegenüber dem

---

[1] So das gleichnamige Hörspiel von 1985, Regie Peter Michel Ladiges. SDR 21.5.1987.

Nanã-Mythos, der einen matrilinearen religiösen Kult der Weltentstehung erzählt, geht Fichte hier auf das europäische Ursprungsdenken zurück. Er findet dort die Entstehung des Kosmos aus dem Einen und die Verankerung des Lebens in der kreativen Dynamik der Natur. Gegenüber dem Nichts, das schon im ‚Waisenhaus'-Roman die Angst Detlevs beherrschte, sichert die vorsokratische Kosmogonie den Gedanken: *Aus Nichts ins Ich* (Schulfunk, 545/546).[1] Das Sein ist das Eine des Ursprungs; und das Eine bin Ich. Die empedokleische Metempsychose (Schulfunk, 546) ist die den Tod und das Nichts übersteigende Möglichkeit, das Ich mit dem Sein zu identifizieren und dadurch an allem Sein, das Eins ist, teilzuhaben: Ich bin Tau, Ich bin ein Stein, Ich bin ein Löwe und meine Eltern sind Eichen und Steine und Felsen und Meer. Ich bin Affe und Elefant. Ich bin der Löwe. Ich bin der Frosch, der Nanã einlaicht.

Am Ende seines Lebens, nachdem das Studium der afroamerikanischen Kulte, der Trance und der Erweiterung des Bewußtseins zwar eine ungeheure Datenfülle, Wissen und Aufklärung, Verständnis und Skepsis, Nähe und Kritik eingebracht hat; nachdem aber wohl gescheitert ist, auf diesem Wege an den Ursprung heranzukommen und sich von der Ungewißheit des eigenen Herkommens, von der Angst der sozialen und sexuellen Unzugehörigkeit und vom kindlichen Schrecken des Nichts zu befreien, am Ende seines Lebens also: die Verankerung des Ich in der Natur, im Kreislauf der Wesen, in der Lehre der ewigen Wiederkehr, der Lehre des Einen, welches mit ontologischer Gewißheit das *Ich bin ...* trägt und über die analogia entis jede Identifikation erlaubt: Element, Stein, Pflanze, Tier. Hier nun, am Ende des Lebens, das Fichte versucht hat jenseits des sozialen Codes der Familie zu führen, finden wir die erstaunliche Einkehr in die Verwandtschaft und Familialität alles Seienden.

Das Eins des Seins – ist es das, was stärker ist als die Mutter, stärker als Nanã, die nicht nur Geburt, sondern auch Tod ist? Ist Empedokles stärker als Nanã?
Nanã ist der Tod.
Ich komme wieder.
Durch den Spiegel. (Schulfunk, 558)

Wird jetzt gegen das Herkommen aus der Mutter ohne Mann, gegen die eine Reihe alter Männer aufgeboten wurde: Hans Henny Jahnn, Alexander Hunzinger, Testanière; wird jetzt, nachdem gegen die Mutter eine Reihe symbolischer Ahnen gebildet wurde: Genet, Proust, Platen, Sade, Lohenstein, Villon, Herodot –: wird diese Männergenealogie noch einmal überboten durch eine verborgene Reihe: Artaud – Nietzsche – Hölderlin – Empedokles – die dionysischen Philosophen, Repräsentanten einer kultisch orphischen Philosophie? Gegenaufklärung aus Todesangst? Aus Mutterangst?
Ich komme wieder.
Durch den Spiegel.

Die Metempsychose ist spekulär. Eine Imagination. Dennoch ist die empedokleische Lehre, nach dem langen Weg von Lokstedt über Südamerika nach

---

[1] Der Herr aus Basel merkt zu dieser Formel an: *Lohenstein? / Nein! / Jetzt hier umgekehrt.* (Schulfunk, 545): die vorsokratische Schöpfungsdynamik wird als Umkehrung der barocken Metaphysik (vanitas) verstanden.

Zentralafrika – zu den Wurzeln –, der Gewinn eines weiteren Stamms seiner Orientierung. Gegen Ende seines Lebens wird für Fichte das alte Griechenland immer wichtiger, besonders die vorsokratische Epoche des Übergangs vom Mythos zur Aufklärung: die Naturphilosophen, Homer und Herodot, die Tragiker und Sappho. Keineswegs konsolidiert sich hier ein neues Weltbild, eine Erlösungsphilosophie gar, wohl aber ein spekulativer Rahmen des Denkens in Analogien und in Korrespondenzen, in Identifikationen und Imitationen. Ich bin …., Ich bin …. . Ich bin wie …. und … und –: Mechanismen, die Fichte von Kind an als seine ureigensten psychischen Versuchsformen vertraut sind. Formen, die jedoch stets ihre Umkehrfigur mit sich führten: Ich bin … – Bin ich …? Ich bin wie …? Wie bin ich ..? Alle Antworten, alle Lösungen und Paradiese sind spekulär, alle Identifikationen ephemer. Dieses Flüchtige – bis in die Reisefluchten und Schreibfluchten hinein – aber enthält eine große Produktivität: gegenüber dem linear kausalen, eindimensionalen Denken der Wissenschaft, da Fichte immer hochschätzt, nun das Spiel der Analogien, das die Existenz in einem fortwährenden, aber unsteten, wiederkehrenden, aber nie vertraulichen Kontakt zur Erscheinungsvielfalt des Daseins hält.

Es ist nicht zu übersehen, daß der vorsokratische Seins- und Ich-Entwurf im Hörspiel ‚Ich bin ein Löwe' Bezug nimmt auf all die gequälten Ich-Reflexionen, die vom ‚Waisenhaus' bis zur ‚Pubertät' eine ständige Atmosphäre von Angst und Unruhe erzeugen, von Selbstbefragung und Selbstzweifel. Nicht zufällig nimmt im Hörspiel die naturphilosophische Kosmogonie ihren Ausgang in der Kategorie des *Nichts* und der *Verneinung* (Schulfunk, 544 –546). Im Grunde hat dies mit Empedokles, Heraklit, Anaxagoras wenig zu tun, weil diese keine Leere und kein Nichtseiendes kennen, sondern nur Sein und Werden; erst mit Leukipp und Demokrit wurde das Leere und das Nichtsein zu philosophischen Kategorien. Darum ist anzunehmen, daß das prononcierte Beginnen der Welt aus einem Nichts in Fichtes Hörspiel zum einen mit der ihm aus den 60er Jahren vertrauten Existenzphilosophie (Jean Paul Sartre: „Das Sein und das Nichts") zusammenhängt, zum anderen aber mit biographischen Konstellationen.

Im ‚Waisenhaus' sind es traumatische Erfahrungen des Zöglings, sind es die Bedrohungen des halbjüdischen Kindes, das sich von der Mutter verstoßen wähnt, von Bomben bedroht, von den Kindern in ein Angsttheater verwickelt: … *dann gibt es schließlich nichts mehr, es gäbe gar nichts mehr … – Mich gäbe es nicht* (Waisenhaus, 166/68). Dies auf der einen Seite – und auf der anderen Seite die erlösende Erfahrung: „es gibt" Hamburg, die Mutter kommt, sie holt mich ab (Waisenhaus, 167/8, 170)

Dieses „Es gibt" ist ein rettendes dem Dasein-Gegeben-Werden, das die Angst vor dem Nichts vorübergehend beruhigt, nämlich bis zum Beginn von ‚Detlevs Imitationen': in Hamburg, das im Bombenhagel vom Juli 1943 zerstört wird, ergreift das Trauma einer tödlichen Bedrohung wieder von Detlev Besitz. *Nun ist alles anders. Der Himmel ist schwarz. Die Sonne ist rot. … Jetzt ist auch das Wort ‚Weihnachten' kaputt. … (Das, H.B.) bedeutet für Detlev, daß es aus ist, daß es nie wieder etwas geben wird.* (Grünspan, 31/32) Die Zeit wird für Detlev auf einen minimalen Erwartungshorizont zusammengedrängt. *Ich hatte seit der Bombardierung von Hagenbecks Tierpark nie mehr*

viel Zeit (Pubertät, 52). Ausdrücklich gegen Heraklit (die Lehre des ewigen Werdens) heißt es: *Aber nichts hält. Es hält nichts. Bald schon kommt der nächste Angriff!* (Grünspan, 68). Und das erzeugt in Detlev eine ungeheure Unruhe, sich zu erproben.
- Ausprobieren will ich alles noch, will alles werden! ...
- Ich will experimentieren. ...
- Ich will jetzt alles ausprobieren: Dichter und Denker sein. Bauer und Held. ...
So schnell wie es geht, so unermeßlich vieles werden.
Bis es aus ist, Genien! ...
Bis dann schließlich gar nichts mehr ist.
Gott nicht und nichts mehr. Nicht nichts.
Alles
Will ich sein, ihr Griechen -
Möglichst viel. (Grünspan, 68/69; vgl. Pubertät, 52).

Der Mensch ist nichts, heißt es in der Anatomie-Szene zu Beginn des Romans ‚Versuch über die Pubertät'. Diese barocke Grundlosigkeit des Daseins bringt von früh an die Gier nach Leben, nach Einverleibung von Möglichkeiten, nach Erproben von Varianten hervor; auch dies ist eine dem 17. Jahrhundert tief vertraute Erfahrung. Es scheint, daß die im ‚Versuch über Pubertät' noch negierte Möglichkeit, das Ich zu depersonalisieren und über Stein, Pilz, Feuer, Tautropfen und All ins Kosmische auszudehnen, es scheint, daß das Studium der Vorsokratiker in den letzten Lebensjahren es Fichte erlaubt hat, wenigstens Denkfiguren einer Seinsruhe zu finden. In der ‚Pubertät' heißt es noch:
Ich.
Das steht das Donnerwort, das Zentnerwort, das Echowort, die Lüge.
Sagt der Stein zu sich ‚ich'? Oder das Feuer?
Der Pilz, der Kaktus? ...
Vielleicht denkt die Schöpfung gar nicht in mir über sich selbst nach? Ich bin ein Tropfen, der das Weltall spiegelt – aber nicht bewußt, sondern optisch? (Pubertät, 37/38).[1]

Tastende Fragen nach der Verwandtschaft der Dinge, nach Partizipation; spekulativ probierte Analogie zwischen Ich und Nicht-Ich. Im Hörspiel klingt es wie ein Echo auf diese Überlegungen des Romans:
Ich weiß noch, als ich Tau war! ...
In mir spiegelte sich das All. ...
Wie ein Stein.
Ich bin ein Stein.
Ich bin steinalt.
Auch an Wind und Wasser, aber am deutlichsten erinnere ich mich:
Ein Stein.

---

[1] Vermutlich ist diese Stelle ein Reflex auf F.G. Klopstocks „Frühlingsfeier" von 1759. Hier wird, in Konsequenz der Kopernikanischen Wende, die Erde als „Tropfen" im unendlichen All bezeichnet; der Mensch ist Tropfen an diesem Tropfen: „Wer bin ich?", fragt Klopstock angesichts dieser Minimierung und Dezentralisierung des Subjekts im Universums: dieser „Tropfen" Mensch, als gottgeschaffener, ist Spiegel der Schöpfung, ihre Reflexion – insofern mehr als diese. Man erkennt: das Gedicht paßt gut in den Kontext der Fichte'schen Überlegungen, die er im *Platz der Gehenkten* noch einmal aufnimmt (Platz, 109, 215). Die kosmische Alleinheit bleibt ein Fichte'sches Motiv – und ein unerreichbarer Traum.

Ein Stein ist ein Stein ist ein Stein. ...[1]
Die Schwere.
Ich fiel.
Ich lag lange unbeweglich.
Endlich Ruhe.
Vor sich hin liegen.
Ich endlich unendlich viel Zeit nach der Milchstraße.
Ich bin ein Stein.
Ich darf schwer sein.
Ich habe tausend Millionen Milliarden Jahre Zeit nachzudenken. (Schulfunk, 548/549)

Ruhe, Schwere, Zeit: nach Jahrzehnten einer ungeheuren Anstrengung, sich das Dasein anzueignen, einzuschlingen, nach all den atemlosen Identifikationen – nun *endlich* sagen zu können: *Ich bin ... Ruhe .... liegen ... Zeit haben.* Das wohl ist ein Augenblick, wo eine Ahnung von Versöhnung aufscheint – im Lesen des Empedokles, im Schauen auf die Dinge des Zaubermarktes in Bé: Versöhnung, gelesen, angeschaut, geahnt, nicht etwa Besitz und Dauer, nicht etwa abgeklärtes Dasein, nicht heimgekommener Fichte. Das nicht. Und doch – Spuren eines Glücks, das jenseits der Person liegt, im Spiel des Gedankens, daß das Sein nicht seinen Schwerpunkt im Menschen hat, schon gar nicht im Individuum, sondern im endlosen Fluß der rätselhaften Verkörperungen, zu denen das Ich gehört, das darum zu allem gehört. So spekulativ, so religiös vielleicht dies gedacht sein mag: ist es, wenigstens eines nicht: anthropozentrisch. Vielleicht ist dies für einen, der ein *poetischer Anthropologe* zu sein unternommen hatte, wirklich die beste Einsicht. Dennoch ist dies nicht, wie im Kleistschen Marionettentheater, das Fichte so hochschätzte, nach einer Reise um die Welt endlich das Erreichen des Paradieses, das *vielleicht hinten offen* ist.

Denn das Hörspiel endet nicht mit der vorsokratischen Naturphilosophie, die das Ich als Mikrokosmos anschließt an das morphologische Spiel des Makrokosmos. Das *Ich bin ...* des Löwen muß hindurch durch die Erfahrungen des Todes, durch das Bewußtsein des Opfers, der Folter, des tödlichen Kampfes, hindurch durch die Riten der Religionen und der magischen Praktiken (bis Schulfunk, 566); und der Löwe muß hindurch durch das, was seit Ovid das tragische Zeitalter des Eisens genannt wird: der Prozeß der Zivilisation, der durch die Entwicklung der Metallurgie und Montankunst (Schulfunk, 570) eine ungeheure Beschleunigung erfuhr, wovon alle Kulturen nachhaltig bestimmt sind. Das tragische Eisen, welches das Ende des goldenen Zeitalters des Friedens im Einklang mit der Natur bedeutet – wodurch die empedokleische Naturphilosophie zu einer verlorenen Utopie wird – dieses tragische Eisen beherrscht die europäische Zivilisation *und* den afroamerikanischen Kult des Gottes Ogum. Das *blutige Eisen* herrscht von Kain und Abel bis zu Hiroshima und der New Yorker Untergrundbahn, von Ogum bis zum *Eisentopf des kongolesischen Zauberers in Miami*. Die *Blumen* – Symbole des friedlich vegetabilen Reiches – sind zu

---

[1] Der Herr aus Basel lacht ironisch im Erkennen der Formel von Gertrude Stein: Eine Rose ist eine Rose ist eine Rose. Oder Fichte erinnert sich an Jean Genets Formel: *Als Bildhauer einen Stein behauen, bis er die Form eines Steins aufweist.* (HuL II, 15).

Kleiderdessins und Tapetenmustern geworden: *Prêt à Porter. / Laura Ashley.* (Schulfunk, 574)

Die Blumen sind nicht mehr, wie bei Novalis, Signifikanten der goldenen Zeit, sondern sie sind technisch reproduzierte Bilder, Ornamente der *eisernen* Weltzivilisation. Also doch nicht Empedokles? Nein, jedenfalls nicht als Philosophie, welche die Realität der Welt zum Ausdruck bringt, sondern höchstens als Chiffre einer ohnmächtig, verzweifelnd, hoffend, beschwörend gegen den Weltlauf sich stemmenden Kunst.

Die lyrischen Zitate: *Buchstaben der Psyche*

Zum Ende des Hörspiels erscheint die Kunst, das Gedicht. Dazu gehört Empedokles wie Lohenstein, der Merseburger Zauberer wie Johannes Bobrowski, die Dinglitaneien der Zauberer von Bé und die Musiken aus natürlichen, tierischen und menschlichen Klängen. Das Hörspiel bildet aus fremden Stimmen den durch Trauer und Hoffen, durch Liebe und Qual geformten ästhetischen Ausdruck dieses Weltzustandes, gegen den die Kunst nichts aufbieten kann als Buchstaben und Klänge. Ganz zu Anfang des Hörspiels heißt es:

Buchstaben. / Stäbe aus Buchen, die auf den Boden geworfen werden. (Schulfunk, 543) Das ist magisches Orakel des Zufalls, Buchstabenrätsel in Bé, Letternzauber. Und am Ende wird wiederholt: *Stäbe aus Buchenholz.* (Schulfunk, 578)

Es ist hier an Detlevs Spiele mit dem Buchstaben-Setzkasten zu erinnern. Mit Akribie ordnet Detlev die Buchstaben, denen eine eigene sinnliche Magie innezuwohnen scheint. Er bildet gegen die apokalyptische Welt aus Buchstaben Wörter: *Meerstern, Der Teufel, Otto ist auch ein Teufel, Der liebe Gott.* Es ist diese das Chaos abwehrende Magie der Buchstaben, die Detlev fasziniert und braucht:

Dein Vater ist Jude.
Detlev sah ein großes goldenes J. Die Vögel saßen auf dem Querbalken des Buchstabens und sangen. Die Äpfel wurden reif, die Pflaumen und die Reineclauden. Das U war die Elbe im Sonnenlicht. Das U war voller Wasser. Goldene Dampfer fuhren über das U. Möwen flogen darüber, und auf der Elbbrücke dampfte die Lokomotive. Onkel Brunos Auto hielt vor dem Elbtunnel.
Die Hortensien morgens um sechs im Vorgarten, naß und golden, waren das D und das E. (Waisenhaus, 164).

So wird dem Todeswort *Jude* der Zauber abgewonnnen einer Welt von Gold, Tieren, Pflanzen, Sonne und heimatlicher Stadt. Dem Tod durch Buchstabenzauber abgerungener Trost. An dem Punkt der äußersten Drohung stürzen alle zusammen ins Schwarze; der Körper Detlevs zerfällt; er löst sich auf bis auf eine *letzte, kleine Kammer …, kleiner als die Augenhöhlen.* Und dann: der Bann der Benennungen, die Buchstaben des Setzkastens, aus denen Detlev den Satz bildet: *Es gäbe gar nichts.*

Das Basteln mit Buchstaben ist schon im ‚Waisenhaus' eine Form der magischen Bricolage. Detlev probiert einen Gegenzauber, der das Zerfallen der Welt und die Fragmentierung der Körper bannt: Buchstaben haben den Charakter von apotropäischen Talismanen und das Umgehen mit ihnen ist ein zauberisches Ritual.

Daß der Sprache eine uralte Magie einwohnt, ist eine konstante Überzeugung Fichtes. Sie ist im Hörspiel ausgedrückt durch die Buchstaben, die auf den Boden des Zaubermarktes geworfen werden; Buchstaben, die ein Buch bilden können; Buchstaben die *staben* können. Wie im Merseburger Zauberspruch, der wie kein anderes Zeugnis der deutschen Literaturgeschichte dem magischen Bann durch die Sprache vertraut, um die Läsion des Körpers zu heilen: *Ben zi bena. bluot zi bluoda / lid zi geliden. so se gelimida sin.* (Schulfunk, 575)

Heilung des Zerbrochenen durch Sprache. Die Buchstaben, die Detlev, die Bücher, die Fichte gegen die Welt setzt – sie sind Versuche, dem Trauma der Zerbrechung, der Vernichtung der Welt und des Körpers zu entkommen: wie der Merseburger Zauberspruch den Zusammenhang von Sprache und Medizin eröffnet, so ist Fichtes Buchstabierkunst immer auch der Versuch einer Heilung.

Die drei Zitate aus Gedichten von Johannes Bobrowski dagegen assoziieren ganz andere Richtungen: lyrischer Anruf und seltsame Verwebung von Mensch und Pflanze – härtestes Bild einer Hinrichtung – Miniatur der Liebe. Die beiden ersten Zitate, zwischen welche der Empedokles-Satz, der Merseburger Zauberspruch und ein Lohenstein-Fragment geschaltet sind, werden in ihrem Anspielungsreichtum von Fichte zugedeckt. Denn unkenntlich ist, daß es Versfragmente sind aus einem Gedicht vom 8.12.1959, unmittelbar entstanden aus Anlaß des Todes von Hans Henny Jahnn (am 29.11.1959). Das Gedicht heißt: „Trauer um Jahnn"[1] und wurde zum ersten Mal auf der Tagung der Gruppe 47 in Aschaffenburg 1960 gelesen.

Raute, mein Trauergift, komm,
Leb ich so lieb ich, die grünen
Finger spür ich, die weißen
Wurzeln, tiefer, die Weißen. (Schulfunk, 574)
Das Gedicht im Ganzen:

TRAUER UM JAHNN
Stimmen, laut,
über dem Kürbisfeld,
die Straße ein weißer Rauch,
gegen den Mittag die wilden
Häupter der Sonnenblumen,
aber die Stimme, eine
Stimme, zerrißner
Lippe nah, dem verharrschten Blut,
Atem von Blättern, Wölbung,
Raschellaut hörbar:
Komm mit den kleinen Händen,
Raute, mein Trauergift komm,

---

[1] Johannes Bobrowski: Trauer um Jahnn. [Aus dem Band „Sarmatische Zeit", 1961] In: ders.: Gesammelte Werke in 6 Bdn, hg.v. E. Haufe. Bd. 1, Berlin 1987, S. 36. – Wie beim Tod Jahnns die lyrische Stimme der Trauer aus der DDR kam, so auch beim Tod Fichtes –: Thomas Böhme: trauer um hubert fichte. In: ders.: Stoff der Piloten. Berlin/DDR 1988, S. 44.

leb ich so lieb ich, die grünen
Finger spür ich, die weißen
Wurzeln, tiefer die Weißen
vertrinken mein Herz.
Einst
die belustigten Götter
über den Tatarus
riefen mit schönen Stimmen:
Hängt ihn kopfunter,
dann wächst ihm der Fels in den Mund.

Unter den vielen lauten Stimmen die eine, gebrochene, leisere Stimme: ihr Anruf der Raute. Sie ist eine stark duftende Pflanze, die in Volksmedizin und Aberglauben ganz entgegengesetzte Bedeutungen hat. Die Raute ist ein magisches Mittel, Liebe zu gewinnen; sie ist ein Gegengift gegen Schlangen und Kröten; sie ist eine Totenpflanze, sie hieß früher auch Totenkraut nach der slavischen Totengöttin Marima, was zumindest Bobrowski gewußt haben wird.[1]

So ist der Anruf der Raute hier, wie das Wort „Trauergift", doppeldeutig: Beschwörung der Liebe gegen die Trauer; Pflanze der Trauer und des Todes; oder beides zugleich: die grünen Finger der Pflanze, obenerdig, der Liebe zugehörig; die weißen, untererdig, dem Tod zugehörig, der das „Herz", Sitz des Lebens und der Liebe, „vertrinkt"; Eros und Thanatos, todesbesessene Liebe, liebesbesessener Tod.

Mit diesem Gedicht-Zitat haben wir die letzte Stufe der Auseinandersetzung Fichtes mit Jahnn erreicht. Nach der konfliktreichen Ablösungsgeschichte in den 50er Jahren – nach der Sektion Jahnns in Gestalt seines Doubles Pozzi („Versuch über die Pubertät') – nach der erstmalig ruhigen, zugeneigten wie kritischen, würdigenden wie distanzierenden Darstellung im Chatterton-Essay (1984) –: nun, kurz vor dem eigenen Tod, zum ersten Mal der ungeschmälerte Ausdruck der Trauer, in der die überragende Bedeutung Jahnns für Fichte, jenseits von Abgrenzungskämpfen, Gestalt findet – wenn auch in fremder Zunge. Doch darin liegt keine Larvierung, sondern im Gegenteil die Transformation der persönlichen Trauer in eine Objektivität, in der das lyrische Sprechen des einen zum Sprechen des anderen metamorphisiert werden kann und darf. Fichte schreibt (seit Jahrzehnten) keine Gedichte mehr. Seine Sprache hat er – auch im Gegenzug zu Jahnn – zu einem adjektiv- und metaphernlosen, ‚phänomenalen' Prosa-Stil diszipliniert. Dennoch zeigen die Essays zu Villon, Rimbaud, Sappho bzw. die Analysen des lyrisch-metrischen Stils von Lohensteins Dramen-Sprache, zeigt ferner die außerordentliche Verehrung, die Fichte Johannes Bobrowski entgegenbrachte, daß es eine niemals aufgegebene Nähe zum lyrischen Sprechen gibt. Ungezählte Passagen des Fichte'schen Werkes sind lyrisch (das wäre

---

[1] Zur Raute bei Bobrowski vgl. noch die Verse aus „Wagenfahrt" (Werke a.a.O. Bd. 1, S. 18): „... hörten den jüdischen Mond. Der ist / wie im Gartenwinkel das kleine / Kraut aus Tränen und Küssen, / Raute, unsere Mädchen / brechen es ab." – Zur Raute vgl.: Trübners Deutsches Wörterbuch Bd. 5, Berlin 1954, S. 328/9. – J. und W. Grimm: Deutsches Wörterbuch, München 1984, Bd. 14, Sp. 318–20. – Handwörterbuch des deutschen Aberglaubens. Berlin – New York 1987, Bd. 7, Sp. 542–548.

eine Untersuchung wert): spätestens seit der ‚Palette'. Manche Werke – wie das Hörspiel ‚Pedro Claver' – stehen ganz im Zeichen des Lyrischen: in Abwandlung der „lyrischen Dramen" Hofmannsthals kann man von „lyrischen Hörspielen" sprechen. Die afroamerikanischen Litaneien und Sprachrituale hat Fichte als archaische lyrische Formen verstanden und seiner eigenen Formensprache integriert. Der Text ‚Die Buchstaben der Psyche', der jetzt den Band ‚Psyche' eröffnet, in Wahrheit eine Vorstufe zu dem ungleich kunstvolleren Hörspiel ‚Ich bin ein Löwe' darstellt, ist eine lyrische Etude.[1] Wenn Fichte also keine Gedichte schreibt, so heißt dies mitnichten, daß ihm das lyrische Sprechen fernstünde. Die lyrischen Zitate am Ende des Hörspiels dokumentieren vielmehr eine europäischje Kontinuität des Lyrischen über nahezu drei Jahrtausende, eingelassen in die gleichsam überhistorische, interkulturelle Präsens magisch-klanglicher Sprach-Rituale, die den Fond allen lyrischen Sprechens bilden. Diese Zitate sind Stellvertretungen der Kunstsprache überhaupt. In ihren übersubjektiven Zusammenhang trägt Fichte den Ausdruck des persönlichen Schmerzes ein – gerade, indem er durch eine fremde Zunge spricht. So wird die „Trauer um Jahnn" auch objektiv. Sie ist nicht allein, aber sie ist es doch in aller Intensität: Trauer Fichtes um diesen Gestorbenen, mit dem er verbunden ist. Indem Fichte Bobrowski sprechen läßt und dessen Verse in einen Teppich des Lyrischen überhaupt verwebt, wird die Trauer um Jahnn zur Stellvertretung der gleichsam objektiven Trauer, die seit Sappho im Gedicht Raum und Gestalt findet. Somit wird, indirekt, das Werk und die Person Jahnns in die ‚überhistorische' Gemeinschaft derjenigen situiert, die die Grenzen des Sprachmöglichen durch die Kunst erweiterten.

Halten wir fest: die Raute wird von Fichte als eine Variante der sprachmagischen Medizin des Merseburger Zauberspruchs begriffen. Ging es im Zauberspruch um Zerstückelung und Heilung des Körpers, so bei dem Anruf der Raute um die magische Benennung der Liebe im Spannungsfeld zwischen Eros und Tod: eingelassen in die Erinnerung an Hans Henny Jahnn, einem der Väter Fichtes.

Dann aber, nach dem Rauten-Zitat, nach Empedokles, nach dem Merseburger Zauberer und Lohenstein: jetzt das Todesurteil, in seiner grausamsten Hinrichtungsform:

Hängt ihn kopfunter,
Dann wächst ihm der Fels in den
Mund. (Schulfunk, 575)

Das Obenerdige und Untererdige der Raute wird wiederholt im Gegensatz der zynischen Macht der gelassen schönen olympischen Götter und des unterirdischen Schauplatzes, des Tartarus, wo das Todesurteil vollzogen wird. Dieses besteht in einem doppelten Tod – Aufhängen kopfunter und das Wachsen des Steins in den Mund, in den Mund des Dichters: das zu Stein erstickte Sprechen der Poesie.

---

[1] Der Text Psyche, 9–14 ist identisch mit der Einzelveröffentlichung ‚Die Buchstaben der Psyche' (Zürich 1988); dieser Text sollte die Einleitung eines Text/Foto-Bandes ‚Psyche' von H. Fichte und L. Mau sein. Fichte hat – vielleicht auch, weil dieser Plan nicht zustandekam – die ‚Buchstaben der Psyche' zum Hörspiel ‚Ich bin ein Löwe' umgearbeitet. Die Textteile des ursprünglichen Psyche-Bandes sind jetzt in den von Fichte im Krankenhaus am 20. 2.1986 noch eben skizzierten Band ‚Psyche' integriert worden, welchen Ronald Kay herausgegeben hat.

Strafen, wie sie die Olympier über Frevler, Gottesverneiner, Herausforderer ihrer Ordnung verhängten – gegen Titanen und Giganten, gegen Tantalos, Sisyphos, Ixion, Prometheus, Peirĩthos, der zur Strafe mit dem Felsen verwächst. Rebellen gegen die himmlische Macht, die aufs grausamste gegen die Ordnungsstörer und Aufbegehrenden zurückschlägt. Kehrseite, ja, Bedingung der schönen Gelassenheit aller Ordnung ist ihre düstere Unterwelt, der Schauplatz der Qualen und der Foltern im Tartarus[1].

Die Hinrichtung des dissidenten Poeten ist also die dritte Ebene der Literaturzitationen. Strafrituale und Folter für die vergeblich gegen die Ordnung dieses Aions Anstürmenden und Revoltierenden; Todesurteil über die Kräfte von unten; Ersticken der Stimme der Poesie, die, in welcher Form auch immer, die Stimme der Revolte ist.

Als letztes Bobrowski-Zitat dann:

Zu deiner Braue hinauf
mein Mund
trägt Federn und Zweige. (Schulfunk, 567)

Hiermit schließt Fichte die Lyrik-Collage ab. Es ist, als ob er das Bild einer zarten Begegnung noch einmal versucht. Nach der Hinrichtungsszene ein feiner Strahl Hoffnung, als könne diese Hoffnung nicht umgebracht werden.

Fichte variiert hier die Schlußverse des Gedichtes „Vogelnest" vom 2.5.1963 aus dem Band „Wetterzeichen" (postum 1966). Es ist notwendig, auch hier das ganze Gedicht vor Augen zu haben, um den kryptischen Sinn des Zitats im Hörspiel zu verstehen. Nach der Hinrichtung des Dichters und der Verschließung seines Mundes mit Fels geht es hier nämlich um den poetischen Dialog von Menschensprache und Natursprache, genauer: um die Verwebung des Sprechens des lyrischen Ich mit dem Sprechen des Vogels, einem Täuberich.

VOGELNEST
Mein Himmel
wechselt mit deinem,
auch meine Taube
jetzt
überfliegt die deine,
ich seh zwei Schatten
fallen
im Haferfeld.
Wir vertauschen
unsere Augen,
wir finden

---

[1] Die Verbindung von Tartarus und Fels könnte auch eine andere Deutungsvariante ermöglichen. Tartarus, zeugt während der Gigantenrevolte mit Ge (Gaia), der Erde, ein gigantisches Mischwesen, Typhon, welcher Zeus fast besiegt, bis dieser ihn durch einen Blitz verbrennt und den Ätna über ihn stürzt. Dies ist eine Ätiologie des Vulkans Ätna. Auch diese Variante bestärkt, daß Bobrowski hier Hans Henny Jahnn in einen mythologischen Zusammenhang der Revolte und des Widerstands gegen die göttliche Ordnung setzt; und dies wird Fichte auch verstanden haben.

ein Lager:
Regen,
wir sagen
wie eine Geschichte
die halben Sätze
Grün,
ich hör:
Zu meiner Braue
hinauf
mit Vogelreden
dein Mund
trägt Federn und Zweige.[1]

Dem Austausch der Horizonte und Blicke (Wechseln und Vertauschen von Himmel und Augen), dem Finden eines gemeinsamen Lagers (von Ich und Vogel) entwächst ein gemeinsames Sprechen und, in der dritten Strophe, ein Vernehmen der Vogelrede, die wiederum eine Vermischung von Tier- und Menschenkörper, Tier- und Menschensprache enthält. Das Vernehmen der Vogelrede ("ich hör") echot das „Hörbar"-werden des „Raschellauts" der Raute im Jahnn-Gedicht. Der Gestalt- und Sprachwechsel zwischen Ich und Vogel wiederum nimmt den Empedokles-Vers auf ("Einst schon bin ich ... gewesen ... Vogel") : die empedokleischen Metamorphosen werden von Fichte zum Urgrund gemacht, auf dem der lyrische Liebesdialog zwischen Mensch und Tier im Bobrowski-Gedicht aufruht. Fichte hat diesen esoterischen Sinn in seine Montage der Bobrowski-Verse hineinversteckt. Ist das „Vogelnest" Bobrowskis auch eine poetische Allegorie der des Lautwerdens der Natur in der Sprache der Menschen, eine Allegorie also von Naturlyrik, so abstrahiert Fichte von diesem Sinn, um die erotische Verschränkung der Schlußverse und das poetische Sprechen überhaupt rückzubinden an das metamorphotische Prinzip des Empedokles. Gegen diese mythische Wurzel der Sprache und des Eros ergeht der Richtspruch der olympischen (aufgeklärten) Götter, der den Mord an der Sprache vollzieht – und der, wie die Lohenstein-Verse deutlich machen, den Tod der Natur bedeutet. Ohne daß dies, wenn man nicht der lyrischen Collage aufs genaueste folgt, unmittelbar erkennbar wäre: die Schlußverse des Bobrowski-Gedichtes bedeuten für Fichte ein vorsichtiges Sich-Behaupten von Sprache und Eros als den lebendigen Kräften des Mensch-Natur-Dialogs.

Die Empedokles-Verse und das Lohenstein-Fragment werden bei Fichte zu abgestimmten Gegenbildern: alles, was im Empedokles-Vers positiv gesetzt ist, die tröstende Einbettung des Ich in den kosmischen Strom der Verkörperungen, die Feier der Gebärkraft des Lebens, worin der Tod still geworden ist, – alles dies ist in den Lohenstein-Versen eines stillen Todes gestorben: Schilf, Laub, Himmel, Fisch, Vogel.
Es schläfft und schweigt/ was Schilff/

---

[1] Johannes Bobrowski: Vogelnest, in: Werke a.a.O. Bd. 1, S. 181. – Fichte wechselt die Sprecherpositionen von Ich und Du und tilgt – durch Fortlassen des Verses „mit Vogelreden" – die Dialog-Beziehung von Mensch und Tier.

was Laub/ und Himmel decket/
Kein Fisch schwimmt durch die See/
kein Vogel durch die Lufft
Auß Schrecken der durch mich
entdeckten Todten-Grufft. (Schulfunk, 575)

Die Welt ist eine *Todten-Grufft* geworden, ein das All stumm durcheilender Schrecken, der im letzten Moment des Lebendigen, im Ich-Bewußtsein, zu Sprache und Ausdruck wird – so wie es bei Detlev die *letzte Kammer* ist, in der die drohende Apokalypse in Buchstaben gefaßt erscheint. Die metaphysische Totengruft Lohensteins entspricht Detlevs Schrecksatz: *Es gäbe gar nichts.* Doch ist das nicht die einzige Funktion der Lohenstein-Verse.

Auch hier muß man ihrer Herkunft folgen, um zu ermessen, daß Fichte mit dem Zitat einen enigmatischen Sinn verbindet. Durch den Zeilenumbruch der Verse läßt Fichte nicht sofort erkennen, daß es sich um drei alexandrinische Langverse handelt, und zwar die Verse 705 – 707 der V. Abhandlung von Lohensteins „Agrippina". Die Verse zeichnen die Mitternacht: Zoroaster beschwört mittels ritueller Rezepturen – deren Bestandteile im Hörspiel zur Litanei montiert werden (Schulfunk, 567/568; vgl. HuL I, 181)[1] – die Totengöttin Hekate (wir erinnern die Raute, die als Totenkraut der Totengöttin geweiht ist), um die Erlaubnis für das Erscheinen der ermordeten Agrippina zu erlangen. Ihr Mörder und inzestuöser Sohn, Nero, von Schuldangst gepeinigt, will sich durch Totenopfer mit Agrippina versöhnen, was mißlingt, während er von Furien und dem Geist des Orest ewig „gekwält/gehenkert und zerrissen" (V, 866) werden wird. Die Todeslandschaft der zitierten Verse erstreckt sich mithin weit in den privatmythologischen Raum der Fichteschen Biographie hinein. Im Hintergrund der Verse ist schemenhaft wieder die zweigesichtige Nanã assoziiert, die Mutter des Todes (Hekate) und die Mutter, die der Sohn einlaicht (der Inzest Nero – Agrippina), der Sohn, der zugleich Muttermörder ist (Orest), als welcher Detlev sich phantasierte (das Iphigenie-Drama), fixiert auf das doppelte Tabu von Inzest und Muttermord – wie Nero. Wieder einmal inszeniert Fichte hier das mythische Kryptogramm seiner Biographie.

Doch vor allem ist das Ende dieses letzten Hörspiels von Fichte eine große Anrufung der europäischen Kunstsprache, die das dem Menschen Zugeteilte nicht etwa zur Harmonie des Seins, zu einem Paradies stilisiert, sondern es in der unaufhebbaren

---

[1] Die Rezeptur der Totenbeschwörung wird von Fichte als Litanei gelesen – d.h. selbst schon als Moment der magischen Szene – sowie in Beziehung zur manieristischen Poetik gesetzt. Er kommentiert die Rede des Zoroasters wie folgt: *Die Ars Combinatoria des Barock tut nichts anderes – auch sie stellt – um die Unio Mystica, die Concordia Discors zu erreichen – eine Haeufung von Bildungselementen und Emotionszitaten her. Rhetorische Figuren sind saekularisierte Zauberformeln.* (HuL I, 188). Daraus ist abzuleiten: 1) Fichte zitiert hier aus Gustav René Hocke: Manierismus in der Literatur. Reinbek 1959: einem Grundbuch seiner Poetologie. 2) Er setzt die äußerste Artifizialität des Manierismus mit Magie in Beziehung. 3) Er beschreibt indirekt seine eigenen Schreibverfahren: so ist das Ende des Hörspiels typisch für den manieristischen Concettismus (die enigmatische und zugespitzte Redeform); die Lyrik-Collage folgt einer Ars Combinatoria mit dem Ziel, eine Concordia discors herzustellen: d.i. der textuelle Synkretismus des Hörspielschlusses; die Ars Combinatoria arbeitet nicht mit ‚authentisch' Geschriebenen, sondern mit *Bildungselementen und Emotionszitaten*; das zeigt die gegenüber dem ‚Original-Genie' völlig veränderte, nämlich manieristische Auffassung von Autorschaft bei Fichte.

Widersprüchlichkeit von Möglichkeit und Gegenmöglichkeit hält: Liebeswunsch und Totentrauer – Strom der Geburten – Heilung – Todesall – Hinrichtung – Glück der Berührung.

Fichte durchschreitet die Spannbreite der europäischen Literatur von der griechischen Antike bis heute. Damit ist das Hörspiel jedoch nicht zu Ende. Es folgt der lyrischen Collage die kryptische Hieroglyphik der Zauberdinge auf dem Markt von Bé, litaneienhaft vom Löwen aufgezählt, und es folgen die Klänge von elementarer Natur, von Tieren und von Menschenmusik. So begegnen sich am Ende des Hörspiels noch einmal Europa und Afrika, die Kunst und der Klang, der Reim und die Litanei, die Zauberworte und die Zauberdinge, die menschlichen Artikulationen und die stumme Sprache der Natur. Mehr als diese Begegnung der Kulturen und Zeiten, mehr als diese Begegnung der Zivilisation mit der Natur kann Fichte nicht leisten. Aber immerhin dieses. Es gibt kein Siegen über das eiserne Zeitalter, niemals. Doch in den Sprachen der Dinge und Lebewesen, in den Buchstaben der Kunst und den Bricollagen der Riten finden wir Spuren und Zeichen, die, wenn sie auch nicht zu heilen vermögen, dennoch dem Tod und dem Nichts abgelistet sind als deren Ausdruck und als deren Gegensinn.

Bleibt die Frage, ob die Empedokles-Verse auf Fichtes Grabstein nicht doch die Confessio einer unzerstörbaren Verwandtschaft und Einheit der Welt ist. Eingelassen in die Schlußcollage des Hörspiels hat Empedokles eine Stimme unter vielen, nicht **die** Stimme der Wahrheit: er bringt nicht den Tod zum Schweigen. Wenn die Worte des Empedokles dagegen auf den Grabstein Fichtes gemeißelt sind, so könnte man annehmen, daß die düsteren Verse von Bobrowski und Lohenstein schließlich doch überboten sind. So allerdings ist der Empedokles-Vers auf dem Grab nicht zu verstehen.

Sicher konnte Fichte kaum einen Vers in der Weltliteratur finden, der anspielungsreicher in Szene setzt, was Fichte zu sein sich wünschte: junge Frau und junger Mann zugleich, Androgynität und Bisexualität; der Vogel, der an Nils Holgersson erinnert und an den Vogel Greif, an die Himmelsreise der Seele und die Lust des Fliegens; der Busch, das Erdgewächs; das Wassertier, das kein stummer Fisch ist in der Salzflut, sondern ein kraftvoll und warm (feurig) aus dem Wasser emporschnellender Fisch: ein fliegender Fisch also, welcher der ältesten Mutter des Wassers Nanā, der also der Mutter entkommen ist; der Fisch, der den Phallus assoziiert, und der vom anderen Fisch, der Christus symbolisiert, nichts wissen will. Nicht nur die Formen der Lebewesen und Geschlechter werden durchlaufen, sondern auch die vier Elemente: Kosmos anthropos.

Zu bemerken ist, daß die Metamorphosen des Ich im Vers des Empedokles im Imperfekt stehen. Nichts ist darüber gesagt, ob der Fisch, der aus den Wassern der Nanā emporschnellte, auch der Mutter des Todes entkommen ist. Der unbesiegbaren Todesgöttin ist der Tribut des sterbenden Körpers zu zahlen. Eine Wiederkehr des Körpers gibt es nicht. Wiederkehr ist nur möglich *durch den Spiegel:* dies ist die letzte Metamorphose, die letzte Verkörperung Fichtes, die über die stumme Auflösung in Materie, in den Schlamm der Nanā, hinaus ist, wirklich hinaus ist: also seine Verwandlung ins Imaginäre, in das er *durch den Spiegel* eintritt. Dies ist die

Verwandlung Fichtes in Buchstaben, Schrift, Literatur. Das Begehren der Schrift ist die Besiegung des Todes, ist die Ewigkeit, die Wiederverkörperung des todesverfallenen Körpers in Buchstaben. Nicht: Fleischwerdung des Wortes, sondern Wortwerdung des Fleisches – das ist Fichtes Programm.

III. ‚DAS WAISENHAUS' – GRUNDLAGE DES WERKES

1. Baukästen und Konjunktive

Aus der Kindheit leuchten sie noch herüber, Quader, jede Seite beklebt mit bunt bedrucktem Papier: hier ein Fensterstück mit Mauerwerk, dort ein Stück Giebel, die Vorderhufe einer Kuh im Gras, ein Wolkenfetzen im Blau. Alles lag durcheinander, ein Haufen, aus dem lauter Zerbrochenes hervorblinkte, Gliedmaßen, Pflanzenteile, Hausbruchstücke. Ein Quader wurde zur Seite gelegt und es hieß, das sei der Anfang. Endlos kam es dem Kind vor, wie es in den Haufen griff und die Klötze in den Fingern drehte mit suchendem Blick. Ganz undenkbar, daß auf einmal der Haufen dort verschwunden war und vor dem Kind sich Bäume im Winde wiegten, eine Kuh weidete, in der Ferne ein Bauernhof leuchtete zwischen Eichen und Haselgebüsch und Wolken federleicht über den Himmel zogen. Irgendeine Stimme lobte das Kind, das zusammengesunken dasaß vor dem stummen Bild, das jeden Augenblick zu zerbrechen drohte.

Später verloren sich die Bildbauklötze und ein Villenbaukasten war da, aus bemalten Holzstücken, kleinen Balkongittern, Erkern, geschwungenen Ziegeldachpartien, Treppchen, schönen Fenstern mit Läden. Im Kasten lag alles geordnet und wartete. Dort ruhten auch die bunten Bilder von Villen und Häusern, die aus den Holzklötzen gebaut werden konnten. Aber nicht allein diese, auch ganz andere Häuser wuchsen unter den Händen des Kindes hervor. War ein Haus fertig, faßte eine unbestimmte Enttäuschung nach dem Kind. Es war leer. Dann legte es sich flach auf den Boden, sah aus halbgeschlossenen Lidern das Haus an, bis ein Wind in Bäumen zu hören war, die Balkontür sich öffnete und eine weißgekleidete Frau heraustrat, die zu dem Kind auf dem Rasen hinunterblickte, während hinter ihr die Vorhänge sich leise regten.

All das waren frühe Einübungen in den Konjunktiv der Möglichkeit, ein Hantieren mit Optativen; Erfahrungen, daß kein fertiges Bild und kein fertiges Haus den Wunschraum ausfüllte, daß jede realisierte Möglichkeit stumm und tot da stand nach den wenigen Augenblicken des Triumphes. Zu jedem Bild und jedem Haus vor Augen mußte etwas hinzutreten aus dem Inneren des Kindes, etwas, das nicht aus den Bausteinen der realen Möglichkeit, sondern aus dem feineren Netz des Imaginären, der Animation, der träumenden Unwirklichkeit des Wunsches gebildet wurde. Mißlang dies, so schlug das Kind, um die Leere und die Angst der toten Bilder und Bausteine nicht zu fühlen, auf das gerade gebaute Haus ein und, nach der Verlassenheit, die aus den Fenstern starrte und auf den Treppchen lag, genoß das Kind nun die Macht der Zerstörung.

* * *

Aus solchen Dispositionen mag ein Roman wie der „Mann ohne Eigenschaften" hervorgehen. Gleich zu Beginn wird hier dem „Wirklichkeitssinn" ein „Möglichkeitssinn" gegenübergestellt, dem Indikativ der Konjunktiv:
„Wer ihn (den Möglichkeitssinn, H.B.) besitzt, sagt beispielsweise nicht: Hier ist dies oder das geschehen, wird geschehen, muß geschehen, sondern er erfindet: Hier könnte, sollte, müßte geschehn; und wenn man ihm von irgend etwas erklärt, daß es so sei, wie es sei, dann denkt er: Nun, es könnte wahrscheinlich auch anders sein ... Solche Möglichkeitsmenschen leben, wie man sagt, in einem feineren Gespinst, von Dunst, Einbildung, Träumerei und Konjunktiven; Kindern, die diesen Hang haben, treibt man ihn nachdrücklich aus ...
Das Mögliche umfaßt jedoch nicht nur die Träume nervenschwacher Personen, sondern auch die noch nicht erwachten Absichten Gottes. Ein mögliches Erlebnis oder eine mögliche Wahrheit ... haben, wenigstens nach Ansicht ihrer Anhänger, etwas sehr Göttliches in sich, ein Feuer, einen Flug, einen Bauwillen und bewußten Utopismus, der die Wirklichkeit nicht scheut, wohl aber als Aufgabe und Erfindung behandelt."[1]
In dieser Weise klammert der „Mann ohne Eigenschaften" die Wirklichkeit ein und setzt ihr, wie sie gleichsam mit aufgestemmten Beinen dasteht, eine ununterbrochene Bewegung entgegen: könnte es nicht auch so sein; wie wäre es, wenn ...; nehmen wir wir an, daß ...; führen wir versuchsweise die Voraussetzung ein, wonach ... Ein Spiel also mit Variablen, Fiktionen, mit Bausteinen, die teils der Wirklichkeit entnommen, teils imaginär sind, eine experimentelle Erkundung des Raums des Möglichen, eine imaginäre Architektur mit ständig beweglichen konstruktiven und ornamentalen Bauteilen, eine Endlosreihe von Versuchsanordnungen, in denen das, was für wirklich gilt, nicht als wirklicher genommen wird als das Potentielle. Worin folglich die Wirklichkeit selbst als Fiktion behandelt wird, als künstliches Gebilde, durch Perspektivismus und axiomatische Festlegungen zustandegekommen und sanktioniert, in Wahrheit aber ohne höhere Legitimität als die Träume oder die noch nicht erwachten Absichten Gottes. Literarisches Probehandeln, narratives Labor, utopische Konstruktion, Experimentierfeld der Gedanken und Wünsche, Theatralisierung von Handlungen, Simulationen und Spiele. Der „Mann ohne Eigenschaften" ist eine grandiose Etüde über den konjunktivus potentialis und irrealis; nach rückwärts gewendet, indem die Geschichte als planloses Probieren von Möglichkeiten dekonstruiert wird; nach vorne gewendet, indem zu experimentell gesetzten Annahmen mögliche Folgen gesucht werden; auf die Gegenwart gewendet, indem das jeweils jetzt Realität beanspruchende Sein relativiert wird als Wahl der einen Möglichkeit aus den ebenso möglichen Alternativen.[2]
Was hat das mit dem ‚Waisenhaus' zu tun?

---

[1] Robert Musil: Der Mann ohne Eigenschaften. Reinbek bei Hamburg 1978, S. 16.
[2] Vgl. Albrecht Schöne: Zum Gebrauch des Konjunktivs bei Robert Musil. In: Euphorion Jg. 55, 1961, S. 196- 220.

Dieser erste Roman Fichtes ist auf seine Weise auch ein Roman des Konjunktivs, des Imaginären, der Fiktionalisierung der Wirklichkeit. Doch völlig anders als bei Musil.

Bei Musil ist der Ausgang des Konjunktivs eine Vorkriegsgesellschaft, die in ihrem gesamten Gefüge der Auflösung entgegendrängt; und es ist der experimentierende Intellektuelle, der aus den Spuren dieser seismographisch sich ankündigenden Untergänge, noch vor ihrem Eintreffen, konjunktivisch vorauseilende Möglichkeiten anderer Existenz sucht oder durch experimentelle Anordnungen nach den unbewußten, subkutanen Voraussetzungen der sich ankündigenden Katastrophe forscht. Diese Katastrophe ist der erste Weltkrieg.

Bei Fichte dagegen ist die Katastrophe längst eingetreten. Der „Schrecken der wahren Wirklichkeit" (Edgar Piel), dem ein 7jähriger Junge ausgesetzt wird, ist überall; er ist die Wirklichkeit. Und der Konjunktiv, zunächst und vor allem, ist ein Parieren dieses Schreckens, wenn die Bewegung der Flucht auf Mauern stößt. Hier liegt die Keimzelle der Phantasie, nicht nur in der Form der konjunktivischen Reihen, sondern auch aller metaphorischen und vergleichenden Operationen des Textes, der Theatralisierungen von Wirklichkeit, der imaginären Überblendungen und sinnlichen Verschiebungen; wie schließlich hier auch die Anlässe und Funktionen liegen für das Spielen mit Bauklötzen, mit Buchstabensetzkästen, für das Spielen mit den Hauchbildchen wie für das Spielen auf dem Theater. Hier also finden wir die Urszene der Fichteschen Literatur.

2. Walter Benjamins „Lesekasten"

Vorauszuschicken ist, daß diese Lesekästen, Bildbaukästen, Hauchbildchen usw. aufbewahrte Kindheitserinnerungen des Erwachsenen sind, mit bestimmten Bedeutungen besetzt, die für das Kind weitgehend unbewußt blieben. Für Detlev ist das Hantieren mit diesen Dingen eine Strategie des Überlebens in einer Welt des Terrors.[1]

In der „Berliner Kindheit um neunzehnhundert" von Walter Benjamin findet sich, als Fragment einer früheren Fassung, das Stück „Der Lesekasten".

„Nie wieder können wir Vergessenes ganz zurückgewinnen. Und das ist vielleicht gut. Der Schock des Wiederhabens wäre so zerstörend, daß wir im Augenblick aufhören müßten, unsere Sehnsucht zu verstehen. So aber verstehen wir sie, und umso besser, je versunkener das Vergessene in uns liegt. Wie das verlorene Wort, das eben noch auf unseren Lippen lag, die Zunge zu demosthenischer Beflügelung lösen würde, so scheint uns das Vergessene schwer vom ganzen gelebten Leben, das es uns ver-

---

[1] Zum folgenden vgl.: Gisela Lindemann: Der Dichter als Setzer. In: Th. Beckermann (Hg.): Hubert Fichte a.a.O. S. 284–294. – Brigitte Kronauer: Die diffizilere Lektion. In: ebd. S. 243–254. – Wolfgang von Wangenheim: Hubert Fichte. München 1980, S. 21–40. – Bertil Madsen: Auf der Suche nach einer Identität. Studien zu Hubert Fichtes Romantetralogie „Das Waisenhaus", „Die Palette", „Detlevs Imitationen ‚Grünspan'", „Versuch über die Pubertät". Stockholm 1990, S. 13ff. – Torsten Teichert a.a.O. S. 76ff.

spricht. Vielleicht ist, was Vergessenes so beschwert und trächtig macht, nichts anderes als die Spur verschollener Gewohnheiten, in die wir uns nicht mehr finden können. Vielleicht ist seine Mischung mit den Stäubchen unserer zerfallenden Gehäuse das Geheimnis, aus dem es überdauert. Wie dem auch sei – für jeden gibt es Dinge, die dauerhaftere Gewohnheiten in ihm entfalteten als alle anderen. An ihnen formten sich die Fähigkeiten, die für sein Dasein mitbestimmend wurden. Und weil das, was mein eigenes angeht, Lesen und Schreiben waren, weckt von allem, was mir in früheren Jahren unterkam, nichts größere Sehnsucht als der Lesekasten. Er enthielt auf kleinen Täfelchen die Lettern, einzeln, in deutscher Schrift, in der sie jünger und auch mädchenhafter schienen als im Druck. Sie betteten sich schlank aufs schräge Lager, jede einzelne vollendet und in ihrer Reihenfolge gebunden durch die Regel ihres Ordens, das Wort, dem sie als Schwestern angehörten. Ich bewunderte, wie so viel Anspruchslosigkeit vereint mit so viel Herrlichkeit bestehen könne. Es war ein Gnadenstand. Und meine Rechte, die sich gehorsam um ihn mühte, fand ihn nicht. Sie mußte draußen wie der Pförtner sitzen, der die Erwählten durchzulassen hat. So war ihr Umgang mit den Lettern voll Entsagung. Die Sehnsucht, die er mir weckt, beweist, wie sehr er eins mit meiner Kindheit gewesen ist. Was ich in Wahrheit in ihm suche, ist sie selbst, die ganze Kindheit, wie sie in dem Griff gelegen hat, mit dem die Hand die Lettern in die Leiste schob, in der sie sich zu Wörtern reihen sollten. Die Hand kann diesen Griff noch träumen, aber nie mehr erwachen, um ihn wirklich zu vollziehen. So kann ich davon träumen, wie ich einmal das Gehen lernte. Doch das hilft mir nichts. Nun kann ich gehen, gehen lernen nicht mehr."[1]

Diese Miniatur erzählt von der Melancholie des Nichtwiederholbaren. Die Magie des Erinnerns besteht nicht in der Kraft der Vergegenwärtigung. Sondern sie schöpft ihren Zauber aus dem Doppelstand, daß die Erinnerung, die in uns eingetreten ist, ein Raum ist, den wir niemals mehr betreten können. Der Lesekasten Benjamins ist der Geburtsort des Schriftstellers, wie die Bildbauklötze und der Setzkasten für Fichte auch. Doch geht es bei beiden um gänzlich Verschiedenes. Für Benjamin wird der Griff der rechten Hand, die die Buchstaben dirigiert und ihnen Einlaß in das Himmelreich der Bedeutungen gewährt, wie der Pförtner Petrus den Erwählten, jene Hand, die dennoch ausgeschlossen bleibt von der Ordensregel der Wörter und der ihnen schwesterlich nahen Lettern, – für Benjamin wird dieses Erinnerungsbild der abgewiesenen Hand, die bildet, wovon sie ausgeschlossen bleibt, zur Allegorie der Schrift nicht nur, sondern des Erinnerns überhaupt. Die Schrift nimmt den nicht auf, der sie schreibt, so sehr er auch in sie sich zu verausgaben sucht; so, wie jegliches Erinnern, auch das Erinnern an sich selbst, an der Pforte halt macht, jenseits derer, verschlossen vom unsichtbar Gläsernen des für immer Vergangenen, das Erinnerte beginnt und unerreichbar ruht. Es ist das Paradies, das zu einem solchen nur wird durch die Sehnsucht, die an der Schwelle zwischen Erinnern und Erinnertem erwacht, und tatsächlich im „Schock des Wiederhabens" zerstört und unverständlich wäre. Die totale Erinnerung wäre so unmenschlich wie das totale Vergessen. Die Sehnsucht ist die

---

[1] Walter Benjamin: Berliner Kindheit um neunzehnhundert. Fassung letzter Hand. Frankfurt/M. 1987, S. 96/7.

Tochter zweier Mütter, von Mnemosyne und Lethe zugleich. Erinnern ist, willentlich wie unwillkürlich, das Sich-Sehnen danach, in das Bild der Erinnerung hineingezogen zu werden als sein Teil, mithin Gegenwart der Vergangenheit zu sein. Und, wie alles Sehnen ein Schmerz ist, so ist das Erinnern hier der Schmerz, daß der Akt des Erinnerns nicht zugleich Bestandteil seiner selbst ist, daß das Erinnern und das Erinnerte niemals verschmelzen. So hat das Vergessen an jedem Erinnern seinen Teil, indem das, was erinnert wird, den Raum, in dem es war, unwiderruflich macht, so wie der Griff der rechten Hand nach den Lettern „die ganze Kindheit", wie sie darin gelegen hat, zugleich herbeiwinkt wie verschließt. Dieses Herbeiwinken des Vergangenen im einzelnen Bild, das in seinem ewigen Schlaf ruht, der das Ganze der Vergangenheit einhüllt: das ist das Zusammenarbeiten von Mnemosyne und Lethe in allen Bildern des Vergangenen, die von der Sehnsucht nach erweckender Vergegenwärtigung hervorgetrieben werden. Es ist der Gott Saturn, der Gott der Zeit und der Melancholie, der zwischen die Modi der Zeit das Gesetz der Unwiderruflichkeit setzt, so wie, strukturanalog, es das Gesetz der Schrift ist, die zwischen den bedeutungsbildenden Akten der letternbewegenden Hand – die also zwischen der Signifikation, die mit dem Signifikanten spielt, und dem Signifikat eine unüberschreitbare Grenze legt: zwischen dem Endlichkeitsstand des Bedeutens und dem „Gnadenstand" der Bedeutung.

Hier kann nur darauf hingewiesen werden, daß Benjamin, dessen Leben ein „Lesen und Schreiben" war, hier im Erinnerungsbild des Lesekastens genau das ästhetische, metaphysische und sprachphilosophische Grundproblem aus der Kindheit emportauchen läßt, an dem er lebelang gearbeitet hat. Insofern wirklich ist der Lesekasten die Spur des Ursprungs seines Schreibens und des Problems, dem dieses Schreiben gewidmet war.[1]

3. Detlevs Setzkasten – das Nichts – mütterlicher Körper

Auch für Fichte gewinnt, neben den Bildklötzchen und den Hauchbildchen, der Setzkasten mit den Buchstabenbögen grundlegende Bedeutung, doch in einem anderen als dem Benjaminschen Sinn. Detlev erhält den Setzkasten und die Hauchbildchen in einer Lage existentieller Angst und permanenten Schreckens. Er schneidet die Buchstaben von den Bögen ab, er sortiert sie, er ordnet sie in den Fächern des Setzkastens. Er legt das Adolf-Hitler-Hauchbildchen mit der Unterschrift *Unser Führer war ein Mauersmann* und das Marienbildchen mit den Liedfragment: *Meerstern ich dich grüße, o Maria hilf!* auf den Buchstabenbogen. Er beobachtet die Buchstabenreihe durch das bunte Cellophanpapier der Hauchbildchen hindurch. Er haucht die Hauchbildchen an, die in Bewegung geraten. Die Formen verschieben sich, bis sich die Bildchen biegen *wie Dachpappe im Kartoffelfeuer* und *der Führer und das Haus und die Fahnen ... hin und her* fliegen. Er bläst das Marienbildchen an, bis es

---

[1] Vgl. Marleen Stoessel: Aura. Das vergessene Menschliche. Zu Sprache und Erfahrung bei Walter Benjamin. München 1983. – Winfried Menninghaus: Walter Benjamins Theorie der Sprachmagie. Frankfurt/M. 1980.

rollte. Dann liegen die Bilder *wieder gerade und platt. – Deine Ohren sind groß wie Judenohren*, hört er und er haucht und bläst und läßt fliegen und rollen und wieder sich platt legen (Waisenhaus, 79/81). Zwei zentrale Ikonen der Waisenhaus-Welt: ein faschistisches und ein katholisches Emblem. Von dem, was sie bezeichnen, weiß Detlev auf unbestimmte Weise sich geängstigt und bedroht. Er spielt mit den Emblemen der mystifizierten Mächte, um in ihr Geheimnis einzudringen, das ihm verschlossen ist: um von den Ängsten sich zu befreien, die von ihnen ausgehen. – Im gleichen Kontext taucht nun der Setzkasten auf:
Detlev klappte den Setzkasten auf. Einige Fächer waren leer. Detlev trennte Reihen von Buchstaben ab und schnitt die einzelnen Buchstaben voneinander. Zwischen die Leisten auf dem Deckel des Setzkastens klemmte er ein großes M, zwei kleine E, ein kleines R, ein kleines S-T, noch ein kleines E, noch ein kleines R, ein kleines N. Er kratzte das Wort mit den Nägeln wieder auseinander.
„Der Teufel" setzte er in die erste Reihe.
„Der Alfred ist ein Teufel", setzte er in die Reihe darunter.
„Otto ist auch ein Teufel."
Darunter:
„Der Joachim-Teufel ist auch ein –"
Darunter:
„Teufel".
Die kleinen E und die kleinen L waren aufgebraucht. Detlev schnitt keine neuen ab. Er kratzte, bis der Deckel wieder leer war.
Er setzte in die mittlere Zeile:
„Der liebe Gott."
Er nahm das dritte Wort und den Punkt wieder herunter. Er setzte das Wort wieder zusammen. Schob den Punkt wieder dahinter. Er schob auf die Zeile darunter noch einmal ein großes G, ein kleines O, ein Doppel-T.
Detlev bemühte sich zu erinnern, wie sich das Wort „Gott" angehört hatte, ehe er es auf dem Deckel des Setzkastens zusammenschob. Er wiederholte das Wort leise, während er die Buchstaben abnahm und im Handteller hin- und herrückte. Es ergab nichts anderes als ein leise ausgesprochenes G und O und T.
Er setzte noch einmal das Wort „Meerstern", und er dachte dabei an einen Stern über dem Meer in der Nähe von Hamburg.
Onkel Bruno war ans Meer gefahren.
Detlev erinnerte sich, daß er auch das Wort Meerstern immer wieder vor sich hinsagte.
Schließlich sagte er:
– Meer
und:
– Stern .
Die beiden Wörter klapperten wie die Schreibmaschine in der Stadtkämmerei. Er nahm die Wörter zum letztenmal weg." (Waisenhaus, 81ff)[1]

---

[1]Meerstern – stella maris ist Metapher für die Jungfrau-Mutter Maria und bis hin zur „Geschichte der Nanā" für die Mutter von Detlev/Jäcki/Hubert. Bei Fichte gehört der Meerstern zu den positiven mütterlichen Signifikanten wie die Schutzmantel-Madonna und mater coelestis. Der Text des Liedes in: In-

Das letterale, protoliterarische Spiel Detlevs mit den Signifikanten ist eine der verbliebenen Möglichkeiten, sich der Angst und der Realität zu erwehren. Im Buchstaben-Spiel, im Hinsagen der Wörter versucht Detlev, sie zu entzaubern und zu entmächtigen oder gerade sich ihres Zaubers zu versichern. Detlev horcht die Wörter aus wie fremdartige Muschelhörner, in denen das Meer von ferne rauscht: gibt sich im Lauschen auf den Klang zu erkennen, was der *Meerstern* ist; gibt sich Gott zu erkennen im Hin- und Herrücken der Buchstaben? Im leisen Aussprechen?

Es tritt nichts ein: GOTT ist *nichts anderes als ein leise ausgesprochenes G und O und T und sein Angesicht sind die Buchstaben der Setzkastenleiste*. Die Wörter *Meer* und *Stern* lassen nichts erscheinen als Detlevs eigene Bildassoziationen und *klapperten* dann *wie die Schreibmaschine in der Stadtkämmerei*, wo die Mutter arbeitet. Es tritt nichts ein. Gerade das ist das Trostreiche. Das Aushorchen und das Auslegen der Lettern und Wörter beruhigen die Angst; die Buchstaben sind ein Halt der Existenz, ein Abwenden des Todes und der Apokalypse, die die Vorstellungswelt dieses Romans beherrschen.

In ähnlicher Weise versichert sich Detlev seiner Existenz durch das sinnlich tastende Anschauen der Schrift und das Erhorchen des Sprachklangs beim Eintreffen des Briefes der Großeltern aus Hamburg (Waisenhaus, 102ff). Detlev verwandelt die Zeichen, Buchstaben, Zahlen von Opas Brief, der eigentlich eine Art Testament ist, in ein lebendiges graphisches Gebilde, das jenseits aller Bedeutung eine quasi ikonische Botschaft für Detlev trägt: nämlich seine Befreiung aus dem Waisenhaus, wo Alfred, ihn verhörend, die Todesfrage stellt: *War dein Vater Jude?* (Waisenhaus, 103); Traum der Befreiung durch die Rückkehr ins großelterliche Haus. Hamburg, das für Detlev Schutz und Dasein ist, obwohl der Brief von Bombenangriffen berichtet und obwohl Scheyern ein ungefährdeter Ort zu sein scheint. Für Detlev ist Scheyern das Grauen und der Tod; und Hamburg ist Erlösung und das Leben.[1]

Auf radikale Weise wird dies deutlich bei der Eröffnung, daß Detlevs Vater wirklich ein Jude ist; eine Eröffnung, die Detlev seiner Mutter durch sein wiederholtes Verlangen abpreßt, mit ihr zurück nach Hamburg zu wollen. Immer war sie vor diesem Verlangen mit mystifizierenden Ausflüchten ausgewichen. Jetzt, wo Detlev in seinem Wunsch, sich der Existenz zu versichern, die Mutter mit zwei Sätzen konfrontiert: *Die Waisenhauszöglinge haben gefragt, ob ich ein Jude bin?* und: *Sie haben erzählt, du bist froh, wenn ich sterbe.* (Waisenhaus, 163) –: jetzt, wo Detlev wiederholt: *Ich will weg… Wenn wir nicht weggehen, will ich sterben* (Waisenhaus, 163) –: jetzt, an

---

geborg Weber-Kellermann (Hg.): Das Buch der Weihnachtslieder. 5. Auflage München 1988, S. 286/7. Dort auch von Philipp Otto Runge die Abbildung „Meerstern-Zauber". Vgl. auch den 12. Hymnus „Ave maris stella" des Vespro della Beata Vergine (1610) von Claudio Monteverdi. Diese Messe kannte Fichte gut, wir hervorgeht aus der Monteverdi-Passage zwischen Jean Genet und Fichte (in: Genet, 15). Man darf sicher sein, daß Fichte die Einspielung von Nikolaus Harnoncourt und dem Concentus Musicus Wien im Ohr hatte. – Übrigens bezeugt die Metapher ‚Meerstern' für Maria, daß diese sehr oft die Position der Venus ‚besetzt': der Meerstern ist die Venus (Abend- und Morgenstern). Sehr schön arbeitet diesen theologiegeschichtlichen Kontext – in Romanform – heraus Inge Merkel: Das große Spektakel. Salzburg und Wien 1990.

[1] Den biographischen Realitätsgehalt des Aufenthaltes im Schrobenhausener Waisenhaus hat aus Archiven erarbeitet Alexandra Koller: Hubert Fichte: „Das Waisenhaus" und Schrobenhausen. Fiktion und Wahrheit – ein Vergleich. Facharbeit des Schyren-Gymnasiums Pfaffenhofen 1987.

dem Punkt einer namenlosen Verzweiflung, die Detlev sich zu dem Ort zurückwünschen läßt, aus dem ihn die Mutter aus Angst vor der faschistischen Verfolgung entfernt hat, in den vermeintlichen Schutz des Waisenhauses, als eines „Abseits als sicheren Ort" (P. Brückner) –: jetzt **muß** die Mutter heraustreten aus dem Geheimnis, das sie um Detlev errichtet hat. Sie hatte ihn ohne Willen und Wissen noch mehr verstört, weil jedes Kind, das Angst hat, durch die Mystifikationen, die es vor der Angst schützen sollen, umso stärker in sie hineingetrieben wird –: jetzt muß die Mutter reden.

Und – weil der Text, der Detlevs Perspektive folgt, davon nichts sagt, und weil die Mutter mehrfach, was ihr mystifizierendes Verhalten angeht, ins Unrecht gesetzt wird und wohl auch Unrecht hat – vielleicht sollte man an dieser Stelle unterbrechen, um der Angst der Mutter eingedenk zu sein; ihrer Sorge, ihrer Tatkraft, ihrer Liebe, ihrem Scheitern. Nach allem, was wir wissen, ist das uneheliche, rassenschänderische Liebesverhältnis, aus dem Hubert Fichte als unehelicher Halbjude hervorging, noch bevor dem Vater die Flucht nach Schweden gelungen war, das entscheidende Zentrum ihres Lebens geworden. Die Angst einer Mutter enthält allzu leicht den Terror der Sorge und Kontrolle, und Fichte hat sie das zeitlebens entgelten lassen. Die Angst der Mutter ist, jetzt im Faschismus, aber auch die berechtigte Realangst um das Leben Detlevs, den sie liebt und den sie vor dem KZ bewahren will. Diese Realangst, tätig werdend, wie die Mutter tätig wurde, ist unmittelbarer Ausdruck der Liebe. Die Mutter Fichtes hat es geschafft, ihn 10 Jahre lang durch den zunehmend dichteren Terror der Nazis und die imer engmaschigere Judenverfolgung hindurchzubringen.[1]

---

[1] Zum lebenslangen Konflikt mit der Mutter vgl. B. Madsen a.a.O. S. 129ff; sowie Kap. VII, 4 dieses Buches. Nach dem Archivfund der Akte Dora Fichte in Schrobenhausen durch Reinhold Koller steht nunmehr fest: Dora Fichte hatte zum 31.5.1941 ihre Stellung bei einer Hamburger Speditionsfirma gekündigt. Am 23.7.1941 wurde sie als Angestellte in den Verwaltungsdienst von Schrobenhausen übernommen; sie behielt diese Stelle bis zum 15.7.1943 (das bedeutet: Dora und Hubert Fichte fahren gewissermaßen direkt in die schweren Bombenangriffe auf Hamburg hinein, die am 24.7.1943 begannen). Im Zuge von Behördenüberprüfungen wegen des beantragten Kindergeldes (teilweise bezahlte sogar die NSDAP einen Zuschuß für Hubert!) trat am 3.8.1942 erstmals der Verdacht auf, Hubert Johannes Fichte solle „jüdischer Mischling 1. Grades" sein [bereits am 3.8.1942 stellt die NSDP den Verpflegekostenzuschuß ein]. Jetzt beginnen „amtsvertrauliche" Recherchen in Perleberg und Hamburg. Dabei wird am 12.8.42 aus Hamburg (Gemeindeverwaltung) nicht nur bestätigt, daß Fichtes Vater Jude sei, sondern sogar dessen Stockholmer Adresse mitgeteilt. Der gleichzeitig laufende Antrag Dora Fichtes auf Kindergeldzuweisung gerät ins Stocken, denn seit 1940 werden an Mischlinge Kinderzuschläge nicht mehr bezahlt. Offenbar wurde Frau Fichte über den Vater befragt; nach Mitteilung eines Vermerks des Bürgermeisters von Schrobenhausen hat Frau Fichte angegeben, „daß der Vater überhaupt nicht festgestellt worden sei und bestreitet demnach auch die jüdische Abstammung ihres Sohnes". Tatsächlich hat laut Brief der Gemeindeverwaltung Hamburg (1.9.42) Erwin Oberschützki „die Vaterschaft nicht anerkannt, sondern ist vorher ins Ausland gegangen". Daraufhin wird in Schrobenhausen entschieden, daß „gegen das weitere Verbleiben von Frau Fichte im Dienst der Stadtverwaltung ... keine Erinnerung mehr bestehe". Damit steht eindeutig fest, daß Dora Fichte völlig zurecht von einer Gefährdung ihres Sohnes (und ihrer selbst) auszugehen hatte und daß die Behörden sehr dicht an das von ihr gehütet ‚Geheimnis' der Abstammung ihres Sohnes herangekommen waren.

In einem Brief vom 22.7.1942 (Sommerurlaub in Hamburg) teilt Frau Fichte ihrem Vorgesetzten mit, weiter in der Stadtverwaltung Schrobenhausen arbeiten und „mein Kind ins Waisenhaus ... tun zu wollen". Damit stehen die Rahmendaten des Romans ziemlich genau fest. Nach dem 31.5.1941 kamen Mutter und Sohn durch die Landverschickung nach Schrobenhausen; vom 23.7.41 – 15.7.43 arbeitete

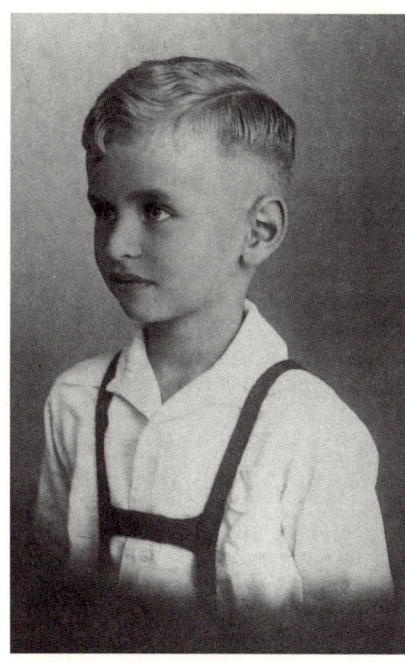 

Abb. 5. Hubert Fichte 1942. Abb. 6. Dora Fichte 1942.
Im Besitz von R. Koller, Pfaffenhofen.

Archaische Angst löst in Detlev der Gedanke aus, daß der Halt seines Lebens in Scheyern *kaputt* gehen könnte: seine Mutter ihn tot wünschen würde. Kinder, die spüren, daß sie ihren Eltern Anlaß zu tiefen Sorgen sind, glauben leicht, daß der Grund dafür in ihnen liegen müsse; daß sie irgendwie schuldig seien; daß die Mutter sie los werden möchte. Die gesamte ideologische und religiöse Umwelt des Kindes Detlev ist eine einzige Szene von Schuldzuweisung, die nicht begriffen wird, und von Strafe, die von irgendwoher tödlich auf ihn zufahren könnte. Detlev, der aufgeklärt zu werden verlangt über seine Herkunft, stellt damit die Frage, wer er ist, ob er des Todes schuldig ist oder des Lebens teilhaftig sein darf. Daß Detlev sterben will, mag auch ein Stück kindlichen Taktierens sein. Eher aber ist dieser Satz das Zeichen einer Todesangst, der er entkommen möchte im Tod selbst. Von hier aus sind die Szenen des Romans zurückzulesen. Wo komme ich her? Willst du mich tot? Muß ich sterben?, fragt der 7jährige.
 Und die Mutter muß jetzt sagen: *Dein Vater ist Jude.* (Waisenhaus, 164) – Tatsächlich bestätigt der Satz, daß Detlev ist, was er in anderem Kontext schon hörte:

Dora Fichte in der Stadtverwaltung. Die Waisenhaus-Zeit liegt zwischen ≈ 1.8.42 und ≈ 15.7.43. [Kopie der Akte Dora Fichte in der Hubert-Fichte-Arbeitsstelle, Hamburg. Dank an Reinhold Koller.]

lebensunwertes Material (Waisenhaus, 108). Dieser Satz bestätigt seine Angst zum Tode.

Und während seine Mutter weiterredet, flüchtet Detlev in die Bildarabesken der Buchstaben J, U, D, E, in die sinnliche Magie der Lettern, die ihn mit dem Tod identifizieren und die er mit Bildern umwirkt aus dem Garten der Kindheit in Lokstedt, der Elbe, dem goldenen Licht, Vögeln und Blumen. Es ist dieser Letternzauber, der Detlev vor dem Absturz bewahrt. Es ist sein Vermögen, aus Buchstaben und Bauklötzen imaginäre Welten zu fügen, das ihn schützt. Auch die Konjunktive mit ihrer Kraft zu irrealer Verkettung helfen ihm, den Todesschrecken zu visionieren bis auf den Punkt, von wo aus die Rettung aufscheint.

Die Konjunktive bilden zunächst eine Fallinie der Vernichtung. Über eine großartig irrsinnige Treppe von irreal-konditionalen Konjunktiven fällt Detlev auf den Satzgrund: *Alles wäre Schwarz. Der Schnee würde nicht weiß aussehen. Nichts gäbe es. Es gäbe gar nichts.* (Waisenhaus, 166)

In dem Interview mit Rüdiger Wischenbart von 1981 sagt Fichte, daß ‚Das Waisenhaus' ein philosophischer Roman sei über die Denkmöglichkeit des Nichts, die von Detlev Besitz ergreife, ein Durchspielen des „Gedankens des Nicht-Seins".[1]

Doch ist die eigentliche Entdeckung des Romans, daß das Nichts imaginär ist, gegeben im irrealen Konjunktiv. Der Indikativ heißt: *Dein Vater ist Jude ... Du bist ein Halbjude*. Hier wird Detlev identifiziert mit einer potentiell tödlichen Zuschreibung. Diese Tödlichkeit überflutet ihn als eine Angst, die in Form der konjunktivischen Negationen alles in den imaginären Grund des Nichts hineinzieht. Der irreale Konjunktiv funktioniert wie ein Schwarzes Loch. Detlev, dessen Körperselbst an dieser Stelle sich auflöst, hört das Wort *nichts* in dem letzten Winkel, der von seinem Körper übrig ist. Er hört die *Lippen eines riesengroßen Mundes auseinanderschmatzen* (Waisenhaus, 167). Der Konjunktiv: ein Ungeheuer der Verschlingung. Hier: ein Agent des Todes. Ein Sprachbote dessen, was das Wort „Jude" bedeutet: Vernichtung.

Die Fallinie der Konjunktive vollzieht als sprachliche Bewegung, was Detlev widerfährt: eine Regression auf archaische Todesangst, die auch das Körperkontinuum auflöst und in Haltlosigkeit stürzen läßt. *Mich gäbe es nicht.* (Waisenhaus, 168)

Aber es gibt die Wörter, die diesen Prozeß begleiten: Detlev hört und sieht die Wörter und Buchstaben *aus den Lettern des Schulsetzkastens*. Und über dem Wort *gäbe* des Satzes *es gäbe gar nichts*, sieht er ... *rotgefärbt ein großes H, ein kleines B, ein kleines G: – Opa schreibt Hamburg so*.

Es gibt Hamburg, weil jetzt wirklich die Mutter kommt. Die Mutter wird ihn, der, auf dem Balkon stehend, seine Verlassenheit und Todesangst (nach-)erlebt, mitnehmen nach Lokstedt zu den Großeltern. Das Leben, in den Konjunktiven bis auf das Nichts ausgelöscht, strömt zurück in die Seinssicherheit des Indikativs*: Es gibt die Mutter*. (Waisenhaus, 170); *Hamburg gibt es.* (Waisenhaus, 172)

---

[1] Rüdiger Wischenbart: „Ich schreibe, was mir die Wahrheit zu sein scheint." Ein Gespräch mit Hubert Fichte. In: Text + Kritik H. 72, 1981, S. 68.

Daß es etwas gibt und nicht vielmehr nichts, ist das niemals aufgelöste Staunen der Ontologie. Detlev hat es hier erfahren, vom Grund der Todesangst her. Er hat einen „kleinen Tod" erlitten und wird noch einmal geboren, jetzt, geborgen in den Mantel des *Es gibt*. Das *Es gibt* erscheint figural als seine Mutter, die er vom Balkon aus sich nähern sieht. Doch jenseits davon ist das *Es gibt*, das unsichtbar vor jedem Ding und jeder Person steht, sie ins Leben gebend, eine unauflösbare Merkwürdigkeit: *Es gibt die Mutter* – was ist dieses *Es*, wie *gibt* es, was ist die ‚Gabe' des ‚Es'? Vielleicht war für Detlev im ersten Hören des Satzes *Dein Vater ist ein Jude* dieses *Es gibt* schon präsent: in den lebensvollen Bildern, die um die Lettern des Todeswortes *Jude* gekränzt waren. Es ist das Sein, das ‚es gibt': Mutter, Hamburg, goldene Dampfer, Hortensien morgens um sechs.

Dieses Sein so wenig wie das Nichts ist etwas, das Detlev oder irgendeiner hätte. Sein und Nichts sind Spuren in der Sprache, denen Detlev nachhorcht, sie zu tasten versucht, in Lettern und Bilder faßt.[1]

Es gibt mich ist so wenig ‚Besitz' wie „Ich bin". Und schon gar nicht liegt darin, daß ich bin und daß es mich gibt, irgendein Vermögen des Subjekts: Ich denke, also bin ich. Wiewohl bemerkenswert ist, daß Detlev in seinem experimentum crucis, worin er eine Realitätsschicht nach der anderen durchstreicht, eine *kleine Kammer* im Kopf übrigläßt, bis nicht einmal mehr *das kleinste Klötzchen* fühlbar ist und *nichts übrigbleibt von meinem Kopf. Es gäbe gar nichts. Mich gäbe es nicht.* (Waisenhaus, 168) Doch dieses *Mich gäbe es nicht* gibt es – gedacht; und es gibt das Denken: *Es gibt die Mutter*. Beides sind Sätze. Der eine ermöglicht durch die radikalste Form der konjunktivischen Verneinung, der andere ermöglicht durch die elementarste Seinsprädikation. Es ist zuletzt Sprache, die für Detlev das Sein und das Nichts hält. Hier, am Grund der Sprache, kommt Detlev an.

Doch die sinnlich-leibliche Form einer Sprachontologie, deren sich Detlev nicht etwa inne wird – er ist sieben –, sondern die er ertastet und erhorcht, ist zurückgebunden an ein psychologisch noch fundamentaleres Objekt: die Präsenz der Mutter, die nicht Nanã ist, sondern *Mutti. Mutti. Mutti. Mutti. Mutti. Mutti.* (Waisenhaus, 77) Anruf der Mutter, als im nächtlichen Kinderspuk die drei Teufel Detlev holen. Die Mutter, als erste und letzte Sicherheit der Existenz, wird in der Sprache, der Mutter des Schriftstellers, immer nur substituiert. Es ist die Mutter, von der er *fürchtete, sie nicht wiederzuerkennen. Als sie hereinkam, war es ganz genau seine Mutter. Jedes Haar, jede Runzel, jede Verschiebung des Kehlkopfes erkannte er wieder.* (Waisenhaus, 77) Oder war die Mutter doch *anders geworden und er wußte nicht, wodurch?* Die Veränderung macht so viel Angst, daß Detlev sich einreden muß: – *Ich bin bei Mutti. Das ist Mutti. Das ist Mutti.* (Waisenhaus, 39) In einer Welt der Auflösung und Zerstörung ist die Mutter die einzige Objektkonstanz. Darum ist für Detlev elementar, sie als dieselbe wiederzuerkennen. Denn das bedeutet: ich bin in der Existenz. Ich bin. Mir geschieht nichts.

---

[1] In dieser sprachlichen Konstitution von Sein und Nichts liegt der Unterschied des Fichteschen Romans zum philosophischen Existenzialismus in der Sartreschen Prägung, mit dem Fichte sich in diesem Roman indirekt auseinandersetzt. Zu Fichtes Auffassung vom Nichts vgl. Tomas Vollhaber: a.a.O. S. 153ff.

Detlev ist mit der Mutter verabredet. Unter schweren Drohungen Alfreds, dem Tyrannen der Kindergruppe, verläßt er, mit Erlaubnis der Schwester Silissa, die Messe und geht der Mutter entgegen: *Detlev rannte nicht schneller, schneller, schneller, schneller zwischen die Arme, in den weichen, flatternden Mantel hinein.*
– Dann reißen sie mich zurück, ehe ich angekommen bin.
Detlev ging langsamer mit jedem Schritt. Er atmete ohne Beschleunigung. Die Mutter kam ihm einige Schritte entgegen.
– Laß die Teufel doch kommen.
Dann war alles warm und blau und weich und drehte sich. (Waisenhaus, 96)

Dies ist eine der wenigen Szenen im Werk Fichtes mit einer absoluten psychischen Evidenz, die nicht zufällig mit der Mutter, in deren Mantel er sich hüllt, entsteht. Jenseits der Sprache, der Konjunktive, der Imaginationen, jenseits der Bauklötze und des Setzkastens *gibt es* den aus jeder Zeit erlösten Augenblick des Glücks, sich in den Mantel der Mutter bergen zu können wie in eine für immer verbürgte Existenz. Es ist ein Augenblick der Verschmelzung mit dem Körper der Mutter, der Auflösung in ihrer Wärme und Weiche und Behütung, Augenblick dessen, was Michael Balint die „primäre Liebe" genannt hat, die am Anfang des Lebens sich als Spur der Grenzenlosigkeit ins Unbewußte gräbt.[1] In diesen „anderen Zustand" (Musil) der primären Liebe fällt Detlev jetzt, umängstigt von Gefahren, zurück, als dem schönsten Grund seines Daseins, das nun eins mit der Mutter und alles und immer und unzerstörbar und selig ist. Ohne Zweifel hat Bertil Madsen recht, wenn er hier die mater coelestis, die Schutzmantel-Madonna erkennt.[2]

Gäbe es diese Mutter nicht, gäbe es keine Sprache, keinen Konjunktiv, gäbe es keinen Setzkasten und keine Bildbauklötzchen. Die Sprache, das Denken, die Bildassoziationen, mit denen Detlev sich gegen den Terror wehrt, sind ein Derivat dieses als unzerstörbar erhofften Lebensgrundes im Mantel der Mutter. Es gibt, über 200 Jahre hinweg, einen nahen Verwandten Detlevs: das ist Anton Reiser im gleichnamigen Roman von Karl Philip Moritz. Anton, der als Kind, ähnlich wie Detlev, auf allen Ebenen seiner Erfahrungswelt eine einzige Kette von Traumatisierungen durchläuft, trägt im Fond seiner Erinnerung ein Bild von sich selbst, wie er, in den Mantel der Mutter gehüllt, an ihrem Körper das einzige Gefühl eines beruhigten, anschmiegend geborgenen Daseins empfindet.[3] Und wie Detlev es

---

[1] Michael Balint: Urformen der Liebe und die Technik der Psychoanalyse. München 1988, S. 83ff u. 103ff. – Deutlicher als im „Waisenhaus" benennt Fichte im „Kleinen Hauptbahnhof", als er Irma über seinen Roman-Erstling erzählt, die tiefe Spaltung seines Mutterbildes: die ‚böse' Mutter will ihn loswerden, setzt ihn aus, schiebt ihn ab, will sich vor der faschistischen Verfolgung durch Opferung des Sohnes retten – und die ‚gute' Mutter, in deren ‚weichen, flatternden Mantel' Detlev flüchtet, mit der er eins ist, welche die kosmische Ur- und Allmutter ist, mater coelestis und prima materia in einem (Kleiner Hauptbahnhof, 199/200). Fichte montiert hier Waisenhaus, 96 und Grünspan, 114 zusammen und erzeugt dadurch eine Art Gleichzeitigkeit des ersten und dritten Romans. Tatsächlich bilden Haß und Liebe und die davon bestimmten ‚bösen' und ‚guten' Imagines bis hin zur „Geschichte der Nanà" eine Art zeitloses Muster im Fichteschen Leben und Werk.

[2] B. Madsen a.a.O. S. 131ff. – Völlig zutreffend ist auch, wenn Madsen die Spaltung von Schutzmantel-Madonna und „kinderfressender Hexe" (Medea) feststellt (ebd.134ff).

[3] Karl Philipp Moritz: Anton Reiser. Ein psychologischer Roman. Stuttgart 1972, S. 37.

in seinen Sprachversuchen unbewußt unternimmt, ein Stück solcher Erfahrung in eigene Regie zu nehmen, so rettet Anton den Glanz seiner Verschmelzung mit dem mütterlichen Körper in die durch einverleibendes Lesen erschlossenen Phantasiewelten und in seine Sehnsucht nach narzißtischer Sättigung im Theaterspielen – auch dies ganz ähnlich wie Detlev/Hubert in seiner Kinderdarstellerphase bis zur Pubertät.

4. Abwehrmechanismen und Bildbauklötze

Der norddeutsche, protestantische Halbwaise und Halbjude in einer katholischen Kirche in Bayern; eine Messe wird zelebriert. Begegnung mit einer fremden Kultur, 1942/3. Detlev muß in diese fremde Welt sich finden. Detlev beobachtet – und was als unverständliches Ritual vor ihm abläuft, das sucht er durch Vergleiche sich vertrauter zu machen. Alle Vergleiche des Romans sind der Lokstedter Vergangenheit entnommen, dem Haus der Großeltern. Das Kind arbeitet wie über Jahrhunderte Ethnographen und Ethnologen: im Bedürfnis, das Fremde zu ent-fremden durch Vergleichsbezüge mit der Heimat. Die gotischen Pfeilergewölbe erinnern an Rhabarberblätter, unter denen der kleine Detlev in Großvaters Garten lag. Die Orgel *klöterte und rammelte ... wie eine Gießkanne, die in die Tonne getaucht wird. Wasserstein und Kieselsteine schleifen über die Wandungen.* Ministranten und Weihrauchfässer erinnern an Hamburger Jungen, die *Räucherfässer aus Konservendosen* herstellten. Der Pfarrer singt in lateinisch und *Detlev dachte dabei an ein Huhn, das sich im Himbeergebüsch verlaufen hat.* (Waisenhaus, 33) *Der Rauch aus den Weihrauchfässern roch, wie das Bittermandelaroma schmeckte, das die Großmutter in den Grießkuchen mischte.* (Waisenhaus, 34)

Die poetische Operation des Vergleichs kann man als die Ver-Heimatung des Fremden verstehen. Der Blick Detlevs wird durch die Erinnerungsbilder so ergänzt oder überformt, daß das fremde Gesicht der Dinge und die opake Sinnlosigkeit der Abläufe nicht in Detlev einfallen. Beinahe alle Vergleiche des Romans haben diese Funktion: sie ziehen in den Raum des Fremden Streben von Vertrautheit ein, die verhindern, daß Detlev in einen Taumel der Angst stürzt, so daß er selbst zum Fremdling wird und den Dingen in unüberbrückbarer Entfernung gegenübersteht. Texte wie die Liturgie-Schilderung sind eine Art früher Ethnopoesie – freilich in einer Form, die Fichte später ablehnt, wenn er gerade die Metapher und den poetischen Vergleich aus seinen Beschreibungen fremder Kulturen heraushält.

Wir verstehen, warum. Denn diese Art der Poetisierung des Fremden wird im ‚Waisenhaus' erkennbar als Modus der Angstabwehr. Zwischen den Schrecken der Dinge und das Ich legen die Vergleiche eine Zone der Abpufferung und der Distanz. Georges Devereux hat am Beispiel der Ethnologie die verschiedenen Techniken analysiert, mit Hilfe derer der Wissenschaftler sich das Objekt – fremde Menschen in fremden Kulturen – vom Leibe hält.[1] Methode, so zeigt sich, ist in der Wissenschaft das, was im psychischen Leben die Abwehrmechanismen leisten. Die Angst des Forschers wird durch die wissenschaftlichen Techniken der Objektstilisierung vertrieben. Dadurch entsteht eine doppelte Verdrängung. Der Forscher verdrängt seine Angst, die nahezu jeden Ethnologen in fremden Kulturen bedroht. Und eine zweite Verdrängung findet statt auf der Ebene des Objektes, insofern dieses nur in den Formen zur Erscheinung kommen darf, die in den angstabwehrenden Techniken der Wissenserzeugung vorgegeben werden. Dadurch findet eine Art strategische Eingemeindung des Fremden statt, oder eben: ein Ent-fremden des Fremden. Dies ist eine Wissenschaft, die sich selbst nicht reflektiert, sich abdichtet gegen kritische Befragung ihrer imaginären, irrationalen und projektiven Grundlagen, die also, psychoanalytisch gesehen, unaufgeklärt ist, also naiv in Bezug auf das in ihr herrschende Unbewußte.

Detlev operiert mit seinen Vergleichen durchaus ähnlich. Freilich ist er ein ohnmächtiges Kind, während Ethnologen zumeist Vertreter der weißen Rasse und darum Repräsentanten der Macht sind. Ihre Angstabwehr, die eine spezifische Form der Aneignung fremder Kulturen ist, kann deswegen Bestandteil eines Kolonialismus sein; während für Detlev die angstabwehrenden Mechanismen ein Moment des Selbsterhaltes sind.

Eine weitere Form der Verdeckung seiner Fremdheit ist die Imitation. Ohne Besinnung ahmt Detlev alles, was geschieht, nach, Melodien, Aufstehen, Knien, Aufstehen, Kreuzschlagen, Gebete murmeln usw. Imitation ist, im Gegensatz zur Identifikation, die Wiederholung einer fremden Identität am eigenen Leib, der dadurch zur Aufführung bringt, was das Ich nicht ist, aber zu sein begehrt. Insbesondere Riten, wie hier die Messe, sind offen für Imitationen, ja sie fordern sie heraus. Über Imitation stellt sich eine kollektive Identität her, in der der Einzelne verschwinden kann. Die rituelle Imitation ist für Detlev ein Versteck, das seine Fremdheit, sein Draußenstehen unsichtbar macht. Detlevs Körper zieht in der Imitation den liturgischen Ritus an wie ein Kleid, das ihn in seiner schutzlosen Nacktheit verbirgt. Auch dies ist ein Abwehrmechanismus: die Imitation simuliert eine Teilhabe – Partizipation ist der Sinn des Ritus –, welche die Unzugehörigkeit verdeckt. Der Preis für diese Pseudo-Kommunikation ist der Verzicht Detlevs darauf, sich als eigenes Selbst darzustellen. Die Unauffälligkeit, die Detlev als ‚normalen' Jungen in ‚normalen' Umgebungen erscheinen lassen soll, ist eine Form der Selbstverleugnung. Umgekehrt löst jede Situation, in der Detlev identifiziert zu werden droht, in ihm Angst aus und wird als Trauma erlebt. Detlev glaubt sein Leben nur gesichert, wenn er als einer erscheint, der er nicht ist: während er nicht einmal weiß, wer er ist, denn dies wird ihm vorenthalten. Für ein Kind ist dies eine kaum erträgliche Instabilität, die als Drohung des Ich-Zerfalls über ihm liegt. Dies ist die Grundangst des gesamten Fichteschen Œuvres.

Eine weitere Form der Begegnung Detlevs mit dem Fremden ist die kommentarlose Reihung von Beobachtungen. So wird z.B. der Abendmahlsritus beschrieben

---

[1] George Devereux: Angst und Methode in den Verhaltenswissenschaften. Frankfurt/M. – Berlin – Wien 1973.

(Waisenhaus, 35). Die Satzform dieser Reihung von Handlungspartikeln ist der Protokollsatz, wenn man will: das Elementarteilchen der positivistischen Erkenntnistheorie. Bei Fichte ist der Protokollsatz dagegen eine Kunstform der hermeneutischen Abstinenz. Das bedeutet hier ein mimetisches Sich-Anschmiegen an die Verständnislosigkeit des Kindes. Das Kind sieht. Es ist nichts als Registratur. Die Handlungssegmente der Abendmahls-Feier fügen sich weder zu einem Gesamtbild noch zu einem Sinn, sondern sie werden in der planen Abfolge ihrer Beschreibung zur Absurdität. Das registrierende Auge Detlevs zeigt, was ein Ritus demjenigen ist, der außerhalb steht: ein Gewirr von Einzelheiten, aus denen der Irrsinn blinkt.

Die kommentarlose Reihung von Protokollsätzen wird für Fichte zum Kunstmittel werden, das Fremde in seiner Fremdheit stehen zu lassen und es nicht der Gier des vorschnellen Verstehens zu opfern. Dadurch entsteht das eigenartig Unflüssige des Fichteschen Satzes und Stils. Sätze und Zeilen rucken; sie rucken weiter wie eine zu langsam abgespielte Filmrolle. Zwischen den isolierten Handlungssegmenten fehlen durchweg die vermittelnden Glieder der Erklärung; nichts läuft hermeneutisch geschmiert und vom Öl des Sinns geglättet. Gewissermaßen stolpern die Sätze auf die Seite und stehen nun da, sehen sich um, aber die Entfernung zu den Nachbarsätzen ist meilenweit. Die künstliche Isolation der Sätze des Abendmahl-Rituals macht diese Sätze so mutterseelenallein wie Detlev sich fühlt. Ein ‚Sätzlein' steht so ‚still und stumm' wie das Männlein im Walde. Über sich selbst hinaus sagt der Satz nichts, er bedeutet nichts; er protokolliert Faktisches und wird gerade dadurch zum Echo des leeren Sinns. *Der Pfarrer knickste vor dem Altar. Er hob goldene, stachelige Geräte in die Höhe. Leute aus dem Kirchenschiff näherten sich dem Altar, knieten sich auf ein langes, schmales Gestell* (Waisenhaus, 35) usw. In solchen Sätzen wirkt kein Abwehrmechanismus mehr. Kein Vergleich verheimlicht das fremde Ritual. Imitation ist unmöglich, weil der protestantische Junge vom Abendmahl ausgeschlossen ist. Schroff stehen die Sätze da. Detlev kann nichts als nur registrieren. Immerhin ist das noch besser, als sich vor den Teufeln ängstigen oder vor dem toten Gauleiter. Doch auch jetzt ist es Detlev so, als schriee und knarrte die Orgel, so daß er fürchtet, *sie würde aus den Rhabarberwölbungen herunterbrechen* (Waisenhaus, 35). Die Katastrophe bleibt immer nah.

Das fremde Ritual zerfällt in isolierte Bilder ohne Einheit, Sinn und Zusammenhang; Bilderfragmente, wie die ikonischen Ausschnitte durcheinandergeworfener Bildbauklötze. Detlev bringt nun alles durcheinander, verwechselt, vergißt, kann nicht wiederholen, was er hört und sieht (Waisenhaus, 35). Bildbruch, Weltzerfall, Anomie.

An dieser Stelle erinnert sich Detlev an den Bildbaukasten in Hamburg und an sein souveränes Verfügen über die Ordnung seiner Ansichten. Aus der Verstoßung Detlevs in die Fremdheit der Messe rettet er sich ins Gegenteil: in die Erinnerung, daß die Bilder seinem Kommando gehorsam sind.

Er denkt an den zweiten Baukasten in Hamburg, an die Klötze ohne Türmchen und Rundbögen, aus denen man keine dem Waisenhaus ähnliche Gebäude zusammensetzen kann.

Der Baukasten enthält sechzehn gleichförmige Würfelklötze. Auf jeder Seite klebt das Sechzehntel einer Landschaft oder einer Badeanstalt oder eines königlichen Triumphzuges.

Detlev war vier Jahre alt, als er den Kasten voller Würfelklötze zum Geburtstag erhielt. Er begriff schnell, wie man damit zu spielen hatte: Er brauchte sich nur die Landschaft oder die Badeanstalt zusammensetzen, dann konnte er ein Bild nach dem anderen herbeidrehen, indem er eine Reihe nach der anderen, vier Klötze auf einmal, umklappte.
(Waisenhaus, 36)

War das Kind hinter die Regel der Bildbauklötze gekommen, so erlosch alles in Routine. Der Zauber hatte sich in Können aufgelöst, das vage Greifen in ‚Begreifen‘, das Versuchen in Wissen. Der Baukasten war eine Welt aus Indikativen geworden, Welt der totalen Verfügungsmacht des hantierenden Kindes. Eigentümlich aber ist der Wechsel von indikativischen und konjunktivischen Modi, zwischen denen der Text nun changiert:

Detlev riecht den Geruch des glänzenden Papiers auf den Klötzen, als er denkt, daß es keine Abbildung von einer Landschaft und einer Badeanstalt und eines königlichen Triumphzuges gäbe, wenn er nie in dieses Waisenhaus gekommen wäre.
Die Stadtansichten von Scheyern und Aichach und Steingriff klappen weg, wie die Bilderausschnitte auf den dicken Würfeln. (Waisenhaus, 36)

Diese Erinnerung an die Bauklötze, obwohl im Modus indikativischer Vergangenheit gegeben, hat in der erzählten Situation, dennoch einen irreal konjunktivischen Status: das erinnerte Verfügen über die Bilder von Landschaft, Badeanstalt und königlichem Triumphzug funktioniert nämlich als imaginäre Entgegensetzung zum erlittenen Bildzerfall der Realität. Innerhalb der fingierten Erzählzeit ist die Liturgie-Szene eine Erinnerung und die Bildklötzchen-Szene eine Erinnerung in der Erinnerung: beide mit Referenz auf die Balkon-Szene, wo Detlev jetzt *den Geruch des glänzenden Papiers auf den Klötzchen* (Waisenhaus, 36) *riecht* – was eigentlich eigentlich ein conjunctivus irrealis ist: ihm ist, als röche er den Geruch aus der Zeit, als er vier Jahre alt war. Und jetzt, auf dem Balkon, *denkt (er), daß es keine Abbildung von einer Landschaft ... auf den Bauklötzchen gäbe, wenn er nie in dieses Waisenhaus gekommen wäre.* (Waisenhaus, 36)

Dieser Satz ist der eigentlich merkwürdige. Ein irreal konditionaler Konjunktiv, der zwei irreale Möglichkeiten in ein Bedingungsverhältnis setzt. Satzlogisch betrachtet, ist die konditionale Verknüpfung unsinnig, nach welcher der Eintritt ins Waisenhaus mit sieben Jahren die Bedingung für die Bildklötzchen aus der Zeit mit vier Jahren ist. Das ist jedem Wirklichkeitssinn schlicht Irrsinn.

In der Logik der psychischen Verarbeitung von Traumata ist der irreale Konjunktiv jedoch plausibel. Detlevs Grundsituation im Waisenhaus ist, nach der Definition von Hermann Schmitz[1], die des „gehinderten Weg!" Das ist die Situation der Angst ohne Ausweg. Der Ausgesetztheit. Der Preisgabe. Der Vernichtung. In einem der Verhöre Detlevs durch Alfred schreit es aus Detlev heraus. *Ich will weg. Ich will weg. Ich will weg. Ich will weg* (Waisenhaus, 121) – aber er kann nicht. Das ist das „gehinderte Weg!" der Angst. Dieser Schrei dröhnt durch den gesamten Roman, auch stumm ist er omnipräsent. Der Wille „weg von hier" wird festgenagelt auf die Gegenwart des „Ich hier jetzt" ohne Ausflucht und bricht sich im Schrei die Bahn des

---

[1] Hermann Schmitz: System der Philosophie. Bd. I: Die Gegenwart, Bonn 1964, S. 169ff, 192ff.

Körperausdrucks. Aktionsanalytisch heißt dies: Detlevs Wille zu handeln ist ohnmächtig. Satzlogisch heißt dies für ihn: es gibt für ihn kein Futur und kein konjunktivus potentialis; es gibt nur den Körperausdruck des „gehinderten Weg!" –: das ist der Schrei. Oder es gibt das Umschlagen in den konjunktivus irrealis, der als Parieren der traumatischen Wirklichkeit funktioniert: das ist die Gegenwart des Abwesenden, der Erinnerungen, der Phantasien, der Bilder ohne Referenz, der sinnlichen Wahrnehmungen ohne wahrgenommenen Gegenstand. Dies kann man das Reich des konjunktivus irrealis nennen: in diesem Reich gewinnt Detlev imaginär die Verfügungsgewalt über die Dinge zurück, die er im Umgang mit den Bildbauklötzchen einst hatte. Der absoluten Ohnmacht im Indikativischen wird mit der absoluten Allmacht im Konjunktivischen gekontert. Die Gefangenschaft Detlevs in der Angst ruft die Erinnerungen der totalen Eigenmacht im Modus des Konjunktivs hervor. Dieser entlastet Detlev von der Wirklichkeit der Angst, des Todes, der anglo-amerikanischen Bomber, des KZ, des polenauspeitschenden Polizisten Kriegel, des toten Gauleiters, der zerstückelten Leichen, des vom Reich und Gottesreich brüllenden Pfarrers, von der Unverständlichkeit der Messe und der Sakralbilder, von der Hölle, von den Teufeln, die ihn holen kommen, von den Verhören Alfreds, befreit ihn von Xavers Tritten in sein Gesicht, von Adolf Hitler, von Gott, der alles sieht und hört. Der konjunktivus irrealis ist also die Keimzelle der Literatur Fichtes: Reflex der Angst, Fluchtimpuls, der nicht von der Stelle kann, außer in Bilder, Phantasien, Wörter, Erinnerungen. Ein Impuls, der sich – noch – nicht entladen kann in Reisen, die zu Bildern, Phantasien, Wörtern, Erinnerungen werden. In nucleo ist hier die Poetik des ‚Platz der Gehenkten' schon da. Nur ganz selten entfernen sich Schriftsteller, so weit sie auch reisen mögen, vom Trauma ihres Ursprungs.

Die Souveränität, mit der Detlev die Bauklötzchenbilder erscheinen und verschwinden ließ, hat sich in die Souveränität des Verfügens über den Konjunktiv verwandelt, der die Wirklichkeit vor- und zurückwendet wie Bausteine, auf- und zuklappt wie Bilderbücher, hin- und wegsetzt wie Buchstaben des Lesekastens, hin- und zurückspult wie ein Filmprojektor. Der Konjunktiv ist der Modus einer imaginären Freiheit im Stand der totalen Unfreiheit. Tendenziell sieht Detlev alle Dinge an wie die Bildausschnitte auf den Klötzchen und hantiert, seine Angst abwehrend, mit ihnen herum in der göttlichen Freiheit des Konjunktivs.

5. *Die Mutter war verschwunden*

Ein Trauma ist absolut indikativischer Modus. So phantastisch es sein mag, es trifft den Traumatisierten mit der Unwiderstehlichkeit eines factum brutums. Die erzählte Zeit des Waisenhaus-Romans beginnt mit einem Trauma. *Die Mutter war verschwunden.* (Waisenhaus, 25) Ein fremde Haus. Waisenhaus. Detlev wird durch eine Tür gezogen. Überwach registriert sein Blick einen fremdartigen Raum. Jemand sagt: – *Ich bin Schwester Silissa.* (Waisenhaus, 22) Kinder kommen die Treppe herunter. Sie werden vorgestellt. Detlev fühlt ihre Hände. In ihm stürzen Fragen

übereinander: Wer ist das? Was bedeutet das? Warum ist das so? Darf man das? Die Mutter ist neben ihm. Noch. Detlev riecht. Er beobachtet. Ein Schrecken:
Von oben schwebte eine andere Schwester die Treppe herunter. Sie drehte sich um. Detlev erschrak. Ohne ein Wort zu sagen, öffnete und schloß sie den Mund mehrere Male. Ihr fehlten alle Zähne. Wenn sie den Mund öffnete, entstand ein großes Loch. ... Draußen läuteten die Glocken ... Es roch nach angebranntem Gemüse und nach Abort. (Waisenhaus, 23)

Es gibt für Detlev nicht die Einbettung in den Ritus der Begrüßung. Alle Eindrücke springen einzeln hervor und setzen sich in die Sinne. Keine Form. Keine Ordnung. Also kein Schutz.

Detlev sah den blutigen Christus ... an einem schwarzen Kreuz. Er war aus Holz. Er war groß wie ein Mensch. ... Die Rosenstengel auf seinem Kopf glichen den wilden Rosenzweigen im Garten in Hamburg an der Straße. ... Auch die Mutter sah Christus an. Sie drehte Detlev von der Holzfigur weg ... Detlev sah wieder zum Kreuz. Er fühlte in beiden Schultern einen Schmerz. Seine Rippen preßten sich gegen die Haut. Er meinte, er müßte die Arme ausstrecken, wie die Verkehrsschutzleute auf dem Stephansplatz in den weißen Mänteln – der Großvater war Verkehrsschutzmann gewesen ... (Waisenhaus, 24/25)

Die Holzplastik Christi fährt Detlev in den Körper, so unmittelbar leiblich, daß er die Schmerzen des Gekreuzigten spürt. In dieser Weise, schreckhaft plötzlich, stürzen alle sinnlichen Eindrücke in ihn wie Geschosse. Detlev spürt, wie er Christus wird, und er seine Distanz verliert.

Distanz ist seine Rettung vor dem Identischwerden mit dem Schrecken, als der die fremden Dinge in seine Glieder fahren. In vielerlei Formen sucht Detlev Distanz: Hier wieder durch den Vergleich des Marterchristus mit den vertrauten Gegenständen der Hamburger Welt. Noch wichtiger ist, daß der Vergleich die zweipolige Struktur von Auge und angeblicktem Objekt, das mit distanzvernichtender Macht ins Auge fällt, auflöst durch eine Art Triangulierung: Vergleichssubjekt – Verglichenes – Vergleichsobjekt. Diese Triangulierung schafft einen qualitativen Sprung aus der Zweipoligkeit der Wahrnehmung, die das Subjekt immer überwältigt, wenn es nicht über einen Rückraum von Deutungsmustern, Erkenntnisregeln, Entzifferungstechniken usw. verfügt. Das geschieht Detlev immer wieder. Dann wirken seine Wahrnehmungen auf ihn desubjektivierend. Das Wahrgenommene, wie hier der Christus, setzt sich an die Stelle des Subjekts und dieses wird in dem Maß, wie das Wahrnehmungsobjekt fremd und unverständlich ist, sich selbst fremd und unverständlich. Dagegen leistet der Vergleich eine Art Rekonstruktion des Ich-Bewußtseins, insofern das Wahrgenommene durch die Relationierung mit einem in der Erinnerung abgelagerten Objekt nunmehr als Wahrnehmungsidentität klar getrennt ist von der Ich-Identität des vergleichenden Subjekts.

Eine weitere Abwehrtechnik Detlevs ist das willkürliche Augenschließen. *Detlev kniff die Augen zusammen.* (Waisenhaus, 25) Oder er schließt die Augen halb und blinzelt, wodurch die Dinge in eine von der Eigenmacht Detlevs abhängige Beleuchtung und Verzerrung geraten. Der Gewinn dieses Manövers ist es, aus der abhängigen Position in die des Regisseurs seiner Wahrnehmungen überzuwechseln.

Hier aber wird das Augenkneifen für Detlev zum Verhängnis. Denn deswegen bemerkt er nicht, daß plötzlich die Mutter verschwunden ist (Waisenhaus, 25). Dies löst das Initiationstrauma Detlevs aus. Ihn erfaßt Panik. Fluchtimpulse jagen ihn zur Tür, die mit Gewalt versperrt wird. Er heult: *Tränen mischten sich mit Rotz und Speichel.* (Waisenhaus, 25) Er kämpft mit Schwester Appia. Er läßt sich auf den Boden fallen. *Er rollte sich zusammen, schlug mit den Füßen nach den Umstehenden, schlug mit dem Kopf gegen die Wand.* (Waisenhaus, 26) Das ist die Angst des von der Mutter verlassenen Kindes. Sein Körper ist zu schwach, die Trennung von ihr aufzuheben. – Und hier setzt ein weiterer Mechanismus ein: der Sprung aus dem panikerfüllten Körper heraus in die Imagination:

Detlev erinnert sich, daß die Mauer hinter dem grünen, blauen, schwarzroten, weißen Christus durchsichtig wurde und er seine Mutter unten auf dem Kirchplatz sah. Sie stolperte über die unregelmäßigen Steine. Sie weinte. Ihre Lidränder waren rot, geschwollen vom Weinen. Ihr Gesicht wurde naß und glänzte. Die Tränen tropften auf ihren Mantel. Die Mutter sagte laut:
– Detlev, Detlev.
Die Schwestern drängelten sich ihr entgegen und wollten ihr den Mund zuhalten. Sie wurde zugedeckt von den schwarzen Gewändern. Sie befreite sich. Sie wolllte zur Tür herein. Die Tür war abgeschlossen. Detlev versuchte kein zweites Mal wegzulaufen. (Waisenhaus, 26).

In der Phantasie vereinigt sich Detlev mit der Mutter, die eins ist mit ihm im Schmerz der Trennung; ja, diese Verschmelzung mit der Mutter ist so elementar, daß Detlev die Mutter und sich selbst als Opfer derselben Gewalt phantasiert, der sie wie er unterliegt. Dabei bricht zwar die Imago der omnipotenten Mutter zusammen. Doch Detlev rettet die Imago der mit ihm im Trennungsschmerz verbundenen, ‚guten' Mutter. Und schließlich schützt er sich vor dem Wissen, daß die Mutter ja nicht Opfer ist, sondern daß sie ihn bei den Schwestern ausgesetzt hat – also die ‚böse' Mutter ist. Diese Art der Taumaverarbeitung erlaubt es, daß Detlev die Trennung von Mutter und Kind als Wirkung einer externen Gewalt erlebt – die Schwestern sind stärker. Dadurch wird zwar sein Waisenhaus-Aufenthalt zu einer Gefängniszeit – Detlev wird zum typischen Insassen einer totalen Institution[1] –, so daß er sofort überwechselt in eine Anpassung, die ihm ein Überleben in der Anstalt sichern wird. Dieses Verarbeitungsmuster ist die Ursache dafür, daß Detlev fortan die Umwelt als ein lückenloses System von Machtstaffeln erleben muß, das jede Flucht ausweglos macht. Langfristig ist damit freilich ein Ambivalenzkonflikt mit der Mutter erkauft, die zwei konträre Seiten hat: die ‚gute', symbiotisch mit dem Sohn verschmolzene Mutter, und die ‚böse', die ihn verläßt und den Todesmächten ausliefert, also deren Agentin ist: Nanā, die Göttin des Todes.

In welcher Weise diese Traumaverarbeitung zur Anpassung führt, sieht man an der Fortsetzung dieser Szene: *Detlev versuchte kein zweites Mal wegzulaufen.*

---

[1] Irving Goffman: Asyle. Über die soziale Situation psychiatrischer Patienten und anderer Insassen. Frankfurt/M. 1972, S. 73ff.

Er wußte, es würde nicht gelingen. Sie würden alle aufhören, die unverständliche Sprache zu reden.
– Sie würden sich vor die Tür stellen. Wenn ich durch die Tür komme, fängt mich der Kriegel. Wenn mich der Kriegel nicht fängt, holt mich in Hamburg der Schutzmann. Wenn mich der Schutzmann nicht findet, holt mich der Führer.
– Wenn es den Kriegel nicht gäbe, wenn es den Schutzmann nicht gäbe, wenn es den Führer nicht gäbe, dann wäre ich weggelaufen. (Waisenhaus, 26)

Das Grundtrauma, von der Mutter verlassen zu sein, verschiebt die Umwelt Detlevs in das Bild lückenlos gestaffelter Gewalt. Aber zugleich verschafft sich Detlev in seinen Konjunktiven eine unbetretbare Welt und in seinen Vergleichen rettet er das Bild seiner Sehnsucht eines Lebens jenseits verschlossener Türen und Mauern: Hamburg.

Formal betrachtet, ist dies eine Welt, in der er und nur er allein verfügt, verschiebt, verknüpft, bildet, konstruiert – ein Dasein im Imaginären. Die irrealen und tropologischen Potenzen der Sprache sind es, die ihm dieses Reich bereitstellen. Dies sind die ersten Spuren des Schriftstellers Hubert Fichte.

6. Das Puppenauge

Der erste Satz des Romans lautet: *Detlev steht abseits von den anderen auf dem Balkon.* Er wartet auf die Mutter, die ihn *holen kommen und mit ihm die Nacht hindurch zu den Großeltern nach Hamburg fahren* (Waisenhaus, 9) wird. Er wartet auf die Befreiung.
Er wischt mit den Fingern an den Traljen des Balkongitters entlang. ... Auf dem Pfosten liegt eine kleine Kugel. Grau und weiß.
– Es ist ein Puppenauge.
Detlev faßt hin. Er will es zwischen die Finger nehmen. Er zerquetscht es. An den Fingerspitzen klebt grüner Schleim.
– Detlev hat in Vogelscheiße gefaßt, schreit Alfred. (Waisenhaus, 10)

Dieser Mißgriff konstituiert die Erzählzeit des Romans: in der Spanne, bis die Mutter eintrifft, rollt das Jahr im Waisenhaus vor dem inneren Auge Detlevs noch einmal ab. Die Gegenwart dieser Sekunden des Schrecks ist die Schachtel, in der die ganze Zeit der Vergangenheit Platz findet.

Ist das mehr als ein literarischer Trick, opportun zu Beginn der 60er Jahre, wo zeitmodale Verschachtelungen und von Proust inspirierte Ästhetiken der mémoire involontaire experimentiert wurden? – Es geht bei Fichte immer auch um das Ausprobieren literarischer Techniken. Diese Balkon-Szene aber ist mehr als nur der Ursprung einer Technik, sondern die komplexe Anordnung von psychologischen und literarischen Mustern.

Detlev ist in Scheyern so abseits wie auf Dauer des Lebens der Schriftsteller sich im Abseits definieren wird. Und er steht auf dem Balkon preisgegeben fremden Blicken: ist dieser Sichtbarkeit standzuhalten oder gibt es ein Versteck? Also einen Mantel, in den er sich hüllen kann, oder die Möglichkeit einer Imitation, in der er unauffällig

wird. Dieses alles gibt es auf dem Balkon nicht. Die Sichtbarkeit beherrscht Detlev völlig. – Ganz am Ende des Romans wird diese Szene wieder aufgenommen:
Detlev entdeckt auf einem Mauerpfeiler ein Puppenauge. Er will es zwischen die Finger klemmen und hochnehmen. Es ist kein Puppenauge, sondern Vogelkot, der sich über Detlevs Fingerkuppen schmiert. Die Waisenhauszöglinge bemerken den Vogelkot an Detlevs Händen. Schwester Appia und Schwester Silissa betreten den Balkon. ... Detlev schämt sich. Er wünscht den Vogelkot weg. Er wünscht alles weg. Er wünscht sich selbst weg.
Dabei öffnet und schließt er die Augen. Schnell. Er blinzelt. Er fängt an zu schwitzen. ... Sein Atem geht langsamer und schneller. Er glaubt, er fliege. Er hebt die Hände. Er setzt an, sie sauberzuwischen. (Waisenhaus, 170)

Das Urtrauma ist die Scham. Und die Scham heißt: sich wegwünschen und nicht wegkönnen. Eben das war benannt als Grundstruktur der Angst. Das „gehinderte Weg!" löst auch hier eine Bewegung der Flucht: die Flug-Phantasie, die als Nils-Holgersson-Traum schon bekannt ist. Gegenüber der Angst des Verlassenseins erfaßt Detlev hier die Angst des Ausgesetztseins. Beides sind Seiten einer traumatischen Nacktheit, die den Anfang und das Ende des Romans bilden. Den Anfang des Romans insofern, als das Trauma der Verlassenheit die erzählte Zeit eröffnet; Anfang **und** Ende des Romans insofern, als das Trauma des Ausgesetztseins die Erzählzeit eröffnet und beschließt. Das Sich-Wegwünschen und Nicht-weg-können ist ein Versuch der Flucht auf der Stelle. Eine Flucht auf der Stelle ist paradox und kann nur durch einen modalen Übersprung gelungen: durch Transformation des Realen ins Imaginäre. Das Hineinschachteln der imaginären Bilder und Zeiten in den sekundenlangen Realfluß der Zeit hat die Funktion der Abwehr von Angst.

Noch einmal erscheint diese apotropäische Funktion der Sprache am Ende der ‚Palette'. Jäcki steht auf der Bühne des Starclubs, den Blicken aller ausgesetzt. Und es heißt von Jäcki, daß er ein Kleid der Wörter anhabe und nichts als das. Die Literatur, die er schreibt, wird auf das Urtrauma einer schutzlosen Nacktheit bezogen (Palette, 333).

Raddatz hat entdeckt und Teichert es entwickelt, daß der Balkon seinen Ursprung im altfranzösischen Wort balcone hat, das dem lateinischen solarium entspricht. Darin steckt der Begriff solea, jener Raum im Kirchenschiff, der für die Ehrensitze bestimmt ist. Der Balkon ist mithin ein zwiespältiger Ehrensitz, der exponierte Raum einer existentiellen Aussetzung sowohl des Kindes Detlev wie auch des Schriftstellers Fichte. Ehrensitz: Bühne, Balkon, solea, Starclub.[1]

Das Sich-Zeigen an einem exponierten Ort: das ist, was Detlev erleidet und Fichte immer wieder sucht in der Wiederannäherung an diese ursprüngliche Szene. Was am Ende des Romans des Fliegenwollens erscheint, das wird später in den Flug der Worte übersetzt. Entkommen werden soll den Blicken der Anderen, die ihn vernichten können. Ein Entkommen der Blicke zuerst; später aber auch ein Suchen der Blicke, die ihn anerkennen müssen. Blicke also in der doppelten Form: Vernichtung oder

---

[1] F. J. Raddatz: Eros und Tod. Literarische Porträts. Frankfurt/M. 1983, S. 92. – T. Teichert a.a.O. S. 79/80.

Anerkennung durch die Anderen. Dieser Zwiespalt ist schon die existentielle Situation Detlevs und erst recht diejenige des Schriftstellers Fichte, der auf den ‚Balkon' der Öffentlichkeit tritt, die vernichtenden und die zur Anerkennung gezwungenen Blicke suchend. T. Vollhaber hat diese Blickdialektik zurecht bezogen auf das Blick-Kapitel von Jean Paul Sartres „Das Sein und das Nichts". An der Dialektik des Sehens und Angesehenwerdens entwickelt Sartre die immer prekäre Konstitution des Selbstbewußtseins.[1] Doch ist problematisch, daß Sartre von der Situation des Sehens, nicht von der Situation des Angesehenwerdens ausgeht, also davon, daß ein Ich eine Situation als Wahrnehmungszentrum organisiert. Und wenn in diese egozentral strukturierte Wahrnehmungswelt ein Anderer eintritt, dann erst entsteht das Spiel von Sehen und Angesehenwerden, in der bei Sartre sich das Selbstbewußtsein bildet. Von Fichte her aber ist zu sagen: das Primäre ist nicht das Sehen, sondern das Angesehenwerden. Das ist auch das Richtigere. Die Grundsituation, was auch Jacques Lacan erkennt, ist nie der Blick, sondern das Angeblicktwerden. Dieses hat eine ambivalente Struktur: im Angeblicktwerden wird das Ich sich selbst als Gabe gegeben ebenso wie es der Verwerfung ausgesetzt werden kann: dann ist dieser Blick der ‚böse Blick', der in allen Kulturen bezeugt ist als Blick des Todes.[2]

Die zweite Correspondance des Wortes *Balkon* besteht zu Jean Genets Stück „Der Balkon", das Fichte natürlich kannte.[3] Bei Jean Genet allerdings ist der Balkon ein Bordell. Durch die Beziehung von „Balkon – solea" wird dem Sex der Ehrenplatz zuerteilt. Das Stück ist eine einzige Theatralisierung von sexuellen Phantasmen und Perversionen. Der Balkon ist ein Theater des Imaginären, das sich abdichtet gegen den Einbruch jeder Realität von draußen, also autonom zu werden versucht; vor allem gegen die Realität der Revolution. Auf dem ‚Balkon' Genets wird alles zum Theater, zur Szene, zum Spiel, zur Imagination. Das ist vielleicht der Anknüpfungspunkt für die Beziehung des Genetschen Balkons zum Fichteschen: der Balkon als Allegorie der Literatur: Spielraum des Imaginären. Der Satz *Detlev steht abseits von den anderen auf dem Balkon* bestimmt auch die Position des Schriftstellers. Das Spiel mit Bauklötzen, mit Konjunktiven, mit Vergleichen und, gegen Ende, seine Teilhabe an kleinen Theateraufführungen – dies sind Initiationen in das, was der *Balkon* meint, nämlich Ort der Szene zu sein, Ort, auf dem das Phantasmatische zur Aufführung kommt wie bei Genet. Die Situierung Detlevs auf dem Balkon ist ein literarischer Grundgestus par excellence. Fichte beschreibt zugleich mit dem Trauma, dem Detlev ausgesetzt wird, seine eigene Genealogie als Schriftsteller. Der Balkon ist Ursprungsort des Schriftstellers Fichte. Detlev steht auf dem Balkon und der Roman **ist** der Balkon. Das ist die eigentliche Doppeldeutigkeit dieses Wortes.

Die dritte Bedeutungsebene des ersten Satzes ergibt sich aus der falschen Identifizierung *Puppenauge*. Wieso *Puppenauge*? Warum nicht z.B. Murmel? Es geht Fichte um die Auflösung der falschen Wahrnehmungsidentität durch handgreifliche Falsifi-

---

[1] Dazu T. Vollhaber a.a.O. S. 125ff.

[2] Thomas Hauschild: Der böse Blick. Ideengeschichtliche und sozialpsychologische Untersuchungen. 2. Aufl. Berlin 1982. – S. Seligmann: Die Zauberkraft des Auges und das Berufen. (1910/21) Wien o.J.

[3] Auch diese Beziehung erkannte schon Raddatz a.a.O. S. 92.

kation: Griff in Vogelscheiße. Vogelscheiße, vögeln, Scheiße, Scheiße vögeln. Diese Assoziation löst das Glatte, Gläserne des Auges auf in schmierige, klebrige, eklige Substanz. Die Wahrnehmungsidentität *Puppenauge* verschmiert, wird diffus, schleimig, konturlos, matschig, klebrig, kotig. In der Metamorphose von Puppenauge zu Vogelscheiße widerfährt eine ähnliche Auflösung wie bei den vielen Wahrnehmungsganzheiten, die Detlev immer wieder zerbröckeln, sich mithin als Illusionen erweisen und in Elementarteilchen zerfallen. Das ist das Eine. Zweitens begründet *Puppenauge* innerhalb des Romans den Motivkomplex „Puppe". Das erinnert zuerst an Peter mit der Puppe, der immer schreit: *Du Konung, du Konung* und keiner weiß, was das meint. Bei der Schlacht um die Herrschaft in der Kindergruppe, ein kleiner Krieg im großen, ein kleiner Kampf um totalitäre Herrschaft, wie sie im Großen schon besteht, nimmt Peter nicht teil; er ist verkrochen in einen Geschirrschrank:
Unten im Fach bei den Töpfen saß der Neue. Er zog von innen die Schiebetüren vor und schlug mit seiner Puppe gegen die Bretter.
Detlev hörte ihn schreien:
– Du Konung, Du Konung.
Detlev denkt:
– Peter ist für immer verschwunden. (Waisenhaus, 117; vgl. 124/7)
Peter ist verschwunden: im KZ. Peter mit der Puppe. Das Puppenmotiv assoziiert das Trauma der Vernichtung. Viel umfassender gilt dies für die Vision Detlevs vom Bombenangriff auf München:
Nach der Schlacht legt der Hauptmann und der Sanitäter die Gefallenen in eine lange Reihe, ehe er sie in den Sarg verpackt, um sie nach Hause zu fahren.
Alle sind nackt. In der Mitte des weißen Körpers wachsen viele lockige Haare. Die Körper sind nicht weiß. Die Haare sind verbrannt wie Wolle. Eine lange Reihe von Puppen. Babypuppen. Über die Puppen werden Bauklötzer ausgekippt. Viele tausend Puppen, Bauklötzer, Teddybären. Die Puppen sehen alle nach oben wie Anna. Detlev sieht nur das Weiße der Augen. Die Puppen haben nichts Unkeusches zwischen den Beinen. Die Puppen sind schwarz wie der Teddybär oder sie sind rot und grün und blau wie die Holzfigur im Eßsaal (der Christus, H.B.). *Die Arme und Beine hängen nur noch an dünnen Gummibändern am Körper. Die Mutter hatte Peter mit einer Nähnadel und Gummiband repariert. Die Arme und Beine liegen wie verkohlte Bauklötzer zwischen den Kreuzen und den Bauklötzern. Detlev kann die Balken mit dem schwarzen und grünen Kopf, die Puppen ohne Armbalken und Beinbalken mit abgeschraubtem Kopf nicht mehr zählen.*
Detlev macht die Augen wieder auf.
Detlev machte die Augen wieder auf.
Keiner sagt:
– Detlev, warum machst du die Augen eine halbe Stunde zu wie ein krankes Huhn.
(Waisenhaus, 93)
  Alle Toten sind Puppen, auseinanderlegbar, zerstückelt, zerfallen, sind Bauklötze. Das Puppenauge assoziiert die Erfahrung von der Fragmentierung des Körpers, immer wieder durchgespielt an Kriegsverletzten und Toten, an Szenen der Folter, an der Phantasie des Überfahrenwerdens vom Schlitten, der Phantasie des Hauptmanns, der

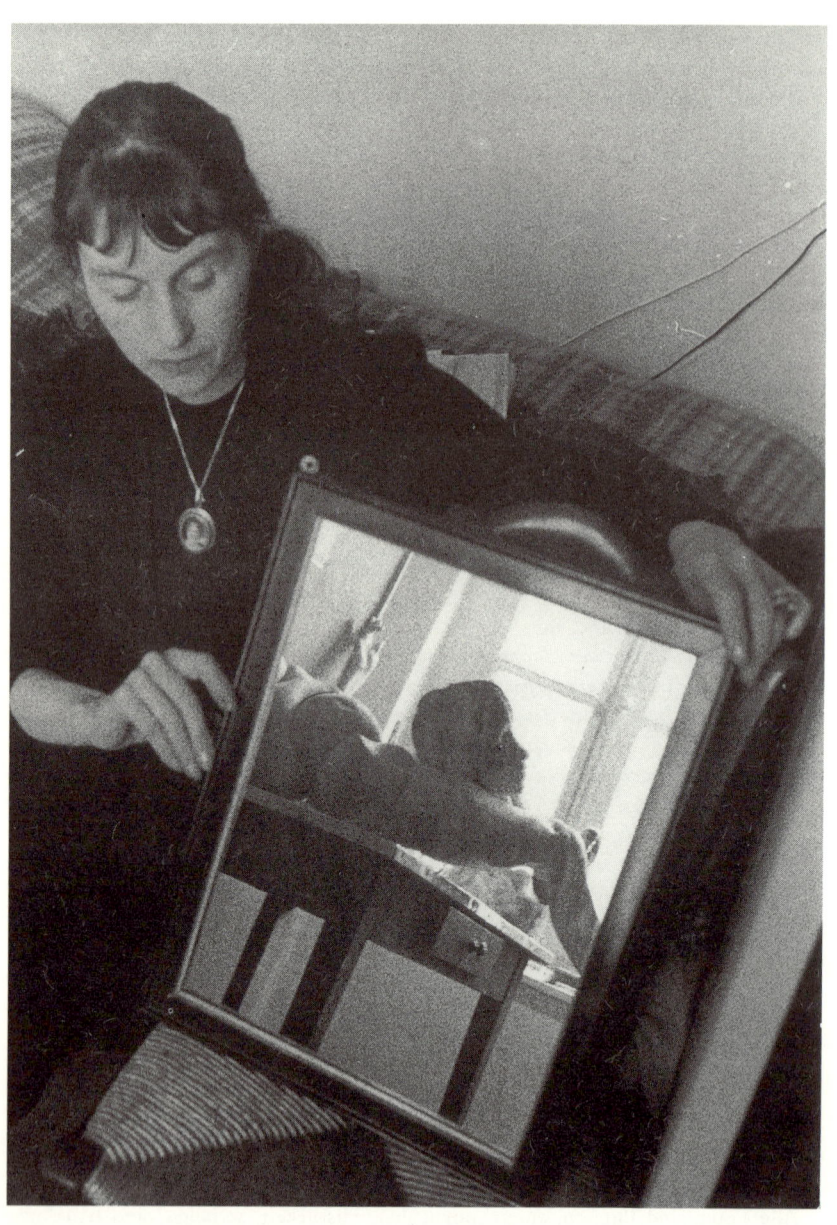

Abb. 7. Leonore Mau: Unica Zürn mit Hans Bellmers Puppe.

auf dem Schlachtfeld die Glieder der Toten zusammensucht. Diese Assoziationskette eröffnet das Problem der Leiblichkeit: die Entgegensetztung des ganzen und des zerstückelten Körpers. Die Puppe als Inbegriff des ausgelieferten Körpers erinnert ferner an Hans Bellmers Puppenprojekt, der das Experimentieren mit Körperzerstückelung zu einem ästhetischen Programm machte oder an die Fesselungen der Unica Zürn, der Lebensgefährtin Hans Bellmers, deren Körper so verschnürt wird, daß er wie aus einzelnen Stücken zusammengesetzt erscheint, verschraubt wie die Puppe Olimpia bei E.T.A. Hoffmann. Schließlich erinnert das Puppen-Motiv an die Anagramme der Unica Zürn selbst, denn diese Anagramme sind nichts anderes als ein poetologisches Spiel mit Zerstückelung und Ganzheit.[1] Anagrammatik ist eine ebenso barocke wie surrealistische Technik, die hier zum Hintergrund hat, daß auf der Ebene der Sprache das elementare Verhältnis von Körperganzheit und Körperzerstückelung reflektiert und in seiner Gewaltbesetztheit experimentiert wird.

Endlich erinnert der Motivkomplex „Augen" natürlich an Ödipus, der an seinen Augen kastriert wird. Das ist die klassische metonymische Substitution: Augen für Hoden; sie wird von Sigmund Freud wiederentdeckt in seiner Analyse von E.T.A. Hoffmanns Erzählung „Der Sandmann".[2] Die Augen sind ein Synonym des Geschlechts. Sie sind ebenso Sehorgan wie Lustorgan. Die sexuelle Dimension des Auges als Geschlechtsorgan oder das Sichsetzen des Auges an die Stelle des Geschlechtsorgans oder das Sichsetzen des Geschlechtsorgans an die Stelle der Augen, bildet die Struktur in Georges Batailles „Geschichte des Auges".

Die Kette der metonymischen Verschiebungen ist bei Fichte noch vielfältiger: Augen – Hoden – Brüste – Vagina – Anus. Eine ähnliche Reihe von Bildvertretungen findet man, soweit ich sehe, nur noch im zeichnerischen Werk von Hans Bellmer, bei dem jedes Sexualorgan zum Auge metamorphisiert werden kann. Die Bildverschiebung von *Puppenauge* zu *Vogelscheiße* im Waisenhaus enthält den sexuellen Sinn dagegen noch eingekapselt. Er wird entfaltet erst in der Darstellung des schwulen coming out in den Romanen ‚Detlevs Imitationen' und ‚Versuch über die Pubertät'. Die wichtigsten Verschiebungsachsen sind dabei die von Auge zu Hoden und von Auge zu Anus. Besonders letztere ist im ‚Waisenhaus' in der Wahrnehmungsverwechslung von Puppenauge und Vogelscheiße schon präsent. Das Puppenauge, das in Wahrheit Vogelscheiße ist, verweist auf die kommende Umkehrung des frontalen, öffentlichen, heterosexuellen Fernsinns des Auges in den dunklen, unsichtbaren – d.h. hier: verbotenen – privaten und geheimen After-Sinn. Die Analsexualität wird es sein, an der Detlev sich beschmutzen wird wie jetzt schon das Kind an der Vogelscheiße. Das Schwulsein wird ihn in den Augen der Mutter so beschämen wie jetzt der Junge

---

[1] Vgl. T. Vollhaber a.a.O. S. 160f. – Hans Bellmer: Photographien. München 1984, S. 13–105 (Puppen-Projekte), 117–127 (Unicas Verschnürung). – ders.: Die Puppe. Spiele der Puppe. Anatomie des Bildes. Frankfurt/M. – Berlin – Wien 1983. Unica Zürn: Anagramme, in: Gesamtausgabe. Hg.v. G. Bose u. E. Brinkmann, Bd. 1, Berlin 1988. – Fichte kannte sowohl Hans Bellmer wie Unica Zürn.

[2] S. Freud: Das Unheimliche. In: ders.: Studienausgabe hg. v. A. Mitscherlich u.a., Bd. IV, Frankfurt/M. 1970, S. 250ff. – Diese Schrift kannte Fichte wahrscheinlich schon seit seiner Freud-Lektüre in Schweden 1958.

mit den von Scheiße verklebten Fingern ausgesetzt ist der Beschämung vor den anderen.

Über den unmittelbaren Sinn hinaus enthält die Balkonszene also schon Momente der prekären Identitätsbildung von Detlev und Jäcki in den späteren Romanen: es ist die Szene des Schriftstellers, der auf seinem ‚Ehrenplatz' den Blicken aller preisgegeben ist, gehalten in der Spannung von Verwerfung und Triumph; es ist die ‚Szene' des Körpers in der Spannung zwischen Integration und Zerstückelung; es ist die ‚Szene' des sexuellen Außenseiters, der sich durch das, was er begehrt, in den Augen der anderen aufs ekelste beschmutzt. Autorschaft, Leiblichkeit und Homosexualität sind die Felder, auf denen die Kämpfe der Selbstbehauptung ausgetragen werden.

7. Zerstückelung und Schreibimpuls

Detlevs Traumata sind das Verlassensein von der Mutter und die Preisgabe vor den anderen. Dies sind die zwei Seiten einer Angst, die den Tod ankündigt. Die Traumata versetzen in eine Nacktheit, in welcher das Ich in der ersten und letzten Verwundbarkeit erscheint. Es ist eine Nacktheit des Körpers, so angezogen er sein mag. Dieser Körper ist Wunde und Wehe. Noch kein Selbstbewußtsein, keine autonomen Vermögen haben sich aus diesem Körper herausgehoben und verselbständigt. Es ist der Körper des Anfangs und zwar nicht der Körper der sanften Beseligung des gesättigten Säuglings, sondern die Kehrseite dieser narzißtischen Gloire, nämlich der nach Schutz und Behütung verdurstende, von Todesängsten gequälte und von echolosen Sehnsüchten verzehrte Körper.

Der Mantel der Mutter und ihr Auge, dessen Ansehen und Anblick Detlev im Roman immer wieder sucht, ist die älteste, vorsprachliche Spur des Ich. Alles spätere sind Aktivitäten, in denen sich Selbständigkeit vorbereitet, die eine Kraft ist, stehen zu können, auch abseits auf dem Balkon, getrennt und einzeln, kenntlich und individuiert. Von diesem Selbststehen als einem Aktionszentrum ausgehend, gibt es die Welt der Objekte, die Nicht-Ich sind. Alle diese Aktivitäten sind zunehmend autonomere Substitute des mütterlichen Schutzmantels. Er bildet die Matrix der Entwicklung des Selbst. Aus dem Körper-Ich, das nackt ist, so angezogen es sein mag, wird ein Ich, das angezogen ist, so nackt es auch immer dasteht. Julia Kristeva würde sagen, daß alle Enkulturierungen Substitute der mütterlichen Chora sind.[1] Für das ‚Waisenhaus' hieße das: die sprachlichen und imaginativen Aktivitäten Detlevs substituieren den Mantel der Mutter. Sie versuchen die primären Funktionen zu ersetzen, die der mütterliche Körper hatte: Schutz, Nahrung, Wärme in einer Welt, die für jedes Kind „elend, nackt und bloß in einem Krippelein" eine Welt der Kälte, des Hungerns und Dürstens, der Schutzlosigkeit, also eine tödliche Welt wäre.

---

[1] Julia Kristeva: Die Revolution der poetischen Sprache. Frankfurt/M. 1978, S. 32–114, bes. 35ff. – Der Terminus „Chora" bezieht sich auf Platon: Timaios 52 d, e. Die Chora ist „Amme des Werdens", Raum, Materie. Vgl. Gernot Böhme: Symmetrie. Ein Anfang mit Platon. In: Symmetrie in Kunst, Natur und Wissenschaft. Austellungskatalog. Darmstadt 1986, Bd. 1, S. 9–16.

Mithin ist das Spielen mit Bauklötzen und Setzkasten ebenso wie der protoliterarische Einsatz von Vergleichen und Konjunktiven zu verstehen als Ersatz der mütterlichen Chora. Auf einer reiferen Stufe als der Symbiose sind dies zwar fragile, doch schon individuierte Mittel des Selbstschutzes und Selbsterhaltes. Daß es für den erwachsenen Literaten Hubert Fichte *die Wörter* sind, die er *draußen*, auf der Bühne des Hamburger Star-Clubs, auf dem *Balkon* der Literatur *anhat* (Palette, 333) –: das läßt rückblickend die protoliterarischen Abwehrtechniken als Vermittlungsstufe erscheinen zwischen der vorsprachlichen Verschmelzung des schutzlosen Körpers mit der Mutter und der professionalisierten ‚Bekleidung' des Autors mit Wörtern.[1]

Damit wird etwas von der Tiefenstruktur des Schreibens sichtbar, die die Schilderung der Star-Club-Lesung bestimmt. Jäcki, der *für alle sichtbar* auf der Bühne erscheint und liest, setzt sich jener Angst aus, die Detlev auf dem Balkon überflutete. Er setzt zwischen die Nacktheit des verletzlichen Körpers und die Anderen, die ihn abstürzen lassen könnten, eine Schutzschicht von Sprache, in die er seine Existenz investiert: *Was ich rede, bin ich.* (Palette, 333) Fichte ist seine Sprache. Literatur setzt auf tiefenstruktureller Ebene jene mütterliche Chora fort und riskiert zugleich die Todesangst, die das gepeinigte Ich einst empfunden hatte. Hier liegt der Grund, warum die Star-Club-Lesung, die ein ungeheurer öffentlicher Erfolg für Fichte war, dennoch mit Selbstmordphantasien assoziiert wird. *Das Buch als Selbstmord* (Palette, 336) – das könnte gelesen werden im Sinne der Foucaultschen Passagen über das Töten des Autors durch sein Werk.[2] Hier aber, in der ‚Palette', wird man mithören müssen, daß es ein Selbstmord *aus Glück* wäre, *weil man nicht mehr erreichen kann* (Palette, 335). Ganz ähnlich hatte Detlev sein Glück empfunden, als er die Hauptrolle des Johnny in Thornton Wilders „My heart's in the highlands" erfolgreich zu Ende gebracht hatte: *Jetzt kann ich zufällig sterben. ... Ich kann nie wieder vergessen werden.* (Grünspan, 172) Kunst ist Wiedergeburt in der Sphäre des Ewigen, Transsubstantion des endlichen Leibes im Reich des Unvergessenen und Unverborgenen (ἀλήθεια). Hier liegen die Wurzeln der Fichteschen Kunst. Sie ist die Profanform eines religiösen Verlangens, das aus der Erinnerung an die Verwebung in die mütterliche Chora hervorgeht.

Denn die Verschmelzung des Autors mit den Wörtern ist eine Nachbildung jener Symbiose des Körpers des Kindes mit dem der Mutter, worin die ältesten Spuren des Glücks liegen. Darum ist das Ende eines Romanprojekts immer eine ambivalente Situation: der Autor zeigt sich gewandet in seine Wörter. Er erlebt ein ekstatisches Glück von Existenz. Und er wird dennoch vom Ende des Romans ausgeschlossen und hinausgestoßen aus dem Schutzmantel des Schreibens, der in immer weiteren Romanprojekten stets neu gewoben werden muß (*... weil ich Angst habe, mit dem Buch Schluß zu machen*, Palette, 330). Die Koinzidenz von Romanende und Tod des Autors – von vielen Literaten wird er als „kleiner Tod" tatsächlich erlebt – diese Koinzidenz wäre *der beste Abschluß* (Palette, 336): Verewigung des narzißtischen

---

[1] Vgl. die Parallelen zu Jean-Paul Sartre: Die Wörter. Reinbek 1965.
[2] Michel Foucault: Was ist ein Autor? In: ders.: Schriften zur Literatur. Frankfurt/M. – Berlin – Wien 1979, S. 11f.

Glücks, das im Kleid der Wörter erlebt wird. Leben ist Schreiben, weil Schreiben das Wiederholen des mütterlichen Körpers ist, der das Leben ist. Leben ohne Schreiben ist ein unerträglicher Mangel an Sein, das Erleiden einer furchtbaren Abwesenheit.

Selbstmord..., weil das Leben aufhört, wenn ich mit dem Buch Schluß mache (Palette, 336). Insofern jedes Romanende den Autor verstößt, entstehen die Ängste des Untergangs, die im Projekt eines unendlichen Schreibens stillzustellen versucht wird. So erwählt sich der Autor am Ende des Romans ‚Palette' als Emblem nicht mehr die Palette des Malers, sondern den Tintenfisch (Palette, 343): die niemals zu beendende Schrift ist die zu Tinte gewordene Spur der Mutter.[1]

Was es heißt, ohne solche Abwehrmechanismen ausgeliefert zu sein, das wird im ‚Waisenhaus' durchexperimentiert und liefert den Grund für die Suche nach Sprache, die das Ich ummanteln soll. Es ist dies ein Experiment an der letzten Grenze von Subjektivität. Nicht nämlich ist die Wurzel von Subjektivität die Autonomie, sondern die Preisgegebenheit: so wenig im Anfang das Wort war, wie die Bibel uns überredet, so wenig war im Anfang etwa Freiheit, Unabhängigkeit, Selbstbestimmung, sondern diese sind späte Erwerbungen des Individuums unter günstigen Entwicklungsbedingungen.

Die Gewalt und die Folter sind die immer wieder unternommenen Versuche, die subjektkonstitutiven Abwehrmechanismen eines Menschen zu zerschlagen und ihn unter die Grenzen des Menschlichen auf die Stufe des Unterworfenseins zu drücken. Auf diesen Punkt kommt das Fichtesche Werk immer neu zurück.

8. Ikonologie der Tortur und der Anatomie

Worum es hierbei geht, das möchte ich einführen durch eine Reihe von Bildern. Das erste ist das Gemälde „Die Schindung des Sisamnes" (1498) von Gerard David (1460 – 1523). Das Bild hängt heute in Brügge im Groeninge-Museum.

Aufmerksam wurde ich auf das Bild durch den Psychiater Leo Navratil, der in verschiedenen Büchern sich mit dem Problem von Kunst und Schizophrenie beschäftigt hat.[2] Was liegt diesem Bild zugrunde? Es ist eine Legende, die Hubert Fichte kannte. Das Gemälde ist der zweite Teil eines Diptychons „Das Urteil des Cambyses". Dessen Geschichte wird in die europäische Tradition eingeführt von Fichtes ‚Freund' Herodot. Die Legende erzählt vom persischen König Cambyses, der seinen Richter Sisamnes enthäuten läßt, weil er sich zu einem ungerechten Urteilsspruch bestechen ließ. Mit der Haut des Sisamnes wurde der Richterstuhl bespannt und dessen Sohn zum Nachfolger bestimmt (Herodot V, 25). Wenn dieses Diptychon vom Rat der Stadt Brügge in Auftrag gegeben wurde und die Schöffenkammer zierte, so sind diese Bilder offensichtlich als allegorische Exempel des Rechts verstanden worden. In der

---

[1] Aus diesem Verlangen geht die Idee des Absoluten Buches hervor, das Mallarmésche „Le Livre", das in der ‚Palette' (331) schon kryptisch benannt ist – die Idee also des roman fleuve oder roman delta. Vgl. dazu S. 401ff. dieses Buches.

[2] Leo Navratil: Folter ohne Gefühl. In: F. J. Raddatz (Hg.): Das ZEIT-Museum der 100 Bilder. Frankfurt/M. 1989, S. 235ff.

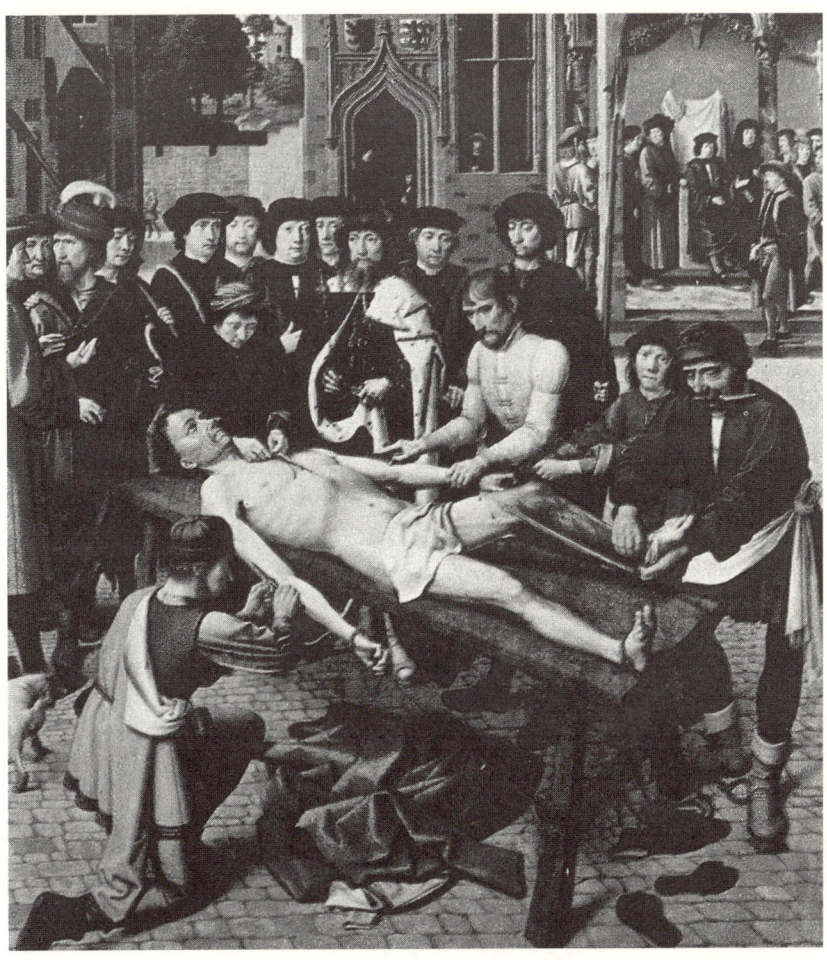

Abb. 8. Gerard David: Die Marter des Sisamnes. 1498.
Groeningemuseum Brügge.

Folter des Enthäutens bei lebendigem Leib triumphiert das Recht. Gestaltet wird diese Legende dabei nicht als als exotische, persische Tradition, sondern diese ist das Medium, in welchem die Rechtsauffassung der Stadt ein ganz und gar gegenwärtiges Denkmal erhalten sollte.

Die Enthäutung wird öffentlich, auf einem Platz, vor aller Augen vollzogen. Das Bild ist nach vorne, zum Publikum, zum Volk hin geöffnet. Dominant ist die Aufsicht auf die Szene, die, abgeschlossen durch die Gruppe der Honoratioren, in ein leicht hochgestelltes Oval geordnet ist: Präsentation für den Betrachter, den eigentlichen Adressaten des Strafspektakels. Der Betrachter nimmt bei dieser Zeremonie den

Logenplatz ein. Um ihn also geht es zuerst; er hat eine Lektion zu lernen. Auf der leicht nach links versetzten Mittelachse steht, überwölbt durch das spätgotische Torportal, der Regent Cambyses mit den Herrscherattributen des Zepters, der Kette und des Hermelinmantels. Hand- und Fußhaltung entspricht der Pose des Herrschaftlichen: gravitätisch und entspannt zugleich – im völligen Gegensatz zum verzerrten Ausdruck, den verkrampften Händen, dem gefesselten Leib von Sisamnes, auf dessen – falsches – Herz die Linie des Zepters weist. Durchs Herz auch verläuft die durch Arme, Hände, Brust- und Kopfpartie gebildete Mittelwaagerechte. So wird das Oval der Szene durch ein Linienkreuz gegliedert, dessen Mitte im Herz des Sisamnes liegt: das böse Zentrum des Unrechts im Fadenkreuz des Rechts, das in der Qual des Verurteilten vermittelt und über ihn triumphierend erhoben wird.

In der rahmenden Gruppe der Honoratioren, Richter, Ratsherren, Wachen spiegelt sich die ernste Konzentration und Gravität des Herrschers. Keine mittelalterlichen Schema-Gesichter, sondern individualisierte Physiognomien, die gleichwohl zusammenstimmen in der überpersönlichen Unberührtheit, die sie sämtlich zu Ausdrucksträgern des strengen Rechts macht. Die Apathie der Blicke, auf den Körper des Sisamnes, in die Ferne gerichtet oder untereinander getauscht, ist ein Zeichen der absoluten Kluft, die in diesem Augenblick zwischen dem Verurteilten und den Umstehenden aufgerissen wird. Nichts verbindet die Umstehenden mit dem Verurteilten, nichts soll sie verbinden mit Sisamnes, dessen Mantel unter dem Tisch zwar noch anzeigt, was er war: einer der ihren. Nun aber in nackter Preisgebenheit ist er das subiectum schlechthin der Szene, während das Zeichen seiner ehemaligen Würde, der Mantel, (auf den Boden) ‚gefallen' ist. Der Mantel bezeichnet den ‚Fall' des Sisamnes, mit dem nichts mehr die Umstehenden gemein haben, auf daß gerade dadurch ihre Gemeinschaft um so dichter zusammenstehe.

Im hellsten Licht der geschundene Körper des Sisamnes, Objekt einer versachlichten Arbeit, sei diese Folter, Anatomie, Chirurgie, Rechtsvollzug. Die Kleidung der drei Henker und des Helfer-Jungen entspricht keiner Kleiderordnung, so daß sie eigenartig unbestimmt bleiben. Was immer sie auch sind, Henker, Arzt oder Metzger, ihr konzentrierter Ernst und ihre festen genauen Hände zeigen jedenfalls Fachleute an, deren Arbeit von David eigenartig betont, jedoch zugleich in einer semantischen Schwebe gelassen wird: so, als sei diese Arbeit am Fleisch eines Menschen unbestimmt zwischen gefühlloser Brutalität und sachlicher Apathie, die erforderlich wurde, als die Ärzte begannen, den Raum diesseits der Haut systematisch und fachgerecht freizulegen, ins Licht der Sichtbarkeit zu rücken, wie es, eben auch, hier geschieht. 45 Jahre vor „De humani corporis fabrica" von Andreas Vesalius, dem Grundbuch neuzeitlicher Anatomie, verharrt das Bild Gerard Davids gleichsam unentschieden auf der Schwelle zur Neuzeit, wo die Unterschiede zwischen Strafvollzug, Anatomie und Folter dadurch homogenisiert wurden, daß alles mit gleicher Sachlichkeit und dem gleichen distanzierten Blick ausgeübt wird.

David trägt in sein Gemälde, dessen offizielle Absicht zweifellos das allgemeine Rechtsbewußtsein zur Geltung zu bringen hatte, weitere Züge einer Ambivalenz ein. Es scheint, daß der gequälte Körper nicht nur das siegende Recht zur Darstellung bringt, sondern ebenso auch ein Martyrium. So wie der Tisch eine Henkersbank und ein Seziertisch ist, so erscheint er – in Fichtes Sinn – zugleich als *Balkon*, als Ehrenplatz des Leidens, als Altar- und Opfertisch. Sisamnes ist Verbrecher und Opfer in eins. Dazu trägt wesentlich der einzige auf den Betrachter gerichtete Blick bei, der Blick des Jungen, der mit einem Strick den Arm des Sisamnes für die eben einsetzenden Schnitte des Henkers gestreckt zu halten hat. Dieser einzigartige Blick auf uns, die Betrachter, für welche die Szene eingerichtet ist, bringt ein dialogisches Moment ins Spiel, ein stummes Sprechen jenseits des zeremoniösen Rechts. Zwischen den Schindern – das Kind und die Geste seines Blickes: dies da, geqältes Fleisch, bist auch du. Halb verdeckt ist das Kind durch jenen Schinder, der am weitesten schon vorangekommen ist und, weil er beide Hände zum Abziehen der lebendigen Haut freihaben muß, das Messer zwischen den Zähnen hält: Zeichen äußerster Fühllosigkeit (bis heute werden Szenen ähnlicher Art aus Anatomiekursen erzählt).

Der Junge wird von David auch dadurch ‚bedeutend' gemacht, daß die Schrägen seiner Kopfbedeckung einen Pfeil bilden, der auf den zweiten Jüngling des Bildes zeigt: den Sohn des Sisamnes, der im Hintergrund feierlich introdoziert wird in das Richteramt seines Vaters, dessen Haut wie ein Laken über die Lehne des Richterthrons drapiert ist.

Was für eine Szene! Zur Sicherung der Rechtskontinuität wird nicht nur der Körper des Vaters zerschnitten, sondern auch jede familiale Bindung des Sohnes an den Vater durchtrennt. Die Einschwörung auf das Gesetz heißt Abstraktion von jeder lebendigen Beziehung, in der sonst einer stehen mag. Eben das setzt noch einmal jene Apathie in Szene, in der auf diesem Bild alles anzukommen scheint – abgesehen von jenem seltsamen Blick des Kindes, der im Gegenteil ein Befremden, ein Schaudern, ein Mitleiden ins Spiel bringt, das den Körper des Sisamnes sympathetisch einschließt. Vor allem durch diesen Blick wird der Delinquent auch zum leidenden Opfer, das den Blick (als einziger) zum Himmel wendet – ein von allen Verlassener, wenn nicht zwischen dem Jungen, dem Betrachter und dem schmerzzerfurchten Flehen des Gesichts von Sisamnes eine ‚eigene Wendung' entstünde, wofür der Ausdruck fehlt.

Gewiß hat Leo Navratil recht, wenn er in der Rührungslosigkeit der übrigen Gesichter eine Abspaltung entdeckt, eine Ich-Demarkation, die verhindert, daß sympathetische Gefühle sich mit jenem Körper verbinden, der vollständig zum Objekt sachlicher Arbeit und einer darin sich durchsetzenden Objektivität wird – sei's eine solche des Rechts, der Medizin oder der Folter. Doch ist diese Apathie des objektiven Geistes keineswegs durchgesetzt, sie bedarf hier noch der ‚Rahmung' durch die Macht, die das Recht ist, und sie wird zum Betrachter hin ungewiß: eine Ambivalenz entsteht, die vielleicht der ‚moderne' Effekt des Bildes ist, vielleicht auch Zeichen der Ambivalenz Davids selbst, der mit dem neugierigen Blick eines Forschers die Szene ‚anatomisiert' und durch das eigenartige Fließgleichgewicht der kompositorischen Zentren (Regent, leidender Sisamnes, Sohn, Schinder, Blick des Kindes) jede eindeutige Identifikation schwer bzw. zum Problem macht: wer bin ich im Verhältnis zum Angeschauten und den widersprüchlichen Botschaften und Ansprüchen, die davon ausgehen?

Als Rembrandt seine „Anatomische Vorlesung des Dr. Nicolaes Tulp" 1632 fertigstellte, ist die Verwissenschaftlichung der Anatomie bereits weit fortgeschritten.[1] Aus dem öffentlichen Strafspektakel mit seinen Schindungen und Zerstückelungen ist das Theatrum Anatomicum geworden, Schaustellungen des Arztes coram publico. Neben der Folter-Ikonographie der Straf- und Märtyrerszenen hat sich die Sektion als Bildthema etabliert. Die Anatomie ist nicht Ausdruck des objektiven Rechts oder des religiösen Opfers, sondern allein der new sciences und ihrer profanen Rationalität. Noch teilen sich Kunst und Wissenschaft dieses Feld: stellt der Anatom auch seine Kunst (als ein anderer Gott) aus, so ist der plastische Künstler – spätestens seit Leonardo – auch ein Anatom: ins Geheimnis der Schöpfung an jener Stelle eindringen, an der Gott die fabrica naturae zu höchster Komplexität verdichtet hatte – dem menschlichen Körper. Andreas Vesalius wird auf dem Titelholzschnitt zu seinem epochalen Werk gezeigt mit einer präparierten Hand, selbstbewußt aus dem Bild auf den Betrachter blickend: er hat, galenischer Tradition gemäß, das Geheimnis jenes kunstreichsten Instruments freigelegt, das den Menschen auszeichnet und zur Schöpfung einer zweiten (zivilisatorischen) Welt befähigt. Die Künstler ihrerseits schaffen

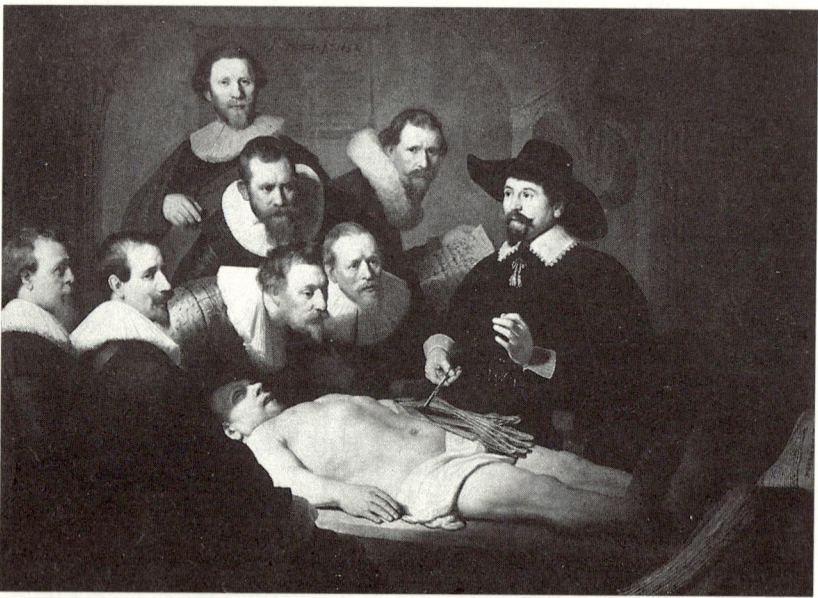

Abb. 9. Rembrandt: Anatomische Vorlesung des Dr. Nicolaes Tulp. 1632.
Mauritshuis Den Haag.

---

[1] Zum folgenden vgl. Klaus Mollenhauer: Der Körper im Augenschein. Rembrandts Anatomie-Bilder und einige Folgeprobleme. In: D. Kamper/ Chr. Wulf (Hg.): Der Schein des Schönen. Göttingen 1989, S. 177–203.

sich schon im 16. Jahrhundert wächserne Muskelmodelle, sogenannte Ecorchés, d.s. geschindete Körper – wie Sisamnes –, an denen die anatomisch richtige Lage und das Spiel der Muskeln für die – dem göttlichen Schaffen gleichrangige – Kreation von skulpturalen Körpern studiert werden konnten.

Dr. Tulp auf Rembrandts Gemälde hat soeben jene als differentia specifica zum Tier geltende Hand des Toten freigelegt; er demonstriert seinen Kollegen – und dem unsichtbaren Publikum – mit der präparierten Hand nicht nur metonymisch den ganzen Menschen, sondern zugleich sich selbst in der prätendierten Würde eines Souveräns im Reich der Natur. Der Arzt – im cartesischen Geist (Descartes lebte von 1629–1648 in Holland) – beansprucht im anthropologischen Feld ein Monopol, nicht nur gegenüber den Vivisektionen in den Märtyrer- und Strafritualen, sondern auch gegenüber der tradierten Welt der Bücher: das zu Füßen der Leiche aufgestellte Buch symbolisiert, daß alles Bücherwissen der experimentellen Anatomie, der Empirie also unterworfen wird. Vom Tode her, von toter Materie erschließt sich, in der Anatomie des Körpers sowie in der Astronomie, das Wissen vom Aufbau der Natur. Im kleinen wie im großen: ein Zusammenhang. Die ruhige Souveränität Tulps kontrastiert mit der dramatischen Gespanntheit der umgebenden Gesichter und verleiht der anatomischen Szene ihr Pathos. Die Leiche ist ähnlich wie bei David in Schräglage aus leichter Aufsicht postiert, ebenfalls eingelagert ins Oval der Umgebungsfiguren; freilich ohne Hintergrund, aber im scharfen Strahl des Lichts – die Szene ist absolut konzentriert: das Stück, das hier gegeben wird, ist nichts als reine Wissenschaft, in ihrem dramatischsten Kern. Freilich gibt es auch hier, wie bei David, eine Irritation. Die am höchsten plazierte Person – es ist von Loenens –, läßt ihren Blick auf dem Betrachter ruhen und lenkt dessen Blick durch die zeigende Hand auf die Leiche. Dieses dialogische Moment integriert wie bei David den Betrachter ins Bild, adressiert die Szene und überschreitet den Bezirk des profanen Wissens durch das „Ecce homo" von Blick und Geste, so daß nun eine doppelte, widersprüchliche Identifikation ins Spiel kommt, Identifikation mit der Souveränität des Arztes oder der Wissensbegier der Umstehenden **und** Identifikation mit der Leiche selbst, die hier (noch) anstelle des Betrachters liegt. Solches unmittelbares Betreffen löst bei David die Gravität und hier die innerweltliche Souveränität des Experimentators der Schöpfung auf bzw. bildet deren Gegenpart. Plötzlich wieder wird die Sezierbank zum Opfertisch und die Leiche zum Opfer (wie Sisamnes) einer in aller ihrer Würde vielleicht doch inhumanen Praxis, deren preisgegebenes subiectum ‚ich' selbst, der Betrachter (oder der Maler), werden könnte.[1]

In der Geschichte der medizinischen Abbildung, wie sie Marielene Putscher dokumentiert hat[2], wird der spektakuläre und pathetische, der künstlerische und der metaphysische Zug aus den Ikonographien der Anatomien zunehmend verschwinden: darin vollzieht sich die endgültige Trennung von Subjekt und Objekt, die nichts verbindet außer das Wissen, das sich vom Objekt bildet. In den Ritualen der öffent-

---

[1] Zu dem Gemälde von Rembrandt „Die Anatomie des Dr. Deyman" vgl. den Abschnitt „Warum malte Rembrandt?" auf S. 199ff. dieses Buches.
[2] Marielene Putscher: Geschichte der medizinischen Abbildung. 2 Bände. München 1972.

lichen Pönitenz und des frühen Theatrum Anatomicum war noch spürbar, daß charakteristisch neuzeitliche Disziplinen erst durchgesetzt und eingeübt werden mußten, um den Schrecken „unter der Haut" (B. Duden), das Zurückschaudern vor dem Eindringen in den verwandten Körper, vor der Zerstückelung, ja der Vivisektion zu beherrschen. Zwischen Gerard David und Rembrandt wird in der bildnerischen Gestaltung wie in dem gestischen und blickmäßigen Dialog zwischen Bildbetrachter und Bild noch spürbar, daß der geschindete oder anatomisierte Körper als Opfer gesehen wird, das mitleidende Erschütterung und Selbstreflexion des Betrachters auslöst. Gegen solche sympathetischen Gefühle, die einen Zusammenhang von eigenem und fremden Körper, aber auch einen Zusammenhang von Leib und Seele sowie von Leib und Selbstreflexion begründen, sind die dargestellten Personen der Folter- und Anatomieszenarien abgedichtet. Ihr gravitätischer Ernst, ihre sachliche Neugier oder ihr zelebriertes Können basieren auf einer Apathie, die die affektive Voraussetzung für die Abstraktionsleistungen darstellt, welche sowohl in der Inszenierung des Rechtsystems wie im Triumph der experimentellen Rationalität herrschen. Die Souveränität des Regenten, der das Recht inkarniert, wie diejenige des Anatomen, der die Wissenschaft repräsentiert, beruht auf dem Vermögen, ungerührt und unbeteiligt die Tortur des Leibes und die Zerstückelung der Leiche ins Werk zu setzen. Gerade die Auslieferung des lebendigen oder toten Fleisches des Anderen begründet eine Form des Subjekts, das durch radikale Trennung vom Leib erst seine Größe und Unwiderstehlichkeit findet. In gewisser Hinsicht findet in den Bildern eine Inszenierung des cartesianischen Dualismus statt: indem das Fleisch, in seiner endlosen Zergliederbarkeit, zur res extensa, zum bloßen Körper-Ding entäußert wird, erzeugt sich, über das Feld des Wissens, das dieser Körper herzugeben hat, oder über das abstrakte Recht, das der vivisektierte Körper zur Aufführung bringt, erst der Geist als körperlose res cogitans, der zum souveränen Regisseur der Welt der Körper sich aufschwingt.

In der Geschichte der anatomischen Ikonologien, soweit sie in wenigen Beispielen angedeutet wurde, zeigt sich dabei eine wachsende Versachlichung der Darstellungen der zerstückelten Leichen, auch eine zunehmende Entästhetisierung, die man im 16. und 17. Jahrhundert noch durchgehend findet. Der Anatom tritt aus der Szene heraus und das Präparat erfüllt den Bildraum allein. Das heißt auch, daß die Effekte der Theatralität, die in den Anatomie-Ritualen ebenso wie in den Folter-Ritualen herrschte, zunehmend überflüssig wurden, jene Effekte nämlich, die durch szenische Ritualisierung von angst- und ekelerregenden, mitleid- und schreckensauslösenden Akten der Körperzerstückelung noch lange wiederholt und aufrechterhalten werden mußten, bis das Zerstückeln des Körpers zu einem profanen und professionalisierten Akt innerhalb eines Systems des Wissens oder des Rechts wurde. Dann ist die historische Stufe erreicht, wo die zivilisatorische Affektmodellierung in Richtung auf Anästhesierung und Apathie – als den Idealen des sachlichen Menschen – so allgemein wurde, daß der Folterer wie der Anatom, bei aller Differenz ihrer Motivlagen, ihr Handwerk in der gleichen professionellen Kühle betreiben konnten wie irgendein Ingenieur seine Arbeit am anorganischen Material. Eben dieser Wandel von einer noch metaphysischen Theatralität des Straf- und Anatomiespektakels zur technischrationalen Vergegenständlichung des Körpers spiegelt sich im Verschwinden des Szenischen, des teilnehmenden oder betroffenen Beobachters und des zeremoniösen Anatomen aus den Bildern, die deswegen am Ende keinerlei Anschlußmöglichkeiten für die Gefühle des Bildbetrachters mehr enthalten.

Freilich hatte diese Ent-Emotionalisierung eine Kehrseite. Denn nicht ohne pathologische Verzerrungen und abwehrende Verdrängungen lassen sich aus dem bewußten Gefühlshaushalt und der bewußten Wahrnehmungswelt diejenigen elementaren Ängste und erschütternden Sympathien ausschließen, die ursprünglich mit dem Angesicht des gemarterten, enthäuteten, zergliederten menschlichen Körpers verbunden sind. Ich sage „ursprünglich" zu diesen Gefühlen, weil, auch jenseits der psychoanalytischen Forschung, die vergleichende Religionswissenschaft und Ethnologie in den meisten Kulturen auf archaische Mythologien und Riten gestoßen sind, in deren Mittelpunkt der zerstückelte Körper steht.[1]

Man kann es für ein neuzeitliches Charakteristikum halten, daß in unserer Zivilisation psychomental, seit dem Versinken der Alchemie, in welcher die Begegnung mit dem Phantasma des zerstückelten Körpers noch einen zentralen Platz hatte, und sozioinstitutionell seit dem Verschwinden der theatralisierten strafrechtlichen und medizinischen Zerstückelung –, daß es seitdem keinerlei rituell geschützte Erfahrbarkeit dieser archaischen Angst gab. Die Angst vor Zerstückelung aber hat etwas anfängliches, weil sie leib- und psychogenetisch an der frühesten Grenze des integrierten Körperselbst angesiedelt ist. Gewiß ist jenes Verschwinden der Zerstückelungsriten als Gewinn der Humanität zu verbuchen, auch wenn zu bemerken bleibt, daß die Abschaffung der Zerstückelungs-Spektakel keineswegs verhindert hat, daß Folter und maschinal versachlichte Tötung im welthistorischen Maßstab, vom zivilisierten Europa ausgehend, sich dennoch vervielfältigten, statt zurückzugehen. Ja, das Verschwinden der rituellen Einbettung des Zerstückelung-Phantasmas hatte vermutlich sogar zwei einschneidende Folgen, die vielleicht erschreckender sind als die im Zeichen der Humanität überwundenen alten Zerstückelungs-Praktiken. Zum einen nämlich wurde die Zerstückelung zu einer generellen und abstrakten Struktur, insofern auf sämtlichen Ebenen seines Daseins der bis ins feinste zerlegbare, segmentierbare Mensch es ist, der sich als derjenige erweist, der am besten an die funktionsdifferenzierten Sozialorganisationen der Gesellschaft angepaßt ist. In einem mehr als nur metaphorischen Sinn läßt sich behaupten, daß die gar nicht mehr physisch arbeitenden Maschinerien der modernen Macht sämtlich den zerstückelten Menschen zur Voraussetzung haben. Dessen philosophisch als Existenzial ausgezeichneten Ängste beruhen darauf, daß die Angst vor der Zerstückelung eigentümlich unbewußt und dunkel, dafür umso universeller und wirksamer geworden ist. Und zum zweiten hat das Verschwinden der öffentlichen Riten der Zerstückelung zur Folge, daß deren Erfahrung notwendig exterritorial wurde, das heißt: als obsessionelle Phantasien, neurotische Störungen, rational unbewältigte Affektschübe dem Individuum aufge-

---

[1] Vgl. dazu H. Böhme: „Eine Schematisierung der Zerstückelungsphantasien". Über einen Ursprung der Fichte'schen Literatur. In: FORUM Homosexualität und Literatur H. 10, 1990, S. 5–21.

lastet wurde, von dessen jeweiliger Kraft es abhing, inwieweit es diesem Imaginären ausgeliefert blieb, es ausagieren oder rigoros verdrängen mußte.

Wenn dies so ist, verwundert es nicht, daß nicht nur in der Psychoanalyse die Angst der Zerstückelung aus dem Unterbewußten der Individuen wiederentdeckt wird, sondern auch die moderne Kunst, literarisch wie bildnerisch, den zerstückelten Leib immer wieder thematisiert. Und es verwundert nicht, wenn bei einem Autor wie Fichte, dessen primärer Schreibimpuls die Angst und der Körper ist, der lädierte Leib zu einer Art Urerfahrung wird, die sein Schreiben bestimmt. Dabei zeigt sich, daß die Literatur bei der Annäherung an das Trauma der Zerstückelung die Funktion einer schützenden Abwehr hat, also jene Aufgaben übernimmt, die in vormodernen Gesellschaften die Riten, besonders die Riten der Angstbewältigung hatten. Ferner ist aufschlußreich, daß Fichte das Phantasma der Zerstückelung fast durchweg an den Stellen aufsucht, wo es in der Geschichte erfahrbar wurde: im Krieg, in der Anatomie, in der Medizin, in der Folter, im Mord, in religiösen Riten, ferner aber auch in bestimmtern sexuellen Perversionen, sowie schließlich, lebensgeschichtlich gesehen, in Lagen extremer Angst oder, sozial gesehen, in Lagen extremer Armut, also in Gesellschaften, in denen verkrüppelte Menschen zum alltäglichen Straßenbild gehören. Fichte bindet also das Trauma der Zerstückelung wieder an die Erfahrung der Betroffenen. Damit gewinnt er jene Dimension der Selbstbefragung des Betrachters angesichts des zerstückelten Körpers zurück, wie sie in den Bildern des 16. und 17. Jahrhunderts noch präsent war, dann aber aus der Bildästhetik, im Zeichen der Versachlichung, ausgeschieden wurde. Es ist diese selbstreflexive Struktur, welche die Auseinandersetzung mit Qual, Angst und Körperpein eine anthropologische Dimension gewinnen läßt. Es ist diese lebensgeschichtliche Anbindung, die das Zerstückelungstrauma in seiner subjektformierenden Kraft erscheinen läßt. Und es ist schließlich die Verbindung von Zerstückelung mit Situationen sozialer Gewalt, die diesem Trauma wieder seinen Ort in den gesellschaftlichen Machttechniken zurückgibt.

9. Marter im Waisenhaus

Eine kurze Übersicht über die Zerstückelungs-Motivik soll diese Behauptungen demonstrieren. Im ‚Waisenhaus'-Roman wird die religiöse Dimension der Zerstückelung erkennbar bei der Auseinandersetzung Detlevs mit dem Märtyrinnen-Bild der Stadtpfarrkirche (Waisenhaus, 42–4, 56, 61, 63)[1] oder in seinem Nachempfinden des Körperschmerzes des gekreuzigten Christus (Waisenhaus, 24/5). Zur religiösen Stufe des Zerstückelungstraumas zählt ferner, daß Mater Cäcilia Detlev in einer Art Initiationsritus heilige Märtyrerknochen zeigt (Waisenhaus, 54). Die Folter-Phantasien Detlevs über den Klasel (Waisenhaus, 138ff) gehören einer noch älteren, dämonisch-animistischen Schicht an, ebenso wie seine Ängste, daß des Nachts unter

---

[1] Ein solches Bild konnte in der Stadtpfarrkirche von Schrobenhausen nach Auskunft von Reinhold Koller nicht nachgewiesen werden.

seinem Bett Körperfragmente oder aus Chausseegräben heraus Knochen, Leichenteile und nackte Tote emportauchen könnten (Waisenhaus, 56, 61, 74, 142). Religiösen Hintergrund haben auch Detlevs Ängste, daß auf der Rückseite des Altars Knochen und Köpfe der Heiligen in Schachteln aufgehängt seien und Augen *in Spinnweben hingen wie die Marmeln in Gazesäckchen* (Waisenhaus, 95).[1] Letzteres ist ein Deckbild dafür, daß Detlev hinter dem Altar abgeschnittene Geschlechtsteile aufgehängt vermutet. Anna schließlich prophezeit Detlev die Höllenstrafe des Schindens und Abhäutens, ehe er durchs Himmelstor käme (Waisenhaus, 62). So lebendig ist in der Phantasie der Kinder die Ikonologie christlichen Märtyrismus.

Zur Ebene physischer Gewalt gehören Folter und Mord, direkt mit Zerstückelung verknüpft, etwa der historisch verbürgte Mord des Knechtes an dem Bauern, seiner Frau und allen sieben Kindern, denen er den Hals abschneidet (Waisenhaus, 31)[2]; oder die Kinderphantasie (als Reflex faschistischer Propaganda), die Polen sägten *deutsche Kriegsgefangene mit der Bandsäge entzwei* (Waisenhaus, 31).

Zur Ebene der Kriegsgewalt gehören alle Phantasien, in denen Detlev Bombenangriffe und Schlachten so phantasiert, daß Städte und Felder mit Leichenteilen übersät, die Gefallenen *kaputt* (Waisenhaus, 66) seien wie zerschlagene Puppen oder Bauklötzer (Waisenhaus, 52); daß die Hauptleute die Körperfragmente der gefallenen Väter auf den Feldern zusammensuchen müßten, Haare, Haut, Brustbeutel, Uniformteile, Hände, Füße, abgerissene Köpfe, zerbrochene Stirnen, Augen (Waisenhaus, 67, 149). Selbst in Hamburg, der Stadt des großväterlichen Gartens und der goldenen Elbe, fürchtet Detlev die Knochen im Graben zwischen Lokstedt und Eimsbüttel aus einem früheren Krieg emporwachsen. Unter der Erdoberfläche, unter Chausseen, in Gräben, Särgen, hinter Altären, in Schachteln, Schreinen, unterm Bett, im Keller, im Abortloch – überall ist eine einzige Leichengruft, ein unterirdisches Pandämonium von zerstückelten Körpern, die erwachen könnten. Der Krieg und die Religion sind die großen Maschinerien der Körperzerstückelung; und für das siebenjährige Kind bilden sie den Hintergrund, der seine Vernichtungsängste in einem gewaltigen Echo widerhallen läßt.

Das Krankenhaus in Scheyern bringt Detlev mit der medizinischen Sphäre des Zerstückelungs-Traumas in Berührung. Hier sieht Detlev das erste Mal einen *halben Mann* (Waisenhaus, 152). Noch im Roman ‚Der Platz der Gehenkten' kehrt dieses Bild des halbierten Krüppels zweimal wieder (Platz, 77, 121), wie überhaupt Fichte niemals losgelassen wird davon, daß ihm in den Krüppeln Afrikas wie in den Gefolterten der karibischen und südamerikanischen Regimes real entgegentrat, was zur Phantasmatik seiner Kinderjahre gehörte. Nichts konnte 1942/43 in den Visionen des Kindes erscheinen, was nicht in der Wirklichkeit seine Deckung fand und noch heute findet. Zur Geschichte der Empfindlichkeit dieses Autors gehört die Entdeckung, daß die Zerstückelung nicht bloß ein Phantasma in den Tiefen seiner Kindheitsgeschichte

---

[1] Nach Recherchen von Reinhold Koller handelt es sich hier um eine Anspielung auf die Gebeine des Hl. Alexander, die in der Stadtpfarrkirche in einem Reliquienschrein hinter Glas zu sehen waren.

[2] Dazu Alexandra Koller a.a.O. S. 13/4.

ist, sondern daß der lädierte und geschundene Mensch eine gesellschaftliche Realität von ubiquitärer Verbreitung ist.

Hier nun, im Scheyerner Krankenhaus, die amputierten oder mit Gips und Klebstoff zusammengeflickten Körper, seltsame Halbnaturen aus Mensch, Tier und Gestell: *Auf den Fensterbänken lagen Arme und Beine wie weißangestrichene Bauklötzer oder weißgekalkte Elefantenbeine – rosa Finger und rosa Zehen klebten in den weißen Balken, den Pelikanflügeln auf Gestellen, Drahtvorrichtungen.* (Waisenhaus, 52, 137/8). Auch das Krankenhaus ist ein privilegierter Ort des zerstückelten Leibes.

In späteren Romanen hat Fichte sich den Szenen der Angst im ‚Waisenhaus' immer wieder angenähert. Die Krankenhaus-Erfahrung mit den Kriegsverletzten und die Phantasie eines Bombenangriffs auf München wird im Roman ‚Detlevs Imitationen „Grünspan"' wieder aufgenommen, wenn es um die Schilderung des Bombenangriffs auf Hamburg 1943 geht. Die medizinische wie kriegsbezogene Seite der Zerstückelung sind insofern verbunden, als in das Zentrum des Romans die Sektionsberichte des Eppendorfer Professors Siegfried Gräff rücken, der den massenhaften Anfall von Schrumpfleichen zu einem Probierfeld der Anatomie verwandelt; seine Sektionsberichte werden für Fichte zum Zeugnis einer in der faschistischen Medizin triumphierenden Apathie, welche alle Gefühle für die verbrannten und anschließend zerstückelten Körper überdeckt (Grünspan, 33 – 56).

Noch einmal braucht Fichte Jahre, bis er in Bahia de Todos os Santos an wirklichen Leichensektionen teilnimmt oder in Haiti an Hoden- und Gehirnoparationen. Damit endgültig hat Fichte, in einem fernen Land, sich dem Zentrum seines Kindheitstraumas angenähert und sich zugleich davon entfernt.

10. Spaziergang nach Aichach

Animation und Deanimation

Detlev weiß nicht, warum er und Anna nach Aichach geschickt worden sind. (Waisenhaus, 55). Die Schwestern schicken sie fort, weil Anna Epileptikerin und Detlev Halbjude ist; eine Inspektion wird erwartet. Man fürchtet, daß die gefährdeten Kinder abgeholt werden könnten wie der autistische Peter –: Psychiatrie, KZ, Tod.

Die Kinder wissen nichts. Und, als wüßten sie doch, weil Kinder oft die verharmlosenden Erklärungen als Kaschierung einer Angst empfinden, die um so namenloser wird, als ihnen der reale Grund vorenthalten wird –: in der Ahnung also einer unbestimmten Gefahr erleben sie unterwegs ein Purgatorium der Angst. Die Angst trägt katholische Züge und offenbart zugleich die Todestorturen, die im KZ, von dem sie nichts wissen sollen, auf sie warten würden, wenn sie in Scheyern geblieben wären.

Gleich zu Anfang schiebt sich das Bild der drei Märtyrerinnen aus der Stadt-Pfarrkirche vor die sonnendurchflutete Mittagslandschaft, die Detlev zu einem weggerückten Bild erstarren läßt (Waisenhaus, 56). Dieses zur nature morte geronnene Mittagsgleißen entsteht aus einem von Detlev des öfteren angewandten Abwehrmechanismus, nämlich dem der Deanimation. Indem Detlev alles zum reglosen Bild erstarren läßt, versucht er Distanz zu schaffen von dem geheimen Leben, das aus den Dingen ihn anfällt und seine Angst mobilisiert. Nicht ohne Grund geht dem deanimierenden Akt der Bildstarre eine Erinnerung voraus, die genau dem entgegengesetzten Mechanismus gehorcht: nämlich der Animation. Detlev, mit Anna auf der Chaussee wandernd, erinnert die Angst im Dunkeln, wenn die *Mutter ihn alleingelassen hatte* und er dem heimlichen Leben seiner Spieltiere ausgesetzt ist. *Die Hampelmänner bekamen riesige Nasen. Dem Teddybären quollen die Augen hervor.* (Waisenhaus, 56) Diese grotesken Metamorphosen spiegeln den Verlust von Wahrnehmungsidentität und Objektkonstanz. Das Kind vermag die Dinge sich nicht mehr vom Leibe zu halten: die Physiognomien zerfallen in Einzelteile, die sich beleben und aus der sonst kohärenten Gestalt des Körpers der Tiere herauswachsen – eine Verfratzung, die aus der Angst entsteht und sie zugleich steigert.

Diese dämonisierende Animation geschieht Detlev des öfteren; etwa, wenn Mater Cäcilias Mund *groß wie die Pforte der Liebfrauenkirche wird* (Waisenhaus, 54); oder wenn während der nächtlichen Teufelsszene die Gesichter Alfreds und Odels oder Joachims Rücken sich monströs verwandeln:

Detlev sah Alfreds Nase. Sie schwoll an. Sie wurde so groß wie der übrige Körper. Sie glänzte violett im Mondlicht. Dicke Büschel von Haaren wuchsen in den Nasenlöchern. Wenn Alfred atmete, fingen die Büschel an zu rasseln und zu klappern und Blut tropfte statt Rotz heraus. Auf der Oberfläche der Nase lagen die Adern, eine Ader neben der anderen, dick wie Gartenschläuche.
Detlev sah Odels Gesicht vor sich. Odels Nase verschwand. Die Augen quollen hervor. Vor Anstrengung entstand Schaum an den Rändern der Augen. Die Augen wurden groß wie Teller. Wie Emaille sprang die Haut von Odels Augen ab. Statt des schwarzen Tellerblechs trat rotes Fleisch in Klunkern hervor. Blut rann in dicken Tropfen über die Rundung der Augen in Odels nasenlosem Gesicht.
Detlev sah Joachims Rücken. Joachim hatte einen schwarzen Schwanz, unter dem Schwanz ein großes Loch. Das Loch verbreitete sich, bis es den halben Rücken einnahm. Blut floß daraus hervor. (Waisenhaus, 74)

Dies sind Körperfragmentierungen, die ikonologisch an Marter- und Folterszenen erinnern. Und es sind zugleich archaische Animationen, die jedem Dämonismus zugrundeliegen, insofern dabei ein Ding aus seiner Verankerung in der Welt herausgerissen wird, seine kontextuelle Einbindung und damit seine Ordnung verliert, folglich wild wird, nämlich zu einem aggressiven Eigenleben erwacht und sich dem ängstigenden Menschen terroristisch aufdrängt. Hier, in der Nacht der drei Teufel wird sichtbar, daß die Szene als Auslösereiz für eine viel ältere Angst wirkt: früher nämlich, wenn die Mutter das Nachtgebet sprach, das Detlev unter den Schutz der Engel stellen sollte (*Zwei zu meiner Rechten, zwei zu meiner Linken ...*), früher schon sah Detlev die Teufel aus dem Dunkel herausgucken. Die Engel halfen gar nichts dagegen, daß *die großen Nasen, die unzähligen riesigen Finger* sich *neben die Füße der Mutter* schoben (Waisenhaus, 74). Das wuchernde nächtliche Leben der losgerissenen Teile, das ist Dämonie. Sie beruht auf dem Mechanismus der Animation, bei welchem die Differenzierung von lebendig und tot ebenso wegfällt wie die Abgegrenztheit der

Objekte. Die Objekte zerfallen und aus jedem ihrer Teile schrickt ein geheimes Leben auf. Dieser kulturgeschichtlich wie lebensgeschichtlich frühe Mechanismus entsteht immer dann, wenn ein schwaches Ich, preisgegeben an mächtige Umwelten, zwischen den Objekten, zwischen Objekten und Phantasien, zwischen Ich und den Objekten, zwischen Teilen und Ganzem keine Differenzierungen mehr treffen kann, so daß aus allem der Dämon blitzt.

In Angstsituationen kann ein Kind dahin getrieben werden, diese Dämonie der Dinge umzukippen und sie zu deanimieren: dann wird alles starr, tot, mechanisch, ferngerückt – aber auch das Kind selbst, das die Deanimation der furchtbaren Dinge mit seiner eigenen Starre bezahlen muß. Autistischer Rückzug, Stillstellreflexe, Schweigen, Schizophrenie. Das Vertrauen in die Freundlichkeit der Dinge ist erfroren; das Ich traut seinen Wahrnehmungen nicht mehr, weil jedes Gesicht zerfallen und eine Fratze des Dämons daraus hervorspringen kann.

Die Dämonie des Klasels

In dem Jahr seiner Angst hat Detlev ständig mit Dämonien zu kämpfen. In keiner Szene wird dies so deutlich wie bei der Erscheinung des Klasels. ‚Klasel' ist ein Detlev unbekannter Ausdruck für den Heiligen Nikolaus.

Der Klasel schlug die Tür auf. Jetzt konnte Detlev nicht mehr weinen. Hinter seiner Stirn spannte sich alles – um seine Augen wurde alles hart und trocken. Detlev hätte sich gern umgedreht und wäre durch die Mauer hindurchgesprungen. (Waisenhaus, 141)

Charakteristisch ist auch hier die Angst als „gehindertes Weg!" (H. Schmitz), ein Fluchtimpuls, der nicht von der Stelle kommt und sich nach innen als Sturzflut von Bildern Bahn bricht:

Der Klasel hatte keine Augen, keine Nase, keinen Mund. Sein Gesicht bestand aus einer platten, käsigen, schlappenden Fleischmasse. An Stelle der Augen hatte er kleine Wülste ohne Augenweiß, ohne Pupillen, ohne Lider, ohne Wimper.
Er hatte nicht wie der Totenkopf auf den Tschakos große Löcher an Stelle der Nase. Seine Nase war ein kleiner Wulst ohne Nasenflügel, ohne Nasenlöcher. Er hatte keine Ohren. Statt der Hände guckten aus den Ärmeln schwarze Klumpen ohne Finger, ohne Fingernägel, ohne Haare auf den Fingern. Mit den beiden Klumpen hielt er einen Sack. Auf dem Kopf wuchs ihm ein Zopf aus Eisen.
– Er muß den anderen die Finger abschneiden und die Ohren und die Nase. Er muß den Unartigen die Augen ausstechen und die Fingernägel ausziehen.
Der Klasel trat einen Schritt in die Küche hinein. Er hatte keine Augen, er sah nicht den Anfang des Linoleums. Er fiel um wie ein Kran. Der Klasel lag mit seinem Käsekopf vor Detlevs Füßen.
Die Mutter faßte Detlev an der Hand und ging mit ihm aus der Tür.
Wenn es dunkel wurde, durfte die Mutter Detlev nicht mehr alleine lassen. Detlev fing an zu schreien. Detlev fürchtete hinter den Fenstern, unter dem Bett, im Ofen könnte der Klasel stecken. Detlev wagte sich abends nicht mehr vor die Tür. Im Dunkeln morgens hatte er Angst, wenn er bis zur Chaussee alleine gehen mußte, wo er die anderen Kinder traf. Die Angst am Morgen war nicht so groß. Die Nacht ging vorüber. Die Dunkelheit

wurde nicht mehr dicker und dicker, sondern sie verdünnte sich allmählich in das weiße Licht des Tages.
Auch am Tage fürchtete sich Detlev vor dem Kellerloch und dem Abortloch. Aus dem Abort hätte der Klasel hochtunken können mit seinem weißen Gesicht, das aussah wie das Fleisch an den Beinen von Sepps Vater.
Die Mutter sagte:
– Der Klasel war kein Klasel. Es war der Knecht von nebenan. Er hatte eine Kuhglocke und eine Brunnenkette. Vor seinem Gesicht hing das Melktuch. Hab nicht solche Angst, sei ein tapferer Junge. Du hast doch gesehen, daß es ausrangierte Gardinenlappen war.
(Waisenhaus, 142/143)

Hier finden wir eine Urszene der Angst Detlevs. Aus dem Unbekannten prallt eine Erscheinung in Detlevs Wahrnehmung, ein entstellter, geschundener und zerstückelter Körper, der seinerseits das Kind mit Folter und Zerstückelung bedroht. Mager nimmt sich neben diesem Grauen die realistische Erklärung der Mutter aus. Und doch geht davon eine der wichtigsten Bewegungen des Romans, ja des Gesamtwerks von Fichte aus. Nämlich: der Klasel ist ein Klasel und ist kein Klasel, ist der Knecht von nebenan. Was also ist der Klasel? Das ist eine Erkenntnisfrage, die ihre zarte und doch widerständige Kraft **zwischen** dem Pandämonium der Angst und der rationalisierten Aufklärung entfaltet. Denn es ist unübersehbar, daß der Angststurz Detlevs zu lesen ist wie eine Allegorie der Begegnung mit unbekannten, angsterregenden Riten und deren postskriptiver Aufklärung. Also eine Allegorie von Magie und Wissenschaft, von Alienation und Aneignung, von rituellen Phantasmatiken und Rationalität, **zwischen** denen das Schreiben Fichtes seinen Ort sucht. Aber nicht erst das Schreiben.

Denn es gehört schon zum eigensinnigen Mut Detlevs, in der Preisgabe an solche Situationen nach dem „wahren Gesicht" der fremden Erscheinungen zu suchen. Als im Scheyerner Waisenhaus wieder die Erscheinung des Nikolaus bevorsteht, schließt, wie so oft, Detlev zunächst die Augen: alles soll weg sein. Doch hinter den Lidern *wartete der Klasel aus Steingriff* (Waisenhaus, 144), so daß Detlev doch *etwas Licht zwischen Lidern hindurch* ließ (Waisenhaus, 144). Und dann erkennt er: es *ist wirklich der Heilige Nikolaus*, wie ihn Detlev immer schon kannte: der freundliche Alte im roten Mantel mit weißem Besatz. Doch Detlev hat kein Vertrauen in die Erscheinung; er studiert das Gesicht und *wartete auf den Augenblick, wo der rosa Heilige Nikolaus sein liebes Gesicht abreißen würde und darunter käme das andere, weiße, aus Käse, aus dem Wadenfleisch von Sepps Vater zum Vorschein – ohne Augen und Ohren, mit Warzen an Stelle der Augen und Schorf an Stelle des Mundes.* (Waisenhaus, 145/6)

Ein Nikolaus ist ein Nikolaus oder ist das nur eine verfriedlichende Beruhigung? Ist ein Nikolaus nicht doch ein Klasel, der kein Klasel ist, sondern der Knecht von nebenan, was aber nicht sein kann, denn der Knecht aus Steingriff hat ein Gesicht und nicht einen zerfetzten Fleischklumpen an Stelle dessen und zerschneidet auch nicht Kinder, wie es allerdings der Knecht aus Lauterbach tat, der sieben Kindern und ihren Eltern den Hals durchschnitt. Es gehört zu den mutigen und vorzeitig reifen Leistungen Detlevs, daß er gegen Ende des Waisenhaus-Jahres sich intensiv mit dem ‚Erscheinen des Erscheinens' konfrontiert; daß er, um nicht länger der namenlosen

Angst vor Ichzerfall preisgegeben zu sein, wissen will, was hinter der Erscheinung erscheint, erscheinen könnte; was ein eigenproduziertes Bild *hinter den Lidern* ist; was eine Wahrnehmung ist; was eine inszenierte Wahrnehmung ist, die auf der Bühne des Krankenhaussaales oder im Waisenhaus-Eßsaal produziert wird, von eben jenen Körpern aus Gips, Leim, Gestell, die auf der Bühne ein anderes Gesicht haben als hinter den Kulissen, verkrüppelte Krieger und zugleich der heilige Josef im Krippenspiel.

Detlev sieht ein Puppenauge und es ist Vogelscheiße. Darum geht es immer. Beides gibt es, in differenten Modi, und beides bedeutet etwas Rätselhaftes; und *zwischen* beidem erfolgt ein traumatischer Übergang, der das Ich erschüttern und sein gespürtes Körpergefüge in Stücke reißen kann. Detlev muß durch diese Angst hindurch, besser: er muß in ihr sich zu orientieren versuchen, sich gegen sie abgrenzen, ohne sie je verleugnen zu können. Die Angst ist die Quelle der Erkenntnis und der Literatur Fichtes. „Seine Literatur ist eine einzige Auszirkelung von: Angst", sagt Fritz J. Raddatz.[1] Am Ende des ‚Waisenhauses' zeichnet sich das Theater ab als das Experimentierfeld, wo die Angst ‚probiert' werden kann im Spiel der Rollen, der Identifikationen und Imitationen, die für den Kinderdarsteller Detlev die Suchschemata werden, hinter die Dämonien seiner Kindheit zu kommen. Und daraus erwachsen für den erwachsenen Schriftsteller Fichte die Impulse, den Spuren der Angst und den Riten der Magie in seiner eigenen Lebensgeschichte, in der eigenen Kultur und in den fremden Kulturen Südamerikas und Afrikas literarisch nachzugehen.

Das Theater, die Riten, die Literatur sind es mit ihrer szenischen Kraft, welche die Traumata der Ich-Auflösung und Zerstückelung erst eigentlich verstehen lassen. Damit gewinnt Fichte jene Theatralität wieder, die im Folterritual und im Theatrum Anatomicum all die mächtigen Affekte noch zugänglich hielt, die in der wissenschaftlich versachlichten Folter und Medizin aus der Merkwelt des modernen Menschen verschwanden.

Endgericht und Faschismus

Wir können auf die Wanderung Detlevs und Annas nach Aichach zurückkommen. Deutlicher ist, warum Detlev den Erinnerungsüberfall der Angst vor den animierten Tierkörperteilen kontert durch Umkehrung: die Deanimation der Landschaft zur nature morte. Doch wie bei der Einlieferung ins Waisenhaus der Abwehrmechanismus des Augenschließens umkippte, weil Detlev deswegen das Verschwinden der Mutter nicht bemerkte, so hilft ihm auch hier das Erstarrenlassen der Landschaft nicht. Im Gegenteil: indem die Landschaft zum Bild gerinnt wie ein Gemälde, die Wiesen erscheinen hingepinselt, wird sie zu etwas dem Märtyrer-Bild Ähnlichem, das nun in die Mittagslandschaft hineinleitet. Dieses Bild (Waisenhaus, 34/5, 63) ist ein Gemälde, das die Himmelfahrt dreier Märtyrerinnen schildert, denen noch das Blut vom geschundenen Körper tropft und die die Marterwerkzeuge in den Händen halten: während unten auf der Erde die Massen der zum Gericht geweckten Toten wimmeln (vgl. Waisenhaus, 43). Damit ist der, Detlev unbekannte, theologische Gesamtrahmen

---

[1] F. J. Raddatz: Eros und Tod a.a.O. S. 52.

gesetzt, den er auf der Wanderung mit Anna unbewußt agieren wird: Sünde und frommes Martyrium, apokalyptischer Weltuntergang und Jüngstes Gericht, Verdammung zur Hölle oder Erlösung beim Vater.

Im Schreckens-Szenario, das die Vorstellungswelt des Waisenhauszöglinge erfüllt, wird die Religion zu einem System der Angst, das sich unversehens vermischen kann mit der Furcht, die der Faschismus auslöst. Für Detlev wird das apokalyptische Drama, das er mit Anna agiert, zur unbewußten Szene seiner Biographie. Geht es auf der Wanderung darum, ob er als *Evangelischer* (Waisenhaus, 57) und aufgrund seiner Sünden beim Jüngsten Gericht nicht ohnehin der ewigen Höllenqual überantwortet werden muß, so ist dies eine Deckszene für die Frage, ob er als Judensohn nicht ins KZ gehört. Und wenn die Kinder die Passion Christi imaginieren, so interessiert sich Detlev für das Ausmaß der körperlichen Qual, die Jesus erdulden mußte: denn dieses Erleiden der Folter und des Todes war der Weg Jesu zu seinem Vater. Detlev stellt sich vor, daß eine Imitation Christi vielleicht auch für ihn der erlösende Weg zu seinem abwesenden, großen, befreienden, mächtigen Vater sein könnte: das Motiv der Vatersuche zieht sich durch den ganzen Roman und ist noch im ‚Versuch über die Pubertät' in den Beziehungen zu den alten Männern – Pozzi, Alex und Testanière – wirksam. Zurecht hat Hans Mayer bei der postumen Alexander-Zinn-Preisverleihung an Fichte die „Suche nach dem Vater" zum Titel seiner Ausführungen gemacht.[1]

Das Thema des Vaters ist eng an die Passion des Sohnes, an Folter, Jüngstes Gericht und Apokalypse geknüpft. Aus der Angst vor dem Märtyrerinnen-Bild, das die Landschaft überwuchert, so daß Detlev fürchtet, die *nackten Toten könnten aus den Straßengräben steigen* (Waisenhaus, 56), gleitet Detlev hinüber in die Imagination, durch das Erdulden von Folter mit dem Vater vereinigt werden zu können wie Jesus mit Gott: Die Preisgabe an die Körperqual ist der Weg der Erlösung: Detlev-Märtyrer, Detlev-Jesus, der durch die Erniedrigung seines Leibes seinen Vater findet. Diese Konstellation bestimmt auch das Hörspiel ‚San Pedro Claver', insbesondere die Haltung von Pedro Claver, Sandoval und Ignatius von Loyola. Der christliche Erlösungsweg des Martyriums zieht sich wie ein geheimes Phantasma durchs Werk Fichtes im Versuch, seine eigene, profan-individuelle Erlösung zu inszenieren: im Schreiben.

Ohne daß die Kinder, Detlev und Anna, es ahnen, geraten sie bei diesem theologischen Spektakel in eine andere Sphäre: die des Faschismus. In ihren Phantasien wurde Jesus *gepeitscht, auch mit Stahlsternen in den Riemen, wie es der Kriegel tut* – jener Polizisten-Kriegel im Rathauskeller mit den Polen. Detlev stellt sich vor, daß die Dornen der Dornenkrone *durch deine Knochen in den Kopf stechen*. Das Volk habe, so glaubt Anna, *geschrien: dem Judenhund, dem Judenschwein geschieht es ganz recht – Sie haben Fingernägel ausgezogen, unter Wasser gesteckt, Füße zerstampft. Sie haben ihn an eine Elektrisiermaschine gebunden.* (Waisenhaus, 60) Und Anna droht Detlev damit, wenn *du dich schweinisch aufführst und du dich unsittlich benimmst, wenn was mit dir nicht stimmt* (= Jude, H.B.), *dann holen die von der Partei dich ab.* (Waisenhaus, 62)

---

[1] Hans Mayer: Auf der Suche nach dem Vater. Rede über Hubert Fichte. In: DNR Jg. 98, H. 1, 1987, S. 84–102.

Und im Fegefeuer *müssen sie dich erst schinden und abhäuten* (Waisenhaus, 62). So haben die Kinder in ihrem angstgebannten Durchspielen der religiösen Bilder das Geheimnis begriffen, das sie, auf diese Wanderung geschickt ohne zu wissen, warum, selbst darstellen. Sie werden zu dem, was sie nicht wissen sollen: Opfer des Faschismus. Psychologisch heißt dies, daß keine noch so gut gemeinte Mystifikation die Kinder vor dem schützt, was ihre Wirklichkeit ist, und daß ihre unbewußten Wahrnehmungen sich immer die Szenen schaffen, in welchen gerade die Wahrheit enthalten ist, vor der sie bewahrt werden sollen. Objektiv aber wird erkennbar, daß die christliche Religion, in einem Klima der Angst, wie es für die Kinder besteht, zu einer Bilderfolge der Qual wird, in denen zugleich die Angst des Faschismus wirkt. Was die Kinder inszenieren, ist eine Art kryptischer Sakralfaschismus, bei dem die Ikonen der christlichen Tradition mit dem Leiden und der Angst des jüdischen Kindes im Faschismus übereinkommen. Immer wieder versucht Detlev, durch Verwandlung der Landschaft zur nature morte, Herr zu werden der übermächtigen Ängste (Waisenhaus, 60/61, 62/63). Die Distanz, die er in dieser Bildstarre gewinnt, als befände sich zwischen ihm und dem Gesehenen eine Schicht aus Öl oder Glas (Waisenhaus, 56, 60, 63), sucht er auch zu sich selbst zu gewinnen, indem er seinen fragmentierten Körper wie ein in Bernstein eingeschlossenes Insekt als Schmuck um den Hals der Mutter phantasiert. Es ist ein Schutz um den Preis des Todes: als sei Detlev, eingeschlossen im Bernstein, viele tausend Jahre schon tot (Waisenhaus, 63). Wie mehrmals im Roman erscheint das Totsein als Erlösung von der unerträglichen Angst des Lebens (vgl. Waisenhaus, 163).

Die Bernsteinphantasie ist der letzte Versuch, sich der Macht der apokalyptischen Bilder zu erwehren. Schon klettern nackte Männer und Frauen aus den Wiesenmulden hervor zum Endgericht und schweben wieder die Märtyrerinnen über der Landschaft. Die Apokalypse ist da: *Hier wird es gleich anfangen zu beben. Die Sonne fällt herunter und in der Chaussee gibt es eine tiefe Spalte.* (Waisenhaus, 63) Wie in der Offenbarung des Johannes die Menschen sich in Verstecke flüchten, verkriechen sich Anna und Detlev unter die Blätter eines Busches, um dem Gericht Gottes zu entgehen, das die Marter in der Hölle **und** im KZ wäre. *Detlev klemmte den Kopf zwischen die Knie.* Anna flüchtet und schreit, daß der Teufel käme und kippt in einen epileptischen Anfall. Ein Lastwagen der Munitionsfabrik fährt vorüber. Die Kinder wollen schweigen. *Wir werden sonst abgeholt und hingerichtet.* (Waisenhaus, 63/4)

Bilder der Rettung

Auf dieser Wanderung zerbricht die Welt. Die Angst ist universal geworden. Die Folter beherrscht Himmel und Erde. Die drei Versuche Detlevs, die Zerstückelung anzuhalten, sind gescheitert: der Versuch, Wahrnehmungen in ein nunc stans zu retten, bei welchem der Weltzerfall gebannt werden sollte in den stillen Anhauch des Todes, der, als nature morte, wie eine Erlösung wirkt. Der weitere Versuch, durch Identifikation sich zu verschmelzen mit der Figur des Erlösers und dem abwesenden, ersehnten Vater. Und schließlich der Versuch, bei dem Detlev sich als eine zerstückelte Ameise im Bernstein-Schmuck der Mutter phantasiert, Zeichen *von der Marter vor vielen tausend Jahren.* – Alle drei Möglichkeiten enthalten Techniken ästhetischer Magie, die nicht ohne Folgen auf das Werk Fichtes bleiben.

Die archaischste Abwehr ist mit dem Bernstein-Bild gegeben. Detlev verwandelt sich in die zeitlose Ikone seines Martyriums. Der zerstückelte Leib ist aufgenommen und getragen von Mater, Materie und mütterlichem Leib, der Grab und Ruhe zugleich ist. Der Mutter wird die Ikone des toten Sohnes zum Schmuck und zur privaten Reliquie. Nicht zu übersehen ist die ästhetische Valenz dieser Bildphantasie. Nimmt man sie als unbewußte Allegorie auf die Kunst, die der Sohn erzeugen wird, dann enthält das Bernstein-Bild die Möglichkeit, das Œuvre Fichtes auszulegen als ein höchst ambivalentes Geschenk an die Mutter: der Sohn verewigt im Werk die Geschichte seines Leides und legt es seiner Mutter als Schmuck um den Hals. Denkt man die Allegorie weiter, so erfüllt die Sprache die Funktion des Bernsteins: die Sprache ist das verewigende Medium, wodurch der erlittene Schmerz zur kostbaren Reliquie wird, um den Preis des darin vorausgesetzten Todes des Autors. Die Sprache ist aber zugleich das anklagende Zeichen davon, daß die Mutter den Sohn hätte schützen und einhüllen müssen, wie es der Bernstein mit der Ameise und subsidiär die Sprache mit dem Autor tut. Hierin hallt die Anklage, daß die Mutter diesem Sohn den Schutz der symbiotischen Einschließung nicht geboten habe; und nun schenkt sich der Sohn, eingehüllt in sein Werk, der Mutter, sie schmückend und stigmatisierend zugleich.[1]

Die zweite Möglichkeit ist, daß, in Analogie zum Christus-Drama, der Autor Fichte durch Identifikation mit dem Leiden sich der Angst und dem Ich-Zerfall unterwirft, um dadurch eine imaginäre Identität zu gewinnen: nämlich im Zusammentreffen mit dem ewig abwesenden Vater, der *so groß* ist *bis an die Wolken* (Waisenhaus, 172, 125), wie Detlev beim Verlassen des Waisenhauses denkt. Gegenüber der mütterlichen Matrix des Bernsteinbildes wirkt hier ein verborgen christologisch-patriarchalisches Programm. Von hier aus wäre die Kunst Fichtes ein grandios inszeniertes literarisches Selbstopfer, wäre es die immer wieder gesuchte Szene der ursprünglichen Kastration, der Läsion des Leibes im Dienst einer imaginären Verschmelzung mit dem immer und überall abwesenden Phallus des Vaters. Das Werk wäre dieser imaginierte Phallus, die sprachliche Beschwörung von etwas Unerreichbarem, der Omnipotenz, die sich immer entzieht und die endlose Spur des Schreibens hinterläßt.

Und die dritte Möglichkeit wäre der Versuch, den Schrecken, der das Kind Detlev wie den Autor Fichte in Lokstedt, in Scheyern, in Bahia, in Abomey oder in Haiti genauso wie aus den Zeugnissen Herodots, Lohensteins oder des Korans anfällt –: diesen Schrecken immer wieder anzuhalten, ihn zur nature morte zu verwandeln, d.h. zum ästhetischen Bild. Niemals wird im ästhetischen Bann der Schrecken, der der

---

[1] Im ‚Kleinen Hauptbahnhof' erläutert Fichte das Kompositionsprinzip des ersten Romans in einem Gespräch mit Irma. Es ginge ihm um *die drei Sekunden, die ich im Waisenhaus von Schrobenhausen auf meine Mutter warte – Drei Sekunden ganz"* in denen *alles was geschieht... nur noch Zitat* ist (Kleiner Hauptbahnhof, 195, 198) – Zitat nämlich aus dem Archiv des Gedächtnisses, das in Detlev, auf dem Balkon' abgerufen wird. Diese drei Sekunden des Wartens, in welche die gesamte Geschichte der Angst und der Überlebens-Kämpfe Detlevs gepreßt werden, sind gewissermaßen der Bernstein, in dessen transparenter Materie das Bild der Ameise, des zerstückten Detlevs erscheint.

Grundton des Fichteschen Werkes ist, beendet werden können, wohl aber aufbewahrt und gestaltet zu einem Werk, das darin Züge aufnimmt des vormodernen Bildertheaters des geschundenen Menschen, des „Theaters der Grausamkeit", das nicht etwa einer abseitigen Phantasie entspringt, sondern – wie die Anatomie Rembrandts der ästhetischen Erkundung des Menschen dient, einer anderen Art von Anthropologie, die – entgegen dem aufgeklärten Humanismus – der älteren Wahrheit verschrieben ist, der Wahrheit der Sophokleischen „Antigone":
„Ungeheuer ist viel, doch nichts
Ungeheurer als der Mensch." (Antigone, V. 1049/50)

Totenmesse in Abwesenheit. Einführung ins Spiel der Zeichen

Ergänzt wird dieses Programm des Romans durch eine Suchstrategie, die charakteristisch für das Fichtesche Werk ist. Es handelt sich um jene komisch-groteske *Totenmesse in Abwesenheit* (Waisenhaus, 66), die in der Stadtpfarrkirche in Scheyern gefeiert wird. Eine Begräbniszeremonie ohne Leiche. Detlev stellt am Ende fest:

Es war nur eine Atrappe ... / Der Soldat war nicht in der Kirche. Der Soldat lag nicht mehr heil auf dem Feld. Der Soldat war tot. Der tote Soldat war nirgends mehr zu finden. (Waisenhaus, 68)

Nämlich irgendwo zerstückelt, aufgelöst zwischen Stalingrad und der Tunesischen Wüste. Aber die Zeromonie läuft ab, als sei der Leichnam des Soldaten da: *Die Witwe, die Mutter, die Tochter weinten, als läge der tote Soldat vor ihnen, als hätte der Hauptmann ihn wirklich zusammengesucht und in die Heimat geschickt – nicht nur den Tschako oder den Helm oder den Säbel.* (Waisenhaus, 67)

Zum ersten Mal wird Detlev konfrontiert mit etwas, was man eine Simulation nennen kann. Simulation als ästhetische Technik wird ihm später transparent, als Detlev, diesseits und jenseits der Kulissen, das Theater benutzt als eine szenische Frage nach der Wirklichkeit des Wirklichen oder als Frage nach dem Schein, der in diesem Wirklichen verborgen ist, oder als Frage nach den Maskierungen und Entstellungen, die den erkennenden Blick auf das Wirkliche so schwierig machen. In dieser *Totenmesse in Abwesenheit* wird die Ganzheit des Körpers simuliert, während wahr ist: seine Abwesenheit und seine Zerstückelung im Kriege. Tod heißt die Erfahrung, daß der Körper zerschlagen wird und in Einzelteile zerfällt. Die Simulation produziert also das Phantasma eines ganzen Körpers, der abwesend ist, während die Wahrheit darin bestünde, zu entdecken, daß sein Anwesendsein das Verwesen ist.

Dies ist eine ungeheure Szene. Wie in einem Initiationsritus wird Detlev eingeführt in das Theater der Zeichen. Jener Zeichen nämlich, für die es keinen Referenten mehr gibt: in diesem Fall keine Leiche. Aber die Effekte der Zeichen bestehen in einer simulatorischen Kraft. Sie bewirken eine Präsenz, wo Abwesenheit ist; sie spiegeln eine Ganzheit vor, die nicht – wie in Lacans Spiegelstudium – jubilatorische Freude, sondern Trauer um etwas erzeugt, was bloß imaginär ist: den heilen Körper. Das Phantasma des ganzen Leibes hat im Phantasma des Leichnams sein Pendant: die affektiven Grundakte Jubel oder Trauer zehren von der Simulation der vorgeblich in den Zeichen präsenten Bedeutungen, die in Wahrheit, mit Lacan zu sprechen,

„hinter die Sperre", die „barre" gesprungen sind. Die Zerstückelung ist das Primäre, das Abwesende ist das Wesen, das Anwesende ist der Schein: Schein des ganzen Körpers, Schein der ganzen Leiche.

Detlevs Interesse an dieser Szenerie ist ein Forscherinteresse. Sie wird zur Einführung in die Simulationskraft der Zeichen bzw. in die ‚szenischen' Zeremonien und Riten, in denen Zeichenzusammenhänge präsent werden. Detlevs Interesse ist, in das Geheimnis dieser Vorgänge einzudringen.

Detlev dachte:
– Ich brauchte nur hinzugehen und das Tuch hochzuheben und den Sargdeckel wegzukippen, dann liegt der gefallene Soldat da, und alle können ihn sehen, wie den Gauleiter im Rathaus.
Detlev wollte wissen, wie die Toten am ganzen Körper aussehen. Detlev wollte wissen, wie der Kopf eines Toten aussieht, wie die Knochen im Kopf aussehen und wie die Häute und der Darm im Bauch aussehen. Er wollte wissen, ob es stimmt, daß die Soldaten in zwei Teile zerrissen werden oder in vier Teile, daß der Hauptmann und die Sanitäter manchmal nicht alle Teile wiederfinden.
Es war nur eine Attrappe. (Waisenhaus, 67).

Bemerkenswert ist die dreifach wiederholte Formel des Wissen-Wollens. Dieser „Wille zum Wissen" (M. Foucault) ist es, der Detlev, aber auch den Autor Fichte dauerhaft begleiten wird. Der Wille zum Wissen heißt hier, sehen wollen. Heißt, hinter die Kulissen der Zeremonie und der Zeichen schauen. Heißt, sich mit der Materialität des „ganzen Körpers" auseinandersetzen, mit der Materialität des zerstückelten Leichnams, heißt, das Interesse der Anatomie verfolgen. Diese Neugier, die auf die Enträtselung des Körpers aus ist, wird im Roman ‚Detlevs Imitationen „Grünspan"' und im ‚Versuch über die Pubertät' wiederkehren. Doch schon Detlev entdeckt: der ganze Körper ist ebenso eine Illusion wie die ganze Leiche nur das Erzeugnis einer Simulation ist. Die Leiche offenbart immer nur, daß sie seziert wird oder daß sie in Stücke zerfällt. Hier also geht Fichte auf, daß es keine ursprüngliche Ganzheit des Körpers gibt. Dasjenige, wovon wir leben, das Gefühl eines integrierten Leibes, ist eine Täuschung und Verkennung, ist das Zeichen von etwas, dessen wir nicht habhaft werden können, ist ein Traum und eine Sehnsucht nach einem Heilsein, das als Ursprung gedacht ist, wie das Paradies, das es so wenig gibt wie einen im Ursprung ganzen Körper.

11. An der Grenze des Wahnsinns

Grundlage der Angst vor Körperdesintegration ist die Angst, von der Mutter verlassen zu sein. Das ist die basale Struktur, d.h. daß dieses Phantasma lebensgeschichtlich in einer Phase verankert ist, die zu den frühen matrilinearen Codierungen der seelischen Ereignisse gehört.

Auf einer archaischen Stufe, wo es um die Grenzziehung zwischen einem integrierten Körperselbst und dem Zerfall in chaotisch eigendynamische Körperteile geht, wird die Lektion einer sozialen und religiösen Angst einstudiert, eine Lektion, wonach jede

Verletzung der öffentlichen Normen automatisch mit der Zerschlagung der eigenen Person auf der elementarsten Stufe der Ich-Bildung beantwortet wird. So lernen es die Kinder und markieren damit etwas von der Tiefenstruktur des Faschismus. Zu einer Formel zusammengezogen: Jede Macht beruht, nach dem Modell dieses Romans, auf dem Trauma der Zerstückelung, insofern die Anpassung durchgesetzt wird auf dem Wege der Angst, daß im Falle des Widerstandes die basalen Ich-Mechanismen zerschlagen werden könnten, also das Körperselbst fragmentiert. Doch kann dieses psychische Muster vielfach sublimiert, verschoben, abstrahiert werden, so daß schließlich die Spur des Körpers nahezu ausgelöscht und damit der Bezug auf die Zerstückelung kaum mehr erkennbar ist.

Einer der großen Abwehrmechanismen der westlichen Kultur ist es, mit der Angst vor Demütigung, Vergewaltigung und Fragmentierung dadurch fertig zu werden, daß man Opfer schafft, die stellvertretend die Torturen dieser Angst zu erleiden haben. Die eigene Angst wird schizoid abgespalten und an andere delegiert, deren Erniedrigung zur Darstellung der eigenen angstfreien Selbstbehauptung wird. Oft müssen die Opfer dafür auch noch moralisch, ideologisch oder juristisch denunziert werden, so daß im Bewußtsein der Täter jedes Verwandtschaftsgefühl zum Opfer getilgt wird und diese sich noch als Vollstrecker einer höheren Idee fühlen können. Und daher rührt, was schon an dem Bild von Gerard David ein schauerndes Bewundern hervorrufen kann, die Apathie der Täter, die ein Effekt dieser schizoiden Abspaltung der eigenen Ängste und ihrer Delegation an das Opfer ist. Vielleicht wird darin eine grundlegende Erfahrung des Menschseins verdrängt und abgespalten, so daß solche Formen des Handelns eine Variante von Selbstentfremdung darstellen. Die Erfahrung des stellvertretenden Opfers, die Detlev im Waisenhaus durchläuft auf ontogenetisch und historisch älteren Zeitstufen ebenso wie in zeitgeschichtlicher Gegenwart: diese Erfahrung heißt auch bei ihm, daß er sein Leiden ‚verdient' habe – so als widerfahre ihm darin Gerechtigkeit. In der rassistischen und der katholischen Ideologie ist er entweder ‚lebensunwertes Material' oder ‚strafwürdiger Sünder', so daß zu der Angst zusätzlich jene moralische Diskreditierung verinnerlicht wird, die bei Täter-Opfer-Interaktionen oft zu beobachten ist. Religiös und politisch nimmt Detlev die Position des Opfers ein, strafprozessual die des Verurteilten, soziokulturell die Position der Frau, sexuell die Position des Masochisten, polizeiförmig gesehen die Position des Gefangenen und Verfolgten und körperlich gesehen die Position der zerstückelten Leiche.

Die Dämonien entstehen aus dem Verlust von Wahrnehmungskontrolle bei Angstüberflutung. Dämonie heißt: Dinge und Wesen nicht mehr in Lage- und Abstandsbeziehungen zu identifizieren, sie nicht in ihren Grenzen und Bedeutungen fixieren und sie sich so ‚vom Leibe' halten zu können. Dies hat den Zerfall der Welt in verlebendigte Fragmente zur Folge, deren das Ich nicht mehr Herr wird, sondern deren Ansprüngen Detlev wehrlos ausgesetzt ist. Dieser Selbstermächtigung der Dinge entspricht auf Seiten Detlevs ein Distanzverlust, das Zerfallen seiner selbst als Wahrnehmungszentrum und die Steigerung seiner Angst zu einem Vorhof des Todes und des Nichts. Ein Zustand chaotischer Dissoziation des Sehens und zugleich einer Anomie der Person.

Detlev bewegt sich ständig an der Grenze des Wahnsinns, mit einer ungeheuren Anstrengung, die schizophrenen Schübe abzuwehren, von denen erfaßt zu werden er bedroht ist. Mit Schizophrenie meine ich hier: die unumkehrbare Verschiebung vom Ich als Aktionszentrum zur Handlungsmacht der Dinge, die sich verselbständigen und verlebendigen. Das ist der Prozeß der Animation. ‚Dinge' meint hier nicht nur die leblosen Dinge, sondern auch Personen, Institutionen oder phantasierte Realitäten. Durch diese Verschiebung entsteht eine Reifizierung des Ichs; seine Deanimation entspricht der Animation der Dinge. Und wenn dieser Vorgang der Desubjektivierung unumkehrbar wird, kann man von einer schizophrenen Abspaltung sprechen. In dieser Gefahr steht Detlev den ganzen Roman über. Ferner zähle ich zum Begriff ‚Schizophrenie' die Gefahr der Ununterscheidbarkeit der realen und der imaginären Ebene, die bei Detlev ständig ineinanderzukippen drohen; und schließlich die Gefahr des Entgleitens der eigenen Gefühle und des Körpers, die keinen Ich-Tonus mehr haben, sondern *besessen* werden – das ist das Dämonische –, keinen organischen Zusammenhang mehr bilden, sondern von Mächten okkupiert erscheinen.

12. Montage und Demontage

Die Grundform, in der diese Spaltungsprozesse sich abbilden, ist im Roman der Gegensatz von Ohnmacht und Allmacht. Einer der typischen Abwehrmechanismen ist die Umkehrung der eigenen Ohnmacht, indem Detlev die Position einer imaginären Allmacht einnimmt. Damit entkommt er keineswegs der schizoiden Weltwahrnehmung, sondern verlängert diese noch. Ein Beispiel dafür ist die Szene mit der Schiffsschaukel. Das Einsteigen in die Schiffsschaukel versetzt Detlev zunächst in panische Angst. Zwei Männer spielen mit ihm eines dieser ‚harmlosen' Spiele von Erwachsenen: also, wir überschlagen uns jetzt mal, Kleiner. Was derart als Bedrohung auf ihn zukommt, wird von ihm umgekehrt durch einen Akt der projektiven Identifizierung mit dem, was ihn bedroht. Detlev verwandelt sich in die Schiffsschaukel selbst; mehr noch, die Schiffsschaukel wird plötzlich transformiert in das Bild eines Sturzkampfbombers, des ‚Stuka', wodurch Detlev in einen Destruktionsrausch gerät, bei dem er alles zerstört, was ihn zu zerstören droht:
Wie ist das schön, wenn alles kaputtgeht. Mutti ist es lieber, wenn ich tot wäre. Runter geht's. Rauf geht's. Alles geht kaputt. Von Aichach und Scheyern bleibt nichts nach, als leere Dachbalken wie auf dem Bild mit dem Führer. Und ich flieg hoch drüber weg.
(Waisenhaus, 100)

Das ist die Ekstase, zu fliegen wie Nils Holgersson – in ihrer destruktiven Variante: Rache und Omnipotenz. Detlev steigert sich in Unberührbarkeit, Erhabenheit und Mitleidslosigkeit: die Entgegensetzung zu derjenigen Position, die Detlev ständig einzunehmen hat. Hierbei handelt es sich um den Abwehrmechanismus der Identifikation mit dem Aggressor. Er vertreibt die Angst, daß er von der Mutter ‚tot' gewünscht sei. Allerdings ist das Buch realistisch genug und Detlev vielleicht schon ‚empfindlich' genug zu spüren, daß ein solcher Mechanismus – der im Faschismus zu den kollektiven Massenphänomen gehörte – nur augenblickslang hilft: sofort nach dem Destruktionsrausch des Stukas stürzt Detlev wieder ab auf das, was ihn durchweg bestimmt: den Fluchtimpuls nach Hamburg.

Immerhin abstrahiert Detlev aus dieser Erfahrung ein brauchbares Mittel der Trauma-Abwehr: den Konjunktiv. Daß nämlich der Konjunktiv nicht nur mit dem Steinbaukasten, sondern auch mit dem Fliegen zusammenhängt, ist gleich zu Anfang des Romans deutlich, als es auf der Ebene der Erzählzeit heißt:

– *Wenn ich nicht in Vogelscheiße gefaßt hätte, wenn Schwester Silissa und Schwester Appia nicht da wären, wenn Anna nicht da wäre, gäbe es den Balkon gar nicht. Detlev stellt sich den Kirchplatz mit dem Waisenhaus ohne Balkon vor. Die Traljen verdicken sich zu einer Wand. Die Pfeiler verwandeln sich in schwarze Klöße. Die Zöglinge kleben mit Schwestern zu Großvaters Komposthaufen zusammen.*
Detlev fliegt hoch in die Luft wie der rote Luftballon vor dem Krieg auf dem Hamburger Dom. Detlev fliegt hoch oben wie ein Bomber.
Detlev sieht von oben auf die vier Mauerpfosten herunter. Er drückt mit dem Finger auf die Traljen des Gitters, und der Balkon fällt ab wie ein Klötzchen seines Steinbaukastens.
– *Ich will in Hamburg mit meinem Steinbaukasten spielen. Die Wände fallen um. Detlev zieht die Klötzer aus dem Boden.*
– *Wenn es keinen Balkon gibt, gibt es auch keine Waschküche.* (Waisenhaus, 14)

Charakteristisch für den Einsatz des Konjunktives ist das Wegwünschen der Realität. Der Konjunktiv leistet sowohl die Anerkennung des Realen wie auch eine psychische Entlastung, insofern die reale Ohnmacht umgekehrt wird in eine imaginäre Allmacht über die Dinge. Das Gefühl des Fliegens ist ein Erträglichmachen des Unerträglichen. Die Wirklichkeit aber wie einen Steinbaukasten zu behandeln, d.h. sie der totalen Manipulation des Konjunktivs zu unterwerfen – das heißt die Angst vor Zerstückelung umkehren in eine Zerstückelung der Realität. Die Sprache, so entdeckt Detlev in der Not, enthält die Möglichkeit einer völligen Ummontierung des Realen nach den Imperativen seines Wunsches oder seiner Rache.

Genauso wie Detlev phantasiert, daß die Leichen der toten Väter kaputt auf den Schlachtfeldern herumliegen, daß die Opfer des Bombenangriffs wie Babypuppen und Teddybären verbrannt und die Häuser auseinandergebrochen wie Bauklötzer sind (Waisenhaus, 92/3), genauso geht Detlev in seinen Konjunktiven mit der Realität selbst um: er zerstückelt sie, um nicht selbst zerstückelt zu werden. Aus der konjunktivischen Destruktion entsteht das literarische Prinzip einer imaginären Demontage – die man die destruktive Variante der Montage-Technik nennen könnte.

Jede Montage, wie sie in der modernen Kunst sich etabliert hat, setzt die Zerlegung von Wirklichkeit in isolierte Elemente voraus, die dann zu neuen bildnerischen oder sprachlichen Zusammenhängen konstelliert werden. Montage findet also eine dissoziierte Realität vor oder stellt sie allererst her, um an die Stelle kausaler, raumzeitlicher oder sinnhafter Kontextdeterminationen eine freie Verfügung zu setzen, der alles zum Material des autonomen ästhetischen Impulses wird.

An Detlevs Imaginationen wird indirekt deutlich, daß jeder Montage eine Demontage vorausgeht, der Konstruktion die Destruktion, der ästhetischen Integration die Desintegration, so wie auch der psychischen Identität die Zerstückelung vorausgeht und der Ordnung, die produziert wird, das Chaos. Indirekt also führt das Zerstückelungs-Trauma zu einer ästhetischen Absage an epischen Realismus oder an das Mimesis-Prinzip. Diese bedeuten die Anerkennung einer Realität, auf die der ästhetische Impuls nachahmend sich bezieht. Mimesis und Realismus sind eine Ästhetik der Ordnung, die im 20. Jahrhundert als Schein durchschaubar wird.

Für Detlev hieße Realismus die Preisgabe an die zerstörerische Macht der Wirklichkeit. Die konjunktivische Demontage-Technik dagegen steht im Dienst einer Selbsterhaltung, die, obwohl ohnmächtig, dennoch zur Wirklichkeit antagonistisch steht, sie aufhebt, zerlegt, zerstört. Psychisch gesehen ist die konjunktivische Demontage eine Identifikation mit dem Aggressor. Detlev macht sich imaginär zu dem, was ihn bedroht: zum Stuka, zu Hitler, zu Gott. Dies ist, was Benjamin das Parieren des Schocks nennt. Ein Sich-Flüchten in das, was Angst macht.

Denkbar also ist, daß die Montage-Technik wie auch die destruktiven und dekonstruktiven Züge der modernen Kunst ähnlich funktionieren wie hier bei Detlev: sie verwandeln die schockhafte Erfahrung der zerstörerischen Gewalten der modernen Gesellschaft zu einer ästhetischen Technik, durch welche der Künstler, der das enteignete Subjekt stellvertritt, wenigstens auf der imaginären Ebene der Materialbehandlung ein Stück Aktionsfreiheit und Verfügungsmacht zurückgewinnt, die real längst geopfert sind. Das darin fortwirkende Omnipotenz-Phantasma wird im ‚Waisenhaus' allerdings durchschaubar als zugehörig zum schizoiden Wahnsystem, auf dem das Funktionieren der Wirklichkeit beruht. Detlev als Stuka oder als apokalyptischer Zertrümmerer der Wirklichkeit entkommt zwar augenblickslang der Angst, doch nur um den Preis, dadurch mit der Gewalt zu verschmelzen. Die Stuka-Phantasie gehört der psychischen Polarität von Depression und Grandiosität an, von Zerstückelung und Integration, von Ohnmacht und Macht, die die Grundmuster dieses Romans darstellen. Die Lust, die in den konjunktivischen Zertrümmerungen erfahren wird, bietet keinerlei Entkommen der Angst, sondern nur ihre indirekte Verlängerung.

Doch gibt es auf der Ebene der konjunktivischen Demontage eine Entwicklung. Sie reicht von der bloßen Verleugnung der Realität (Schließen der Augen) oder der Gegenaggression, vom schockhaften Parieren zu immer differenzierteren Wahrnehmungen der Wirklichkeit. Die metaphorischen Übertragungen der Bauklötze und des Stabilbaukastens auf die Umwelt Detlevs enthalten ja nicht nur die phantastische Möglichkeit, Realität auseinanderzuschlagen wie Spielzeug; sondern damit zugleich die Einsicht, daß die kompakte Faktizität im Schein ihrer Unwiderstehlichkeit trügt und in Wahrheit selbst eine Montage ist, eine Konstruktion, die folglich umkonstruiert, ummontiert, dekonstruiert werden kann: in jedem Falle aber verändert. Damit hat die Realität nicht mehr die Erscheinungsform von dämonischer Macht oder von kosmischen Katastrophen, wie sie z.B. im Sirenengeheul sich ankündigen (Waisenhaus, 83/4).

Die Baukasten-Form der Realität eröffnet die Möglichkeit einer Umcodierung, deren Medium der Konjunktiv ist. Er ist der Gegenspieler einer in indikativischer Kompaktheit sich darstellenden Umwelt. Die kontraphobische Zerstückelung des Realen führt mit der Zeit zu kontrollierteren Formen der konjunktivischen Modalisierung der Realität.

Dazu verhilft auch die Beschäftigung mit den Zeichen und Codes, in denen die Wirklichkeit gegeben ist. Bei der *Totenmesse in Abwesenheit* tritt ein Ritual an die Stelle des Objekts der Trauer, die Zeichen an die Stelle der Sache, die Zeremonie an die Stelle des Gefühls. Mithin wird etwas sichtbar von der Theatralität, aus der die Wirklichkeit gebaut ist.

Das sind grundlegende Erfahrungen von Montage und Demontage des sprachlichen Materials – spielerische Akte, in denen Detlev zu lernen beginnt, daß die Realität der Zeichen gerade darin besteht, offen für neue semantische Besetzungen, für eigenaktive Codierungen zu sein. Detlev macht die ungeheure Entdeckung, daß die Welt, insofern die Sprache ist, eine ihm niemals zu raubende Zugänglichkeit behält, durch welche er sich in dieser Welt artikulieren und behaupten kann. Die Konjunktive setzen dieses Sprachspielen fort auf einer differenzierteren Ebene, insofern Detlev die Möglichkeit entdeckt, die Bedingungen seiner Existenz wenigstens imaginär außer Kraft zu setzen und damit den Spielraum von Selbsterhaltung zu erweitern.

Angst trifft Detlev mit einer instantiellen Wucht, gegen die es keine Reserve gibt. Indem Detlev aber die Realität solcher Angst als Zeichen zu lesen versteht, verändert er die Zeitstruktur des Gegebenen – alles wird zur Montage im Kopf; das factum brutum wird zum Zeichen einer Erinnerung oder zum Element einer konjunktivischen Verneinung – so daß er schließlich

… dies ganze Jahr in seinem Kopf wie einen trocken Suppenwürfel, wie eine blinkende Weihnachtskugel, wie die Haselnuß (fühlt, H.B.), *deren Stengel nach dem Einpflanzen aus der Erde stieß und die Alfred ausgrub und auffraß – dies ganze Jahr in den drei, vier, fünf, sechs Sekunden*
– einundzwanzig, zweiundzwanzig,
in den Augenblicken vom Zerquetschen des Vogelkots bis zum Eintreten der Mutter.
(Waisenhaus, 129; vgl. 108)

Das Imaginäre wird zum Modus, der die totale Introversion der Außenwelt erlaubt. Die sprachliche Ordnung ist eine Detlev zugängliche Schicht, die zwischen ihm und der nackten Brutalität der Dinge einen eigenen Raum der Bedeutungsproduktion darstellt, die ihm zwar keinen realen, aber symbolischen Schutz gibt. Gewissermaßen eine zweite Haut aus Zeichen.

Die heftigsten Affekte, so versteht Detlev im Theaterspiel, sind Effekte eines Codes, wodurch umgekehrt die Affekte in ihrer Produziertheit durchschaubar und damit distanzierbar werden. Die Wirklichkeit ist ein Produkt, ist mithin Montage, ist nur der Schein schicksalhafter Unausweichlichkeit. Realität ist immer zerlegbar, buchstabierbar, modalisierbar, codierbar.

Detlev hat damit, wenn man so will, die historische Lektion der Anatomie gelernt: so wenig der ganze Körper das erste oder letzte Datum ist, sondern der erzeugte Schein des Lebens, das sich über den chaotischen Zerstückelungen erhebt oder sterbend in sie zurückstürzt, so sehr kann diese Zerstückelung transformiert werden in eine kontrollierte Prozedur, eben in die Anatomie, welche eine gesteuerte Zerlegung und Demontage ist und – im Traum der Medizin – auch eine Montage des Androiden.

13. Cartesianischer Roman

Die Sezierung der Wirklichkeit mündet konsequent in einer imaginären Vivisektion des eigenen Leibes, den Detlev konjunktivisch auseinandernimmt, auslöscht bis auf ein Nichts, um sich daraus wieder zu rekonstruieren zu einem *Es gibt mich.* (Waisenhaus, 168ff) Auch in der Medizin korrespondiert der zerstückelten Leiche immer die Phantasie des künstlichen Menschen – so wie im ‚Waisenhaus' das Durchleben der Zerstückelung korrespondiert mit der Neuschöpfung der Wirklichkeit im Kopf in den wenigen Sekunden auf dem Balkon.

In bestimmter Weise kann man deswegen das ‚Waisenhaus' als ein literarisches Gegenstück zu den „Meditationen" von René Descartes lesen.

Descartes streicht mittels des methodischen Zweifels Stück für Stück die Wirklichkeit – und d.h. das, was Wirklichkeit zu sein scheint – durch, bis er, wie Fichte sagen würde, in der letzten Kammer seines Kopfes auf das erste Datum stößt, jenes „Ich denke", das, weil es unwiderleglich ist, mit dem Sein identifiziert wird: „Ich denke, also bin ich". Diesem reflektorischen Prozeß des Descartes liegt die Erfahrung der Anatomie zugrunde. Er zerlegt und viviseziert seinen sinnlichen Leib, aber nicht nur diesen, sondern die res extensa, die Dinge der Welt überhaupt. Alles, sofern es Körper ist, ist zerstückelbar. Das ist die Grunderfahrung des Descartes; das Daseiende hat keinen Bestand, keine Substanz und führt zu keiner letzten Grenze, es löst sich in immer kleinere Teile auf ad infinitum. Es existiert in der Welt der Körper bei Descartes also ein Sog des Nichts und des Todes, der im Gang des methodischen Zweifels diszipliniert entfaltet wird als das intellektuelle Vermögen zur Vivisektion des eigenen leiblichen Daseins.

Auch bei Descartes gibt es die theatralische Seite dieses Prozesses – wie er sie kennt aus dem Theatrum Anatomicum. Hier ist das Theatralische in die Imagination gefaßt, daß die gesamte Welt der sinnlichen Erscheinungen, die uns evident und selbstverständlich, also seiend vorkommen, ein Täuschungsmanöver eines Dämons ist – eine Art *Totenmesse in Abwesenheit* –: und das hieße bei Descartes wie bei Detlev: *Es gäbe nichts.* Alles ist inszenierter Schein, der uns über den Abgrund des Nichts täuscht: das wäre die Welt einer unausweichlichen Angst, eine Welt ohne Halt, Welt einer universalen Anomie, einer Zerstückelung der Dinge, Körper, Illusionen.

Bei Descartes ist dies eine Reflexionsszene, ein experimentum crucis, bei dem mit dem „Ich denke" jene Instanz herausprozessiert wird, welche für die nächsten Jahrhunderte in einem leeren, entgötterten Kosmos den Punkt einer letzten Sicherheit hergeben muß, wie sie zuvor Gott vorbehalten war (allerdings kommt Descartes nicht ganz ohne Gott aus).

Im ‚Waisenhaus', das Fichte nicht umsonst einen philosophischen Roman nannte, handelt es sich wie bei Descartes ebenfalls um ein experimentum crucis, im gleichen Schema der Anatomie und der Vivisektion, vor dem gleichen Hintergrund des möglichen Absturzes der Welt ins Nichts und der Existenz in eine unentrinnbare Angst.

Doch existieren charakteristische Differenzen. Während Descartes, der Philosoph mit dem an das Kaminfeuer gerückten Lehnstuhl, wo er seine Meditationen abhält, als letzte ontologische Gewißheit das „Ich denke, also bin ich" herausprozessiert, die Abstraktion vom Leib, der das Nichts ist, während das Denken das Sein beansprucht, – macht Fichte mit seiner Versuchsfigur Detlev eine ganz andere Erfahrung: nämlich diejenige, daß der Prozeß der Zerstückelung und der vivisektorischen Vernichtsung auch auf ein unumstößliches Datum stößt: nämlich die sprachlichen Zeichen und die sinnlichen Erfahrungen.
Bei dem Wort „nichts" denkt er:
– Nicht einmal das kleinste Klötzchen von meinem Kopf, über dem wenigstens noch die Augen zugehen könnten. In dem Klötzchen höre ich alles, und ich kann mich zwischen Scheyern und Hamburg hin und her laufen sehen. Ich kann meinen Vater darin sehen und die Juden.
Es bliebe nichts übrig von meinem Kopf. Es gäbe gar nichts. Mich gäbe es nicht.
(Waisenhaus, 168).

Im Prozeß der Vernichtsung der Welt stößt Fichte auf eine Grenze: diese Erfahrung ist nur möglich im Medium der Sprache, die die Zeichen des leiblichen Spürens und des sinnlichen Imaginierens aufnimmt und nur dadurch die Idee einer finalen Auflösung erlaubt. Insofern ist bei Fichte das erste und letzte Datum der Existenz nicht das von allem Inhalt geleerte „Ich denke", sondern die Sprache und die Sensationen, das Semiotische und das Leibliche. Keineswegs wird die Sprache zum ersten Gegebenen dadurch, daß die Zeichen die Gegenwart eines Wesens präsentierten; und keineswegs sind die leiblichen Gefühle ein erstes Datum in der Weise, daß sie etwa eine unvordenkliche Substanz des Körpers hergäben. Sondern umgekehrt: Noch die Erfahrung des Nichts und das Phantasma der Zerstückelung des Körpers beruhen darauf, daß das Nichts eine Spur in der Sprache ist, mit dem paradoxen Effekt, daß das Nichts nicht nichts ist (vgl. ‚Ich bin ein Löwe'), weil das Nichts nur insofern ist, als es aus dem Buchstabensetzkasten Detlevs aus den Lettern N – I – C – H – T – S gebildet werden kann.

Die Demontage des Realen führt also bei Detlev zur Unhintergehbarkeit des Symbolischen und des Imaginären. Es sind diese Ebenen, von denen her Detlev die demontierte Welt wieder remontiert. Am Ende der Vernichtsung stößt Detlev auf die Lettern, und mit ihnen auf die unzerstörbare Möglichkeit der Sprache, welche das rätselhafte *Es gibt* zur Erscheinung bringt. Wie die Spiegelungen in der Weihnachtskugel, wie die zarten Hauchbildchen, wie Bühne des Theaters – so funktionieren auch die Imaginationen Detlevs: sie bilden die innere Bühne für die sinnlichen Erfahrungen, die ins Imaginäre übertreten und hier ihre Szene finden. Die überpersönliche Ordnung des Symbolischen bewahrt Detlev davor, der psychischen Unmittelbarkeit seiner Gefühle ausgesetzt zu sein. Insbesondere gegenüber der Erfahrung des Nichts findet er einen Gegenhalt in der Sprache und in der Phantasie vor. Mit einigem Grund also kann man ‚Das Waisenhaus' einen cartesianischen Roman nennen. Denn hier wird in dem Experiment einer Vernichtsung des Realen ein Fundament gesucht für die Selbsterhaltung des Subjekts: dieses findet seinen Halt in der Ordnung des Symbolischen und das Imaginären.

Wie es bei der cartesianischen Selbstsicherung des „Ich denke" noch einer Zusatzvereinbarung bedarf, nämlich der Existenz Gottes als der absoluten Seinsgarantie, so ist auch das „Ich spreche" und das „Ich spüre" Detlevs noch sicherungsbedürftig durch den Satz: *Es gibt die Mutter* (Waisenhaus, 170). In den Sekunden vor ihrem Eintreffen hat Detlev das Drama seiner Existenz durchgespielt und eingeschlossen in einen *Suppenwürfel*, in ein winziges *Klötzchen*, das der Autor Fichte 20 Jahre später zu einem Bernstein verwandeln wird, in den er seine Existenz eingeschlossen hat: in eine ästhetische Ordnung also, in das diaphanische Medium der künstlerischen Sprache, durch die seine Erfahrungen der Zerstückelung – zerrissene Ameise im Bernstein – zu einer kostbaren Reliquie werden.

Die cartesianische Erfahrung der elementaren Zerlegung aber wird noch etwas weiteres freisetzen: das ist die Montage-Technik und der Satzstil. In die Montage nämlich geht die Erfahrung der Konjunktive und der Baukästen ein, die Möglichkeit also der Rekombination der in Elemente zerlegten Erfahrung. Die elementaren Bausteine, aus denen Fichte seine Texte baut, sind die nüchternen, protokollartigen Subjekt-Prädikat-Objekt-Sätze, die innerhalb des Großgefüges eines Textes eine ebenso elementare Rolle spielen wie die Lettern des Lesekastens bei der Montage von Wörtern. Diese Elementar-Sätze werden zum sprachlichen Ausgangsmaterial der Dokumentar-Montagen ebenso wie des fiktiven Erzählens, das immer auf der Reihung, Konstellierung, Variation und Erweiterung von Basissätzen beruht, die zunehmend atmosphärelos, unkommentiert, metaphern- und adjektivfrei, apsychisch und akausal werden. So entsteht der eigentümlich unpathetische Satzstil Fichtes.

Die Grundlage der Fichteschen Poetologie beruht auf dem Trauma der Zerstückelung. Die Erfahrung des zerfallenden Körpers ist die Erfahrung einer zerfallenden Welt. Um ihr ästhetisch standzuhalten, bedarf das Erzählen einer cartesianischen Reduktion und Desillusionierung, insofern die ästhetische Tradition bis weit in die Moderne hinein von der Idee der Ganzheit geprägt bleibt. Diese Idee aber hat sich diskreditiert. Auf dem Grund der cartesianischen Reduktion entdeckt Fichte nicht etwa das Nichts, sondern die Sprache und das Sprechen. Sprache und Sprechen basieren auf der Montage von Lettern, auf der Kombination von Wörtern zu Elementarsätzen, auf der Montage von Sätzen zu Texten. Diese Art des Schreibens bildet fortan für Fichte die Antwort auf die Erfahrung der in Stücke zerfallenden Welt und einer Identität, die nicht substantiell gesichert ist, sonder einen fragilen Entwurf darstellt, der von der Urerfahrung der Dezentrierung des Subjekts ihren Ausgang nehmen muß.

IV. ‚DETLEVS IMITATIONEN „GRÜNSPAN"' – ERFAHRUNG DER ANATOMIE

1. Bombennacht – Sprachnacht [1]

Die Bomben, in Scheyern nur phantasiert, fallen in Hamburg wirklich. Die Leichen, in Scheyern vorgestellt, sind in Hamburg zur Wirklichkeit geworden. Das Zerstückeln – in Scheyern eine ihn heimsuchende Obsession – wird in Hamburg wirklich ausgeübt. Die Krüppel, in Scheyern vergipste, amputierte Kriegsverletzte, die im Krankenhaus Theater spielen, leben in Lokstedt in einem *Krüppelheim*, das von einer Luftmine getroffen wird. Weihnachten, das in Scheyern *das rötliche Licht über den Haaren ... der Mutter*, welches *das schönste Licht* ist, *das er je gesehen hatte*, dieses Wort *Weihnachten* geht in Hamburg beim Bombenangriff wirklich *kaputt. Ein Tannenbaum ist etwas, das wird abgeworfen und glüht auf, um Bombenziele zu erleuchten.* (Grünspan, 32) Wird es je wieder eine Zeit geben? Eine Zeit, die vor einem wie in einem unendlichen Reservoir liegt und aus dem die Zukunft durch die Gegenwart in die Vergangenheit läuft? Ist die Zeit womöglich auch zerbombt worden? Gibt es nur noch Augenblicke? Fragmente zukunftsloser Gegenwart?
Über das Wainachtän im Mund legt sich der Geschmack, den die Luft um die verfaulenden Krüppelglieder hinterläßt.
Die Verbindung dieses Geschmacks und der Laute des Festes und des Geruchs der Teile der Verkrüppelten bedeutet für Detlev, daß es aus ist, daß es nie wieder etwas geben wird.
(Grünspan, 32)

Es gibt auch keinen Konjunktiv mehr. Keinen Setzkasten, aus dem Worte zu fügen wären, die den Bombenangriff bannen könnten. Es gibt allenfalls noch die Zeit des Aufschubs, bis alles und nicht nur Hamburg *kaputt* ist. Alles ist *letzter Augenblick* geworden, die Zeit stürzt ab.

Es gibt im ‚Grünspan' keine Schilderung des Bombenangriffs aus Detlevs Sicht. Einige Szenen zwar aus dem Keller, in den die Familie geflüchtet ist. Der Bombenangriff selbst ist eingeschwärzt – es ist, als ob auch noch die Visionen aus Scheyern über Krieg und Bombenangriff in dieser Nacht versunken wären.

So scheint es wirklich.

---

[1] Im folgenden wird keine umfassende Interpretation des ‚Grünspan' angestrebt, sondern im wesentlichen nur das Kap.14 als Keimzelle des Romans und zugleich als Vermittlungsstück auf derjenigen Linie dargestellt, welche vom Trauma der Zerstückelung im ‚Waisenhaus' zur Szene der „Grossen Anatomie" im ‚Versuch über die Pubertät' führt. Die Begründung dafür ergibt sich erst aus dem Kapitel über den Pubertäts-Roman. Zur Gesamtsicht des Romans vgl. W.v. Wangenheim a.a.O. S. 77–107 – T. Vollhaber a.a.O. S. 156ff – B. Madsen a.a.O. S. 129ff, 187ff; ferner die Beiträge in Th. Beckermann a.a.O. S. 64–92.

Es gibt keine Sprache mehr.
Das wäre wirklich das Nichts.
Schwarze Seiten.

Erst 25 Jahre später, 1968, nähert sich Jäcki der Bombennacht. Die ‚Palette' ist erschienen und Jäcki hat erprobt, daß die Wörter, die er anhat wie ein Kleid, ihn sowohl darstellen wie auch schützen vor dem Absturz. Jäcki, der Schriftsteller, macht sich auf die Suche nach Wörtern für diesen Bombenangriff.

Doch dieses Schreiben wird zu einem Schreiben über das Nicht-Schreiben-Können und über das zu dieser Nacht schon von anderen Geschriebene. Der Bombenangriff ist damit zu einem Problem der Sprache geworden, und damit zu einer Frage nach der Identität des Schriftstellers. Schon für Detlev erwies sich die Sprache als das Medium seiner Selbsterhaltung.

Oder vielleicht ist auch alles verbrannt. Der Junge und die Fotografien. Die Buchstaben schmolzen. Bücher verbrannten. Die Gehirne, die Buchstaben zusammenfügten, verbrannten. Es gibt neue Buchstaben, mit denen über das Verbrennen berichtet wird.
Ziffern,
70 000.
Einige behaupten:
– 240 000.
Gibt es einen Ausdruck dafür?
Buchstaben verbrennen lassen. Bleilettern schmelzen? Keine Ulanen daraus gießen?
Sollen sich Schriftsteller anzünden?
Oder Ideogramme erfinden wie Kaiser Njoja für die Bamum?
Lateinische Buchstaben und arabische Ziffern vermitteln nur Mengenangaben und Entfernungen – Unterschiede.
Vermitteln Ideogramme das Feuer selbst und die Asche?
– Die BBkellerschrumpfleiche.
Vermitteln Ideogramme das Gefühl des ertrinkenden Matrosen Paul oder das Verbrennen seines Sohnes?
Zwei Seiten dieses Buches schwarz einfärben:
– Dies sei die Zerstörung!
Oder einen schwarzen, fettglänzenden Fleck auf zwei Seiten des Buches drucken – in der Mitte, winzig, den fünfzackigen Stern der Amerikaner aussparen, den Glücksstern an den Waffen – und am Rande des Kleckses Silben rausgucken lassen – ev, ma, o – oder Frau Wichmanns Ohrläppchen?
Was in der Literatur eine große Kühnheit, wäre als Grafik wahrscheinlich ziemlich dünn.
Die Buchstaben sind nicht alle verbrannt. (Grünspan, 47/48)

Zunächst: Detlevs Technik des Letternspiels ist tatsächlich zerbombt. Die Frage jetzt ist, was wäre überhaupt noch Sprache der Darstellung, Sprache des Ausdrucks für diese Bombennacht? – Die Buchstaben und Ziffern reichen nicht hin. Wäre also, so erwägt der Text, möglicherweise eine Art szenische Wiederholung der Bombennacht die angemessene Darstellung? Szenische Wiederholung hieße ‚Selbstverbrennung des Autors' oder ‚Buchstabenverbrennung'. Ein Autodafé der Schrift? Bedeutet der zweite Weltkrieg für Fichte den Tod des Autors in einem anderen Verständnis als Foucault vom Tod des Autors spricht? Wird in einer solchen Nacht das Scheitern der literarischen Sprache offenbar und tötet dieses Scheitern den Autor? Hat er keine Sprache, so kann er nur noch sprachlos zur Darstellung bringen, was Ausdruck dieser Nacht wäre. Dies ist eine andere Fassung des Selbstmordes des Autors als am Ende der ‚Palette'. Hier hieß der Selbstmord die Verschmelzung des Schriftstellers mit dem Roman, Selbstmord aus Glück. Die Selbstverbrennung hingegen wäre das Siegel auf das absolute Scheitern einer literarischen Darstellungssprache. Könnte diese ersetzt werden durch eine Sprache des Ideogramms (vgl. ‚Mein Freund Herodot')? Schreiben in Begriffszeichen, in Bildzeichen, wie die Hieroglyphen der Ägypter, in denen das, was gesagt wird, eine zugleich semantische wie bildliche Präsenz hat? Gibt es eine unmittelbare Präsenz des Dargestellten in der Darstellung? Wir erinnern, daß diese Frage in den Hörspiel-Experimenten Anlaß wurde zur Erkundung der Laut- und Tonsprache.

Oder entzieht sich das Ereignis der Bombennacht der Sprache ebenso, wie es sich der Vorstellungskraft entzieht? Hätten also die Bomben die im ‚Waisenhaus' entdeckten Ebenen des Symbolischen und des Imaginären nicht nur in Mitleidenschaft gezogen, sondern sogar vernichtet? Wäre dies das Ende einer Literatursprache, vielleicht auch der Fichtesche Reflex auf jenes Dictum von Adorno, daß nach Auschwitz Lyrik nicht mehr möglich sei? Oder ist dieses Zögern, dieses Zweifeln an der Sprachfähigkeit der Literatur eine Negativfolge dessen, was Kant und heute Lyotard den „Effekt des Erhabenen" nennen?[1] Wäre der Krieg in der Moderne der Träger des Erhabenen?[2] Dann bildeten Faschismus und Krieg auch einen sprachgeschichtlichen Einschnitt, nämlich den Endpunkt der Sprache und der Ästhetik des Erhabenen, aber auch das Ende jener traditionellen Ordnung des Realen, Symbolischen und Imaginären[3], die in den Destruktionsgewalten des modernen Kriegs zerstört wäre. Interessant ist die Erwägung, an die Stelle eines Textes über den Krieg „schwarze Seiten" zu setzen. Das findet – darum der Bezug auf Lyotard – eine Korrespondenz in den großflächigen monochromen Bildern des Malers Barnett Newman und dessen Überlegungen über das Erhabene, das im absoluten „Nun", im herausgesprengten „Jetzt" besteht. Dieses „Jetzt" ist das Ereignis, das eine differenzierte Darstellung durch die Kunst zerstört.[4] Das Ereignis, das einschlägt wie eine Bombe. Oder die Bombe ist das Ereignis, worin die Verarbeitungsfähigkeiten durch Sprache überboten werden. In dieser Sicht bedeuten die Flächen Barnett Newmans, daß die Traditionen

---

[1] Jean François Lyotard: Das Erhabene und die Avantgarde. In: Merkur H. 2 (1984), S. 151–164. – ders.: Beantwortung der Frage: was ist postmodern? In: Tumult H. 4 (1982), S. 131–142. – ders.: Post-Skriptum zum Schrecken und zum Erhabenen. In: ders.: Postmoderne für Kinder. Wien 1987, S. 91–98. Allgemein: Christine Pries (Hg.): Das Erhabene. Zwischen Grenzerfahrung und Größenwahn. Weinheim 1989.

[2] Dazu H. Böhme: Vergangenheit und Gegenwart der Apokalypse. In: ders.: Natur und Subjekt. Frankfurt/M. 1988, S. 380–399.

[3] Diese öfters benutzte Unterscheidung übernehme ich von Gilles Deleuze: Woran erkennt man den Strukturalismus? In: F. Châtelet (Hg.): Geschichte der Philosophie. Bd. VIII: Das XX.Jahrhundert. Frankfurt/M – Berlin – Wien 1975, S. 269ff.

[4] J.F. Lyotard: Das Erhabene und die Avantgarde a.a.O. und Max Imdahl: Barnett Newman: Who's afraid of red, yellow und blue III. In: Chr. Pries (Hg.): Das Erhabene a.a.O. S. 233–252.

gegenständlicher Kunst und differenzierter Farbexperimente in der Monochromie der Bilder dementiert ist und eine Darstellungsleere entsteht, die ein (hilfloser) Reflex auf die Undarstellbarkeit der Wirklichkeit ist.

Fichte erwägt auch die Möglichkeit einer graphisch-bildnerischen Gestaltung dieses Ereignisses. Er verwirft dies, weil der Übergang von Schrift- zu Bildzeichen von Seiten der Literatur zwar ein schicker Einfall wäre, aber von Seiten der Kunst eine ziemlich *dünne Idee*. Denn so etwas ist längst versucht worden und bestätigt nur, was der Text reflektiert: daß die ästhetischen Zeichen heute die Zeichen einer Undarstellbarkeit wären, einer Absenz, einer Unmöglichkeit. Unmöglich ist es, das Ereignis, das absolute „Nun" zu fassen.

Insofern ist das Setzen des Schwarz eine Art Metazeichen, das Zeichen nämlich, welches bedeutet, daß Zeichen nichts mehr bedeuten und vernichtet sind im Augenblick des Krieges.[1]

Geht Fichte davon aus, daß der Krieg nicht nur Lebewesen und Dinge, sondern auch den sprachlichen und semiotischen Code zerstören kann? Ist das nicht eine heillose Übertreibung, ebenso wie das absolute Schwarz als Metazeichen nichts als eine Übertreibung ist? Immerhin deuten auch heute einige Symptome darauf hin, daß es eine neuartige Angst gibt, die Angst davor, daß im Krieg über die materielle Kultur hinaus auch der semiotische Code, das Archiv der Zeichen, zerstört werden könnte. Man kann dies daran ablesen, das der Einsatz der modernen Semiotechnologien u.a. darauf zielt, daß sie jeden Krieg überstehen. Schon jetzt verlassen die Zeichen die Erde: seit über 20 Jahren strahlen Russen und Amerikaner gemeinsam Menschheits-Informationen in das Weltall. Warum? Nur Verwandtensuche? Oder auch, um für den Fall der Fälle ein Erbe zu hinterlassen, wie die untergangsgeweihten, antiken Kämpfer wenigstens Zeugnis geben wollten: ‚wir waren da'? Oder was soll der Versuch, unsere Kultur ‚semiotisch' retten zu wollen durch atombombensichere Mikrofilm-Archivierung unserer Geschichte? Soll dies nicht über die Grenze des Todes hinaus garantieren, daß dasjenige, worin Menschen ihre Identität gesetzt haben, sie als Zeichen überlebt, auf ewig? – Dies sind merkwürdige Phänomene, die auf eine Angst deuten, daß der moderne Krieg den Bestand der Menschen nicht nur physisch, sondern auch geistig, auf der Ebene des Hervorbringens der kulturellen Codes, gefährdet. Der Text von Fichte über den Bombenangriff ist zu verstehen als ein Reflex auf die apokalyptische Dimension des modernen Krieges. Wenn nämlich, so wie es Detlev erfährt, die Zeit zerbombt ist, dann auch der Sinn und die Fähigkeit, diese Zeit in symbolischen Zeichen darzustellen, zu denken und zu erinnern. Schwärze. Aphasie. Amnesie. Sprechen können heißt auf eine Zukunft hin leben. Um diese Zukunftsmöglichkeit geht es im Text. Für Jäcki, wenn er sich auf die Suche nach den ‚Zeichen' dieser Nacht begibt.

---

[1] Über das Schwarz bei Fichte und die Beziehungen zum Schwarzen Quadrat von Malewitsch vgl. S. 264ff. u. 405ff. dieses Buches.

2. À la recherche

Jäcki flüchtet sich in eine prekäre Hoffnung: *die Buchstaben sind nicht alle verbrannt* (Grünspan, 48). Für Fichte, der längst ein Schriftsteller der Recherche, des Interviews und der Beobachtung geworden ist, bedeutet diese Tatsache zunächst: alle Dokumente lesen. Also in die Staatsbibliothek gehen, ins Staatsarchiv, in die Bibliothek des Universtäts-Krankenhauses Eppendorf; Überlebende aufsuchen, Leute, die sich mit der Bombennacht beschäftigt haben, interviewen und über diese Recherche schreiben. Es gibt mithin keinen Versuch der Darstellung des Bombenangriffs, sondern nur ein Kapitel, das schildert, wie ein Schriftsteller jene Nacht recherchiert, die für ihn als unmittelbares Ereignis schwarz ist und bleibt. Daraus entsteht eine Montage von Zitaten aus historischen Quellen, von Reaktionen Jäckis darauf, von Beobachtungen Jäckis bei seinen Gängen durch die Stadt zwischen den verschiedenen Archiven und Bibliotheken im Hamburg.

Was ist Realität? Und was ist die Realität dieses Schreibens? Jäcki, der nicht Fichte und nicht mehr Detlev ist, sondern eine Figur aus der ‚Palette‘, die den Autor dieses Romans fingiert, – Jäcki nimmt sich zum Zweck der Recherche *Jürgen aus der „Palette" zum Vorbild:*
Jürgen, den Frühdemonstrierenden, am Bismarck die Uhr aufziehenden Jürgen, der zur ständigen
– Mahnung heißt das!
an die KL's Fotos von präparierten Embryos aus einer Festschrift mit sich herumtrug. (Grünspan, 34).

Ein linker Schwuler, eine Paletten-Romanfigur ist das methodische Vorbild für das Recherchieren Jäckis im ‚Grünspan‘, über den Fichte schreibt – so wie Fichte über Jürgen in der ‚Palette‘ schreibt, der die Schwangerschaft Heidis, anhand gynäkologischer Literatur, recherchiert, woraus Fichte wiederum ein Kapitel macht – wie hier über die Recherche Jäckis.

So verworren mithin die Autorschaft ist, so vielfältig die Sprache, die Diskurse, die sich im Kapitel über die Bombennacht durchkreuzen. Symptomatisch dafür sogleich der Beginn: der 24.–28. Juli 1968 – was ist das eigentlich? Ein *Jubiläum*", das man *begeht*, z.B. das 25. des
– Terrorangriffs
– damit bedienen Sie sich des nationalsozialistischen Ausdrucks.
– des Bombardements auf
– der Katastrophe vom Juli 1943. (Grünspan, 33)

Auf welchen Namen hört ein Ereignis? Welche Sprache kann man, darf man sprechen? Benutzt der Halbjude Jäcki eine Vokabel aus dem *Wörterbuch des Unmenschen* (Grünspan, 34), wenn er *Terrorangriff* sagt?[1] *Wer wirft mir das Wort vor?*

---

[1] Tatsächlich nimmt Fichte hier Bezug auf das Buch von D. Sternberger/ G. Storz/ W.E. Süskind: Aus dem Wörterbuch des Unmenschen. 1.Aufl. München 1962.

Was ist ein Unmensch? Ist das Wort *Terrorangriff* nicht mehr ein *Kürzel ... für die Propaganda von Dr. Joseph Goebbels*, wenn es Jäcki mit seinen biographischen Erinnerungen auflädt? Ist es dann ein Wort *für mich*, wie Jäcki sagt? Ist das Wort nicht mehr faschistisch, nur weil Jäcki bei *Terrorangriff* an den Schrecken denkt, der aus dem Himmel auf Detlev niederfuhr und die Zeit zerbombte?

Das Ereignis stellt sich Jäcki sogleich als ein Problem der Benennung. Und hier droht das berühmte, von Fichte mehrfach zitierte Diktum des Grafen de Buffon von 1743: *le style c'est l'homme même* (Grünspan, 37; Stendhal zugeschrieben). Verrät das Wort *Terrorangriff* Jäcki als Kryptofaschisten?

Derart sensibilisiert für das Problem der Sprache, die faschistisches Erbe auch dort noch mitzuschleppen in Gefahr steht, wo es um dessen Überwindung geht, macht Jäcki sich an seine *Studien*, die er auf zwei Ebenen ansiedelt: Studium der Archivalien und Dokumente; und Studium der Gegenwart Hamburgs unter der Frage, inwieweit die demokratische Fassade der Stadt das Weiterwirken faschistischer Strukturen nur tarnt. Denn so wie der erste Satz des Romans: – *Wir fahren vom Schnee in die Tarnung* (Grünspan, 7) die Reise vom winterlichen Scheyern in die getarnte, ‚falsche' Stadt Hamburg bezeichnet, deren Tarnung von Bomben durchschlagen werden wird, so kann das heutige demokratisch-liberale Hamburg selbst eine *Tarnung* sein, verhüllter Faschismus; und so könnte die heutige Sprache ein verborgenes Weitersprechen des Nationalsozialismus sein. Auch bei Jäcki.

3. *Das Gebot der Stunde für den Anatomen*

Jäcki auf der Suche nach der Bombennacht. Er liest Bücher. Z.B. Siegfried Gräff: Ergebnisse pathologisch-anatomischer Untersuchungen anläßlich der Angriffe auf Hamburg in den Jahren 1943–45. Mit dreißig Abbildungen und elf Tafeln. Hamburg 1948, 2. Aufl. 1955.[1]

Die Autopsie der Schrumpfleiche. Zur Verarbeitung lagen somit Hitzeschrumpfleichen mit den Begleiterscheinungen mehr oder weniger vorgeschrittener Fäulnis vor. Bei diesen Schrumpfleichen konnte von einer Sektion mit Messer und Schere keine Rede sein. Als erstes waren die Kleider zu entfernen, was bei der außergewöhnlichen Starre der Körper in der Regel nur durch Zerschneiden oder Zerfetzen und unter Beschädigung einzelner

---

[1] Die beiden Auflagen des Buches von S. Gräff befinden sich in der Bibliothek des Universitätskrankenhauses Eppendorf (Signatur: Med A 1948/73 u. Med A 1955/24). Besonders das Exemplar der 1. Aufl. weist starke Spuren der Bearbeitung auf, die eindeutig auf Fichte zurückgehen. Sämtliche im Roman zitierte Stellen sind im Buch Gräffs mit Bleistift markiert. Alle übrigen Markierungen sind Varianten der endgültig in den Roman übernommenen Stellen. Alle Anstreichungen zeigen ein einheitliches Interessenprofil. Fichte markierte Stellen, die entweder unter dem Aspekt von Stilistik und Sprache, bes. der Sprache der faschistischen Medizin, oder der Grausamkeit der Entstellungen und Verstümmelungen ihm wichtig wurden. Ein in Druckbuchstaben notierter Kommentar: „(Das Dichten sollte Gräff lieber lassen.)" (Gräff a.a.O. S. 35) bezieht sich auf eine dramatische Schilderung des Todes von Luftschützern auf dem Dach eines Hochbunkers, als ihre Fluchtwege durch Feuer abgeschnitten sind. Die Passage hat Fichte in Grünspan, 50 übernommen, so daß fast sicher ist, Fichte als Schreiber der Randnotiz anzunehmen Vgl. Horst Gronemeyer: Magister Graeff – der Alsterdante. Hubert Fichte in der Hamburger Staats- und Universitätsbibliothek. In: Auskunft Jg. 9., H. 2 (1989), S. 205–209.

Körperteile zu bewerkstelligen war. Köpfe oder Extremitäten konnten je nach Trockenheit der Gelenkverbindungen vielfach mühelos abgebrochen werden, wofern sie überhaupt noch im Laufe der Bergung und des Transportes den Zusammenhang mit dem Körper bewahrt hatten. In soweit die Körperhöhlen nicht schon durch Zerstörung der Decken frei vorlagen, bedurfte es der Knochenschere oder der Säge, um die erhärtete Haut zu durchtrennen. Verfestigung und Schrumpfung der inneren Organe verhinderten Messerschnitte; vielfach konnten die einzelnen Organe, besonders die Brustorgane auch mit anhängender Trachea, Aorta und Karotiden, mit Zwerchfell, Leber oder Nieren als Ganzes herausgebrochen werden. Organe, die sich in fortgeschrittener Autolyse befanden oder durch die Hitzewirkung vollkommen durchhärtet waren, waren mit dem Messer meist schwer zu durchtrennen; faulende, weich-feste, lehmartige, schmierige oder zundrig-bröckelige Gewebsmassen oder Organrückstände wurden zerbrochen, zerrissen, zerkrümelt oder zerpflückt.
– Magister Graeff – der Alsterdante. (Grünspan, 35/6).[1]

Jäcki wird klar, daß eines nicht zerbombt wurde – das ist die wissenschaftliche Rationalität der Anatomie, die Sprache dieser Wissenschaft. Die Zitate sind authentisch. – Wie ist diese Sprache organisiert? Syntaktisch spart sie personale Satzsubjekte aus: „zur Verarbeitung lagen vor", „es waren zu entfernen", „in der Regel ließ sich bewerkstelligen", „es konnten abgebrochen werden". So entsteht ein unpersönlicher, subjektloser Stil. Er präsentiert das Menschenfleisch in der absoluten Zuordnung auf den ärztlich-anatomischen Blick: „vorliegende Organe"; Organe, die „Messerschnitte verhindern" oder „herausgebrochen werden konnten" oder „schwer zu durchtrennen" waren.

Die Sprache Gräffs offenbart, daß die von ihm rekrutierten Leichen nur auf die instrumentellen Techniken der Anatomie hin wahrgenommen werden. Sprachlich berücksichtigt er die Besonderheiten, die das verbrannte Fleisch seinem Sezierbesteck entgegensetzt. Nach dieser Bombennacht nun eine weitere Schlacht, die auf dem Feld des Wissens geschlagen wird: die verkohlten Leichen gegen Gräff, der ihnen ihre anatomischen Kostbarkeiten mit dem Skalpell abringt. Was schon auf den Anatomie-Bildern zu beobachten war, findet in der Sprache Gräffs seinen historischen Gipfelpunkt: die Trennung von Subjekt und Objekt als Grundform von Rationalität. Endgültig fällt weg, was für Rembrandt noch charakteristisch war: der die Sektion Beobachtende weist uns, die Bildbetrachter, gestisch auf die Leiche hin und richtet sein Auge auf unser Auge: dieses hier, die Leiche, das bist Du. Statt dessen eine Sprache der Abstraktion vom Menschen; der Körper ist nichts als Materie, die unter dem Aspekt instrumenteller Zurichtung und des Wissens wahrgenommen wird. Eine vollendete Sachlichkeit des Sprechens.

Das ist 1948 und 1955 ein Stück faschistischer Medizin par excellence: eine Medizin ohne Menschen auf beiden Seiten. Ohne Menschen, die Ärzte sind, und ohne Patienten oder Tote, die als Menschen gesehen werden. In diesem Text Gräffs

---

[1] Die ironische Bezeichnung „Alsterdante", die Fichte mehrfach verwendet, wirkt wie ein Echo auf den Bleistift-Kommentar (s. Anm. zuvor); ferner ist anzunehmen, daß die überaus häufige Verwendung des Wortes „Inferno" für den Feuersturm 1943 (bei Gräff, aber auch allen anderen Autoren, außer Brunswig) ebenfalls Anlaß für die Dante-Assoziation wurde. – Das Zitat Grünspan 35/6 = Gräff a.a.O. S. 45.

finden Detlevs Angst vor und seine Neugier auf Leichen ihr Gegenstück: in der perfekten Form desensibilisierter Rationalität. Wörterbuch des Unmenschen? Ist das Wissenschaft?
Wer weiß was?
Wer hat was gewußt?
Wer hat nichts gewußt?
Wer wollte sich daran erinnern?
Haben Sie etwas gewußt, Herr Professor Dr. Siegfried Graeff?
– Herr Graeff soll verschieden sein.
– Also auch bei Ihnen heute nur noch Maden in der Mundhöhle und Schmiere im Schädel. (Grünspan, 49).

Ist dies der traditionelle Tod (mors omnia aequat), der Gerechtigkeit zwischen dem Täter Gräff und seinen Opfern herstellt, mit denen er am Ende identisch wird? Der Tod, der die große Demokratie herstellt? So ist es nicht. Denn noch 1948/1955 wird von Gräff ein wissenschaftliches Ethos reklamiert, das keinerlei Differenzierung mehr zwischen rationaler Wissenschaft und KZ-Morden erlaubt. Das Eppendorfer Krankenhaus wird für Jäcki zum KZ der Bombenopfer:
– Opfer jener Nacht standen mir in übergroßer Zahl zur Verfügung. Insofern ich die Schadenstellen selbst hatte besichtigen können, traf ich schon dort eine Auswahl. Die Bergung und der Transport der Leichen zu meiner Untersuchungsstelle erfolgten mit Unterstützung der Polizei und mit Hilfe von KZhäftlingen und Strafgefangenen. ...
– Die Opfer der Luftangriffe einer möglichst umfassenden autoptischen Untersuchung zu unterziehen war für den pathologischen Anatomen das Gebot der Stunde.[1]
Jäcki:
– Und was war das Gebot der Stunde für den nicht pathologischen Gemüsehändler, dem die Apfelbauern in Neuengamme sagen: Dahinten müssen Sie mal hingehen. Da können Sie sehen, wie lebendige Leichen marschieren.
Siegfried Graeff:
– Dieses Massensterben war für jeden von uns die Stunde, in der der von Zeus gesandte Adler des Prometheus Leber zerhackte, strafend den Diebstahl des Feuers, des Feuers des tätigen Lebens und des Fortschritts. Indessen, war Zeus auch der Gott der Einsicht und der Vernunft?
Nun macht Siegfried Graeff eine Pause, die von der ersten Auflage 1948 bis zur zweiten 1955 dauert:
– die unser Wollen zu bestimmen haben? Nein, er ist es nicht gewesen. Des Adlers Sendung bedeutet daher für uns keine Entlassung aus der eigenen Verantwortung. Sie bleibt aber ernsteste Mahnung, uns der Zwiespältigkeit in den Wirkungskräften der Natur –
Jäcki:
– Natur! Natur!
Siegfried Graeff:
– bewußt zu werden. Möge es gelingen, diese Mächte der Menschen der Menschheit zum Segen werden zu lassen. Mortui vivos docent.

[1] Zitate aus Gräff a.a.O. S. 40 und Vorwort, S. 7 Nov. 1947.

Jäcki:
– *KZhäftlinge erst, wenn sie tot sind?* (Grünspan, 48/9)[1]

Gräff zitiert den Prometheus-Mythos in faschistischer Umkehrung: wir „Ärzte" hier unten sind die prometheischen Heroen einer wissenschaftlichen Verantwortung, während von oben die Strafe von Zeus ergeht. Das sind die Adler, die Bomben-Flugzeuge der alliierten Streitkräfte. Während unten die prometheischen Wissenschaftler das „tätige Leben und den Fortschritt" betreiben. Weil dieser Zeus kein gerechter Zeus ist und kein Gott der Einsicht und Vernunft, ist der faschistische Arzt nicht aus seiner Verantwortung entlassen. Die Bomben werden im Gegenteil zum Aufruf, jene Arbeit fortzusetzen, die er als Anatom im Dienste der faschistischen Herrschaft betrieb.

Der Prometheus-Myhos und seine Inanspruchnahme für eine gegen Zeus (die Alliierten) gerichtete Wissenschaft erinnert in pervertierter Weise an das, was Günther Anders „Das prometheische Gefälle" und „Die prometheische Scham" genannt hat.[2] Nach Günther Anders besteht ein Gefälle zwischen den hochentwickelten instrumentellen Techniken und Fertigkeiten des Menschen und den Vorstellungsvermögen und Gefühlen, die das, was technisch bewerkstelligt wird, nicht mehr zu realisieren in der Lage sind. Die technischen Apparate beschämen den lebendigen Menschen, der ihnen folglich ähnlich zu werden strebt, fühllos, kalt, präzise. Genau dieses trifft auf Gräff zu. Gräff hat recht, wenn er sich als prometheischen Menschen beschreibt. Charakteristisch dafür ist hier nicht nur eine Unfähigkeit, sondern auch die strategische Weigerung, sich vorstellen zu wollen, was er eigentlich tut, zu welchem Ziel und in welchem Zusammenhang er seziert und wie es kommt, daß er sachlich und ohne jede Empathie mit den Opfern arbeitet für nichts als das Wissen.

4. Faschismus und Anatomie

Die Schamlosigkeit von Rationalität, d.h. ihre Unempfindlichkeit, ist identisch mit der Unmenschlichkeit ihrer Effekte. Diese Unmenschlichkeit hat die Medizin auch nach 1945 nicht irritiert. Das „Mortui vivos docent" wurde zur Legitimationsfolie vor, im und nach dem Krieg für eine doppelte Opferung der Opfer: die Toten, die als Opfer eines Angriffs noch einmal Opfer der Anatomie wurden. Doch ist dies kein Einzelfall. So wurden die Opfer faschistischer Morde per Dekret systematisch zu Objekten der medizinischen Forschung erklärt. Erlaß des Reichserziehungsministeriums vom 18.2.1939: „Die Leichen der im Gebiete des Deutschen Reiches hingerichteten Personen sollen dem Anatomischen Institut der jeweils nächstgelegenen Universität zum Zwecke der wissenschaftlichen Forschung und des

---

[1] Tatsächlich ergänzt Gräff das Nachwort der 2.Aufl. 1955 (a.a.O. S. 200) um die von Fichte zitierten Nachsätze. Diese Ergänzung ist die einzige mit Bleistift markierte Stelle der 2.Aufl. – ein Indiz mehr, daß Fichte es war, der die Bleistift-Anstreichungen vornahm.

[2] Günther Anders: Die Antiquiertheit des Menschen. Bd. 1: Über die Seele im Zeitalter der zweiten industriellen Revolution. 7.Aufl. München 1987, S. 21ff.

Unterrichts überlassen werden."[1] Auf den 1.9.1939 (Kriegsausbruch) datiert Hitler die Ermächtigung zur Ermordung unheilbar kranker Pflegefälle ("Gesetz über die Sterbehilfe bei unheilbar Kranken").[2] Davon sind insbesondere auch psychiatrische Langzeitpatienten betroffen, deren Sterbequote seit 1938 sprunghaft ansteigt. Das Euthanasie-Programm wird planerisch effektiviert, wenn auch getarnt, sowohl bürokratisch wie medizinisch (Morde sind „Erlösungsakte" und „Gewährung des Gnadentodes"[3]). Am 20.6.1941 ergeht der Erlaß des Reichsinnenministeriums zur „Planwirtschaflichen Verwendung von Anstalten und Heimen zur Unterbringung Minderjähriger zur erweiterten Kinderlandverschickung". Dahinter verbergen sich auch Maßnahmen zur Tötung von Fürsorgezöglingen und Mischlingskindern[4] –: also eben solcher Kinder wie Detlev, Peter, Anna, Marie, deren Abtransport Detlev z.T. selbst erfährt. Schon hier gilt der Satz aus dem ‚Platz der Gehenkten': daß Detlev nicht auf der *Liste der Toten* steht, *besagt gar nichts* (Platz, 11, 213). Die getöteten Kinder wurden zu sog. Forschungszwecken anatomisch ausgewertet. Dies hätte dem Waisenhauszögling Fichte passieren können – er erfüllte die Bedingung des „lebensunwerten Lebens"; er hätte das Opfer von Medizinern werden können des Schlages von Siegfried Gräff. Wenn Fichte sich intensiv mit faschistischer Medizin beschäftigt, so nicht nur aus historischem, sondern auch aus biographischen Gründen: es ist nicht übertrieben zu sagen, daß Fichte in Siegfried Gräff auch seinem möglichen Schicksal begegnet ist, wenn nicht die Schwestern im Waisenhaus und die Mutter ihn davor bewahrt hätten.

Die anatomisch-pathologische Erforschung der ermordeten Kinder, psychiatrischen Patienten und Hingerichteten stellt eine doppelte Opferung dar. Die unschuldig Gemordeten werden noch einmal getötet. An diesen Praktiken waren die renommiertesten Institute und wissenschaftlichen Gesellschaften beteiligt – z.B. die Kaiser-Wilhelm-Gesellschaft, heute Max-Planck-Gesellschaft, das Institut für Hirnforschung Berlin, die Deutsche Forschungsanstalt für Psychiatrie in München. Hunderttausende von Gerhirnschnitten, Präparaten, Fotos, Filmen, Röntgenaufnahmen, Skeletten, Untersuchungsberichten, die bis heute verwendet werden, wurden damals hergestellt. Zehntausende Präparate von hingerichteten Menschen, von psychiatrischen Patienten und behinderten Kindern, die niemals beerdigt wurden, auch nicht nach dem Krieg, stellen in den wissenschaftlichen Sammlungen der

---

[1] Zitiert nach Götz Aly: Je mehr, desto lieber. Über den Umgang mit Präparaten von Nazi-Opfern vor 1945 und danach. In: Die ZEIT Nr.6, 3.2.1989, S. 69/70. – Vgl. dazu die ausgezeichneten Forschungsdokumentationen von G. Aly u.a.: Aussonderung und Tod. Die klinische Hinrichtung der Unbrauchbaren. Beiträge zur Nationalsozialistischen Gesundheits- und Sozialpolitik Bd. 1, Berlin 1985. – G. Aly u.a.: Reform und Gewissen. „Euthanasie" im Dienst des Fortschritts. Ebd. Bd. 2, Berlin 1985.

[2] G. Aly: Medizin gegen Unbrauchbare. In: ders.: Aussonderung und Tod a.a.O. S. 11. – Karl Heinz Roth/ G. Aly: Das „Gesetz über die Sterbehilfe bei unheilbar Kranken". In: K.H. Roth (Hg.): Erfassung und Vernichtung. Von der Sozialhygiene zum „Gesetz über Sterbehilfe". Berlin 1984, S. 101–179.

[3] G. Aly: Medizin gegen Unbrauchbare a.a.O. S. 26.

[4] G. Aly ebd. S. 30/1. Wie groß die Gefahr für das Kind Hubert Fichte wirklich war, haben Archivstudien von Reinhold Koller in Schrobenhausen ergeben. Dort wurde aktenmäßig festgestellt, daß Fichte „jüdischer Mischling 1. Grades" und unehelich ist (3.8.1942): er erfüllte damit die Voraussetzung für Deportation.

Bundesrepublik das anatomische Basismaterial der Nachkriegsmedizin dar. Der berühmteste Nachkriegsanatom, Professor Hermann Voss, der noch in den 60er Jahren Chef der Anatomie an der Universität Jena war, in seinem Tagebuch von 1941: „Die Organpräparate der Hingerichteten waren so schön, wie ich sie noch nie auf dem Präpariersaal gesehen habe."[1]

Die Mediziner nutzen eine einmalige Situation: die faschistische Diktatur wird zur Stunde der Wissenschaft, so wie hier Gräff den Bombenangriff umwendet ins „Gebot der Stunde für den Anatomen". Es gibt keine Grenze mehr für die Medizin, die dem hippokratischen Eid verpflichtet war.

„Heute nach dem Mittagessen, habe ich eine 3/4 Stunde oben, dicht unter dem Dach, auf unserer ‚Knochenbleiche' gesessen und mich von der Sonne bescheinen lassen. Rechts und links von mir lagen bleichende Polengebeine, die ab und zu ein leichtes knackendes Geräusch hören ließen." (Hermann Voss)[2]

Das ist, was der Psychiater Leo Navratil eine „Ich-Demarkation" nennt; die Fähigkeit, aus der eigenen Praxis die Gefühle so weit zu demarkieren, sie so weit einschließen zu können, daß sie in keinerlei Verbindung geraten zu dem, was man tut.

Der einflußreiche Neuro-Anatom, Professor Julius Hallervorden, der erst in der Kaiser-Wilhelm-Gesellschaft, dann in der Max-Planck-Gesellschaft nach 1945 Karriere machte, war zuständig für die wissenschaftliche Auswertung der Gehirne von ermordeten Psychiatrie-Patienten (vor allem Kindern). Wir erinnern, daß im ‚Waisenhaus' einige Kinder geschildert werden, die ihrer Ermordung und wissenschaftlichen Auswertung entgegengehen. Hallervorden antwortete in einem Verhör, in dem es darum geht, daß man in den Psychiatrien schwachsinnige Kinder und Erwachsene hingerichtet habe:

„Ich habe so was gehört, daß das gemacht werden soll und bin dann zu denen hingegangen und habe ihnen gesagt: ‚Na Menschenskinder, wenn ihr nu die alle umbringt, da nehmt doch wenigstens mal die Gehirne heraus, so daß das Material verwertet wird. Sie fragten denn: ‚Wie viele können Sie untersuchen?' Da sagte ich ihnen: ‚Eine unbegrenzte Menge, je mehr desto lieber.' Da stellte ich ihnen dann Fixiermittel und die Kisten zur Verfügung, und so habe sie sie uns reingebracht wie ‚nen Möbeltransport ... Das war ja nun ganz toll. Ich nahm sie an, die Gehirne; wo die nun herkamen, ging mich ja nichts an. Da waren schöne schwachsinnige Mißbildungen...."[3]

Diese Sammlung Hallervorden ist noch in den 70er Jahren in speziell gefertigte, feuersichere Schränke – auch das eine Form des Immunisierung gegen Geschichte –

---

[1] Zit. nach G.Aly: Je mehr, desto lieber a.a.O. S. 69.
[2] Ebd.
[3] Ebd. – Diese Vernehmung wird auf Englisch überliefert durch den amerikanischen Sanitätsoffizier Leo Alexander; Originalzitat bei G.Aly: Reform und Gewissen a.a.O. S. 67/8. – Ebd. S. 64–71 eine Darstellung der „Sammlung Hallervorden", die vor allem aus Präparaten von Kindern besteht. – Wenn Fichte im ‚Waisenhaus' drei Fälle der Deportation von sog. Geisteskranken berichtet (2 Kinder: Peter und Anna, 1 Erwachsene: Marie), so trifft er damit genau das Zusammenspiel von national-sozialistischem Vernichtungsapparat und Medizin.

umgebettet worden und wurde dann von der Max-Planck-Gesellschaft einem Institut der Frankfurter Universität überlassen. 150.000 Hirnschnitte – 3000 Makropräparate.

Siegfried Gräff: Mortui vivos docent.

Die Kontinuität der faschistischen Medizin in der Bundesrepublik hat Fichte im ‚Grünspan' schon sehr viel früher entdeckt als die Medizinhistoriker[1]. Fichte hat dabei das zugrundeliegende Modell erkannt: eine ins Unmenschliche verpanzerte Rationalität. Keineswegs ist das, was hier von Gräff oder Hallervorden zitiert wurde, eine Form der Irrationalität. Detlev ist es, der irrational reagiert in seiner Angst vor Leiden und Zerstückelung. Die Mediziner aber pervertieren diese Angst, indem sie sich an die Stelle des Aggressors setzen, der Empathie mit seinem Opfer nicht empfindet. Das wiederholt die Getrenntheit vom Objekt und das dadurch mögliche Unbetroffensein des Wissenschaftlers. Das ist eine bis zum absoluten Kältepunkt vorgedrungene Disziplin als Form von wissenschaftlicher Methode. Im unberührbaren Ernst des Siegfried Gräff wiederholt sich der apathische Ernst der Gesichter auf dem Bild von Gerard David. Es ist die zur Meisterschaft trainierte Konzentration der Hände der Henker auf diesem Bild.

Freilich: ‚Gefühle' bei Gräff gibt es auch:

– *Die Haut des Kopfes, wie auch des sonstigen Körpers fühlte sich glashart an.* (Grünspan, 51)

– *Beim Beklopfen der Haut papiermachéartiges Gefühl.* (Grünspan, 51)

– *Leiche 22.*

– *Die Lungen fühlen sich luftkissenartig an.* (Grünspan, 52)

Und Subjektlosigkeit:

– *Der Herzmuskel schneidet sich auf Frontalschnitt wie harter Käse.* (Grünspan, 51)

– *Der Hodensack läßt sich mit Inhalt abbrechen.* (Grünspan, 52)

– *Leiche 38.*

– *Der Schädel sägt sich besonders hart.* (Grünspan, 52)

– *Zwischen den Stücken werden wenige kriechende Maden und Kokons gefunden.* (Grünspan, 53)

– *Die Schädelknochen lassen sich auseinanderbrechen.* (Grünspan, 52)

Die Leichen werden nicht als Körper von Menschen wahrgenommen. Siegfried Gräff: – *Der Geruch gebratenen und verbrannten Fleisches und Fettes war meist stark überdeckt von jenem süßlich unangenehmen der faulen Zersetzung tierischen Gewebes.* (Grünspan, 52)

– *Über den Schmelzpunkt von Menschenfett finden sich im Schrifttum nur spärliche Angaben.*

– *Das zerkleinerte und in weite Reagenzgläser gebrachte Fettgewebe von Leichen wurde 12 Stunden in kochendem Wasser erhitzt, das ausgepreßte Fett heiß zentrifugiert und nach dem Abhebern durch ein trockenes Filter filtriert. Die Bestimmung des Schmelzpunktes*

---

[1] Eine Ausnahme bildet Alexander Mitscherlich: Wissenschaft ohne Menschlichkeit. Heidelberg 1949 – ders./ F. Mielke (Hg.): Medizin ohne Menschlichkeit. Frankfurt/M. u. Hamburg 1960.

erfolgte nach der amtlichen „Anweisung von Fetten und Käsen" (J. König, Chemie der menschl. Nahrungs- und Genußmittel, Springer 1937). (Grünspan, 53/4)[1]

Wenn Gräff das Prometheus-Symbol als Legitimation einsetzt, so ist dies vielleicht auch zu verstehen als eine Projektion der Schuld. „In tiefster Erschütterung", führt Graeff aus, „in eigenstem Zwange wird der Forscher nunmehr wieder zum Menschen, nachdem er erkannt hat, daß ihm als Arzt Mittel der Therapie und Prophylaxe, Möglichkeiten des Abwendens einer solchen unbarmherzigen Äußerung der Technik nicht gegeben sind." (Grünspan, 55)[2]

Diese unbarmherzige Äußerung der Technik ist der Bombenangriff der Alliierten. Diese richten unbarmherzig gegen das Volk der Deutschen die Technik des ‚bösen Gottes Zeus', während die deutschen Wissenschaftler in Hamburg-Eppendorf den prometheischen Fortschritt sichern. Ich als Mensch und Arzt, sagt Gräff, kann keine Prophylaxe leisten, ich habe keine Therapie. Darin steckt vielleicht eine lavierte Schuld, die Gräff, mit der faschistischen Ideologie identifiziert, auf den Gott Zeus, die Alliierten, projiziert. Die „tiefste Erschütterung" ist die Erschütterung über die bösen Bomben und nicht über das eigene Tun; und das ist Projektion. Während es vielleicht der Versprecher des Textes ist, daß diese „tiefste Erschütterung" durch ein Komma abgetrennt wird und Gräff noch einmal ansetzt mit der Formulierung „in eigenstem Zwange". Dieser „eigenste Zwang" ist der neurotische Effekt einer Verpanzerung mit dem ethischen Überbau „Mortui vivos docent", als anatomisches Credo.

5. Endzeit des Erzählens

Zwischen die Collagen aus Gräff-Texten setzt Fichte immer wieder Zitate des Sprachverlustes. Die Sprache versagt. Aber diese von allen zitierten Autoren benutzte Formel der Sprachunfähigkeit, die bei Fichte zum Verzicht auf eine Darstellung der Bombennacht führt, wird durch die recherchierten Quellen dementiert, die alle ungeheuer beredt sind. So verarbeitet Fichte von Kurt Detlev Müller: „Das letzte Kapitel"; von Martin Caidin: „The night Hamburg died"; von David J. Irving: „...Und Deutschlands Städte starben nicht". Dazu literarische Darstellungen über Bombenangriffe und Verbrennungen, insbesondere Phosphorleichen, so z.B. von Curzio Malaparte: „Die Haut" (1949) und „Kaputt" (1944).[3] Überall stößt Jäcki auf

---

[1] Gräff ließ solche Experimente in seinem Labor durchführen. Das Zitat bei Gräff a.a.O. S. 113.

[2] Zitat bei Gräff a.a.O. S. 200 (2.Aufl.)

[3] Die von Fichte studierten Bücher sind: Kurt Detlev Möller: Das letzte Kapitel. Geschichte der Kapitulation Hamburgs. Hamburg 1947. – David J. Irving: ...Und Deutschlands Städte starben nicht. Ein Dokumentarbericht. Zürich 1963. – Martin Caidin: The Night Hamburg died. New York 1960. Die endgültige Untersuchung von Hans Brunswig ist: Feuersturm über Hamburg. Die Luftangriffe auf Hamburg im zweiten Weltkrieg und ihre Folgen. Stuttgart 1978. Dieser Darstellung liegt die von Fichte im Hamburger Staatsarchiv benutzte Ausgabe zugrunde: Hans Brunswig: Einsatzerfahrungen des Brandschutzdienstes. 3 Bde. Hamburg 1959. – Im Nachlaß finden sich aus diesen Untersuchungen ausführliche Exzerpte, welche die sorgfältige Dokumentationsarbeit Fichtes nachvollziehen lassen. Dabei zeigt sich, daß Fichtes Hochschätzung von Brunswig vollauf berechtigt ist; dessen Berichte und Darstellungen der Bom-

falsche Sprache, auf Katastrophen-Pathos, auf „Dantes Inferno", Legenden, Schwindel, Lügen, tragische Formeln. Für Jäcki sind das alles Herausforderungen an seine eigene Sprechfähigkeit. Sein Quellenstudium erweitert er auch auf Filme über den Angriff, die er vorwärts und rückwärts spulen läßt:

Die Mauerbrocken fliegen vom Boden hoch an die Ruinen. Ein Mann geht rückwärts durch die Trümmer: Rückwärts marschieren die Pimpfe an der Moorweide. Die Ausgebombten steigen vom Lastwagen und gehen rückwärts in ihre brennenden Häusern zurück.
Sorgfältig wird der Regungslose in Kalk und Brocken wieder zurückgebettet.
Die Flügelbomben werden zu den Flugzeugen hochgetrieben. Die Wolken saugen die Leuchtkugeln und die Tannenbäume an. (Grünspan, 43)

Poetische Spielereien, so scheint es. Doch Jäcki interessiert sich für diese künstliche Zeitumkehrung, weil für ihn der Verlust von Zeit die Grunderfahrung der Bombennacht bildet. Jäcki zitiert Oberbrandrat Dipl.-Ing. Hans Brunswig: – *Wer solche Geschehnisse nicht mitgemacht hat, kann schlecht verstehen, daß jeglicher Zeitbegriff in diesen Situationen verlorengeht. Inmitten einer Umwelt, die sich in Sekunden- und Minutenschnelle völlig wandelt, gibt es wohl kein „rechtzeitig" mehr.* (Grünspan, 43)[1]
Diese Beobachtung trifft auch auf den Verlust von Dauer und Zukunftserwartung zu, wie ihn Detlev in der Bombennacht erfährt. Vielleicht darum nennt der erwachsene Jäcki den Oberbrandrat, der diese Beobachtung macht, den *Proust aus St. Pauli*. Für Jäcki ist Hans Brunswig der Dokumentarist, der seine Einsatzerfahrung beim Brandschutzdienst sachlich und unpathetisch beschreibt: *Proust spricht St. Pauli-Slang.* (Grünspan, 44). Mit Hilfe Brunswigs gelingt Jäcki die Desillusionierung der Pathosformeln, welche die Schriftsteller, Historiker und Wissenschaftler für die Katastrophenereignisse von 1943 benutzen.

In den Recherchen Jäckis entsteht kein erzählerisches Bild von Ereigniszusammenhängen, keine narrative Linearität, wie sie sich aus Jürgens Recherche der Schwangerschaft Heidis ergibt. Es scheint, daß es für Jäcki eine organische Zeit nur noch im Mutterleib gibt. Doch auch diese Zeit im Mutterleib, als evolutionär organisches Kontinuum, ist schon in der ‚Palette' gefährdet: durch Abtreibungsversuche, die kaputten Eltern, die desolate Beziehung Loddels und Heidis oder durch die Möglichkeit der Mißbildung des Foetus. Phantasiert wird das Kokonieren des Kindes zum *Steinkind* (eine Art Verewigung des Embryonalzustandes) oder die groteske Situation der Geburt in der Transvestitenbar: Abbruch der intrauterinen Zeitlosigkeit (Palette, 277-301). Was hier schon absehbar wird, sind zerstörte Lebensläufe, zerstörte Geschichten, ein unüberbrückbarer Bruch zwischen der organischen Zeit des Embryos in Heidis Bauch und der fragmentierten Zeit der Realität außerhalb dieses Bauches. Der Bauch, der den Embryo umschließt, symbolisiert denselben archaischen Schutz wie im ‚Waisenhaus' *der Mantel der Mutter* oder *das Licht zu Weihnachten, was das schönste Licht ist, das Detlev je gesehen hat*: Schutz, der die Unzerstörbarkeit der Zeit zu garantieren scheint, Dauer, Kontinuität,

---

benangriffe auf Hamburg sind historisch am zuverlässigsten. Hans Brunswig lebt noch und erinnert sich an das Interview mit Fichte.

[1] Hans Brunswig: Feuersturm über Hamburg a.a.O. S. 236.

Integration des Ich. Was aber ist Zeit, wenn die Erinnerung an den Matrosen Paul – hier im Bombennacht-Kapitel des ‚Grünspan' – sich auf jemanden bezieht, von dem *nur noch rundgespülte Knochenstückchen .... und der halbe Chromosomensatz und Fotos im Chromrahmen* übrig sind? (Grünspan, 47)

Die verlorene Zeit Prousts: wem der Geruch von verbranntem Menschenfleisch nicht aus dem Gedächtnis geht, der kann nicht mehr aus dem Duft von Madeleinekuchen und Tee oder aus dem Anblick von Weißdornhecken eine ganze Welt erwecken. Temps perdu heißt jetzt ‚zerbombte Zeit', vor allem ‚zerbombte Erzählzeit'. Die zerbombte Erzählung selber, die sich nicht mehr erzählen läßt (sondern collagieren). Proust als Oberbrandrat wäre nicht mehr der Romancier eines roman fleuve, sondern der Dokumentarist einer Zerstörung; nicht der Autor der mémoire involontaire, welche aus dem Aufblitzen eines Bildes die ganze Welt des Vergangenen auf das Papier zaubert. Dieser Oberbrandrat bedeutet aber auch das Ende der Waisenhaus-Poetik: wie sollte noch ein Jahr der Erfahrung wie ein Suppenwürfel im Kopf zu konzentrieren sein in eine narrative Einheit? Wie könnte noch das zerrissene Ich in Bernstein gefaßt werden als Schmuck am Hals der Mutter? Wie noch Bilder finden wie eine nature morte? Oder gar Imitatio Christi? Woher rettende Vergleiche aus der schönen Welt Hamburgs, wenn dieses in Schutt und Asche liegt? Woher Konjunktive, in die sich die Phantasie rettet? Tatsächlich zerstören die Bomben mit der Kohärenz der Zeit auch die Möglichkeit der Narrativik, die Poetik der Erinnnerung und den lexikalischen und syntaktischen Bestand der Sprache.

Deswegen also zu Beginn dieses Kapitels das Problem der Benennung der Bombennacht als ein paradigmatisch-lexikalisches Problem. Doch wird im Laufe dieses Kapitels auch die syntagmatische Ebene zerschlagen. Immer mehr zerfallen die Gräff'schen Sätze, die ohnehin schon subektlos sind, in Sprachtrümmer, ohne Referenz auf den Menschen, der spricht, und ohne Referenz auf den Menschen, von dem gesprochen wird. Eine Sprache, die zunehmend auch ihre Grammatik verliert oder, wie bei Gräff, funktioniert wie eine Maschine der Zerstückelung.

Die übrigen von Jäcki zitierten Autoren bestätigen die Unmöglichkeit, mit den paradigmatischen und syntagmatischen Mitteln der Narrativik die Realität überhaupt noch treffen zu können. Metaphern, Deutungsmuster, situative Vergegenwärtigungen, Konkretionen und Szenen –: alles ist deplaziert, ist kaputtgegangen oder trägt zur falschen Legitimation und Ideologisierung bei. Deswegen lieber der St. Pauli-Slang des Oberbrandrats: für Fichte meint dies das Ende der hohen Literatur; statt dessen eine Demontage der vorgefundenen Sprache und, im Verzicht auf narrative Integration und epische Darstellung, die Verzeichnung einer zerstörend-zerstörten Welt in der Form der Collage. Eine Sprache, die nichts mehr ist als die verstörte Inventarisierung von zerstückelten Leichen. Eine Sprache, die nur noch Reflex ist des factum brutum. Literatursprache ist nicht mehr das subjektiv gesteuerte, flexible, darstellungsfähige Medium zur Deutung von historischen Prozessen. Am Ende des Kapitels zerfallen in Jäckis Kopf noch die inventarisierenden Protokollsätze über die sezierten Schrumpfleichen und es entstehen jene Wort-Säulen, Stakkato-Litaneien, die zu einem der Stilmittel Fichtes werden.

– *Mortuis vivos docent.*
– *Tertium non datur.*
– *Inferno di Dante.*
– *Leber.*
– *Harter Käse.*
– *Verkäsend.*
– *Teigig-zähe.*
– *Papiermachéartig.*
– *Zäher Käse.*
– *Eingetrockneter Käse.*
– *Wie harte Butter.*
– *LS-Keller.*
– *Lu-Keller.*
– *Blutzoll herabsetzen.*
– *Zeus' Adler.*
– *Prometheus' Leber.*
– *Rasen.*
– *Chaarons Nachen.* (Grünspan, 54)

Abb. 10. Gerhard Marcks: Charons Nachen. Denkmal für die Opfer der Bombenangriffe 1943. Ohlsdorfer Friedhof, Hamburg.

Chaarons Nachen meint die Plastik von Gerhard Marcks in der Vierung der Massengräber auf dem Ohlsdorfer Friedhof.[1] – Der letzte Satz lautet dann:
– *Fuchsien und Geranien, denkt Jäcki und biegt in die Große Freiheit ein.*
(Grünspan, 55)

Isolierte Sprachpartikel auf einer Zeile, Zerstückelung der Sprache: das war gemeint, als am Anfang gesagt wurde, daß für Fichte der Bombenangriff auch ein sprachgeschichtliches Ereignis ist, und ein literaturgeschichtliches, insofern dieser Bombenangriff die Narrativik zerstört. Die literarischen und wissenschaftlichen Postfestum-Diskurse erweisen sich als unwahrhaftig, unmenschlich, als Lüge. Was bleibt sind *Fuchsien und Geranien* – Erinnerungsfragmente aus dem Garten des Großvaters, zitiert im ‚Waisenhaus' schon beim Buchstabenspiel mit dem Wort ‚Jude'. Und es gibt das Abbiegen in die Große Freiheit, St. Pauli, das Verlassen der Welt der bürgerlichen Tradition und der hohen Literatur. Verlassen wird aber auch die Tradition des Subjektes als einer kohärenten Identität. Und verlassen wird eine Sprache, in der dieses Subjekt glaubt, sich literarisch ausdifferenzieren und kultivieren zu können. Mit der Collage am Ende des Kapitels ist auch das Ende einer Einheit der Welt vollzogen; ähnlich wie im 17. Jahrhundert der Lyriker John Donne vom Zerbrechen, von der Dezentrierung der Welt sprach, als durch die Neue Physik die Erde aus dem Mittelpunkt des Weltalls irgendwohin an den Rand des Weltall gerückt wurde.[2] Auch damals schon, wie hier durch den Bombenangriff, wurde die Dichtung heimgesucht von der Angst vor dem Ende der Sprache als Sinnträger. An die Stelle ästhetischer oder kosmologischer Totalität treten bei historischen Einbrüchen immer die Bildfragmente einer ahumanen, dezentrierten, asyntaktischen Welt. Aus dieser Einsicht entsteht die Poetik des Romans ‚Der Platz der Gehenkten'.[3]

Im Waisenhaus entdeckte Detlev die Ordnung des Symbolischen und das Imaginären. In der Schluß-Collage des Kapitels über die Bombennacht sind auch diese Ordnungen zerstört. Die Zerstörung der Zeit führt fortan zu einem Nebeneinander der auseinandergesprengten Partikel der Wirklichkeit und damit zu den ästhetischen Techniken der Collage und des patchwork der willkürlichen Sprachreihen (Paletten-ABC) und der Wort-Litaneien (in rituellen Kontexten). Und schließlich das Einbiegen *in die Große Freiheit,* in die Subkulturen und fremde Kulturen, das Suchen nach Riten, die eine magische Heilung der zerfallenen Welt vielleicht ermöglichen könnten. Erst spät wird Fichte von dieser Hoffnung sich enttäuschen müssen (spätestens in ‚Lazarus oder die Waschmaschine').

---

[1] Zu den Recherchen Jäckis gehört also auch der Besuch der Massengräber auf dem Ohlsdorfer Friedhof (vgl. Grünspan, 43).
[2] John Donne: An Anatomy of the World (1611). In: ders.: Complete Poetry und selected Prose, ed. J. Hayward. London/ New York 1946, S. 202ff.
[3] Vgl. S. 367ff. dieses Buches.

6. Kontinuität des Faschismus

Dies wäre nicht ein so deprimierender Befund, wenn nach 1945 aus der Zerstörung der alten Welt eine neue entstanden wäre. Darum hängt die Entscheidung, ob das, was hier behauptet wurde, richtig ist, davon ab, wie die Zeit der Erzählgegenwart, Jäckis Zeit erscheint. Aus diesem Grund werden in die Recherche der Vergangenheit ständig Beobachtungen eingeschaltet über die Gegenwart Hamburgs.

Wie sieht Jäcki den Raum der Kindheit, Detlevs Welt in Lokstedt? Gibt es im gegenwärtigen Lokstedt überhaupt noch Anknüpfungspunkte an die Zeit Detlevs?
Detlevs Welt steht Kopf in Jäckis Kopf.
Der Asphalt hat die Schrebergärten in den Boden gedrückt.
Die Eiche vom Kinderheim guckt noch raus.
Parkplatzasphalt zingelt von hinten die Kellertreppen sein.
Mannigs Haus gegenüber kommt eine Asphaltstraße raus.
Es ist nicht mehr zu erkennen, wo Schwarzens Hühnerstall mal gebrannt hat.
Alle geweißelt – der häßlichen Spitzdachhäuser, die Beamtenstolze, die Minibemühungen von Opas Bismarckelan.
Parkplätze wo die Bombentrichter waren.
Mutti hat das geerbte Spitzdachhaus verkauft.
Weg mit dem Detlevhaus aus der Familie. ...
Man sieht keine Spuren mehr von dem Balkonbalken, die schon zu Opas Zeiten anfingen zu faulen.
Im Klofenster sind die Butzenscheiben des neuen Besitzers. ...
Und in Omas Küche hängt ein neumodischer Peddigrohrfisch.
Die Bergamottbirne, die Bürgermeisterbirne, die Pflaumen- und die Zwetschgenbäume sind mit den Wurzeln raus.
– Was keine Luftmine schafft, der deutsche Bausparer schafft's.
– Sogar den Wunderbaum des Lebens – die Quitte.
Alle Nachbarn konnten sich Quittengelee einmachen.
Von Opas Kartoffelschalenbayreuth, von Detlevs präpubertärer Knutschlaube, der Schicksalslaube dreier Generationen, ist nach etwas dunklere Grasspur. ...
Rasen und geschmackvolle Einheitsbepflanzung sind von Detlevs Bombenjohannisbeeren nach. (Grünspan, 46/47)

Gegenwart ist für Jäcki die Fortsetzung der Zerstörungen des Krieges. Der Frieden in der Bundesrepublik erscheint als Vernichtung von Zeit, von Erinnerung, Geschichte und Biographie. Frieden ist, im Bewußtsein Jäckis, der Übergang vom manifesten Krieg zum latenten Krieg. Wie Hamburg einen Übergang darstellt vom manifesten zum verdrängten Faschismus.

Hamburg und seine Fassaden: sie zerbröckeln unter dem Blick dessen, der nach seiner Integration sucht in der Geschichte dieser Stadt, die seine ist und die seiner Familie. Die hochglanzpolierte Schauseite der Stadt gibt zunächst nur in Spuren zu erkennen, daß der Faschismus nicht gebrochen ist: Das frühere Wilhelm-Gymnasium, die jetzige Staatsbibliothek, wird bezeichnet als *Konzentrierungsanstalt*. – *Gauleiter Kaufmann lebt in Wellingsbüttel* [1] Ein Antisemit schreibt ein Erfolgsbuch über die Bombennacht Hamburgs. Kindergärtnerinnen kommandieren die Kinder in den Wallanlagen im Ton der NS-Zeit. *Nach Aufhebung des Paragraphen 175 verdreifacht die Hamburger Polizei ihre Streifen, um Hamburgs blühende Parks und grüne Lungen von Schwulen freizuhalten.*

Mit diesem Satz markiert Jäcki die faschistische Kontinuität in der Verfolgung der Schwulen. Im Faschismus hatten die Schwulen zwar auch ihre Subkultur, ihre Kneipen und Parks und mußten sich hüten vor der ständigen Gefahr, in Konzentrationslager deportiert zu werden. Diese sind verschwunden, nicht aber die polizeiliche Verfolgung und die Säuberung der Parks vom sexuellen Schmutz. Für Fichte ist dies ein Zeichen der tendenziell faschistischen Grundstruktur der bürgerlichen Gesellschaft.

Und sonst im Hamburg von 1968? *Twens und „Tod in Venedig"-Söhne mit nicht sehr gepflegtem Unterleib, ehe der Arsch breit wird auf Vater & Co.'s Sessel.* Die schicken Söhne, auf der Alster kreuzend, *wo die versengten Köpfe rausguckten während des Feuersturms*. Man macht Karriere – *Hans der Altmodler* (der von Fichte eifersüchtig kritisierte Sohn von Leonore Mau) hat sich *im technokratischen Riesenwerbehaus mit den ganz freien Umgangsformen zu zwei Mille monatlich hochstilisiert*. (Grünspan, 40)[2] Man modernisiert überhaupt: im Eppendorfer Krankenhaus werden die *gemütlichen Todespavillönchen* von den *neuen Hamburg-Einheits-Mies-van-der-Rohe-Konstruktionen* abgelöst. Die Stabi wird elektronisch. Vernissage-Peoples, Findesiècler, Gebrauchsgrafiker mit Zwirbelbart machen Kultur und diskutieren über die Filmidee „Die letzten Tage der Reichskanzlei". Ein Nazi-Professor *widmet sich... mit anderen Professoren der Hamburger Universität Problemen der Futurologie* (Grünspan, 41). *Der Berliner-Tor-Bahnhof ist neuerdings auch mit den hellen Schlachtereikacheln verkleidet worden. Daneben das Polizeihochhaus mit Fernsehantennen, Blenden vor den Fenstern, die Jäcki an Maschinengewehre erinnern, die man darauf abstützen könnte.* (Grünspan, 42) In der *Hauptfeuerwache* ein *Übungsturm*, eine *Bombardements-Kulisse*, auf der nun *Schläuche zum Trocknen aufgehängt* sind (Grünspan, 37). *Die Nazi-Mischpoke saß in Berlin zusammen und jetzt sitzt sie wieder in Bonn zusammen* (Grünspan, 44).

---

[1] Gauleiter Carl Kaufmann hat über zehn Jahre die nationalsozialistische Politik der Stadt Hamburg bestimmt. K.D. Müllers Buch „Das letzte Kapitel" von 1947 ist unverkennbar ein Versuch zur Rechtfertigung Kaufmanns. Müller war Archivrat am Hamburger Staatsarchiv, das somit seinen Teil zur Kontinuität des Faschismus beigetragen hat. Fichte hat völlig recht, wenn er Möller als ehemaligen Nazi darstellt (Grünspan, 37). Ebenso korrekt ist die Behauptung Fichtes, Martin Caidin stamme aus dem Intelligence Service (Grünspan, 36 mit Bezug auf Caidin a.a.O. S. 157).

[2] Die Ablehnung beruht offensbar auf Gegenseitigkeit. Noch 1988 schreibt Michael Mann, anläßlich seiner Erinnerungen an den Maler Heino Jäger (beide waren – wie Horst Janssen – in der Mahlau-Klasse der HbK Hamburg): „Hubert Fichte schildert in jenen Jahren in seinem ‚Waisenhaus' einen Besuch bei mir, dem Exoten, dem Altmodler. Er empfand mich wohl als Monomanen, der sich der neuen Zeit verschloß. Doch immerhin schon den neuen Trend erahnend oder weils ihm eigentlich mehr entsprach, wohnte er in einer Jugendstilvilla, umgab sich mit alten Dingen und hörte im stillen Kämmerlein alte Musik." (In: Ralf Busch (Hg.): Heino Jäger. Gemälde Zeichnungen Radierungen, Hamburg 1980, S. 15–17). Michael Mann verwechselt das ‚Waisenhaus' mit der ‚Palette'.

Aber Jäcki gehört irgendwie auch dazu, ißt in der Feinkost-Bar Michelsen, Große Bleichen, Lachs mit Chefredakteuren und trägt einen *Antikledermantel* (Grünspan, 42).

Hamburg heute. Kein Raum für die Identifikation eines Schriftsteller wie Fichte. Keine Unterbrechung der faschistischen Zeit, sondern Rekonstruktion um jeden Preis. Eine Stadt, in der die biographische Spurenlese praktisch keine materielle Basis mehr findet; „Neue Heimat", die keine Heimat abgibt für Menschen wie Jäcki.

V. ‚VERSUCH ÜBER DIE PUBERTÄT' – IM ZENTRUM

> Auch bereite ich ein neues Buch vor. Wie immer bei mir romanartig, letztlich aber wohl ein Essai über Sexus und Magie. Titel etwa: „Versuch über den Zauber" oder „Versuch über das Ende des Zaubers". (Hubert Fichte an Peter Hinrik Boll, Mai 1971 aus Bahia).
>
> ... denn die Schuld ist verschleiert. (Hans Henny Jahnn: Fluß ohne Ufer)[1]

1. Grundkonstellationen und Urszenen

Die Obduktions-Szene, mit welcher der Roman ‚Versuch über die Pubertät' eröffnet wird, enthält das Programm jenes vierten Versuchs Fichtes mit sich selbst[2] und ist zugleich eine Art Initiation des Lesers. Was im ‚Waisenhaus' der Balkon des Scheyerner Heimes ist, auf dem Detlev abseits steht; was im ‚Grünspan' der Bombenangriff auf Hamburg 1943 ist –: nämlich die textuellen Szenen, in denen Raum und Zeit, Erzählzeit und erzählte Zeit am dichtesten aufeinander geschichtet sind, so daß jeweils ein ganzer Roman notwendig wird zum Auseinanderfalten der Schichtungen dieser Szene –: dies ist im ‚Versuch über die Pubertät' der Besuch des gerichtsmedizinischen Instituts „Nina Rodrigues" der Stadt Salvador in Bahia de Todos os Santos.[3]

Die mehrfache Beobachtung von Leichensektionen schafft eine dramatische Szene der Selbstwahrnehmung. Ausgehend von der Infragestellung des Ich: wer bin ich in

---

[1] Der Briefwechsel von Hubert Fichte und Peter Hinrik Boll befindet sich im Nachlaß Fichtes in der Staats- und Universitätsbibliothek Hamburg. – H.H. Jahnn: Fluß ohne Ufer. (Hamburger Ausgabe) Hg. v. Uwe Schweikert und Ulrich Bitz. Hamburg 1986, Bd. 1, S. 232.

[2] Nach ‚Ödipus auf Håknäss', ‚Das Waisenhaus' und ‚Detlevs Imitationen „*Grünspan*"'.

[3] Aus ‚Lazarus und die Waschmaschine' (1985) geht hervor, daß Nina Rodrigues (1863–1906) ein bahianischer Gerichtsmediziner ist, der 40 Monographien aus dem Umkreis von Ethnologie, Kriminalistik, Soziologie und Pathologie hinterließ. Für Fichte beginnt mit Rodrigues die Tradition des in den Candomblé eingeweihten Wissenschaftlers, der *den Tempel der ehemaligen Sklaven betritt mit den Privilegien des Weißen, des Wissenschaftlers und den Repressionsmöglichkeiten der Universität und des gerichtsmedizinischen Instituts, notfalls mit der Polizei* (Lazarus, 215). Dies ist in Erinnerung zu behalten, wenn wir im folgenden das Innere des Instituts „Nina Rodrigues" betreten und die zwischen zynischer Wissenschaftspraxis und magischen Kulten gespannte Szene des Romaneingangs interpretieren.

Konfrontation mit dem Tod? werden Schübe der Erinnerung auslöst, die in die Pubertät zurückführen. Zugleich werden in der Morgue zwei für Fichte gestaltbildende Konfigurationen erkennbar. Die erste ist das Dreieck: Ich (Hubert Fichte) – Irma (L.Mau) – der schwule Geliebte (hier: Luis; meistens ist er namenlos). Das zweite, weniger die offenbare Lebensgestalt als die Tiefenstruktur Fichtes bestimmende Dreieck geht aus von Detlev/Jäcki/Hubert in den mythologischen Masken des Orest, des Hamlet und Ödipus sowie des Christus.[1] Die zweite Position des Dreiecks wird gebildet durch die Mutter Dora (Mascha) Fichte und die imaginären, symbolischen Mütter – wozu teilweise auch Irma zu rechnen ist, die zuweilen als Mutter Jäckis angesprochen wird[2] bzw. zwischenzeitlich wie eine Muse oder Mäzenatin erscheint. Ferner gehört zu dieser Mutterposition die afroamerikanische Göttin Nanã.[3] Sie erscheint zum ersten Mal im Pubertäts-Roman und nimmt alle Mutterimagines in sich auf: also die Schutzmantelmadonna, die mater coelestis, *Meerstern* (stella maris), die Jungfrau Maria; ferner Iokaste, die inzestuöse Mutter des Ödipus, Klytämnestra, die ihren Ehemann ermordet, und Medea, die ihre Kinder umbringt (Pubertät, 119). Den dritten Pol des symbolischen Dreiecks bilden die imaginären Väter: das ist der abwesende, ewig gesuchte, als mächtig phantasierte Erzeuger Fichtes, Erwin Oberschützki[4], der die Masken des Agamemnon und des Laios, des Vaters von Ödipus, trägt. Ferner sind hier die *mächtigen Sechzigjährigen* einzusetzen: also Werner Maria Pozzi (Hans Henny Jahnn) und Aimé Testanière, bei dem Fichte in der Provence als Schäfer arbeitete und der die Maske des Teiresias trägt, des griechischen Sehers, der für Fichte seit seiner Kenntnis der Tragödien „Antigone" und „Ödipus, Tyrann" von Sophokles bedeutsam war. Ferner der sechzigjährige Sezierer in Salvador, aber auch die väterlichen Geliebten wie Alex (Alexander Hunzinger), der Hamburger Theaterregisseur, in der mythologischen Maske von Dante, oder der Maler Sergio Fiorio (Garni, 109ff).

---

[1] Orest, Hamlet, Ödipus als Masken Fichtes erscheinen schon in ‚Ödipus auf Håknäss'. Die dem Leser bisher zugänglichen ‚tragischen' Identifikationen Detlevs und Jäckis im ‚Grünspan' und in „Pubertät" ziehen die Linie des frühen Theaterstücks nur aus. – Die Christus- Identifikation entstammt der Waisenhaus-Zeit.

[2] Forschungsbericht, 15.

[3] Zum Nanã-Kult s. S. 87ff. u. 361ff. dieses Buches.

[4] Vgl. Waisenhaus, 164/5. Die Lebensdaten des Vaters von Fichte haben R. Koller (in Schrobenhausen) und B. Madsen (in Stockholm) dankenswerter Weise recherchiert. Erwin Oberschützki, geb.8.6.1904 - gest.3.6.1962 in Stockholm. Am 3.6.1936 das erste Mal in Stockholm gemeldet. Die Adresse war dem Jugendamt Hamburg lt. Eintragung vom 7.8.1942 bekannt, ebenso, daß er Jude war. Johann Hubert Fichte wurde daher als „Mischling ersten Grades" eingestuft – eine Bezeichnung, die Fichte später für sich übernommen hat. Der Vater Fichtes hat in Schweden zweimal geheiratet. Der Sohn aus erster Ehe wurde HERBERT (sic) genannt. Nach mehrjährigem Aufenthalt in Südamerika (!) Scheidung von der ersten Ehefrau. – Erwin Oberschützki flüchtete 1936 zusammen mit seiner Schwester, was als Indiz dafür zu werten ist, daß die Flucht politisch motiviert war und nicht als ein ‚Sitzenlassen' Dora Mascha Fichtes (eigentlich: Dora Luise Emilie) bezeichnet werden kann – wie die Mutter häufiger angedeutet zu haben scheint (Waisenhaus, Grünspan, Geschichte der Nanã). Laut Mitteilung der Gemeindeverwaltung Hamburg vom 1.9.1942 hatte Erwin Oberschützki dem Standesamt Perleberg gegenüber die Vaterschaft nicht anerkannt – liegt hier die Wurzel der Bitternis von Dora Mascha? Oder war dies eine Schutzmaßnahme für den Sohn?

Die Selbstbefragung Fichtes durch Konfrontation mit zerstückelten Körpern erfolgt im ‚Waisenhaus' durch die Erinnerung an die Angstphantasmen des sieben- bis achtjährigen Kindes. Die literarische Verarbeitungsform dieser Ängste ist das Imaginäre und das Symbolische, konzentriert im magischen Gegenzauber des Buchstabenspiels und der Konjunktive. Im ‚Grünspan' konfrontiert sich Fichte mit der Vernichtung der Körper im Bombenangriff und mit den anatomischen Sektionen der Bombenbrandleichen, in Form von Texten, die Zeitzeugen geschrieben haben. Er verarbeitet diese Erfahrung nicht mehr durch symbolische Mittel, sondern durch die unterdessen erworbenen Techniken der Collage, der Recherche und des Interviews. Im ‚Versuch über die Pubertät' begegnet Fichte zum erstenmal der Realität der Zerstückelung im gerichtsmedizinischen Institut. Er verarbeitet sie durch bewußte Inszenierung und teilnehmende Beobachtung, durch Wahrnehmen, Spüren und Besprechen (mit Irma), sowie literarisch durch einen hochreflektierten, verweisungsdichten Text. In allen drei Romanen herrscht dasselbe Grundtrauma: Angst – Zerstückelung – Tod. Auf der chronologischen Achse finden wir als Verarbeitungsformen: Phantasien (‚Waisenhaus') – Texte (‚Grünspan') – Realität (‚Pubertät'). Die literarischen Strategien sind im ‚Waisenhaus' das Letternspiel und die Konjunktive, im ‚Grünspan' die Collage und in der ‚Pubertät' die Narrativik. Die Protagonisten sind im ‚Waisenhaus' Detlev, im ‚Grünspan' Jäcki und im ‚Versuch über die Pubertät' Ich/Hubert. Realität, Narrativik und Ich sind offenbar die zusammenhängenden Momente, mit denen die dichteste Annäherung an das Grundtrauma, wovon der erste Roman Fichtes schon beherrscht ist, möglich wird. Mit dem Roman ‚Versuch über die Pubertät' darf man das Grundtrauma des Frühwerks als weitgehend bewältigt ansehen. Nicht aber das Projekt der narrativen Selbsterforschung, das seine Fortsetzung in der ‚Geschichte der Empfindlichkeit' findet.

2. Erzählzeiten und erzählte Zeiten

Von Januar bis März 1969 besucht Hubert Fichte das erste Mal Brasilien. In den Monaten Januar bis Mai 1971, sowie von August bis November 1971, halten sich Fichte und Leonore Mau in Bahia auf (Xango, 12 u.87, 90 u.110), also zur Zeit der Veröffentlichung von ‚Detlevs Imitationen „Grünspan"'. Der Bericht darüber bildet den ersten Teil von ‚Xango' (1976), der zugleich mit dem Fotoband von Leonore Mau veröffentlicht wird, als Teil 1 und 2 der vier Bände ‚Die afroamerikanischen Religionen'. Zwischen dem ersten und zweiten Bahia-Aufenthalt fliegen Fichte und L. Mau nach Argentinien (dort das große Interview mit Jorge Luis Borges) sowie nach Chile (Interview mit Salvador Allende, der gerade an die Macht gekommen ist). Umkehrpunkt der Reise ist die Osterinsel.

Zwischen dem 1974 erschienenen Roman ‚Versuch über die Pubertät' und ‚Xango' bestehen wesentliche Überschneidungen: Bahia betreffend vor allem das Institut „Nina Rodrigues" sowie die Folterung und Ermordung des Revolutionärs Carlos Lamarca durch das brasilianische Militär und seine anschließende Obduktion im Institut (Xango, 105–107). Ferner hat Fichte wohl während dieses Aufenthaltes das erste Mal Kenntnis vom Nanã-Kult erhalten, der fortan das Schema seiner Mutter-Mythologie bildet. Drittens sind die Interpretationen der eigenen Pubertät im Schema von magischen Prozeduren und schamanistischer Initiation, von Sprachlitaneien und rituellen Choreographien undenkbar ohne das 1969 aufgenommene Studium des afroamerikanischen Synkretismus. In der zweiten Jahreshälfte 1972 bis Anfang 1973 lebten Fichte und Leonore Mau auf Haiti, um den Vaudou zu studieren (Xango, 126, 201, 214). Auf Haiti erneute Jahnn-Lektüre. Hier erweitert Fichte seine für den Pubertätsroman grundlegenden Kenntnisse über Einweihungsriten und das *Zerbrechen des Bewußtseins*.[1] Vor allem begreift Fichte das Funktionieren von Diktaturen auf der Grundlage ritueller Verankerungen und vor dem Hintergrund universell drohender, exemplarisch realisierter Folter. Diese Erfahrung wird besonders am Beispiel des Regimes des Duvalier-Clans in Haiti dargestellt (Pubertät, 163ff).[2] Der dritte Teil von ‚Xango' über Trinidad spielt für die ‚Pubertät' keine Rolle, weil diese Reise erst zwischen Juni und November 1974 unternommen wurde, als der Roman in der BRD bereits erscheint. Die Zeiten in Bahia 1971, in Haiti 1972/73, sowie eine nicht thematisierte Zeit 1973, wo Fichte außer in der Karibik noch die USA bereiste, sich in Äthiopien und Tansania aufhielt, dort das Interview mit Julius K. Nyerere führte[3] –: diese Zeiten können als Erzählzeit des Romans ‚Versuch über die Pubertät' gelten.

Fichte nähert sich dem vierzigsten Lebensjahr. Und diesem vierzigsten Jahr, als der Mitte zwischen dem siebenunddreißigsten und dem dreiundvierzigsten (Pubertät, 158), widmet er im Roman ein skeptisch-melancholisches, Alterung ahnendes Porträt: im Spiegel des Geliebten Jäckis, des scheiternden Regisseurs und Alkoholikers Alexander Hunzinger. Alex ist auf der Ebene der erzählten Zeit so alt, wie Hubert Fichte auf der Ebene der Erzählzeit ist: Imaginäre Begegnung zweier 40-jähriger in einem Text, der von der Liebe des längst gestorbenen 40-jährigen zum 16-jährigen erzählt. Zugleich bildet der Roman für den Geliebten, der 1959 49-jährig starb, kurz nach Pozzi/Hans Henny Jahnn (Vgl. Garni, 115, Palette, 27), ein literarisches Epitaph. *Der Mann von 40 Jahren schreibt über den Mann von 40 Jahren* (Pubertät, 156).

Eine imaginäre Begegnung unheimlicherer Art, schreckhafter, schubförmiger, verschwistert ebenfalls die erzählte Zeit mit der Erzählzeit –: das ist die Begegnung zwischen dem 36-jährigen Fichte und Pozzi/Hans Henny Jahnn im Obduktionsraum des Instituts „Nina Rodrigues" 1971, 12 Jahre nach dem Tod von Hans Henny Jahnn 1959. *Dort liegt der blaue Herr Pozzi auf dem Metallbett. ... Ein lebendiger Neger bewegt sich um Herrn Pozzis violettes Ebenbild, den Gleichnam des ehrenwerten Mannes aus dem Omnibus der Stadt Salvador.* (Pubertät, 20) Der *Gleichnam* Pozzis ist ein während des Karnevals im überfüllten Bus erstickter Neger. Der schwarze Pozzi mit

---

[1] Vgl. Xango 26/, 321, 331/2, Pubertät 27, Lazarus, 182ff; ferner das Funk-Feature: Die Trance in den afroamerikanischen Mischreligionen. Regie: P.M. Ladiges, SWF 11.5.1974, S. 34/5. Die genauen Reisedaten sind dem Reisepaß Fichtes zu entnehmen (Nachlaß Hubert Fichte, Staats- und Universitätsbibliothek Hamburg).

[2] Bereits der Waisenhaus-Roman ist, im kleinen Maßstab der Kinderwelt, eine Studie über Diktaturen.

[3] Daten nach Fichtes Reisepass.

Fingern *wie Borke* (Pubertät, 18) wird seziert, beginnend bei den Augen, Brust-Bauch-Schnitt, Herz – *Herzinfarkt* sagte der Sezierer (Pubertät, 21) – Innereien, Skalpieren und Aufsägen des Schädels, Freilegen des Gehirns. Das Bild des Anatomen und des sezierten Leichnams wird von Fichte jedoch gleichsam doppelt belichtet; nicht nur die Leiche ist Pozzi, sondern auch der Gerichtsmediziner, der mächtige 60-jährige. *Mit ihm ... kommen alle die zauberigen Männer die Treppe hoch.* Man darf das als Metapher lesen: mit ihm kommen alle Erinnerungen die Treppen des Bewußtseins hoch – alle jene 60-jährigen *mit den mächtigen Hüftpartien. Pozzi, Lehrer Prelle, Kahn.* (Pubertät, 18)[1] Der Anatom ist Pozzi, doch er zeigt die Physiognomie der Leiche, apotropäisch angeähnelt den angstmachenden Toten (Pubertät, 18): Pozzi also ist ein Double der Leichen, die er selbst seziert. *Sezierer und Sezierter sehen sich so ähnlich, daß es wirkt, als schneide ein bleiches Double des Toten sich selbst auf.* (Pubertät, 21) Pozzi: Leiche und Anatom, doppelt gedoubelt. Das führt zurück, einerseits auf die Zeit 1959, das Todesjahr Jahnns und Hunzingers, und verdeutlicht, wie bei Alex, daß die erzählte Zeit des Romans, soweit sie nicht auf den Protagonisten Hubert fokussiert ist, bestimmt ist auch von den Lebensgeschichten anderer. Hinsichtlich Pozzis und Alex' ist der Roman ein Erzählen auf ihren Tod hin, nachgetragene Trauerarbeit Fichtes, wie wir es schon im Hörspiel ‚Ich bin ein Löwe' für Jahnn beobachten konnten. Pozzi leitet andererseits zurück auf den autobiographischen Einsatz der erzählten Zeit, Hamburg 1949: der 15-jährige Hubert wird vom 54-jährigen Pozzi, dem Anatomen, dem Analysierer von Hormonen und Jungenkörpern, entdeckt und als *fiftyfifty* identifiziert: *fifty androgen und fifty östrogen* (Pubertät, 35), was der Schüler Fichte mißversteht als: *das heißt homosexuell* (Pubertät, 35).[2] Diese Etikettierung, mit der sich Hubert identifiziert, löst jene Adoleszenzkrise und Initiationspassagen aus, von denen der Text nun, die Zeit 1949 bis 1953 entwickelnd, erzählt.

Daß Erzählzeit und erzählte Zeit nicht allein von der Reisebewegung Fichtes 1971 bis 1973 und seiner Pubertätsentwicklung 1949 bis 1953 bestimmt sind, sondern auch von Lebensgeschichten und dem Sprechen anderer –: dies findet Bestärkung durch zwei Einschaltungen, die jeweils mit *Eine andre Pubertät* überschrieben sind. Dabei handelt es sich um Montagen Fichtes aus den Antworten von homosexuellen Interviewpartnern, dem 60-jährigen Angestellten Rolf Schwab, 1972 (Pubertät, 123–139)[3], und dem ehemaligen Mörder und jetzigen Ledermann Hans Eppendorfer, 1969 bis 1973 (Pubertät, 243–270). Diese mit Eppendorfer geführten Interviews erscheinen 1977 bei Suhrkamp – Fichte hat immer noch nicht seinen eigentlichen Ver-

---

[1] Dr. Prelle ist Lehrer Fichtes an der Musischen Oberrealschule Hamburg-Niendorf (vgl. Grünspan, 167, 175, 178, 224). Fichte verbindet mit ihm sadistische Vorstellungen. Kahn: nicht identifiziert.
[2] Von Beginn an: Fichte deutet die Homosexualität als „bi", was evtl. ebenso eine nachträgliche Legendenbildung ist wie die Identifizierung von homosexuell und „homersexuell" (Grünspan, 136) – eine Tendenz Fichtes, spätere Selbstbilder in frühe unbewußte Mystifikationen zurückzuprojizieren: „Archai" des Selbstbewußtseins zu fixieren.
[3] Als Hörspiel: Lustverlust. Ansichten eines alten Mannes 1972–82. SFB 5.12.1985. Die Idee zu der Technik, seine eigenen Fragen fortzulassen und aus den Antworten von Interviewpartnern eigene Texte zu montieren, hatte Fichte schon Mitte der 60er Jahre (vgl. dazu Kleiner Hauptbahnhof, 188).

lag gefunden – unter dem Titel ‚Hans Eppendorfer: Der Ledermann spricht mit Hubert Fichte'.[1]

3. Das Double und das Schreiben

Der Begriff des Doubles lenkt die Aufmerksamkeit auf weitere Schichten. Die Figur des Pozzi[2] ist ein Double Hans Henny Jahnns. Pozzi wird doppelt gedoubelt, dupliziert in die Leiche und den Anatomen. *Double* meint hier: der eine wird durch den anderen vertreten, ersetzt, dargestellt. Das Double ist Erscheinung, Phänomen – mit der Seitenbedeutung: Geistererscheinung –; und das Double ist Darstellung – es existiert nicht ohne Szene. Es trägt die Maske dessen, den es vertritt, ohne dieser zu sein. Das Double ist kein Selbst, kein Individuum, sondern in Szene gesetzte persona, im ursprünglich theatralischen Wortsinn: Maske oder Rolle. Das Double ist, Rimbaud variierend, nicht Ich, sondern ein anderer/ ein anderes.[3] Das Double ist ferner eine Epiphanie: Erscheinung von etwas, das anders als gebunden ans Double, in Erscheinung nicht treten kann – so wie der tote Jahnn in die Erscheinung, in die Erinnerung Fichtes nicht anders als durch seine Doubles hervortreten kann. Das Double ist ferner eine Diaphanie, das Durchscheinen eines unerreichbar Abwesenden im Anwesen, in der Präsens des Doubles – so wie der Sezierer und die Leiche durchscheinend werden, gleichsam doppelt belichtet, für den abwesenden Pozzi. Das Double enthält damit Bezüge (1) zur rituellen Vergegenwärtigung des abwesenden Göttlichen in der Religion, (2) zur theatralischen Vergegenwärtigung der spirituellen Substanz einer Figur in der Rolle und (3) zur Szene des Erinnerns.[4] Eine gegenwärtige Konfiguration, wie hier Sezierer und Leiche, wird durchscheinend für ein Vergangenes

---

[1] In den ersten Auflagen von ‚Versuch über die Pubertät' (bis zur TB-Ausgabe von 1976) beginnt der Eppendorfer-Teil mit: *Eine andre Pubertät./ Hans./ 1969–1973*. In den späteren Ausgaben wird *Hans Eppendorfer* gesetzt. Auf der Titelrückseite findet sich fortan der Hinweis, daß das Kap.4 eine „Montage" aus Antworten Eppendorfers sei. Das reflektiert einen Streit um die Veröffentlichungspraxis Fichtes, der Interviewmaterial ohne weiteres als eigenes betrachetete, nach eigenen Entscheidungen bearbeitete und veröffentlichte. Daß dies nicht immer hingenommen wurde, lassen die Schlußseiten des ‚Ledermann' (215/6) ahnen, nachdem Eppendorfer und Fichte sich wieder versöhnt hatten. Vgl. dazu das Vorwort von Hans Eppendorfer in der Neuausgabe des „Ledermann" (München 1988). In ähnlicher Weise löste der Text *Die Anthropologin sagt* (Lazarus, 7–58) – das Interview mit Gisèle Binon-Cossard – eine Vertrauenskrise aus, als der Text ins Brasilianische übersetzt und veröffentlicht wurde.

[2] Den Namen Pozzi übernimmt Fichte – wie Gerd Schäfer gezeigt hat – vom Modearzt Dr. Samuel Pozzi, der Marcel Proust in den Faubourg – St. Germain initiierte (G.Schäfer: Pasolinis Auge. Über die Wahrnehmung im Werk Hubert Fichtes. In: FORUM Homosexualität und Literatur H. 1, 1987, S. 23f). Werner Maria als Vornamen zollt der Bisexualität des Namens Rechnung, die Jahnn sich selbst attestierte, indem er Hans Henry in Hans Henny änderte. Im nachgelassenen Drama ‚Ödipus auf Håknäss' erhält Jahnn ebenfalls einen bisexuellen Namen: Rufius Therese Schleifwind.

[3] Fichte übernimmt die berühmte Formel aus den sog. Seher-Briefen Rimbauds vom 13. bzw. 15.5.1871 z.B. in HuL I, 261. „Es ist falsch zu sagen: Ich denke. Man müßte sagen: Es denkt mich. ... ICH ist ein Anderes." (In: Arthur Rimbaud: Briefe und Dokumente. Heidelberg 1961, S. 24, vgl.26).

[4] Dazu jetzt Andrea Allerkamp: „Ihm ging es um die Darstellung eines Steins aus Stein – in Wörtern." Anmerkungen zu Hubert Fichtes Entwurf poetischer Doubles. In: Cahiers d'Etudes Germaniques Nr. 21, 1991.

und ermöglicht somit den für das Religiöse und Theatralische grundlegenden Vorgang der Wieder-Holung und der Wiederkehr, griechisch: ἀνάμνησις und ἀναγνώρισις; Erinnerung und Wiedererkennen. Dies sind die Begriffe für rituelle Prozesse, denen nur noch das ‚Durcharbeiten' hinzugefügt werden muß, um auch die Szene der Psychoanalyse zu gewinnen. An die Stelle des Freudschen Durcharbeitens tritt .bei Fichte das Schreiben: Der ‚Versuch über die Pubertät' ist die literarische Durcharbeitung der in den Doubles hervortretenden Erinnerung und der Wiedererkenntnis. Und dies sind auch die beiden zentralen theatralischen Akte der griechischen Tragödie. In dieser, wie auch hier im Roman, geht es um das Hervortreten der Wahrheit, der ἀλήθεια. Wahrheit ist die Unvergessenheit und das aus dem Verborgenen ans Licht Getretene.[1]

Der Roman wird damit zur Entfaltung der Obduktionsszene. Zu Beginn des Romans betreten wir zwar kein Theater, wohl aber die Szenen des Textes, der seinerseits das Double, die Maske des Autors ist. Hier mag eingeschaltet sein, daß Fichte mit dem Begriff des Doubles sicher auf Antonin Artauds „Das Theater und sein Double" (1938) rekurriert.[2] Im Roman, anläßlich der Aufführung von Sartres „Tote ohne Begräbnis" in der Regie von Alex, und mit Hubert Fichte in der Rolle des François, ironisiert Fichte allerdings die modische Diskussion des Artaud'schen „Theaters der Grausamkeit".[3] Die Artaud-Mode ist für Fichte hier ein Symptom davon, daß nach einer kurzen humanistischen Phase die faschistische Gewalt- und Foltertradition wiederersteht: Umschlagen der Kultur in die Lust auf *freigelegte Därme, Hodenringe und Kreuzigungen* (Pubertät, 97).

Diese Textpassage, bezogen auf 1950, ist sicher eine anachronistische Kritik an dem seit den 60er Jahren aufsehenerregenden Orgien-Mysterien-Theater von Otto Mühl und Hermann Nitsch, das Fichte gut kannte und in ‚Xango' (31)[4] ausdrücklich assoziiert, anläßlich einer ironisch kommentierten Erwartung eines Blutopfer-Rituals

---

[1] Zur Obduktionssszene vgl. die ausführliche Analyse von Gerhard Rath: Fremd im Fremden. Zur Scheidung von Ich und Welt im deutschen Gegenwartsroman. Heidelberg 1985, S. 162–231. Neben vielen guten Beobachtungen ist die Grundlinie Raths verfehlt, die Obduktions-Szene im Schema der platonischen Anamnesis-Lehre auszulegen.

[2] Zitiert wird nach der Ausgabe: Antonin Artaud: Das Theater und sein Double. Frankfurt/M. 1979. Wichtig sind die Hinweise, die der Jahnn-Herausgeber Ulrich Bitz gibt, wonach zwischen dem Jahnnschen Theater und Artaud wesentliche Ähnlichkeiten bestehen (in: Hans Henny Jahnn: Dramen Bd. 1 (1917–29), hg.v.U. Bitz, Hamburg 1988, S. 1265ff). Diese These wird in gewisser Hinsicht bestärkt, wenn man feststellt, daß die Theater-Erfahrungen Fichtes im Umkreis der Jahnn-Auseinandersetzung deutlich von Artaud beeinflußt sind: Fichte hat damit indirekt die These von Bitz vorweggenommen.

[3] Tatsächlich fand im Anschluß an die Premiere am 11.5.1950 eine Diskussion mit dem Publikum statt unter der Leitung von Gert H. Theunissen.

[4] *Blutbäder sind nicht nur ein folkloristisches Faszinosum, sie verschaffen auch der Popszene von Lil Picard bis hin zu Mühl und Nitsch eine Befreiung in der Wollust des Grauens.* (Hubert Fichte: Bahia-Tagebuch 1971. SWF 21. +28. 10.1972, S. 278) Die hier erwähnte Künstlerin Lil Picard (-Odell) hatte Fichte bereits in den 60er Jahren bei ihrem Besuch in Hamburg kennengelernt (Kleiner Hauptbahnhof, 160ff). 1976 führte Fichte mit Lil Picard ein ausführliches Interview (vgl. jetzt Hubert Fichte: Lil's Book. Frankfurt/M. 1991). – Zum Thema Blutopfer-Rituale in der Kunst s. Peter Gorsen: Das Prinzip Obszön. Reinbek bei Hamburg 1969. – ders.: Sexualästhetik. Reinbek bei Hamburg 1972.

in Bahia. Hier stehen Mühl und Nitsch (wie auch Lil Picard) für eine Ästhetik des Blutes, die an archaische Opferrituale Anschluß sucht.

Doch die ironische Erwähnung Artauds maskiert dessen bedeutenden Einfluß auf den ‚Versuch über die Pubertät'. Auch sei auf die späteren Genet-Studien Fichtes unter dem Titel ‚Der Autor und sein Double' (HuL II, 310ff) hingewiesen, sowie auf immer wiederkehrende Anklänge und Verweise auf Artaud in Fichtes Essays, etwa in seinen Lohenstein-, Sade-, Herodot-, Pasolini-Studien (HuL I, 62, 129, 139, 142, 406, 483).[1] Wichtig ist hier zunächst, daß das Phänomen des Doubles ein ästhetisches Programm Fichtes enthält. Pozzi, als Sezierer und Sezierter zugleich, ist das Double des Autors selbst. Der Text des Romans ist Auto-Sektion oder Auto-Vivisektion. *Ich nehme Sezieren auseinander* (Pubertät, 23). Also: das Schreiben ist hier zu Beginn des Romans ein Sezieren des Sezierens, mithin die Grundlegung seiner selbst. Am Ende des Romans, kurz nach der Wiederholung des Satzes über die Doublierung von Sezierer und Sezierten (Pubertät, 293), im neuformierten Bewußtsein Huberts heißt es: *Auch meine literarischen Ergüsse und Vivisektionen wirbeln durcheinander.* (Pubertät, 294) Schreiben ist Pollution, Orgasmus **und** tendenziell tödliche Selbstanatomie. Eros und Tod.
Bewußtseinsflüssigkeit.
Unbewußtseinsflüssigkeit.
In meinem Bewußtsein liegen Samenflüssigkeit und Todesflüssigkeit nahe zusammen. (Pubertät, 198)

Hier artikuliert Fichte nicht nur die psychische Nachbarschaft von Eros und Thanatos, sondern, auf einer Metaebene, die zwei Seiten der ästhetischen Faszination und Triebkraft seines Schreibens. Wir bleiben zunächst auf der Seite des Thanatos.

Marquis de Sade, dessen Werk eine einzige Orgie der Zerstückelung ist, hat – wie Fichte bemerkt – große Angst davor, sein Leichnam könne obduziert werden, und verbietet im Testament von 1806 strikt seine Sezierung (HuL I, 91/2). Fichte, der vom ‚Waisenhaus' an eine Poetik der Anatomie entwickelt, empört sich in der ‚Geschichte der Nanā' darüber, daß seine Mutter und ihre Schwester die Einwilligung zur Obduktion der geliebten Großmutter geben (Nanā, 124, 129f). Zu den Schreckbildern der Anatomie gehört die verbürgte Szene im ‚Versuch', wo der zu Tode gefolterte Lamarca im gerichtsmedizinischen Institut nachobduziert wird, *damit die wissenschaftlichen Schnitte die Schnitte der durch Wissenschaftler angeleiteten Folterer überschnitten* (Pubertät, 22/30). Pozzi/Jahnn, der in seinem Werk immer wieder Zerstückelungs-Szenen zur ästhetischen Faszination werden läßt[2], verfügt testamentarisch, wie in einem Toten-Kult, aus Verwesungs- und Verfallsangst, seine Mumifizierung und Bestattung im schweren Metallsarg an der Seite seines Freundes.

---

[1] Im Herodot-Essay zählt Fichte Artaud unter die Autoren, die ihm nahestehen (HuL I, 406).

[2] Vgl. dazu Rainer Guldin: Der grausame Schlächter. Überlegungen zu Hans Henny Jahnns „Jeden ereilt es". In: FORUM Homosexualität und Literatur H. 8, 1989, S. 31–60 und Ulrich Bitz: Die dunkle Quelle des Lichts. Anatomische Schriften von Hans Henny Jahnn und Leonardo da Vinci. In: ebd. S. 7–30. – Besonders letztere Arbeit ist wichtig, weil sie zeigt, daß der Zusammenhang von Anatomie und Schrift bereits von Jahnn realisiert wurde – und Fichte mithin, in Anlehnung an und Konkurrenz zu Jahnn, eine eigene Ästhetik der Anatomie entwickeln mußte – und dies am ‚Fall' der Sektion Jahnns!

Im ‚Hotel Garni' kommentiert Fichte ironisch: *Pozzi, einbalsamiert, geschminkt, in verschiedene Metallsärge gelötet, über einem stehenden Pferd begraben. / Hamburg – Nienstedten. / Neben seinem Freund Harms. / Der Name steht nicht auf dem Grabstein. / Nur der Dichterfürst. Nicht der schwule Freund.* (Garni, 115) Doch Jahnn, der Fichte mit dem Satz *Du bist fiftyfifty* bei lebendigem Leibe entzweischneidet, Jahnn wird von Fichte exhumiert, herausgezogen aus seinem Metallgrab, das die kultische Inszenierung des ewigen, ganzen Leibes darstellt. Und Jahnn wird, wie Lamarca, von Fichte nachobduziert: Sezieren des Sezierers Pozzi und Sezieren der Leiche Pozzis.

4. Die anatomische Versuchung

Schreiben ist Vivisektion des Ich – in seinen Doubles: Detlev und Jäcki. Schreiben ist Obduktion der Toten, postume Zergliederung. Das Leben ist das im Moment des Schreibens immer schon Tote: zerlegtes Dasein. Der *bleiche* Lebendige, zur Literatur geworden, ist das Double des Toten: schwarze Schrift. Das Double hat, ästhetisch gesehen, den Vorteil, kein Fleisch zu sein, sondern spirituelle Materie: aus Wörtern. Zwischen der Metaphysik des mumifizierten Leibes und der positivistischen Anatomie des endlos zergliederbaren Körpers mit ihren Entsprechungen in der Folter –: zwischen diesen Polen muß die Schrift Fichtes ihren eigenen Schnitt finden. Denn für die Literatur Fichtes gilt: alles Schreiben ist Zerlegen, Zergliedern, Anatomisieren – die Montage einer Demontage.

Aber die Ägypter präparierten die Mumien, um den Zauber einige Jahrtausende länger anhalten zu lassen, imitierten Haus und Hof und das Lebendigsein des Hausherrn, um die Wiedererkenntnis, die Identifikation in alle Ewigkeit zu ermöglichen, während der Gerichtsmediziner die Embryos, Säuglinge, Schädel und Armpartien austrocknet der anderen Erkenntnis, der Analysis halber, und um schon beim Lebendige-Hände-Waschen – kühlende Feuchtigkeitsspritzer auf der schimmernden, atmenden Haut – in seinen Verwesungsbrotverdienst eingewiesen zu werden. (Pubertät, 19)

Zwei Erkenntnisse also: die eine, die ägyptische, folgt dem Ritual der Verewigung, inszeniert über die zwei Mechanismen, die für Fichte grundlegend sind: Imitation und Identifikation. Sie zielen auf *Wiedererkenntnis*, jenen dramatischen Punkt, der für jetzt und immer die Identität zuweist und feststellt und damit die Teilhabe an der Göttlichkeit garantiert. Gewiß ist das Schreiben in einem seiner Impulse auch ein säkularisierter Versuch zur Mumifizierung: Umschrift des kontingenten, verletzlichen Fleisches in ein unsterbliches Double, das Double der Wörter. Pozzi: der in Wörtern mumifizierte Jahnn. Detlev, Jäcki, Hubert –: der mumifizierte Hubert Fichte. Das Double in der Schrift ist eine quasireligiöse, rituelle Transskription, Transsubstantion von zeichenloser Materie in sprechende Schrift.

Die andere Erkenntnis ist die wissenschaftliche Anatomie als Modell für Wissenschaft überhaupt. Sie ist *Analysis*, wie Fichte sie hier exemplarisch darstellt: anhand der desensibilisierten Pathologie. Immer wieder nennt Fichte auch die empirisch-analytische Verhaltensforschung, die das Verhalten zerlegt in elementare Stimulus-Response-Bögen, die eine Differenzierung von Mensch und Tier nicht mehr erlauben.

Was schließlich auch für das dritte Beispiel gilt, die Gehirnchirurgie, die hier als eine brutale Form der Vivisektion (Pubertät, 37), der Folter und als drohende stereotaktische Operation bei Schwulen und Abnormalen (Garni, 9 u.ö.) erscheint – eine postfaschistische Variante der Menschenmanipulation, der normativen Codierung und Ausmerzung.

Wenn das Schreiben aber immer ein *Versuch* ist, und wenn *Versuch* bei Fichte immer ein Experiment ist, der *Analysis* benachbart, und diese ihr Modell an der zergliedernden Anatomie findet, und wenn schließlich die Anatomie, als Paradigma der Wissenschaft, in der faschistischen Medizin (Siegfried Gräff) und in einer von Folter und Ausmerzung nicht mehr unterscheidbaren Inhumanität (Lamarca, Katzen-Experiment) terminiert –: dann ist die Frage um so dringlicher, ob und wie das Schreiben sich als eine ‚andere' Anatomie behaupten kann. Im Schreiben als *Versuch* liegt also nicht nur Essay und Essayismus, und nicht nur Recherche, sondern auch die Versuchung der gnadenlosen Autopsie ebenso wie die Versuchung zu einer hybriden, totenkulthaften Verewigung des eigenen Ich, eines Fetischismus der Wörter, die ein grandioses Mausoleum des Selbst bauen sollen. Eine Versuchung, von der Fichte annimmt, daß Jahnn ihr erlegen sei. Doch auch er selbst könnte ihr, in dem grandiosen Projekt eines ‚absoluten Buches', erlegen sein.

Sagt die Katze ‚ich' zu sich, wenn sie eingeklemmt in dem Schraubstock sitzt – ihr Schädel aufgesägt, Mull an dem Knochenrändern, die feinen Metallelektroden Zentimeter um Zentimeter im Gehirn, angeschlossen an die Reizströme und unter den noch lebendigen, schon bewegungslosen Augen zwei Metallröhren. (Pubertät, 37) In den Diskussionen mit dem hochkultivierten Direktor des Institut Français in Hamburg 1952 wird dieses Bild der Foltermedizin wiederaufgenommen, als de Montaignan sein hypermodernes wissenschaftliches *Utopia* (Pubertät, 230) entwirft:

– Auch ich, wendet der 17-jährige ein, sei nichts andres als jene Katze mit freigesägtem Gehirn, voller Elektroden, in Schraubstöcke gespannt mit einem hoffnungsartigen Lächeln, die ihren Zustand nicht mehr erkennt?

– Sie setzen den Begriff des Mitleids voraus. Auf Grund chemischer Prozesse produziere ich, reproduziere ich. ... Es gibt kein Leid, sondern nur das, was man sich als Leid aufzufassen angewöhnt hat. (Pubertät, 230)

Doch dann folgt eine Antwort, die der Autor in das Gespräch zwischen dem Institutsdirektor und dem 17-jährigen Hubert einblendet – einer der bei Fichte so häufigen ‚Einfälle' der Erzählzeit in die erzählte Zeit:

– damit geben Sie den Schindern von Lamarca Recht.

– Wenn Proust nichts anderes ist als ein etwas komplizierteres Gemisch von Flüssigkeiten und Konventionen, warum dann nicht einem Heilsplan zuliebe – einem wie immer chemisch bestimmten Heilsplan zuliebe – einem wie beliebig immer chemisch bestimmten Heilsplan zuliebe Lamarca schinden, Lorca, Mühsam – zur günstigen Zeit, am passenden Ort therapeutische Revolutionäre einsetzen und Schriftsteller umfärben? (Pubertät, 230)

Die Katzen; der 1971 erschossene brasilianische Revolutionär Carlos Lamarca; der 1936 von den Falangisten ermordete schwule Dichter Federico García Lorca; der 1934 von deutschen Faschisten gefolterte und ermordete Schriftsteller Erich Mühsam; das Ich, das jüdische *lebensunwerte Material* (Waisenhaus, 108; Pubertät, 150); der homosexuelle Jäcki, dem durch *stereotaktische Eingriffe* (Garni, 9) *das Sexualzentrum aus dem Gehirn geschmurgelt* (ebd.) werden könnte –: das ist Fichtes lebenslang andauernder Alptraum eines wissenschaftlich organisierten Archipel Gulag. Und es ist die luziferische Kehrseite des experimentellen, vivisektorischen Schreibens. – *Ich bin die mir sebst am besten bekannte Versuchsperson*, sagt Hubert zu Alex (Pubertät, 200). Ich bin mein eigenes Double – Sezierer und Seziertes. Anatomie der Schrift. Sadianische Poetik. Was ist der Unterschied zur Folter? Bin ich mir selbst die Katze mit aufgesägtem Gehirn? Mache ich, schreibend, die anderen zur Katze mit eingesetzten Elektroden?

5. Warum *Ägyptisches Museum?* Exkurs zur Figura Serpentinata Philologica

Fichtes Kunst ist manieristisch. Was Manierismus ist, hatte er von Gustav René Hocke gelernt[1] – und dann zunehmend bewußter als Strategie seiner Werkkompositionen entwickelt. Die linea serpentinata gilt in der Kunstgeschichte als Grundfigur des skulpturalen und malerischen Manierismus.[2] Sie windet die Körper in eine ‚unnatürliche' Drehbewegung, die gleichwohl Leichtigkeit und Grazie enthält[3]: Ausdruck einer ästhetischen Finesse jenseits der Natur. Die linea serpentinata wird goutiert von Kennern, die in die esoterischen Geheimnisse der eigensinnig künstlichen Dynamik und Struktur der Kunst eingeweiht sind. Natürlich ist Fichte kein Maler; seine lineae serpentinatae sind philologische: Linienführungen eines semantischen Gleitens unter der Oberfläche der Texte, serpentinische Chiffrierungen also, oder auch: Verdrehungen des Textes so, daß dieser den ‚natürlichen Augen' künstlich, unwahrscheinlich, finessiert und esoterisch vorkommt. Für diese Kurven und Vernetzungen der semantischen Bezüge soll im folgenden ein Beispiel entwickelt werden.

Als Fichte den Seziersaal der „Nina Rodrigues" betritt, sieht *der erste Blick: ein Ägyptisches Museum – Mummies Room* (Pubertät, 19). Es ist dies eine unverständliche Assoziation, durch die Fichte, im kryptischen Stil seiner Kunst, weitreichende Korrespondenzen herstellt, welche sich erst mühsamer Dechiffrierungsarbeit erschließen. Die verdrehte Assoziation des Ägyptischen Museums findet ihre Entsprechung in der ähnlich unverständlichen Bezeichnung Pozzis als Amenophis (Pubertät, 122).

1969, im Jahr, in welchem Fichte erstmals auch nach Brasilien fliegt, bereist er Ägypten. Es ist nicht die Reise Ingeborg Bachmanns („Der Fall Franza"), sondern eine ‚Organisierte Ägypten-Rundreise 1969', wie Fichte ein 80-seitiges Funk-Feature

---

[1] Gustav René Hocke: Die Welt als Labyrinth. Reinbek b. Hamburg 1957 – ders.: Manierismus in der Literatur. Reinbek b. Hamburg 1959. Zur genaueren Darstellung des Einflusses von Hocke auf Fichte vgl. Kirstin Pleger: a.a.O.

[2] John Shearman: Manierismus. Das Künstliche in der Kunst. Frankfurt / M. 1988, S. 96f.

[3] Vgl. Fichtes Satz „In Grazie das Mörderische verwandeln" in dem gleichlautenden Interview mit Gisela Lindemann (In: Sprache im technischen Zeitalter 1987, S. 308 – 317).

überschreibt, das er im Auftrag des NDR und des SWF anfertigt.[1] – Im Roman ‚Alte Welt', der die Hintergründe der Radio-Arbeiten Fichtes erzählt, heißt es:

Ägypten, das alte schwule Touristenland, das Land Herodots, das Land, wo die Afrikaner vor 5000 Jahren zu schwarzem Stein geworden waren, das Land mit dem größten Popkunstwerk aller Zeiten, dem Super-Grünspan, dem Ägyptischen Museum und diesen immer noch nässenden Babymumien und Mummies Room voller gedörrter Könige, das Jäcki besucht haben wollte, eher er wieder aufbrach nach Bahia, der Heiligen, um die Studien der afroamerikanischen Riten zu beginnen. (Alte Welt II, 2)

Diese Passage gibt Hinweise auf Zusammenhänge, die den bisher veröffentlichten Texten nicht zu entnehmen sind.

1. Ägypten als *Land Herodots* –: damit ist die Auseinandersetzung Fichtes mit diesem griechischen Historiker, über den er 1980 seinen wichtigsten poetologischen Essay schreibt, aufs Ende der 60er Jahre zurückzudatieren. Fichte montiert bereits in das Ägypten-Feature lange Passagen von Herodot über die Praxis des Mumifizierens.[2] Fichte hatte mithin Herodot auf Deutsch gelesen, lange bevor er ihn, nach dem Erlernen des Altgriechischen um 1980 (vgl. Forschungsbericht), als *meinen Freund* im Original studieren konnte.

2. Das Ägyptische Museum und *Mummies Room* – mit der Doppeldeutigkeit von Mumiensaal und Raum der Mütter und Babys – wird als *größtes Popkunstwerk* und *Super-Grünspan* bezeichnet. Das verweist auf den gleichzeitig entstehenden zweiten Roman und den *psychodelischen Schuppen* (Grünspan, 229), aber auch auf das Pop-Cover der Erstausgabe (wie schon bei der ‚Palette'). Das Ägyptische Museum als Pop-Kunstwerk zu bezeichnen, macht verständlich, warum Pozzi als Amenophis und als *der erste und gewaltigste Popautor* (Pubertät, 122) Epoche gemacht hätte, wenn nicht Hermann Hesse (!) ihm den Rang abgelaufen hätte.

3. Entscheidend ist, daß Fichte zwischen der Ägypten-Reise und dem Aufenthalt in Bahia, wo das Studium der afroamerikanschen Religionen **und** die Erzählzeit des Romans ‚Versuch über die Pubertät' einsetzt, einen teleologischen Zusammenhang konstituiert (*Ich wollte besucht haben, ehe ... aufbrach ... , um zu ...*). Dieser Zusammenhang wird durch die Todes- und Anatomie-Thematik gebildet, die dem Pubertäts-Roman zugrundeliegt.

In der Litanei der Götter- und Pharaonennamen im Ägypten-Feature erscheinen auch die vier Pharaonen Amenophis I. -IV.[3], Könige der 18. Dynastie. Amenophis IV., der sich als Begründer des Aton-Kultes[4] in Echnaton umbenennt, begegnet auch in der ‚großen Grünspan-Etüde' (Grünspan, 229 –241), dem psychodelischen Kapitel 143: Echnaton spricht hier eine ins plattdeutsche verfremdete, persiflierende Toten-

---

[1] Hubert Fichte: Organisierte Ägypten-Rundreise 1969. Funk-Feature. Regie: Peter Michel Ladiges. Sendung: 3.10.1970. Der im Hamburger Nachlaß befindliche Reisepaß Fichtes vermerkt als Ein- und Ausreisedaten den 31.10. und 21. 11. 1969. Es ist die Zeit des Romanprojektes „Detlevs Imitationen ‚Grünspan'".

[2] Fichte: Ägypten-Rundreise a.a.O. S. 37/38.

[3] Ebd. S. 31/32.

[4] Ebd. S. 50.

klage um Semenkaré, die hochdeutsch variiert wird.[1] Diese Echnaton-Anspielung ist, was Fichte wissen mußte, historisch falsch[2]; sie muß also eine andere Funktion haben. Diese wird deutlich, wenn man realisiert, daß Fichte die Szene homosexualisiert hat. Dann wird erkennbar, daß es sich bei der plattdeutschen Balsamierungs-Persiflage um eine böse Attacke auf den schwulen Totenkult und die Balsamierungs-Anstrengungen handelt, die Hans Henny Jahnn mit seinem Freund Harms und sich selbst vorgenommen hatte. Die Stelle ist aber auch eine versteckte Satire auf Jahnns Roman „Fluß ohne Ufer", nämlich die grandios-unheimliche Szene, in der die laienhafte, in Reminiszenz an die ägyptische Mumifizierung und die Leonardo'sche Anatomie unternommene Balsamierung und Einsargung des Geliebten von Gustav Anias Horn geschildert wird. Auf diesen Totenkult um Tutein spielt Fichte im Pubertäts-Roman an (Pubertät, 220).[3] Das alles wirkt gesucht und scheint Manier eher der Interpretation als des Textes. Doch im psychodelischen Sprachdelir des Grünspan-Kapitels hat dieser Bezug insofern sein Recht, als die stroboskopischen Lichtzerhacker als die Pop-Varianten der Körperzerstückelungen des Anatomieprofessors Siegfried Gräff erlebt werden: dessen Texte werden hier erneut montiert, unmittelbar nach der Echnaton-Passage (Grünspan, 233, vgl. 230, 234, 237, 238). Ebenso finden hier die gehirnchirurgischen Eingriffe bereits Erwähnung (Grünspan, 231/2): es ist, als fielen die optischen Wahrnehmungsmanipulationen durch die Stroboskope für Fichte in das eingeschliffene Schema des Zerstückelungs- und Anatomietraumas.

---

[1] Zwischen die plattdeutsche und die hochdeutsche Variante schaltet Fichte einen Vers in portugiesischer Sprache, der zusätzlich verwirrt: *A punta da Janeiro /Pra fazer um tabaqueiro.* (Grünspan, 232/3). Ein mir bekannter Lektor aus Bahia konnte damit nichts anfangen. Es scheint sich um keinen in Brasilien umgehenden Vers zu handeln. Vermutlich hat ihn Fichte selbst gemacht als Variation auf den kurz darauf folgenden plattdeutschen Liedvers: *Und de oler Lehrer Nüdl, Lehrer Nüdl, Lehrer Nüdl, / Mok sick von dat Euter en Tobaksbüttl, Tobaksbüttl, Tobaksbüttl/ Von Herrn Pastor sin Ko.* (ebd.) Zusammen mit der Aussage Echnatons, das *Geschlecht* von Semenkaré abschneiden und mumifizieren lassen zu wollen, ergibt sich für den portugiesischen Slang-Vers nun folgender, nicht wörtlicher Sinn (wobei vorauszusetzen ist: punta = Spitze, ragende Halbinsel; Janeiro = Eigenname): um aus dem Schwanz von Janeiro ein Tabaksbeutel machen. In gleicher Weise muß man sich die Lehrer Nüdl-Verse sexualisiert vorstellen. Im *psychodelischen Schuppen* Grünspan (wie zuvor in der Disco ‚Sahara', vgl. Grünspan, 28–30): ein ziemlich wildes Durcheinander von Vorstellungen, Erinnerungen, Sprachen, Ländern.

[2] Eigentlich: Semenchkare, ein vermutlicher Sohn des Echnaton, starb nicht vor diesem, sondern war in den Wirren nach dem Tode Echnatons ein halbes Jahr lang ägyptischer König.

[3] Hans Henny Jahnn: Fluß ohne Ufer, Bd. 2, S. 156–177 (Tuteins Balsamierung und Einsargung). – Aufschlußreich ist, daß die Tutein-Erwähnung sich in der Reise-Collage der ersten Frankreich-Tramptour Fichtes findet (Pubertät, 216–222; vgl. Kleiner Hauptbahnhof, 28: Jahnn/Tutein-Erwähnung). Hier ist zu bemerken, daß – jenseits homosexueller und literarischer Entdeckungen (u.a. Genet) – auf geheime Weise Pozzi auch in Frankreich anwesend bleibt. Nicht nur wird er im Text dreimal namentlich erwähnt, sondern auch die Reiseroute und die Erwähnungen der romanischen Kuppelkirchen verweisen auf Hans Henny Jahnns Südwestfrankreich-Reise, die dem Studium der romanischen Sakralarchitektur gewidmet und der Fichteschen Tour unmittelbar vorausgegangen war. Vgl. Hans Henny Jahnn: Reise zu den Kuppelkirchen Aquitaniens. In: Werke und Tagebücher, hg. Thomas Freeman / Thomas Scheuffelen, Bd. 7, Hamburg 1974, S. 419 – 436. Untersucht man die Reiserouten Hans Henny Jahnns und Hubert Fichtes, so stellt man fest, daß Fichte teilweise die Jahnn-Reise imitiert. – Zum Bestattungs-Kult Jahnns vgl. Pubertät, 40, 161 so wie Thomas Freeman: Hans Henny Jahnn. Hamburg 1986, S. 653. – Zur Balsamierungstechnik bei Fichte vgl. auch Lazarus, 375 und Schulfunk, 313: Verstopfung des toten San Pedro Claver mit Wachs, eine Technik, die Fichte in Ägypten kennengelernt hatte.

Das Psychodelik-Kapitel hängt mithin eng mit dem großen Gräff-Kapitel (Nr. 17, Grünspan, 34 – 54) und dem Anatomie-Kapitel im Pubertäts-Roman zusammen; verbunden sind beide durch die Thematik der Anatomie und des Totenkultes, den Fichte in Ägypten gerade kennengelernt und dokumentiert hat – abgesehen davon, daß beide Themen ihm von Hans Henny Jahnn her vertraut waren.

Die Beobachtungen der stroboskopischen oder drogenstimulierten (Grünspan, 237ff) Bewußtseinsauslöschung präludieren die kommenden Erforschungen des *Zerbechens des Bewußtseins* in der afroamerikanischen Kultur. Davon jedoch kann ein Leser von ‚Grünspan' (1971) und ‚Pubertät' (1974) kaum etwas wissen, denn es finden sich deutliche Spuren dieses Studiums erst in ‚Xango' (1976) oder in dem 1982 geschriebenen Text ‚Das Zerbrechen des Bewußtseins', der 1985 veröffentlicht wird (Lazarus, 182ff). So ist es nahezu ausgeschlossen, daß der Leser das Psychodelik-Kapitel im ‚Grünspan' als die Hamburger Entsprechung zur rituellen Zerbrechung des Bewußtseins in den afroamerikanischen Religionen versteht.

Ferner ist das psychodelische Kapitel in genau jener Gegensatzstruktur gehalten, die auch die „Grosse Anatomie" im ‚Versuch über die Pubertät' bestimmt: Eros und Thanatos. Die biographische Reihung vom *Waisenhausleid* (Grünspan, 233), dem Hamburger Bombenangriff 1943, den Gräffschen Sektionsberichten über das *Hamburg-Hamm-BB-Kellerschrumpfleichen-Leid* (Grünspan, 234) bis hin zur ubiquitären Verbreitung der Folter (Grünspan, 235) wird resümiert in der Todesformel: *Alles aus.* (Grünspan, 236) Dieser tiefste Punkt der Verzweiflung findet seinen Gegenhalt in der freilich stroboskopisch zerhackten lyrisch-pathetischen Apostrophe, die in das dichte Gelände des Todes gerufen wird: *Brüder, sind wir der Liebe denn näher?!* (Grünspan, 134 – 136)

Die positiven Signifikanten werden zerstört: *Es gibt kein Wahres, Gutes und Schönes mehr. / Keine Iphigenie mehr. / Keine „Anrufung des großen Bären" mehr. / Alles aus. / Sogar Hans Henny Jahnn? / Sogar Marcel Prousts Bibliothek des Duc de Guermantes?* (Grünspan, 236)[1]

Proust ausgenommen, erfährt Jäcki hier im Grünspan die *Zerhackung* der haltgebenden literarischen Bezugsfelder seiner Kindheit und Pubertät – wozu Hans Henny Jahnn an vorderster Stelle gehört. Doch erfährt dieser hier noch nicht sein endgültiges Aus, sondern erst im ‚Versuch über die Pubertät', in einer strikteren Durcharbeitung, als es hier in den ägyptischen Anspielungen geschieht.

Gleichwohl verbindet das Ägypten-Feature den Grünspan-Roman mit ‚Versuch über die Pubertät'. Das Ägyptische Museum und die Totenstädte sind für Fichte Monumente der ebenso gigantischen wie vergeblichen Verkultung eines Ewigkeitsanspruches, worin die Gewalt des Todes gebrochen werden soll, während dieser dadurch nur um so mächtiger etabliert wird: *Und wozu haben 5000 Jahre Leichenumhegung geführt? Zu Mummies Room. Im Ägyptischen Museum. 25 Piaster Eintritt extra.*[2] Darauf folgt, wie ein Beweis dieser Behauptung, eine Liste der Gottkönige mit

---

[1] Die „Anrufung des großen Bären" bezieht sich auf den gleichnamigen Lyrik-Band Ingeborg Bachmanns von 1956.

[2] Fichte: Ägypten-Rundreise a.a.O. S. 72.

Zustandsaufnahmen ihrer gegenwärtigen Verfassung. Und es entsteht, in völliger stilistischer Evidenz, eine bittere Übereinstimmung mit den Situs-Berichten Siegfried Gräffs über die Bombenopfer in Hamburg 1943.[1] Im Stil Gräffs, dieses Handwerkers des Todes, der im Bahianischen Sezierer wiederkehrt, dokumentiert Fichte die Auffassung: mors omnia aequat. Die verwesende Kraft des Todes erfaßt die in ihrer Göttlichkeit sich verkultenden Pharaonen à la longue ebenso unwiderstehlich wie in Sekundenschnelle die namenlosen verbrannten Bombenopfer in Hamburg-Hamm. Ebensowenig werden der mumifizierte Tutein oder Hans Henny Jahnn selbst der Auflösung entgehen. Mummies Room, die Luxor-Gräber, Tuteins ägyptisierende Verewigung, Jahnns kultisches Begräbnis mit seinem Geliebten – und jetzt: *Amenophis III.. Totenkopf. Die Augenhöhlen voller grauer Masse.*[2] –: es sind Todes-Grotesken, widerwillige Todes-Apotheosen. Amenophis und alle anderen: es sind grausige, megalomanische wie zugleich ohnmächtige Fetische, in deren Bann Fichte noch immer steht und den er schreibend abzuarbeiten gezwungen ist. Denn in den schrundigen, lädierten Mumien begegnet ihm seine eigene Geschichte, die Geschichte seiner Phantasie.

Doch nicht nur schreibend widersetzt sich Fichte den ägyptischen und anatomischen Todesritualen. Die Schilderung des Ägyptischen Museums und des Tals der Toten im Roman ‚Alte Welt‛ trägt eine im Feature unterschlagene Schicht der Ägyptenreise nach: die schwulen Aventiuren mit jungen Soldaten im Ägyptischen Museum und mit Beduinen in den Grabkammern der Pharaonen (während Irma draußen wartet). Das sind mehr als redselige und exhibitionistische Postscripta zum Ägypten-Feature, bei dem Fichte den schwulen Sex, den Normen des öffentlich-rechtlichen Rundfunks von 1969 entsprechend, wegzensiert hat, obwohl der Autor sich vorgenommen hatte, über die Situation der Homosexuellen alles zu schreiben – wie Dulu Kruck, die Gönnerin, es von ihm gefordert hatte: *Und alles, was es gibt, muß auch ausgesprochen werden können.* (Alte Welt II, 10) Gewiß, um das Brechen der sexuellen Zensur geht es hier auch. Wichtiger aber ist die angstabwehrende Funktion der Sexualität: das wiederholte Spritzen des Samens an den Orten des Todes ist ein magischer Ritus gegen die Angst. Die kultische Beschwörung des Unvergänglichen in den ägyptischen Mumifizierungs- und Bestattungspraktiken und das Flüchtige der sexuellen Vergeudung treffen sich in einem Punkt: Abwehr der Todesangst. Den Samen über *Porphyr* und auf *des Pharao Staub* zu vergießen – dies ist eine manirierte Profanation des Göttlichen, ein Sakrileg, das der Eros, in seiner endlosen Wiederholungsform, an der Macht des Todes verübt, um diesem einen flüchtigen Moment sich selbst genügender Lebendigkeit abzuringen. Statt schwulem Totenkult (Pozzi) profaner Sex (Fichte).

Doch schon in dem delirierenden Kapitel 143 des ‚Grünspan‛ wurde der Sex der zerstückelnden Gewalt des Todes entgegengesetzt – in der Figur des Jeff, einem in der Reihe der schwarzen Idole.
Ich fühle seinen Oymel ganz früh, ganz tief, unten tief.

---

[1] Vgl. Fichte: Ägypten-Rundreise a.a.O. S. 73/74 mit Grünspan 35; 50 – 54.
[2] Fichte: Ägypten-Rundreise a.a.O. S. 73.

Meinen Oymel ganz früh, ganz unten, tief in seinen Arsch rein. (Grünspan, 236)

Dieses *ganz früh* situiert, so zweifelhaft das sein mag, den schwulen Sex ausdrücklich auf einer archaischen Ebene, einer Ursprünglichkeit, die sich als Gegenbann zur Gewalt des Todes erweisen soll. Dies gilt für Fichte allgemein: die Verausgabung, die Ekstase (*Meine Zähne zerspringen* – Fichtes Formel für Orgasmus) wird für lange Zeit der profane Ritus sein, den Fichte – zur Lust ohnehin – insbesondere immer dann aufbietet, wenn Überwältigungen durch den Tod zu befürchten sind. So wird die Gräff-Welt des Eppendorfer Krankenhauses mit der Jeff-Welt des Eppendorfer Krankenpflegers gekontert (so reimt sich der Herr des Todes Gräff auf das Idol des Sex Jeff[1]). In demselben Stereotyp erscheinen auch die Beduinen und Soldaten in *Mummies Room* oder in der Grabkammer, so auch Luis im Institut „Nina Rodrigues" in Bahia, so auch ein namenloser Matrose, von dem Jäcki sich bis zum Zerspringen des Bewußtseins penetrieren läßt, bevor er das Blutritual für Nanā, die der Tod ist, aufsucht (im unveröffentlichten Roman ‚Explosion').

Das Ägypten-Feature erweist sich schließlich als Gelenkstelle zwischen ‚Grünspan' und ‚Pubertät' durch eine Passage, welche die Identifikation Fichtes blitzhaft aufreißt:

Israelische Düsenjäger über dem Nil. 6 Minuten Anflug. Da platzt die feine Eihaut über dem Unbewußten und alles wird ganz hart und klar und es ist so, wie es immer war seit der Kindheit: Krieg und die Erwartung der Bomben.[2]

Dies ist nichts weniger als die Urszene von ‚Detlevs Imitationen „Grünspan"'. Als Fichte Ägypten bereist, herrscht Krieg. Die israelischen Düsenjäger reißen im Kopf des halbjüdischen Autors eine Szene auf, die durch die angloamerikanischen Bombenangriffe 1943 in die Erinnerung gebrannt wurde. Die Identitäten verwirren sich: dem halbjüdischen Detlev erscheint die Bombardierung Hamburgs als *Terrorangriff*, während Detlev selbst den Terror der Faschisten befürchten muß, gegen welche die Angloamerikaner Krieg führen. Ebenso paradox die Situation jetzt: während der schwule Jäcki mit arabischen Soldaten verkehrt, brechen in das Bewußtsein des halbjüdischen Autors die Bomber des jüdischen Staates ein wie Terroristen. Diese verwirrende Szene trägt alle Züge einer kathartischen ἀνάμνησις, deren weitreichende biographische Folgen Fichte erst im ‚Grünspan' und im ‚Versuch über die Pubertät' ausarbeiten wird: diese Romane sind Erinnerungsarbeit, nachdem die *Eihaut des Unbewußten* zerrissen und die Vergangenheit freigelegt ist wie ein Organ in einem viviszierten Körper. Die Gräff-Szenen, die den Grünspan-Roman grundlegen und die Anatomie-Szene, die den Pubertäts-Roman fundiert, sind in nucleo im Ägypten-Feature 1969 bereits enthalten.

---

[1] Den Reim Jeff – Gräff muß Fichte absichtlich gewählt haben; Gräff ist der Originalname des Eppendorfer Anatomen; Jeff jedoch hieß in Wirklichkeit Eddie (nach der Namensliste, die Fichte für seine ersten vier Romane angelegt hat: Nachlaß der Staatsbibliothek Hamburg).

[2] Fichte: Ägypten-Rundreise a.a.O. S. 28.

6. *Warum malte Rembrandt?* – „Grosse Anatomie" (Leonore Mau)

Seit dem Bombenangriff auf Hamburg, den Detlev erlebt, als würde die Zeit zerbombt, so daß er fortan auf Abruf lebt, weil die Bomben bedeuten, *daß es aus ist, daß es nie wieder etwas geben wird* (Grünspan, 32) : – seit 1943, so scheint es rückwirkend dem Autor, heißt Leben ein noch-eben-Ausprobieren, bevor *alles aus ist* (Grünspan, 33, 81, 129, 176, 255). Alles ist nur *ein Versuch Detlevs unter vielen … die Zeit vor der restlosen Zerstörung … totzuschlagen* (Grünspan, 175). *Schnell noch ein neues Experiment …* : – Schauspieler, Homosexueller, Landwirt, Schriftsteller. *Ich will es ausprobieren. / Die Zeit wird kürzer. / Bald ist sie zu Ende. / Das Experiment an mir selbst.* (Pubertät, 52) Vivisektion.

Der erste Selbstentwurf von Robert Musil in seinem Tagebuch von 1899 heißt: „Blätter aus dem Nachtbuche des monsieur le vivisecteur"[1] – das könnte auch das Motto Hubert Fichtes sein. Es wäre verharmlosend, die vivisektorische Experimentalpraxis Fichtes freizusprechen dadurch, daß er nicht Professor Gräff im Universitätskrankenhaus Eppendorf, nicht ein haitianischer Folterer, nicht ein brasilianischer Sezierer ist, nicht andere statt seiner in die Gasöfen der KZ's schickt (Grünspan, 191) – , sondern *im Bewußtsein der Schwäche … die einzige Sicherheit* (Grünspan, 191) sieht und Schriftsteller, Aufklärer, Forscher wird, eintretend für *non-violence*, für die Entrechteten, die Unterdrückten, die Ausgegrenzten. Natürlich ist dies richtig.

Abb. 11. Rembrandt: Anatomische Vorlesung des Dr. Joan Deyman. 1656. Rijksmuseum Amsterdam.

[1] Robert Musil: Tagebücher. Hg.v.A.Frisé. Reinbek bei Hamburg 1976, S. 1f.

Aber: – *Warum malte Rembrandt?* (Pubertät, 19) heißt es mitten in der Obduktionszene des ‚Versuch über die Pubertät'. Warum schreibt Fichte?

In Bahia de Todos os Santos – Pozzi wird aufgeschnitten, sein Schädel wie bei der Katze aufgesägt und das Gehirn herausgenommen. Genau jetzt denkt Fichte an das Gemälde von Rembrandt: „Anatomische Vorlesung des Dr. Joan Deyman" (1656). Ein Rückgriff auf eine der historischen Urszenen der Wissenschaft, an deren Ende Siegfried Gräff und die wissenschaftliche Folter steht. Ein dramatischer Augenblick: soeben hat der Anatom Dr. Deyman den Schädel der Leiche, aufgebahrt im ikonographischen Schema des toten Christus, geöffnet. Der Assistent Deymans hält das Schädelrund wie ein Weihgefäß bei einer heiligen Handlung – das Gehirn liegt frei – Pozzis Gehirn – das Gehirn der Katze. Der Priester der Wissenschaft zelebriert den Ritus seiner Gottähnlichkeit –; eingedrungen in das tiefste Geheimnis der Schöpfung – das Innere des Körpers, des Gehirns: ihm, dem Autor der Neuen Wissenschaft, wird geopfert – ein toter Christus.[1] *Man braucht*, heißt es in der Haiti-Passage des Romans, *Nachwuchs für den Export in die Anatomiesäle der überseeischen Universitäten, Lymphe, Freiwillige zur Erprobung von Placebos bei der Experimentalbehandlung gräßlicher, okkulierter Syndrome*. (Pubertät 165, dagegen 174)

Warum also malte Rembrandt? Warum erinnert sich Fichte in Bahia an Rembrandt? Warum schreibt Fichte?

Rembrandt: Dem Anatomen, seinen genauen Händen, frontal gegenüber – verbunden durch den Leichnam – liegt der Blickpunkt des Betrachters, des Malers, seiner genauen Hände. Das Bild: die Leiche, aufgesägter Schädel. Ecce Homo. Im Text Fichtes: *O homen é nada*. (Pubertät, 14) Der Mensch ist nichts. Wissenschaft ist Datenerhebung, die gewonnen wird am *Obduktionsmaterial* (Pubertät, 174), das der Mensch ist. Der Maler, selbst unsichtbar, macht den Anatomen und die Leiche so sorgsam sichtbar wie sein Gegenüber, der Arzt, sorgsam das Innere des Körpers sichtbar macht –: Der Maler ist das unsichtbare Double des Anatomen, der noch niemals Geschautes in Augenschein nimmt. Stumme Kommunikation zwischen Maler und Anatom, vermittelt durch die wie auf einem Opfertisch ausgestreckte Leiche und ihr stummes, jetzt, genau jetzt ihr Geheimnis freigebendes Fleisch. Eine wissenschaftliche Operation – eine ästhetische Operation –: zusammentreffend an einer Leiche, die im schweigenden Sprechen ihrer ikonologischen Anordnung eine dritte Operationsform bedeutet: die Opferung. Eben diese verwandelt das Bild Rembrandts zum dramatischen Augenblick, zum Höhepunkt einer Kulthandlung, einer rituellen Zeremonie, wo die ἀναγνώρισις – die *Wiedererkenntnis* (Pubertät, 19) einsetzt, säkularisiert gesprochen: die *Analysis* (ebd.).

Es begegnen sich zwei Erkenntnisformen auch im Bild Rembrandts: die anatomische Erkenntnis und die ästhetische Erkenntnis, Arzt und Künstler, vermittelt durch ihrer beider Double, die Leiche, Fleisch von ihrem Fleisch. Es geht um die Wiederholung dieser Bild-Szene von 1656 jetzt, 1971, im Institut „Nina Rodrigues": Autor und Gerichtsmediziner, gedoubelt vom namenlosen Opfer eines Schwarzen, der

---

[1] Vgl. dazu die Arbeit von Klaus Mollenhauer: Der Körper im Augenschein – Rembrandts Anatomie-Bilder und einige Folgeprobleme. a.a.O.

das Double Pozzis ist, den Fichte wiedererweckt zum zweiten Tod, zur Nachobduktion, zur Opferung, – so wie in Haiti die Toten aus Angst vor den lebenden Leichnamen, den Zombies, noch einmal erwürgt oder mit Nadeln durch die Schläfen gestochen werden (Pubertät, 16, vgl. 68, 181).

Die Operation des Schreibens entspricht der Operation der Anatomie. Das Schreiben kehrt um, was Fichte an sich selbst erfahren hat: Einschnitte, Sektion, Zerlegung.

Die Fotografin Leonore Mau dokumentiert und deutet in ihrem Medium, was Fichte hier, im Zentrum seiner selbst, beschreibt. Leonore Mau und Fichte haben 1977 eine großformatige Mappe mit Fotos aus der „Nina Rodrigues" herausgebracht und diesen den Text des Romaneinganges beigefügt.[1] Nicht ohne Schauder begegnet man im Bild, was vom Text her man zu kennen glaubte. Der schäbige Seziersaal, bunte Ornamentkacheln am Boden, weiße Wandkachelung, beschädigt. Der dickleibige Anatom. Und wirklich eine entfernte Ähnlichkeit zwischen Sezierer und Seziertem – zwei schwere, dickschädelige Männer, weiß und schwarz. Die fetten Hängebacken des Anatomen, der depressive Ausdruck im Gesicht, sitzend am Schreibtisch mitten in einem Chaos von Papieren, Schachteln, Borden von Präparaten, Föten, Schädeln. Sie arbeiten ohne Handschuhe, wie Fleischer. Angehörige, Jugendliche sind dabei. Fensterblick nach draußen: Menschen drängen im Hintergrund, um Blicke in den Seziersaal zu erhaschen. Im Vordergrund *O homen é nada* mit dem Messer. Die Leiche einer jungen Frau. Zwei Assistenten, weiblich und männlich (Fichte läßt die Assistentin weg). Tatsächlich der Fuchsschwanz, mit dem der Schädel aufgesägt wird. Tatsächlich die Augenentnahme. Tatsächlich die Vernähung des Bauches. Tatsächlich die über das Gesicht gezogene Schädelhaut wie eine Maske. Die Hirnschale daneben. Und tatsächlich **Rembrandts Augenblick**: nicht in achsialer Anordnung, sondern aus leichter Untersicht, von schräg rückwärts der Kamerablick auf die Hände des Anatomen, die soeben sich anschicken, das freigelegte Gehirn des Doubles aus dem Schädel herauszuheben; daneben der Assistent: es ist, aus anderem Winkel, die Rembrandt-Konfiguration. Im Hintergrund die junge Tote mit spitzen Brüsten. Man ahnt, daß auch hier die *feine Eihaut über dem Unbewußten* des Erzählers platzt: alles ist gegenwärtig. Das Erinnern, das in diese Bilder stürzt, ist nicht mehr zu fotografieren. Doch erblicken wir, in diesem Raum der Toten, den Geburtsort des Romans, den Ort der absoluten Gegenwart, in welcher der Roman erzählt wird: den Raum der Erzählzeit.

---

[1] Leonore Mau: Grosse Anatomie. Fotomappe. Text von Hubert Fichte. Hamburg 1977. – Aus rechtlichen Gründen kann kein Foto dieser Mappe hier veröffentlicht werden.

7. Zombies, Totenkult, Opferritual – ‚Versuch über die Pubertät' und ‚Xango'

So wie der junge Fichte von Pozzi sich entzweigeschnitten fühlte, von einem in zwei – bi –, so erlebt Fichte bei den Theater-Proben des Stückes „Der Purpurstreifen"[1] auch den Regisseur Alex als Sezierer: *Mich will Alex zerlegen. ... Irene und mir schneidet er, ohne die Nervenbahn zu unterbrechen, Muskeln und Sehnen heraus, bis wir nur noch ein Gerüst darstellen aus Knochen und Sensibilität, und er setzt uns – Schamane und Akutotrinker in einem – aus durchsichtigem Harz neues Fleisch, neue Häute ein.* (Pubertät, 195/97, vgl. 204)

Theater als Qual und Verletzung, als Anatomie, als schamanistische Initiation des kleinen Todes und der rituellen Einsetzung einer neuen Identität, als Verwandlung und Neuzusammensetzung. *Ich habe Angst, daß er mich aussaugt zu einem Zombie.* (Pubertät, 198) Auch hier, im Theater, funktioniert der ästhetische Prozeß als Zerstückelung, im Schema der Anatomie wie auch im Schema der (religiösen) Opferung und Einweihung. Ästhetik ist zergliedernde Arbeit und Neuschöpfung am lebenden Material: Vivisektion und Wiedergeburt[2]. Unverkennbar bildet das „Theater des Grausamkeit" Artauds den dramaturgischen Hintergrund der *Proben*, die Experimente am Körper, rituelle Einsetzungen des Körpers und ethnologische Recherchen sind:

Er hat unsere Gedanken analysiert wie die Signalfarben von Pflanzen, die Tanzbotschaften der Aderflügler, wie die Einweihungsriten der Sukuma, Yoruba, Ewe, Fon, und überträgt die Gesetze der Verhaltensforscher und der Völkerkundler auf Agnes' parfümierte Mythologie und auf seine eigenen Zwänge, Ticks und Phobien. (Pubertät, 204)

Doch sind die dramaturgischen und schwulen Exerzitien und Rituale von Alex zwiespältig. Als der junge Schauspieler Fichte und der Regisseur Alex sich küssen, erscheint es Hubert so, *daß hier ... ein lebender Leichnam den anderen küßt.* (Pubertät, 198) Ziemlich sicher ist, daß der 16-jährige, auf der Ebene seines damaligen Bewußtseins, weder die Theaterproben im Schema der Vivisektion und des Schamanismus (vgl. Lazarus, 327), noch sich selbst und Alex als *lebende Leichname*, als Zombies, Revenants, Wiedergänger erlebte. Vielmehr ist auch dies eine Projektion von Erfahrungen der Erzählzeit auf die Ebene der erzählten Zeit. Die Szene der Obduktion 1971 in Salvador, die Erfahrungen mit Begräbnisriten in Bahia und die magischen Phantasien über Zombies in Bahia und Haiti werden rückübersetzt zu

---

[1] Premiere im „Theater im Zimmer" am 18.8.51. Das Stück ist von André Lem und heißt im Original: „Le premier Jour." Die Partnerinnen Fichtes (Rolle des Jo) waren Irene Nathusius (als junges Mädchen Gine) und Ines Bertram als ältere Bildhauerin, die den jungen Jo in den Sex einführt. Besprechungen: Zeit 30.8.51; Neue Zeitung 24.8.51; Altonaer Tageblatt 22.8.51; Freie Presse 23.8.51; Die Welt 23.8.51; Hamburger Echo 22.8.51; Hamburger Abendblatt 22.8.51. Das Stück hieß im Deutschen „Purpurstreifen", weil mannbare Jünglinge in Rom Purpurstreifen an der Toga trugen.

[2] Vivisektion und Wiedergeburt: dieser Zusammenhang unterscheidet Fichtes Anatomie-Szenen von denjenigen Jahnns, die auf die Formel Zerstückelung oder Mumifizierung (Verewigung) gebracht werden können.

ästhetischen Schemata der Darstellung der Pubertätszeit 1949–53.[1] Darum ist es methodisch unerläßlich, die Arbeit am Roman ‚Versuch über die Pubertät' ständig zu begleiten durch die Lektüre von ‚Xango'.

Den oft unmerklichen Spuren synkretistischer Riten in der Obduktionsszene zu folgen – ähnlich wie dem winzigen Hinweis auf Rembrandt – und diese Spuren in das Buch ‚Xango' hinein zu verlängern: das führt erst auf den esoterisch angelegten Sinn von einzelnen Konfigurationen der Eingangsszene des Romans. Dasselbe gilt auch für die lebensgeschichtlichen Erinnerungssplitter[2], die im Text über die Obduktion aufblitzen: auch sie müssen, wie die eingesprengten Fragmente der Riten, ganz ernst genommen und, über diesen Roman hinaus, auch in anderen Büchern verfolgt werden, um die wahrhaft ungeheuerliche Tragweite zu verstehen, die in der Obduktionsszene liegt. Dazu später mehr.

Zunächst nenne ich diejenigen Elemente von Riten und Kulten, die im Umkreis von Toten- und Begräbniszeremonien liegen: diese erschließen nämlich den chiffrierten Sinn der Wiederkehr Pozzis in der Morgue. Der Krötenton (Pubertät, 11, 12) gehört dem Nanã-Kult[3] an. Der Negerjunge, der in seinem Sarg wie einem *Spanaeroplan ... seine Himmelsreise* (Pubertät, 12) antritt, erinnert an schamanistische Rituale der Himmelsreise der Seele, wie Fichte sie bei Mircea Eliade[4] gelesen und in Bahia und der Karibik studiert hat (z.B. Xango, 328). Das Töten der Toten und die magische Instrumentalisierung der Zombies durch Zauberer (Pubertät, 16, 170) ist ein ständiges Motiv in ‚Xango'. Die ägyptische Mumien-Präparation (Pubertät, 19) wurde schon angesprochen und hat ihren aktuellen Hintergrund in den Begräbnisriten des *Königs des Candomblé*, Joãozinho da Gomea, der während des Bahia-Aufenthaltes von Fichte und Leonore Mau in Salvador stirbt, einbalsamiert und in aufwendigen Begängnissen, dem sogenannten Axexê (Xango, 61), bestattet wird. Joãozinho und sein Tod bildet den Kern des Bahia-Teils im Buch ‚Xango'. Der Sezierer, als der *Gegenzauberer*, der den *Körperzauber* Fichtes, nämlich das durch 30 Jahre hin rituell gebildete Kohärenzgefühl seines Leibes, *kaputt schneiden könnte* (Pubertät, 19, 21, 22), ist eine Erinnerung an Zerstückelungs-Opferrituale, wie sie im archaischen Griechenland ausgeübt wurden[5], doch auch jetzt, vereinzelt, in afroamerikanischen Kulten vorkommen und im Roman angedeutet werden: der

---

[1] Dies ist Fichte völlig bewußt; im Interview mit Dieter E. Zimmer führt er aus: „Diese Vivisektion einer Pubertät, ... dies Auseinanderfallen in Zeremonien, Riten, Formeln, Gesten wurde ausgelöst durch die Autopsie in der Morgue von Bahia. Ich habe nicht zufällig schamanistische Praktiken und Mischreligionen studiert." Seinen Roman nennt Fichte „eine Art poetischer Lehranalyse". In: Th. Beckermann a.a.O. S. 116/7.
[2] Biographische Splitter in der Obduktionsszene: die Kinderliedvorstellung, Nils Holgersson, Till Eulenspiegel, norddeutsche Tiefebene, Lehrer Prelle, Tod des Kolonialwarenhändlers, Kasperletheater in Hagenbeks Tierpark, Fuchsschwanz aus der Laube des Großvaters (Pubertät, 12, 16, 18, 20, 22, Grünspan, 160).
[3] S. dazu S. 87ff. u. 361ff. dieses Buches.
[4] Mircea Eliade: La Chamanisme. Paris 1968. (Vgl. Xango, 338) – Zum Nils-Holgersson-Motiv vgl. Torsten Teichert: Herzschlag außen, a.a.O. S. 105ff und Thomas Vollhaber a.a.O. S. 189f. – Zur „Himmelsreise der Schamanen" s. Petersilie, 12.
[5] Dazu Hartmut Böhme: „Eine Schematisierung der Zerstückelungsphantasien". a.a.O.

Vierzehnjährige in der Morgue mit *kultischen Schnitten* und trepaniertem Schädel, Opfer des Gottes Ogum (Pubertät, 23, vgl. Xango, 112/13, Lazarus, 221). Nicht ohne Absicht läßt Fichte das Ritualopfer *nahe der Troglodyten*, die er schon einmal erwähnt hat (Pubertät, 18), aufbahren: Troglodyten sind steinzeitliche Höhlenmenschen; im Neolythikum war die Trepanation eine weitverbreitete Praxis. In der Morgue von Salvador assoziiert sich Fichte in prähistorische Zeiten zurück –: ein Verfahren der Zeitschichtung, wie wir es als Konstruktion des Hörspiels ‚Ich bin ein Löwe' schon beobachteten. Im ‚Versuch über die Pubertät' probiert Fichte dieses Verfahren erstmals in einer solchen Zeittiefe aus. In diesem Zusammenhang ist bemerkenswert, daß Fichte später die magische Begegnung mit dem schwarzen Matrosen *aus den Romanen von Genet und Melville* (Pubertät, 296) als einen Abstieg *in die Tropfsteinhöhlen* bezeichnet. Diese Szene wird damit zum Gegenbild jenes initiatorischen Abstiegs *voller Stolz und Erwartung in die Tropfsteinhöhle* der Musischen Oberrealschule Hamburg-Niendorf 1949, als Fichte das erste Mal auf Geheiß Pozzis sein Urin hergeben soll[1]: Beginn der Pozzi-Epoche, die durch den unauffällig gesetzten Motivzusammenhang von Höhle, Abstieg[2] und neolythischen Opferungsritualen von vornherein eine kultische Dimension erhält. Das schwule coming-out wird dadurch zu einer archaischen, Tod und Eros, Opfer und Preisgabe zusammenschmelzenden Einweihung verwandelt. Das Herausschneiden der Hoden des Opferbocks (Pubertät, 22) hat Fichte bei verschiedenen Tieropferriten beobachtet (z.B. Xango, 115, 165). In Haiti hört Fichte von einem gerade vorgefallenen Ritualmord, der auch gefilmt worden sein soll (Xango, 131; Pubertät, 171), eine Passage, die im Roman sogar ausführlicher zur Sprache kommt als in ‚Xango'.

8. Pozzi: Töten des Untoten.
Mit einem Exkurs zu „Thomas Chatterton"

Das genügt, um die Interpretation der Pozzi-Obduktion wieder aufzunehmen. Die Durchsetzung der Szene mit Motiven von Opferritualen bestärkt die Überzeugung, daß auch in der Rembrandt-Assoziation Anatomie und Opferung gleichgesetzt werden. Im Gemälde Rembrandts findet diese These durch die Christus-Ikonologie Rückhalt; und sie erfährt Bestätigung dadurch, daß Fichte beim Blutopfer im Exú – einem Einweihungsritus – den Neophyten oder Novizen aussehen läßt wie *einen Gekreuzigten, der sich in einen Vogel verwandelt* (Xango, 115) – letzteres wieder eine Andeutung der schamanistischen Himmelsreise und Wiedergeburt.

Dieser Vorstellungshintergrund legt nahe, daß im Roman die Sektion Pozzis nicht nur eine Autopsie ist, sondern zuleich seine Opferung. Dies kann nicht wörtlich verstanden werden und nicht auf Hans Henny Jahnn bezogen werden. Sondern die

---

[1] Vgl. Thomas Freeman: Hans Henny Jahnn. Hamburg 1986, S. 523ff.
[2] Zu beachten ist, daß der ‚Abstieg' Jäckis die vier Stufen in die Palette hinunter auch einem initiatorischen Ritus entspricht und in „mythologische Beziehungen" gebracht wird mit „Katakomben" etc. (Palette, 12/13). Der Abstieg korrespondiert umgekehrt den Aufstiegs- und Flugphantasien (schamanistische Himmelsreise, Holgersson)

Autopsie ist allegorisch zu verstehen als Öffnung, als Augenscheinnahme, als Zergliederung des Erinnerungsbildes von Jahnn, das durch die Leiche des Schwarzen gedoubelt wird und das eine eigene, intermediäre Existenzform hat – wie jedes Double –: das ist die literarische Existenz Pozzi, des *lebenden Leichnams*.

Wie es die zweimal Geborenen gibt – jeder Neophyt durchläuft den Tod und seine zweite Geburt – so auch diejenigen, die zweimal sterben müssen. Fichte schildert in ‚Xango' ausführlich die Angst vor den Zombies, den Untoten, sowie ihre mögliche magische Einsetzung durch Zauberer (Xango, 114, 146, 182/3, 215; Lazarus 253; vgl. Pubertät, 20, 170). Pozzi, als Bild der Erinnerung, **ist** ein Untoter und übt als solcher Macht über Fichte aus: die Macht des Zauberers Jahnn. Es ist die Macht, die im *Gegenzauberer* – dem Sezierer – als weiterem Double Jahnns konzentriert ist und noch immer als die anhaltende Angst virulent ist, über den eigenen Körper nicht verfügen zu können, sondern vielmehr in der Preisgabe zu stehen, zerschnitten und zerstückt zu werden. Wenn Pozzi, der Zombie, jetzt, 12 Jahre nach dem Tode Jahnns, noch einmal getötet werden muß, dann darum, weil es gilt, sich von dem Bann zu befreien, der von Jahnn ausging und der für Fichte eine biographisch unaufgelöste Unfreiheit seiner Existenz bedeutet. Die Anatomie der Erinnerung an Jahnn ist ein stellvertretendes Töten, Töten des Doubles, des Zombies – im Dienst der Trennung vom Zauberbann Jahnns.

Pozzi-Jahnn als Zombie zu erleben, findet eine überraschende Entsprechung bei H.H. Jahnn selbst – und zwar gerade in dem Theaterstück, das Fichte als einziges Werk Jahnns jemals besprochen hat: in der Tragödie „Thomas Chatterton" von 1956 (HuL II, 107ff.)[1]

Dem jungen Chatterton wird von Jahnn eine Figur beigesellt: Aburiel. Der Name stammt vermutlich aus dem Kult einer frühchristlichen ägyptisch-koptischen Sekte und meint ‚Engel von unten': Im Stück hat Aburiel die Funktion des „weisen Lenkers" und „Initiationsmeisters". In Jahnnscher Terminologie ist er ein „dunkler Engel".[2] Seine Aufgabe besteht darin, Chatterton auf die Spur seiner selbst zu führen – auf die Spur des Schreibens. Und das heißt hier: die Erweckung der Idee, daß alle Lebenden Wiedergänger sind, unbewußte Verkörperungen von längst Gestorbenen. So identifiziert sich Chatterton mit dem Schriftsteller-Mönch Thomas Rowley aus dem 15.Jahrhundert und gewinnt darüber die Fähigkeit zu schreiben, d.h. die Schrif-

---

[1] H.H. Jahnn: Thomas Chatterton. In: ders.: Dramen Bd. II, hg. v. W. Muschg. Frankfurt/M. 1965, S. 611–748. – Zum Chatterton vgl. die Briefe Fichtes an Jahnn in: FORUM Homosexualität und Literatur H. 5, 1988, S. 77–88 (G. Schäfer weist hier eine anonyme Rezension der Chatterton-Aufführung durch H.Fichte nach) sowie in: H.Böhme/ N.Tiling (Hg.): Leben, um eine Form der Darstellung zu erreichen. a.a.O. S. 30ff. Uraufführung des „Thomas Chatterton": Schauspielhaus Hamburg 26.4.1956, Regie: Gustav Gründgens; Chatterton: Heinz Reincke, Aburiel: Richard Münch. Im Programmheft dieser Aufführung finden sich Auszüge aus dem Chatterton-Essay Jahnns sowie Gedichte, Zeugnisse und Testament Chattertons. Weitere Bearbeitungen des Chatterton: Alfred de Vigny: Chatterton (Drama, 1835) – Ernst Penzoldt: Der arme Chatterton. (Roman, 1928). Letzteres Buch – eine der Quellen Jahnns – bespricht Fichte in HuL II, 107ff.

[2] Zur wichtigen Figur des Engels bei Jahnn s. dessen Drama „Spur des dunklen Engels" (1951), wozu Yngre Jan Trede (= Trygve, Mozart) die Musik schrieb; ferner „Jeden ereilt es" (begonnen 1951, postum 1968). Zur Verknüpfung des Engel-Motivs mit der Homosexualitäts-Thematik s. R. Guldin: Der grausame Schlächter a.a.O. S. 49.

ten des Toten zu erfinden. Wir erkennen in dieser Konstellation unschwer die Dynamik wieder, die zwischen Jahnn und Fichte 1949 bestand: ‚du bist nicht, was zu sein du glaubst; du bist fifty-fifty' – und Fichte identifiziert sich mit der nicht anders als magisch zu bezeichnenden Zuschreibung dieser Identität. Hier soll uns jedoch interessieren, daß auch Aburiel, der Einsprecher und Initiator, selbst ein Untoter ist: ohne Herkommen und Alter, ohne Raum und Wohnung, ohne Zugehörigkeit zur Gesellschaft und ohne Beruf, in völliger Isolation, mit geheimnisvollem Wissen ausgestattet, vom Nimbus des Unheimlichen umgeben – derart trägt Aburiel die typischen Merkmale intermediärer Wesen, ist er ein Zombie, Zauberer, luziferischer Engel zugleich. Doch nicht nur er selbst. Seiner Lehre gemäß sind alle, was sie schon einmal waren, und d.h.: im Bewußtsein ihrer Einzigkeit sind sie bloße Wiederholung, Wiedergänger, lebende Leichname. Eine düstere, determinierte Welt – wie sie typisch ist für Jahnn. Entscheidend ist, daß Chatterton, in dieses Wissen initiiert, ein Schriftsteller mit schamanistischen Attitüden wird. Wenn man es in den terms der afroamerikanischen Kulte ausdrücken will: Chatterton lebt im Verkehr mit der anderen Welt, der Welt der Toten; er ist vom Gott der Toten besessen, ist schreibend in tranceartiger Absence, indem er zum Double und Medium eines Toten wird. Seine Literatur ist Totenbeschwörung. Sein Schreiben ist in Begriffen der Aufklärung jedoch Fälschung, bestenfalls Kopie, also genau das nicht, was Literatur in der bürgerlichen Ästhetik sein soll: nämlich Original.[1] Selbstverständlich steht so einem wie Chatterton in der Welt der Aufklärung und Kaufleute auf Dauer nur der soziale Ruin und Suizid offen. Gleichwohl, auf der Ebene der esoterischen Vexierungen, die Literaten wie Jahnn und Fichte lieben, kann man festhalten: in der Konstellation Aburiel und Chatterton übersetzt Jahnn insgeheim die biographischen Konfigurationen, die zwischen ihm, dem Meister, und Fichte und Yngre Jan Trede, dem pubertären Adepten der Kunst, dem wiedergeborenen Mozart, um 1950 bestanden. Er verwandelt diese Beziehungen in ein Initiationsritual zur magischen Vergegenwärtigung der Untoten -: in der Weise, daß der literarische Schaffensprozeß dabei Züge eines geheimen Totenkultes annimmt. Genau darauf aber gibt Fichte im ‚Versuch über die Pubertät' mit der Obduktionszene eine Antwort: es geht um die Wiederholung einer kultischen und schamanistischen Prozedur – und, am Ende des Romans, um deren Auflösung als Akt der Befreiung vom falschen Zauber.

Der 1985 entstandene, postum 1986 veröffentlichte Essay von Fichte über das Chatterton-Stück bezeugt die nunmehr gewonnene Freiheit des Blicks[2], die Säkularisierung des magischen Jahnn-Erbes. Zum ersten Mal kann Fichte in ernüchterter Prosa von der Begegnung und Freundschaft mit Jahnn erzählen. Und bei aller Würdigung der dramaturgischen Stärken der Tragödie erhebt Fichte immer wieder,

---

[1] Die sich von hier aus ergebenden Perspektiven auf die Ästhetik des postmodernen Schreibens entwickelt Peter Achroyd: Chatterton. Reinbek b. Hamburg 1990.

[2] Die Ablösung von Jahnn vollzieht sich also in drei Phasen: in den 5oer Jahren (abzulesen an den Briefen und ‚Ödipus auf Håknäss', Tod Jahnns), im ‚Versuch über die Pubertät' (Erinnerungsarbeit, psychische Ablösung, Re-Lektüre), kurz vor Fichtes Tod (Jahnn-Essay). Ich vermute, daß dieser Essay erst mögliche wurde, nachdem Fichte in der ‚Geschichte der Nanā' die endgültige Form seiner Auseinandersetzung mit der Mutter gefunden hatte und er sich mit dem eigenen Alterungsprozeß konfrontiert sah: d.h. nachdem er endgültig aus der Position des ‚Sohnes' verschiedener Vater/Mutter-Instanzen getreten war.

insistierend, böse, ironisch, enttäuscht und in all dem: negativ fasziniert Einspruch gegen den dunklen Engel Aburiel, den Zombie, das Double Jahnns. Daß Fichte dies jetzt kann, ist auch ein Effekt des ‚Versuch über die Pubertät' – und seiner unterdessen erworbenen Kenntnisse über Totenkult, Zombies, Einweihungsriten, Magie, Bewußtseinsentrückung, Trance. Die Wiederholung der Jahnnschen Rituale im Schema der afroamerikanischen Religionen steht bei Fichte nicht im Dienst davon, selbst in das Innere der Kulte einzurücken und Literatur zu einer anderen Form der Magie zu verwandeln, sondern über diese Magie hinaus eine Schreibweise und ein Denken zu entwickeln, das aufgeklärt, aber nicht ausgrenzend, analytisch, aber nicht sezierend, sympathetisch, aber nicht identifikatorisch, achtungsvoll, aber nicht gläubig, distant, aber nicht überheblich, fragend, aber nicht verhörend, darstellend, aber nicht mimetisch ist.

9. *Maske aus Sprache* – Pozzis Erweckung. Exkurs zu einem Logodaedalium[1] des Fichteschen Manierismus.

Bekannt ist das Fotoporträt, das Leonore Mau von Fichte aufnahm: eine afrikanische Maske, halb versetzt – wie eine Kamera – vor dem Gesicht Fichtes, welches damit „halb original", „halb maskiert" ist, er selbst und ein anderer: als sei dies die Formel des autobiographischen Schreibens (s. Titelbild). Das Foto hat seine Entsprechung im Titelblatt der Taschenbuchausgabe des ‚Versuch über die Pubertät': Fichte trägt eine Lederjacke, welche die *zweite Haut* der Tiere (s. Hans Eppendorfer) assoziieren läßt; der Oberkörper verdeckt von einem ornamentierten hölzernen afrikanischen Brustschild mit weiblichen Brüsten; oberhalb der Augen, fast wie ein Turban, wird noch erkennbar eine afrikanische Holzmaske mit kultischen Einschnitten (oder Bemalungen) auf den Wangen: das Gehirn Fichtes wie von einem Dämon ‚besetzt'. Der europäische Männerkörper wird von afrikanischen Frauenbrüsten ‚beschirmt'[2] und ‚verwandelt': ein Changieren in den Codes des Körpers, männlich und weiblich, bisexuell, bikontinental, modern und archaisch, gebannt und gewitzt (im physiognomischen Ausdruck), einer und ein anderer: auch dies ist ein Porträt der Poetologie Fichtes. Die Hände: wußte Fichte, daß seine langfingrige Rechte, die in zarter Berührung der hölzernen Haut von Bauch und Busen aufliegt, genau der Handhaltung Albrecht Dürers entspricht auf dem strengen en face-Selbstporträt von 1500? Es ist dies ein Porträt, auf welchem der Maler Dürer sich insgeheim ebenfalls maskiert. Als Christus nämlich, secundus creator im Schema der vera icon. Die Hand des Malers – die Hand des Schreibenden. Stilisiert Fichte sich hier zu einer paganen Variante des höchsten Selbstbewußtseins des Künstlers? Das er zugleich parodiert? – Die linke Hand Fichtes in selbstbeschäftigter Gestik, nachspürend einem flüchtigen

---

[1] Den Begriff Logodaedalium benutze ich hier nicht streng im terminologischen Gebrauch der manieristischen Rhetorik, sondern schlichter als ‚Sprachlabyrinth'.

[2] Vgl. Kleiner Hauptbahnhof, 73: *In Benin gibt es Busenmasken für die Totengötter*. Eine solche Maske trägt Fichte. Damit erhält schon das Titelfoto einen Hinweis auf das Feld der Totenbeschwörung im Roman.

Hautreiz des Gesichtes. Die fast verschatteten Augen – anders als der ernste Glanz der auf den Betrachter gerichteten Augen Dürers –: fast ist es, als tauschten sie ein amüsiertes Einverständnis mit dem Betrachter über das Spiel der Masken und Metamorphosen.

Abb. 12. Leonore Mau: Hubert Fichte. (Das Originalfoto ist verschollen.)

Abb. 13. Albrecht Dürer: Selbstbildnis. 1500. Bayer. Staatsgemäldesammlungen München.

„Masken und Tote" (so der Titel des Theaterstücks von 1958) –: dies könnte auch die Überschrift des Romans sein. Und kein Zweifel, daß Fichte seit den ersten Theatererfahrungen der Waisenhauszeit fasziniert war von der verwandelnden, doublierenden, phantasmatischen Kraft der Schminke und der Masken, durch die ‚ich eins und doppelt bin' (Goethe), hier und versetzt, profan und magisch. Die Maske steht für das selbstversuchende Spiel in multiplen Ausdrücken, Physiognomien, Körpern. Gewiß darf dieses Foto-Porträt als Gegenstück zur christlichen Tradition der vera icon gesehen werden. Das Foto strebt gerade nicht die absolute Präsenz des identischen Wesens in seinem Ausdruck an. Eher umgekehrt ist es ein Emblem von Nicht-Identität, die das Foto nicht nur sondern auch die Schreibweise des Abgebildeten bestimmt: polymorph, polyvalent, medial. Über das Foto in drei Zügen gesetzt: Name des Autors und Titel des Buches – die inscriptio. Unten: Gattungsbezeichnung, Verlagssignet, Verlagsname als subscriptio. Das Titelbild des Romans ist, in der klassischen Dreiteilung des Emblems, ein Ideogramm des Autors Fichte.

Abb. 14. Leonore Mau: Hubert Fichte

Porträtkunst, Maskenkunst, Physiognomie einer Poetik, freilich im Material des Schriftstellers, im Medium der Sprache also, ist auch die ‚Große Collage' aus Jahnn-Zitaten unter der inscriptio, die ihrerseits sofort an die manieristische Kunst erinnern und als solche sich ausstellen will: *Pozzi barock (versus rapportati)* (Pubertät, 47–49). Dieser noch nie aufgelöste lyrische Teppich aus flimmernden Elementen der Jahnnschen Prosa wird von Fichte geknüpft nach dem Tode Pozzis (Pubertät, 44/45). Die lyrische Collage ist der Effekt der magischen Apostrophen von Göttern und Heiligen bei der Beschwörung des Geistes des toten Pozzi, der gerufen wird, *um deine Stimme zu imitieren*. *Komm hoch! Öffne den Bleisarg! ... Komm! / Pozzi!* (Pubertät, 40/42).

Es handelt sich um die Nachstellung eines Rituals der Totenbeschwörung[1], die Fichte bei einem haitianischen Schamanen zur Vergegenwärtigung seines *toten, geistlichen Vaters* beobachtet hatte (vgl. Pubertät, 49). Genau dies geschieht jetzt im Text: Pozzi, der beschworene Geist des toten Jahnn, erscheint in der Physiognomie seiner Sprache, die das Ich als *Maske aus Sprache* sich aufsetzt (vgl. das Foto): Einverleibung der *Stimme des Toten*, der *Wörter, Akzente, Rhythmen* Pozzis durch das Ich. Dieses wird somit zur Imitation, zur Kopie, zum Double Pozzis – aber auch zu dessen Produkt: zum symbolischen Sohn – zum Besessenen der Sprache eines anderen: *Beherrsche ich seine Sprache oder benutzt er meine Lippen?* (Pubertät, 49)

Der Teppich aus Sprachflicken Pozzis nimmt innerhalb der Pozzi-Passagen genau die kompositorische Stelle ein, die in der Alex-Geschiche dessen *Contenu Mental* (Pubertät, 160/1)[2] innehat: beides sind komplexe Collagen, die dem Tod von Pozzi bzw. Alex nachgestellt sind und dadurch auch persönliche Grabschriften, Dokumente der Trauer darstellen. Doch sind es auch Versuche, durch die Vergegenwärtigung des (Sprach-)Geistes des *geistlichen Vaters* bzw. väterlichen Geliebten etwas zu verewigen von dem magischen Zauber, mit dem beide, Pozzi und Alex, das Bewußtsein des Adoleszenten erfüllt hatten:

Da ist Pozzi.
Da bin ich.
Das weiß ich von Pozzi.
Jetzt begegnen wir uns. (Pubertät, 49)

Haiti 1972: ethnologische Studien, die in ‚Xango' ihren Niederschlag finden; Totenkulte, die im Roman zu Formmustern des Erzählens werden; Fortsetzung der in Bahia begonnenen Auseinandersetzung mit Hans Henny Jahnn –: Fichte hat auf dieser Reise die Werke Jahnns mitgenommen und liest, was er zu Beginn der 50er Jahre schon gelesen hatte: *Jetzt begegnen wir uns.*

Das Sprachmaterial der Collage legt die Spur aus für den suchenden Leser: meer- und schiffahrtsbezogene Wendungen lassen den Roman „Das Holzschiff" als Vorlage für das lyrische Patchwork vermuten. Tatsächlich reichen die Zitatfragmente der

---

[1] Vgl. zur „Performance", zum „Geistertheater" von haitianischen und afrikanischen Totenbeschwörungen HuL I, 294f; Lazarus, 237, 250–253.
[2] Zum „Contenu Mental" von Alex vgl. die ertragreiche und genaue Analyse durch Marita Keilson-Lauritz: Durch die goldene Harfe gelispelt. Zur George-Rezeption bei Hubert Fichte. In: FORUM Homosexualität und Literatur H. 2, 1987, S. 27–52.

Collage von der ersten bis zur letzten Seite des „Holzschiff", das den roman fleuve „Fluß ohne Ufer" eröffnet. Mühsam ist der Nachweis, daß das gesamte Material der Collage nur diesem Roman entstammt. Die Anordnung der Zitate folgt nicht der Reihenfolge ihres Erscheinens in „Holzschiff". Fichte arrangiert die Wendungen neu. Erstes und letztes Zitat allerdings: *Ein Sonderling – Das Entrücktwerden des stolzen Baus!* (Pubertät, 47/49) markieren auch die erste und letzte Seite des Romans.[1] Im Roman „Das Holzschiff" beziehen diese Stellen sich auf den Sonderling, den Erbauer des kunstvoll-seltsamen Holzschiffes sowie auf dessen schließlichen Untergang. Diese Beziehung von Schöpfer und Geschöpf wird von Fichte in der Collage gesetzt wie eine allegorische Aussage über Hans Henny Jahnn, den *Sonderling*, der *in einem anderen Jahrhundert wurzelte.*[2]

Das Konstruktionsgeheimnis des Sprachteppichs hat Fichte in der Überschrift angegeben: er folgt einem seit der Antike bekannten, vor allem im barocken Manierismus verbreiteten, artifiziellen Bauprinzip lyrischer Verse, das versus rapportati genannt wird. Woher Fichte die Kenntnis dieser manieristischen Versform bezogen hat, wird ebenfalls im Roman, wenngleich kryptisch, angegeben. Der Direktor des Institut Français in Hamburg, de Montaignan, der Züge von Gustav René Hocke trägt, zitiert von dessen Doktorvater Ernst Robert Curtius das Hauptwerk: *Europäische Literatur und Lateinisches Mittelalter* (Pubertät, 229). Gustav René Hocke, dessen Manierismus-Bücher eine Hauptquelle der Fichteschen literarischen Techniken und seiner Poetik sind, zitiert bei der Behandlung formaler Manierismen und pangrammatischer Kunstgriffe jene Definition, die Ernst Robert Curtius für die versus rapportati gegeben hat –: daher also, so kann als sicher gelten, hat Fichte das Bauprinzip seiner lyrischen Hommage an Hans Henny Jahnns „Fluß ohne Ufer" bezogen.[3] Die versus rapportati sind „mehrere verschränkte Aufzählungen, in denen die meist in der Dreizahl vorhandenen Nomina, Verba, Adjektiva, adverbiellen Bestimmungen usw. erst durch Auflösung der Verskombination in ihrer Zugehörigkeit zueinander erkannt werden können, während die hörbare Satzgestalt zu falscher Vorstellung verführt, zurücktritt und erst für das Auge abgewickelt werden muß."[4]

Das klingt schwer verständlich und wird es angesichts der undurchsichtigen Fichte-Collage noch mehr. Wir betreten mithin ein Logodaedalium (Curtius), ein Sprachlabyrinth, das indessen, wie im Manierismus so auch bei Fichte, eine höchst rationale Architektur aufweist. Die Verwirrung des Sprachlabyrinths wirkt bei Fichte um so mehr, als er die manierierte Form der versus rapportati, die meistens auf drei oder vier Glieder beschränkt ist, auf 38 Glieder aufschwellt; ein potenzierter Manierismus.

---

[1] Hans Henny Jahnn: Fluß ohne Ufer a.a.O. Bd. 1, S. 7, 216.
[2] Fluß ohne Ufer a.a.O, S. 7 vgl. mit Pubertät, 48.
[3] Vgl. Ernst Robert Curtius: Europäische Literatur und lateinisches Mittelalter. Bern 1948, S. 284ff. sowie G.R. Hocke: Manierismus in der Literatur a.a.O. S. 25. Zur Tradition vgl. H. Zeman: Die versus rapportati in der deutschen Literatur des 17. und 18. Jahrhunderts. In: Arcadia 9 (1974), S. 134–160.
[4] Hocke a.a.O. S. 29. – Diese von Hocke zitierte Definition stammt wiederum nicht von Curtius, sondern von Gero von Wilpert: Sachwörterbuch der Literatur. Stuttgart 1957 (Stichwort: versus rapportati). Dieses Wörterbuch hat Fichte auch benutzt (vgl. Schulfunk, 253), so daß es als Quelle für Fichte auch in Frage kommt.

Das Fichtesche Sprachgebilde ist dreiteilig: ein Block Nominativa, ein Block Verben, ein Block adverbielle Bestimmungen, Objekte usw. Die Blöcke enthalten je 14 Verse zu je einem bis vier, zumeist drei Gliedern. Alle drei Blöcke verfügen also streng korrespondierend (rapportierend) über je 38 Satzglieder, aus denen sich mithin 38 vollständige dreigliederige Sätze bilden lassen. Also: man hat das erste Glied des Verses 1 im ersten Block zusammenzulesen mit dem ersten Glied des Verses 1 im zweiten Block und dem ersten Glied des Verses 1 im dritten Block – dann entsteht der Satz: Ein Sonderling wurzelte in einem anderen Jahrhundert. Der Trick der versus rapportati besteht darin, daß auf der horizontalen Achse des Lesens sich keine syntaktischen Zusammenhänge bilden, sondern diese erst auf der Vertikalachse künstlich gebildet werden müssen. Das lineare Zeilenlesen (oder Hören) ergibt also keinen Satzsinn, sondern eine Folge von isolierten Satzelementen, die nur mit gleichschwebender Aufmerksamkeit und Betonung gelesen werden können: mithin genau die Form der Litanei erfüllen, wie sie Fichte wenig später (Pubertät, 57) bestimmt. Das Besondere dieser Litanei ist jedoch, daß, unterhalb der phonetischen Erscheinung des Textes, die versus rapportati gleichwohl eine syntaktisch-semantische Konstruktion enthalten. Der gleichsam ‚unhörbare‘, erst künstlich konstruierbare Text im Text lautet:[1]

Ein Sonderling / wurzelte / in einem anderen Jahrhundert. (7, 7, 7)
Das Allgemeine / weicht / dem Allgemeinen. (9, 9, 115)
Ein brauner Neufundländler Hund / wandert / mit ausladenden Knaggen. (9, 97, 7)
Die gleiche warme Finsternis / schläft / bei allen Geschöpfen. (11, 9, 11)
Ein graugrünes Ungetüm / verwandelt / das rotzige Meer. (11, 11, o.F.)[2]
Das Vergängliche, / umkreist / von der Qual des Schaffens. (12, 12, 12)
Das Unabänderliche / zerschindet / ein Geheimnis. (12, 119, 12)
Die sickernden Feuerströme / zeugen / beim Heuerbas. (12, 123, 19)
Berührungen / wachsen / in die Haut ein. (21, 21, 21)
Der magische Ablauf / taucht / in einem Meer von Küssen unter. (22, 63, 20)
Der leuchtende Tau / rieselt / durch den Qualm ihres gemarterten Blutes. (29, 29, 29)
Mauern aus Wasser / bewirkten / eine Feierlichkeit. (32, 32, 32)
Verstockte Sinne / entziehen / sich. (32, 32, 32)

---

[1] Es ist zu beachten: damit das Sprachspiel aufgehen kann, muß die Anzahl der Glieder des jeweiligen Verses in einem Block mit der Anzahl der Glieder der entsprechenden Verse in den beiden anderen Blöcken übereinstimmen. Dies ist bei Fichte mit einer Ausnahme (Vers 7) auch der Fall. Hier im Vers 7 des dritten Blockes stehen vier Glieder, wo nur zwei Glieder stehen dürften. Vermutlich ist dies ein Irrtum Fichtes. Die folgende Ziffernreihe gibt die Zahl der Glieder der jeweils 14 Verse der drei Blöcke der Collage an: drei – drei – drei – drei – drei – vier – drei – zwei – drei – drei – eins – drei – zwei – eins -. Diese Ziffernreihe wiederholt sich in allen drei Blöcken. Es ist ferner zu beachten, daß Fichte im Mittelblock (Verben) den Wortlaut gegenüber dem Jahnnschen Text leicht verändert hat: er paßt nämlich die Tempus- und Flexionsform der Verben an die aus den versus rapportati sich ergebenden syntaktischen Logiken an. Im Übrigen zitiert Fichte den Jahnnschen Text präzise, von winzigen Ausnahmen abgesehen, so, wenn er z.B. „sie eine Jungfrau" in „wie eine Jungfrau" verändert. Die in Klammern gesetzten drei Zahlen hinter jeder Zeile des neuen Textes geben die Seitenzahlen der Fundorte im „Holzschiff" an; o.F. = ohne Fundstelle.

[2] Die Wendung „das rotzige Meer" ist im „Holzschiff" nicht nachzuweisen. Ich nehme an, daß Fichte die Wendung „die blanke See" (Holzschiff, 11) willkürlich in „das rotzige Meer" geändert hat.

Schwere Knaggen / bolzen / gegen die Spanten. (35, 35, 35)
Die Falschheit / bestreitet nicht / geschmeidiger Seelen. (37, 37, 37)
Das tiefer Gebettete / widerstrebt / in mir. (37, 37, 37)
Das Blut / umflicht / die feineren Schwemmstoffe. (39, 93, 39)
Die chemisch geladenen Harmonien / verzweigen / im Geflecht der dünnen Bahnen. (39, 39, 39)
Das Erschrecken / entzündet / an der Schwelle der Mannbarkeit. (39, 104, 43)
Die Anarchie / spiegelt / (keinen Beweis) / den Geist des Burschen. (41, 41, 111, 49)
Die ohnmächtige und zerknirschte Kreatur / sinkt / ins Grab / (mit allen Zweifeln). (44, 44, 44, 49)[1]
Folgerichtigkeit / paart / den männlichen Engel des Todes. (49, 49, 126)
Die Freiheit der Meere / prägt / unausweichbar. (25, 43, 50)
Sehnige und schnelle Hände von Negern / schlagen / Nußbrei ein. (54, 54, 54)
Das unbekannte Menschenfleisch / überwältigt / wie das Fell eines Pferdes. (55, 55, 55)
Das grünschwarze Meer / lodert / mit dem Queckgold der Sonnenreflexe. (56, 115, 56)
Ihr Schicksal / beschmutzt nicht / wie eine Jungfrau. (57, 58, 58)
   Die Frömmigkeit des Fleisches / rast / mit dem Rhythmus, der jenseits der Milchstraße Gültigkeit hatte. (59, 146, 60)
Abenteuer / zu schmecken / unter neuen Breitengraden. (60, 60, 60)
Er / seziert / lebendigen Leibes. (64, 64, 64)
Die Eintracht / zerspellte / auf dem Schiff. (65, 65, 65)
Der schmutzige Arbeit, / einen Menschen zu schlachten / mit dem Ernst der Rache. (66, 66, 66)
Die Kraft der Gestaltung / will / schillern(d). (75, 75, 75)
Die Hirne / zitterten / gelb. (94, 94, 94)
Das Gewissen / zermalmt / mit Türmen aus Glas. (112, 112, 112)
Seine Schenkel / erlahmen / losgelöst von den Kräften der Zwischenwelt. (129, 129, 131)
Der unveränderbare Tierruch / packt / die drolligen Schnörkel des alten Universums. (130, 135, 137)
   Flatternde Worte / nicken / das Entrücktwerden des stolzen Baus. (142, 152, 216)

Das Ergebnis dieser Transformation enttäuscht: die offengelegte Konstruktion wirkt ungleich schwächer als der im Roman gedruckte Collagentext. Die asyndetischen versus rapportati sagen mehr über Stil-Physiognomie, Metaphorik, Semantik und Lexik Jahnns als die in vollständige Sätze zurückverwandelten 38 Zeilen – auch wenn viele der Sätze ebenso aussagekräftig sind für Jahnn (z.B. Das unbekannte Menschenfleisch überwältigt wie das Fell eines Pferdes.) wie für Fichte (z.B. Die schmutzige Arbeit, einen Menschen zu schlachten mit dem Ernst der Rache: dies ist

---

[1] Diese beiden Zeilen enthalten ein Satzglied zuviel.

die Formel dessen, was Fichte mit Jahnn im Eingangs-Kapitel des Romans unternimmt).

‚Sprechend' wird vielmehr das pure Wortmaterial in der 3er-Block-Anordnung der versus rapportati. Deren dynamisches Zentrum wird von den Verben gebildet. Tatsächlich gelingt es Fichte, den Verbbestand einerseits auf stilistische Eigenschaften der Verb-Verwendung Jahnns, andererseits auf thematische Felder des Romans abzustellen. So ist etwa der auffällige, oft neologistische Gebrauch von Verben mit dem Präfix ‚zer-' und ‚ver-' (zerschinden, verwandeln, verzweigen, zerspellen, zermalmen) ebenso aufgenommen wie alliterative Wendungen (wurzelt, wacht, wandert). Verben in den semantischen Feldern von Kampf, Angst, Gewalt, Zerstörung, Zerstückelung mit starken, körperbezogenen, auch sexuell assoziierbaren Aktionsformen dominieren. Ein fast völliges Fehlen von Verben, die kommunikative oder abstrakte Vorgänge ausdrücken. Die Jahnnschen Verben – so hat Fichte begriffen – folgen den Logiken des Körpers und der Natur bzw. den Dynamiken, durch die beide am engsten miteinander verhakt sind: den basalen Antrieben, Gewalten, Ängsten. Diesen vitalistischen Grundzug der Jahnnschen Sprache hat Fichte im Mittelteil des Triptychons sehr genau zum Ausdruck gebracht – erkennend, daß im Jahnnschen Werk starke, aktive, konkrete Verben eine grundlegende Funktion haben. Die Verben bilden gleichsam den Kreislauf und die Innervationen des Sprach-Sinnen-Körpers Jahnns.

Auch in den ‚Seitenflügeln' demonstrieren die Nominalwendungen die stilistischen Eigentümlichkeiten Jahnns recht genau. Fichte notiert die für Jahnn charakteristischen Neologismen, ferner die überaus häufigen „kühnen Metaphern" (H. Weinrich), den intensiven Einsatz von Adjektiven, die Substantivierungen, die außerordentlichen, spannungsreichen Nominalverbindungen, die altertümlichen Wortbestände usw. Alles dies sind gerade solche Stilmerkmale, die Fichte systematisch aus **seiner** Sprache ausscheidet. Fichtes Syntax, Lexik, Sprachgebrauch und Stil sind so weit wie möglich von Jahnn entfernt. Doch die *Maske aus Sprache*, die Fichte hier anlegt, nimmt noch einmal die Bannkraft der Jahnnschen Sprachpotenz auf, unter deren Einfluß der adoleszente Fichte *unausweichbar* gestanden hatte. In der Nähe Jahnns gab es für Fichte kein eigenes Sprechen – es sei denn ein imitatorisches, wiederholendes. Ein solches Sprechen kann man als *Litaneien der Pubertät* (Pubertät, 242) bezeichnen. Vor der Sprachmacht Jahnns floh der 17-jährige ebenso wie vor der Mutter, dem Lokstedter Haus, der Arbeitslosigkeit und dem Kollaps seiner Schauspielerei. Die erste Frankreich-Reise ist auch eine Flucht weg von Pozzi – und doch ist sein Reiserausch (Pubertät, 216-222), zumindest in Teilen, eine Imitation der Reise, die Jahnn unmittelbar zuvor unternommen hatte.[1] Es ist ähnlich wie mit der Mutter: entkommen, um wieder eingefangen zu werden (Nanā, 103). Hier im Roman inszeniert Fichte die vielleicht mächtigste Wirkung Jahnns, seinen Sprachzauber, als künstliche (manieristische), rituelle Vergegenwärtigung seiner Macht, die den jungen Hubert ‚besessen' hatte wie einen Novizen der Gott. Es geht um Beschwörung mit dem Ziel ‚Götzendämmerung': *das Entrücktwerden des stolzen Baus* der Jahnnschen

---

[1] S. S. 195, Anm. 3 dieses Buches.

Kunst! Neben ihr hat und hätte der Lispler Hubert niemals zur Sprache gefunden; und niemals war es für Fichte möglich, eine Jahnn vergleichbare Eigen-Sprache zu (er-)finden.

Eine Untersuchung der Wortfelder und Topoi auf den Nominal-'Flügeln' des Sprachtriptychons kann dies noch genauer zeigen. Es lassen sich nämlich folgende semantische Felder bestimmen: Tier; Körper, Instinkt, Physis; ,moralische' und ,emotionale' Reaktionen; Schaffen und Schöpfung; Meer; Natur und Kosmos; Schicksal. Durch alle Felder zieht sich eine dunkle Metaphysik der ,Bestimmung', die – von den elementaren Ladungen des Fleisches bis zu den Rhythmen jenseits der Milchstraße – das ,Leben' in einen geheimnisvollen Bogen von widerfahrener Gewalt und unerfüllten Erlösungswünschen spannt. Es herrscht – für Fichte – ein schwerer Gang in dieser Sprache der Donnerworte, Zentnerworte, Echoworte (Pubertät, 37), eine Gravität von Bedeutungen, die mächtig eingepflockt werden; dann wieder eine exzessive Wucht von Dynamik und Unwiderstehlichkeit; eine Tiefe und Höhe der sprachlichen Situierungen; eine zeremonielle Aufladung und ein Sekretieren des Profanen, eine Bildkraft und Metaphernmagie – ein Schaudern der Haut wie bei Effekten des Unheimlichen oder Erhabenen, was Fichte ebenso angezogen hat, wie er davon, mit aller Anstrengung, sich los-sagen und weg-schreiben mußte. Überlebensgroß: Hans Henny Jahnn – beschworen, erweckt von den Toten, imitiert, seziert, ,rapportiert', bestattet – das ist der magische, manische Manierismus dieser Szene, die „Grosse Anatomie" der Sprache Pozzis. Doch selbst damit folgt Fichte – unwissentlich? – einem Jahnnschen Muster, das zu den tragenden des Romans „Fluß ohne Ufer" gehört. Der *Desounin*, die *Ent-einigung* von Fichte und Jahnn bleibt ein lebenslanges Unternehmen.

10. Pozzis Begräbnis – das Bestattungsritual des Priesters Joãozinho da Gomea

Die letzte Ebene der Pozzi-Sektion ist von Fichte am sorgfältigsten verborgen worden. Zunächst: das Institut „Nina Rodrigues" ist auch eine Zwischenstation für Leichenbegängnisse. Blumengeschmückte Särge stehen herum, Trauergäste kommen und gehen, neugierige Zuschauer wollen Blicke erhaschen, Angehörige holen ihre Toten ab zur Beerdigung. Auch das Pozzi-Double wird wieder zusammengenäht, der Beerdigungsunternehmer wartet bereits. Dieses Durcheinander von Anatomie, Trauergästen, Beerdigungsunternehmern, Karneval, von Blut und Blumen, von Zynismus und Tränen wäre nun nicht mehr als die Schilderung von einer Gesellschaft des immer präsenten Todes, in der folglich andere Umgangsweisen herrschen als bei uns, wo die Räume des Sterbens, der Anatomie, der Trauer, der Beerdigung streng sektorialisiert sind mit dem Ziel, den Tod als solchen unsichtbar und stumm zu machen. Hier, im Roman aber, auf seiner letzten Seite, nach dem vorher bereits die Elemente der Sektions-Szene wie in einem Rondo wiederaufgenommen worden sind, hier also am Ende werden drei kleine, erratische Szenen-Fragmente eingeschaltet, die den letzten Sinn der Pozzi-Autopsie hergeben.

Nachdem der Tote rasiert worden ist und im Blut von Bock, Angolahuhn, Schildkröte, Taube gebadet, legt sich Teiresias auf den Körper und küßt ihn, um den Gott aus der Leiche zu befreien.
Es ist der umgekehrte Vorgang der Einweihung und durch einen Trick richtet sich der Leichnam im Augenblick der Trennung auf seinem Lager hoch.
Die restlichen Teile des Körpers werden zusammengehäuft und in eine Büffelhaut genäht.
In einer Hütte auf dem Berg bewachen vier Hüter den verwesenden Körper ihres Königs.
(Pubertät, 297/298)

Diese Fragmente zitieren teils, teils ergänzen sie die Schilderung des Todes des *Königs des Candomblé*, Joãozinho da Gomea, am 19.März 1971. Der Axexê für den toten Priester wird in ‚Xango' in drei Teilen geschildert, die den drei Phasen des Totenbegängnisses entsprechen (Xango, 60ff., 72ff., 83ff.) *Er soll als König begraben werden!*, berichtet das *Jornal do Brazil* (Xango, 60). Das erklärt vielleicht das Auftauchen des Wortes „König" an dieser Stelle in ‚Pubertät'. Joãozinho, negroid, effeminiert, androgyn, mit schwulen und transvestitischen Lüsten, war nie unumstritten; dennoch versammeln sich, aufgrund seiner überragenden Verdienste um den Candomblé und seines Wissens von den afrikanischen Riten (Lazarus, 30/31), zu seinem Begräbnis die ältesten Priester des Candomblé und selbst die katholischen Bischöfe erscheinen, um dem Toten ihre Reverenz zu erweisen (Xango, 61). Zuvor wurde Joãozinho einbalsamiert in der medizinischen Fakultät: *Sie können es hier nicht so elegant wie damals in Ägypten.*(Lazarus, 32) – so kommentiert die zur Priesterin eingeweihte Anthropologin Gisèle Binon-Cossard, die 1970 mit einer Untersuchung über Joãozinho da Gomea und den Candomblé Angola an der Sorbonne promoviert wurde (Lazarus, 35).[1] Fichte benutzt dieses Buch des öfteren. Damit ist eine weitere Schicht von Fichtes Assoziation der Autopsie mit der ägyptischen Mumifizierung im Institut „Nina Rodrigues" (Pubertät, 18) freigelegt: sie entstammt den Gesprächen Fichtes mit Gisèle Binon-Cossard. Diese Gespräche werden auszugsweise bereits in ‚Xango', ausführlich in ‚Lazarus' dokumentiert.

Zum Begräbnisritual eines Priesters, in dem ein Gott wohnt, gehört als wichtigstes, daß der Gott aus dem Körper des Toten befreit werden muß. Dies geschieht im Falle Joãozinho nach vorausgegangenen Widderopfern dadurch, daß der einzig dazu priviligierte Priester *Blut über den Kopf des Toten* gießt; er wäscht ihn anschließend mit dem Abó, einer Kräutermixtur, die zu den Einweihungsriten benutzt wird. *Er ritzt den Kopf des Toten an und entfernt das Oxu, den Geist der Götter, der vor 41 Jahren in den Kopf Joãozinhos versenkt worden war. / Damit endet die Verbindung des Geistes mit den Göttern. / Es ist eine umgekehrte Einweihungszeremonie.* (Xango, 60/61)

In die Schlußszenen von ‚Versuch über die Pubertät' hat Fichte diese wichtigste Grundfigur des Totenrituals eines von Gott bewohnten Priesters übernommen und durch einige Details aus dem Umkreis dieses Ritus erweitert, etwa aus Haiti. Hier heißt der Ritus *Desounin* – ein kreolisches Wort, das Fichte mit *Ent-einigung von Toten und Göttern* übersetzt (Lazarus, 250). An anderer Stelle wird dieser Vorgang

---

[1] Vgl. Gisèle Binon-Cossard: La Candomblé Angola. Paris 1970. Ferner: ‚Die Anthropologin sagt' in Lazarus, 7–58, und Xango, 66–69 (über Joãozinho), ferner Fichte: Die Trance... a.a.O. S. 51ff.

Degradierung des Gottes genannt: *Mit Degradieren bezeichnet André – ein Gewährsmann Fichtes – den schwierigen Vorgang des Lösens des Vodun aus dem Kopf des verstorbenen Vaudou-Gläubigen, des afroamerikanischen Gläubigen überhaupt. Unter großen Schwierigkeiten wird der Gott während der Einweihung in den Kopf des Afroamerikaners gepreßt, unter ähnlichen Schwierigkeiten muß der Gott – umgekehrt – aus dem Kopf entfernt werden.* (Lazarus 237). Um eine solche schwierige Herauslösung Pozzis aus dem Kopf Fichtes geht es im Roman.

Auch hier also die Figur der umgekehrten Initiation, die den Tod erst als solchen besiegelt und die Lebenden davor schützt, daß der Tote als Zombie umgeht. An anderer Stelle heißt es: *Im Augenblick, wo das Blut des Hahns vergossen wird, fängt der Tote an zu zittern. / Alle Kerzen werden gelöscht. / ... Der Tote richtet sich auf. / Er erteilt sein letzten Ratschläge. / Er fällt schwer auf sein Bett zurück.* (Lazarus, 251) Dies ist die – elf Jahre später veröffentlichte! – Stelle, die Fichte in Pubertäts-Roman 1974 gewissermaßen antizipierend zitiert und persifliert. Schwierig aufzulösen ist dagegen das eigentümliche Zusammenwachsen von bahianischer Einweihungszeremonie und Begräbnisritual mit dem Küssen des Toten durch den griechischen Seher Teiresias. Das Rasieren des Kopfes ist bei Einweihungsriten und Begräbniszeremonien üblich, wie auch bei Gehirnoperationen, Schädelsektion und Trepanation.[1] Das Baden oder Übergießen des Kopfes mit dem Blut von Opfertieren begegnet im Totenritual von Joãozinho ebenso wie in fast jeder von Fichte geschilderten Initiation oder Heilungszeremonie, wenn auch nicht immer in dieser Zusammenstellung von Tieren: Bock oder Angolahuhn nahezu immer; die Kröte im Nanã-Kult; die Taube erscheint manchmal – doch in Haiti wird die Taube im Begräbnisritual nicht geopfert, sondern, da sie die Kraft der Toten symbolisiert, läßt man sie entfliegen, um durch diesen symbolischen Vorgang die erstrebte *Ent-einigung* des Toten und des einwohnenden Gottes zu befördern (Lazarus 251 u. ö.). Niemals aber wird in einem Einweihungs- oder Begräbnisritual davon gesprochen, daß der Priester sich auf den Leib des Initianden/ des Toten legt und diesen küßt. Schon der Name Teiresias in diesem Kontext deutet an, daß Fichte hier Elemente aus verschiedensten tradierten und privaten Codes vermischt. Die Erotisierung der Leiche, das nekrophile Moment geht vermutlich auf Pozzi zurück, an dessen Behauptung sich Fichte schon zu Beginn des Romans erinnert, *im Dreißigjährigen Krieg sei keine Leiche ungeküßt unter die Erde gekommen.* (Pubertät, 20)[2]

Von Jahnn sind in Zusammenhang seines Toten- und Mumienkultes magisch-nekrophile Züge bekannt. In der Obduktionsszene fragt sich Fichte, ob der Sezierer, das Double Pozzis, *seine Toten liebt* (Pubertät, 20). *Ich denke, daß er schmalschultrige Epheben ertasten möchte und daß er den Zauber der Liebe nur erfahren hat im Geruch der Verwesung oder für bare Münze, denn welcher Junge träumte von einer freiwilligen Tropennacht mit dem Sezierer.* (Pubertät, 18/19) Fichte projiziert also auf das Double Pozzis auch dessen homosexuell durchsetzte nekrophile Begierde – und zugleich deren

---

[1] Das archaische Ritual der Trepanation erwähnt Fichte auch in der Apostrophe des mythischen Vaters (Pubertät, 60) sowie bei der sexuellen ‚Besessenheit' durch Horst Klüver (Pubertät, 224).

[2] Im Bahia-Tagebuch (a.a.O. S. 156) berichtet Fichte von der Entjungferung toter Mädchen, damit diese nicht als Zombies umgehen.

Zurückweisung durch den Jungen: eine Deckszene für die im Roman später entfaltete, hier bereits implizierte Zurückweisung Pozzi-Jahnns durch Fichte 1949/50. Zugleich ist es eine Zurückweisung des manischen Mumifizierungs- und Einsargungsrituals, das Gustav Anais Horn mit seinem Geliebten Tutein vornimmt.[1]

Als Zwischenergebnis ist festzuhalten, daß Fichte die Schlußcollage des Joãozinho-Begräbnisses untermischt mit homosexuellen und nekrophilen Akten Pozzis. Bei der umgekehrten Einweihung in ‚Versuch über die Pubertät' treten sie an die Stelle der magischen Einritzung des Kopfes oder der Trepanation. Dies zeigt, daß Fichte die Kette der Metamorphosen und Doublierungen fortsetzt durch eine verborgene Gleichung von Joãozinho und Pozzi.

An die Stelle des privilegierten Bestattungspriesters Tião de Iraja in ‚Xango' tritt hier Teiresias. Im Roman ist Teiresias der Symbolname von Aimé Testanière[2], bei dem Fichte 1953 als Schäfer in der Provence arbeitete und sich wieder, 1959, aufhielt: kurz also vor dem Tode Jahnns. *Testanière verwandelt sich in Teiresias, von Gmelin gespielt. Antigone. Deutsches Schauspielhaus, Hamburg.* (Pubertät, 293/295) – der Teiresias also aus der sophokleischen Tragödie „Antigone", deren Inszenierung Hubert Fichte 1946 besuchte.[3] Die „Antigone" von Jean Anouilh 1947 erlebte Fichte wiederum als Page Kreons in der Thalia-Inszenierung unter dem Regisseur Wolf Beneckendorff, noch auf der Behelfsbühne der Höheren Handelsschule Schlankreye, als Kammerspiele des Thalia-Theaters bekannt (Grünspan, 148–50).[4] 1959 studierten Hubert Fichte und sein Geliebter Rüdiger Neuschütz die „Antigone" in einem finnischen internationalen Jugendheim selber ein, kurz bevor Fichte erneut zu Testanière in die Provence reist (Garni, 99ff.), während zwischenzeitlich Hans Henny Jahnn in Hamburg stirbt (Garni, 115, Pubertät, 44).

Wie in Bahia, beim Tod Joãozinhos, geht es auch in der Antigone-Tragödie um Begräbnisriten: „Die Toten, die man nicht begräbt, irren ewig umher, ohne ihre Ruhe zu finden", heißt es in der Anouilh'schen „Antigone".[5] Zombies also. Antigone beerdigt ihren Bruder, Testanière-Teiresias beerdigt Pozzi-Joãozinho. Seltsames Vexierspiel. Testanière, der ‚andere Vater Fichtes', gehört nicht zur *Reihe der mächtigen Sechzigjährigen ... mit den mächtigen Hüftpartien* (Pubertät, 283). Dieser Testanière,

---

[1] Jahnn: Fluß ohne Ufer, a.a.O. Bd. II, 155ff.

[2] Der Name von Aimé Testanière ist so vielsprechend, daß Fichte hier auf eine Veränderung verzichten konnte. le/la aimé/e – der/die Geliebte; Testanière = weibliche Endung; test(icule) = Hoden (lat. testis); testa(mentaire) = testamentarisch ; lat. testamentum (Im Roman geht es auch um das Vermächtnis Testanières, um das, was er Fichte vermacht hat und was dieser hier und in ‚Hotel Garni' überliefert); lat. testatio, testatus, testificatio mit dem Bedeutungsstamm: zum Zeugen aufrufen (wie Testanière zum Zeugen aufgerufen wird gegen die mächtigen Sechzigjährigen; zugleich hat Testanière dem jungen Fichte ein attestation, ein Zeugnis ausgestellt (vgl. Thomas Beckermann a.a.O. Bildteil). – testa = ital. Kopf; vgl. die Geschichte Testanières vom sprechenden Kopf in Pubertät, 292/3 und Garni 100/2.

[3] Premiere im Schauspielhaus 15.2.1946.

[4] Premiere am 29.1.1947 mit Heinz Klevenow in der Rolle des Teiresias. Detlev beobachtet dessen Geschlechtsteile – *Kreons Nille* und die *glasaugenförmigen Eier* (Grünspan, 148) – und denkt dabei an den Matrosen Paul. Dies enthält einen doppelten Hinweis: 1. auf die initiatorische Rolle Pauls im infantilen coming out Detlevs; 2. auf den Mißgriff Detlevs auf dem Balkon des Waisenhauses: das Glasauge, das sich als Kot erweist; es handelt sich hierbei um eine larvierte homosexuelle Szene.

[5] Jean Anouilh: Antigone. In: Dramen I, München 1960, S. 56.

der den Teiresias doubelt, wird noch einmal vom Priester Tião gedoubelt und küßt, das nekrophile Schema Pozzis erfüllend, diesen in der Gestalt des Joãozinho in einen Tod ohne Wiederkehr.

Daß Testanière mit Teiresias wie andererseits mit dem afroamerikanischen Priester Tião assoziiert wird, läßt sich aus der magischen Bedeutung, die er im ‚Versuch über die Pubertät' erhält, gut erklären. Eingeführt wird er als *schwarzer Mann* und sogleich assoziiert mit dem *König Njoja* (Pubertät, 283), der bereits im Roman ‚Grünspan', in der ersten synkretistischen Litanei, als *Bamum aus Kamerun* (Grünspan, 28) vorkommt. Die Bamum sind ein sudanidisches Volk in Westkamerun, deren König Njoja um die Jahrhundertwende eine eigene Schrift mit ursprünglich 465 Zeichen entwickelte – darauf spielt Fichte an (Pubertät, 283). Njoja und Testanière sind also Zeichenkundige und Schrifterfinder: Mythopoeten[1]. Desweiteren fällt Testanière in Trance (Pubertät, 293) und sagt wahr, d.h. er trägt schamanistische Züge und ist Seher wie Teiresias in der Antigone- und Ödipus-Handlung. Züge dieser klassisch-antiken Handlung aus dem Ödipus-Mythos übernimmt Fichte in seinen ‚Versuch über die Pubertät', nicht nur, weil Teiresias darin eine zentrale Rolle besetzt, sondern vor allem, weil Fichte seinerseits in diese Tragödie verwickelt ist.

Man erkennt die interkulturelle Verflechtung des Textes, der Motive, der Fichteschen Biographie mit dem antiken Mythos, der Geschichte Afrikas, den Riten afroamerikanischer Religionen in Bahia. Eine seltsame, verwirrende, undurchsichtige intertextuelle Konfiguration freilich: die Obduktionsszene Pozzi/Jahnn; – das Begräbnis Joãozinhos in Bahia ; – der Priester Tião de Iraja, der ihn als einziger Privilegierter beerdigen kann, d.h. den Vorgang der ‚Enteinigung' vornehmen; – Testanière, der mit ihm identisch gesetzt wird wie mit dem König und Schrifterfinder, dem Mythopoeten Njoja aus Kamerun; – Teiresias und im Hintergrund: Kreon, Antigone, Teiresias und Ödipus in den Fassung von Sophokles, Hölderlin, Anouilh; – Hubert Fichte als Page Kreons, der von Heinz Klevenow gespielt wird ; – Teiresias, gespielt von Helmuth Gmelin (1946); – die „Antigone" von Anouilh, die Fichte und Neuschütz selber inszenieren und das Stück ‚Ödipus auf Håknäss', das Fichte kurz nach dem Tod Jahnns schreibt. Was für Ortsvermischungen: Hamburg – Lokstedt – Schweden – Finnland – Provence – das antike Theben – Kamerun – Bahia! Geschichtete Zeiten und synchronisierte Räume, ohne Ende. So gerät man in ein verwirrendes Theater der Erinnerungen, einen Wirbel von Substitutionen und Verwandlungen, wird versetzt in einen Spiegelraum, der die Bilder aus den verschiedenen Kulturen und der Biographie in immer neuen Varianten übereinander-

---

[1] Wichtig ist der Ort, den Njoja in den Überlegungen zur Möglichkeit des Schreibens angesichts des Hamburger Bombenangriffs 1943 einnimmt: *Gibt es einen Ausdruck dafür? ...Sollen sich Schriftsteller anzünden? Oder Ideogramme erfinden wie Kaiser Njoja für die Bamum?* (Grünspan, 47) Dies zeigt, daß Njoja und Testanière wichtig geworden sind für die Idee des ideogrammatischen Schreibens. Interessant ist, nebenbei, daß der Hof Testanières, auf dem Fichte lebte, Gegenstand eines Romans von Jean Giono (1895–1970) wurde: Le Moulin de Pologne, 1952. S. den Verweis in: Garni, 99. Im Materialien-Band (Th. Beckermann, a.a.O. S. 318) gibt Fichte an, er habe mit Giono „den Simplizius Simplicissimus in Französische übersetzt". Diese Übersetzung konnte nicht nachgewiesen werden. In ‚Hotel Garni' dagegen heißt es, Giono *wollte mit mir den Simplizius Simplicissimus übersetzen* (Garni, 106): so wird's gewesen sein.

blendet, kopiert, vervielfältigt – in scheinbar hypertropher Wirrniss, die sich jedoch zumeist, und so auch hier, im Wortsinn ‚aufklärt' als komplexe, doch aber auflösbare Architektur des Textes. Denn die Winkelgänge, verborgenen Adern, Schichtungen, Staffelungen des semiotischen Gefüges organisieren im Raum des Textes eine Bewegung, die einer geheimen Choreographie, einer Anordnung von Schritten und Operationen folgt zur Erzeugung einer sich endlich preisgebenden Erkenntnis.

So haben wir langsam die rituellen Elemente versammelt, welche den magischen Hintergrund der Pozzi-Epiphanie im Institut „Nina Rodrigues" erklärbar machen. Der zweite Tod Pozzis im Schema des Joãozinho-Begräbnisrituals, nach der Sektion des Doubles, ist ein Begräbnisritual, das eine umgekehrte Einweihung darstellt, deren Ursprung für Fichte 1949 liegt. Nicht länger soll Pozzi, einen Titel von Sartre zu variieren, ein „Toter ohne Begräbnis" sein, ein Wiedergänger im Kopf Fichtes. Es geht um Desounin – um ein Ritual der Trennung, das aus dem toten Pozzi endgültig jene magische Macht herauslöst, die ihm, dem schwulen Zauberer und Kultgemeinden-Priester, der er war wie Joãozinho, einwohnte.

Mit dem Ende dieses literarisch inszenierten Totenrituals fällt das Ende des Romans zusammen und es tritt eine große Ernüchterung ein, die sowohl den lebensgeschichtlichen Bann Pozzis wie auch die Identifikation mit magischen Ritualen überhaupt betrifft. *Magie ist die große Einbettung ins Instinktive. Von dieser Einbettung ist nach für mich ein Betonbett, auf dem Lamarcas Leiche liegt.* (Pubertät, 298) Lamarca, der gefolterte Revolutionär, den Fichte nicht gesehen hat, bleibt. Nicht aber bleibt der visionierte Pozzi, der Zauberer, der Priester, der mythische schwule Vater, der Zombie, der Besessene, der totenkultische Meister, das doppelte Double, die Mumie, der Dichter, der die literarischen Riten homosexualisierte, wie Joãozinho den Candomblé für die Homosexualität öffnete. *Ich lebe weiter in einer ganz säkularisierten Welt.* (Pubertät, 298)

Darin liegt eine Befreiung und eine Desillusionierung. Biographisch hat Fichtes beides mit dem Roman vollzogen. Für die Kulturpraktiken der afroamerikanischen Religionen braucht dies noch Zeit. In ‚Xango' noch die breite Schilderung des *angolesischen Totenrituals* (Xango, 73) um Joãozinho, den geistigen Vater von Gisèle Binon-Cossard (Lazarus, 35) – er hat sie eingeweiht –, wie Jahn-Pozzi ein geistlicher Vater war für Fichte. Erst in ‚Lazarus und die Waschmaschine' wird dieses Totenritual selbst entmystifiziert: *Was in den Zeitungen gestanden hat, ist nicht wahr*, sagt Gisèle Binon-Cossard. Man konnte die Zeremonie des Desounin, auf die ja alles ankam, gar nicht durchführen, denn Joãozinho, der an einem Gehirntumor litt, starb auf dem Operationstisch; sein Schädel wurde von Ärzten, nicht von privilegierten Priestern geöffnet (Lazarus, 32, gegen Xango, 59). Keineswegs also die heilige Prozedur der Entfernung der Götter durch das magische Anritzen des Kopfes, zelebriert durch den einzigen Priester, Tião de Iraja, der allein das Recht hat, *den Kopf des toten Priesters zu berühren* (Xango, 61).

Entzauberung der Welt auch dies. Ein von Ärzten gehirnoperierter Tumorkranker, dem, als er stirbt, das Gehirn zwecks Balsamierung herausgenommen wird: Joãozinho; und ein Gerichtsmediziner, der dem Double Pozzis, der ein schwarzer Verkehrstoter ist, das Gehirn herausseziert, nicht mehr. Aber Lamarca, und nicht weniger. Nicht mehr Pozzi, wohl aber das Werk Jahnns: das ist viel. Und ein von den Wiedergängern befreites, entzaubertes Ich. Immerhin das.

11. Totenbuch ‚Xango'

Tote ohne Namen

Wenn der Roman ‚Versuch über die Pubertät' in einer Morgue, die zugleich Seziersaal ist, beginnt, so ist dies nicht nur ein Auslöser für die Erinnerungsschübe des Erzähler-Ich, sondern zugleich eine Initiation in den brasilianischen Bundesstaat Bahia de Todos os Santos. Die Morgue funktioniert wie ein Focus, der Bahia zu einem Land der Toten verwandelt. Im Institut „Nina Rodrigues" laufen die Spuren des Todes zusammen, welche die ganze Gesellschaft durchziehen. Derart durch den Roman aufmerksam geworden, wird auch bewußt, daß das ihm zur Seite stehende Buch ‚Xango', jedenfalls im Bahia- und Haiti-Teil, ebenfalls ein Totenbuch ist.

Der 12-Jährige Marcos Corréa Paz, der junge Evanir, der 12-jährige Fernando Antonio Pereira werden von der Polizei erschossen (Xango, 12). Ein Mann, der bei einem Arbeitsunfall getötet wird, wird in das Institut „Nina Rodrigues" zur Obduktion eingeliefert und zur Beerdigung von seinen Angehörigen später abgeholt (Xango, 15). – *Für eine Beerdigung müssen die Leute monatelang arbeiten.* (Xango, 15) Bei der Eröffnung des überfüllten Stadion Fonte Nova (vgl. Pubertät, 34/35) bricht eine Panik aus: 4 Tote, 1200 Verletzte (Xango, 18/19). *Die Beerdigung von Meneninha de Gantois hat eine Woche gedauert.* (Xango, 23) 15999 Lepra-Tote (Xango, 34). Die Mitglieder der Bande des Räubers Lampião (vgl. Pubertät, 22/298) wurden erschossen und die Köpfe abgeschnitten. Ein Bandit tötet einen Mann vor den Augen seiner schwangeren Frau, die eine Sturzgeburt erleidet; Neugeborenes und Mutter werden getötet (Xango, 51). Ein Todesurteil wird vollzogen, an einem 19-jährigen. Der Verurteilte wird vorher gefoltert (Xango, 53). Im Dürregebiet Irece sterben die Menschen am Straßenrand und werden auf den Feldern vergescharrt (Xango, 55). Kinder sterben an amöbenverseuchtem Wasser (Xango 58). In Irece sterben 70 Prozent der Säuglinge (Xango, 57). *Typhus und Beulenpest treten epidemisch auf.* (ebd.) Besonders gefürchtet ist die unheilbare Leptospirose (Xango, 47, 87; Pubertät, 11). Pocken. Viszerale Leish maniasis (tödliche Parasitenkrankheit). Chargaskrankheit (unheilbarer Befall von Herz, Leber, Milz) (Xango, 58). Im Dürregebiet plündern Tausende von Ausgehungerten Food-Märkte. Joãozinho stirbt an Gehirnkrebs (Xango, 58/60). Ausgehungerte kämpfen mit Geiern *um das Aas eines Rindes* (Xango, 62). Wieder Plünderungen. Hungertote. Der Bandit Francesco de Asis – hundert Überfälle, zehn Morde – wird erschossen (Xango, 65). Eine auf der Straße lebende Familie: *vier Kinder sind ... an Erschöpfung gestorben.* Die zwei verbleibenden, *mit vor Hunger rot verfärbten Haaren ... liegen im Sterben* (Xango, 76). *Ein wohlgekleideter Mann sagt zu Leonore: / – Es ist unmenschlich, das Elend zu fotographieren.*(Xango, 77)

24 Stunden Regen.¹ Häuser sind abgerutscht. Die Leichen liegen auf dem Asphalt. *140 Tote. 2000 Verletzte. 3000 Obdachlose.* (Xango, 81) Täglich werden es mehr. Typhusverseuchung der Flüsse (Xango, 85). Im Institut „Nina Rodrigues" liegen Haufen von ertrunkenen Kindern (Xango 86; vgl. Pubertät, 23). *Vergiftetes Milchpulver im Hafen.* (Xango, 86) *Achtung eine neue Krankheit! Leptospirose! ... Es gibt kein Mittel dagegen.* (ebd.) Polizisten vergewaltigen die jungen Mädchen (Xango 87). Begräbnisritual für einen Oga, einen Würdenträger des Candomblés (Xango 93–97, 98–101). Lamarca gefoltert, erschossen, obduziert. Seine Geliebte begeht Selbstmord (Xango 105–107). Pedro, der Fichte vertraute Priester und Gewährsmann, wird auf der Straße erschlagen, als er einen Streit schlichten will (Xango, 111/112). Menschenopfer: der 14-jährige Junge, ein geopferter Säugling (Xango, 112/113; Pubertät, 23).

Krankheiten, Elend, Katastrophen, Morde, Folter, Hunger, Tod sind im Bahia-Teil von ‚Xango' der basso continuo. Rassismus, Klassengesellschaft, Militärdiktatur bilden das Trio der Ursachen dieser Todesarten. Eingeblendet wird der schrille Glanz von Repräsentationsszenen des Regimes, des Lebens der herrschenden Klasse. Bundesaußenminister Scheel schließt den Atomvertrag ab; luxuriöser Empfang des amerikanischen Botschafters, der den Fortschritt in Bahia feststellen will; gardenparty der high society als Wohltätigkeitsveranstaltung für die Opfer der Regenkatastrophe; „Burda-Moden" an allen Kiosken; VW do Brazil; ein Kulturrepräsentant aus der BRD läßt sich den Candomblé erklären; Reklame für Luxusartikel aus den Industrieländern; ein Kardinal simuliert die Fußwaschung Jesu an zwölf Greisen aus dem Asyl; in den Kinos Brutalo-Filme aus den USA und Europa; der Papst betet für die Opfer von Bahia.

Jetzt fällt auf, daß Fichte, der gekommen ist, um Einweihungsrituale zu studieren und ethnomedizinische Forschungen über Pflanzenrezepturen und das Einweihungsgetränk Abó durchzuführen, im Bahia-Teil vor allem dem Tod und den Begräbniszeremonien breiten Raum einräumt. Sie bilden die längsten Texteinheiten. Aus dem namenlosen Heer der Toten treten drei heraus und werden für den Roman ‚Versuch über die Pubertät' strukturbildend: Joãozinho, Lamarca und Pedro.

Der Tod Pedros: *Güte hat hier keinen Platz*

Einer nahm einen Holzknüppel und schlug den feingebildeten Schädel von Pedro kaputt.
...
Bahia de Todos os Santos.

---

[1] Der katastrophale Regen in Salvador ist der Hintergrund des Textes über die Frösche (Pubertät, 240, vgl. 162, 23), den Fichte unmittelbar auf seine frühe Skizze ‚Die Frösche' (von 1951) folgen läßt. Die Litaneiform hat hier die Funktion, die sensorische Deprivation durch den „großen Regen" wiederzugeben, der alle Sinne bis auf den Gehörsinn ausschaltet, so daß die *Welt nur in Tropfen und Fröschen* besteht. Die Frosch-Litanei zuerst in Fichte: Bahia-Tagebuch 1971, a.a.O. S. 173f. Litaneien sind also nicht immer glossolalische Begleitungen von Riten, sondern ebenso auch von Gewaltexzessen oder Katastrophen. Der Regen-Text erscheint zum dritten Mal in Xango, 79 und leitet dort die Schilderungen der katastrophalen Folgen der Überschwemmungen ein – die wiederum in der Dürrekatastrophe im Bezirk Irece einen kompositionellen Kontrapunkt finden.

Hier gilt der Mensch nichts.
Bestenfalls das Geld, das er besitzt.
Pedros Schädel zertrümmern! (Xango, 111)

Hier gilt der Mensch nichts. Dieser Satz strukturiert auch den Anfang des Romans ‚Versuch über die Pubertät': – *O homen é nada.* So kommentiert der Assistent des Gerichtsmediziners, der diesen Satz fortan als Namen trägt: *Der Mensch ist nichts.* Fernes Echo der Metaphysik des Barock: Calderon, Gryphius, Lohenstein. Rhythmus des Alltags in Bahia, Gesellschaft als Morgue. „Nina Rodrigues".

Der ermordete Pedro: *Nichts ist mehr von ihm da als ein paar Kultgewänder, die bei seinem Axexe ins Meer versenkt werden. / Seine Stimme auf den heimlich laufenden Tonbändern,* den Tonbändern Fichtes (Xango, 111). Von der *Einbettung ins Instinktive,* die Fichte suchte, ist *nach für mich ein Betonbett mit Abfluß, auf dem Lamarcas Leiche liegt.* (Pubertät, 298)

Die Stimme auf dem Tonband. Die Fotos von Leonore. Die Texte von Fichte. Spuren des Erinnerns, schon jetzt, 1971, Spuren der Trauer, die sich nicht trösten lassen will und die zurück muß durch die Schichten des eigenen Lebens, durch die Morgue hindurch, zurück nach Hamburg 1949: der ‚Versuch über die Pubertät' wird ausgelöst und ermöglicht durch das spätere, ihm folgende Buch ‚Xango', das Buch der Toten und der Neophyten, die den Roman zu einem Buch des Todes und der Pubertät verwandeln.

Pedros Schädel zerstrümmern! ...
Güte hat hier keinen Platz – muss weg.
Ich will mich nicht trösten lassen. ...
Ich gehe durch die armseligen Siedlungen im Urwald, im Lautsprecherlärm zurück.
Ich glaube nicht, dass Pedro und sein Glaube die Armen von ihrem Elend befreit hat, aber seine Intensität und seine Behutsamkeit machten das Elend leichter erträglich – für die Elenden leichter erträglich. (Xango, 112)[1]

Sich nicht trösten lassen – das heißt: durch die Trauer gehen. Nicht vergessen, sondern schreiben. Nicht nur, im Gegenteil: sparsam nur, den Ausdruck der Trauer schreiben. Die Güte, die Intensität, die Behutsamkeit Pedros. Der Kampf, das Leiden, das Opfer Lamarcas. Geschichten der Geschichte der Empfindlichkeit. Schreiben aber ist für Fichte zuerst Forschen; und Forschen ist Reisen ist Aufdecken ist Sezieren des Sezierens. Todeshandwerk.[2]

Darum ist der Bahia-Teil von ‚Xango' auch kein narrativer Text, sondern eine Collage, in welcher der Schrecken und der Tod, die den Grundrhythmus des Textes

---

[1] Vgl. Fichte: Bahia-Tagebuch a.a.O. S. 266.
[2] In Petersilie, 17 heißt es: *Geschichte./ Schichten von Verwesung./ Werde ich hier hineingezogen?* – Die archäologische und anatomische Schichtungsarbeit des Schreibens enthält immer auch die Gefahr, daß der Schreibende vom Beschriebenen gleichsam ‚infiziert', verwandelt oder gar getötet wird. Man spürt das Moment der Erleichterung, wenn es am Ende des Teils über Santo Domingo heißt: *Ich verfaule hier nicht.* (Petersilie, 64). Man täte also gut, das regelhaft zitierte *Schichten statt Geschichten* (Pubertät, 294), womit die Poetik Fichtes zusammengefaßt erscheint, um das Zitat aus „Petersilie" zu ergänzen, denn es geht nicht nur um Artifizialität, um *mein schönes Buch* (Pubertät, 294), sondern eben auch um Todesangst, *Verwesung,* Entkommen. Darum ist die Fichtesche Literatur immer auch ein *Versuch, durch Schreiben zu überleben* (Pubertät, 213).

bilden, eigentümlich ausdruckslos bleiben. ‚Xango' ist nicht das Buch, das die emotionalen und reflexiven Schocks des Forschers in der Begegnung mit dem zu erforschenden Objekt erzählen will. Der ‚Versuch über die Pubertät' ist dieses Buch, das den erdbebenhaften Wellen der Bahia-Erfahrung im Inneren des Subjekts nachgeht, das Buch, das die Erschütterungen der Tode Pedros, Joãozinhos, Lamarcas in Fichte selbst ausbreitet, Schocks, die Schicht für Schicht die lebensgeschichtliche Identität durchdringen, ablösen, preisgeben. Der ‚Versuch über die Pubertät' und ‚Xango' stehen zueinander in einem Verhältnis der Simultaneität und konnten dennoch nicht anders als nacheinander und notwendig in dieser Reihenfolge geschrieben werden. Die Reihenfolge aber soll gerade aufgehoben werden. Die Ordnung der Simultaneität will kein zeitliches Nacheinander, sondern eine räumliche Konfiguration. So bilden denn auch beide Bücher **einen** Raum, den flächigen der Reise-Forschungs-Bewegung, ästhetisch gesprochen: der collagierten Konfigurationen; und den Tiefenraum, der durch die lebensgeschichtlichen Echos der Reise gebildet wird, ästhetisch gesprochen: Raum der ἀνάμνησις, der rituellen Wiederholung der aufeinandergeschichteten Szenen der Biographie. Methodisch gesehen dürfte dies die radikale Einlösung derjenigen Prinzipien sein, die George Devereux in seinem Buch „Angst und Methode in den Verhaltenswissenschaften"[1] für die anthropologische Forschung entwickelt hat.

Der Tod Carlos Lamarcas: „Schmutzige Hände", „Tote ohne Begräbnis", Schreiben und Fotografieren

Die räumliche, mehrfach geschichtete Anordnung findet sich auch bei der Schilderung des Todes von Carlos Lamarca. In ‚Xango' folgt Fichte dem Fall Lamarca anhand der zensierten Presseberichte und der Informationen, die er durch den Gerichtsmediziner erhält; sowie durch einen Journalisten, der in das Institut „Nina Rodrigues" *als Leichenwäscher* (Pubertät, 30) eingeschleust wurde, um *mit gespaltener Feder ... in einer Provinzzeitung zu beschreiben, wie Lamarca endete.* (Pubertät, 30): dieser Text wurde im „Jornal de Bahia" veröffentlicht (Xango, 106). Ein Unterlaufen also der Zensur der Militärregierung; Texte, die *man so oder so lesen kann,* woraus entsteht, was Fiche einen *brasilianischen Text* (Xango, 106) nennt. Ein *brasilianischer Text,* das sind Subtexte, Botschaften an den Leser unter der Oberfläche des erscheinenden Textes. Die Botschaft Guilhermes lautet:

Der Körper Lamarcas zeigt Einschlaglöcher von vier Dumdumgeschossen, die beim Auftreffen explodierten. In der rechten Achsel, im rechten Arm und in der linken Hand. In der Leiste ein weiterer Einschuß. Die abgerissenen Glieder der linken Mittel- und Zeigefinger liegen auf dem halbzerstückten Geschlechtsteil. Der Mund Lamarcas hat am Oberkiefer keine Zähne mehr, unten fehlen die Schneidezähne. An der rechten Gesichtshälfte Hämatome. (Xango, 106)

Diese Schilderung widerlegt, daß Lamarca *im Kampf erschossen wurde,* widerlegt erst recht die Behauptung der Regierungsblätter, *die Widerstandskämpfer richten ihre eigenen Genossen hin.* (Pubertät, 29) Lamarca, so teilt der Text mit, ist während der

---

[1] 2. Aufl. München, Berlin, Wien, Frankfurt/M. 1976.

Verhörfolter ermordet worden. Seine Geliebte Iara Iavelberg erschoß sich vier Wochen zuvor, als die Polizei das Haus stürmte; sie hatte Freunden zuvor anvertraut, daß sie *nicht wüßte, ob sie einem Verhör durch die Polizei gewachsen sei* (Xango, 106). Ihre Leiche wurde tagelang *in der Morgue* – ‚Nina Rodrigues' – aufgebahrt, *da man hoffte, dass ihr Liebhaber, der Terrorist Lamarca, versuchen würde ihrer habhaft zu werden.* (Xango, 105)

Hier will ich nur andeuten, daß genau dies das Thema des Widerstand-Stückes „Tote ohne Begräbnis" von Jean Paul Sartre ist, in welchem Fichte 1950 in der Regie von Hans Blank die Rolle des François spielte.[1] In Sartres Stück warten junge gefangene Resistance-Kämpfer auf ihr Verhör, dem sie einzeln unterworfen werden. In einer Situation der Preisgabe geht es für alle um die Grenze, jenseits derer die Befragung als Folter den Körper derart mit Schmerz erfüllt, daß der letzte Halt von Identität, das Verschweigen des Geheimnisses, zusammenzubrechen droht und das revolutionäre Selbstvewußtsein in die Schmählichkeit des Verrats umkippt. Die Frage wird hier zum Instrument eines vivisektorischen Prozesses, der an die äußerste Grenze heranführt, an der wie in einer existenzialen Anatomie das Band zwischen Körper und Subjekt zerrissen wird –: so daß das Selbstbewußtsein entweder im namenlosen Schmerz des Fleisches untergeht oder jenseits der geleugneten Physis als ein abstraktes, körperloses Idol der revolutionären Konsequenz triumphiert. Von François (die Rolle Fichtes) weiß die Gruppe, daß er die Befragung nicht durchstehen wird: so wird er, auf Betreiben seiner Schwester, von den eigenen Genossen ermordet, um derart im stumm gemachten Körper die Identität des verratslosen Kämpfers zu wahren – wie auch Sorbier dem Verrat zuvorkommt, indem er sich selbst umbringt. Suizid als finale Selbsterhaltung.

Auch heute [= 1971, H.B.] *springt einer,* so blendet sich der Erzähler in die Proben des Theaterstücks von 1950 ein, *auch heute springt einer, um den Foltern im Marineministerium zu entgehen. Aber das Ende ist nicht der Bühnenboden des Britischen Kulturcenters „Die Brücke", wo die Studiobühne Avantgarde-Premiere hat mit einem Stück von Sartre, ein schützender Sack, damit sich Herr Jacobson nicht weh tut – für den Arbeiter ist es der Asphalt von Rio und ein zerstücktes Rückgrat.* (Pubertät, 85)

Leonore Mau und Fichte sind jetzt, 1971, dicht an der Kernzone der Existenzgefährdung in einer Militärdiktatur, die faschistisch ist wie Deutschland zur Zeit von Fichtes Kindheit – die Gefahr seiner Deportation und Vernichtung im KZ –, und die faschistisch ist, wie die Theaterwirklichkeit in den Stücken „Tote ohne Begräbnis" und „Die schmutzigen Hände" von Sartre, die im ‚Versuch über die Pubertät' eine zentrale Bedeutung haben.

---

[1] Premiere in der Bühne „Die Brücke" des British Information Center am 11.5.1950. (In der Rolle des Jean Friedrich Schütter, der später aus dem Theater-Versuch in der „Brücke" das Ernst-Deutsch-Theater entwickelt – dazu ironisch: Pubertät, 73; in der Rolle des Henry, des Mörders von François, Geert Walther {=Gerd Werner im Roman}, Lucie, die Schwester des François, wurde von Gerda Steffen gegeben; Sorbier, der Selbstmörder: Walter Jacobsen). Wolfgang Borchert übernahm zwischenzeitlich die Rolle eines der Folterer (vgl. Nanä, 72). Die Inszenierung wurde in der Hamburger Allgemeine 13./14.5.1950 und in Die Zeit 18.5.1950 besprochen. Der Erfolg des Stücks war Grundlage für Bemühungen um eine Etablierung der Bühne „Die Brücke" (Die Welt 23.9.1950).

An der Kernzone der Gefahr: was heißt hier Schreiben und Fotografieren? Die Medien von Fichte und Leonore Mau. Guilherme, der unter Zensurbedingungen und Lebensgefahr schreibt. Der Gerichtsmediziner: *Ich kann Sie nicht fotografieren lassen!* (Pubertät, 30; Xango, 107) – *Ein Fotograf, der die Leiche Lamarcas fotografiert hat, sitzt im Gefängnis.* (Xango, 107) Schreiben: die Lügendiktate der Regierungsblätter. Fotografieren: der Armeefotograf, vor dessen Objektiven der Gerichtsmediziner die Schnitte der wissenschaftlichen Folterer mit den Schnitten der Wissenschaft überschneidet. 300 Armeefotos an die Presse (Xango, 107). Kamera-Objektive: Foto-Manipulative.

Lamarca im Institut „Nina Rodrigues": durch ihn wird deutlich, daß es in der Eingangsszene auch um Wahrheit und Verrat derjenigen Medien geht, in denen Fichte und Leonore Mau arbeiten. Schrift und Foto. Dieses Thema wird nicht nur durch die Konstellation des Journalisten Guilherme und des verhafteten Fotografen ins Spiel gebracht; es wird nicht nur durch die Beziehung von Sartres „Tote ohne Begräbnis" – mit seiner Nebenbeziehung zur Motivik der lebenden Leichname – zur Geliebten Lamarcas disponiert; sondern schließlich noch markiert durch die Konfiguration der Obduktions- und Schriftstellerarbeit in dieser Szene mit Sartres Stück „Die schmutzigen Hände" und durch den Namen des Instituts „Nina Rodrigues".

Für Fichte nämlich steht dieser Name, Nina Rodrigues, der an den historischen Forscher erinnert (ein Ehrenname also sein soll) für einen *doppelten Verrat* (Lazarus, 216); Verrat des wissenschaftlichen Autors an der Wissenschaft und Verrat des weißen Eingeweihten an der Religion der Sklaven. Im Radio-Feature ‚Die Trance in den afroamerikanischen Mischreligionen' (11.5.1974) zitiert Fichte entsprechende Passagen von Nina Rodrigues aus dessen Buch mit dem sprechenden Titel: „Der fetischistische Animismus der Neger in Bahia. Über Mestizentum, Degeneration, psychischen Atavismus und Paranoia." Der Ort, das gerichtsmedizinische Institut, sein Name und seine Szenen: die Doubles Pozzis und der gefolterte Lamarca und schließlich ihre mediale Verarbeitung – durch Guilherme wie Fichte, durch die namenlosen Fotografen wie Leonore Mau –: es sind Szenen, die allegorisch zu lesen sind als die Frage nach der „Reinheit" der Schrift und der Fotografie unter den Bedingungen der Gewalt.

In Sartres Stück „Die schmutzigen Hände" wird dieses Problem eher philosophisch durchgespielt als die Frage, ob die intellektuelle Sehnsucht nach der Reinheit der revolutionären Idee unter Bedingungen des politischen Handlungszwanges nicht mörderisch ist (Hugo). Umgekehrt hat derjenige, der im augenscheinlichen Verrat der Idee, aber im Interesse der politisch-realistischen Wirksamkeit, sich die Hände schmutzig macht (Hoederer), eine andere, vielleicht sogar höhere Legitimität als der reine Revolutionär. Bei Sartre – durchaus in der Logik des Absurden – wird die Dialektik der revolutionären Idee so entwickelt, daß auf beiden Seiten, der pragmatischen wie der intellektuellen, Täterschaft und Opfersein, Schmutz und Reinheit ineinander umschlagen und in der geschichtsphilosophisch nicht auflösbaren Verstrickung enden, daß es eine entscheidbare Option für die pragmatische oder ideelle

Lösung nicht gibt: in die Geschichte hineingezogen sind „schmutzige Hände" unvermeidlich.[1]

In diese Konstellation nun wird die Lamarca-Szene beim Übergang von ‚Xango' zum ‚Versuch über die Pubertät' plaziert. Im Roman sagt der ins Institut eingeschleuste Journalist Guilherme:
– *Il faut avoir les mains sales.*
Er spielt auf den Titel des Sartre'schen Stückes an.
Er sagt vielleicht in brasilianisch.
– *Tem que ter maõs sujos.*
Die Blätter der Regierung sagen:
– *Die Widerstandskämpfer richten ihre eigenen Genossen hin.*
– *Natürlich muß man schmutzige Hände haben, sagt Guilherme.* (Pubertät, 29)

Schmutzige Hände – d.h. für den Autor Guilherme, *mit gespaltener Zunge und gespaltener Feder schreiben* (Pubertät, 30). In dem schmalen Terrain zwischen Verhaftungsdrohung und Opportunismus ist dies ein Schreiben, das nie sicher sein kann, ob es die erzwungene Balance zwischen Wahrheit und Verrat einhält. Schmutzige Hände – d.h. für den Anatomen, Lamarca zur Täuschung der Öffentlichkeit nachobduzieren zu müssen, Komplize der Mörder zu werden, doch *weinend* (Pubertät, 22); und da zu stehen *mit betropften Händen und einem schmutzigen Totenschein* (Pubertät, 30). In ‚Xango' heißt es: der *Totenschein von Lamarca./ Es sind blutige Fingerabdrücke darauf. / Joāo weint. Er liest den Totenschein noch einmal laut vor.* (Xango, 107) – *Gnädige Frau, es ist ein sehr harter Beruf. Ich arbeite Tag und Nacht.* (Pubertät, 29; Xango, 107)[2]

Der *doppelte Verrat* des Gerichtsmediziners, Ethnologen und Eingeweihten Nina Rodrigues, die schmutzigen Hände Guilhermes, die blutigen Hände des Anatomen –: niemals zuvor wurde das Schreiben Fichtes stärker infragestellt als durch die Überblendung von Sartres Stück mit dem Mord an Carlos Lamarca. Auch Schreiben kann in der Komplizenschaft zu Folter und Mord stehen. Wie Fichte angesichts dieser Erfahrung sein Schreiben, das autobiographische und das ethnographische bestimmt, soll hier nur angedeutet werden durch drei winzige, in die Obduktionsszene montierte Textsplitter.
(Lamarcas Leiche nach der Folter sezieren.)
Selbsterkenntnis verhindern.

---

[1] Les Mains Sales, Uraufführung Paris 2.4.48; Premiere im Schauspielhaus Hamburg: 24.3.49. Regie: Robert Meyn. Auch hier geht es, ähnlich wie in den „Fliegen", darum, einen Mord auf sich zu nehmen und dadurch ‚in die Existenz zu treten' – eine Denkfigur, die Fichte im „Grünspan" anläßlich der Hamburger Gast-Aufführung der „Fliegen" (durch das Düsseldorfer Gründgens-Ensemble in den Hamburger Kammerspielen 23.3.1949) hart kritisiert als eine Form, die faschistische Vergangenheit zu bewältigen (Grünspan, 179ff.) – Die „Schmutzigen Hände" erinnert Fichte auch in Venezuela 1977 (Petersilie, 87).

[2] Vgl. Forschungsbericht, 79: Der Öffentlichkeit gegenüber wurde als Todesursache laut Obduktionsbericht „Chargas" (eine tödliche Parasitenerkrankung) angegeben. An dieser Stelle erhält der Anatom übrigens auch seinen (wirklichen!) Namen: PITHEX (gr. pithexos = Affe, übertragen: häßlicher Mensch). Fichte konnte unterdessen Altgriechisch. Vgl. ferner eine Bemerkung Fichtes, die sich auf die Kooperation von Medizinern und Folterern in südamerikanischen Regimes bezieht: *Auch hier* (= in Cartagena de Indias, H.B.) *gab es den Platz für den Wissenschaftler, den Arzt, der sich dafür hergab, den Ideologen zu beraten, ob die Folter bereits das Leben gefährde oder nicht.* (Lazarus, 376). – Zur Folterbefragung vgl. auch Pubertät, 179/80 (mit lateinischen Zitaten aus den Klageliedern des Jeremias).

Das heißt Versklavung. (Pubertät, 21)

Der tote Lamarca und wie mit ihm schreibend, sezierend, fotografierend umgegangen wird – das stellt die Frage nach der Treue in der Schrift, weit entfernt von jener Radikalität, in der sie gestellt wird für Iara Iavelberg oder für Sorbier bei Sartre. Sie können den Verrat nur vermeiden und die Treue als die äußerste Entschiedenheit zu sich selbst, im Bewußtsein ihrer Schwäche, nur wahren und wahr machen in der Tötung des Selbst, die gerade dadurch die absolute Form der Selbstbehauptung wird. Freiheit als gesetzter Tod, Freitod. Hierin liegt das äußerste, dem Menschen Mögliche an *Selbsterkenntnis*, um die es – diesseits des Selbstmordes – Fichte geht, wenn er deren Verhinderung *Versklavung* nennt. Selbsterkennen verhindern heißt doppelte Versklavung – subjektiv wie objektiv: sich nicht wahr zu haben, ist subjektiv Unterwerfung des Ich unter die objektiven Mächte, ist Verrat und Entfremdung des eigenen Namens. Es ist dies aber auch objektive Versklavung, weil verhinderte Selbsterkenntnis eine Form der Versklavung und Kolonisierung des anderen einschließt. Es scheint deswegen, daß die Treue zu einer Erfahrung, wie derjenigen mit Lamarca, nicht in der Trauer allein bestehen kann, sondern in deren Verwandlung in Selbsterkenntnis. Die Autovivisektion, als eine reflexive und sinnliche Erkenntnisform, sucht eine Brüderlichkeit zu Lamarca, ohne die es die beiden anderen Grundrechte, das der Freiheit und Gleichheit, nicht gibt.

Es ist diese politische wie biographisch-ästhetische Dimension, die die Frage der Folter für Fichte zur Grundfrage seines Werkes und seiner Existenz werden läßt – von den gefolterten Polen im Keller des Scheyerner Rathauses, über die KZ-Folterungen der Faschisten, die Gewalt der kriminellen Szene St. Paulis und der Folterrituale der S/M-Subkultur, bis zu den Folterungen in Griechenland, Algerien, Brasilien, Haiti; von den Schindungen im alten Europa bis zu den Foltermanualen der Konquistadoren der Neuen Welt („San Pedro Claver') –: überall und immer wieder die Frage Fichtes – an sich selbst und andere –: *Würdest du foltern?* (Grünspan, 221) – *Würden meine Freunde foltern?* (Pubertät, 283). – *Ich kenne die Antwort, denn ich habe die Frage gestellt:/ So darf man die Frage nicht stellen.* (Pubertät, 283).[1] Dies ist ein Reflex der Antwort, welche die *Blume zu Saaron* (Figur aus der Palette) im Grünspan-Roman Jäcki erteilte: *Diese Frage stellt sich mir nicht.* Und Jäcki: – *Ich stelle sie dir.* (Grünspan, 221) Die *Blume zu Saaron* – wie so viele um 1970 angefüllt mit Phantasien des bewaffneten Kampfes der Guerilla in den Metropolen – ist tot (Grünspan, 215ff). Nicht Sieg der bewaffneten Revolution, nicht Triumph des Guerrilleros – sondern verwesender Körper des geschminkten Schwulen, den die Gewalt nicht befreite, sondern im Gegenteil, in ihm selbst, sich gegen ihn kehrte, bis der dritte Suizid-Versuch gelang. Wie Verzweiflung die Kehrseite der Bereitschaft zur

---

[1] Vgl. das Interview, das Dieter E. Zimmer mit Hubert Fichte führte: Zimmer: „Eine der Fragen, die Sie anderen Menschen stellen, ist, ob sie foltern würden. Könnten Sie foltern?" Fichte: „Das ist eine der Frage, die sich jeder Leser bei der Lektüre des Buches stellen kann. Öffentlich klingt jede Antwort darauf hohl. ... Sie spielen mit dieser Frage auf zwei Tatbestände an: auf die existenzielle Grenzsituation ("Schmutzige Hände") und auf sadomasochistische Szenen. ... Damit es ganz klar ist. Die Befassung mit Sadismus und Brutalität in meinen Büchern drückt keine private Neigung aus und keine heimliche Bewunderung, sondern die Obsession durch die Frage: Warum quält ein Mensch den anderen?" (In: Th. Beckermann a.a.O. S. 120/1).

Folter sein kann, so hat – vielleicht – die Zärtlichkeit in der Folter ihre Entsprechung (Pubertät, 177, Grünspan, 224). Es ist die Frage Jäckis an sich selbst, schon in der ‚Palette', ob er, der Autor, dieser Korrespondenz von Folter und Zärtlichkeit, Gewalt und Verzweiflung sich entziehen, sich ent-schreiben kann. Für Franz Kafka war das Schreiben das Herausspringen aus der Totschlägerreihe. Das gilt auch für Fichte, für das Projekt Literatur vielleicht überhaupt. Daß, wer schreibt, solange er schreibt, nicht foltert, mag vielleicht ein Stück humanisierender Differenzierung sein, welche die Sprache zwischen Impuls und Handlung legt. Doch ist dies ein naives positives Vorurteil; nicht eo ipso bewahrt das Schreiben (und Fotografieren) vor „schmutzigen Händen". Sprache selbst kann Folter sein, oder deren Anleitung, Rechtfertigung, Begleitung. Ebenso wenig ist Kultur ein hinreichender Schutz vor Gewalt, Unrecht, Unterdrückung, Folter (Pubertät, 282/3). Am Fall des Carlos Lamarca lernt Fichte, daß die Literatur keineswegs von Gewalt frei ist. Der moralische Ghandiismus, der Fichte seit den 50er Jahren dauerhaft beeindruckt, die Haltung der Non-Violence ist angesichts der universellen Gewalt auch für den Schriftsteller prekär, vielleicht unlösbar. Quälend bleibt für Fichte die in sich selbst entdeckte Möglichkeit, daß Gewalt und Zärtlichkeit ineinander umspringen könnten. Quälend ungewiß bleibt, ob die einer kontradiktorischen Logik folgenden Formeln *Nicht Gewalt./ Nur Ungewalt./ Nur Zärtlichkeit.* (Grünspan, 222) nicht die komplementäre oder polare Zugehörigkeit des Entgegengesetzten verdecken.

Mit den Toten Bahias nimmt Fichte diese Fragen aus ‚Palette' und ‚Grünspan' wieder auf – als politisch-soziale, als biographische und ästhetische.

So muß es auch Lamarca, Pedro und Joãozinho gegenüber, den Toten in ‚Xango', zuerst den ‚Versuch über die Pubertät' geben: als literarische Selbsterkenntnis dessen, der ‚Xango' schreiben will. Diese Selbsterkenntnis verbindet sich mit Lamarca, in dem Augenblick, als der Schädel Pozzis aufgesägt wird und das Gehirn entnommen. Ecce Homo. Und es gibt es ein zweites Organ, bei welchem sich eine andere Form der Treue, eine andere Form der Erkenntnis assoziativ einstellt: das Herz.
Der Gerichtsmediziner hält ein Stück Fleisch hoch.
- Herzinfarkt, sagt er...
In mir stirbt eine Metapher.
Das ist eine Metapher. Das heißt:
Das Herz eines Trouvère ist tatsächlich etwas, das der eifersüchtige Schloßherr von Roussillon rösten könnte und seiner Frau auftischen.
Nachdem sie gegessen hat, zeigt Ramón ihr den abgeschnittenen Kopf des nicht mehr singenden Geliebten und fragt, ob es gut geschmeckt habe. Sie antwortet, so gut, daß sie nie etwas anderes mehr essen wolle; und wirft sich aus dem Fenster. (Pubertät, 21/2)

Diese eigentümliche Szene[1], deren Bedeutung Fichte dadurch pointiert, daß er sie im Schlußrondo des Romans wiederholt (Pubertät, 290/1), gewinnt einiges Licht,

---

[1] Die literaturgeschichtlichen Motiv-Zusammenhänge referiert: Wolfgang Rath: Fremd im Fremden a.a.O. S. 229f. Die einzige von Rath entwickelte Deutung, nämlich am Beispiel Uhlands, ist freilich nicht einschlägig und verfehlt völlig die Dimension, in der Fichte die Erzählung anlegt. Raths Behandlung des Motivs des „Herz-Essens" ist im übrigen, wie so vieles, philologisch höchst fahrlässig, insofern er sämtliche Kenntnisse nur sekundär bezieht (ohne Nachweis) aus dem Nachwort von K. Rölleke zu Konrad von

wenn man sie nicht nur als mittelalterliche Moritat von Liebe, Mord und Treue in jener Region liest, in der Fichte als Schäfer arbeiten wird und die auch die Landschaft des Marquis de Sades ist, sondern, wenn man sie in Beziehung setzt zu den Mördern Lamarcas und dem Suizid seiner Geliebten. An einer späteren Stelle heißt es:
Beim Suchen nach unanständigen Stellen in der Bibel überblättern Marion Böge und ich die unanständigste:
‚Und Adam erkannte sein Weib Eva ...'
Erkennen, das ist es. (Pubertät, 36).

Eros und Erkenntnis. Im Tod der Schloßherrin und dem Tod Iara Iavelbergs erscheint diese andere Treue zu sich selbst, in der schrecklichen, doch im Schrecken unbesiegbar werdenden erotischen Preisgabe, die für Fichte das notwendige Komplement des Wissens ist.

Und eben diese Einsicht, so ungerecht sie historisch sein mag, spricht Fichte Werner Maria Pozzi ab.

12. Pozzis Hände

Das Indiz sind die Hände. (Pubertät, 273)

Die zerschossenen Hände Lamarcas, die mit Blut betropften Hände des Sezierers, die schmutzigen Hände des Journalisten Guilherme – seine Anspielung auf das Stück Sartres – : diese Szene ist einmontiert in die Begegnung mit Werner Maria Pozzi 1949, als Hubert und seine Mutter die Schauspielhaus-Inszenierung von Sartres „Schmutzigen Händen" besuchen und in der Pause von Pozzi *mit einer weißen Hand an die Brüstung seiner Loge* (Pubertät, 28)[1] herangewunken werden. Man wird von Pozzi, welcher der *Proletarierfamilie* Weltläufigkeit und vornehmen Stil vorspielt, in den *Wartesaal Erster Klasse* eingeladen. Mit *Proletarierfamilie* meint Fichte sich selbst und seine Mutter, unzutreffend, genauso wie (historisch) unzutreffend ist, Pozzi hier als Großbürger ins Spiel zu bringen. Zwei Antipoden am Tisch: die anthroposophische Mutter und Pozzi, dessen Name *ein Gift ist*, von der Mutter dämonisiert zur

---

Würzburg: Das Herzmaere. Stuttgart 1968. Fichte bezieht sich, so denkt man, dagegen auf die novellistische Fassung bei Giovanni Boccaccio: Das Dekameron. München 1952, S. 370–4 (4.Tag, 9.Erzählung; weniger eindeutig ist der Bezug auf die erste Erzählung des 4.Tages). – Das aber stimmt auch nicht, denn der Schloßherr Ramon von Rousillon kommt darin so wenig vor wie ein Troubadour. Die Geschichte, auf die sich Fichte bezieht, ist die des Guilhem de Cabestanh: Les Chansons. Ed.par A. Långfors. Paris 1924 bzw. Biographies des Troubadours. Textes des XIIIe et XIVe Siècles. Ed. par J.Boutière et A.-H. Schutz. Toulouse et Paris 1950, S. 154–172. Freilich ist viel wahrscheinlicher, daß Fichte die Geschichte des Guilhem de Cabestanh überhaupt nicht aus dem Original kannte, sondern aus der Übersetzung, die Stendhal für sein Buch „De l'Amour" angefertigt hat (Paris 1965, S. 191–195 u.d.T.: La Provence au XIIe siècle). Hiervon ist jedenfalls sicher, daß es Fichte kannte: an Stendhals „De l'Amour" also denkt Fichte im Obduktionsraum des Instituts „Nina Rodrigues".

[1] Die Premiere der „Schmutzigen Hände" war am 24.3.49; das Stück erlebte 31 Aufführungen; von der Begegnung mit Fichte im Theater erzählt Jahnn in einem Brief vom 20.7.49 (in: Thomas Freeman: Hans Henny Jahnn, a.a.O. S. 524). Jahnn schildert die Begegnung durchaus anders als Fichte. Dieser bestätigt seine Roman-Variante jedoch auch in Nanã, 68 sowie in: Thomas Freeman: Gespräch mit Hubert Fichte über Hans Henny Jahnn. In: FORUM Homosexualität und Literatur H. 8, 1989, S. 94.

Pest. So wie von Rudolf Steiner her für die Mutter Wedekinds Name eine Pest war, so wird ihr jetzt Pozzi zu einem Namem, dem Gewalt und Perversion, *Kinderfraß* und Mord, Unheimlichkeit und Schrecken anhängen (Pubertät, 25). Pozzi, der *Oger* (= ein Kinder fressendes Ungeheuer) winkt mit *weißer Hand* [1] Fichte heran, um ihm zu sagen: *Ich habe dich gesucht. Dich. Dich habe ich gesucht. Denn du hast das Hormon, das ich brauche ... Das Omegahormon.* (Pubertät, 28)

Der Erzähler demontiert den alten Bann des Ogers, indem er die Pozzi-Szenen sprachlich unterläuft und zu Grotesken eines elitären Schwätzers werden läßt. Vor allem aber demontiert er Pozzi durch das Motiv der Hände und die Konfiguration mit Lamarca. Dreimal werden in dieser Szenenfolge Pozzis Hände erwähnt: die weißen, winkenden, während der Aufführung der „Schmutzigen Hände"; dann, im Hauptbahnhof-Restaurant, heißt es: *Ich erinnere mich an die weißen, von Herzbeschwerden etwas rundlichen Finger mit den vielen braunen Flecken und gepflegten Fingernägeln.* (Pubertät, 29) Diesem Satz folgt die besprochene Lamarca-Einblendung und deren Synchronisierung mit dem unterdessen von Gastarbeitern gefüllten Hamburger Hauptbahnhof, in welchem einst Pozzi *große Welt* (Pubertät, 28) mimte: *Pozzi, ein gealteter Revolutionär, mit sauberen, etwas gedunsenen Händen.* (Pubertät, 30)

So wird dieser Mann, der den jungen Fichte von der Seite seiner Mutter holt und ihn entzweischneidet in fifty-fifty, im postumen Erinnern des Erzählers zu einem entlarvten Gegenbild der literarischen Revolutionäre Sartres und des wirklichen Revolutionärs Lamarca, zum Gegenbild des schmutzigen Handwerks des Sezierers und Guilhermes, die weinend bzw. gespalten ihre Arbeit unter Lebensgefahr ausüben. So gewiß dies Hans Henny Jahnn gegenüber ungerecht ist, so notwendig ist für den Erzähler diese böse Sektion der weißen, gepflegten, kranken, gefleckten Hände des Großbürgers Pozzi, um das lastende Bild des *mächtigen 60-jährigen* in sich zu zerstören und es durch die Gegensignifikanten der eigenen, späteren Erfahrung zu substituieren.

Ähnlich demontierend wirkt die Synchronschaltung des Blankeneser Wohnsitzes von Pozzi in *Parks von Reedern und Sklavenhändlern* mit den Palästen der herrschenden Schichten in Bahia – während Hans Henny Jahnn in Wirklichkeit beengt in zwei armseligen Zimmern wohnte, die ihm von der Kulturbehörde angewiesen waren (allerdings im Park), und sich zwischen dem hochfahrenden Anspruch eines bedeutenden Schriftstellers und der sozialen Demütigung zerrieb. Das aber interessiert Fichte nicht, wenn er das literarische Bild Pozzis an die Seite der Folterer Lamarcas rückt. Eine solche Synchronschaltung von Hamburg 1949 und Bahia 1971 wird noch einmal wiederholt, wenn Fichte die in einer Katastrophe endende Eröffnung des Fußballstadions Fonte Nova durch den Staatspräsidenten am Palmsonntag überblendet mit der Einladung des 15-jährigen Fichte durch Pozzi am Karfreitag zur Matthäuspassion in der Hamburger Musikhalle: Hubert, *der mit der Mutter von 23, 85 DM Existenzminimum lebt* (Pubertät, 35), wird identisch gesetzt mit den Obdachlosen, die sich im Stadion zu Tode stürzen; und Pozzi erscheint in *gleicher Geste*

---

[1] Daß *weiße Hände* für Fichte negativ besetzt sind, wird auch durch die *weißen Hände* von Gustav Gründgens bestätigt, vgl. Nanã, 27, 65 u.ö.

mit dem Gouverneur, der dem ticketlosen Lumpenproletariat die Tore öffnet (vgl. Xango 18/19): eben diese, 1971, falschen Zuschreibungen zeigen etwas von der anhaltenden Wucht der Identifikation, von der Fichte 1949/50 getroffen wurde und die abzubauen und zu ‚säkularisieren' die bitteren und grotesken Entlarvungen Pozzis noch immer erfordern – selbst für den bald 40-jährigen Fichte.

Die herrischen, anwidernden, morbiden Hände, die grandseigneuralen Gesten, der bourgeoise Hochmut des Diktators Pozzi mit seiner ebenso pseudorevolutionären wie pseudowissenschaftlichen Phraseologie – das ist eine bittere und mitleidslose Nachobduktion der einst übermächtigen literarischen Vaterfigur durch den Sohnes-Autor, der sich mit harten Schnitten der verinnerlichten Definitionsmacht und Autorität Pozzi-Jahnns entledigt.[1]

13. Die erotischen Archetypen Hände, Haut, Baum – mit einem Exkurs zum Matrosen Paul und zu Gotthold Ephraim Lessing

Die Häßlichkeit der Hände Pozzis enthält auch eine sexuelle Ablehnung, die ex negativo die erotische Utopie Fichtes freisetzt. Das Geständnis Pozzis: *Ich liebe dich.* (Pubertät, 61) kontert der Erzähler anstelle des 15-jährigen Schwulen mit einer Etüde über die Verneinung, jenem grundlegenden Akt der Abweisung und Ausgrenzung, der einschneidenden Setzung des Ichs gegen das preisgegebene Begehren des anderen: *Ich liebe dich. Aber ich liebe dich nicht.* (Pubertät, 64–67)
An diesem ‚Nicht' bricht jedesmal jedes Ich und die Welt ein. Und ich sage: Nicht! dem sechzigjährigen Mann in seiner ganzen verheerenden Schönheit mit den zärtlichkeitsbedürftigen Leberflecken auf der Hand.
Unverdorbene, prostitutionslose Sterilität.
Ein Strichjunge ist barmherziger. (Pubertät, 66/67)

Natürlich: welcher *schmalschultrige Ephebe ... träumte von einer freiwilligen Tropennacht mit dem Sezierer?* (Pubertät, 18/9) Aber was schon ist ‚natürlich'? Ist es natürlich, daß der Junge zwar für 10 DM wöchentlich seinen Urin an Pozzi für das Omegahormon verkauft (Pubertät, 34), nicht aber seinen Samen? Die Valuta des Spermas kennt Fichte 1949 noch nicht. Doch immerhin blendet der Erzähler in die Szene der Abweisung den Schmerz des alten, doch begehrlichen Körpers ein, der auf das rührungslose *Nein* des virginen Epheben stößt wie auf eine steinerne Stirn. Kein Geldschein läßt den *zärtlichkeitsbedürftigen Leberflecken* Pozzis auch nur den Schein einer Chance, die der Stricher, wie abgefeimt oder erzwungen auch immer, dem verfallenden Fleisch des Alters einräumt. Eben dies nennt der ältere Erzähler, der längst seine Identifikation als *Freier* (Grünspan, 199) hinter sich hat und der ein Vertrauter der ambulanten Sexualität ist, – dies eben nennt der ältere Erzähler *barmherzig.*

---

[1] Die Enthüllungen und Entmystifikationen laufen im Roman über viele Stationen: Pozzi als Groteske, als Körperbild, als Hormonforscher, als Gönner, als Arbeiterfreund, als Erlöser, als Weissager, als mythische Gottheit, als Großbürger, als Homosexueller, als Mäzen und Liebhaber – all dies gehört zu der rächenden Sektion Pozzis im Dienst der Ablösung von Jahnn.

Hier aber, 1949, setzt der Junge im coming out (der die Fetische **seines** Begehrens noch sucht, um in ihrem Spiegel zu erfahren, wer er ist) mit der *sterilen* Negation des Pozzischen Begehrens den unüberwindlichen Einschnitt, um allererst den Raum zu gewinnen, der die Bilder der eigenen Lust entdecken lassen kann. *Die duftende Haut des Baums ist mir liebere Liebe als die gesprenkelten Hände von Pozzi.* (Pubertät, 66) Unbestimmt kündigt sich in dieser Metapher des Baums die sexuelle Obsession Fichtes an, die, auch wenn sie noch unentdeckt ist, gleichwohl sich schon jetzt von den Liebescodes seiner Herkunftswelt absetzt. *Doch wieviel reiner stelle ich mir die Liebe vor als Pozzis biologistischen Schwarmeifer, als die Lokstedter hortensienblaublasse Pflicht und das schwarzverkrustete Jesusblut des Erlösers im Waisenhaus. Die allerzarteste Berührung der äußersten glänzenden Haut der Hand des anderen mit der fein gerillten Hand. Die eigenen Schwingungen einpendeln in die Schwingungen des anderen.* (Pubertät, 66) Haut – Hand – Baum – Berührung – Schwingung: dies sind die Signifikanten einer erotischen Utopie, die noch nichts weiß von den „schmutzigen Händen", die in der Sexualität so unausweichlich sind wie in der Revolution. Es geht dem Jungen um die Idee der im feinsten Gewebe sich vollendenden Entsprechungen, empfindliche Korrespondenzen zwischen der einen und der anderen Haut. Gleich beim gleichen ruhen. Das Bewußtsein, das Grenzen markiert, transformiert sich in ein Sinnenbewußtsein, das die entgegengesetzten Körper auflöst in den einen, gemeinsamen, gefugten Leibraum, Leibtraum des erotischen Universums.

Zu den erotischen Signifikanten Baum, Haut, Hand tritt noch die Doppelung des Weißen und des Schwarzen hinzu. Aber auch – und das ist schwieriger zu integrieren in den Jahren des coming out – die Flüssigkeiten; nicht etwa die des seelischen Gleitens, sondern die Flüssigkeiten des Körpers – Spucke, Urin, Blut, Sperma, Kot. Und der magische Fetisch des Phallus; die Augen der Hoden; und der Doppelschwung des Hinterns. Vor allem aber ist schwierig: das alpha privativum par exellence, das A(rsch)loch, das Non-A – alpha privativum –, der wirkliche Siegfried-Ort der Verletzlichkeit a tergo, von dem alle Privatheit ausgeht, lange vor der ödipalen, sei's homo- oder heterosexuellen Codierung, der Ort, der für die allermeisten ein dunkler, virginer, mit Scheu und Scham umhegter Ort bleibt, in welchem auf geheimnisvolle Weise die Linien der Jemeinigkeit, des privaten Ich sich kreuzen. Unerkannt.[1]

Vorerst aber die poetischen Bildern der sexuellen Verschränkung. Im Roman ‚Hotel Garni' heißt es, die Passage aus dem ‚Versuch über die Pubertät' wie ein Echo aufnehmend: *Wenn ein Mann die Kuppe des Zeigefingers an den Rand des Fingernagels legt, nur für eine Tausendstel Sekunde, brennt es für alle Zeiten unumkehrbar etwas in die Schalen des Hirns – wie Sonne in das Silber der Filme.* (Garni, 121) Erneut in den terms von Irmas Kunst, der Fotografie, geht es hier um die Aufnahmeempfindlichkeit der Haut, der Hände, um die Verwandlung des Körpers in ein einziges Sensorium, das endlos und unermeßlich die sinnlich-spürbare Welt zu einer ‚Geschichte der Empfindlichkeit' verwandelt, archiviert in jenem Organ, das in Bahia wie auf dem

---

[1] Vgl. dazu die Ausführungen von Guy Hocquenghem: Das homosexuelle Verlangen. München 1974, S. 70–85, bes. 74, 80/1. Kritisch zu Hocquenghem vgl. Martin Dannecker: Der Homosexuelle und die Homosexualität. Frankfurt/M. 1986, S. 115–118.

Bild Rembrandts als opake Masse in die Hände des Anatomen genommen ist –: das Gehirn.

Der umgekehrte Weg ist der Weg der Kunst: *Die Wörter begannen in Haut überzugehen.* (Garni, 123) Verkörperung der Wörter: dies meint, jene zwischen Haut und Gehirn flutende interiore Empfindlichkeit zu exteriorisieren, die wechselseitige Metamorphose von Leibraum und Sprachraum – oder, im Falle Irmas, von Bildraum.

Das Programm der Kunst ist genuin erotisch und folgt bei Fichte den ältesten Signifikanten des Begehrens: Hände, Baum, Haut. Die Genealogie der Schrift, die sich verkörpern will, muß den Spuren des Körpers folgen, Schicht um Schicht.

Mitten in die Pozzi-Passagen wird ein rätselhaftes Bild eingeblendet, das auf die Spur der ältesten erotischen Codes führt:

Ich stehe vor dem Apfelbaum. ...
Ich fasse mit beiden Händen an die Äste. Ich erschrecke beim Hinaufhangeln über die Wärme des Holzes.
Ich sehe zum Wasserturm hinüber.
Da unten ist der Hühnerstall.
Das ist das Geräusch der Straßenbahn.
Der Teergeruch.
Die Borke und die feineren Häute werden vom Atmen bewegt.
Die Äste fassen mich an.
Ich bin ich und der Mann ist ein Baum. (Pubertät, 40)

Erinnerung an die Lokstedter Kindheit, eingelassen in die Szene des schwulen coming out: *Bums! Bi! Und Schicksalssymphonie! Ich bin fiftyfifty!* (Pubertät, 35/40) – *das heißt homosexuell.* Kletterndes Kind, das den Baum animiert zum Mann, den Mann zum Baum verwandelt. Ohne Zweifel ist dies eine Deckerinnerung an die früheste schwule Codierung Detlevs. Eine Erinnerung an den Matrosen Paul, den ersten Mann, den das Kind zu sich in den Garten einlud – zum Klettern im Apfelbaum und zum Bauen von Höhlen (Turku, 53/54) –: Paul, der aber, vor Realisierung dieses Traums, *unterging im Einsatz und von dem nur noch das Bild nach ist mit den flatternden blauen Bändern und rundgeschliffene, steinartige Knochen. Ich nehme sie in den Mund.* (Pubertät, 88)

Mit dieser nachgetragenen, postumen sexuellen Geste – man übersehe nicht: es ist die schwule Umcodierung des Abendmahles, des Essens des toten Leibes Christi – inkorporiert der Erzähler die Erinnerung an Paul wie einen Phallus. So offenbart sich das Baumklettern als die sexuelle Urszene Detlevs. Eine Lust indessen, die sogleich konfrontiert wird mit dem Tod, der zwischen das Begehren des Kindes und den Baumkörper des Mannes tritt. Eine der frühsten Erzählungen (,Der Garten') hat Fichte, noch ganz ohne erkennbare sexuelle Spur, diesem Matrosen gewidmet[1]; an dessen Tod denkt der kleine Detlev ebenso wie er von der niemals realisierte Verabredung der beiden morgens um Drei im Lokstedter Garten träumt –: der Garten, der nicht mehr der Raum der infantilen Wunscherfüllung ist, sondern erfüllt ist vom

---

[1] Über die Erzählung ,Der Garten' schreibt Fichte später: *Es war die Liebesgeschichte eines Achtjährigen mit einem Matrosen, der im Kriege fällt...*(Nanā, 122).

Schwarz der Trauer. Schwarz, das die Farbe der Fichteschen Sexualität sein wird (Turku, 49–55).[1]

Im Grünspan-Roman wird die Paul-Szene verbunden mit der Erinnerung an den Nachbarjungen Klaus Ostermann (Grünspan, 18/19, Grünspan, 56); auch ihn hatte Detlev in den Garten eingeladen; und auch er ist tot, zerbombt im Luftangriff 1943: *Vor meinem Auge, das fühlt sich an wie die Marmeln in meinem Sack, und hinter der Lidhaut haften jetzt Klaus Ostermann und der Matrose Paul.* (Grünspan, 56) Der schwarze Garten des Begehrens, schwarze Bäume, schwarze Blüten[2] (Pubertät, 39), die Borkenhaut und die Baumumarmung –: im ‚Versuch über die Pubertät' wird die frühe Erzählung ‚Der Garten' zitiert (Pubertät, 39) und endgültig eingeschrieben in die Geschichte des schwulen coming out: der tote Paul, der nichts mehr ist als rundgeschliffene Knochen, ist im sexuellen Urbild des schwarzen Baumes aufgehoben.[3]

Jetzt wird jene noch viel rätselhaftere Stelle im ‚Versuch über die Pubertät' verständlich, die den ersten Gedankensturz nach der fifty-fifty-Identifikation durch Pozzi abschließt. Diese Passage wird beherrscht von der Frage: was ist ein Homosexueller, der ich sein soll? Und in diese Reflexion eingeblendet folgende ‚Explosion' des Textes:
Der Stamm des Baumes färbt sich weiß.
Die weiße Oberfläche der Borkenhände des Negers.
Gelber Himmel und violette Erde.
Die Explosionen schleudern blauen Lehm zutage.

---

[1] Die Erzählung ‚Der Garten' ist natürlich auch eine Widmung an den Großvater; der Garten ist sein Raum und zugleich erinnertes Sehnsuchtsbild der Kindheit. Daher auch die Wut Fichtes, als der Garten des Großvaters später verändert, das Haus gar verkauft und damit der Erinnerungsraum Kindheit ihm endgültig entzogen wird.
[2] Die „schwarze Blume" ist ein larviertes George-Zitat aus dessen Sonett „mein garten bedarf nicht luft und nicht wärme" aus dem Algabal-Zyklus; der letzte Vers lautet „dunkle grosse schwarze blume" (Stefan George: Werke in 2 Bdn. München und Düsseldorf 1958, S. 47). Der Garten aus Fichtes Kindheit wird damit kontrapunktisch zum Garten Georges im „Unterreich" gesetzt und nimmt dennoch, im Motiv des Schwarzen, die homosexuellen Konfigurationen des Algabalschen unterirdischen Kunstgartens auf.
[3] Vgl. Tomas Vollhaber a.a.O. S. 186f. – Ferner: *Von dem Matrosen sind nur noch rundgespülte Knochenstücke nach und nach und der halbe Chromosomensatz und Fotos im Chromrahmen./ Oder vielleicht ist auch alles verbrannt. Der Junge und die Fotografien.* (Grünspan, 47). Charakteristisch ist hier die Alliterierung der zwei möglichen Formen des Weiterlebens nach dem Tod (*Chrom...*). Ferner der Bezug zur Lamarca-Obduktion durch den typisch Hamburger Ausdruck: ‚es ist nach' für ‚es hat sich erhalten' (Vgl. Pubertät, 298; vgl. auch Grünspan, 47: hier wird der Ausdruck ‚ist nach' auf den geliebten Garten des Großvaters angewendet). Und: vielleicht bleibt überhaupt nichts ‚nach' außer der Schrift: die ‚andere' Form der verewigenden Mumifizierung. Schreiben ist Epitaph-Kunst. Zu Paul s. auch Nanà, 47/8. – Zum Ausdruck ‚ist nach' vgl.: *Was war von seiner Großmutter Ida Hingabe nach?* (Nanà, 125).
An der Zitierung der Erzählung ‚Der Garten' ist erneut zu beobachten, daß Fichte im Frühwerk die sexuellen Dimensionen oft larviert. Die homosexuelle Bedeutung der Erzählung wird erst vom ‚Grünspan' und von ‚Pubertät' her rückwirkend einsichtig. Diese Nachträglichkeit könnte aber auch den Sinn haben, daß Fichte die älteste Wurzel des homosexuellen Verlangens mit einem Matrosen verbinden will – mit einem der literarisch hochbesetzten Urbilder der Homosexualität: schon der kleine Detlev ist (unbewußt) auf den Spuren Genets, Jahnns u.v.a.. Die Solidargemeinschaft der Stigmatisierten, die sich um den identitätsstiftenden Fetisch ihres inkriminierten Begehrens versammeln. Wie sehr Fichte die literarische Stilisierung seines Begehrens bewußt ist, kann man der Verspottung seiner eigenen frühen Schreibversuche entnehmen: *Meine drei Jugendstilmatrosen, mit Genethosen und Pozzidialogen, die mit 18 sterben wollen, in meinem Versuch, durch Schreiben zu überleben.* (Pubertät, 213)

Kohlenschwarze Häuser mit kohlenschwarzen Säulen – und es tritt ein, was Lessing herbeisehnte und was ihn vielleicht errettet hätte: Im Frühjahr grünen die Bäume und Büsche rot. (Pubertät, 36,)

Der explosionsförmige Satz *Du bist fifty-fifty – Bumms! Bumms!* (Pubertät, 35/40)[1] – endet hier in einer Reihe von Farb- und Dingmetamorphosen. Es entsteht ein quasi-expressionistisches Bild: eine schwarz-weiße Neger-Baum-Konfiguration; zwischen Himmel und Erde eine Kriegslandschaft mit ausgebrannten Architekturen; jede natürliche Ortsfarbe ist mutiert, ein gänzlich zerrüttetes Farbspektrum. Borkenhände hatte schon der Tote im Obduktionsraum (Pubertät, 18), borkige Finger der Schwarze Charles (Kleiner Hauptbahnhof, 66); die Borke des Baumes im morgendlichen Garten Lokstedts war die Haut des begehrten Mannes Paul.[2] Die hellen Innenseiten der Hände und Füße von Schwarzen bemerkte Fichte in der Morgue „Nina Rodrigues" (Pubertät, 13, 297). Die Farbmutationen jetzt signalisieren mitten in der explosiven Erschütterung des Ich-Gefüges: Es ist alles anders! Alles hat sich verkehrt, nichts steht mehr fest, die Dinge wechseln ihre signifikativen Attribute, die Zeit dreht sich um. – *Im Frühling grünen die Bäume und Büsche rot.* – Ein Chaos entsteht, das Zerstörung ebenso wie Neuschöpfung bedeuten kann, Ende und Anfang. Tiefster Punkt der coming-out-Krise.

Rätselhaft ist die Anspielung auf Lessing. Sie bezieht sich auf die verstörende Krise Lessings im Umkreis seiner Hamburger Niederlage und die verzweiflungsvollen letzten Wolfenbüttler Jahre. Mit großen Nachdruck ist darauf Hans Henny Jahnn, als einer der ganz wenigen, in seiner Rede bei der Verleihung des Lessing-Preises 1956 eingegangen. Es steht außer Zweifel, daß Fichte, in der üblichen kryptischen Manier, sich auf diese Rede bezieht, an deren Ende Jahnn seinerseits das von Helene Jacobi kolportierte Lessingwort zitiert: „Ach, es ist schon so oft grün geworden; ich wollte es würde einmal rot!"[3] Diese Bemerkung fällt während der Reise, die Friedrich Heinrich Jacobi und seine Schwester Helene mit Lessing nach Halberstadt im Oktober 1780 zum alten Gleim unternehmen. Die Geschwister preisen die Schönheit der Landschaft am Blocksberge, die jedoch für den müden Lessing nicht Sprache, nicht Stimmung bedeutet ("diesen Genuß entbehre ich") –: woraufhin Helene ihn an sein Diktum

---

[1] „Bumms! Bi! Und Schicksalssymphonie!": das assoziiert ironisch, Beethovens 5., die sog. Schicksalssymphonie. Die folgenden Passagen sind geradezu vollgestopft mit literarischen Anspielungen und Bildungsfracht. Z.B.: „Ich./ Das steht das Donnerwort, das Zentnerwort, das Echowort, die Lüge." (Pubertät, 37). Donnerwort = Faust I, Vers 622: „Ein Donnerwort hat mich hinweggerafft." (Erdgeist-Szene); Zentnerwort = in der Übersetzung der Horazischen Ars Poetica durch J.Chr. Gottsched: „Alsdann wird auch der Mund schon Centnerworte sagen." (In: Critische Dichtkunst. Reprint der 4. Aufl. 1751. Darmstadt 1982, S. 23).; – Echowort = in Ovids Narziß-Erzählung (Metamorphosen, Liber III, v.356ff) ist die Nymphe Echo diejenige Figur, die „niemals schwieg, wenn ein anderer sprach, …die widertönende Echo" –: bloßes Anhängsel der Rede des Anderen (bei Fichte: die sprachlichen Imitationen Pozzi-Jahnns). Alle drei Stellen, so ließe sich zeigen, stehen in einer prägnanten Beziehung zur Identitätsproblematik, um welche die Romanreflexion hier kreist. Auch dies: ein Exempel des Fichteschen Manierismus.

[2] Die Verbindung Baum – Äste – Borke – Hände des Geliebten auch in: Alte Welt II, 14.

[3] Hans Henny Jahnn: Lessings Abschied. Am Rande der „bösen Vierziger". In: ders.: Werke und Tagebücher, hg.v. Th. Freeman/ Th. Scheuffelen, Bd. 7, Hamburg 1974, S. 125. (Jahnn zitiert – fast – richtig, Fichte verändert das Zitat).

erinnert: „Lessing lachte, gestand das Wort ein, und, daß es ihm damit wohl hätte Ernst seyn können, wenn die Augen Roth so gut vertrügen als Grün." [1]

Inhaltlich kann sich die Anspielung Fichtes auch beziehen auf den 1795 von Karl Lessing, dem Bruder, in seiner Biographie Lessings postum veröffentlichten Text: „Daß mehr als fünf Sinne für den Menschen sein können". In dieser Schrift hält Lessing, durchaus materialistisch argumentierend, die Möglichkeit offen, daß der evolutionären Bildung der fünf Sinne weitere Sinnesorgane folgen könnten, die neue sinnliche Dimensionen der materiellen Welt erschließen und uns gegenwärtig so unvorstellbar sind wie einem Blinden die optische Welt: „Es wird auf einmal für uns eine ganz neue Welt voll der herrlichsten Phänomene entstehen, von denen wir uns jetzt eben so wenig einen Begriff machen können, als er (= der Blinde, H.B.) sich von Licht und Farben machen könnte." [2]

Sinnesgeschichtlich, und durchaus optativ, bewegt sich Lessing hier in einer zu Fichte strukturanalogen Konfiguration: im plötzlichen Umschlag der einen, angestammten, konventionalisierten Welt eröffnet sich dramatisch durch einen ‚neuen Sinn' eine neue Welt; nämlich hier bei Fichte: die homosexuelle Welt. Alles ist anders – Explosion! – nichts sieht aus, wie es aussah. Die chaotische Willkür der Farbmutationen signalisiert nichts anderes, als daß die Orientierung an den ‚natürlichen' Farben ebenso zusammengebrochen ist wie die Orientierung an der ‚natürlichen' Ordnung der Geschlechter. Das Neue, das Andere ist da.

In milderer Form schildert Fichte einen solchen kritischen Augenblick, als er nach seiner schweren Gelbsucht im Februar 1955 aus dem Krankenhaus entlassen wird: *Alle Farben waren neu. / Die Menschen bewegten sich vor mir. / Die Autos tuteten. / Es roch nach Abgasen und verfaulenden Blättern. / Ein Tag im Februar. / Wo man schon das Frühjahr hört. / Was nun?* (Garni, 42) Nach dem kleinen Tod der Krankheit ist dies eine Wiedergeburt der Sinne, ein Kreißen der Zeit. Allerdings ist im Vergleich der beiden Stellen erkennbar, daß es sich hier nur um eine graduelle Steigerung sinnlicher Präsenz handelt, um synästhetische Erlebnisstrukturen, um ein Neu-Sehen der Welt nach vorübergehendem Ausschluß aus ihr, ein Sehen wie am ersten Tag; während die

---

[1] Brief von F.H. Jacobi an Wilhelm Heinse vom 20.23.24. Okt.1780 in Jacobi: Allwills Briefsammlung, in: Werke Bd. 1, Leipzig 1812, S. 337–350, hier: 343/4. – Eigenartig ist, daß das Lessing-Diktum im Original-Brief Jacobis an Heinse keineswegs vermerkt ist (vgl.: Jacobi: Briefwechsel 1775–1781, in: Gesamtausgabe des Briefwechsels, hg.v. M. Brüggen/ S. Sudhof, Reihe 1, Bd. 2, Stuttgart Bad Cannstatt 1983, S. 200–211), wohl aber in der bearbeiteten Briefsammlung, die Jacobi als „Allwills Briefsammlung", nach einigen Vorveröffentlichungen, 1792 geschlossen herausgab. – Jahn zitiert noch das andere Diktum Lessings über Bäume: „Die gehören nun zu meinem Leben nicht." (Jahnn: Lessings Abschied, a.a.O. S. 125). Lessing also, zu dem Bäume nicht gehören – Fichte dagegen, der sich mit Bäumen als Inbegriff des schwulen Sex identifiziert; er ist ein Baum und heißt wie ein Baum (vgl. ‚Ich bin eine Löwe...' Schulfunk, 551: *Der Mensch ist ein Baum./ Eichen meine Eltern./ Die Fichte.*).

[2] Lessing: Werke, hg.v. K.Rilla. 2.Aufl. Bd. 7, Berlin und Weimar, S. 578. – Zufälle spielen zuweilen auch glücklich: auf der Rückseite dieser nachgelassenen Reflexion Lessings über die Sinne findet sich ein kleines Fragment, worin er die Metempsychose als „mein System" und als „das älteste aller philosophischen Systeme" erklärt (ebd.579) -: jene Lehre also, mit der Fichte sich, in der Gestalt des Empedokles, in den letzten Jahren zunehmend identifiziert, und die, hinsichtlich Lessings, zum Skandal des von Jacobi initiierten Pantheismus-Streites gehört.

Farbexplosions-Stelle im ‚Versuch über die Pubertät' eine qualitativ neue Welt zu schildern versucht.

Im Kollaps der alten Welt im ‚Versuch über die Pubertät' konfiguriert sich eine neue: nicht die der Farben, sondern die der Schwarz-Weiß-Konfiguration. Und die Metamorphose in den Baum. In beidem wird der Code der Homosexualität etabliert, doch auch seine Grenze. Doch dies zu demonstrieren erfordert das Nachzeichnen des dichten Gewebes der Signifikanten im Text und zwischen den Texten.

14. Eros und Trance – Schwarz/Weiß

Auf der ersten Seite des Romans, während des Krötentons, der noch immer unaufhörlich und unverstanden im Hintergrund mittönt, kommen Fichte und Luis, sein Geliebter, aus dem verdreckten Palast des Elends und tragen ihren Fick, der längst nicht mehr virgine Liebe ist, im Gesicht. *Der Schweiß bedeckt unsere Gesichter – sein schwarzes, mein weißes – mit kleinen Halbkugeln aus Flüssigkeit.* (Pubertät, 11)

Jetzt, zum ersten Mal fällt auf: schwarz/weiß, die eine sexuelle **und** eine ästhetische Konfiguration bilden: die sexuelle Obsession des weißen Fichte von schwarzen Männerkörpern. Und eine eigene Ästhetik: *Die Dauer eines Krötentons vor dem lichtarmen Park (für Farbdias zu dunkel).* (Pubertät, 11) Das Schwarz/Weiß Fichtes ist ein anderes Medium und ein anderer Code als Irmas Körper und als Irmas Fotokunst. Schwarz/Weiß – das ist Schrift auf Papier und homosexuelle Lust, beides. Noch einmal wird diese Differenz zu Irma in der Obduktionsszene angedeutet, als Fichte ihr von der Sektion erzählt und er unsicher ist, wie das Gesehene und Erlebte, in Worte übersetzt, bei ihr ankommt: *Was geschieht mit ihr, der ich erzähle? / Kopiere ich ein Farbdia auf Schwarz-Weiß-Fotopapier entstehen gesetzmäßige, aber für mein Auge unvorhersehbare Veränderungen in den Helligkeitswerten.* (Pubertät, 17) Was Fichte erneut in terms der Fotografie, speziell der Kopie, hier reflektiert, ist das Problem seines Mediums, das Problem der Übersetzung, der Kopie also des Gesehenen in Sprache, ins Schwarz/Weiß, ins Medium der Schrift. Was geschieht bei der Trans-Scription der sinnlichen Erfahrung, die ihren unteilbar eigenen Regeln folgt, in den Code der Sprache? Es geht um die schwierigste Begegnung, der Begegnung im Text. Ich erinnere an die poetologische Auseinandersetzung Fichtes mit dem Weiß der Seite und dem Schwarz der Schrift im ‚Platz der Gehenkten'.[1]

Doch zunächst, zu Anfang des Romans, ist das Schwarz/Weiß eine sexuelle Figur – wenngleich dies die Schrift bei Fichte immer auch ist. Die flüssigen Halbkugeln des Schweißes im Gesicht sind Metonymien des schwulen Begehrens: des Hinterns. Später im Text, früher in der Zeit, 1949, heißt es: *Ich will mit allen immer gleich. ... – Zwischen zwei runde Halbkugeln, sagt Eberhard Draheim erstaunt.* (Pubertät, 69, vgl. Liebe, 36) Die Halbkugeln des Schweißes, die Halbkugeln des Hinterns, *die beiden Halbkugeln der schwarzen Welt* (Kleiner Hauptbahnhof, 66). Und als viel später, 1958, Fichte in Schweden mit Rüdiger Neuschütz das erste Mal anal verkehrt – die

---

[1] Vgl. dazu S. 370ff. u. 381ff. dieses Buches.

langsame und schwierige Annäherung an den Anus: *Ich hatte es noch nie bis zuende gemacht.* (Garni, 90)[1] – liegen beide danach zusammen:
Der schöne Arsch.
Wir lagen Kopf an Schwanz, und hinter dem in dieser Perspektive kräuseligen Organ sah ich ihm von vorne zwischen die beiden vollkommenen Berge.
Das ist das Glück, dachte ich.
Die schönste Form mit verklebten Haaren. (Garni, 91)

Die metonymischen Substitute von Samen und Hintern tragen Fichte und Luis in der Eröffnungsszene des ‚Versuch über die Pubertät' im Gesicht: Schweiß, Halbkugeln. Und sie bilden zusammen die Figur Schwarz/Weiß. Damit sind **gegen** den Krötenton der Mutter – wieso ist noch unklar – und **gegen** den Tod in der Morgue sogleich die entscheidenden Gegensignifikanten Fichtes eingeführt: der schwarze schwule Eros ist der erste und letzte Halt vor der verschlingenden Todesgöttin Nanã **und** Halt vor dem *Gegenzauberer* des zerstückelnden Todes, den mächtigen Übervätern. Sexualität ist die Abwehr der Angst vor dem Tod, vor der Verurteilung und der Zerstückelung, die seit der Waisenhaus-Zeit bis in die Szene im Institut „Nina Rodrigues" Detlev und Jäcki und Hubert beherrscht.
Draußen kommt mir Luis entgegen.
Er rennt mit mir in den nach nassem Mehl riechenden Palast und zwischen den durchlöcherten Pappwänden oymeln wir uns halbtot. (Pubertät, 15)[2]

Die bis an den Tod – *halbtot* – heranreichende Verausgabung der Begierde ist ein immer wiederholter, apotropäischer Ritus gegen den Tod. Es ist die Frage, ob Idolisierung und Wiederholungszwang des Sexuellen nicht darin ihren Sinn haben, daß sie immer neu die Evidenz des Lebens sichern sollen vor der Macht des Todes, der von den frühsten Texten Fichtes an die erste und letzte Herausforderung für die Fragilität des Leibes und der Schrift ist.[3]

Bei Trygve[4] (dem anderen von Pozzi protegierten adoleszenten Genie, Yngre Jan Trede, dem inkarnierten Mozart) erfährt Hubert initiatorisch, daß der Eros den einsozialisierten Ekel vor dem Geruch und den Absonderungen des anderen auslöscht. Fichte imitiert dabei die schwule Konfiguration von David und Jonathan in dem Drama „Die Spur des dunklen Engels" von Hans Henny Jahnn.[5] Während Pozzis

---

[1] Der passive Analverkehr folgt noch später, als initiatorisches explosives Glück, 1964, während der Arbeit am ‚Waisenhaus': Thema des Romans ‚Eine glückliche Liebe' (dort: 10, 103–108: die Pariser Sauna als Ort der 2. [oder 3.] Geburt Jäckies). Vgl.: *Ich habe mich nie ficken lassen.* (Garni, 127)

[2] Dies ist die Welt des Schmutzes, des Elends, der Schönheit der 3.Welt, der Ethnographie und der Homosexualität, von der Fichte zu Beginn von ‚Xango' sagt: *Hier war Goethe nicht. Doch wo Goethe nicht hinkam, war Italiaander.* (Xango, 7) [Rolf Italiaander, 1913–1991, war beinahe überall, aber in Bahia m.W. nicht.] – Es ist zu bemerken, daß die erste Seite von ‚Pubertät' und die erste Seite von ‚Xango' teils korrespondierend, teils kontrapunktisch aufeinander bezogen sind.

[3] Diese Dimension des Eros entgeht Gert Mattenklott in seinem wichtigen Aufsatz: Hubert Fichte: Erotologie als Form. In: FORUM Homosexualität und Literatur H. 9, 1990, S. 19–31.

[4] Den Namen Trygve für Yngre Jan Trede bezieht Fichte aus Hans Henny Jahnns Stück „Armut, Reichtum, Mensch und Tier" (1947).

[5] Hans Henny Jahn: Spur des dunklen Engels. In: ders.: Dramen II, Frankfurt/M. 1965, S. 397–610. Dieses Stück, zu dem Yngre Jan Trede die Musik schrieb, entstand zum größten Teil während der ‚erzählten Zeit' des ‚Versuch über die Pubertät'; auch darum ist dieses Stück – ähnlich wie der „Thomas

Hände den Jungen ekeln, lehrt sein Theaterstück ihn das Schema der schwulen Liebe jenseits des Ekels. *Ich habe bei Pozzi gelesen, daß David an Jonathan nichts ekelte, und mich ekelt an Trygve nichts.* (Pubertät, 101)[1] Doch wichtiger ist, daß Fichte die sexuelle Erfahrung mit Trygve bereits als Initiation in die Utopie des schwarz/ weißen Eros deutet. *Und trotz der Angst vor Spucken und Beißen die Begierde, von ihm aufgefressen zu werden, mich einzuhüllen in ihn, wie in eine zweite Haut, herumzulaufen mit einem zweiten Kopf, der neben herhängt, und mit vier Händen, zwei schwarzen und zwei weißen.* (Pubertät, 101) Das Bild der siamesischen Zwillinge, der „Einleibung" (H.Schmitz)[2] des einen im anderen und der Verdoppelung des Selbst folgt den uralten Mythen der Androgynie und der göttlichen Zwillinge[3], die in ihrem erotischen Zusammenwachsen den Traum der zweieinigen Liebe zu verwirklichen trachten – jenseits der Wunde, die jedes Subjekt, eingeschlossen in die trennenden Grenzen seines Fleisches, empfindet und zugleich ist.

In der berühmten Formel des Hölderlinschen „Hyperion" gesprochen, der damit Heraklit folgt – wie Fichte seinerseits Empedokles folgt –, geht es dabei um den Versuch, die Liebe so zu leben, daß die getrennten Körper die philosophische Figur des „in sich selbst unterschiedenen Einen" bilden, das „ἑν διαφέρον ἑαυτῷ".[4] Dieses „in sich selbst unterschiedene Eine" ist die Formel des Schönen, der Philosophie und der Liebe zugleich. Man kann ergänzen: es ist die Formel des Dionysischen, die Formel der Trance und der Ekstase, aufgeführt in den Riten der Religion nicht nur, sondern auch des Eros, der von den religiösen Impulsen immer nur imitiert wird. Fichte ergänzt dies universelle Muster um die spezifische Form **seines** Begehrens: die Vereinigung von Schwarz und Weiß.

Ähnlich wie der Eros zum Impulsgeber der philosophischen Idee „des in sich selbst unterschiedenen Einen" wird, so ist die Schwarz/Weiß-Konfiguration bei Fichte der Impuls auch einer Wissensbegierde, Impuls des Reisens, das eine erotische und forschende Bewegung ist, das Sehnen des Weißen nach der Verdoppelung im Schwarzen, ein Sehnen, das, säkularisiert, die Form der Erforschung von schwarzen Trancekulturen in Afrika und Südamerika gewinnt.[5]

Chatterton" – wichtig als Hintergrund des Romans. Das indirekte Zitat über den Ekel: Jonathan sagt zu David: „Ich bekenne, ich schwöre: nichts an dir soll mir jemals widerlich sein." ; oder: „Nichts an dir soll mir je abstoßend sein." (ebd. 423, 450) – Eine aufschlußreiche Erwähnung des Jahnnschen Stückes auch in HuL II, 175.

[1] Zur Annäherung an die mit Ekeltabus belegten Körperzonen und Körperflüssigkeiten vgl. Pubertät 79/80, 88, 93, 116/7, 121, 194, 200/1. Zum Ekel beim Heterosexuellen vgl. Grünspan, 60: *Der Geschmack der faden Spucke – zum Kotzen –,* so denkt Detlev beim Küssen Ullas (Vgl. Pubertät, 151). – Unverkennbar ist, daß die magisch-litaneihaften Apostrophen des Anus und des Schwanzes ebenso wie die Rituale mit Urin auch die Funktion eines langsamen Abbaus von Ekel haben bzw. zur Ekellust gehören, die eine der intensivsten sexuellen Sensationen ist.

[2] Hermann Schmitz: System der Philosophie. Bd. II/1: Der Leib. Bonn 1965, S. 341ff.

[3] Achim Aurnhammer: Androgynie. Studien zu einem Motiv in der europäischen Literatur. Köln Wien 1986.

[4] Friedrich Hölderlin: Hyperion. In: Sämtliche Werke, hg. v. D.E. Sattler. Darmstadt und Neuwied 1984, Bd. 11, S. 113.

[5] Vgl. den Zusammenhang von Reisen und Eros bei Herodot in HuL I, 383, 395, 399/ 400, 420.

Daß dieses keineswegs überinterpretiert, sondern im Gegenteil von Fichte selbst angelegt worden ist, das kann man dem kurz vor dem ‚Versuch über die Pubertät' veröffentlichten Funk-Feature ‚Die Trance in den afroamerikanischen Religionen' (11.5.74) entnehmen. Fichte eröffnet den Text mit den in seiner Früh-Pubertät gebildeten Vorstellungen der Bewußtlosigkeit in der Sexualität: *Ich meinte, Libido müßte Bewußtlosigkeit, Selbstvergessenheit auslösen und Raserei ... Zwanzig Jahre später brachten mich meine Erlebnisse mit den afroamerikanischen Mischreligionen an das Problem religiöser Ekstase und Trance heran, und ich entdeckte, daß meine vorpubertären Phantasien hier ausgelebt wurden, daß ich als sexuell einen Zustand antizipiert hatte und vergeblich erwartet, den ich in ganz anderem Zusammenhang als Trance kennenlernte.*[1] Diese Vorbemerkung zum Feature enthält, wie man leicht erkennen kann, das poetische Programm des Romans ‚Versuch über die Pubertät', das Schema, mittels dessen Fichte die Tranceriten der afroamerikanischen Religionen benutzt, um daraus die Form der narrativen Rekonstruktion seiner eigenen sexuellen Geschichte zu gewinnen. In der Zusammenfassung am Ende des Features geht Fichte auf die Universalität des Trance-Phänomens ein, auf seine wesentlichen Erscheinungsformen und Erklärungsmöglichkeiten, auf seine Verwandtschaft mit den Phänomenen, die in der wissenschaftlichen Zivilisation als Hysterie, Paranoia, Epilepsie usw. psychiatrisiert werden. Und Fichte konfiguriert die Trancekulte mit der Artaudschen Idee von „Le temps noir", mit der Trance-Dokumentation „The white darkness" der Filmemacherin und Anthropologin Maya Deren sowie mit den Anmerkungen Hölderlins zur „müßigen Zeit" in den Tragödien des Sophokles, Spuren des Dionysoskultes in der literarischen Form der Tragödie.[2]

Wir haben damit aus der Idee der schwarz/weißen Ekstase mit Trygve diejenige weitgespannte Konstellation gewonnen, die uns in der Folge beschäftigen wird: Die ekstatischen und rituellen Formen des Sexus und der Religion im Schema der schwarz/weißen Zwillingsschaft; die Bezüge zu Artaud und zu Hölderlins Tragödienauffassung, die als Hintergrund der Tragödienrezeption in ‚Grünspan' und in ‚Versuch über die Pubertät' zu denken ist.

15. SCHWÄRZE

Die Marquise von O. Ohnmacht und Orgasmus

Fichte bestimmt das Ich als Gegensatz zur Schwärze. Das Ich bildet sich durch Grenzen und Abgrenzungen, durch Kontrolle der Sprache und des Triebes, durch Modalisierung und Metrisierung der Zeit. Das Ich ist die unberührte, körperlose, transzendentale Einheit, ein Ensemble der sozialen und moralischen Codierungen, das

---

[1] Fichte: Die Trance...a.a.O. S. 2. Diese Beobachtung liegt auch dem Motto zugrunde, das Fichte dem Roman ‚Versuch über die Pubertät' voranstellt.
[2] Fichte ebd. S. 102. – Ausführlich dazu S. 278ff. dieses Buches.

Ich ist Instanz der Rationalität und des Diskurses, distanziert, rührungs- und berührungslos, isoliert, *aufgeklärt, unmagisch, verlogen*: *Ich allein.* (Pubertät, 36–38, 64/65) Diesem Ich wird die Farbe Weiß zugeordnet, es ist die Subjektform der Weißen. *Ich – die weiße Zeit, die so schnell ausverkauft ist.* (Pubertät, 37)

Diesem Ich und der *weißen Zeit* gegenübergesetzt wird *die schwarze Zeit der Gegenwärtigkeit selbst* (Pubertät, 37), das *allesumoymelnde Spiel* des Sex, das erotische Universum der Verausgabungen, Vermischungen, Verdoppelungen, Auslöschungen, Metamorphosen.[1] Von Kindheit an hat Fichte den Sex mit Bewußtlosigkeit verbunden: daraus entstand seine Lesart der „Marquis von O.", deren Ohnmacht für Detlev nicht ein Moment der Abwehr und Verleugnung der Sexualität – wie bei Kleist – darstellt, sondern eine Form des Orgasmus, den Detlev, halb ängstlich, halb hypertroph erwartungsvoll, phantasierte als Ekstase und als Besessenheit, als die körperliche Einwohnung einer überwältigenden Macht: das ist für ihn Orgasmus schlechthin.[2]

Wie die „Marquise von O." für Detlev zum Archetyp ekstatischer Auslöschung wurde, so auch zum Bild der sexuellen Entdifferenzierung, d.h. zum Bild der in der Sexualität sich verwirrenden Geschlechtsidentitäten. In seinen versuchten Enträtselungen des sexuellen Geheimnisses der Marquise von O. und des russischen Offiziers identifiziert sich Detlev regelmäßig doppelt: primär und automatisch, wie in einem Freudschen Versprecher sein unbewußtes Begehren freigebend, identifiziert sich Detlev mit der Marquise, also mit der weiblichen, vergewaltigten Position. Was hier heißt: er als Junge phantasiert sich, im Bild der Marquise, bis zur Ohnmacht coitiert von einem mächtigen Mann. Dies ist das homosexuelle Bild, das er sogleich korrigiert ins heterosexuellen Schema, indem er sich mit dem russischen Offizier gleichsetzt. – Das geschieht im Grünspan-Roman zweimal an signifikanten Stellen; der Schlußsatz des ganzen Romans enthält genau diesen Versprecher und beendet das Kindheitsdrama der unklaren sexuellen Identifikation, ob er schwul oder heterosexuell ist. Detlev steht vor dem Spiegel und onaniert; er phantasiert sich dabei in die Rolle des Offiziers – doch bleibt diese Phantasie blaß und Detlev kommt nicht zum Orgasmus. *Detlev überlegt, daß er jetzt nicht mehr nur ein Kinderdarsteller ist, sondern daß er die Marquise von O. spielen könnte, er meint, wie Hermann Lenschau den russischen Offizier in der ‚Marquise von O.' spielen könnte.* (Grünspan, 242, 141)[3] In

---

[1] Diese Vorstellungen kommen sehr nah George Bataille: Der heilige Eros (1957). Frankfurt/M. Berlin Wien 1979.

[2] Das Namenskürzel „Marquise von O." changiert, schon von Kleist her, zwischen O̱hnmacht, O̱rgasmus und Ḻoch/Vagina – zugleich das ‚Loch' des Geschehens, das ausgelassen/leer ist und nur in dem berühmten Kleistschen Bindestrich markiert wird. Bei Fichte wird diese Assoziationskette homosexualisiert durch das O, das das Arschloch ist (*Von hinten da rein.*, Pubertät, 52, *da irgendwie rein*, ebd.88), das das Auge des Polyphem ist, *das Zyklopenauge, das sich Ödipus doppelt ausstößt* (Pubertät, 84). – Die literarische Prägung des Sex bei Fichte zeigt, daß – entgegen allen Versuchen, im Sex ein *Ur*, einen ‚Archégonos' auszumachen – er weder ursprünglich noch unmittelbar ist, sondern ‚literarisch' und ‚gebildet', nicht ‚klassisch', sondern ‚manieristisch'.

[3] Detlev hat hier nicht die Erzählung, sondern die Bühnenbearbeitung durch Ferdinand Bruckner in Erinnerung. Das Stück hatte an den Hamburger Kammerspielen am 26.4.46 Premiere (Regie: Wolfgang Liebeneiner; nicht mit Hermann Lenschau, sondern Erwin Linder in der Rolle des russischen Offiziers). – Zuvor spielte die „Marquise von O." eine Rolle als verbotene, dann erlaubte Lektüre Detlevs. Die Mar-

diesem Spiel der Identifikationen mit ‚Mann oder Frau' geht es jedoch eigentlich um ‚Schwul oder Hetero'. Die androgyn-bisexuelle Phantasie der Präpubertät enthält also zwar die Idee des Orgasmus als Bewußtseinauslöschung, nicht aber in der Form der *schwarzen Gegenwärtigkeit,* der négritude.[1]

Im Gegenteil ist der ersehnte Orgasmus für Detlev von vehementen Strafängsten besetzt und die Realität erster sexueller Erfahrung bleibt weit hinter der Erwartung der Auslöschung des Bewußtseins zurück. So z.B. mit dem Jungen Klaus Hanft im Kohlenkeller eines *besseren Eppendorfer Etagenhauses* (Pubertät, 92).

Ich, ich, ich , ich.
Das allzufeste Fleisch ist geschmolzen und härter.
Töten das hassenswerte Ich!
Ich hatte geglaubt, ich würde bewußtlos dabei werden, anfangen zu brüllen, Schmerz und Rücksicht bedeuteten nichts mehr, wir würden uns aufreißen dabei, unsere Organe lägen einsehbar, wir würden uns aushöhlen gegenseitig und ineinander hineinschlüpfen.
(Pubertät, 93/94; vgl. Garni, 123)

Tatsächlich folgt Detlev hier dem Phantasma der ohnmächtigen Marquise von O., einer orgiastischen Ekstase, eines Orgasmus als dionysischem Blutbad, als rituellem Identitätswechsel und kleinem Tod, der den eigenen Körper rauschhaft untergehen und im Leib des anderen wiedererstehen läßt. Das ist es, wenn Fichte im Feature ‚Die Trance' davon spricht, seine sexuellen Phantasien seien magisch gewesen, erfüllt von Sehnsüchten nach leiblicher Obsession und tranceförmiger Entrückung. Doch macht der junge Detlev hier die Erfahrung der himmelweiten Differenz von Samenerguß und Orgasmus, wenn das *weiße* Licht des moralischen Bewußtseins auf den *widernatürlichen Geschlechtsverkehr* (Pubertät, 93) fällt – post coitum omnis triste:

Bevor es soweit ist, werden die Empfindungen abgebogen und es kommen ein paar Tropfen und dann ist es schon zuende und es riecht nach Briketts und die Sehnsucht nach Aufgabe bleibt jetzt als Strafe, als Todesurteil, das ich voll Entsetzen an mir selbst vollstrecken will. (Pubertät, 94)

Schwarz – dies sind allenfalls die Briketts im dunklen Kellerversteck. Hart bricht die moralische Zensur über den jungen Schwulen herein, die Angst vor Verurteilung, welche, wie wir noch sehen werden, die Angst vor der Mutter, vor Nanā ist. Statt des orgiastischen kleinen Todes das *Todesurteil,* die Verwerfung des eigenen Begehrens. Wie viele, so macht auch Detlev die Erfahrung, daß das eigene Anderssein nicht positiv, als Quelle der Lust, sondern von der Angst besetzt wird, ganz und gar verwerflich zu sein. Jedes Urteil, ja das Todesurteil ist gerechtfertigt. So wird nicht die Sehnsucht nach Aufgabe real, sondern die Aufgabe der Sehnsucht. Selbstaufgabe. Selbstverurteilung. Diese kleine Szene ist das schwule Seitenstück zu Kafkas Erzählung „Das Urteil", eine Variante mehr in der langen Geschichte der Selbstkastration seit Ödipus.

---

quise ist, wie Achill/Patroklos, ein Feld der Auseinandersetzung zwischen Mutter und Sohn (vgl. Grünspan 70, 109, 113, 134f).
[1] Vgl. Tomas Vollhaber a.a.O. S. 191ff.

Gerd Werner. Simulierte Auslöschung

Gerd Werner, der in Sartres „Tote ohne Begräbnis" die Rolle des Henri spielt, mithin den Mörder von François, der wiederum vom jungen Fichte dargestellt wird, Gerd Werner also, den Hubert so vergeblich liebt, wie Pozzi ihn (Pubertät, 76/77), gibt Hubert Kokain, das ihn abzischen läßt in grandiose Flugphantasien, von denen, wieder ernüchtert, er weiß:

– *Das ist nicht mein Zustand. Das ist eine Extrasituation, die mir mein Bedürfnis nach zärtlicher Auslöschung und blutiger Verdopplung nicht ersetzen kann.* (Pubertät, 95)

Die chemische Trance, die Drogen: immer wieder begegnen sie Fichte, immer wieder lehnt er sie ab – außer zu experimentellen Zwecken, um die Wirkungen von Kräutermixturen in Heil- und Initiationsritualen zu verstehen (Pubertät, 115–117, Xango, 338). Drogen eröffnen nicht die *Zeit der schwarzen Gegenwärtigkeit*, wie er sie sucht. Nicht die solitäre Drogenreise, sondern die sexuelle *doppelte* Ekstase ist für Fichte das Medium der gesuchten Überschreitung des Ich.[1]

Zerquält und vergeblich aber ist die Sehnsucht, mit der Hubert *die einzige kurze Zeit* herbeiwünscht, *in der mich der Geliebte berührt*. – Das ist der Augenblick, wenn Gerd Werner an ihm mit *Gralshänden* den *Guerillamord* vollzieht. Hubert-François konzentriert *seine ganze Sensationsfähigkeit auf Schilddrüse und Nackenwirbel* (Pubertät, 78), wo Gerd Werner/Henri ihn umfassen und ihm die Luft abdrücken wird. Während der Theaterproben wird dieser Scheinmord für Hubert zum rituellen Auslöser eines einsamen kathartischen Prozesses, in welchem die ‚schwarze Ekstase' der Identitätsauslöschung ebenso theatralisch[2] simuliert wird wie die Vergeblichkeit seines Wunsches nach dem unerreichbaren Mann. Die Begierde nach *blutiger Verdopplung* im Anderen und die verzweifelte Sehnsucht, im Ermordet-Werden durch den Geliebten all die mit Furcht und Schrecken besetzten Identifikationen ausagieren und abstreifen zu können, die mit der Tragödie von Mutter und Sohn, von Klytämnestra und Orest verbunden sind:

Jetzt kommt Gerd Werner, wie der Orest aus den „Fliegen", in „Tote ohne Begräbnis", um den Mord zu begehen, an mir, ich habe den Orest von Goethe aufgesagt, zitternd, schwitzend, lispelnd, mit Schwärze vor den Augen, nicht mehr Imitation der Sprache von

---

[1] Die Frage, die Fichte bei den Selbstversuchen untersucht, zielt darauf, ob das „Zerbrechen des Bewußtseins" ein symbolgesteuerter oder chemisch-manipulativer Prozeß ist, oder beides. – Fichte scheint, was ihn selbst angeht, durchaus Angst vor Drogen gehabt zu haben – was nicht verwundert, wenn man das hohe Maß von Selbstkontrolle und Disziplin bedenkt, das bei ihm vorherrscht. (Vgl. Fichte: Die Trance...a.a.O. S. 37).

[2] Vgl. Xango 333, wo Fichte sich auf den Ethnologen Alfred Métraux bezieht, der die Trance im haitianischen Vaudou zwischen Theater und Hysterie ansiedelt. Im Trance-Feature kommt Alfred Métraux mit seinem Buch „Le Vaudou Haitien" (Paris 1958) ausführlich zu Wort. – Vgl. ferner HuL I, 142, wo Fichte zwischen der Aristotelischen Katharsis, dem haitianischen Vaudou, dem Theater der Grausamkeit und Lohensteins Dramaturgie Entsprechungen aufspürt. An solchen Konfigurationen ist nachzuvollziehen, wie „correspondances" sich aus Gelesenem und Erfahrenem über längere Zeiträume aufbauen und fortan zum Arsenal des „Struktur-Schreibens" (Mina, 19) gehören. – Zum Themenkomplex vgl. insgesamt Victor Turner: Vom Ritual zum Theater. Der Ernst des menschlichen Spiels. Frankfurt/M. 1989.

Goethe, Identifikation, Auslöschen des Selbst, Umkippen, der Imitierte sein, der Auslöscher selbst.
Orest kommt auf Orest zu; Gerd Werner löscht mich aus, meine Imitationen, Detlev, Jäcki, Orest, Johnny, ich identifiziere mich nicht mehr mit mir selbst. Orest bringt Orest um und als er mich bei der Kostümprobe erwürgt, liegt das Gesicht von François im Schoß der Hamburger Nachwuchsschauspielerin. Und der Regisseur freut sich –
daß die Konzentration auf den Partner, die Intensivierung eines erotischen Bildes eine magische Figur schafft, Katalepsien, Persönlichkeitstausch und Vernichtungsgesten auslöst, die nur um ein Haar vom Tod unterschieden sind. (Pubertät, 82/83; vgl. Grünspan, 131/132, 184/185)

Das Theater wird vom jungen Hubert nicht als ‚moralische‘, wie bei Schiller, sondern als magische Anstalt erlebt. Ohne daß ihm das Simulierte darin zu Bewußtsein käme, durchlebt Hubert die Dramen seiner Phantasie-Geschichte und seiner nach Bewußtlosigkeit sich verzehrenden Sexualität – bis an die Grenze der Metamorphose, jener Metamorphose, welche die Kluft zwischen den theatralischen Zeichen und ihrer Bedeutung aufhebt. Dann wird die Bühne zum Schauplatz des Ereignisses, das sie darstellt. An dieser Stelle ist, dramaturgisch gesehen, der äußerste Gegensatz zum Brechtschen Theater erreicht und die größte Nähe zu Antonin Artaud.[1] Es ist, als schössen augenblickslang die Bedeutungen leibhaft in die Gesten des Spiels und gewönnen in ihnen eine vollendete Gegenwärtigkeit. Das ist so, als begönnen die theatralischen Zeichen zu taumeln und fielen selbst in einen Bedeutungsrausch und würden entrückt in einen phantomatischen Raum, den Raum des Doubles. Die Bühne als magische Anstalt –: dies ist, nach dem Lese-Bild der in Ohnmacht versinkenden sexuellen Ekstase der Marquise von O., nunmehr der zu halluzinatorischer Gegenwart verwandelte Raum der ureigensten Obsessionen, die sich auf der Bühne verkörpern. Freilich – dieses Artaudsche Theater bezeichnet für den längst ernüchterten Erzähler eine Stufe innerhalb der rituellen Schichtungen der Pubertät. *Was für eine Karrikatur einer Einweihung, einer Bewußtseinszerstörung!*, so kommentiert er sarkastisch die Bemühungen der Schauspieler, sich *durch die vorgeschriebenen Sätze des existentialistischen Stückes zu kaspern.* (Pubertät, 71)

Nun ist der Zauber da. Schwarzer Matrose

Nach den vielen Versuchen der Auslöschung des Bewußtseins; nach den Erinnerungen an den Matrosen Paul im schwarzen Garten; nach der Verwandlung des Apfelbaums in den Körper des Mannes; nach der Anrufung des schwarzen, afrikanischen Vaters (Pubertät, 60); nach der rituellen Beschwörung des gestorbenen Großvaters aus den schwarzen *Totenwassern* einer erdumspannenden ökologischen Katastrophe (Pubertät, 246/247); nach der Begegnung mit dem *schwarzen Mann* Testanière, dem afrikanischen König Njoja und griechischem Seher Teiresias, der

---

[1] Was Detlev widerfährt, erkennt Jäcki/Hubert als Struktur und Form. Von dieser Differenz aus werden die Theatererlebnisse Detlevs durch Rückprojektion entsprechend den magisch-kultischen Thater-Konzepten Artauds umgearbeitet – besonders, seit Fichte erkannt hat, daß Artaud selbst auf den dionysischen Wurzeln der Tragödie aufbaut – wie Nietzsche auch.

zweigeschlechtlich und bisexuell war; nach dem Abschied von Testanière, der die Abschiede von den alten Männern überhaupt einleitet – der *weinende Teiresias, der mir nachruft: / – Ich bin zu alt! Ich bin zu alt!* (Pubertät, 295) –: nach all den Versuchen, jetzt, endlich, die Begegnung mit *einem amerikanischen Neger in weißer Marineuniform und auf die Zeremonien der kleinbürgerlichen Pubertät, auf die Verwandlungen meiner Begierden in die steinzeitlichen, zeitsteinlichen Betätigungen des Knechts preßt sich nun die Gegenwart des vollkommenen schwarzen Körpers.*
Nun ist der Zauber da.
Die Zeit steht dreißig Jahre still. (Pubertät, 295)

Der Schwarze trifft Fichte wie eine Epiphanie. Die Bildwerdung des Traumes. Übergangslos wie ein Schock. Unvorhergesehen wie das Erscheinen Gottes fällt das Bild des Schwarzen ein in den Körper Fichtes und erfüllt alle Sinne. Erotische Offenbarung: namenlos, übersubjektiv, jenseits der Person, ist der Schwarze das Eintreffen der Utopie.

Er ist schwarz und in seiner schwarzen Uniform erscheint er mir wie ein Komplementärbild von Mozart auf der Netzhaut.

Er ist der Neger aus dem Roman von Genet und Melville und Pozzi, der mich anlächelt, und ich höre ein Klicken in den Ohren, wie nach der Taubheit des Aufsteigens, wenn in der großen Höhe das Hören wiederkommt.

Die Zeit bleibt stehen. Die Welt schrumpft zusammen, auf den Mittelpunkt dieses in Leinen eingeschnürten schwarzen Körpers. Die Erinnerungen kehren sich um und durch die Zeiten des Mangels vorbereitet, füllt mich das Bild des lächelnden Negers an bis unter die Fingerkuppen, wie er seine Uniform anfüllt und ich ihn anfüllen möchte, dränge ich in ihn ein durch Darm, Milz, Leber bis ins Gehirn. (Pubertät, 296)

Keineswegs geht es hier um eine individuierte Beziehung. Im Gegenteil zeigt der Schwarze als Umkehrbild Mozart/Trygves und als Erinnerung an die Romane Genets und Melvilles, daß der Matrose eintritt in ein bereitliegendes Schema der Begierde, das unabhängig von seiner Person ist.[1] Der magische Augenblick, in dem die Zeit stillsteht, liegt jenseits oder diesseits des Bewußtseins von Identität. Die angeschlossene Passage über signalgesteuerte Reiz-Reaktions-Schemata und experimentelle Gehirnchirurgie zeigt (Pubertät, 295/6), daß Fichte hier ein Ereignis schildert, das gewissermaßen auf der Ebene elementarer Verhaltenscodierung liegt – und dennoch der empirisch-analytischen Auffassung des Triebes entgegengesetzt wird. Worum geht es dann, wenn nicht um verhaltensbiologische und physiologisch-anatomische Codes der sexuellen Objektwahl?

---

[1] Die Begegnung mit dem Schwarzen Charles im *Kleinen Hauptbahnhof* hat eine ähnlich initiierende Bedeutung wie die mit dem Matrosen hier. Interessant ist, daß Fichte sich Charles gegenüber selbst als Schwarzer bezeichnet: *Ich heiße Jäcki./ – Ich bin kein Amerikaner./ – Aber ich bin ganz schwarz – das sieht man nur nicht.* (Kleiner Hauptbahnhof, 69) Der schwule Halbjude identifiziert sich mit der Farbe, die für ihn sowohl den Sex überhaupt wie auch Unterdrückung und Verfolgung bezeichnet.

Exkurs zur Räumlichkeit des Erzählens

Es ist zunächst zu bemerken, daß die Begegnung mit dem schwarzen Matrosen eingelassen ist in die rondohaften Wiederholungen der Obduktionsszene des Romaneingangs. Der Roman, der sich entfaltet in einem Raum, dessen Schichtungen durch die archäologisch arbeitende Erinnerung abgetragen werden und dessen strukturale Vernetzung eine Art synoptischer Architektur anstrebt, dieser Roman ist insgesamt dennoch von einer Zeitform organisiert, die zwar zum wenigsten chronometrisch, wohl aber durch Rhythmen und Wiederholungen organisiert ist. Die Makrostruktur des Romans wird durch die Wiederholung der Obduktionsszene am Ende bestimmt, der dadurch insgesamt einen **Zirkel** beschreibt. Freilich bedeutet die Ausführung eines Kreises im Raum des Erzählens nicht notwendig die Wiederkehr des Anfangs als des Einen-Identischen, das dadurch zu dem würde, was anders nicht sein kann, also Gesetz ist. Das hieße nämlich: die Zerstückelung des Körpers, die Herrschaft des Todes wäre Gesetz. Also das Institut „Nina Rodrigues" als Raum der Welt. Die Wiederholungen der Obduktion dagegen hier am Romanende werden rhythmisiert dadurch, daß die „Grosse Anatomie" selber zergliedert wird und in die Passagen über Testanière und den Matrosen eingelagert wird (Pubertät, 283–298). Der Wiederholungszwang der Zerstückelung war seit dem Roman ‚Das Waisenhaus' zentral. Die Kreisform im ‚Versuch über die Pubertät' wird dagegen aus sich herausgedreht wie eine **Spirale** und signalisiert dadurch, daß die Wiederholung auf einer anderen Ebene, einer anderen Schicht des Erzählens angesiedelt ist. Um deren Bestimmung geht es jetzt.

Der gesamte Roman – außer in den Interview-Teilen – wird im Modus des Präsens geschrieben. Die Bahia- und Haiti-Passagen ebenso wie die Erinnerungen an 1949 oder 1952. Dadurch entsteht eine Verräumlichung des Erzählens, das selbst, wenn es zeitliche Strecken abschreitet, gleichwohl den ganzen Stoff des Romans in eine Gleichzeitigkeit versetzt. Es ist so, als habe sich der hier erzählte Lebensstoff nicht historisiert und ins epische Präteritum geordnet, sondern als stünde aller Lebensstoff zur Szene der Obduktion in gleicher Unmittelbarkeit. Die „Grosse Anatomie" bildet erzähltechnisch die Gegenwart, deren Raum halluzinatorisch von den Erinnerungen erfüllt wird. Diese Erzähltechnik hatte Fichte bereits im ‚Waisenhaus' entwickelt (alles ist die Gegenwart der wenigen Sekunden auf dem Balkon). Nur blieb bisher unbemerkt, daß der Pubertäts-Roman in gleicher Weise die Gegenwart eines einzigen Raumes ausschreitet. Alles gewinnt seinen Platz auf der Bühne der Erinnerung in der Morgue. Und durch die Weise seiner Plazierung nimmt ein jedes Fragment Beziehung zu allen anderen auf: dies ist der strukturale Raum der Correspondances. Nicht „wann" geschieht etwas, sondern „wo" ist es plaziert – das ist bei Fichte die erzähltechnisch wichtigere Frage. Gerade diese Form der Simultaneität des Vergangenen in dem durch die Obduktion schockhaft aufgerissenen Raum ist Fichte's Weise der Historisierung: eine poetische Aufarbeitung der Schichten (nicht Geschichten) seines durch die Obduktion zu seltsamer Gegenwart verwandelten Lebens. Meine These: wenn hier von Raum und Gegenwärtigkeit des Textes gesprochen wird, so handelt es sich dabei um eine Form der Erinnerung im Körper. Genauer: der Textraum stellt den Leibraum nach und dieser Leibraum ist der Schauplatz des Erinnerns.

Fürs erste soll diese Behauptung durchgespielt werden an der Begegnung mit dem schwarzen Matrosen in Monaco. Dabei wird klar werden, warum Fichte diese Begegnung mit physiologischen, behaviouristischen und gehirnanatomischen Erklärungen kontextualisiert: tatsächlich geht es Fichte um die Situierung von Verhalten und Erinnern in einem physischen Raum, doch nicht im Raum des anatomischen Körpers, sondern im Raum des empfindlichen Leibes, dessen memorierende und erotische Arbeitsweise eine gänzlich andere ist als die des medizintechnologisch perspektivierten Körpers.[1]

Leibliches Bewußtsein und Erinnern

Die Obduktionen im Institut „Nina Rodrigues" betreffen unmittelbar das leibliche Selbstbewußtsein Fichtes. So sehr er sich gegen die Identifikation mit dem Leichnam, dem „Gleichnam", wehrt, das Bild des zerstückelten Toten fällt dennoch in ihn ein mit einer Wucht, die analog gesetzt ist zum Vorgang des Besessenseins, der Trance.[2] Als der Assistent im Vorübergehen *etwas Fett, hellblütig von einem metallenen Bett* nimmt, heißt es: *Da fall ich um um ein Haar kipp ich um um eine Haar um etwas Fett aus den Latschen den Pantinen den Schuhen. / Haar und liegengebliebenes Schuhwerk sind die Spuren des Todes. ... Die Identifikation mit der blutigen Leiche klappt nicht mehr. ... Die Vorstellung aber von etwas Fett, das nach meiner Obduktion und Verscharrung übrig bliebe und von lebendigen Fingern eingesammelt würde, verursacht mir fast Fallen in Bewußtlosigkeit.* (Pubertät, 16)

Bewußtlosigkeit – sie wird zwar angestrebt in der Sehnsucht nach sexueller Ekstase, doch sie holt ihn ein, jetzt, als Bild des Todes, konzentriert in *etwas Fett,* übrig geblieben bei der Obduktion. Wir befinden uns an der äußersten Entgegensetzung zur erotischen Bewußtlosigkeit, doch beides, die erotische wie die mortifizierende Ohnmacht, sind Formen der Trance. An einer späteren Stelle über Besessenheit heißt es: *Dir kann es das erste Mal beim Hantieren mit rotem Öl geschehen, übergangslos und schnell oder erst spät in der Nacht, wenn Omulu schon vorüber ist und Nanã Buruku. / Du kippst weg und dir kippt es weg und du liegst starr wie ein Baumstamm, und wirst*

---

[1] Dies ist einer der Gründe, warum die ‚platonisierende' Auslegung bei W. Rath a.a.O. unzutreffend ist. – Die Körperlichkeit der Erinnerungen steht dafür in umso engerer Übereinstimmung zu Ideen von Hans Henny Jahnn (nicht nur Proust ist als Hintergrund für die Erinnerungstechnik Fichtes zu nehmen).

[2] Hier ist die großartige Szene parallel zu lesen, die H.H.Jahnn vom Tod des Augustus und dessen anatomischer Zerstückelung durch den zynisch-nihilistischen, namenlosen Anatomie-Professor ("Der Alte") in der Morgue von Las Palmas erzählt (Fluß ohne Ufer, a.a.O. Bd. I, 507–530): wenn irgend etwas, so ist dies das Gegenstück zur Eröffnung des Fichteschen Romans. Was hier dem Erzähler Gustav Anais Horn mit dem „Alten" begegnet, widerfährt dem Erzähler Fichte in der Begegnung mit dem „mächtigen Sechzigjährigen", mit Pithex in der „Nina Rodrigues". Bei Jahnn hat u.a. der Professor den zerstückelten Leib seiner geliebten Tochter tiefgefroren – das mag sein Echo bei Fichte finden in Pubertät, 168. Doch wichtiger als solche Einzelheiten ist die beiden Erzählungen gemeinsame ‚bewußtseinsumkehrende' Wucht der Anatomie-Szenen.

eingebündelt wie ein Toter. ... Deine Schuhe liegen draußen wie nach einem Verkehrsunfall. (Pubertät, 53)

Das verwendete Wortmaterial (Weckkippen, Schuhe) rückt die beiden zitierten Stellen zusammen. In der Morgue, so ist zu folgern, widerfährt Fichte eine Entrückung, das Besessensein vom Tod, dem Widersacher des Eros. In diesen zwei Formen der Trance begegnen sich extreme Zustände des Leibes, der, einmal, gezeichnet wird vom Gesetz des Todes und der, zum anderen, erfüllt sein will von der Macht des Sexus als der Gegenwahrheit zur zerstückelnden Gewalt des Todes. In der „Nina Rodrigues" wird Fichte vom Tode besessen – um nichts weniger geht es. Und der *Gegenzauberer*, der Sezierer wird dadurch zu einem Totengott, der die leibliche Integrität zu zersetzen droht. Eben deswegen sind im Kapitel über das Institut „Nina Rodrigues" die Spuren des anderen Zaubers, dem des Eros, so wichtig: Luis; die Phantasie, daß der Sezierer sich nach Epheben sehnt; die vorgestellte Phantasie Irmas, die, wie er glaubt, an den dulcesten Liebesmorgen der Provence denkt (Pubertät, 17); die Legende vom Troubadour und vom Triumph der Liebe über den Herrn des Todes – alles dies sind Spuren, die hinführen auf die Trance, die am Ende des Romans im Anblick des schwarzen Matrosen Ereignis wird. Herrscht Eros oder Thanatos? Das ist die Frage.

Der Totengott, in den sich der Sezierer verwandelt, ist die leibhafte Vision, daß er *den mich in dreißig Jahren enger und enger schnürenden Körperzauber kaputtschneiden könnte* (Pubertät, 19; Pubertät, 297). Dies sind die *dreißig Jahre*, die im *Zauber* des schwarzen Matrosen am Ende des Romans still stehen (Pubertät, 295/6). Es sind dies aber auch *dreißig Jahre*, die, von der Erzählzeit zurückgerechnet, in die Zeit des Waisenhauses zurückführen: wo der Ursprung der Zerstückelung, des Todesbanns, der Angst liegt. Die Enge des Körperzaubers – sie wiederholt sich in der Einschnürung des schwarzen Matrosen ins weiße Leinen. Das heißt: das mächtige Gefülltsein des Stoffes durch den Körper. Die Enge des Körpers ist hier keineswegs negativ zu verstehen. Vielmehr ist leibphänomenologisch die leibliche Enge als das Band zu verstehen, das zuerst und zuletzt den Leib zu diesem-meinem-jetzt-da-gegenwärtig Seienden macht[1]: das sind die fünf Strukturelemente der Gegenwart als leibliches Anwesendsein, das durch leibliche Enge gegebene Dieses-, Mein-, Jetzt-, Da-, Gegenwärtig-Sein. Die Enge ist also der Halt der leiblichen Jemeinigkeit.[2] Sie integriert den Leib und schützt ihn vor dem gänzlichen Zerfall in eigensinnige Zonen und Fragmentierungen. Die Enge des Körperzaubers, von der Fichte spricht, ist leibphänomenologisch angemessen verstanden als Form und Räumlichkeit des empfindlichen Leibes, wie sie sich ontogenetisch aus dem desintegrierten Gewoge des ursprünglich keineswegs ‚ganzen', sondern zerstückelten Körpers langsam herausbilden – als Grund und als Halt des lebendigen Selbstbewußtseins, das mit größerem Recht als εἶδος, als sinnliche Form, als Wesen, als Sinnesform des Menschen verstanden werden muß als der transzendentale νοῦς, der Verstand, die Vernunft oder

---

[1] Vgl. dazu Hermann Schmitz: Der Leib a.a.O. S. 73–168.

[2] Enge und Angst liegen nahe beieinander; man erkennt daraus, daß auch das jemeinige Selbstbewußtsein und Angst zusammenhängen.

das abstrakte „Ich denke" des Selbstbewußtseins. Hier entdeckt Fichte etwas von der elementaren Fundierung des Selbstbewußtseins im Leib – und zwar gerade an dem Phänomen der Enge, die im Bild des Matrosen gegeben ist.

Bei der Sektion Pozzis – Fichte und Irma sind nebeneinander, dennoch gänzlich allein dem Anblick ausgesetzt und wissen nichts voneinander – heißt es: *Teil um Teil fällt jedes Organ, das ich mir in Halbträumen einverleibt hatte zu dem rituellen Körper meines sinnlichen Bewußtsein, wieder ab und heraus.* (Pubertät, 22) Auch dieser Satz kehrt am Romanende wieder: unmittelbar nach der Begegnung mit dem schwarzen Matrosen (Pubertät, 295/6). Auch jetzt erlebt Fichte die Sektion als *Zerbrechen des Bewußtseins*, wie er es in den Einweihungsriten beobachtet und zugleich als das eigentliche, biographische Rätsel zu verstehen sucht (z.B. Lazarus, 182ff). In aller ethnologischen Forschung geht es auch um ihn selbst, um eine Form von vermittelter Selbsterfahrung, die ihn hier unvermittelt, als gewissermaßen ‚bösartige Trance', einholt. Fichte erlebt die Bewußtlosigkeit im Obduktionssaal als die äußerste Form der Infragestellung seines Leibes – als die Fortsetzung der im ‚Waisenhaus' begonnenen Selbstanalyse an der Grenze des psychotischen Zerfalls. Dieser Leib, der mein Leben ist, ist mitnichten ein ‚ganzer', sondern das mehr oder weniger unbewußte, *in Halbträumen*, aus dem Gewoge des Diversen lebensgeschichtlich *Einverleibte*. Einverleibung meint hier: das, was der Leib an Diversem – Teil um Teil – zu spüren gibt, zum sinnlichen Selbstbewußtsein zu bilden. Dieses Selbstbewußtsein ist nie ursprünglich, sondern es ist lebensgeschichtlich erworben; es ist nicht substantiell, also nicht etwa eine apriorische Wesenheit; es ist aber auch nicht akzidentiell, eine bloß sekundär anhängende Eigenschaft. Sondern dieses Selbstbewußtsein im Leib ist das sich selbst immer wandelnde Spüren dessen, was ich nicht gemacht habe, sondern was sich mir als mein Leib, als Leibeigenes und zugleich Leibfremdes, aufdrängt. Und das leibliche Selbstbewußtsein ist nicht ‚natürlich' – im Sinne von Physis, die ich als Körper bin –; sondern leibliches Selbstbewußtsein ist rituell, also eine einwohnende, aber nicht zuhandene, eine künstliche, dennoch nicht planend hervorgebrachte Macht. Und das Leibbewußtsein ist nicht konsistent, immun und resistent, sondern es ist fluktuierend-plastisch, verletzlich und abhängig. Es ist je eigen, doch niemals Eigentum: ich bin es, aber ich habe es nicht; ich bin es, doch im Modus überwiegend der Preisgabe. Eben dies wird Fichte bewußt, wenn er die Zergliederung Pozzis am eigenen Leibe spürt als Zerfall seines sinnlichen Bewußtsein. In diesem Augenblick wird der Leib selbst zur Gegenwart der Erinnerungen. Erinnerung sowohl an die Schichten früherer Desintegration, bis hinunter zur Waisenhauszeit, wie auch Erinnerung an die Schichten der gesuchten Einverleibung des Leibes in den Riten der Pubertät. Der Leib **ist** auch seine Geschichte und insofern auch das Archiv der Erinnerungen, welche die Schrift des Autors nachbuchstabiert und übersetzt im Roman.

Todeszauber und Lebensbann

Nunmehr kann der Status der Begegnung mit dem Matrosen in Monaco bestimmt werden. Die Gegenwart der Sektion ist die Präsenz des Todeszaubers, der das Leben

zu besetzen droht. Diese Gegenwart erstreckt sich über das gesamte Buch und stößt, in den Wiederholungen des Anfangs, am Ende auf Gegensignifikanten: der aus der Erinnerung wiederbeschworene ‚gute' geistliche Vater, der zeichenkundige afrikanische König und Mythopoet und weise Seher Aimé Testanière. Und es entsteht eine ‚andere' Gegenwart, die *Gegenwart des vollkommenen schwarzen Körpers*. Diesem zu begegnen ist sexuelle Trance. Der Körper Fichtes hebt ab und fliegt *und ich höre ein Klicken in den Ohren, wie nach der Taubheit des Aufsteigens, wenn in der großen Höhe das Hören wiederkommt* (Pubertät, 296). Und: *Die Erinnerungen kehren sich um* – die Erinnerungen an den Zerfall des Leibes kehren sich um ins Bild der wechselseitigen Erfüllung des eigenen und des anderen Leibes. Die erotische Utopie der Verdoppelung und Einleibung ist eine uralte Spur körperlicher Erinnerung der nun endlich ‚erschienenen' Gestalt der Begierde: des namenlosen Schwarzen, der alle in sich aufnimmt: – den Matrosen Paul, die Marquise von O., Klaus Hanft, Trygve-Mozart, Gerd Werner, Henry, Horst Klüver, den schwarzen Krankenpfleger Jeff, Mario und alle die Geliebten. Sie alle, in diesem einen, dem schwarz/weißen Matrosen, werden zur *schwarzen Zeit der Gegenwärtigkeit selbst* (Pubertät, 37) – zur négritude, dem magischen Bann, der dem Todeszauber der „Nina Rodrigues" entgegengehalten wird. Jetzt bemerken wir, daß der schwarze Matrose in der Obduktionsszene schon gegenwärtig war, in Luis nicht nur, sondern in dem zarten Satz, der die erotische Utopie Fichtes enthält: ein Toter liegt da, mit *langen, sandigen Wimpern.*
Ich habe im Halbwachen davon geträumt, die von Träumen leicht bewegten Wimpern eines Afrikaners neben mir zu beobachten. Jetzt, wo es mir in Wirklichkeit zustößt, bewegen sich die Wimpern nicht mehr. (Pubertät, 14)

Am Ende, nach der Matrosenbegegnung, wird diese Passage wiederholt – ohne den Zusatz des Todes. Die Toten, im Gegenteil, werden zeremoniell noch einmal bestattet. Ihr Geist, der auch den Geist des Erzählers besaß und besetzte, wird durch den Vorgang des Desounin befreit und die Trennung vom Todesbann vollzogen (Pubertät, 297/8).

Der Bann des Todeszaubers durch den Zauber des Geschlechts bedeutet freilich nicht, daß die Utopie des Eros real würde. Auch dessen Magie endet. Dies zu verstehen, bedarf es zuvor der Entschlüsselung des Baumes Loko.

Der Baum Loko, Xango, Aschenputtel: Chiffren der Ekstase

Ich habe das Getränk für den Gott Xango getrunken.
Die Hände des schwarzen Matrosen verwandeln sich, wie meine Hände, in die Äste und Borken des Baumes Loko.
Bräche der Gerichtsmediziner von diesem Baum ein Zweiglein ab, so wäre – Ruckediguck! Ruckediguck! – Blut im Schuck.
Der schwimmseifenartige Stamm wird durchwachsen von neuen Sprößlingen, schiefstoßenden Stämmen, an diesen hängen Lianen, voller Flechten, Moose auf Wurzeln, unter denen Pilze ansiedeln. (Pubertät, 298)

Ein seltsamer Text, synkretistisch auch er: das Einweihungsgetränk Abó für den bisexuellen Gott Xango, das Fichte wirklich im Selbstversuch getrunken hat (Xango,

336); Xango, der ‚schwarze' Zeus Labendreus oder Zeus Stratios, der auch in der Antike verehrt wurde als zweigeschlechtlicher Gottvater[1], der die Doppelaxt als sein Zeichen trägt (s. z.B. Xango-Bildband, 58–60); Xango, dem *die Giletteklingen geweiht sind* (Pubertät, 146).[2]

Die Begegnung mit dem schwarzen Matrosen wird ausgelegt im Schema ritueller Trance, bei der die Körper beider Männer in Bäume verwandelt werden. Mythische Metamorphosen bei Ovid, rituelle Metamorphosen in Bahia und Haiti, sexuelle Meatamorphosen bei Fichte. Metamorphosen lösen das Gesetz der Identität auf: Ich – das ist nicht nur der oder die eine, einzigartige, jemeinige, besondere sein, das Individuum, das Unteilbare, das seine Substanz im Selbstbewußtsein, im *Ich ganz nur das Ich* hat (Pubertät, 37). Der Gedanke der Metamorphose versteht den Menschen vielmehr als porös, als durchlässig für ein anderes, das ihn durchzieht oder besitzt – Besessenheit in allen ihren Formen – und ihn als plastisch, als Form der Verwandlung des einen ins andere versteht: moi – c'est l'autre (A. Rimbaud). Oder Empedokles:
„Denn einst schon bin ich Knabe gewesen und Mädchen,
Busch und Vogel auch und aus der Salzflut emporschnellender Fisch."
(Empedokles, fr.117 D)[3]

Diese metempsychotische Lehre des Vorsokratikers, die Fichte später zur Urformel seines Seinskonzeptes der Verwandlung erhebt, wird hier im ‚Versuch über die Pubertät' als Sehnsucht nach mutueller leiblicher Verschränkung in der sexuellen Trance kreiert. In den synkretistischen Riten Süd- und Mittelamerikas spiegelt Fichte seinen sexuellen Traum:
Steine, Pflanzen, Tiere, in Pflanzen verwandelte Menschen – Jeder Mensch ist ein Baum! –, in Tiere verwandelte Menschen, Menschen, Zombies – lebende Leichname –, Tote, Tote, die in einem Menschen weiterleben, tote Tote, Werwölfe, böse Geister, Schutzengel, Heilige, Loas, Gottvater.
Kräfte, Geister, Lebendiges, Totes.
Kinder, junge Leute, Erwachsene, alte Leute.
Geschlechtslose – die Loas sind geschlechtslos –, Bisexuelle, Männer, Frauen, männliche Homosexuelle, passive Massissi, weibliche Homosexuelle.
Afrikaner, Mulatten, verschiedene Grade der Helligkeit, Weisse... (Xango, 215)

Der Reiz der Mischkulturen ist für Fichte ein erotischer Reiz, eine Welt des Nebeneinanders, in der das tertium non datur der europäischen zweiwertigen Logik, die auch eine Logik der herrschenden sexuellen Ordnung ist, nicht gilt: kein „entweder – oder", sondern „sowohl als auch", Traum einer Welt der Konjunktionen –: und... und... – Die Parataxe: ein drittes **ist** gegeben, tertium datur, und ein viertes und ... und; a ist synchron, simultan mit non-a, mit b, c ... n. Eine Welt unendlicher Permutationen, Anschlüsse, Analogien, Überschneidungen, Mischungen, der flüchtigen Gestaltungen, Überkreuzungen und Verkettungen. Das ist der Reiz, den

---

[1] Vgl Herodot: Historien, Buch V, Kap.66 u.119. Stuttgart 1971. (Auf diese Stellen bezieht sich Fichte).

[2] Vgl. Leonore Mau/ Hubert Fichte: Xango. Die afroamerikanischen Religionen. Bd. I: Bahia, Haiti, Trinidad. Texte und Fotografien. Frankfurt/M. 1976, S. 58–60.

[3] Vgl. Kleiner Hauptbahnhof, 128; Forschungsbericht 65, 85, Schulfunk, 546, 575. – Ferner R. Koller, a.a.O. S. 238ff sowie S. 82ff. u. 105f. dieses Buches.

Fichte sucht. Die großen Grenzziehungen der Aufklärung, durch welche die Welt rationaler Praxis aus den metaphysischen Abgründen und Hinterwelten ausgeschnitten und befestigt wird, diese großen Demarkationen sollen nicht gelten: die Grenze zwischen Lebenden und Toten nicht, nicht die zwischen Mensch und Lebewesen, zwischen Mensch und Natur, zwischen Mensch und Dämonen oder Göttern, nicht die Grenze zwischen männlich und weiblich, zwischen schwarz und weiß – zwischen Ich und Nicht-Ich. Alles ist Transitorium, Medium, Übergang, Mischung. Alles ist Gegenwart. Eben das will die *schwarze Zeit der Gegenwärtigkeit* (Pubertät, 37), die négritude, als Idee einer Welt der Verwandlungen. D'Alemberts Traum – Fichte träumt dessen versteckte Nebentöne als eine totale Welt.[1]

Im Schlußbild des zusammenwachsenden Baumes, wird diese Utopie beschworen als Macht des Eros. Ihm entgegengesetzt ist die *Analysis*, die Anatomie, die Welt der unterscheidenden Identifikation des einen als eben dieses und genau dieses. Noch einmal wird an das blutige Zerschneiden, an die Vivisektion des einen großen Leibes des Lebendigen erinnert, aber konjunktivisch. Die Anatomie wird erinnert als ein verletzendes Passendmachen der lebendigen Form für die analytische Form: *Ruckidiguck! Ruckidiguck! – Blut ist im Schuck.* (Pubertät, 298) – Aschenputtel. Die Märchen, denen die Wandlung und die Verwandlung so wenig unbekannt ist wie den bahianischen Verwandlungsriten. Alles dies sind für Fichte Stimmen des Eros, dessen Grundform – die Metonymie und die Metapher – zugleich eine ästhetische Ordnung der Verkettung und Verwandlung des Seienden darstellt, eine Ästhetik des Diversen und Vieldeutigen, des sich wechselseitigen Öffnens und Durchdringens, also eine Ordnung der Ekstase.

Die Ekstase, um die es hier geht, ist der europäischen Ontologie des in sich geschlossenen Einzeldinges ist, des Dinges in Klausur, entgegengesetzt: alles, so wird von Fichte unterstellt, zeige, als es selbst, ein Über-sich-hinausgesetzt-Sein an, markiere sich, als sich selbst, zugleich als dem anderen geöffnet und beim anderen seiend. Dabei geht es nicht um dialogisches Kommunizieren zweier solitärer Wesen, was immer schon den Einschnitt der Trennung voraussetzt und als äußerstes die Utopie der Vermittlung zuließe –: das ist der Traum der Vernunft, ist Hegel. Vielmehr: was Fichte hier an seinen zentralen erotischen Signifikanten Hände, Borke, Haut, Baum, Schwärze entwickelt, ist eine andere Ordnung des Seins, zweifellos jenseits der Rationalität; eine Ordnung, die die Dinge und Wesen, insofern sie Leben sind, zur erotischen Form erklärt. Und erotische Form ist nicht Formgeschlossenheit, sondern ekstatische Form, d.h. Form des über-sich-hinaus-im-anderen-Sein. Dieses Sein ist alles andere als homogen, sondern eine vielgestaltige Mischung des Ungleichartigen, Symbiose des Verschiedenen:

Der schwimmseifenartige Stamm wird durchwachsen von neuen Sprößlingen, schiefstoßenden Stämmen, an diesen hängen Lianen, voller Flechten, Moose auf Wurzeln, unter denen sich Pilze ansiedeln. (Pubertät, 298)

---

[1] Vgl. die Nebenstimmen der Sexualität, der Androgynie und des Körpers, die den philosophischen Diskurs der Personen insgesamt begleiten in Diderot: Gespräche mit d'Alembert, bes. der Mittelteil: D'Alemberts Traum (in: Denis Diderot: Philosophische Schriften, hg.v.Th.Lücke, Bd. 1. Berlin 1984, S. 511–580).

Dieser Baum ist das Bild des Synkretismus, der ekstatischen Religionen und der Sexualität in einem. Die Frage nach Identitäten in diesem Durchwachsensein ist sinnlos. Um diese Idee des Baumes zu markieren, wird bei Fichte der Name Loko eingesetzt. Doch was bedeutet er? – Im Werk Fichtes gibt es einige Hinweise auf die religiöse Bedeutung des Baumes. In ‚Xango' heißt es über den *Dangbwe Comme*-Kult aus Trinidad (vgl. Xango, 231ff.), einem Heiligtum der Rada aus Dahomey: *Oloko / Dangbwe Comme, Gott der Bäume. In Afrika ist Iroko ein heiliger Baum. Der Loko der Fon gehört der Gruppe der Himmelsgötter an. Er kümmert sich um die Bäume und die Heilpflanzen. In Brasilien auch ein Gott, der in Verbindung mit Kranken und Toten steht.* (Xango, 317)

Die Namen Loko und Iroko scheinen austauschbar (vgl. Pubertät, 53, Schulfunk, 560). Sie bezeichnen einerseits einen Gott, andererseits den Baum, in dem der Gott sich verkörpert (Xango, 330). Vielleicht ist Loko auch *selbst nichts anderes als ein anbetungswürdiger Baum* (Xango, 142); *in seinem Umkreis finden magische Heilkuren statt* (Xango, 330). Davon weichen jedoch die Angaben der Priesterin Deni in der Casa das Minas ab (Mina, 193/4). In ‚Xango' aber und ‚Versuch über die Pubertät' scheint Fichte sich auf Informationen des befreundeten, später erschlagenen Priesters Pedro zu beziehen, der den Baum Loko dem Xango-Kult zuordnet (Xango, 346, Lazarus, 176). Dies paßt zum Bild des Baumes Loko am Ende des Romans (Pubertät, 298), nicht aber zum dahomey'schen Kult Dangbwe Comme in Trinidad. Überall scheint jedoch die Beziehung des Baumes Loko zu ethnomedizinischen Prozeduren, zur Trance-Heilung vorzuherrschen. Dagegen deutet die Tatsache, daß Fichte noch 1985 im Hörspiel ‚Ich bin ein Löwe' den Baum Loko/Iroko dem Xango-Kult zuordnet, darauf hin, daß ihm besonders die Beziehung zur Bisexualität wichtig ist. Hier und gleichlautend im ‚Versuch über die Pubertät' ist der Baum Loko der Gegensignifikant zu Nanã, *der ältesten Mutter des Wassers und des Schlammes, mit dem Krötenton* (Pubertät, 53, Schulfunk, 560/1). Wo Nanã herrscht, herrscht nicht Loko – das ist die Grundstruktur. Nanã ist aber auch der Gegensatz zum Bild der bewußtlosen Marquise von O., zum Urbild der bisexuellen Ekstase. Das heißt: wo nicht Nanã, die Mutter, herrscht, dort steht Fichte im Zeichen des Baumes Loko. Der Bezug von Loko auf Heilprozeduren verweist darauf, daß die Verwandlung des schwarzen Matrosen und des weißen Ich in den Baum Loko als Heilung durch sexuelle Trance verstanden wird. Heilung des Leibes – das heißt: in der sexuellen négritude geht Fichte die Möglichkeit auf, dem Bann des *Gegenzauberers* zu entkommen, der den Körperzauber kaputtzuschneiden droht. Dem zerstückelnden Totenritus wird durch die metamorphotische Kraft der sexuellen Ekstase begegnet, die als magische Heilungszeremonie ausgelegt wird. Der privatmythologische Gebrauch, den Fichte, jenseits der ethnomedizinischen Forschung, vom Baum Loko macht, besteht darin, daß er die religiöse Trance, die in den afroamerikanischen Kulten selten sexuell orgastisch ist, sexualisiert. Dadurch gewinnt der Baum Loko die biographische Funktion, den symbolischen Einsatz seiner eigenen Sexualität und ihre Funktionen zu entdecken. Sexualität bildet den Gegenhalt zur Macht des Todes, die in der Zerstückelungspraxis des Sezierers verdichtet ist. Der Baum Loko und der Sezierer verhalten sich zueinander wie Eros und Tod, Heilung und Zerstückelung des Leibes. Die Einsetzung des schwarzen Körpers zum Idol dient der Abwehr und Bannung des Todes.

Die Assoziation des Aschenputtel-Märchens im Zusammenhang mit dem Baum Loko kompliziert diese esoterische Prozedur um einiges. Man muß davon ausgehen, daß Fichte diese Assoziation bewußt setzt, doch keine strenge und vollständige, sondern selektive semantische Homologie zwischen seinem eigenen erotischen Phantasma und diesem Märchen herstellen wollte. Es kommt also darauf an, nicht alle möglichen, sondern die wahrscheinlichen Anspielungsgehalte plausibel zu machen. Daß die Aschenputtel-Assoziation nicht beiläufig ist, kann daraus geschlossen werden, daß auch die Obduktionsszene des Romaneingangs von märchenhaft-magischen Kindheitserinnerungen durchzogen ist, die im Schlußrondo durch das Märchenzitat wieder aufgenommen werden.[1] Das Aschenputtel-Märchen ist ein (Ver-)Wandlungsmärchen. Es geht um drei (Ver-)Wandlungen: die ‚gute' Mutter Aschenputtels, die stirbt und Aschenputtel als Halbwaise (Fichte!) hinterläßt, verwandelt sich in einen Baum und in Tauben, die Aschenputtel dazu verhelfen, daß sie schließlich doch ihr sexuelles Idol, den Prinzen, erlangt. Die zweite Wandlung ist die mittels des Baum- und Tauben-Zaubers erfolgte Metamorphose des häßlichen Stiefkindes zur Schönheit, die im Glanz des Begehrtwerdens erstrahlt. Die dritte Verwandlung scheitert, nämlich der Versuch der ‚bösen' Mutter, ihre mit Aschenputtel konkurrierenden Töchter durch Abschneiden von Fußpartien passend zu machen für den Pantoffel, den der Prinz durch List an sich gebracht hat: an den passenden Fuß hat der Prinz die Heirat gebunden.

Das Märchen enthält mithin einen Code heterosexueller Mädchensozialisation vor dem Hintergrund der Steuerung durch die ‚gute' oder die ‚böse' Mutter. Das hat prima facie mit Fichtes Roman nichts zu tun und ist als Analogie auszuschließen. Die Frage bleibt, welche Übertragbarkeit zwischen dem ‚Baum Loko'-Bild und dem Märchen dennoch besteht. Die Position der ‚bösen' Mutter des Märchens, die die sexuelle Objektwahl Aschenputtels hintertreibt, nimmt im Baum-Loko-Bild der Gerichtsmediziner ein: er ist der Herr des Todes, der ‚böse' *Gegenzauberer*, der die in der Begegnung des schwarzen Matrosen vollzogene Heilung des Körpers gefährdet. Die Position des Prinzen hat der Schwarze inne. Beide sind Idole des sexuellen Begehrens, das von seiten der ‚bösen Mutter' für Aschenputtel wie für das Erzähl-Ich untersagt ist. In der Privatmythologie Fichte wird die Position der ‚bösen Mutter' durch Klythämnestra, Medea und Nanā besetzt. Nicht nur bedrohen sie den Sohn mit dem Tod – wie der Sezierer –; sondern die zu ihm passende sexuelle, nämlich schwule Objektwahl (– der Fuß , der in den Pantoffel paßt –) wird von den Müttern als Verbrechen perspektiviert (Pubertät, 115/6). Der Sezierer, der einen Zweig des ‚schwulen' Baums Loko abbricht, erscheint als Hüter heterosexueller Objektwahl, die in der Mutter ihre normativ-symbolische Gewalt hat. Der Sezierer tritt damit nicht nur an die Seite der Mutter, sondern auch an die Seite der Mediziner, die mittels stereotaktischer Eingriffe das ‚verbotene' Begehren Fichtes wegzuschmurgeln drohen. Wir erinnern uns: die Textkonfiguration bei der ersten Begegnung mit dem

---

[1] Dazu gehören: das Kasperle-Theater, Eulenspiegel, Hagenbecks Tierpark, die Kinderlieder.

schwarzen Matrosen bestand darin, daß die Begegnung mit diesem Idol gekontert wird mit den gehirnchhirurgischen Phantasien (Pubertät, 296/7). Die um 1970 aktuelle Diskussion über stereotaktische Eingriffe stellt für Fichte die raffiniertere Fortsetzung der Ausmerzung von Homosexuellen im Faschismus dar. Diese Angst verläßt Fichte nie. Noch in den Aids-Kampagnen zu Beginn der 80er Jahre macht er Ansätze zu Homosexuellen-Progromen aus.

Die Matrix nun der ‚guten Mutter' hatte Fichte mit der Schutzmantel-Madonna besetzt. Deren Position hat im Aschenputtel-Märchen die tote Mutter inne, die in ihrer verwandelten Gestalt als Baum und als Taube ein Erbe hinterläßt, welches die Form von ‚guten Gaben' und ‚Hilfen' auf dem Weg des Kindes zu der ihm angemessenen sexuellen Objektwahl annimmt. Der Baum Loko, so kann man resümieren, ist also ein göttliches Zeichen, das den bösen Zauber des bösen Sezierers und der bösen Mutter überwinden hilft.[1] Der Baum Loko ist Symbol für eine geschützte Homosexualität und markiert damit das Ende der kindlichen Schrecken, die darin bestanden, einen falschen, unerwünschten, die Strafe der Zerstückelung (Sezierer) oder der Hinrichtung (Nanā) verdienenden Körper zu haben (was schon Detlev so empfindet: Grünspan, 205). Das schwarze Idol bannt den Tod, das Todesurteil, vor dem Fichte immer geflohen ist, aus Europa fort, was hieß: von der Mutter fort, die auf einer symbolischen Ebene der Ursprung aller Todessignifikanten ist.

Magie und Säkularisation. Sich-Übersteigen des Romans

Die Begegnung mit dem schwarzen Idol im Zeichen des Baums Loko könnte ein versöhnendes Ende des Romans bilden. Aber so ist es nicht. Die ‚böse' Magie der Kindheit zu bannen durch eine ‚gute' Magie: das wäre die Fortsetzung des Psychodramas mit den selben Mitteln, bei umgekehrten Vorzeichen. Es wäre ein Umschlag der Bannkraft des Sezierers als Totengott (im Hintergrund Nanā als Totengöttin) in die Magie des Baumes Loko als dem schützenden Signifikanten für das homosexuelle Begehren. Das ist das Ende des Romans nicht. Vielmehr Ernüchterung auch hier:

Die Blätterrezepte sind eine unverständlich gewordene Sprache, die ich vergebens auf die Welt anzuwenden suche; ich wollte mich in einen Baum verwandeln; ich dachte, mein Gedächtnis würde ausgelöscht durch Blätter. (Pubertät, 298)

Die wissenschaftlichen, ethnomedizinischen Recherchen[2], in denen Fichte das Geheimnis des *Zerbrechens des Bewußtseins* entschlüsseln wollte, scheitern an der dunklen Esoterik, die sich nicht in ein System des Wissens bringen läßt, das einen Transfer auf andere als die afroamerikanischen Erfahrungsformen und Symbolstrukturen erlauben würde. Es gibt keine praktische Konsequenz, die über das hinausführt, was Fichte mithilfe des rituellen Wissens der afroamerikanischen Mischreligionen gelungen ist,

---

[1] Zur Heiligkeit von Bäumen vgl. James George Frazer: Der goldene Zweig. Das Geheimnis von Glauben und Sitten der Völker (1922). Reinbek b. Hamburg 1989, S. 159ff, 431ff. Frazer war Fichte gut bekannt.
[2] Im Nachlaß Fichtes finden sich über tausend Karteikarten mit ethnobotanischen und ethnomedizinischen Aufzeichnungen sowie eine umfangreiche Pflanzensammlung.

nämlich die Romanform des ‚Versuchs über die Pubertät' zu begründen. Es gibt auch nicht das Identischwerden mit der Magie, die den rituellen Austausch mit der Natur, mit den Göttern, mit den Dingen beschwört. Es gibt auch nicht das Vergessen, den Untergang des Bewußtseins in der Trance: *Ich dachte, mein Gedächtnis würde ausgelöscht werden durch Blätter.* (Pubertät, 298) Die Selbstversuche Fichtes sind von diesem Wunsch nach Auslöschung des Gedächtnisses *durch Blätter* gekennzeichnet,. Doch endet der Versuch anders –: keine Metamorphose in den Baum, kein Vergessen des Ich. Vielmehr –: wenn die *Blätterrezepte* hier als unverständliche und folgenlose *Sprache* erscheinen, so sind die Blätter, auf denen der eigentliche Selbstversuch Fichtes stattfindet, nicht Pflanzenblätter, sondern die Blätter des Papiers, auf denen er die Zeichen der Schrift setzt. Diese erzeugt kein Auslöschen des Gedächtnisses, keine Trance, sondern im Gegenteil den Raum des Gedächtnisses. Verwandlung also nicht in den Baum Loko, nicht in den begehrten Körper des anderen Mannes – das bleibt Traum und Imagination; sondern Verwandlung in die *Blätterrezepte* der Schrift. Diese Rezepte sind solche der Poetologie – der Poetik des Romans ‚Versuch über die Pubertät' selbst. Poetik bedient sich der Magie – in den Formen der Wiederholung. Diese leistet jedoch nicht die *Einbettung ins Instinktive*. Sondern im Gegenteil: die Wiederholung des Erinnerten ist nicht Form der Magie, sondern einer poetischen Aufklärung. Ähnlich wie das Hörspiel ‚Ich bin ein Löwe' endet auch der Roman nicht in der Magie, sondern bei sich selbst. Ekstase ist nicht die Befreiung von der eigenen Geschichte durch Versetztsein ins Andere der afroamerikanischen Riten. Sondern deren Formelemente werden von Fichte umgebaut zu *Buchstaben der Psyche*.[1] Die Ekstasis meint eine die Riten mimetisch übersetzende Form; nicht Versetzung in die Magie hinein, sondern Übersetzung in Buchstaben, in Schrift, auf Blätter, auf denen, als der eigentlichen Ekstase des Schriftstellers, das Ich und seine Geschichte entäußert erscheinen, im Gewebe und Geflecht von Zeichen, die nach eigenen Rezepturen organisiert sind. Diese Rezepturen liegen für den weißen europäischen Schriftsteller im Schatten der aufklärerischen Emanzipation, nicht der magischen Identifikation, die immer eine Form des Exotismus wäre. Darum erwacht der Roman am Ende und schlägt die Augen auf in der säkularisierten Welt:

Der Mensch ist kein Baum.
Der Zauber ist zerschnitten.
Jetzt beruhigen sich allmählich die erbrechenartigen Erinnerungen. Die Gerüche, die Töne, die Temperaturen, die Farben verlieren an Heftigkeit.
Ich lebe weiter in einer ganz säkularisierten Welt. (Pubertät, 298)

Tatsächlich übersteigt mit diesen Schlußsätzen der Roman sich selbst. Er dementiert die metamorphotische Kraft der Magie und des Eros ebenso, wie er, auf merkwürdige Art, die Obduktionsszene wieder einsetzt und zugleich zurücksinken läßt. Kein Baum zu sein, das heißt: daß gegen das Ursprungstrauma der Zerstückelung kein Zauber hilft. Das über dreißig Jahre hin gebildete rituelle Schema des leib-sinnlichen Bewußtseins (Pubertät, 19, 22) ist so wenig real wie die Metamorpohose des lädierten

---

[1] So die letzten Worte in der gleichlautenden Einzelveröffentlichung ‚Die Buchstaben der Psyche', Zürich 1988.

Ich in die schöne Ganzheit des schwarzen Leibes. Keine négritude. Umgekehrt ist die ungeheure Erregungsintensität, die von der Obduktionsszene ausging und die die Erinnerungen in den Roman ‚erbricht', um sich ihrer zu entledigen wie einer giftigen Substanz, abgeklungen. Es ist etwas zu Ende, der Roman ohnehin, mit ihm aber auch der Zauber[1] und der Gegenzauber in ihrer endlos sich konternden Rhythmik, die den Bann nicht auflöst, sondern immer nur affimiert und wiederholt. Säkularisierung meint deswegen nicht die Resignation in die entfremdete und schlecht rationalisierte Welt Europas, deren Verwurzelung in magische Prozeduren Fichte gerade erst entdeckt hat.[2] Vielmehr heißt Säkularisierung hier, für den bald 40jährigen Fichte: Beendigung der im Zeichen von Magie stehenden Pubertät, vor der geflohen ist durch die halbe Welt, bis er, im Spiegel der bahianischen Riten, ihre Geschichte im Schreiben sich anzueignen vermochte, d.h. ihrer Zwänge sich entledigen.

In diesem Sinn ist der Roman auch ein psychodramatisches Arrangement, in welchem die kindlichen und pubertären Traumatisierungen nicht etwa, wie in einer magischen Heilung, überwunden und erledigt werden. *Der Zauber ist zerschnitten.* Das meint die Anerkenntnis des Unheilen, der Unerreichbarkeit der Ganzheit, und heißt deswegen Anerkenntnis des fragmentierten Ich. Keine Verletzung ist je rückgängig zu machen. Ihre **Wiederholung** mit den Mitteln der magischen Transformation der eigenen Geschichte dient nicht der Erlösung auf einer anderen Seinsstufe durch Metempsychose zum Baum Loko. Die Wiederholung dient vielmehr der Einnahme der Position des profanen Schriftstellers in der Welt derart, daß nun eine andere, anerkennende Form des Umgangs mit der eigenen Geschichte und mit den Kulturformen afroamerikanischer Religionen möglich wird. Das Fremde wird um so weniger in seiner Fremdheit, in seinem Eigensinn, aber auch in seiner Gewalt wahrgenommen, je mehr es zur Projektion der eigenen Wünsche nach Erlösung, nach Verwandlung, nach *Einbettung ins Instinktive* benutzt wird. Darum ist erst jetzt das Buch ‚Xango' möglich, das gleichwohl zu den Voraussetzungen des früheren Romans gehört.

Jeder Mensch ist ein Baum! heißt es in der Etüde über den afroamerikanischen Synkretismus in ‚Xango' (Xango, 215). In den Mischreligionen endeckte Fichte in doppeltem Wortsinn die **Tropen**: heiße Zonen der Wendungen, Figuren des Austauschs der Identitäten, Figuren der Verwandlung und Entgrenzung, Figuren der Ekstasis, der Öffnung dem Anderen, des Versetztwerdens ins Andere, des Besessenseins durch Andere.[3] In dem kosmogonischen Szenario des Hörspiels ‚Ich bin ein Löwe', das noch einmal einen Hymnus der Verwandlung versucht, kehrt das Baum-Motiv aus ‚Xango' wieder: *Der Mensch ist ein Baum. / Eichen sind meine Eltern. / Die Fichte.*

---

[1] Vgl. das dem Kapitel vorangestellte Motto aus dem Brief Fichtes an Boll Mai 1971.
[2] Vgl. den Herodot-Essay, worin Fichte *im schmerzlichsten die Erkenntnis* faßt, *daß der Freie nur in einem Labyrinth von Riten existieren kann, wie der Krebs in seinen Schalen; hat er die alten zerstört oder verleugnet, schafft er sich neue, sekundäre, software.* (HuL I, 401).
[3] Darin bilden ‚Xango' und ‚Versuch über die Pubertät' den Gegenentwurf zu Claude Lévi-Strauss: Traurige Tropen. (1955) 4. Aufl. Frankfurt/M. 1982, ein Buch, das Fichte 1979 so heftig wie ungerecht kritisierte (HuL I, 319–352).

(Schulfunk, 551) Beides sein – bi sein: der/die Fichte – sich wandelnde Verkörperung im sexuellen Strom des Werdens und Vergehens.

Daß der Baum Loko für diese Idee eines vom Schmerz der Individualität befreiten Aufgehens im Fluß des Seins steht, ist kein Zufall. Nicht nur in den afroamerikanischen Riten, sondern nahezu ubiquitär wurde der Baum als Erscheinungsort des Numinosen, als Mitte des Alls, des Himmels und der Welten verstanden, als Symbol des Lebens, als zeugender Ursprung der Menschen und schließlich als alter ego. Man findet Zeugnisse dieses Baum-Glaubens auch in der Antike, im alten Germanien, im Hinduismus und Lamaismus, in der mesopotamischen wie ägyptischen Kultur, in der Alchemie wie schließlich auch in jüdischer und in christlicher Tradition.[1] So heißt es z.B. in der Apokalypse des Johannes, im Entwurf des Neuen Reiches: „Inmitten ihrer Straße (= Flußläufe, Lebenswasser) und auf beiden Seiten des Stroms standen Bäume des Lebens, die zwölf Früchte tragen, in dem sie jeden Monat für Monat ihre Frucht bringen; und die Blätter der Bäume [dienen] zur Heilung der Völker." (Apok. 22, 2). Auch hier repräsentieren die Bäume das versöhnte Leben jenseits des Mangels, die Befreiung vom Fluch: „Und nichts dem Fluch Verfallenes wird es mehr geben." (Apok. 22, 3). Die Bäume repräsentieren das Heil und die Heilung durch Blätter. Wie hier der Baum ein Eschaton ist, so gilt dies auch für den Baum Loko. Aber die *Blätterezepte sind eine unverständlich gewordene Sprache.* Die Schrift Fichtes bewegt sich diesseits der Erlösung, deren Unerreichbarkeit am Romanende gesetzt und anerkannt wird. *Der Mensch ist kein Baum.*

Alles will ich sein, ihr Griechen – / Möglichst viel. (Grünspan, 69) – *Ausprobieren will ich alles noch, will alles werden.* (Grünspan, 68): So hieß das Programm in ‚Detlevs Imitationen „Grünspan"'. Dieses Programm der Metamorphosen entspringt angesichts der Kriegsapokalypse dem Wunsch des Kindes, hier und jetzt eins und alles zu sein, hineinzuspringen in die Mitte und Fülle des Lebens, das jederzeit zuende sein kann. Schon hier bestand die Konfiguration des zerstückelnden Todes und des metamorphotischen Eros, wie sie die Eingangsszene des ‚Versuch über die Pubertät' bestimmt. Auch in ‚Detlevs Imitationen „Grünspan"' ist die Gegenkraft des Todes der schwarze Eros: *In jeder Stellung gelegen. Jedes Geschlecht gefühlt und jedes imitiert.* (Grünspan, 225) Und der Neger Jeff, mit dem Jäcki einen Orgasmus erlebt, der die Zähne zerspringen läßt, dient als apotropäischer Fetisch gegen die Gewalt des sezierenden Totengottes Siegfried Gräff (Grünspan, 236/7, 231 u.ö.). Die bewußtseinsauslöschende Magie des Sex und die bewußtseinsauslöschende Magie des Todes: dazwischen spannt sich die Reise-Such-Bewegung Fichtes und die Bewegung seines Schreibens. Im ‚Versuch über die Pubertät' hält diese Fluchtbewegung in der „Grossen Anatomie" an und inne: sie kehrt sich nach innen und zurück auf ihre biographischen Ursprünge, die im Schema der afroamerikanischen Kulte rekonstruiert werden, bis am Ende die Schichten des magischen Banns, der über der Biographie liegt, durchstoßen werden. Die *säkularisierte Welt*, in der das Ich aus den Träumen seines Lebens erwacht, ist nicht die Welt des verdorbenen europäischen Rationalismus, sondern, viel privater, eine biographisch aufgeklärte Welt, so daß von

---

[1] Vgl. Manfred Lurker: Wörterbuch der Symbolik. 4. Aufl. Stuttgart 1988, S. 79f.

nun an gerade die Hinwendung zu fremden Kulturen, die keineswegs säkularisiert sind, möglich wird: also die Bücher ‚Xango', ‚Petersilie', ‚Lazarus und die Waschmaschine'. In dem Maße also, in dem Fichte im Spiegel der afroamerikanischen Mythen die Rituale seiner eigenen Biographie durchschauen und dadurch säkularisieren lernte, gewann er erst die Voraussetzungen für das ethnologische Forschen. Nun erst kann er sicher sein – nach einem Wort von Roland Barthes –, nicht der „ethnographischen Versuchung" zu erliegen: nämlich den anderen zum Double des Ich und die andere Kultur zum Medium der Sehnsüchte und Ängste der eigenen Kultur zu machen.

16. Weißer und schwarzer Mann – homosexuelles Begehren und Reisebewegung

Wenn man die erotische Utopie der négritude in Fichtes Werk beurteilen soll, kann man sicherlich Fichte von dem Verdikt Evelyn Torton Becks ausnehmen, die in ihrer Untersuchung deutscher literarischer Utopien Frauen, Neger und Proleten als die Stiefkinder der utopischen Phantasie bezeichnet hat.[1] Umgekehrt kann die Tatsache, daß schwarze Kulturen sind, in die Fichte seine erotischen und utopischen Energien investiert, nur dann als außergewöhnlich gelten, wenn dabei die in der schwulen Literatur verbreitete, durchaus exotistische Feier des Schwarzen und der négritude übersehen wird. Darauf hat unlängst Robert Aldrich aufmerksam gemacht.[2] Zweifellos ist die Ästhetik des Schwarzen und der ethnologische Reiseimpuls bei Fichte, wie bei vielen Literaten und Reisenden, auch in der sexuellen Anziehungskraft der Schwarzen motiviert. Dies gilt vice versa auch für die Mode des Orientalismus im 19. Jahrhundert. Oder im 18. Jahrhundert war der Ruhm Tahitis als irdischem Paradies nicht zuletzt, sondern zuerst auf Phantasien libertärer Sexualität gegründet. Das schließt kolonialistische Ausbeutung und eurozentrische Arroganz keineswegs aus. Und Fichte, der noch im ‚Platz der Gehenkten' den sextouristischen Kolonialismus persiflierte, – Fichte wußte wohl, daß er, der aufgeklärte Ethnologe, als europäischer weißer Schwuler in Afrika oder Südamerika dem Bild des exotische Sinnlichkeit suchenden Kolonialisten immer wieder nahe kam, wenn, wer weiß es, er nicht oft genug damit identifiziert wurde. Jedenfalls ist die erotisch motivierte Reisebewegung ganz und gar nicht Fichtes Erfindung, gerade darin folgt er einem Stereotyp.[3]

---

[1] Evelyn Torton Beck: Frauen, Neger und Proleten. Die Stiefkinder der Utopie. In: Deutsches Utopisches Denken im 20.Jahrhundert, hrsg.v. R.Grimm/J.Hermand, Stuttgart Berlin Köln Mainz 1974, S. 30–49.

[2] Robert Aldrich: Weiße und farbige Männer. Reisen, Kolonialismus und Homosexualität zwischen den Rassen in der Literatur. In: FORUM Homosexualität und Literatur 7, 1989, S. 5–24. – Zum Thema allgemein vgl. die gute Sammlung von R. Grimm/ J.Hermand (Hg.): Blacks and German Culture. University of Wisconsin Press 1986 (darin besonders die Aufsätze von Sander L. Gilman, Edris Makward, Reinhold Grimm).

[3] Der Briefwechsel mit P.H.Boll zeigt, daß Boll Fichte zu erotisch verlockenden Reiseunternehmungen erst animierte. Sicher hat den jungen Fichte auch das ‚interkontinentale' Leben Rolf Italiaanders beeindruckt.

„Homosexuelle Reisende", so Robert Aldrich, „schufen ihre eigenen Legenden über die Knaben des Maghreb oder Polynesiens oder Indiens, und andere Männer folgten ihren Spuren an Orte, an denen die Sehnsüchte, die unter dem Bannstrahl der christlichen Moral, der bürgerlichen Gesellschaft und dem Verdikt westlicher Juristen und Mediziner standen, sich erfüllen konnten."[1] André Gide, Jean Genet, Dominique Fernandez in Frankreich schrieben über die homosexuellen Lieben in Nordafrika und im Orient ebenso wie E.M. Forster oder Lawrence Durrell über Ägypten; Paul Bowles und William Burroughs „waren Schlüsselfiguren der homosexuellen Literatenszene in Tanger"; André Gide schreibt über die Attraktivität von Schwarzen im Kongo und Tschad; Adolfo Caminhas erzählt von der Liebe zu einem schwarzen Matrosen[2], der, wie Fichte angesichts seines Idols in Monaco notiert, auch bei Genet und Melville längst ein schwules Stereotyp der Literatur geworden ist. Für Fichte ist früh beeinflussend geworden, daß auch bei Hans Henny Jahnn der Matrose und der Schwarze zu den sexuellen Idolen gehören.

Die diskriminierte Situation der Homosexuellen in der westlichen Kultur disponiert nicht nur das Motiv des Reisens, um den Zwängen und oft genug den schuldbesetzten Ambivalenzkonflikten zu Hause zu entkommen, sondern auch, in stärkerem Maße als bei heterosexuellen Autoren, eine Form des „kulturübergreifenden Schreibens"[3], worin Fichte, im Vergleich zu den führenden bundesrepublikanischen Literaten, eine singuläre Erscheinung darstellt. Wenn Aldrich dem Roman „L'Immoraliste" (1902) von Gide oder den Berichten des Anthropologen Tobias Schneebaum gerade wegen ihres homosexuellen, auf die Männer der fremden Kultur gerichteten Begehrens, besondere ethnographische Sensibilität zuspricht, so gilt dies ebensosehr für Fichte, dessen ethnopoetische Inventionen und transkulturelle Schreibweisen ohne seinen sexuellen Erfahrungshunger überhaupt nicht denkbar sind. Das Werk Fichtes zeigt strukturelle Gemeinsamkeiten mit vielen Romanen von Homosexuellen darin, daß diese die Heimat „verlassen, um etwas zu finden", daß sie reisen „zur Entdeckung des eigenen Selbst".[4] Aldrich benutzt für dieses Romanmuster den Begriff „roman initiatique" – und eben dies ist der ‚Versuch über die Pubertät' wie vielleicht kein anderer Text: im Spiegel der Erfahrung der fremden Kultur vollzieht der Text die rites de passage nach, die das Ich im pubertären coming out durchlaufen hat. So fügt Fichte sich in die von Aldrich konstatierte Kontinuität seit dem 19. Jahrhundert ein, derzufolge es ein „Genre homosexueller Literatur gibt, in dem die Suche nach und die Faszination für den fremdländischen, ‚exotischen' Mann nicht nur den Hintergrund bilden, sondern eigentlich das literarische Projekt und das sexuelle Begehren selbst ausmachen."[5]

Freilich ist dies ein ambivalentes literarisches Projekt. Denn der schwarze oder braune Geliebte, an den sich das Begehren des Homosexuellen knüpft, der wiederum

---

[1] R. Aldrich a.a.O. S. 7.
[2] Ebd. S. 8/9.
[3] Ebd. S. 14.
[4] Ebd. S. 18.
[5] Ebd. S. 23.

in der eigenen Kultur sich selbst als Exot, als Fremder und Anderer empfindet, – dieser Geliebte kann ebenso respektvoll begehrt und solidarisch geliebt wie als Objekt exotisierender Projektionen und als selbst unterdrücktes Idol befreiter Sexualität mißbraucht werden. Sicher kann, wie Aldrich mit Viktor Segalen sagt, die schwule Literatur über fremde Kulturen „den Exotismus als eine Ästhetik des Anderen"[1] entwickeln, also den Exotismus nicht zur vereinahmenden Aneignung oder zur repressiven Ausbeutung degenerieren lassen. Und Ansätze einer solchen Ästhetik des Anderen haben wir bei Fichte studieren können. Doch gerade die Idolisierung des schwarzen Körpers, die Sexualästhetik der négritude würde auch bei Fichte zu einer fragwürdigen Verkennung führen, wenn er die quasireligiösen Züge, wodurch der schwarze Geliebte zum Erlöser von der eigenen Misere stilisiert wird, nicht wieder reflexiv brechen und die mythisierenden Projektionen zurücknehmen würde, um sie der säkularisierten Welt des erlösungslosen Selbstbewußtsein einzufügen. Eines Selbstbewußtseins, dessen Sehnsüchte wohl auf das schwarze Ideal zielen – dessen realer Träger, der Schwarze selbst, aber stets ein anderer ist als der Wunsch gaukelt. In einer kolonialistischen Welt kann es eine von kolonialer Verkennung befreite Begegnung nahezu nicht geben. Und gerade sexuelle Begegnungen laden zu exotisierenden Projektionen besonders ein – wie sie umgekehrt die vielleicht einzige Kraft (nicht das Wissen) darstellen, um unterhalb und innerhalb der sexuellen Verschränkung der Körper eine sympathetische Korrespondenz zwischen den Kulturen wachsen zu lassen, die jenseits der kolonialen Ausbeutung steht. Die Entkolonisierung des Kopfes wird so lange ein bloß aufgeklärter Gedanke bleiben, als er nicht durch die Energie des sympathetischen Eros verstetigt wird.[2] Nicht also der Homosexuelle per se ist ein besserer Reisender und Ethnograph, sondern er ist es nur, insofern er die besondere Chance, die er als **erotisch** Faszinierter hat, so radikal zum *Versuch* macht wie Fichte hier: d.h. insofern er das Begehren aus seinen projektiven Mystifikationen befreit; und indem er dieses Begehren einer archäologischen Recherche, Schicht für Schicht, mithin einer genealogischen Autopsie unterzieht. Kein Zweifel, daß das Projekt einer „anderen Ästhetik", wie sie in der schwulen Begegnung des weißen und des schwarzen Mannes angezielt wird, gebunden bleibt an das Projekt einer radikalen Aufklärung über sich selbst. Und dieses Projekt hat der Roman ‚Versuch über die Pubertät' realisiert: der Magie des Eros folgend hat Fichte eine Reise zur Aufklärung über sich selbst angetreten, die ihrerseits ein neues Schreiben über fremde Kulturen ermöglicht.

In der ersten, gleichsam stroboskopischen, das Besinnungslose und Ekstatische imitierenden Reisebeschreibung in ‚Versuch über die Pubertät' finden sich die Motive des Fichteschen Reisens gebündelt:
Reisen.
Weg und zurück. ...

---

[1] Ebd. S. 23.
[2] Vgl. dazu Andrea Allerkamp: Die innere Kolonisierung. Bilder und Darstellungen des/ der Anderen im deutschsprachigen, französischen und afrikanischen Literaturen des 20. Jahrhunderts. Diss. Hamburg 1989.

Weg von der bundesdeutschen Arbeitslosenunterstützung in die alte geschichtliche Armut, ins Vergessen, ins Vergessene, ins Ungelernte. Eine Art Geburt.
Schamane (Peer Gynt, Nils Holgersson).
Klappe, Pinkelnde, Pozzi, Heinz.
Die Schamanen trinken Urin, ehe sie auf die Reise gehen.
Geburtsimitation. (Pubertät, 216)

Reisen ist eine Bewegung im Raum und eine Bewegung ins „innere Ausland" (Freud) des Vergessenen. Raum und Erinnerung: ihr Zusammenhang erklärt, warum das selbstbiographische Projekt Fichtes sich synchron zu seinen Reisen entwickelt. Reise ist eine Form der Anámnesis. In bestimmten Momenten der Reisebewegung können sich Situationen verdichten, gleichsam ‚Kammern' bilden der szenischen Wiederkehr des „Vergessenen" – Todeskammern, wie im Institut Nina Rodrigues, oder Geburtskammern, wie hier. Reisen ist mithin ein „kleiner Tod" und eine zweite Geburt – wie umgekehrt die Geburt als Reise phantasiert wird (Pubertät, 38). Beides wird mit schamanistischen Ritualen des rebirthing bzw. der Himmelsreise verbunden, aber auch mit Erinnerungen an schamanistische Elemente in der Literatur (Ibsen, Lagerlöf, vgl. Pubertät, 216 mit 38). Eingelagert in diese Phantasie sind homosexuelle Rituale. Auch das eigene coming out wird als umstürzende, geburtsähnliche Initiation erfahren (Pubertät, 51ff), die vielleicht auch eine *Flucht* ist. So fragt er Erzähler: Ist die Homosexualität *Das Fremde? Das Neue? Das Exotische?*, eine *Flucht, die nicht mehr retten wird und damit nur eine neue Form der Auslieferung bedeutet.* (Pubertät, 52)? Die homosexuelle Erfahrung wird von Fichte verstanden als die rituelle Wiedergeburt in einer endgültigen Heimatlosigkeit und Preisgabe, deren **Form** die Reise ist, eine Ekstase und zugleich Flucht: *Flucht und Entdeckungsrausch./ Enthusiasmus./ Ritual.* (Pubertät, 218) Das Motiv der Flucht verweist ferner darauf, daß Fichte das Reisen mit dem, zwischen Symbiose-Wunsch und Seperations-Zwang unaufgelösten Muter/Sohn-Konflikt verbindet: – *Sie ließ mich laufen. / – Um mich einfangen zu können.* (Nanã, 103) Katz und Maus, Mutter und Sohn. Und das Schreiben hat, von hier aus gesehen, dieselbe Funktion wie das Reisen: *Er schrieb, um seiner Mutter zu entkommen.* (Nanã, 110)

Fichte sind diese Zusammenhänge vollkommen durchsichtig. Poetologisch reflektiert er sie an seinem ‚Freund Herodot': Was ist es, *Herodots Umgetriebensein, nicht still sitzen können?* (HuL I, 383). Es ist Reiselust, Neugier, Forschungsdrang – und es ist *Sex. / Der erste Prosaschriftsteller schrieb die erste Psychopathologia Sexualis – graziöser als Freud legt Herodots Text nahe, daß, da man des Sex' wegen reist, Reisen ein sexuelles Bedürfnis ist – schreiben und aufdecken!* (HuL I, 384) Oder, an anderer Stelle, gelegentlich antiker Unzüchtigkeiten: *Warum reist man solcher hard core nach? / Aus eigenen Zwängen, Zerstörungen?* (HuL I, 399) Und am nächsten den Fichteschen Motiven: *Männerschönheit ist eines der großen Motive, das sich durch die neun Bücher des Riesenwerks über die Welt zieht, und vielleicht war es überhaupt dies Motiv, das ihn durch die Welt zog und an den Griffel. / Die Sehnsucht nach dem schönen Schwarzen.* (HuL I, 420, vgl. 401)

Nirgends sagt Fichte deutlicher, daß die Bewegungen des homosexuellen Begehrens, des Reisens und des Schreibens Momente desselben sind. Es gibt daran, auch psychoanalytisch, nichts zu enträtseln. Die drei Bewegungen bilden eine Konfiguration, gewissermaßen das energetische Aggregat der schriftstellerischen Existenz Fichtes. Am Ende des coming out, mit der Selbstvergewisserung der eigenen Homosexualität setzt zugleich das Schreiben ein – 1951: ‚Mein Freund der Trinker', ‚Die Frösche'. Und zugleich beginnt das Reisen – 1952: erste Frankreichreise. Fortan ist keiner der drei Pole ohne den anderen denkbar: schwuler Sex, Reisen und Schreiben bilden die ‚zweite Natur' Fichtes, der keine ‚erste Natur' zugrundeliegt, sondern auf die die komplizierte Geschichte dieses Lebens als ihrer eigentlichen Form zustrebt. Es wäre auch falsch, dem Schreiben einen Metastatus dem Sex oder dem Reisen gegenüber zuzuweisen, weil es die Sexualität und das Reisen in sich aufnimmt, ja weil es oft so scheint, daß alles Begehren und alles Reisen unternommen wird, um Schriftform anzunehmen, so daß das Leben sein Telos in der Literatur habe: *Leben, um eine Form der Darstellung zu erreichen.* Gewiß, dies ist von der Seite der Schrift her, die imperativ das Leben in ihren Dienst stellt, zutreffend. Es ist die Obsession des Schreibens. Doch ist diese nicht unvermittelt. Sondern gerade in der Leidenschaft, sich absolut zu setzen und alles Leben in sich aufzusaugen, ist das Schreiben selbst eine abgezweigte Energieform, nämlich der Sexualität. Diese könnte man mit gleichem Recht als den Regisseur des Schreibens und Reisens bezeichnen. Wie wiederum ohne das Reisen es diese Form des schwarzen Eros und diese Form des Schreibens nicht gäbe. So wird man den Sex, das Reisen und das Schreiben, wiewohl sie sich psychogenetisch auseinanderdifferenziert haben, dennoch in einem Verhältnis der Simultaneität und Gleichursprünglichkeit sehen dürfen. Und eben diese verhindert, daß Fichte den Fallen seiner eigenen Antriebe erliegt: daß er also kein exotistischer, eurozentrischer Reisender wird, kein kompensatorisch sublimierender Schreibender und kein habitueller Roué, kein *Obsédé Sexuel* (Kleiner Hauptbahnhof, 79), wie er einmal von sich selbst vermutet[1].

17. Die Metaphysik des Schwarzen und des Weißen

Das Schwarz ist die Farbe des Nicht-Ich, dessen, was Fichte nicht ist, vielmehr begehrt. Farbe des Trance-Körpers. Schwarz ist die Farbe der Auberginen-Phalloi der Geliebten; die Farbe der Auslöschung und Bewußtlosigkeit. Schwarz ist die Farbe der Schriftzeichen, der Grapheme, die Fichtes Medium sind. Nur selten ist die Farbe Schwarz negativ konnotiert, so z.B. beim Bombenangriff 1943, als der Himmel schwarz, die Sonne rot ist (Grünspan, 31); oder als Fichte bei der Darstellung des *Terrorangriffs* erwägt, die Seiten des Buches schwarz einzufärben, als Chiffre der verbrannten Buchstaben, Chiffre der Zeichenlosigkeit. „Dies Schwarz gleicht einem negativem Blatt Papier", schreibt Max Raphael in einem anderen Zusammenhang.[2] An dieser Stelle des ‚Grünspan' und nur hier erhält das Schwarz eine Art metaphysische Qualität. Die schwarzen Seiten erinnern an das berühmte „Schwarze

---

[1] Irma antwortet auf die Frage Jäckis lässig mit: *Das sind wir doch alle.* (ebd.)
[2] Max Raphael: Die Farbe Schwarz. Zur materiellen Konstitution der Form. Frankfurt/M. 1989, S. 32.

Quadrat" (1913) auf weißem Grund des Suprematisten Kasimir Malewitsch (1878 – 1935), das er die „nackte gerahmte Ikone" nannte, ein Grundbild der Moderne, das man noch über das Totenbett Malewitschs hängte. Will Grohmann nannte das Schwarze Quadrat „einen absoluten Nullpunkt der gegenstandslosen Kunst"[1], der 1917 in dem Bild „Weiß auf Weiß" von Malewitsch sein Pendant fand. In seiner reinen Abstraktion entstand das Schwarze Quadrat, wie Malewitsch formulierte, „aus meinem verzweifelten Bemühen, die Kunst vom Ballast der gegenständlichen Welt zu befreien"[2]. Korrespondieren auf seltsame Art die suprematistische Emanzipation der Malerei von der Bindung an die Gegenstände mit der realen Zerstörung derselben und ihrer sprachlichen Ausdrücke im Bombenkrieg? Zwei entgegengesetzte, und doch in ihrer gegenstandsnegierenden Energie unheimlich ähnliche Effekte der Moderne? Das Schwarz ist das Absolute des Anfangs und des Endes.

Abb. 15. Kasimir Malewitsch: Schwarzes Quadrat. 1913. Russisches Staatsmuseum Leningrad.

Abb. 16. Robert Fludd: Et sic in infinitum. In: Utriusque Cosmi Maioris Scilicet et Minoris Metaphysica, Physica Atque Technica Historia … . Tomus Primus, Oppenheim (Joh. Th. de Bry) 1617, S. 26.

Und in dieser Bedeutung erscheint das Schwarze Quadrat fast genau dreihundert Jahre zuvor in der „Geschichte der beiden kosmischen Welten, der großen und der kleinen"[3] des alchemistischen Philosophen Robert Fludd, 1617 in Oppenheim gedruckt. Hier trägt das Schwarze Quadrat den Titel „et sic in infinitum". Das

---

[1] In: Erich Steingräber (Hg.): Deutsche Kunst der 20er und 30er Jahre. München 1979, S. 165/6.
[2] Zitiert nach Peter Spielmann (Hg.): Osteuropäische Avantgarde. Ausstellungskatalog des Museums Bochum. Bochum 1988, S. 79.
[3] Robert Fludd: Utriusque Cosmi Maioris scilicet Minoris Metaphysica, Physica Atque Technica Historia, Bd. 1, Oppenheim 1617, S. 26. – S. Joscelyn Godwin: Robert Fludd. Hermetic Philosopher and Surveyor of Two Worlds. London 1979, S. 24. Vgl. dazu Christoph Geissmar: Bilder zu Jacob Böhme. Diss. Hamburg 1989, S. 78f und Abb.194–199.

Schwarz bei Robert Fludd ist der Zustand vor der Schöpfung, ohne Dimension, ohne Qualität, ohne Eigenschaften, ohne Energie, ohne Bewegung, ohne Ruhe – schwarzer Abgrund von Unendlichkeit zu Unendlichkeit. Erst mit dem göttlichen „Fiat lux" ist die uranfängliche Differenz gesetzt, aus der die Schöpfung hervorgeht. Die schwarze Seite bei Fichte erhält von hier aus apokalyptische Bedeutung. Der Bombenangriff ist der Widerruf der Schöpfung, Augenblick der absoluten Abbild- und Zeichenlosigkeit: Rückkehr der Welt ins Schwarze Quadrat „et sic in infinitum".[1] Ist nach anderer biblischer Tradition (Johannes-Evangelium) die Schöpfung das Hervorgehen aus dem Wort, also Wortschöpfung eines Autors, so bedeutet die „schwarze Seite", als Ausdruck des Ausdruckslosen, die Welt vor der Schöpfung. Eine Welt ohne Benennung, ohne Namensgebung, eine namenlose Welt *ist* nicht; sie ist zurückgekehrt in die vorsprachliche, vorschöpferische Schwärze. Im Roman ‚Platz der Gehenkten', der das Buchstabieren einer Welt aus den Elementarbausteinen der Sprache versucht, schöpft das Erzählen aus dem A, dem hebräischen Aleph. In der Schriftmetaphysik der Kabbalistik ist das Aleph der Beginn des Beginns. Der Kosmos im Ganzen ist in seinen Sphären und Dimensionen in den 22 Buchstaben des hebräischen Alphabets organisiert. Christlich: die Schöpfung des Universums ist das Buchstabieren von Alpha bis Omega. Das einzige Aleph auf der weißen Seite des Romans ‚Platz der Gehenkten' heißt demnach auch: entfällt dieser einzige schwarze Buchstabe auf der weißen Seite, entfällt also der Beginn des Beginns, kippt die Seite ins Schwarz um: in die anfangslose Endlosigkeit. Schwärze ist Buchstabenlosigkeit. Das apokalyptische Schwarz ist dem Schöpfungslicht so entgegengesetzt wie in der Johannes-Apokalypse der Weltuntergang entgegengesetzt ist der Erhebung des Neuen Jerusalem in das Strahllicht der Erlösung. In dieser Weise apokalyptisch konnotiert ist das Schwarz auch in der einen haitianischen Ritus nachahmenden Beschwörung des Fichteschen Großvaters *aus den Totenwassern* (Pubertät, 245/6).[2] Das Schwarz ist hier die Farbe der universellen ökologischen Katastrophe.

Diese metaphysische Qualität der Schwärze, die eine Todesfarbe, ja eine Unfarbe ist, erscheint bei Fichte ebenso selten wie sie kulturgeschichtlich weit verbreitet ist. Der Kunsthistoriker Max Raphael hat in seinem Buch „Die Farbe Schwarz" die Ausdruckswerte des Schwarz in der Malerei gezeigt und nachgewiesen, daß es verfehlt wäre, das Schwarze als Unfarbe zu deuten, eingeschränkt auf den Wert des Todes, des Nichts, der Abwesenheit – also in der metaphysischen Tradition von Robert Fludd bis hin zur schwarzen Seite in Fichtes ‚Grünspan'. Vielmehr entdeckt Raphael in den malerischen Behandlungen des Schwarz eine reich differenzierte Bedeutungsfülle, die es ausschließt, die Semantik des Schwarzen überhistorisch oder kulturüberrgreifend festzulegen. So hat auch Fichte bemerkt, daß die Farbe der Trauer für uns beinahe natürlich „schwarz" ist (wenn der Tod die Zugehörigkeit zur Schöpfung, die eine Welt des Lichtes und der Farbe ist, beendet, so bedeutet Schwärze die Rückkehr des Individuums ins Ungeschaffene). In Brasilien dagegen ist die Farbe der Trauer das

---

[1] Vgl. dazu S. 405ff. dieses Buches.
[2] Vgl. Fichte: Die Trance...a.a.O. S. 80. – Hier handelt es sich um die Beschwörung des geistlichen Vaters, der in den Totenwassern einer Tonkruke sitzt. – Die erste Götternamen-Litanei ist Bestandteil einer ähnlichen Totenbeschwörung aus einer „umkleideten Tonvase": sie gilt hier Pozzi (Pubertät, 40–2).

Weiß. Doch auch von solchen kulturellen Unterschieden und den differenten Einsätzen des Schwarzen als Ritual- und Kultfarbe abgesehen, zeigt Max Raphael an der europäischen Malerei eine Art Dialektik der Farbe Schwarz. Für Raphael ist das Schwarz „der Grund des Absoluten, das alle Inhalte in sich trägt, obwohl es keinen zur Erscheinung kommen läßt".[1] Das Schwarz ist absolute Unbestimmtheit und Immaterialität, was, in hermetischer Tradition gesprochen, nichts anderes heißt als: das Schwarz ist qualitätslose prima materia, die absolute Potenz. Nacht, die alles enthält, ohne daß es in Erscheinung tritt: dazu bedarf es des schöpferischen Aktes, des Lichtes, dessen Weiß wiederum alle Farben, mithin das Spektrum der Erscheinungsmannigfaltigkeit enthält. Man erkennt daran, daß Max Raphael, offenbar ohne Wissen, in hermetischen Traditionen der Kosmologie denkt, ebenso hinsichtlich der Farbe Weiß, das er als Gegenpol des Schwarzen bestimmt. Das Weiße „wirkt ..., als hätte es alle bestimmten Inhalte wieder überwunden".[2] Das Weiß erhält einen dem Schwarz entgegengesetzten Status. Es ist absolutes Licht, jenseits einer in Differenzen auseinandergetretenen Erscheinungswelt – man ist versucht zu sagen: das Weiß ist absoluter Geist, der sich aus den Entäußerungen in Differenzen und Erscheinungen restlos zurückgenommen hat. Reine Abstraktion jenseits der Erscheinungen, wie das Schwarz reine Potentialität diesseits der Erscheinungen ist. Zwischen diesen dialektischen Polen liegt die optische Welt, vom Schwarz her als die Schattierungen seiner je unterschiedlichen Ausdruckswirksamkeit, vom Weiß her als das Farbspektrum. Die Unendlichkeit der Erscheinungen entsteht durch den unbegrenzt variablen und dynamischen Widerstreit von Schwarz und Weiß. Raphaels Verdienst ist es, das Schwarz selbst als feinstufigen Farbraum erkannt zu haben.

Im Blick auf Fichte kann man diesen Überlegungen entnehmen: seine Verwendung von Schwarz und Weiß entspricht der metaphysischen Dialektik, wie sie in der hermetischen Philosophie und in der kabbalistischen kosmologischen Theorie der Schrift angelegt ist und wie sie sich, in den metaphysischen Implikationen zumeist unbegriffen, auch bei Max Raphael und bei Malern der Moderne wie Malewitsch, Picabia, Frank Sella u.a. findet.[3] Völlig fehlt in dieser Tradition gerade das, was für Fichte charakteristisch ist, nämlich die erotische Dimension, welche die absolute Dialektik auflöst und zu einem Spiel der Metamorphosen werden läßt. Der Widerstreit von Schwarz und Weiß, so sahen wir, ist, jenseits seiner kolonialistischen Bedeutung, für Fichte eine erotische Figur und erst dadurch auch eine ästhetische. Schwarz ist die Kultfarbe des Eros. Fichte trägt damit in die traditionelle Dialektik von Schwarz und Weiß neue Dimensionen ein, die ethnographische und die erotische, die mit seiner besonderen sexuellen Objektwahl und mit der aus ihr motivierten Reisebewegung zusammenhängt.

Das Weiß ist für Fichte dabei nicht nur die Farbe der europäischen Kolonisatoren, sondern vor allem seine eigene Farbe, als ein von Vernichtung bedrohter Jude. Als in den ersten Nachkriegsjahren Detlev eigene Aquarelle seinem Freund Jürgen zeigt, sagt

---

[1] Raphael a.a.O. S. 30.
[2] Ebd S. 35/6.
[3] Hanna Weitemeier (Hg.): Schwarz. Ausstellungskatalog Kunsthalle Düsseldorf. Düsseldorf 1981.

dieser: – *Da sind zu viele Juden!* Detlev versteht nicht, was Jürgen sagen will. Vor seinem inneren Auge sieht er sich mit seiner Mutter, den Großeltern und Hunderten *von anderen Entkleideten* in den Vergasungsduschraum eines KZ geführt: – *Warum sagst du Juden? / – Das haben wir immer gesagt. Juden sind die weißen Stellen in deinen Aquarellen, wo keine Farbe hingekommen ist. Du mußt die Juden ausmerzen.* (Grünspan, 164) Später träumt Detlev *von seinen Aquarellen mit den Juden* und wieder wird der eigene Tod mit der Mutter zusammen in einem Sarg bzw. seine Hinrichtung auf dem Scheyerner Marktplatz assoziiert (Grünspan, 204, vgl. 9, Pubertät, 82).

Damit enthält das Weiß bei Fichte eine höchst widersprüchliche Struktur. Es ist die Farbe des Holocaust, die Farbe des Todes und der Hinrichtung, es ist seine Farbe als Jude und Homosexueller, der, so zeigt der Kontext, *von Mutti berechtigterweise ins Erziehungsheim* gesteckt, *wenn nicht gar ins KZ geschickt würde* (Grünspan, 205), falls er beim Analverkehr entdeckt wird.

Interessant ist, daß Fichte in ‚Xango' in ähnlicher Weise die *weißen Flecken* auf Gemälden von Cézanne bespricht. Der Zusammenhang ist eine poetologische Überlegung zur Ethnographie. Fichte setzt seine Schreibweise ab von einer Ethnologie der Sieger – wie überhaupt Kennzeichen des europäischen Umgangs mit ‚Forschungsmaterial' der im Wissen befestigte Sieg über dieses sei. Dagegen setzt Fichte sich mit Cézanne parallel: *Der Maler siegt über Materialien und Gesichter. (Nur Cézanne verzichtete zuletzt auf Siege und liess weisse Flecken als Niederlagen auf der Leinwand zurück.) ... / Ich gehe aus Haiti nicht als Sieger hervor. / Meine Aufzeichnungen sind die Aufzeichnungen von Irrtümern, Fehlschlüssen, Kurzschlusshandlungen.* (Xango, 119)

Das viele Weiß ist eines der auffälligsten Merkmale des Druckbildes der Fichteschen Texte. Das viele Weiß auf den Seiten und die weißen Flecken auf den Gemälden Cézannes dokumentieren den Verzicht auf die totale Aneignung des Materials, das darin so unterworfen würde wie eine fremde Kultur kolonisiert und durchdrungen. Das Weiß, das nicht gemalt und nicht beschrieben wird, das mithin als *Jude* stehen gelassen wird, enthält die Anerkenntnis des Anderen, enthält das eingestandene Versagen der eigenen ästhetischen Stragien, Malerei oder Schrift. Das Ungesagte – Weiße –, das Schweigen und das Ungemalte, das nicht durch Bemalung Ausgemerzte halten den Raum offen, aber auch leer für den ausdruckslosen Ausdruck des Fremden und Anderen.

Weiß als Hautfarbe ist dagegen die Farbe der Faschisten, Sklavenhändler, europäischen Eroberer, Massenmörder in den Kolonien Afrikas und Südamerikas. Das Weiß enthält mithin eine dialektische Verschränkung von Täter und Opfer – eine Triebdialektik, die schon an der sadomasochistischen Dynamik von Pedro Claver zu erkennen war. Pedro Claver, der Weiße, wechselt, wenn er sich lustvoll quälen läßt, symbolisch in die Position des Schwarzen. Als Gequälter ist er Neger, wie umgekehrt sein schwarzer Sklave Pedro als Quäler zum Weißen wird. Diese sadomasochistische Schwarz/Weiß-Polarität ist ein Zerrbild der erotischen Utopie, die Fichte in der metamorphotischen négritude, der *schwarzen Zeit der Gegenwärtigkeit* ersehnt. Diese ist der Versuch Fichtes, der Täterseite des Weiß, seiner Todesbedeutung und seiner körperlosen, körperfeindlichen Leere zu entkommen. Indem er sich mit der Opferseite des Weiß, als Jude und Homosexueller, identifiziert, schließt er sich mit dem

Schwarzen zusammen – zu einer Figur der sexuellen Lebendigkeit und eines Schreibens, das seinen Ort jenseits der kolonialistischen Ausmerzung des Weiß, des Juden, des Anderen, finden will in einer ‚anderen' Dialektik von Schwarz und Weiß.

18. Das weiße Ritual. Der Selbstmord von Alex

Wie sehr bei Fichte das Weiß zu einer Ritualfarbe des Todes wird, zeigt sich an der Darstellung des Selbstmordversuches von Alex W. Kretschmar, der ganz im Zeichen des Weiß steht (Pubertät, 183ff). Der reale Anhalt dafür ist das Krankenhaus-Weiß der Universitätsklinik Eppendorf, in die Alex eingeliefert wird. Daraus macht Fichte einen *tödlichen Ritus, eine Inszenierung* in Weiß:
Weißes Bett. Weiße Wand. Weißer Schrank.
Von Alex' Selbstmord ist diese Weiße geblieben, die sich zwischen all seine Funktionen schiebt, so als wäre er wirklich tot und würde obduziert.
Hier ist eine psychiatrische Abteilung und auch seine Träume, Gedanken, Assoziationen werden präpariert zwischen diesem horrenden Weiß, so daß schließlich von Alex' Selbstmord nur noch Papier und Watte nach sind... (Pubertät, 183/4).

Diese Szene ist dem Romaneingang, den anatomischen Ritualen in der „Nina Rodrigues" nachgebildet. Das Weiß korrespondiert der analytischen Medizin, dem Modell der Anatomie, die auch hier Vivisektion und Folter ist. Behandelt wird Alex vom *Künstlerfreund* Prof. Dr. Bürger-Prinz, dem Psychiatrie-Chef im UKE, der ein alter Faschist ist (wie Gräff).

Fichte rückprojiziert dabei haitianische Rituale auf die Suizid-Szenerie von 1951 (Pubertät, 184, 187, 189ff.).[1] Es geht um die Bewältigung von Erinnerungen, die die Farbe Weiß tragen. Erinnerungen, die Mystifikationen sind, nämlich: er, Fichte, der 16jährige Geliebte könne schuld sein am Selbstmord des 40jährigen Alex: *Alex will einen Toten auf mich werfen.* (Pubertät, 188) Im Ritual des Weiß, der entwickelten Dialektik entsprechend, wird die Täter-Opfer-Beziehung als biographisches Trauma bearbeitet: daß Hubert ein Mörder sein könnte, weißer Täter, nicht weißer Jude (– *Vergiß, daß du den Gasofen im Lager bedientest, um nicht selbst vergast zu werden,* Grünspan, 170). Offensichtlich hat schon der 16jährige versucht, durch eine – nicht erhaltene – Novelle ‚Der Selbstmord' (Pubertät, 188) schreibend mit diesem Schuldtrauma umzugehen. Das geschieht nun, heute, noch einmal: *(Jetzt schreibe ich mit vierzig darüber und täglich kommt es wieder hoch, kindisch, kindlich, zu spät, oft Zeile um Zeile.)* (Pubertät, 189)

Das ist das Erbrechen der Erinnerung als Zeilen. Auch der Suizidversuch Alex' gehört zu den *erbrechenartigen Erinnerungen* (Pubertät, 298), die es zu bewältigen gilt. *Bin ich schuld? / Ich bin nicht schuld. / Hab ich ihn zerstört? / Ich hab ihn nicht zerstört. Ich nicht. / ... Ich habe ihn zerstört.* (Pubertät, 184/6)

---

[1] Es ist zu beachten, daß die Pozzi-Bearbeitung stark unter dem Eindruck der Bahia-Erfahrung steht, während die Alex-Passagen parallel gebaut werden zu Fichtes Haiti-Aufenthalt.

Die literarische Verarbeitung, jetzt 1972/3, bedient sich zweier Formen; zum einen der an Proust geschulten mnemotechnischen Vergegenwärtigung „verlorener Zeit" durch Gerüche – die bei Fichte schon im ‚Waisenhaus' eine überaus wichtige Rolle spielen. Das zeigt sich an den Gerüchen der Theaterschminke (*Leichnerstifte – Leichenstifte*, Pubertät, 187) und an dem Geruch von Alex' Parfum: *Soir-de-Paris haftet mir an wie meine Schuld.* (Pubertät, 187) Diese Vergegenwärtigung durch Düfte hat jedoch, zum anderen, ihre Entsprechung in rituellen Praktiken des bisexuellen Priesters Erzulie Freda Dahome: *Über die Düfte kommen die Toten zurück.* (Pubertät, 187) Auch in dieser Szene handelt es sich um eine Totenbeschwörung, die dem Totenritual im Institut „Nina Rodrigues" korrespondiert (Pubertät, 188).[1] Das Schreiben jetzt bedient sich, mimetisch, der rituellen Vergegenwärtigung von Toten, um – ähnlich wie bei Pozzi – nun hinsichtlich von Alex das Ich von einem Bann zu befreien, der von dem nicht zu Ende gestorbenen Alex noch immer ausgeht. Dazu dient das weiße Ritual: Befreiung von dem Toten, Befreiung von Todesschuld. – Wie sehr Fichte gegenüber Alex von Schuldgefühlen getrieben ist, wird ferner erkennbar, wenn er die Abschiedsgesten bei seinem Aufbruch nach Frankreich so deutet, *als wollte ich ihn verzweifelt bitten, meinen Mordversuch an ihm nicht zu begehen. Und vielleicht tut er es deswegen nicht.* (Pubertät, 244) – Diese Bemerkung bezieht sich auf Fichtes Novelle ‚Der Selbstmord' (vielleicht auch auf ‚Der Trinker'). Schuldigwerden und Exkulpationswunsch, Aggression und Trauer liegen unmittelbar beieinander.[2]

Ferner benutzt Fichte das Muster afroamerikanischer Initiationsriten, denen die Figur des symbolischen Todes und der Wiedergeburt zugrundeliegen. Der von den Toten beschworene Selbstmörder Alex wird einer Zeremonie unterworfen, in welcher der Tod, den der junge Hubert als Schuld in sich trägt, als Wiedergeburt von Alex gedeutet wird (Pubertät, 189/90) – eine große rituelle Szene, in welcher der Selbstmord als Durchgang zu einer Wiedergeburt verstanden wird. Da diese Zeremonie ihrerseits nichts als Literatur ist, also die Schrift, die Fichte jetzt schreibt, so ist auch die Wiedergeburt von Alex als eine Geburt im Text Fichtes zu verstehen. Die Schuld des Weiß, die Fichte in sich trägt, arbeitet er *Zeile um Zeile* ab, indem er die kindisch-kindlichen Erinnerungen umbaut zu Texten, in denen die Schuld wieder erfahren und bearbeitbar wird. Der Text wiederholt den *fast tödlichen Ritus* (Pubertät, 184) von Alex derart, daß dieser *wie wiedergeboren* (Pubertät, 189) wird, nämlich in

---

[1] In der Alex-Szene ist das durch Düfte ausgelöste Beschwörungs-Ritual zusätzlich noch mit der Mutter verbunden. Der Satz nämlich: *Die Toten riechen nach Leichnerstiften.* (Pubertät, 187) erklärt sich aus der eingeschliffenen Verbindung, die *Leichnerstifte* und *Leichenstifte* schon in Detlevs Kindheit eingegangen waren. Darin steckt die ganze Ambivalenz der Mutter-Beziehung, einmal ihre begehrte Attraktivität während ihrer Theaterzeit nach dem Krieg, zum anderen ihre für Detlev noch unbewußte Bedeutung als Tod, was erst im Nanā-Mythos hervortritt. Die Stelle ist ein Selbstzitat von Grünspan, 140. Natürlich wird die Assoziation „Leichnerstifte – Leichenstifte" (bzw. -schminke) in der ‚Geschichte der Nanā' wieder aufgenommen und erweitert: *Leichen./ Laich./ Geschminkte Froschmumien...* (Nanā, 57, vgl.: *Ich laiche sie ein,* Pubertät, 53). Oder: *Leichner./ Leichen und Laich./ Schminke.* (Nanā, 56). Tod, Sexualität, Mutter, Theater, Schminke bilden ein enges Symbolnetz. Vgl. ferner den *Exkurs ueber Des Feindes Leiche gibt anmuttgen Dampf von ihr* im Lohenstein-Essay (HuL I, 169; hierbei handelt es sich um einen Vers aus Agrippina, V, 176).

[2] Vgl. Nikolaus Tiling: Vom Sprechen zum Schreiben – Anfänge einer Schriftsteller-Laufbahn. In: H. Böhme/N. Tiling (Hg.): Leben, um eine Form der Darstellung zu erreichen, a.a.O. S. 245–263.

die Gegenwart hinein der selbst rituell organisierten Schriftzeichen, die Fichte schreibt. So wird der Text auch hier zu einer *umgekehrten Einweihungszeremonie* –: Fichte versucht, den toten Alex durch seine symbolische Erweckung im Text zu versöhnen. In der Präsenz des Textes wird Alex zur Ruhe der Toten zurückgebettet, die er in der Mystifikation des schuldbeunruhigten Ich bis jetzt nicht hatte.

Der versoffene, gescheiterte, verzweifelte Alex, den der junge Geliebte nicht hat retten können; Alex, der später verelendet stirbt[1]; der Regisseur, der selbst als schamanistischer Anatom den Körper Huberts während der Theaterproben zerlegt, – dieser Alex erhält in den Schriftzeichen eine Art Grab in der Luft, ein Wiedergeborenwerden in den ebenso immateriellen wie potentiell alles enthaltenden Zeichen der schwarzen Schrift: Epitaph-Kunst auch dies.

19. Theatralische Sendungen Fichtes; Botschaften Hölderlins und Artauds

Das Theater hat für Fichte grundlegende Bedeutung. Zwar interessiert ihn das institutionalisierte Theater, eingerichtet für ein bürgerliches und intellektuelles Stadtbürgertum, seit den 60er Jahren überhaupt nicht mehr. Es scheint, daß die Beobachtungen und Erforschungen der rituellen Zeremonien in den afroamerikanischen Religionen sein Interesse an theatralischen Formen völlig absorbiert haben. Ich nehme an, daß Fichte in den religiösen Riten eine Form des szenischen Geschehens entdeckte, das sich derart vollständig der Beteiligten bemächtigt, wie er selbst in seiner Kindheit und Jugend das Theater, als Zuschauer wie Schauspieler, erlebte. Wenn Artaud nach einem Theater sucht, das seine Kraft und Präsenz in der unmittelbaren Erregung des Körpers realisiert, dann ist dies die Form, in welcher der junge Fichte die theatralisierten Stoffe der griechischen Antike erlebte. Und es ist zugleich die Form, in der bei den Trancereligionen die numinosen Mächte von den Akteuren, gleichsam in die Körper fahrend, Besitz ergreifen. Dadurch verwandelt sich das szenische Geschehen zur Gegenwart des Göttlichen selbst und es wird nicht etwa nur durch theatralische Zeichen auf dieses, als ihrer Bedeutung, verwiesen. Hinsichtlich der Sprache, der Stimme, des körperlichen Einsatzes, der Musik usw. verlangt Artaud die absolute Suprematie des Ereignisses. Den Wörtern ist *etwa die Bedeutung zu geben, die sie im Traum haben.* Sie sollen verdichtete Chiffren sein, die das, was sie meinen, die Bedeutung also, nicht als Schicht hinter ihrer Erscheinung tragen, sondern umgekehrt in sich hineinsaugen, so daß in das intonierte Wort der Sinn wie ein Blitz einfährt und es zum Glühen, zur lebendigen Präsenz bringt.[2] Diese Poetik des theatralischen Wortes beschreibt Artaud nicht ohne Grund mit Termini wie „Chiffrensprache",

---

[1]Vgl.: – *Das Bild des Körpers von Alex, der nach 49 Jahren, nicht weit von der Elbe, eine Männerlänge unter Begonien und Buchsbaum verfault.* (Kleiner Hauptbahnhof, 170) – Der tote, verfaulende Alex ist der Gegensatz zum toten Jahnn, der mit allen Mitteln gegen das Verfaulen des Leibes sich wehrt.

[2]A. Artaud: Das Theater und sein Double a. a.O.S. 100/1, 39, 42.

„Hieroglyphen", „ideographischer Wert", „Sprache der Zeichen und des Mimos".¹ Artaud will eine archaische Schicht der Sprache freilegen, die in der modernen semiotischen Auffassung, welche die Zeichen und die Bedeutung strikt trennt, ebenso verloren ist wie im modernen Theater, das „unter der Diktatur des Wortes"² den Zusammenfall von Zeichen und Bedeutung in der wesentlichen Präsenz des Körpers völlig verdrängt habe. „Die Metaphysik der artikulierten Sprache verwirklichen heißt ..., ihr die eigenen Möglichkeiten körperlicher Erregung zurückzugeben, heißt, sie aktiv zu zerlegen und im Raum zu verteilen, heißt, den Intonationen ... die Fähigkeit wiederzugeben, etwas wirklich zu zerreißen und kundzutun, ... heißt mit einem Wort, die Sprache als Beschwörung sehen."³

Dieses Konzept der Sprache des Theaters liegt dicht bei den poetologischen Überlegungen Fichtes zur ideogrammatischen Schreibweise. Kunstsprache will bei Fichte im letzten die Gegenwart der Sache sein, die sie darstellt –: wie bei Artaud soll die Sprache, in einem archaischen und gegen die konventionalistische Zeichentheorie gerichteten Sinn, theatralisch sein. Nur nebenher kann dieses Sprachkonzept als der Grund dafür angegeben werden, daß Fichte, schon im ‚Versuch über die Pubertät', neben der semantischen Dimension, die Ezra Pound als Logopoiea bezeichnet, die Ebenen der Phaenopoiea (der Bild- und Erscheinungskraft der Sprache) und der Melopoiea (der melodischen, klanglichen Kraft) als konstitutiv für die poetische Rede betont, also die ereignishaften Ebenen des Sprechens, die nicht etwa auf ein Sprechtheater, sondern auf die Theatralisierung der Sprache zielen.⁴

Ein Theater der Sprache und des Klangs ist in besonderer Weise das Hörspiel. In dieser Form setzt Fichte bestimmte Erfahrungen der „theatralischen Sendung" seiner Jugend fort. Er versucht aus dem Konzept der ideogrammatischen Schreibweise, die in den Bahnen des europäischen Romans keinen Platz hat, die audiogrammatischen Konsequenzen zu ziehen. [Ideogrammatisch bedeutet für Fichte: Ideenschrift, Bildschrift; audiogrammatisch nenne ich die Grammatik der in Klang sich artikulierenden Sprache, die als Kunstform die Sprache des Hörspiels ist.⁵]

Gewiß sind dies nicht die einzigen Spuren der intensiven Theatererfahrung der Nachkriegsjahre. In dieser Zeit hatte Fichte Schauspieler werden wollen. Das Scheitern dieses Vorhabens trug, nach langen Zeiten der schwankenden Orientierung in den 50er Jahren, wesentlich zur Entscheidung bei, Schriftsteller zu werden. Man darf annehmen, daß die schriftstellerische Existenz bei Fichte viele Motive der

---

¹Ebd. S. 42.
²Ebd. S. 42.
³Ebd. S. 49. – Genau diese Theater-Auffassung läßt sich auch beim Theater Hans Henny Jahnns beobachten.
⁴Ezra Pound: ABC des Lesens. Berlin und Frankfurt/M. 1974, S. 47ff, 85ff. – Vgl. dazu T.Teichert a.a.O. S. 315ff. Vgl. HuL I, 128.
⁵Vgl. besonders das Hörspiel: ‚Ich würde ein...'; dazu S. 57ff. dieses Buches. Natürlich spielt das Klangliche in der Lyrik ebenfalls eine bedeutende Rolle, was Fichte sehr genau weiß, auch wenn er nur in der Jugend einige Gedichte schrieb. Das Gespür Fichtes für lyrischen Klang ist an den lyrischen Passagen in seinen Romanen und Hörspielen abzulesen. Auch ist auffällig, wie intensiv Fichte sich mit metrischen und rhythmischen Fragen auseinandersetzt (bei Sappho, Lohenstein, Rimbaud u.a.): auch dies ein Zeichen der Nähe Fichtes zum lyrischen Sprechen.

theatralischen Erfahrung aus der (prä-)pubertären Zeit absorbierte.[1] So hat Fichte in den 50er Jahren verschiedene Ansätze unternommen, selbst Theaterstücke zu schreiben. Davon haben sich zwei Versuche erhalten: das Stück ‚Masken und Tote' sowie ‚Ödipus auf Håknäss'. Das letztere Stück gehört ebenso den antiken Tragödien-Stoffen an wie Jean Anouilh's Drama „Antigone", das Fichte mit Rüdiger Neuschütz 1959 in Finnland inszenierte (Garni, 97f). Der Ödipus- und Antigone-Stoff, den Fichte schon in den 40er Jahren kennengelernt hatte und zwar in der Hölderlinschen Fassung, verweist nun erstmals auf Hölderlin. Dessen Anmerkungen zum „Ödipus" sowie die erste Szene des V. Aktes nahm Fichte in ‚Mein Lesebuch' (1976) auf.[2]

Zur Spur des Theaters im späteren Werk gehören die rekonstruktiven Versuche in den Romanen ‚Waisenhaus', ‚Grünspan' und ‚Versuch über die Pubertät', die psychodramatische Funktion seiner frühen Theater-Rezeption und seiner Schauspielerei zu entwickeln. Neben den genannten Stücken von Sartre und William Saroyen's „My heart's in the highland", sind es vor allem Tragödien mit Stoffen aus der antiken Überlieferung, die für Detlev größte Bedeutung gewinnen: außer dem Ödipus- und Antigone-Stoff (Sophokles, Anouilh) sind es die Orestie (Sartre, Goethe) und Medea (Grillparzer, Anouilh)[3]. Schließlich gehören in diesen Zusammenhang die

---

[1] Vgl.: – *Schauspieler und Schriftsteller. / Ich kann das nicht trennen.* (Pubertät, 112)

[2] Daneben übrigens auch das Hölderlinsche Fragment „Lied des Schweden" (Lesebuch, 103), das Fichte offenbar als autobiographische Anspielung einsetzt, die sowohl auf seine eigene schwedische Zeit, in der sein ‚Ödipus auf Håknäss' spielt, verweist wie auch auf die blutigen Phantasmen, die Fichte seit der Begegnung mit den griechischen Tragödien umtrieben und die Hölderlins, gleichsam wie für Fichte gemacht, in den winzigen Wortsplittern dieses Fragments hintuscht – viele *weiße Flecken* lassend: so hat Fichte das „Lied des Schweden" von Hölderlin in seinem ‚Lesebuch' gleichsam adoptiert und zu einem Ausdruck der eigenen Erfahrung gemacht. Es ist hinsichtlich von Lyrik häufig zu beobachten, daß Fichte lyrische Fragmente anderer Autoren zu ‚eigenen' verwandelt. Zu einem Gestaltungsprinzip wird dies im Hörspiel ‚Ich bin ein Löwe'.

[3] – Sophokles: König Oedipus. Deutsche Übersetzung von Emil Staiger. Schauspielhaus Hamburg 30.5.1949.
– Sophokles: Antigone. Deutsche Übertragung von Hölderlin. Schauspielhaus 15.2.1946.
– Jean Anouilh: Antigone. Regie: Wolf Beneckendorff, Thalia-Theater Hamburg 29.1.1947 (Gisela Mattishent in der Rolle der Antigone; Heinz Klevenow als Kreon; hier spielt Fichte die Rolle des Pagen von Kreon; vgl. Grünspan, 148ff).
– Goethe: Iphigenie auf Tauris. Schauspielhaus 24.3.1944, erneut in den Spielzeiten 1946–48. (Vgl. Grünspan, 14–17, 22–24, 70, 114, 128, 131/2, 236/7)
– Jean Anouilh: Medea. Kammerspiele Hamburg 2.11.1948. Regie: Robert Michal.
– Grillparzer: Medea. Schauspielhaus 20.5.1948 (Vgl. Grünspan, 128/9).
– Sartre: Die Fliegen. Gastspiel der Städtischen Bühnen Düsseldorf, Regie und Hauptrolle: G. Gründgens. Kammerspiele 23.2.1948 (Vgl. Grünspan, 179ff).
– Jean Giraudoux: Der trojanische Krieg wird nicht stattfinden. Regie: Ulrich Erfurth. Kammerspiele 3.5.1947. (Eine Starbesetzung mit Ida Ehre, Hilde Krahl, Helmut Käutner, Erwin Linder, Eduard Marks, Hans Quest, Hermann Schomberg; Fichte spielt die Rolle des „Friedens", vgl. Grünspan, 154/5, 162, 169: in dieser Rolle hat er ‚Grünspan' im Haar). Zur selben Zeit findet eine französische Gastinszenierung unter Jean Marchat statt.
Aus dem Umkreis antiker Stoffe hat Fichte auch gesehen:
– Eugene O'Neill: Trauer muß Elektra tragen. 10.4.1947. Schauspielhaus Hamburg. (Regie: Alfred Nolers; Orest: Erich Schellow, vgl. Grünspan, 158).
– Euripides/Franz Werfel: Die Troerinnen. Regie: Ulrich Erfurth. Kammerspiele 27.9.1947 (Ida Ehre als Hekuba; Gisela Mattishent als Andromache, Helmut Käutner als Hektor: auch von hier kennt Fichte also

teilweise selbst realisierten Hörspiel-Bearbeitungen von Lohensteins Tragödie „Agrippina" (1978) und „Ibrahim Bassa" (1979), die zu einer intensiven ethno-literaturwissenschaftlichen Auseinandersetzung mit Lohenstein Anlaß gaben (HuL I, 141–246).

Hinsichtlich Lohensteins ist eine Bemerkung Fichtes in seinen Wiener Vorlesungen über Literatur von 1986 wichtig, wo er unter dem Titel ‚Ansätze zur interdisziplinären Forschung' für die poetologische Behandlung der Lohensteinschen Tragödienform fordert, daß *orale Strukturen der Literatur, rituelle Formen, Litaneien, Glossolalie, die Sprache der Trance und des Irrsinns* Berücksichtigung finden müßten (HuL I, 483).[1] Diese Erklärung Fichtes ist darum so wichtig, weil sie alle die Formmuster aufzählt, die er z.B. im Feature ‚Die Trance in den afroamerikanischen Mischreligionen' von 1974 als Merkmale der szenisch erzeugten Tranceituale festhält.[2] Als literarisches Beispiel des 17. Jahrhunderts nannte er damals, 1974, – wie auch in ‚Xango' (328) – den in Moskau auf lutherische und jesuitische Denunziationen hin gefolterten und verbrannten Ekstatiker, Böhmisten und Lyriker Quirinus Kuhlmann.[3]

Entscheidend ist, daß Fichte zwischen den Strukturmerkmalen der afroamerikanischen Trancekulte, dem lyrisch-ekstatischen Sprechen Kuhlmanns und den Ritualformen der Lohenstein-Tragödien formale Analogien entdeckt. *Die Gesten der Magie*, so beschließt er die Lohenstein-Vorlesung, *gleichen den Gesten der Manie und des Manierismus* (HuL I, 192, 483).[4] Der Terminus Manie seinerseits, wie auch die Begriffe Ekstase und Enthusiasmus, gehen, wie Fichte im Trance-Feature entwickelt, auf griechische Kulterfahrungen zurück, wie sie etwa in den Mysterien praktiziert wurden, aber als Spuren in den Formmustern der Tragödien noch ebenso auffindbar

---

die Andromache-Hektor-Szene, die er in der Schillerschen Fassung ‚homosexualisiert' hatte; vgl. Grünspan, 79, 136 sowie S. dieses Buches).
Vielleicht hatte er auch gesehen:
– Jean Anouilh: Eurydice. Kammerspiele 23.9.1946; Regie: Ulrich Erfurth (mit Hilde Krahl und Hermann Lenschau).
– Jean Giraudoux: Elektra. Kammerspiele ca.4.9.51. Regie: Robert Michels (mit Heinz Klingenberg, Richard Münch). Zuvor am selben Theater schon einmal eine Inszenierung unter Ulrich Erfurth (mit Hermann Lenschau, Hilde Krahl) 20.9.46.
– Aischylos: Die Orestie. Schauspielhaus 29.3.51.

[1] Auch in: Wespennest Nr.63, 1986, S. 21. – Plan, Anordnung und Inhalt der hier abgedruckten „Wiener Vorlesungen" weichen von den Angaben T. Teicherts (HuL I, 485) in einigen Punkten ab. – Zu Lohenstein vgl. Kirstin Pleger a.a.O. – Wie kritisch man unter enggefaßten philologischen Aspekten die Fichteschen Lohenstein-Etüden sehen kann, zeigt polemisch und ohne sich auf die Probleme einzulassen Reinhart Meyer-Kalkus in seinem im übrigen wichtigen Buch: Wollust und Grausamkeit. Affektenlehre und Affektdarstellung in Lohensteins Dramatik am Beispiel von „Agrippina". Göttingen 1986, S. 18–20.

[2] Fichte: Die Trance ... a.a.O. S. 55ff.

[3] Ebd. S. 95f – Zu Kuhlmann ausführlich vgl. Lesebuch, 40ff, 44ff. Vgl. ferner Lazarus, 269/70: *Die Kultur Haitis ist dem Hermes Trismegistos verwandt./ Gründete nicht Athanasius Kircher, der Verfasser des Oedipus Aegyptiacus in Rom, im 17. Jahrhundert, die erste Sammlung afrikanischer Kunst, der Jesuit, der Anreger Daniel Caspers von Lohenstein und des Quirinus Kuhlmann!* – Diese Stelle ist auch deswegen interessant, weil sie nachweist, daß Fichte durchaus über die unterschwelligen Traditionen des Hermetismus informiert war: er wußte, was er tat, wenn er sich selbst auf der Linie des Manierismus und Hermetismus positionierte.

[4] Den Zusammenhang von Manie, Magie und Manierismus entwickelt ausführlich Gustav René Hocke: Manierismus in der Literatur a.a.O,

sind wie, philosophisch reflektiert, in den platonischen Dialogen, in denen manische Zustände unter dem Aspekt ihrer Widerständigkeit gegen philosophische Besonnenheit und staatliche Ordnung, also als Häresien diskutiert werden (Phaidros, Politeia)[1].

Fichte hat im Schlußsatz der Lohenstein-Vorlesung eine interkulturelle Konfiguration geschaffen, die für ihn wegweisend wird: es gibt, so die These, Homologien – Entsprechungen, Gleichartigkeiten, Strukturidentitäten – zwischen antiken Kultformen, afroamerikanischen Ritualen der Magie und lyrischen oder tragischen Sprechweisen der Literatur des 17. Jahrhunderts und der modernen Avantgarde. Im zweiten Herodot-Essay ‚Mittelmeer und Golf von Benin' (1980) heißt es lapidar: *Magie und Tragödie.* (HuL I, 419) Im Schema der ‚strukturalen Homologien' trifft diese Formel ebenso auf die antike Tragödie zu wie auch auf Jahnn, auf Sappho oder Pasolini, auf Hölderlin oder Lohenstein.

Es geht um ein Netz von Correspondances zwischen den Kulturen: die antike mediterrane Welt – Afrika – Südamerika – Karibik – Europa. Fichte weiß, daß dieser Gedanke leicht zu einer *unitarischen Schunkelei* (HuL I, 408) werden kann, so in der strukturalen Ethnologie, die er als eine andere Form des Exotismus denunziert. Das will er nicht. Fichte *möchte an Schilderungen von Herodot im Detail aufweisen, daß einige Riten, die wir heute noch in den afroamerikanischen Riten beobachten, seit klassischer Zeit einen Platz in europäischer Kultur einnahmen, daß sie weder ein Verfall noch ein atavistisches Relikt darstellen.* (HuL I, 408) Könnte es sein, daß im afroamerikanischen Synkretismus *Archai* und *Ur*, also Ursprünge, auftauchen, *Konstanten des menschlichen Verhaltens und Bewußtseins, wie in der griechischen Tragödie, wie bei Monteverdi, Artaud und Hitchcock?* (HuL I, 407) Und, so können wir ergänzen, wie bei Hölderlin, der als dionysischer Erneuerer griechische Tragödien übersetzt?[2] Und wie bei Lohenstein, der wie Monteverdi den Agrippina-Stoff neu bearbeitet? Oder wie bei Fichte selbst? – Vor diesem Hintergrund lassen sich nun folgende Untersuchungsaspekte exponieren:

1) In den Analysen des ‚Versuch über die Pubertät' war hervorgetreten, daß die Erzählmuster weniger aus der Tradition des autobiographischen Romans stammen, als vielmehr den Ritualformen und magischen Praktiken der bahianischen und haitianischen Kulte entnommen sind. Das Erzählen wird rituellen Zeremonien, teilweise auch der Magie analog. Im Trance-Feature begründete Fichte dies mit der Entdeckung der Verwandtschaft seiner in der Pubertät magisch gebundenen Vorstellungswelt mit den in Bahia und Haiti erlebten Trancekulten. So konnte deren Er-

---

[1] Vgl. dazu Erec Robertson Dodds: Die Griechen und das Irrationale. Darmstadt 1970. Sowie Walter Burkert: Homo Necans. Interpretationen altgriechischer Opferriten und Mythen. Berlin und New York 1972. Beide Bücher sind bei Altphilologen umstritten, treffen sich jedoch mit Fichtes Auffassungen über die Wurzeln der griechischen Tragödie, der Geschichtsschreibung und Philosophie in der Magie, im Ritus und in archaischen Formen der Besessenheit (Manie).

[2] Vgl. exemplarisch Maria Behre: „Des dunklen Lichtes voll". Hölderlins Mythokonzept Dionysos. München 1987 (dort weitere Literatur). Aus soziologischer Sicht ist für die von Fichte entwickelten Zusammenhänge wichtig: Michel Maffesoli: Der Schatten des Dionysos. Zur einer Soziologie des Orgiasmus. Frankfurt/M. 1986. – Aus ethnogischer Sicht: Victor Turner: Vom Ritual zum Theater a.a.O. S. 28ff, 140ff. – ders.: Das Ritual. Struktur und Anti-Struktur a.a.O. S. 84ff, 159ff.

forschung zu einer anderen Form der Selbsterforschung werden. Dem Roman ‚Versuch über die Pubertät' stellt Fichte ein entsprechendes Motto voran:
Plötzlich – aber vielleicht vorbereitet durch langsam zur Oberfläche geschwemmtes Material – entdeckte ich, daß alle meine Versuche bisher nur eine Bewegung verrieten: zurückzufinden in frühere Schichten. (Pubertät, 9)

Die ‚Plötzlichkeit' dieser Einsicht können wir mit dem Choc der „Grossen Anatomie" verbinden. Hier widerfährt, wie in einer Epiphanie, das Aufreißen der Gegenwart – der ‚Oberfläche' –, und es öffnen sich, in einem sturzartigen anamnestischen Prozeß die alten *Schichten* der Biographie. Die Form der Anamnese ist sowohl theatralisch wie magisch: der Text erzählt ein den Körper ergreifendes szenisches Erinnern, das deutlich Züge der griechischen ἀνάμνησις und ἀναγνώρισις trägt, also derjenigen Strukturelemente, die nicht nur in der Philosophie und in der Tragödie eine Rolle spielen, sondern vor allem strukturbildend für die dionysischen Mysterien sind. Ebenso erzählt der Text in Formen ritueller Opferung (der Zerstückelung, des σπαραγμός)[1], der Totenbeschwörung und des magischen Doubles. Schon die Eingangsszene stellt in der Weise des epidemischen Erinnerns und der leiblichen Ekstasis eine Beziehung her zwischen Formen der antiken Tragödie (ihrer μανία, den Formen der Trance (der Magie) und der Manier des eigenen Erzählens –: also das Dreigespann der Begriffe Manie, Magie, Manier/Manierismus (vgl. HuL I, 483).

2) Auf der Ebene der erzählten Zeit läßt Fichte anläßlich der Aufführung von Sartres „Tote ohne Begräbnis" zwei Premierenbesucher die Thesen des Artaud'schen „Theaters der Grausamkeit" dahereden – so, als böten Artaud und Sartre die ideologische Flankierung dafür, problemlos von der Folter der Faschisten zur S/M-Szene à la mode oder dem Orgien-Mysterien-Theater à la Nitsch und Mühl hinüberzuwechseln. „Die schwarze Zeit des Theaters!", zitiert man[2] – und dann heißt es:
Das habe ich schon einmal bei Hölderlin gelesen:
– Die müßige Zeit der Tragödie. (Pubertät, 97)

Dies ist ein Zitat aus den Anmerkungen Hölderlins zum sophokleischen „Ödipus", das Fichte 1976 in sein ‚Lesebuch' aufnimmt. Im Roman-Kontext sind die Artaud- und Hölderlin-Zitate anachronistisch. Es ist auszuschließen, daß 1950 zwei Holländer flüssig-zynisch mit dem jungen Fichte über Artaud diskutieren. Dessen Buch nämlich „Das Theater und sein Double" (1938) war aufgrund des Krieges verdrängt, kam erst 1964 bei Gallimard neu heraus und wurde 1969 ins Deutsche übersetzt. Es scheint mir sicher, daß der 15jährige Fichte nicht in eine solche Diskussion hinein aus Hölderlins Ödipus-Studie zitiert. Auch wird man sich nicht täuschen lassen über den persiflierenden Stil, in dem Fichte die Artaud-Passage abhandelt. Zwar wendet er sich damit gegen eine modische Artaud-Rezeption in der Theater-Schickeria (und die fand nicht 1950, sondern frühsten 1970 statt, im Umkreis von Mühl und Nitsch: also während der Schreibzeit von ‚Versuch über die Pubertät'); doch ist davon keineswegs

---
[1]Vgl. H.Böhme: „Eine Schematisierung der Zerstückelungsphantasien" a.a.O.
[2]A.Artaud: Das Theater...a.a.O. S. 32.

berührt, daß Artaud für Fichte wichtig geworden ist. Dafür ist das Trance-Feature von 1974 der Beleg, worin Fichte hinsichtlich des veränderten Zeiterlebens in Trance und Ekstase „le temps noir" von Artaud und Hölderlins „müßige Zeit" zusammenstellt. Ausdrücklich weist er auf die etymologische Wurzel von Tragödie = ‚Bocksgesang' hin und damit auf deren Ursprung in den chorlyrischen Dithyramben anläßlich der Dionysien in Athen –: die kultische Wurzel des Theaters. Daß der Artaud-Hinweis ernst zu nehmen ist, beweisen zudem die wiederholten Nennungen seines Namens an wichtigen poetologischen Stellen im essayistischen Werk (vgl. HuL I, 407, 62).

Man hat davon auszugehen, daß Fichte anläßlich seines Studiums der Trancekulte Anfang der 70er Jahre, also erst während der Erzählzeit von ‚Versuch über die Pubertät', die Konfigurierbarkeit der afroamerikanischen Trance mit der dionysischen Fassung der Tragödie bei Hölderlin und Artaud aufgegangen ist. Diese Entdeckung wurde insofern fruchtbar, als Fichte damit die Form gefunden hatte, seine eigenen Theatererfahrungen um 1950 noch einmal im Schema der Riten und der Tragödie, im Zeichen der Trance und des Dionysos, aufzuarbeiten. ‚Noch einmal' – denn das Theater spielte schon in ‚Detlevs Imitationen „Grünspan"' eine zentrale Rolle. Auch wenn der Roman ‚Grünspan' bereits Einflüsse der afroamerikanischen Studien zeigt, so bilden diese doch erst im ‚Versuch über die Pubertät' den Hauptgrund, die psychodramatische Funktion des Theaters während der Pubertätszeit noch einmal zu durchdenken.[1]

Man wird also, neben den Trance-Kulten, Artaud und Hölderlin als gewichtig ansehen müssen, wenn es um die poetische Struktur des Romans ‚Versuch über die Pubertät' geht. Die Hölderlin-Texte im ‚Lesebuch' von 1976 erhalten dadurch die Qualität eines restrospektiven poetologischen Kommentars des Romans – wie überhaupt das ‚Lesebuch' einen außerordentlichen Rang für die literarische und intertextuelle Bezugswelt Fichtes einnimmt. Berücksichtigt man ferner, daß Fichte ins ‚Lesebuch' nur deutsche Quellen aufnimmt – dies aber so, daß durch die Übersetzungen bzw. Adaptionen die nationalliterarische Begrenzung aufgesprengt wird und ein gesamteuropäisches Netz literarischer Correspondances entsteht –: dann darf man, vor dem Hintergrund der um 1972/3 entwickelten Hölderlin-Artaud-Konfiguration, die Hölderlin-Passagen im ‚Lesebuch' als kryptische Verweise zugleich auf Artaud (und auf die theatralische Biographie Fichtes) lesen – als Hinweis aber auch auf das unveröffentlichte Stück ‚Ödipus auf Håknäss'.

Meine These ist, daß der Roman ‚Versuch über die Pubertät' insgesamt konstruiert ist als ein Theater der Erinnerung im Schema der Hölderlinschen Fassung der antiken Tragödie und des Artaud'schen Theaters der Grausamkeit. Auch darin erweist sich der Roman als ein synkretistischer sowie gattungsmischender Text. Daß dieser Zusammenhang ein ästhetisches Programm enthält, welches nicht nur von Fichte wahrgenommen wurde, mag durch einen letzten Hinweis belegt werden. Als Matthias Langhoff am Wiener Burgtheater 1988 in dem Stück von Heiner Müller: „Sophokles:

---

[1] Abgesehen davon, daß – rein stofflich-biographisch gesehen – einige Theater-Erfahrungen im Grünspan-Roman noch nicht behandelt wurden: das sind vor allem die Passagen über „Tote ohne Begräbnis" und „Der Purpurstreifen" – jene Stücke also, an denen Fichte seine neue Sicht auf das Theater ausprobiert: am Leitfaden der Ritualität, der Trance und der Tragödienform.

Ödipus, Tyrann – nach Hölderlin" Regie führt, stellt er den Essay „Das Theater und die Pest" von Artaud dem Tragödien-Text voran. Langhoff/Müller nutzten damit die Möglichkeit, von Artaud ausgehend, die dionysische Auffassung Hölderlins von der antiken Tragödie zur Leitlinie ihrer Inszenierung zu erheben.[1] Diese Möglichkeit hatte Fichte bereits Anfang der 70er Jahre entdeckt, als Idee, die ihm die rituellen Urerfahrungen seiner Pubertät um 1950 zu erschließen half.

20. Müßige und reißende Zeit – Mythisierung und Säkularisation

Sophokles / Hölderlin: „Oidipus Tyrannos"

Als Ödipus sich blendet, denn nichts mehr gibt es zu sehen, wenn alles erkannt und das Dunkelste, Vergessenste im Licht des Tages als tragische Wiedererkenntnis (ἀναγνώρισις) offenbar geworden ist; als er seine schuldlos-schuldhafte Verstrickung in blendender Helle sieht und somit, im Augenblick seiner genealogischen Verwurzelung, wurzellos wird –, da ruft er aus:
„Wie fährt in mich zugleich
Mit diesen Stacheln
Ein Treiben und Erinnerung der Übel!"[2]

Diese Verse können unmittelbar für die Szene der „Grossen Anatomie" stehen. Leibhaft ‚fahren' die Schnitte des Anatomen – des Daimon –, die „Stacheln" ins Fleisch des Erzählers und setzen – wie Hölderlin hinzufügt – ein ‚Treiben', die Triebe frei und die Erinnerung, ein inneres Sehen: der „Übel", der Leiden, der Schmerzen, der Schuld und des Begehrens der Zeit der Pubertät.

Es kann hier darauf hingewiesen werden, daß die Ödipus-Tragödie und der Fichtesche Roman gegenrhythmisch[3] aufgebaut sind: steht die symbolische Läsion der Blendung, koinzidierend mit der Selbsterkenntnis des Ödipus, im Stück am Ende, so die Erfahrung der Zerstückelung – des σπαραγμός – als Auslöser des Erkenntnisprozesses im Roman am Anfang. Dies ist ein Unterschied ums Ganze: ob nämlich die Selbsterkenntnis die schicksalhafte Besiegelung einer Schuld ist, die das Subjekt in die Bahn eines übermächtigen dämonischen Vollzugs stellt; oder ob das

---

[1] Sophokles: Ödipus, Tyrann – nach Hölderlin von Heiner Müller. Programmbuch Nr.33 des Wiener Burgtheaters 1988.

[2] Im folgenden werden die Texte von Sophokles und Hölderlin (incl. dessen Anmerkungen zum Ödipus und zur Antigone) zitiert nach: Sophokles: Oedipus der Tyrann / Antigone. Deutsch von F. Hölderlin. Eingeleitet von W. Schadewaldt, Frankfurt/.M. 1957, hier: S. 167; im Text abgekürzt: S/H + Seitenzahl. – Ich benutze diese ausgezeichnete, textlich auf der Beißner'schen Edition beruhende Ausgabe, weil sie diejenige ist, die Fichte schon in Schweden besaß und zur Grundlage seiner Arbeit machte. – Das Zitat entstammt übrigens derselben Rede des Ödipus, aus der Fichte im ‚Forschungsbericht' zitiert, als er die Parallele zwischen dem Ödipus-Mythos, seiner eigenen Geschichte und der Geschichte Franks erkennt: *Io! Nachtwolke mein.* (Forschungsbericht, 93).

[3] ‚Rhythmus und Gegenrhythmus' wird hier im Verständnis Hölderlins nicht als metrischer, sondern kompositorischer Begriff benutzt (vgl. dazu S/H, 249ff).

Opfer des Leibes, das Zerreißende der Selbsterkenntnis den Anfang eines anamnestischen Prozesses bildet, der im Rondo des Romanschlusses den dämonischen Zauber der Schuld hinter sich läßt. Es ist dies der Unterschied davon, ob der Schock des Wissens die Macht des Daimons besiegt und die schwarze Zeit für immer still stellt; oder ob, wie bei Fichte, die den Roman eröffnende Preisgabe an die äußerste Verletzlichkeit des Subjekts eine „schreckensverbreitende Erscheinung des Bösen"[1] ist, die im doppelten Sinn aufgehoben werden kann: im Erinnern und Wissen und im Entbinden und Auflösen. Darin genau liegt auch der Gattungsunterschied zwischen der lyrischen Dithyrambe der Tragödie mit der Affirmation des transsubjektiven Schicksals (wie es noch für Hölderlins radikaler Metaphysik des erlösungslosen Opfers gilt) und der Romanprosa einer das Selbstvergessen auflösenden Anamnese, die letztlich auf die entmystifizierende Kraft der Reflexion vertraut. Beim „Ödipus" wird gerade im gegenwärtigen Hellwerden der Vergangenheit die Zukunft versiegelt und blind. Das Subjekt wird ohne Entkommen mit seiner Vergangenheit als seinem übermächtigen Schicksal identifiziert. Im Roman dagegen entsiegelt das Subjekt, im Augenblick der Zerreißung – des σπαραγμός –, die Blockaden der Erinnerung derart, daß dabei die Vergangenheit im Schein eines schicksalhaften Banns durchsichtig wird, eines Banns, zu dem Distanz und mithin Zukunft zu gewinnen der qualitative Ertrag der romanhaften Selbstreflexion wird.

Im Theben des Ödipus herrscht die Pest. Eben jene Epidemie, welche in ihrer grundstürzenden Macht, nach Artaud, der schwarzen Zeit der Tragödie ähnlich ist, der Tragödie, die eine „Herausstellung, das Hervorbrechen einer latenten Tiefenschicht"[2] – also wie eine epidemische Entzündung sein soll. Und der Mann Ödipus, der durch die Kunst des Antwortens – auf die Rätselfrage der Sphinx – zum Retter der Stadt aufstieg, schickt sich an, dies ein zweites Mal werden zu wollen: nun durch die Kunst der Frage. Durch sie wird er das Geheimnis des Königmordes an Laios lüften, für den die Strafe der Pest erging: denn die Identifizierung und Verurteilung des Täters soll, so das Orakel, den Pestbann von der Stadt nehmen. Auf die Bezichtigung des Teiresias, er, Ödipus selbst, sei der Täter, setzt er die Antwort, die sein ganzes unschuldiges Wissen resümiert: ich war es nicht. So inszeniert er mit der brutalen Energie des schuldfrei sich wähnenden Bewußtseins die Fahndung nach einem fremden Anderen, beruft Zeugen, fragt aus, verhört – mehrfach zugespitzt zu stichomythischer Engführung des Frage-Antwort-Spiels –: bis am Ende sich offenbart: ‚Ich ist der Andere'. Das Fragen war, verkappt, eine Form szenischer Selbstbefragung, eine genealogische Recherche, die im Augenblick des Zusammensturzes des Bewußtseins mit der doppelten Schuld des Vater-Mordes und des Mutter-Inzestes ihr Telos erreicht hat.

„Es hat den Anschein", so Artaud, „als leere sich durch die Pest ein gigantischer Abzeß, der sowohl geistig wie gesellschaftlich ist; und wie die Pest ist auch das Theater zur kollektiven Entleerung von Abzessen da."[3] Auf den „Ödipus" gewendet, heißt

---

[1] A. Artaud a.a.O. S. 32.
[2] Ebd. S. 32/3.
[3] Ebd. S. 32.

dies: in der kollektiven Pest, die Theben ergriffen hat, artikuliert sich unbegriffen die *schwarze Zeit* der bewußtlosen Schuld des Ödipus. Und das Theater, das über die Szenen der Befragung in Ödipus selbst das Zentrum der Pest ausmacht, reinigt den kollektiven Körper der Polis durch die kathartische Entleerung von Schuld, die dieser Stadt in Gestalt von Ödipus wie ein Abzeß implantiert war.

Die wütenden Fragen – Hölderlin sagt: die „zornige Neugier" (S/H, 180) –, die Ödipus der Schuldzuschreibung durch Teiresias entgegensetzt, sind in dieser Tragödie des Bewußtseins das dramatische Vehikel, wodurch die „müßige Zeit" hingerissen wird und umschlägt zu „exzentrischer Rapidität", umschlägt in das „zornige Unmaß" des Ödipus, „das, zerstörungsfroh," – gegen den Widerstand der übrigen – „der reißenden Zeit nur folgt" (S/H, 178/180). Der sich überstürzende Wille zum Wissen, dieser Exzess des Fragens, in dem Ödipus glaubt seinen Intentionen zu folgen, ist freilich nichts anderes als das Reißen der Zeit, die ihn zerreißen wird im Augenblick, wo hervortritt, daß sein „Ringen, zu sich selbst zu kommen" (S/H, 181), in Wahrheit das Gericht Gottes über ihn war.

„Was soll, das breche. Mein Geschlecht will ich,
Seis auch gering, doch will ich es erfahren." (S/H, 155)

Dies hält Ödipus, in dem „fast schamlosen Streben, seiner mächtig zu werden" (S/H, 181), seiner Mutter Iokaste entgegen, die längst weiß, daß dies „Allessuchende, Allesdeutende" des Willens zum Wissen terminieren wird im Offenbar-Werden eines schrecklichen Geheimnisses. „... daß ich nicht ganz, wes ich bin, erforschte" (S/H, 155) –: dieses mögliche Versäumen wird für Ödipus unerträglich. Sein zorniger Wille aber, eines Selbst sich zu versichern, entrückt ihn seiner selbst und reißt ihn fort über die Grenze eines noch erträglichen Wissens. Denn, so sagt Hölderlin, „weil das Wissen, wenn es seine Schranke durchrissen hat, wie trunken ... sich selbst reizt, mehr zu wissen, als es tragen oder fassen kann" (S/H, 180), so verläßt es die Sphäre des Menschlichen und die Bühne wird zum Schauplatz einer vernichtenden Verschmelzung des Menschen Ödipus mit dem Gott. Dieses Verschmelzen, meint Hölderlin, ist „das Ungeheure" (S/H, 183), das eigentlich Tragische. Im ekstatischen Zorn des Forschens erkennen wir heute psychoanalytisch einen Grenzmechanismus, bei dem, gegen den Widerstand des Nicht-Wissen-Wollens, die Not des abgesprengten Wissens sich auflädt mit einem raptischen Zorn, der alle Fesseln sprengt und blitzhaft das Verborgene mit dem Bewußtsein zusammenschmilzt, welches nun unumkehrbar ein anderes ist. Dies kann man wohl eine Umkehrung nennen – die tragische Form par excellence. Und in der Sprache Hölderlins ereignet sich hierbei die ungeheure Verschmelzung, in der „Gott und Mensch sich paart", Apoll und Ödipus. Hölderlin meint damit, daß „die Naturmacht" – d.i. das Göttliche, dessen verletzte Ordnung Teiresias vergeblich einklagte (S/H, 179) – und „des Menschen Innerstes im Zorn Eins" werden. Das will sagen: die Naturmacht, der Gott, wird im „Treiben" des Geschehens, im Getriebensein des Ödipus, mit dessen Innerem eins. Und in diesem Augenblick, wenn im Inneren des Ödipus die Wahrheit des Gottes, unentrinnbar, hervorbricht, im Augenblick der Anámnesis, im Moment also des völligen Verschmelzens des „Innersten" mit dem Göttlichen – das ist die Trance und Clairvoyance in einem –: da begreift, so Hölderlin, das Ungeheure sich dadurch, „daß das grenzenlose Einswerden durch grenzenloses Scheiden sich reinigt" (S/H, 183). Das ist die Katharsis in der Form der dionysischen Ekstase. Dieser Moment der Epiphanie einer Gegenwart, die alle Zeiten der Vergangenheit und Zukunft zusammenschmilzt, ist das Ereignis der Wahrheit im antiken Sinn: das Hervortreten ins Unverborgene, ins Nicht-Vergessen = ἀλήθεια.

Der große, ekstatische Augenblick der Tragödie ist der, als der sich selbst unbekannte Ödipus in der wilden Abwehr der Schuld heraustreibt, wer er ist, und sich selber ganz und gar inne wird. Jetzt tritt die Erhabenheit des Göttlichen, die bisher im Orakel verkannt und verborgen lag, in die Helle seines Bewußtseins ein. Er, Ödipus, ist das Wissen des Gottes selbst, eins mit ihm – und er wird im selben Augenblick ganz von ihm geschieden, da dieser Ödipus als Abzeß identifiziert ist, der entleert werden muß. In der Ordnung der Genealogie, des Geschlechts und der Polis, in der Ordnung der Götter also, ist er die Schnittstelle aller Frevel. Er, der das Glück (Tyche, S/H, 155) für seine Mutter hält, muß sich als Sohn einer Mutter erkennen, deren Geliebter und Mann er ist, als Vater seiner Geschwister und Mörder seines Vaters; als Ursupator einer Stadt, deren Retter zu sein er glaubte, ihre Ordnung in Pest verkehrend.

So folgt der „müßigen Zeit", in deren Schoß das Geheimnis des Ödipus schlummert, eine Zeit der „exzentrischen Rapidität", in welcher das Befragen der anderen durch Ödipus verkehrt wird in eine Form unwissentlicher Selbstbefragung, die in finalem Selbstwissen ihn aus jeglicher Ordnung verbannt. Unter der Hülle des glücklichen Bewußtseins des Ödipus treibt der Gott eine Wahrheit hervor, die unerträglich ist und die Ödipus „in die exzentrische Sphäre der Toten reißt" (S/H, 179): so daß ihm, vor übermächtigem Wissen, schwarz vor Augen wird.

Zerreißung und Zäsur

Es geht darum, die am „Ödipus" entwickelten Schemata als solche des Romans ‚Versuch über die Pubertät' bzw. als diejenigen Formen zu erkennen, in denen Fichte, identifiziert mit den tragischen Stoffen der Antike, seine eigene Genealogie betreibt.

Tatsächlich ist, wie im Ödipus-Drama die Rede des Teiresias, die Szene der „Grossen Anatomie" mit ihrer Erfahrung des σπαραγμός die „Cäsur", die den Erzähler – sin den Worten Hölderlins – „dem Mittelpunkte seines innern Lebens in eine andere Welt entrückt und in die exzentrische Sphäre der Toten reißt" (S/H, 179). Die anatomischen Prozeduren sind nicht rational distanzierbar. Sie sind auch nicht über sympathetisches Mitleiden in humane ethische Gefühle zu verwandeln. Sondern es sind Zäsuren, Einschnitte des Subjekts selbst, *die fast Fallen in Bewußtlosigkeit* (Pubertät, 16) und die Dekomponierung der Ich-Strukturen (des Körperzaubers, Pubertät, 22) hervorrufen. Die Anatomie-Szene tritt unter die emblematische inscriptio *O homen é nada!* Dies heißt: der Tod herrscht – oder: das Leben ist vom Tod *besessen.*

In diesem Moment wandelt sich „das tragischmäßige Zeitmatte" (S/H, 250), die „müßige Zeit" in die „reißende Zeit" (S/H, 184, 180). Das Müßige und Matte hat nichts mit müßigem Ennui oder müder Dekadenz zu tun. Bei Hölderlin meint es die

Sphäre des Allgemeinen, in welchem der tragische Prozeß noch verborgen schlummert, eingehüllt, invertiert ist und doch sich allen Erscheinungen schon mitgeteilt hat, ohne doch bereits reißenden Charakter angenommen zu haben. Das Müßige bezeichnet in Theben also die „Pest und Sinnesverwirrung und (den, H.B.) allgemein entzündeten Wahrsagergeist" (S/H, 184). Die dramatische „Cäsur" der Rede des Teiresias besteht darin, die allgemeine Sphäre einer vom Tode und der Dissoziation entzündeten Stadt auf ihr Besonderes hin zu identifizieren: das bist du, Ödipus. Diese Identifikation setzt die reißende Zeit in Bewegung.

Strukturell analog verhält es sich bei Fichte. Die Entdeckung, daß der ‚Versuch über die Pubertät' und ‚Xango' als ein Diptychon zu bezeichnen sind, verdeutlicht nämlich, daß die private, lebensgeschichtliche Zäsur in der Anatomie-Szene mit dem Allgemeinen des Bundesstaates Bahia – später dann mit Haiti – wie aber auch mit Hamburg und der Geschichte des Faschismus zusammenhängt. ‚Xango' hatten wir als Totenbuch erkannt. Salvador ist wie Theben eine Stadt der Pest – der tödlichen Epidemien, der Morde, der Folter, der Katastrophen, der illegitimen Usurpatoren, der zerstörten Ordnung –: eine Gesellschaft unter dem Titel *O homen é nada*. Im Institut „Nina Rodrigues" geht dem Erzähler „das tragischmäßige Zeitmatte" auf und gerinnt zu einer dramatischen Figur, die alle Erscheinungen unter ihre Formel zu reißen droht.

Der σπαραγμός, die Ritualform des Opfers, subsumiert sich die Formen des Allgemeinen (der Gesellschaft) und die des Besonderen (der Lebensgeschichte). Die Toten werden lebendig, gehen um wie Zombies, die den Geist des Erzählers besetzen und aus der Selbstverständlichkeit seines Gegenwartsbewußtseins reißen. Wie an Ödipus ergeht darum an den Erzähler die Frage nach dem eigenen Herkommen – die Frage nach dem Geschlecht und der Geschlechtlichkeit, die auf der tieferen Schicht der „geheimarbeitenden Seele" (S/H, 252) die imaginäre Form des Gemetzels, der Morde, der Blutschande, der Rache, der Schuld, der Verurteilung annehmen. Somit wird die Anatomie-Szene in ihrer einschneidenden Wucht zu der reißenden Figur, die Hölderlin „schonungslos" nennt, weil sie den „Geist der ewig lebenden ungeschriebenen Wildnis und der Totenwelt" (S/H, 250) wachruft.

Es geht nicht um ödipale Strukturen im psychoanalytischen Sinn[1], sondern um die, in der Zäsur, losgerissene Energie eines besessenen *Allessuchenden*, zu dem Ödipus ebenso wie Detlev/Jäcki/Hubert wird. „Und so erzeugt, will ich nicht ausgehn, so, / so daß ich nicht ganz, wes ich bin, ausforschte." (S/H, 155)[2] Freigelegt wird, hier wie dort, die haltlose, nicht aufzuhaltende Energie des Erforschens seiner selbst – gegen den Satz der Iokaste: „O Armer, wüßtest nie du, wer du bist!" (S/H, 154). Dieses „fast schamlose" Erforschen des eigenen Geschlechts – gegen den Willen der Mutter – bildet die Struktur der reißenden Zeit der Tragödie und der autobiographischen

---

[1] Dazu s. S. 288ff., 307ff., u. 310ff. dieses Buches.
[2] Die wörtliche Übersetzung heißt: „Bei solcher Herkunft (= nämlich Sohn der Tyche zu sein, H.B.) könnt' ich mich wohl kaum noch je/ so ändern, daß ich meine Geburt nicht wissen darf." (Oidipus Tyrannos, Verse 1084/5). Es ist wichtig, daß es hier um die Frage der genealogischen Situierung geht – beim ‚Ödipus auf Håknäss' werden wir sehen, daß Fichte diesen Versen einen entscheidend anderen Akzent gibt.

Hemmungslosigkeit Fichtes. Diese aber hat überprivaten Charakter. Denn es gehört zu den erzählkompositorischen Eigenarten Fichtes von Beginn an, daß es nur eine Frage der Focussierung ist, ob „das Hervorbrechen einer latenten Tiefenschicht"[1] im Inneren des Subjektes – Detlev/Jäcki – oder im Allgemeinen der Gesellschaft lokalisiert und studiert wird. Die Pest in Theben und das biographische Geheimnis des Ödipus verweisen wechselseitig aufeinander. Und in dieser Weise hält Fichte die Erinnerungsarbeit an **seiner** Geschichte ständig in einem Verweisungszusammenhang mit der bahianischen und haitianischen Gesellschaft, ihren magisch-rituellen Formen und ihrer gewaltförmigen politisch-sozialen Verfassung.

Zeiterfahrung

Hinsichtlich der Formen der Zeiterfahrung Fichtes gilt, daß diese sich im Schema der müßigen und tragischmatten sowie der reißenden Zeit differenziert. Den Nucleus der Romane ‚Waisenhaus', ‚Delevs Imitationen „Grünspan"' und ‚Versuch über die Pubertät' bildet jeweils eine traumatische Zäsur, die den „Rhythmus der Vorstellungen" (S/H, 178) vollständig zu bestimmen droht – u.d.h. jedesmal: ins Zeichen des Todes setzt. Dies ist im Roman ‚Waisenhaus' die Balkonszene, bei welcher die müßige Zeit des Wartens jäh durch den Fehlgriff nach dem Puppenauge unterbrochen wird. Ein Stürzen von Erinnerungen und Vorstellungen beginnt; eine „reißende" Zeit bricht an, bei der Rhythmus der Vorstellungen davon bestimmt wird, daß das Stürzen der dissoziierenden Angst- und Vernichtungsphantasmen gegenrhythmisch unterbrochen wird durch Momente der Abwehr, der Ausflucht, des Entkommens und der schließlichen Erlösung durch die Mutter bzw. durch den symbolisch erhöhten Vater. Von Hölderlin her gesehen sind dies Signifikanten der Rettung, die durch gegenrhythmische Zäsuren gegen den „wilden" Sturz der alles zum Tod hinreißenden Zeit geschützt werden müssen.

In ‚Delevs Imitationen „Grünspan"' sind es die vom Himmel stürzenden Bomben, die den dissoziierenden Einschnitt in die Zeit darstellen, sowie die Totenkammer des faschistischen Professors Gräff, der die verkohlten Bombenopfer anatomisiert. Die Ursprungsszene von beidem war in jener Situation ausmachen, die im Feature ‚Organisierte Ägyptenreise 1969' festgehalten ist:[2]
Israelische Düsenjäger über dem Nil. Sechs Minuten Anflug.
Da platzt die feine Eihaut über dem Unbewußten und alles wird ganz hart und klar und es ist so, wie es immer war seit der Kindheit: Krieg und die Erwartung der Bomben.

Dies ist die Initations-Szene des Grünspan-Romans – die zäsursetzende Wiederholung des Kindheitstraumas, bei welchem Detlev „dem Mittelpunkte seines innern Lebens ... entrückt und in die exzentrische Zeit der Toten" gerissen wird: die Zerbombung des Zeithorizonts des Kindes findet in der Totenkammer Prof. Gräffs (und den Totenkammern der ägyptischen Mumien) ihre Entsprechung. Auf der Ebene der

---

[1] Artaud a.a.O. S. 32/3.
[2] Fichte: Organisierte Ägypten-Rundreise 1969 a.a.O. S. 28.

Erzählzeit (Ägypten 1969) reißt die schützende Eihaut des Unbewußten auf und löst einen Sturz der Erinnerungen aus, den der Roman zu bewältigen versucht.

Die Zeit – Fichte verdeutlicht dies auch durch die stroboskopischen Lichtzerhacker des *psychodelischen Schuppens „Grünspan"* (Grünspan, 225ff) – wird so gewaltsam zerspalten wie der Regenwurm im Garten des Großvaters, der den Namen Heraklit trägt (Grünspan, 68/9): denn das heraklitische Fließen der Dinge im allesaufhebenden Kontinuum der Zeit ist mit dem Bombenangriff 1943 vorbei. Vielmehr droht alles, auch Detlev, hineingerissen zu werden in einen Rhythmus der Spaltung, so daß alles seinen Ort in der Sphäre des Herren der Toten angewisen erhält – in der Welt Gräffs, der ironisch wie bitter zugleich Dante genannt wird, weil seine Sphäre zu studieren einer imaginären Reise in die Unterwelt und des Besuchs des Gottes der Toten gleichkommt.

Im Grünspan-Roman versucht Detlev, sich gegen den reißenden Rhythmus der Totenzeit – (*jetzt ist alles aus*, Grünspan, 24, 31, 32, 34, 67, 68, 74 u.ö.) – zu schützen durch ‚gegenrhythmische' Unterbrechungen. Diese sind einerseits von der Vorstellung des Friedens als *einer neuen Zeit* (Grünspan, 68) geprägt, in der *alles anders* (Grünspan, 99) wird; andererseits kontert Detlev die Katastrophe der Zeit mit seiner Begierde, so schnell wie möglich *alles* auszuprobieren, bevor *alles zu spät* ist und *gar nichts mehr ist* (Grünspan, 68/9).

Ich unterbreche und zeige nicht noch im einzelnen, daß auch der Roman ‚Versuch über die Pubertät' im Rhythmus und Gegenrhythmus von tragischmatter und reißender Zeit gestaltet ist. Auch in diesem Roman geht es darum, gegenrhythmische Momente zu sichern, die schützen können vor den magischen Ritualen des Totengottes, der die Vorstellungswelt des Subjektes in seine Sphäre zu ziehen droht. Die Gegenrhythmen werden hier insbesondere durch den schwulen Eros gebildet. Und die Überlagerung der reißenden Zeit mit den Gegenrhythmen des Begehrens wird nirgends deutlicher entwickelt als in den Schnitten und Gegenschnitten des Schluß-Rondos des Romans.

Im folgenden geht es darum, in welcher Weise die von den Zäsuren ausgelösten Prozesse der Selbsterforschung sich im Schema der Stoffe antiker Tragödien entwickeln. In den imitatorischen und identifikatorischen ‚Proben' antiker Konfigurationen nämlich liegt der Ursprung der Fichteschen Poetik.

Homersexualität – Achill. Bild Fichtes

In seinem Essay ‚Patroklos und Achill. Anmerkungen zur Ilias' (1985) folgt Fichte den Spuren schwuler Liebe im homerischen Epos. Er zieht damit eine Linie aus, die er im ‚Grünspan' angelegt hat. Dort nämlich, während präpubertärer Spiele, die das coming out vorbereiten, werden Kinderverse eingeflochten (*Goethe spielt Flöte auf Schiller sein Diller*), wobei Detlev – der gebildete! – freilich andere Verse assoziiert:

– *Will sich Hektor ewig von mir wenden,*
Wo Achill mit den unnahbarn Händen
Dem Patrokols schrecklich Opfer bringt? – Das (sic!) *Goethe sich nicht geekelt hat?!*
(Grünspan, 79)

Es sind dies die Eingangsverse der 2. Fassung von Schillers Jugendgedicht „Hektors Abschied".[1] Die Verse spricht Andromache, Hektors Gemahlin, bevor dieser, unrührbar, in den tödlichen Kampf mit Achill zieht – eine auch von Homer gestaltete Szene (Ilias VI, 371–502). Diese (bei Schiller) durch und durch heterosexuell codierte Szene ist in der literarischen Tradition als Einübung in den unvermeidlichen, gerade darin Ordnung begründenden Gegensatz von Frauenschmerz und Kriegsentschlossenheit der Männer ins Motivreservoir der europäischen Literatur eingegangen. Detlev hingegen ‚homosexualisiert' die Szene, als handele es sich bei den Versen um die verkappte Darstellung einer schwulen Szene zwischen Achill und Patroklos (bzw. Goethe und Schiller), aus der jeder weibliche Anteil getilgt ist.

Beim späteren ‚Aufklärungsgespräch' zwischen der Mutter und Detlev spricht die Mutter, welche die Homosexualität als strafwürdiges Verbrechen darstellt, davon, daß Patroklos eine *Mannshure* sei (Grünspan, 136). Detlev denkt wieder an die Verse Schillers und identifiziert „homosexuell" mit „homersexuell".[2] Er verknüpft damit die unter der Zensur der Mutter sich entwickelnde eigene Homosexualität mit der Konfiguration, die für Fichte im europäischen Kulturraum zur literarischen Urszene der Homosexualität wird (wie das Gilgamesch-Epos für den vororientalischen Raum). – Diese frühe Spiegelung des eigenen Ich in der literarischen Tradition nimmt Fichte im Essay von 1985 wieder auf:

War nicht auch der Halbgott (= Achill, H.B.) *unter den Menschen verwaist und so besonders auf die Mutter verwiesen?*
Und auf ewiger Suche nach dem Bild des Vaters? (HuL II, 177)
Homosexualität als Suche nach dem Bild des Vaters, nicht als Interdit vor dem Bilde der Mutter – die Liebe des Jungen zum erwachsenen Mann. (HuL II, 180)
Das Bild des Vaters erscheint in der Nähe des Geliebten. (HuL II, 151)

Der schwule Halbgott Achill mit der privilegierten Mutterbeziehung und der Sehnsucht nach dem abwesenden Vater, dessen Imago neben dem Geliebten erscheint

---

[1] F. Schiller: Werke. Bd. 1 Stuttgart 1867, S. 3. Die Cotta'sche Ausgabe eröffnet mit diesem Gedicht das Schillersche Schaffen überhaupt. In der ersten Fassung lauten die Verse: „Willst dich, Hektor, ewig mir entreißen, / Wo des Äaciden mordend Eisen/ Dem Patroklos schrecklich Opfer bringt?" (Horenausgabe Bd. 1, München und Leipzig 1910, S. 103). Das Gedicht stammt vermutlich aus dem Jahr 1780. – Vollhaber (a.a.O. S. 193/4) identifiziert fälschlich Goethe als Autor, der eine schwule Beziehung verarbeite. Tatsächlich war dies eine Spur, der zu folgen war. Doch Goethes „Achilleis" (1799) – die einzusehen schon deshalb ratsam ist, weil Fichte sie kannte (HuL II, 157, 169): *..und wer hätte die Achilleis gelesen)* – kann schon vom Versmaß her (Hexameter) die von Detlev assoziierten Verse nicht enthalten. Doch in der „Achilleis" entdeckt man einen homosexualisierten Totenkult, den Achill mit Patroklos begeht (mit fundamentum in re bei Homer und späterer Nachfolge bei H.H.Jahnn). Der Anschlußsatz *Das Goethe sich nicht geekelt hat?!* verweist also mitnichten auf den Autor der Verse, sondern auf den Goethe des Kinderverses. Die lyrischen Assoziationen haben für Detlev die Funktion, einen symbolischen Schutz zu bieten für die verlockenden wie zugleich zensierten mutuellen Onanie-Spiele mit Duve, mit dem Detlev nicht umgehen darf. – Die auf falscher Identifikation beruhende Auslegung Vollhabers wird in der Folge insgesamt falsch. Mit dem Hineinschlüpfen des Patroklos in die Rüstung (Haut) des Geliebten Achill hat die Szene überhaupt nichts zu tun (Achills Rüstung trägt Hektor, der sie dem erschlagenen Patroklos abgenommen hat). Heimo Reinitzer (Hamburg) kannte die Schiller-Verse auswendig: er hatte sie, ganz im Sinne martialisch-heterosexueller Erziehung, in der Schule lernen müssen: so kam ich auf die Spur des kryptischen Zitats. Es ist nicht unwahrscheinlich, daß Fichte die Verse ebenfalls noch aus seiner Schulzeit im Kopf hatte – und sie im Sinne der ‚Homersexualität' verschob.

[2] Vgl. Pubertät, 39: *Es bleibt die Gedankenverbindung: Homer und homosexuell*.

(Priamos, Phoinix, Pozzi, Alex, Testanière ...) – dieser *Halbgott* ist, griechisch gewandet und nicht ohne Anspruch auf Nobilitierung, Fichte selbst –: in den zentralen Beziehungsmustern der Pubertät ist seine Homosexualität homersexuell. In diesem Sinn ist der ‚Ödipus' auch nicht als psychoanalytischer Komplex, sondern als das literarische Muster zu lesen, in welchem Fichte den Code seines *Geschlechts* zu buchstabieren lernt. Dabei entstehen verwirrende Netze von Signifikanten, die wie Spiegelfacetten um die Doubles des Autors aufgebaut werden.

Prima facie handelt es um einfache biographische Entsprechungen: der vaterlose Fichte, der, als Halbjude zumal, *unter den Menschen* sich verwaist fühlt und existentiell auf die Mutter angewiesen ist, während er, gegen die Tabus und Verurteilungen ankämpfend, ein schwules Selbstbewußtsein sucht, das sich im symbolischen Schutz der väterlichen Instanzen von Homer bis Jahnn verankert – während er gleichzeitig die Staffette der erotischen Idole abläuft, von Patroklos bis zum schwarzen Matrosen – : das ist gewiß so und doch ist es nur die halbe Wahrheit. Denn die Identifizierung mit dem schwulen Heros Achill hat ja auch ‚Kehrseiten', wie alle Homosexualität. Und diese werden in dem späteren Essay auch ansichtig.

Die „Ilias" ist für Fichte *der erste große ganze Liebesroman der Weltliteratur, eine Liebesgeschichte unter Männern* (HuL II, 158).[1] Doch Homer situiere diese Liebe zwischen Achill und Patroklos und ihre *seltenen Töne einer abendländischen Zärtlichkeit* (HuL II, 147) in einen Krieg, der zum Schauplatz von Massenmorden und Gemetzeln, Exzessen von Gewalt und Strömen von Blut wird. Die Lanzen, auf deren phallische Bedeutung Fichte immer wieder hinweist, morden die Helden – oft von hinten, als sei schwules Bergehren anders denn blutvergießend und mordend nicht denkbar. Als gegen die Ordnung der Menschen und Götter verstoßend wird schon hier die leidenschaftliche Liebe des Achill geschildert, die im Tod aller Beteiligten untergehen wird. Patroklos a tergo von der Lanze Hektors durchbohrt; Hektor, der von Achills Lanze *voll Gier sich am Fleisch des Mannes zu laben* getötet, geschliffen und den Hunden zum Fraß vorgeworfen werden soll; Achill, der von Paris, dessen Pfeil der Gott lenkt, an eben dessen empfindlichster Stelle getroffen wird, auf daß die Ordnung des Kampfes im Reglement der patriarchalisch-heterosexuellen Männer wiederhergestellt sei. Dazwischen das Unmaß: die maßlose Liebe der Helden Achill und Patroklos, die maßlose Trauer des Achill um den Freund, die maßlose Wut und die maßlose Rache an Hektor; die jede Regel brechende, maßlose Versöhnung des Achill mit dem Vater Hektors, Priamos, beide weinend um das Geliebte, den Sohn und den schwulen Freund. Diese Versöhnung wird für Fichte zum Zeichen seiner Sehnsucht *nach dem Bild des Vaters* (HuL II, 180). Der Tribut schließlich, den Achill an die Heterosexualität leistet, als er mit Briseis endlich allein schläft und mithin die Ordnung der Menschen sanktioniert – wie noch einmal in seinem Tod, der besiegelt, daß die homosexuelle Liebe des verwaisten Halbgottes eine gegengöttliche Revolte

---

[1] Natürlich bestehen gegen diese Auffassung erhebliche philologische Einwände, die R. Koller a.a.O. S. 235ff vorträgt. Freilich geht es auch nicht um die philologische Verifizierbarkeit einer homosexuellen Liebe zwischen Achill und Patroklos, sondern darum, daß in der Rezeptionsgeschichte diese Konfiguration immer wieder als ‚Modell' schwuler Liebe benutzt wurde. Und es gilt zu erkennen, daß Fichte an die Stelle der ‚lädierten' familialen eine hochbesetzte literarische Genealogie setzte.

war: denn Homosexualität ist für Fichte ein *Privileg der Götter* (Hul II, 181), das sich anzumaßen die Schändlichkeit und das Gemetzel, die rasende Wut und die rasende Begierde, das Ordnungslose schlechthin bewirkt, das mit dem eigenen Blut bezahlt werden muß.

Zweifellos spiegelt Fichte hier noch einmal die alten, in Kindheit und Pubertät, eingebahnten Ängste und Sehnsüchte der ‚Homersexualität'. Es sind die Phantasmen des Schwulen, der seine Liebe erlebt als die Preisgabe an eine „reißende Zeit", die – wie ein mythisches Gesetz – das Begehren und den Tod, jenseits des Bewußtseins, koinzidieren läßt. Der schwule Eros, der nie anders denn als Überschreitung erfahren wird, schmilzt mit der Schändung, dem Opfer des Blutes, der Untat, der Verzweiflung zusammen.

Die Ödipus-Tragödie war für Fichte zuerst und vor allem das Drama eines Menschen, der, die Wurzel seines Geschlechts suchend, ungewollt in die Gravitation eines mythischen Banns gerät, dem nicht zu entkommen ist und der ihn mit doppplter Blutschuld identifiziert. Die Intentionen des Ödipus verkehren sich dabei zu Momenten einer Enthüllung, die sich seiner bedient zur Statuierung einer Wahrheit, welche das verblendete Bewußtsein des Ödipus im Augenblick seiner Aufklärung noch einmal blendet. Konnte das vor Selbstgewißheit blinde Bewußtsein nichts sehen als Unschuld, so macht die enthüllte Wahrheit die Augen blind. Dies ist ungeheuer, empörend, entsetzend – ist Erkenntnis als Vernichtung. Die tragische Handlung bedeutet das Außersichgesetztsein, die Ekstasis des Menschen Ödipus, der dabei den Schrecken der Wahrheit und den Tod als die Vernichtung seiner sozialen Existenz erleidet.

Wenn irgendwo, dann wird hier das Schicksal namentlich und läßt den Menschen in das Privileg seines Namens: Ödipus treten, also in seinen Ursprung, so daß Ödipus erst jetzt der Bedeutung seines Namens inne wird, den er als Zeichen einer unentrinnbaren Identität, die ihn nun vernichtend einholt, schon am Beginn erhielt.[1] Dieses Namentliche ist es, was Fichte auch in Achill *einen ersten europäischen Individualisten* (HuL II, 181) erkennen läßt, *einen Menschen, der wie Gott liebt, trauert, zürnt* (ebd.). Doch gerade wegen dieser prätendierten Göttlichkeit wird Achill an seiner Grenze und Verletzlichkeit getroffen und vom Göttlichen, einschneidend und tötend, wieder getrennt. Beide, Ödipus und Achill, der eine als vermeintlicher Sohn der Tyche, der andere als unverletzlicher Heros der Göttin Thetis, folgen in der Unwiderstehlichkeit ihres Geschlechts einer Bahn, die sie aus dem Zentrum ihres hybriden Privilegs ins Exzentrische hinreißt, wo allerdings, im Sog der Vernichtung, die von allem Anfang an bestand, sie ihren Namen gewinnen: unlöschbare Erinnerung, deren Figur sie darstellen.

---

[1] Dies gilt im Falle des Ödipus umso mehr, als sein Name (Schwellfuß), den er trägt, ohne ihn zu begreifen, darauf zurückgeht, daß sein Vater Laios ihn nach der Geburt die Knöchel durchbohrte und ihn aussetzte – um dem unglückverheißenden Orakel zu entgehen. ‚In seinen Namen eintreten' heißt hier also wirklich: erfahren, wo man herkommt und welche Position man in der genealogischen Kette einnimmt.

Im Spiegel der Mythen.

Zweifellos haben die Mechanismen des Mythos und der Tragödie für Fichte ihre Zwangsläufigkeit verloren. Es geht nicht darum, durch die Selbstbespiegelung in Ödipus oder Achill den Mythos zu restituieren. Es geht auch nicht, oder wenigstens nicht vor allem darum, der von Verachtung und Verfolgung bedrohten Existenz des schwulen Halbjuden eine mythische Aura und glanzvolle Genealogie zu verschaffen – gewissermaßen den ‚Adelsbrief' des Schwulen, der die Angst zu überwinden nur *eine Chance* hat: *die Brillanz*, deretwegen er gehaßt wird, die aber besser ist als die Verachtung, die den anonymen warmen Bruder oder die namenlose Schwuchtel trifft (Pubertät, 225, 235–37). Gewiß sind die symbolischen Ekstasen, die Fichte in den Imitationen des Ödipus, Achill, Orest und all der anderen inszeniert, auch Zeichen einer, mitunter narzißtischen, Wertsteigerung und einer elitären Selbstsetzung, welche die Angst austreiben und die Verachtung in ihr Gegenteil verkehren soll. Doch dies ist nur eine Ebene.

Denn bei den mythischen Inszenierungen Fichtes handelt es sich nicht so sehr um die Sublimation des schwulen Begehrens durch kulturell hochbesetzte Symbolwelten – wie etwa in Thomas Manns „Tod in Venedig". Fichte ist nicht der Autor, der die eigene Homosexualität nur zur Sprache bringen kann, wenn er sie zugleich in den Mantel ästhetizistischer Feinsinnigkeiten und mythischer Anspielungen hüllt. Im Gegenteil: im deutschsprachigen homosexuellen Literaturkanon führt Fichte ostentativ die schattenlose Rede über schwule Lebenswirklichkeit ein. Die mythischen Konfigurationen haben also anderen Sinn als den, unter Bedingungen der Selbst- oder Fremdzensur symbolisch geschützte Sprechweisen zu etablieren, die das Verpönte dennoch zur Sprache zu bringen suchen. Über den eigenen Phallus im Arsch des Geliebten und den geliebten Schwanz im eigenen Mund zu schreiben ist seit den späten 60er Jahren nicht mehr das Problem Fichtes – jedenfalls nicht in den Romanen, wohl aber noch in den Rundfunktexten, bei denen – wie der Roman ‚Alte Welt' zeigt – der homosexuelle Diskurs länger tabuiert war als in der Literatur.

Die mythischen Spiegelungen sind Medien der autobiographischen Forschung: und zwar von dem Zeitpunkt an, als Fichte erkannte, daß der Mythos nicht die Gestalt ist, in der die Wahrheit einer Epoche zu formulieren wäre, wohl aber, wie die Magie, eine Form darstellt, in der die psychosexuellen Dynamiken des infantilen und pubertären Seelenlebens Ausdruck finden können. Eben dies war auch der Sinn des Vorspanns im Trance-Feature. Die Magie und der Mythos dienen nicht der Erzählung des Realen und Faktischen, sondern des Phantasmatischen und Imaginären. Diese formieren das Seelenleben eines Subjekts gewiß ebenso mächtig wie das Wirkliche. In gewisser Hinsicht wiederholt Fichte, der Anti-Freud, damit die Entdeckung Freuds. Freud hatte das Magische und das Mythische als historisch verlassene Stufe der Menschheitsgeschichte, doch als immer wiederkehrende Formen des individuellen Seelenlebens und seiner Dynamik erkannt. Er folgte damit, auf dem Gebiet des Seelischen, dem älteren Modell der Evolutionsbiologie, welche die Wiederholung der Phylogenese in der Ontogenese konstatiert hatte. Es läßt sich auch sagen, daß das noch ältere Schema, wonach die Verhältnisse des Makrokosmos sich wie in einer Abbreviatur im Mikrokosmos wiederholen, noch bis zur Tiefenpsychologie und Psychoanalyse überlebt. Bei C. G. Jung allerdings, in seiner Lehre von den Archetypen, wird dieses Schema zu einer geschichtslosen Entsprechung der individuellen Antriebe und der psychischen Universalien, die wie platonische Ideen in einem invarianten Apriori ruhen. Hier ist Freud viel vorsichtiger als C. G. Jung, oder besser: Freud hält das Verhältnis zwischen geschichtlichen Dynamiken und überhistorischen Konstanten offen. Bei Fichte, der das Archiv der Mythen und die transkulturelle Präsenz magischer Praktiken benutzt, um die eigene Lebensgeschichte zu rekonstruieren, läge es nahe, ihm zu unterstellen, er setze zwischen individuellem Leben und mythisch-magischen Formen eine einfache Entsprechung, so daß das Subjektiv-Besondere im Objektiv-Allgemeinen der Universalien des menschlichen Verhaltens aufginge. Doch dem ist nicht so.

Vielmehr ist zu sagen, daß Literatur die theoretischen Deutungssysteme, in denen das Individuum nie anders denn als Schnittstelle allgemeiner Strukturen vorkommt, unterläuft. Literatur, in ihrem Beharren auf dem Nicht-Identischen, widersetzt sich schon der Idee, daß das Individuum nach allgemeinen Generierungsregeln konstruiert werden könne. Individuum est ineffabile – dies gilt nigendwo mehr als in der Literatur, wo darum das Individuelle zwar reflektiert, nicht aber bestimmt wird.[1] Die autobiographische Forschung, sofern sie sich bei Fichte der Formen des Mythischen und Magischen bedient, strebt nicht die Identifizierung des Subjekts in diesen Formen an, sondern die Differenz[2], durch die allererst das Individuum als solches sich konstituiert.

Es wäre deswegen ein Mißverständnis anzunehmen, daß Fichte die griechischen Mythen zur Erklärung des Ichs einsetzt. Die Mythen bilden vielmehr die Form einer dramatischen Inszenierung der Konflikte des Protagonisten; sie sind das Medium einer nicht-begrifflichen Selbstreflexion, einer Rezeptions- und Bildungsgeschichte, in der sich die Individualität Detlevs/Jäckis/des Ichs ausdifferenziert. Wenn der Erzähler seine Doubles sich mit Ödipus, Achill, Orest experimentell identifizieren läßt, so mit dem Ziel, daß im Durchgang durch die jetzt, am eigenen Leib wiederholten mythischen Figuren sich die Differenz, d.h. gerade das Andere des Individuums auskristallisiert.

Zum Beispiel: gegenüber der Verurteilung der Homosexualität durch die Mutter erinnert Detlev wie einen symbolischen Schutz die Verse Schillers über Patroklos und Achill – und behauptet damit, ohne dies zu begreifen, das eigene schwule Begehren. Dadurch identifiziert er sich mit dem Halbgott Achill, seiner sexuellen Häresie, seiner Verwaisung, seiner Mutterbeziehung und seiner Suche nach dem Vater. Die Darstellung der Homosexualität im Homer-Essay wiederholt jedoch nicht das mythische Schema der pubertären Imaginationen, die sich vor der Mutter in den Mythos flüchteten und das Begehren mit blutiger Vergewaltigung, rasender Wut und Tod

---

[1] In Anlehnung an Kants Unterscheidung von bestimmender und reflektierender Urteilskraft.
[2] Darin liegt der entscheidende Fortschritt über die Mechanismen von Identifikation und Imitation hinaus, welche Verhalten und Vorstellungswelt des jungen Fichte bestimmte.

verschmolzen; – sondern der Essay etabliert neben dem tragischen Absturz des häretischen Sex, eine neue Lesart des Mythos: Achill als Individuum, der die Homosexualität zu versöhnen versuchte, jenseits des Mythos. Achill: Opfer einer im Schema des Mythos erzählten Vernichtung, die der Autor jetzt hört als Trauer um eine Liebe, die nur um den Preis des Todes gelebt werden konnte. Und diese Trauer, heute, situiert die Differenz, in der das Individuum sich bildet – als Überlebender der Gewalt, die, als Fluch der Götter über die Homosexualität, eine Blutspur durch die Geschichte zog – bis hin zu den Phantasien des Pubertierenden.[1]

Säkularisation heißt Bisexualität

Das „fast schamlose Streben, seiner mächtig zu werden, das närrischwilde Nachsuchen nach einem Bewußtsein" (S/H, 181), das nach Hölderlin Ödipus charakterisiert, wird von Fichte verstanden als die ‚mythische' Fassung einer Selbstbefragung, die sich den schreckenerregenden Ursprüngen des Subjekts nicht entzieht. Die durch das Studium Hölderlins gegangene Ödipus-Rezeption bewahrt Fichte vor der Freudschen Verkürzung, in der Erzählung des thebanischen Königs nur das zeitlose Muster eines notwendigen Komplexes zu sehen. Diese Freudsche Lesart reduziert die Tragödie auf den Inhalt, auf das familiale Konfliktdreieck eines zwischen den Eltern und von den Eltern ‚schicksalhaft' codierten Kindes, wovon der erwachsene Ödipus nichts mehr weiß – nichts wissen kann, weil sein Code auf eine präexistentielle Vorzeit magischer Zuschreibungen (Orakel) zurückgeht.

Für Fichte wird der „Ödipus" dagegen zu einem frühen, vielleicht zum ersten europäischen Zeugnis dafür, daß das Subjekt, wenn auch unterliegend – und gerade das ist subjektiv –, gegen das Opake seines Herkommens und das Enigma seiner Sexualität, also gegen die stumme Magie der Phantasmen, die das Ich steuern, im Zorn der Frage und in der Unwiderstehlichkeit des Wissenwollens ein Programm der Selbstaufklärung setzt. Dies ist Fichtes Projekt.

Ein lebenslanges Projekt ohne gewisse Aussicht auf Erfolg und ohne Versprechen auf Heilung. Hier finden wir den Grund, warum Fichte den Begriff Pubertät aus seiner Bindung an ein Lebensalter löst und auf das Lebensganze ausdehnt. In der Entwicklungspsychologie ist Pubertät die Epoche der Identitätsdiffusion par excellance. Sie aufs Ganze des Lebens auszudehnen heißt anzuerkennen, daß es eine Überwindung der Schmerzen, Brüche, Dissoziationen der Pubertät nicht gibt; vielmehr bestimmen sie lebenslang die Gestalt des Subjekts. So ist auch nicht das wütende Fragen des Ödipus, nicht das insistierende Wissenwollen Fichtes auf eine Aufklärung bezogen, welche lineare Fortschritte hin auf eine reife Besonnenheit, wie sie die nachtragischen Philosophen propagieren, erreichen zu können vermeint. Doch geht es um Säkularisierung in dem Verständnis, in welchem Fichte die „Ilias" das erste Epos der Säkularisation nennt –: in jenem Verständnis, das auch der letzte Satz des Romans ‚Versuch über die Pubertät' artikuliert: *Ich lebe weiter in einer ganz säkularisierten Welt.* (Pubertät, 298)

---

[1] Auch hier ist darauf hinzuweisen, daß eine solche Auffassung von Achill kaum verifizierbar sein dürfte.

Abgesehen davon, daß dies (noch) nicht stimmt, so ist damit – wie im Homer-Essay – gemeint: Achill lebt das, was das Privileg der Götter war, hier und jetzt – er verweltlicht es – und revoltiert, verlierend, gegen das mythisch erscheinende Gesetz, wonach sein Begehren, Wüten und Trauern eine ordnungslose und Untergang erzwingende Schändlichkeit sei. Das Ende des Romans meint etwas ganz ähnliches: daß nämlich die Dramen der schwulen Sexualität nicht länger unter dem Gesetz des Tragischen stehen, daß nicht die Schuld des Blutes auf dem Homosexuellen liegt wie ein Schicksal. Sondern die Macht der Verwerfung ist vorbei und all die Triebenergien, die in den Riten des mythischen und magischen Banns agiert wurden, werden ‚weltlich', d.h. zu Momenten der Subjektivität, die gleichwohl dennoch nicht, wie im Ideal heterosexueller Identität, kohärent, integrativ und konsistent ist. Statt dessen schließt der Homer-Essay mit dem Satz: – *Säkularisation heißt Bisexualität.* (HuL II, 181)[1]

Das ist ein überraschendes und vieldeutiges Diktum. Zum einen folgert es Fichte aus der Tatsache, daß es in der Homosexualität kein Eins-Sein, keine privilegierte Seite oder Richtung des Begehrens gibt, die eine Identät begründen würde. Der Körper des Homosexuellen zeigt zwei Seiten des Triebs, Vorder- und Rückseite, die phallisch-penetrierende und die anal(vaginal)-aufnehmende Variante.[2] Diese Bedeutung von ‚Bi' hat Fichte oft im Bild der doppplseitigen Klinge Gilette ausgedrückt, eine Anspielung, die er in Bahia und Haiti kennenlernte. Die Gilette-Klinge sieht er mit der Doppelaxt des zwiegeschlechtlichen Donnergottes Xango verbunden, dem afroamerikanischen Bruder des Zeus Stratios. Im Homer-Essay zeigt sich dieses Changieren zwischen ‚vorn' und ‚hinten', ‚aktiv' und ‚passiv', ‚männlich' und ‚weiblich', ‚Klinge' und ‚Scheide' (Anus) sowohl in der Konfiguration von Achill und Patroklos wie auch des öfteren zwischen den Kämpfern, von denen einer den anderen mit der Lanze durchbohrt. Es gibt, außer in der kulturspezifischen Bewertung, die den effeminierten, ‚aufnehmenden' Homosexuellen noch niedriger bewertet als den phallisch-narzißtischen Aktivisten, es gibt keine ‚mittige' oder ‚höhere' Identität zwischen den Positionen, wohl aber, in der Regel, ein ständiges Wechseln: und eben dies macht Homosexualität ‚bi'.

Zum anderen bedeutet ‚bi' bei Fichte auch, daß das Leben des Homosexuellen – und dafür ist bereits Achill ein Zeugnis – nicht nur, aber oft, aus Gründen der gesellschaftlichen Opportunität oder der erzwungenen Tarnung ‚bisexuell' auch im landläufigen Sinn ist: Achill und Briseis; Fichte und Leonore Mau; H. H. Jahnn, der ebenso verheiratet ist wie Alexander Hunzinger; auch Rolf Schwab und Hans Eppendorfer, die beiden Homosexuellen, deren Interview-Antworten Fichte zu den Zwischentexten der ‚anderen' Pubertäten collagierte, haben ihre Frauen. Der Eintritt in die säkulare Homosexualität heißt oft: Eintritt in die konflikthafte, multiple, zu keiner Identität zu verfestigenden Bisexualität. Dergestalt hatte, in ekstatischer Hingerissenheit, der junge Hubert die „Zäsur" des Pozzi-Diktums *Du bist fiftyfifty*

---

[1] Dies ist ein anderer Begriff von Bisexualität, als Fichte ihn oft in den afroamerikanischen Ritualen beobachtet und zuweilen mit Bikontinentalität in Verbindung bringt (z.B. Lazarus, 308, 349).

[2] Vgl. dazu Gerhard Härle: Die auf dem Zaun leben ... Magie – Homosexuelle Ästhetik – Hubert Fichte. In: H. Böhme/N. Tiling a.a.O. S. 83–106.

aufgenommen: *Fiftyfifty – das heißt homosexuell.* (Pubertät, 35). Die Identität ist zerbrochen ohne noch den ‚säkularen' Sinn hiervon zu verstehen, vollzieht der junge Hubert, wie in einem magischen Ritual, ‚ohne Wissen' – also wie Ödipus –, aber doch genau, am eigenen Leib, doch ohne explizites Bewußtsein, was er im coming out, der säkularen Form der mythischen Initiation, werden wird: bi.

Hans Eppendorfer – Rituale der Sexualität und des Opfers [1]

Stilisiert sich Fichte zwar zum ‚Bruder' des Achill (wie zum Freund Herodots), so trennt beide doch nicht nur die Differenz von Heros und Intellektuellem, von Antike und Moderne. Es ist zwischen der körperzentrierten Gewaltpotenz Achills und der reflexionszentrierten non-violence-Haltung Fichtes kein größerer Gegensatz denkbar. Dieser Gegensatz ist aber nicht – wie Mythos und Moderne – in eine diachrone Abfolge zu bringen. Vielmehr nimmt Fichte mit dem Kapitel 4: *Eine andre Pubertät. / Hans Eppendorfer* (Pubertät, 247–270) eine Variante säkularer Homosexualität in seinen Roman auf, die demonstriert, daß keineswegs gelingen (oder gewollt sein) muß, was Fichte gelungen ist (und was er unbedingt wollte) –: nämlich den Ekstasen der Gewalt zu entgehen, die seine eigenen Phantasien, nicht aber sein Leben beherrschen.

Eppendorfer ist, wie Fichte, Halbwaise, von der Mutter nicht gewollt (was Fichte in seinen Phantasien auch annahm). Eppendorfer sollte abgetrieben werden (B. Madsen nennt das Abschieben des Kindes Detlevs ins Waisenhaus eine „symbolische Abtreibung"[2]). Wie diejenige Fichtes ist auch Hans Eppendorfers Mutterbeziehung ambivalent, durch *ohnmächtigen Haß* und Angst einerseits und Liebe und Sehnsucht andererseits gekennzeichnet (Ledermann, 41/42). Deutlicher als bei Fichte (im Falle der Verlobung der Mutter mit Guschi[3]) sind bei Eppendorfer massive ödipale Rivalitäten mit den Liebhabern der Mutter zu erkennen, die bei Eppendorfer Todeswünsche gegen die Mutter auslösen. Bei beiden liegt eine Klytämnestra-Orest-Konfiguration nahe: der die Mutter mordende Rächer-Sohn.[4]

Tatsächlich löst eine andere Frau als die Mutter einen Aggressionsrausch aus, die Eppendorfer, in einem tranceartigen Taumel, als Stellvertreterin der Mutter ermordet. Eppendorfer ist 17 Jahre alt. Die Frau völlig verstümmelt. Der Mord wirkt wie eine Katharsis: *eine ganz große Erleichterung – ich habe mich in diesem Augenblick einfach von meiner Mutter endgültig getrennt, ich habe etwas zerschlagen, blutig zerschlagen, ich*

---

[1] Zum folgenden vgl. R. Guldin: Riten am Rnade. In: H. Böhme/N. Tiling (Hg.): Leben, um eine Form der Darstellung zu erreichen a.a.O. S. 107–126.

[2] B. Madsen a.a.O. S. 134.

[3] Zur Verlobung der Mutter mit Guschi Mahler vgl. Grünspan 110, 113f, 127f.

[4] Die Todeswünsche Eppendorfers gegen seine Mutter liegen nahe bei der verzweigten Motivik Orests, mit dem Detlev/Jäcki identifiziert ist vom ‚Grünspan' bis zur ‚Geschichte der Nanā'. Zu der ambivalenten Mutter-Beziehung des halbverwaisten Sohnes (der Eppendorfer wirklich war, nicht Fichte) vgl. die Parallelen in der Geschichte der Figur des Klemenz Fitte bei Hans Henny Jahnn (Fluß ohne Ufer a.a.O. Bd. 1, 114ff). Fitte ist der Erzähler der ungeheuren Geschichte Kebad Kenyas, des „Mannes, zweihundert Jahre begraben" (ebd.119–130). Aus beiden Geschichten übernimmt Fichte wichtige Splitter in *Pozzi barock (versus rapportati)* (Pubertät, 47–49).

habe alles ausgetobt, Rache, Haß, die niedergetretene Zuneigung eines Kindes zur Mutter, all diese Wünsche, all diese Hoffnungen, all diese Enttäuschungen, alles habe ich in dieses Gericht hineingeschlagen, hineingestampft, zerissen, gehackt, gestochen, und ich fühlte mich befreit, wirklich befreit. (Ledermann, 52; vgl. Pubertät, 249 – 251)

Zweifellos interessiert Fichte sich für die mythische, rational nicht auflösbare Form dieses Muttermordes, der auch ihn, in den Identifikationen seiner Pubertät, in Bann geschlagen hatte.[1] Nicht der rasende Zorn Achills, nicht das bewußtlose Morden des Ödipus, nicht die entschlossene Rache des Orest vor nahezu 3000 Jahren, sondern hier und heute –: die Tat eines Jugendlichen in einer Absence. Für Artaud ein Zustand, der als das „Hervorbrechen einer latenten Tiefenschicht an Grausamkeit"[2] zu bezeichnen ist, als „Abbild dieses Gemetzels, dieser unerläßlichen Trennung"[3], durch die ein Mensch, um den Preis eines Mordes, seine Freiheit gewinnt, in einem Zustand der Schwärze, die über die Tat, wie Artaud etwas theatralisch sagt, die „düstre Robe der Libido" breitet.

Benutzt Fichte Hans Eppendorfer, um ein Gegenbild seiner selbst in der Realität zu reflektieren? Um daran zu studieren, daß und was geschehen wäre, wenn seine Phantasmen schubförmig ihn besessen hätten und das *Gemetzel* im Innern des Gehirns auf die Wirklichkeit gestoßen wäre? Und benutzt er Eppendorfer, um seine Studien über Trance an einem anderen Objekt fortzusetzen? – Ich denke ja.

Fichte zu Eppendorfer: *Also es war gleichzeitig eine Art Vergessen, aus dem Gewöhnlichen herausgehoben werden und andererseits wieder ein halbes Bewußtsein, daß du jetzt erzählen kannst.* (Ledermann, 56) Genau dies ist die Trance, die Fichte zu dieser Zeit studiert; Trance nicht in ritueller Bindung, sondern in der ‚wilden' Entgrenzung, die das vereinzelte Individuum erfaßt, wenn seine inneren Bilder von ihm Besitz ergreifen und nach außen treten, so daß eine zufällige Frau zum Double der Mutter wird – und ebenso sinnlos wie notwendig ermordet wird. Danach tritt ein Gefühl ein, daß Hans Eppendorfer *Friede* nennt (Ledermann, 57). So folgt der jugendliche Mörder – das will Fichte nahelegen – in einer Zeit ohne Riten dennoch deren Mustern. Er erfüllt das Muster einer kathartischen Trance, die keine symbolische Form, kein symbolisches Opfer, keine symbolische Versöhnung mehr kennt und darum als Fall der Psychiatrie oder des Rechts erscheint, säkularisiert bis zur Bedeutungslosigkeit: denn entweder verrückt (also sinnlos) oder nur verbrecherisch (also böse) kann es sein, wenn die muttermörderischen Impulse die Imaginationen verlassen und das Aktions-Ich mit seinen Phantasmen verschmilzt. Dann, sicherlich, tritt der Mensch ins Zeichen der „reißenden Zeit", doch bildet er nicht mehr die Figur der Tragödie, sondern einen ‚Fall': für 10 Jahre verschwindet Eppendorfer im Knast.

Was bleibt ist die Faszination des Blutes, des Fetischs, der Gewalt, des Opfers. Es gibt heute nur eine Szene, in der diese Kombination, in den Grenzen des bürgerlichen

---

[1] Vgl. dazu B. Madsen a.a.O. S. 130ff. – Selbstverständlich gehört in die Geschichte der ‚theatralischen' Inszenierungen Fichtes auch seine Bearbeitung der Lohenstein'schen „Agrippina": auch Nero ist ein Bild Fichtes – in der ungeheuer dichten Verführungsszene zwischen Mutter und Sohn ebenso wie in der tödlichen Wut, die zur Ermordung der Mutter führt.

[2] A. Artaud a.a.O. S. 32/3.

[3] Ebd. S. 33.

Rechts, belegt mit den Stigmata der Perversion, lebbar ist: das ist die Lederszene, deren Rituale zugleich die Ermöglichung und die schützende Form der Begier nach blutiger Trance gewährt.

In Eppendorfer trifft Fichte also auf die Gestalt seiner eigenen Versuchung, die er nicht zur Tat, sondern zu Literatur werden läßt. Er tritt gewissermaßen in den Nebenraum des Instituts „Nina Rodrigues" ein: dort die Kammer der Angst und des Todes, die auf dem Grund des Bewußtseins den zerstückelten Körper erkennen lassen. Hier die Orgie des Blutes, in ihren mörderischen und sexuellen Varianten, die miteinander verschmolzen werden in dem Werk, mit dem Fichte sich in unmittelbarer Nachbarschaft zum Pubertäts-Roman beschäftigt: dem Werk Sades. Noch während er den Roman schreibt, führt er die Interviews mit Eppendorfer, die teilweise noch in den Roman integriert werden, bevor sie 1976 als Buch erscheinen. Im Jahr zuvor, Februar 1975, schließt er in Venezuela das umfangreiche Feature über Marquis de Sade ab (HuL I, 23–132). Im gleichen Jahr wird das Hörspiel gesendet ‚Der blutige Mann. Larry Townsend, Friedrich Hölderlin, Marcel Proust und andere sprechen sich über den blutigen Mann aus.' (Schulfunk, 125–174)[1]

Überblickt man diese Zusammenhänge, so ist kein Zweifel, daß im Umkreis des Romans ‚Versuch über die Pubertät' ein Höhepunkt der Auseinandersetzungen mit den sexuellen und rituellen Praktiken von Gewalt liegt. In der Eröffnungsszene des Romans geht es um das Ritual der Zerstückelung, das den Ursprung aller Angst seit der Waisenhauszeit bildet. Hierzu gehören auch die ‚Zäsuren' in der Begegnung mit Pozzi, die rituellen Zerlegungen des Körpers in den Theaterproben mit Alex, die sexuelle Besetzung des täglichen Ermordetwerdens durch Gerd Werner in „Tote ohne Begräbnis" – ebenso wie die Folterungen Lamarcas oder namenloser Opfer in Haiti (Pubertät, 179/80). Der ‚masochistischen' Seite korrespondiert die ‚sadistische'. Auch hier die Doppelklinge Gilette, die Zweiseitigkeit des homosexuellen Körpers: in den Orest-Phantasien, im *Mordversuch* an Alex, in der ständigen Faszination, die von Gewalt ausgeht (schon in der ‚Palette', im ‚Grünspan'); in Eppendorfer.

Im Blutrausch des Mordes wird Eppendorfer in das *wahnsinnig irre* Gefühl (Pubertät, 251) initiiert, das vom Geruch und dem Fließen des *dampfenden* Blutes ausgeht. Die Absence, die Eppendorfer dabei überkommt, liest Fichte als Ritual eines Blutopfers, das sich in uralten Zeremonien des Menschenopfers ebenso findet wie in den sadomasochistischen Choreographien der Ledermänner. Nach seiner Knast-Zeit wird Eppendorfer schwuler Leder-Fetischist. Er hüllt sich ins Leder *wie in eine atmende Haut, eine Art von Überhaut, eine Art von Fell* (Ledermann, 105; Pubertät, 256/7). Dies ist eine fetischistische Verschmelzung mit dem Tier – für Eppendorfer ist es der Panther (während Fichte *Löwe* ist); in den geheimen anthropophagischen Riten der afrikanischen Leopardenmänner, über die Fichte im Hörspiel ‚Der blutige Mann' berichtet, ist es der Leopard. Das Leder, das Fell, als Fetisch verändert total das Körpergefühl, es vermittelt als solches bereits Momente der Ekstase, *ein Leben in der*

---

[1] In den Plänen zur ‚Geschichte der Empfindlichkeit' hatte Fichte ursprünglich einen Band unter dem Titel ‚Der blutige Mann' vorgesehen. Dies ist auch der Titel des Sade-Features. In dem betreffenden „roten Ordner" fand sich nach Fichtes Tod nur der Sade-Essay (Vgl. die Erläuterungen von T. Teichert in HuL I, 486).

Faust (Pubertät, 257), wie es Eppendorfer nennt. In seinen kraftsteigernden Effekten bildet das Leder gleichsam die Ekstasen des Körpers, der, solchermaßen freigesetzt, potenziert, gesteigert, multiple geworden, eintreten kann in die sexuellen Zeremonien der *schwarzen Liga* (Pubertät, 257) der Ledermänner oder in die religiösen Opferrituale, die ihr heiliges Zentrum in der Zerreißung (σπαραγμός) und im Mahl des Geopferten haben. Bei Eppendorfer erscheinen die anonymen sadomasochistischen ‚Begängnisse' der Ledermänner durchweg im Schema des Opfers. Die aus der bürgerlichen Gesittung herausgesetzte, deswegen ‚perverse' Sexualität scheint in der säkularisierten Gesellschaft, die von der rituellen Macht der Symbole nichts mehr weiß, der einzige Ort zu sein, an dem noch etwas von der leiblichen Gewalt des Heiligen erfahrbar ist.[1]

Die Opferung, so führt Eppendorfer im Zusammenhang der Lederrituale aus, ist ein sakraler Akt. ... Es ist eine Steigerung, es ist eine Sichtbarmachung von Kraft, von verströmender Kraft ... Man kann sich in diese Art von Opferkult hineinsteigern. ... Es ist eine Art von Ekstase, genau wie es die Ekstase gibt der Selbstentleibung. Diesen systematischen Zusammenbruch der eigenen Person miterleben zu wollen, die Sucht, die Lust an der Selbstzerstörung durch Drogen, durch Exzesse jeglicher Art, das Auskosten von Schmerz, die Lust und die Freude, sich selbst zu vernichten ..., der Wunsch, sich selbst zerfleischen zu wollen, abzunagen bis auf die Knochen, das ist nicht fremd. / Es ist einfach die Auseinandersetzung mit Leben an sich. (Ledermann, 110, Pubertät, 259/60)

Durchaus ist dieses Begehren, aktiv oder passiv praktiziert, vereinbar damit, daß Eppendorfer von sich sagt, er sei gegen *jede Form von Gewalt* (Pubertät, 259). Dies bezieht sich auf die Seite des moralischen Bewußtseins und der gesellschaftlichen Ordnung. Jenseits ihrer, und das kann ebenso die Sphäre der sexuellen Ekstase wie die Sphäre des Heiligen meinen, liegt die Erfahrung der ausgeübten oder erlittenen Opferung, die, obwohl selbst nicht regellos, doch nur geschehen kann, wenn die Regeln des täglichen Zusammenlebens außer Kraft gesetzt werden, auf die gleichwohl das Opferritual immer bezogen bleibt. Jeder, der Ledermann wie der Leopardenmann, muß durch Prozeduren der Initiation, die ihn vorübergehend exterritorialisieren, um in einen anderen Raum und in eine andere Zeit versetzt zu werden. Dazu dienen die Masken, das Leder, die Schminke, die Musik, die Drogen, die strikten Regeln der choreographischen Inszenierung der sexuellen oder religiösen Opferungszeremonie, wodurch alle Beteiligten aus ihrem Herkommen, aus ihren sozialen Codes herausgesetzt werden: so daß sie, für eine Spanne ‚schwarzer Zeit', vollständig frei werden für die Entfaltung neuer positioneller Zuschreibung und einer Dramaturgie, ohne welche die sexuelle Orgie sowenig wie die heilige Trance funktionieren kann.[2]

Nicht real-faktisch, sondern in seiner Form als ritueller Ablauf einer Opferung, bildet der Mord für Eppendorfer – genau wie bei Sade – das symbolische Muster der immer wiederholbaren sexuellen Erfahrung. Durch ‚Vertraglichkeit' der sexuellen

---

[1] Vgl. I.-B. Pontalis (Hg.): Objekte des Fetischismus. Frankfurt/M. 1972. – Peter Gorsen: Henri Noveau und die Ästhetik der perversen Sexualität. In: E. Knödler-Bunte/Th. Ziehe (Hg.): Der sexuelle Körper. Berlin 1984, S. 151ff.

[2] Vgl. dazu Hartmut Böhme: Umgekehrte Vernunft. Dezentrierung des Subjekts bei Marquis de Sade. In: ders.: Natur und Subjekt a.a.O. S. 274–307.

Riten geschützt, erlebt er sich immer wieder in der bis zum Zerreißen gespannter Polarität von totaler Souveränität und totaler Preisgabe des Körpers. Die Vergewaltigung durch einen Matrosen (natürlich!) erlebt er als blutige Zerreißung seines Körpers, in Todesangst, rücklings durchbohrt vom Phallus wie der homerische Patroklos von Hektor (HuL II, 172), so daß *Liebesakt und Todesstoß* sich überdecken (ebd.), Mord und Lust. Und nach dieser *irrsinnigen Anspannung von Gewalt und Angst und Schmerz, kam plötzlich diese Stille* – ein *Zärtlichkeitsgefühl von einem Mann, der alles sein konnte: Bruder, Geliebter, Vater* (Pubertät, 262), der das vergewaltigte, weinende Opfer – Eppendorfer in der Position der Frau – *in den Arm nahm* (Pubertät, 262). Dies einerseits. Und andererseits der Lederkult, das fist-fucking, *dies irre, nicht faßbare Gefühl von Blut* (Pubertät, 264), die Urin-Rituale, die Möglichkeit, Herr über einen Sklaven zu sein und sich in vollendeter Souveränität abzuheben von der Demut und Erniedrigung des Opfers.[1]

Ich bin das Fleisch, du bist das Messer, zitiert Fichte einen tunesischen Jungen im Homer-Aufsatz (HuL II, 160). Um diese und nur diese Alternative geht es in der sadomasochistischen Sexualität: entweder ganz triumphierender Phallus, ein Ganzkörperphallus, zu dem man sich, im Zauber des Lederfetischs, durch die Einhüllung der magischen Haut verwandelt; oder ganz Fleisch, das gespalten wird, verwundet, durchbohrt, zerissen, zu Schmerz wird und sich in *Blutsee* und Tränenströme auflöst.

Verstehe ich die sadomasochistischen Rituale richtig, so wiederholen sie, unter Männern, aufs härteste die gewaltgeprägten Konfigurationen zwischen Mann und Frau. Im Blick auf Eppendorfer: sie wiederholen, in ritueller Transformation und wechselnder Positionierung, den Muttermord. Im Satz des tunesischen Jungen wird unbewußt das *Fleisch* mit Verwundung, Aufspaltung, Spaltung, Spalt – mit blutender Vagina identifiziert; und der Körper des Mannes mit dem Phallus als tötender Waffe symbolisch gleichgesetzt. In der Vergwaltigung wird das nämliche Phantasma der Sexualität ganz auf den Punkt gebracht: wird das Opfer, Mann oder Frau, zu nichts als gespaltenem Fleisch, so der Täter zu nichts als phallischer Waffe, die, wie in einem kathartischen Prozeß, ihn von einer tiefen Angst und einer vergeblichen Sehnsucht befreit und *Frieden* und Befreiung herstellt (wie Eppendorfer den Mord erlebt).

Tatsächlich bewegen wir uns hier auf eine archaische Schicht zu, wo nahezu alles undurchsichtig wird. Mir scheint, daß die hier an der sadomasochistischen Homosexualität entwickelten Körperphantasien aus der Sicht der Frauen keinen Sinn machen. Und dennoch sind Frauen von dieser sexuellen Konfiguration – man möchte sagen: beinahe schon immer betroffen. Wenn aber die Gewaltförmigkeit der Sexualität nicht nur in der Konstellation des ‚männlichen Täters' und des ‚weiblichen Opfers', sondern ebenso zwischen Männern eine zentrale Rolle spielt, dann kann sie nicht allein aus der Verzerrung der Geschlechterverhältnisse in der patriarchalischen

---

[1] Vgl. dazu auch die Diskussionen zwischen Eppendorfer und Fichte über Pasolini und über dessen Film „Salo" in Ledermann, 168ff sowie Fichtes eigene Verarbeitung des Themas in ‚Jeder kann der nächste sein' (1976) in: HuL I, 133–139. Neben den in diesem Essay ausdrücklich mitgenannten Autoren wie Genet, Sade, Klossowski, Artaud, die für jede Reflexion des Zusammenhangs von Gewalt, Ritualität, Sexualität und Ästhetik unverzichtbar sind, ist für Fichte auch hinsichtlich dieses Themas Hans Henny Jahnn von Bedeutung.

Gesellschaft erklärt werden. Könnte es sein – und dies wird bei der Überblendung der schwulen Lederriten durch archaische männerbündische Riten z.B. der Leopardenmänner nahegelegt – könnte es sein, daß die Sexualität noch im Schatten der Körpererfahrungen und Praktiken archaischer Krieger und Jäger steht? Daß Sexualität die Fortsetzung des Krieges und der Jagd inklusive der dazu gehörigen Opferrituale in verwandelter Form ist? Könnte es sein, daß dies der Punkt ist, den Fichte in seinem Homer-Essay entdeckt: daß Krieg Sexualität, und Sexualität Krieg ist – zwischen Männern derart, daß es, in der Logik des Krieges, nur eine polare Positionierung geben kann: siegende Waffe oder durchbohrtes Fleisch? Und daß die historische Unwiderstehlichkeit, mit der Frauen als das gespaltene Geschlecht wahrgenommen und mithin in die Position der Unterliegenden, Unterlegenen gefesselt werden konnten, sich der Evidenz des Krieges unter Männern, der sadomasochistischen Homosexualität verdankt?

Wie immer auch – von den multiplen Konfigurationen her, die der männliche und der weibliche Körper eingehen können, spricht nichts dafür, daß die Verteilung von Penis und Vagina die kriegerische Figuration von Waffe und blutender Wunde, also von Sieg und Niederlage, annehmen muß – wie es selbst Freud, geblendet von der ungeheuren Konstanz dieses Musters, noch annahm. Sicher ist, daß die Verschiebung der Konfigurationen der Jagd und des Krieges auf die symbolische Ebene die Möglichkeit enthält, das polymorphe Feld der Sexualität nach dem einfachen polaren Modell der Waffen, u.d.h. im Modell des Krieges und der Macht zu organisieren. Gewiß kann dies keine Erklärung sein für die perennierende Gewalt in der Sexualität, die für beide Seiten, das Töten und das Erleiden, Prämien der Lust aussetzt. Vielleicht verlieren sich hier auch die Spuren so weit ins Undeutliche, daß historiographische Verifikation ohnehin unmöglich wird.

Festzuhalten ist jedoch, daß Fichte in Hans Eppendorfer hier und heute ein Mann begegnet, dessen Sexualität und Phantasmen – den Fichteschen durchaus nah – offensichtlich nach archaischen Mustern funktioniert – wie er sie im Homer Essay, im Sade-Feature und im Hörspiel ‚Der blutige Mann' herausarbeitet. Es gibt, so darf man sagen, eine Art Gegenwart aller Zeiten. Und es gibt eine Form der Herrschaft des Archaischen über das Gegenwärtige, die Fichte fürchtet: durch sie kann er, wenn ein kontrollierendes Bewußtsein die Modalitäten der Zeit und das Reale und Imaginäre nicht mehr zu trennen vermag, gleichsam ‚abgetrieben' werden – in einen Mord, wie Orest oder Eppendorfer, in die stigmatisierten Subkulturen ‚perverser' Sexualität, wie de Sade oder die Ledermänner, in die „exzentrischen Bahnen", die – ob es dabei Achill und Patroklos, Ödipus oder Hölderlin ist – immer solche der tödlichen Ekstasen, der Blendung oder des hellen Wahns sind, wovor Fichte sich schützen möchte – in der anhaltenden Angst, von der „reißenden Zeit" seiner Obsessionen doch eingeholt zu werden, wie im Ehrgeiz, dieser Gesellschaft durch *Brillanz* seiner Leistungen die Anerkenntnis seiner Person abzuringen.

VI. DER SCHWULE ‚ÖDIPUS AUF HÅKNÄSS' AUS LOKSTEDT

1. ‚Ödipus auf Håknäss' und ‚Hotel Garni'

Anfang der 60er Jahre, auf einer der Reisen, die Irma und Jäcki seit 1961 gemeinsam unternehmen. Ein Hotelzimmer. Zwei Stimmen, aus größter biographischer Entfernung kommend, werden nebeneinander gelegt, dem Hörem anvertraut, das zum Lesen verwandelt wird. Der Roman ist etwas anderes als das Fragen und Hören und Erzählen der Liebenden. Dem Anschein nach ist es, als nähmen wir an einer intimen Kommunikation teil – Jäcki/Fichte erzählt von der Zeit 1954 bis 1961, seiner Rückkehr aus der Provence nach Hamburg; Irma/L. Mau, hundertfach bekannt aus den anderen Büchern, doch niemals selbst Subjekt oder Objekt des Erzählens, erhält endlich Stimme und lebensgeschichtliche Kontur. Es könnte auch so beginnen:
Irgendwo muß man zwei Stimmen hören. Vielleicht liegen sie bloß wie stumm auf den Blättern eines Tagebuchs nebeneinander und ineinander, die dunkle, tiefe, plötzlich mit einem Sprung um sich selbst gestellte Stimme der Frau, wie die Seiten es fügen, von der weichen, weiten gedehnten Stimme des Mannes umschlossen, von dieser verästelt, unfertig liegen gebliebenen Stimme, zwischen der das, was sie noch nicht zu bedecken Zeit fand, hervorschaut. Vielleicht auch dies nicht.[1]
So wie Robert Musil hier, eingangs seiner Novelle, die scheinbare Authentizität der Stimmen aufhebt in einen zwischen dem Phonematischen und Skripturalen unbestimmten Raum, den der Fiktion, die mit sich selber spielt, so präludiert Fichte der Erzählsituation im Hotelzimmer, irgendwo, nirgendwo, durch eine merkwürdige Szene in der Hamburger Wohnung Irmas. Diese Szene enthält eine konsequenzenreiche Verflechtung der ‚Geschichte der Empfindlichkeit' mit einem frühen, zu Lebzeiten unveröffentlichen Werk Fichtes und entwickelt zugleich die ästhetischen Techniken, durch die deutlich gemacht wird, daß der Roman keineswegs die ‚Beiwohnung' des Lesers am privaten Dialogspiel der Liebenden zum Ziel hat, sondern einem völlig anderen ästhetischen Kalkül folgt. Worum geht es?
Jäcki zerschneidet die Fotos von Irma und fertigt aus ihnen Collagen, um ein Theaterstück zu illustrieren, für das er einen Verleger sucht (Garni, 7). Doch ist niemals ein Theaterstück erschienen. An späterer Stelle heißt es (in der erzählten Zeit: 1958), Dulu Kruck, eine frühe Förderin von Fichte, von der er auch seine ersten Griechisch-Lektionen erhielt, habe seine Theaterstücke als *sentimental* kritisiert. *Sie hatte recht. / Ich schrieb keine Theaterstücke mehr – außer dem hier, wofür ich deine Fotos*

---

[1] Robert Musil: Die Versuchung der stillen Veronika. In: ders.: Vereinigungen. Frankfurt /M. 1990, S. 107.

Abb. 17. Hubert Fichte: Collage zum ‚Ödipus auf Håknäss' 1961.

zerschneide.[1] Mitten im Satz also ein Sprung aus der erzählten Zeit in die Erzählzeit (Garni, 118). Damit ist die Markierung gegeben, bei der Fichtes Wende von den theatralischen Versuchen zur Prosa liegt: das Jahr 1958/59. Fichte schreibt kleine Skizzen und Erzählungen, die mitunter veröffentlicht werden und teilweise später in die Sammlung ‚Der Aufbruch nach Turku' (1963) eingehen.[2] Von einem der Theaterversuche, die Dulu Kruck kritisierte, wissen wir, daß es sich um die schwarze Farce ‚Masken und Tote' handelt.[3] Dennoch: auch nach dem endgültigen Wechsel zur Prosa, der mit dem Entschluß zur Schriftstellerexistenz einherging – *Ich wollte schreiben. / Nur noch schreiben. / Morgens und abends, den ganzen Tag, ohne Unterbrechung*... (Garni, 119) –, schreibt Fichte noch ein weiteres Theaterstück, eben das, für das er jetzt die Collagen herstellt. ‚Ödipus auf Håknäss', geschrieben 1960/1 in der Provence.

Die Spuren des Stücks im ‚Hotel Garni' sind gerade noch erkennbar. Fichte/Jäcki erzählt, daß er in jenem *anthroposophischen Heim für unangepaßte Jugendliche*, wo er 1958/59 als landwirtschaftlicher Leiter arbeitete, den sophokleischen Ödipus in der Hölderlinschen Übersetzung inszenierte (Garni, 89). Zugleich, zur Kontraindikation der Anthroposophie, entleiht er sich Band für Band der großen Freud-Ausgabe (ebd.).[4] Eine leidenschaftliche Liebe erfaßt ihn zum Sohn des deutschen Leiters des

---

[1] Auch im ‚Kleinen Hauptbahnhof' bezieht sich Fichte auf die Fotocollagen zum ‚Ödipus', in einer Situation, in der eben die Kritikerin seiner Theaterstücke, Dulu Kruck, das Empedokles-Fragment 117 D im Urtext webt: *Dulu hatte griechische Buchstaben zu weben begonnen./ Jäcki ließ seine dramatischen Wörter ausfransen in Fotofetzen und geklebte Bilder.* (Kleiner Hauptbahnhof, 128). Ferner: *Die vielen zerschnittenen Fotos von Irma, die er zu avantgardistischen Illustrationen zusammenklebte, halfen nichts.* – Irma *schnitt an seinen Texten nicht herum, wie er an ihren Fotos.* – *Er sah im Bali-Kino seines Kopfes Irmas Fotos und die Collagen aus Irmas Fotos zu den schwedischen Heften.* (Kleiner Hauptbahnhof, 41, 95, 115): alles kryptische Anspielungen auf das unveröffentlichte Ödipus-Stück.

[2] Zwar hatte Fichte auch schon früher Prosaskizzen geschrieben, doch scheint es, daß nach dem Scheitern der Schauspielerkarriere literarische Ambitionen, sofern er neben den landwirtschaftlichen und sozialen Arbeiten sie zu entwickeln Zeit fand, am stärksten an Theaterstücken erprobt wurden. Vgl. ...*hütete wieder Schafe und schrieb Dramen.* (Nanã, 33, bezogen auf 1959).

[3] Das Stück ‚Masken und Tote' findet sich im Nachlaß Fichtes als Typoskript, das handschriftlich außerordentlich stark bearbeitet ist.

[4] Diese Angabe wird bestätigt in: Forschungsbericht, 96: *Er lieh sich Freud Sämtliches aus der Dorfbibliothek von Järna.* In Fichtes „Biographische Skizze" heißt es: „Järna, Schweden. Fichte leitet die Landwirtschaft in einem Heim für schwererziehbare Kinder. Studium der anthroposophischen Landwirtschaft, der Psychoanalyse und des Schwedischen." (in: Th. Beckermann a.a.O. S. 318/9). Interessant, daß Fichte hier zwar das Stück ‚Masken und Tote' erwähnt, weder aber die Ödipus-Aufführung noch das eigene Stück. Auf beides jedoch nimmt er in Forschungsbericht, 95/6 Bezug – ebenfalls Passagen, die kaum verständlich sind, wenn man das frühe Stück nicht kennt: *Ödipus der Tyrann studierte er mit den Köchinnen und Schreinern ein./ – Das nicht noch mal aufarbeiten!/ Am Abend der Aufführung lasen Ödipusse und Iokasten vor hundert Ödipussen und Iokasten, die vergeblich von Sprachgestalterinnen, Eurhythmisten gebändigt und gebadet wurden, Sophokles', Hölderlins Wortschorf.* (Forschungsbericht, 96). Die satirisch getönte Reminiszenz ist eingebettet in eine imaginäre Szene, bei der Fichte Sophokles und Herodot aus Anlaß Franks, dem bei einem schamanistischen Flugversuch die Hacken zertrümmert wurden, sich über Elevationen, Himmelsreise der Seele u.ä. unterhalten läßt. Die Stelle ist auch dadurch aufschlußreich, daß Fichte sein frühes Ödipus-Stück immer wieder erinnert und er auch hier an ein neues „Oidipos Tyrannos"-Stück denkt, ein ethnologisches *(soll ich Peter Stein anrufen? fragt Herodot: – Nie!* schrie Sophokles; ebd. 95). Und der Erzähler ergänzt: – *Ich will nicht noch einmal die Geschichte der eigenen Psyche an Franks Erzählung aufhängen, dachte Jäcki.* (ebd. 96). Das frühe Ödipus-Stück also: *die Geschichte der eigenen Psyche!* Doch nicht sie schreibt Fichte, sondern den Roman ‚Forschungsbericht' – oder: er

Fürsorge-Hauses, Rüdiger Neuschütz (Garni, 89–98), jenem Geliebten, mit dem er später nach Finnland reist. *Es ist das Glück. ... / Haut und Haar. / Immer und ewig. / Ganz. / Einmal da. / Ihn ja ihn.* (Garni, 91). Es sind dies wörtliche Zitate aus dem Stück ‚Ödipus auf Håknäss', in welchem Rüdiger Helge heißt. Jäcki erlebt das erste Mal eine sexuelle Totalität, aber auch, daß seine Liebe an die Eltern des Geliebten verraten wird. Und wenn auch die Mutter Rüdigers die Beziehung toleriert, so stürzt Fichte doch in jene Qual, die den Schwulen erfüllt, wenn der Geliebte von Mädchen träumt (Garni, 92).[1]

Dies ist, soweit es von ‚Hotel Garni' her absehbar ist, der Hintergrund des Ödipus-Stückes: durchaus auf der Linie der anthroposophischen Mutter erprobt Fichte die landwirtschaftliche und soziale Praxis der Anthroposophen. Mit der Freud-Lektüre, die ihn mit der Theorie des Ödipus-Komplexes vertraut macht, sowie mit der Inszenierung des Hölderlinschen Ödipus setzt er, das gesamte Heim einbeziehend, eine theatralische Selbstbefragung in Szene, die ihm, dem Schwulen, Antwort geben soll, wer er ist. Und darüber schreibt er zwei Jahre später ein Theaterstück, das die Inszenierung der Ödipus-Tragödie im Erziehungsheim zum Thema hat – das Stück im Stück: ein doppelter Ödipus. Ein dreifacher sogar, insofern die Freud-Lektüre und die psychoanalytische Ätiologie der Homosexualität im Lichte des Ödipuskomplexes ebenfalls eine zentrale Funktion im Drama erhält. Hier, im Stück, liegt auch der Ursprung des Hölderlin-Zitats aus dessen Ödipus-Anmerkungen: „Die Zeit der Tragödie ist müßige Zeit": Bernhardt (das erste Double Fichtes) bringt den Satz in einer Stockholmer Kiez-Kaschemme auf Französisch (Ödipus, 18).

Jetzt auch leuchtet die bisher unerkennbare Exposition des Romans ‚Hotel Garni' ein: das vierfach wiederholte *Zerschneiden* der Fotos und die Collage. Im Stück, in einer Auseinandersetzung über das ganzheitliche Denken der Anthropsophie und die analytische Methode, die Bernhardt, auf sich selbst gewendet, ausprobiert, wirft der Heimleiter Balthasar Hapf ihm vor: *Die Schönheit ist für Sie die Zerstückung des Ödipus!* Und Bernhardt antwortet: *Ja, das ist die Wahrheit für mich: Selbstzergliederung! Ich will wissen, wer ich bin!* (Ödipus, 33). – Kein Zweifel, dies ist die Nachinszenierung der Ödipus-Tragödie in ihrer wesentlichsten Geste: wissen wollen; und dies heißt: Selbstzergliederung. Das Zerschneiden der Fotos von Irma reinszeniert dieses vivisektorische Programm, das in seiner rückhaltlosen Radikalität erstmals im Fichteschen Ödipus realisiert wird und noch in ‚Hotel Garni' nicht zur Ruhe gekommen ist: denn auch hier geht es um Zergliedern und Zerschneiden der Biographie, um Forschung (und eben nicht um Authentizität, Konfession, Betroffenheitsliteratur). Und es geht um Collage – jenes Stilmittel der Neukomponierung der in

---

schreibt die *Geschichte der eigenen Seele* nicht mehr in tragischer Form, sondern in epischer: als Teil der ‚Geschichte der Empfindlichkeit'. – Hinsichtlich Franks in ‚Forschungsbericht' behält Fichte jedoch die *Schematisierung* dieser Figur nach dem Sophokleischen „Ödipus" bei (vgl. Forschungsbericht, 108–110, 131/2, 135, 138, 147). Im Zusammenhang mit Ödipus erinnert Fichte um 1980 öfters auch Alfred Hitchcocks „Psycho" (Forschungsbericht, 131; Mina, 16).

[1] Dies wiederholt die traumatische Szene, in welcher das Ich den Geliebten Trygve plötzlich mit Anna, der Tochter Pozzis, im Bett findet, eine Verletzung, die im jugendlichen Homosexuellen tief einrastet: *... und ich beginne eine Niederlage vorzuführen, die mein ganzes Leben dauert.'*(Pubertät, 118).

Teile zerlegten Bilder, die Fotos von Irma sein können oder Bilder der Erinnerung, Nachbilder der Vergangenheit.

Wenn Fichte an den Beginn des ‚Hotel Garni' das Zerschneiden und Collagieren setzt – bezogen auf das ungenannt bleibende Ödipus-Stück –, so erklärt er damit dieses Schauspiel indirekt als den eigentlichen Beginn jenes gewaltigen Programms der Anatomie des Selbst, das er in den kommenden Jahren entfalten wird. Und tatsächlich ist das Ödipus-Stück der Abschluß der Theaterarbeit Fichtes und zugleich, im vollsten Sinn und auf stupende Weise, der Initialpunkt des autobiographischen Großprojektes – so scharf und differenziert entwickelt, daß, von diesem Stück aus, noch über den ‚Versuch über die Pubertät' hinausweisend, selbst die späteren selbstanalytischen Romane bis hin zur ‚Geschichte der Nanā' in ihren zentralen psychodynamischen Konfliktmustern hier vorweggenommen werden.

Die Eingangsszene des ‚Hotel Garni' setzt die Initialszenen der früheren Romane – die Balkonszene, die Gräff-Anatomie, Nina Rodrigues – konsequent fort. Sie enthält besonderes Gewicht, insofern Fichte mit ihr den roman delta ‚Die Geschichte der Empfindlichkeit' im Ganzen eröffnet. Auch dieses Projekt wird ein Zerschneiden und Collagieren sein, Anatomie und Montage. Und nicht zufällig verknüpft Fichte den Beginn des 19bändigen Romans mit dem Stück ‚Ödipus auf Håknäss': der eine Beginn verweist auf den anderen (was beim Erscheinen des Romans ‚Hotel Garni' niemand erkennen konnte). Dies heißt nichts weniger, als daß Fichte sein niemals veröffentlichtes Stück zum eigentlichen Ursprung seines Œuvres erklärt. Die überragende, aber auch bestürzende, oft verwirrend und kryptisch erscheinende, in Wahrheit jedoch kalkulierte intertextuelle Verwebung des Œuvres zu einem einzigen Buchteppich zeigt sich auch hier. Das Ödipus-Stück Fichtes ist das Initiationsritual, das den Werkkosmos eröffnet. Zugleich zeigt das Stück beispielhaft die rücksichtslose Energie, mit der Fichte sein eigenes Leben in den Dienst der Literatur stellt. Im Grunde geschieht das schon im Heim selbst. Man stelle sich vor, daß ein 23jähriger zu keiner anderen Absicht, als mit sich selbst zu experimentieren und eigene, undurchsichtige Konflikte zu szenischer Gestalt werden zu lassen, nahezu seine gesamte Mitwelt, die Kollegen und Zöglinge, zu Akteuren eines Dramas macht, das unter dem Namen von Sophokles und Hölderlin das radikal eigene Drama ist. Man stelle sich vor, daß er, der 23jährige, dies in der geistigen Sphäre seiner Mutter tut, der Anthroposophie; und stelle sich vor, daß er dies unternimmt, als Schwuler, als ein von Freudscher Analyse infizierter, atheistischer Inellektueller, der mit dem Sohn des Heimleiters eine leidenschaftliche Liebe beginnt: und man spürt etwas von der provokativen Lust, die diesen Autor treibt und spürt etwas von der Unheimlichkeit, die es bedeutet, wenn jemand das gelebte Leben mit Literatur durchdringt und anschließend dieses bereits ästhetisch penetrierte Leben noch einmal in Literatur verwandelt: in das Stück ‚Ödipus auf Håknäss'.

Dies ist unheimlich und beispiellos. Nicht alle Betroffenen dieses Programms der ‚absoluten Literarisierung', das alles andere als Ästhetizismus ist, weil sie schon hier Wahrheitssuche und Forschung ist, – nicht alle werden mit dem Gleichmut sich ‚zerschnitten' sehen wie Irma ihre Fotos zu Beginn des Romans. Beginnt nämlich mit dem Ödipus-Schauspiel das, was Hölderlin das schamlose Nachfragen eines eigenen

Bewußtseins nannte, beginnt mithin der Malstrom des Ödipus, der, von einem point of never return an, sich selbst und alle in den Wirbel seiner vivisektorischen Experimente zieht, ohne Rücksicht, ohne Diskretion, gegen den Willen der anderen – beginnt dies also schon hier, 1960/1, so fängt mit dem Roman ‚Hotel Garni', die Zerschneidung symbolisch wiederholend, zugleich eine andere Geschichte an, die Geschichte einer Beziehung, derjenigen zu Irma.

Diese wird zu einer Liebe, worin der sich selbst und andere schamlos befragende und preisgebende ‚Ödipus', anders als sein antiker Bruder, sich gehalten und angenommen wissen darf. Zweifellos ist das Werk Fichtes auch das Erzeugnis einer ostentativen Indiskretion und einer grandiosen Exhibition, immer an den Grenzen des eigenen Absturzes und der Verletzung der anderen entlang. Doch ist das Werk ebenso mitgetragen von der respektierten Grenze, daß, wie es zu Beginn von ‚Hotel Garni' heißt, Fichte zwar die *besten* Fotos von Irma zerschneidet, vielleicht auch *aus Spaß* diejenigen, die ihr *am liebsten sind* – doch sind es ‚Kopien', nicht die Negative: nicht das eigentliche Eigentum des Anderen. Genau hierin, schon im Ödipus-Stück, liegt die haarfeine, aber entscheidende Differenz: von sich selbst und anderen stellt Fichte ‚Abzüge', ‚Kopien', ‚Doubles' her – und diese, nicht die Originale, nicht die ‚Negative' werden zerschnitten, seziert, ausgestellt. Auch das will die Eingangsszene von ‚Hotel Garni' zu erkennen geben. Irma selbst ist das ästhetisch gerettete Bild der Iokaste: das macht sie zur biographischen und ästhetischen Konstante. Sie kommt im ‚ödipalen' Gemetzel nicht um, das heißt auch: sie ist eine andere, nämlich Leonore Mau, die als solche mit ihren eigenen ‚Bildern' respektiert wird. Nicht immer kann ein solches Programm radikaler literarischer Verwertung und ‚Doublierung' gelingen. Alle ‚Bilder' haben ihre Magie. Und selbst wenn Fichte, ständig an der Grenze des Persönlichkeitsschutzes operierend, alles Geschriebene als anatomische Arbeit an Kopien ausgibt, so schützt ihn nichts davor, daß Betroffene, und dieses sind viele, sich damit identifizieren, im Abzug also ihr Negativ erkennen, mithin in der Weise ihrer ‚öffentlichen Ausstellung' sich verletzt fühlen müssen – und immer steckt darin auch ein Stück Wahrheit.

2. Bernhardt und Huberta. Ödipus und die Sphinx

Das Schreiben ‚auf der Grenze' beginnt im ‚Ödipus', beginnt schon mit der Inszenierung der Sophokleischen Tragödie im Heim. Dem Protagonisten Bernhardt Silberfänger – er trägt wesentliche biographische Merkmale Fichtes – wird mit Huberta Seuse ein weibliches alter ego beigesellt: beide doubeln Fichte, bisexuell. Ist Bernhardt der atheistische, intellektuelle Schwule, Regisseur des Stücks im Stück und Darsteller des Ödipus, so Huberta die lesbische, anthroposophische und gläubige Frau, die unter dem Einfluß von Bernhardts Freud-Diskursen und der Ödipus-Inszenierung ihre anthroposophische Identifikation aufgibt. Ihr Name verweist auf Fichte ebenso wie auf die schwärmerische Religiosität der Mutter Fichtes (Anspielung auf den mittelalterlichen Mystiker Heinrich Seuse). In Huberta darf man die Identifikation Fichtes mit der Mutter erkennen. Sie repräsentiert das mütterliche Erbe in zweifacher

Hinsicht: einmal durch die Anthroposophie; zum anderen bringt sie Astrid, die Köchin des Heims, die den schwulen Bernhardt vergeblich liebt, mit Helge, den seinerseits Bernhardt vergeblich liebt, in einer Art Intrigenspiel zusammen. Das heißt Huberta repräsentiert den heterosexuellen und anthroposophischen Code in Fichte selbst.

Huberta und Bernhardt sind mithin figurale Expositionen einer einzigen Ichstruktur. Doch dabei entstehen Komplikationen. Deutet man Huberta als Figur der verinnerlichten mütterlichen Normen, so markiert ihr Wechsel von Steiner zu Freud, was die Schweden-Erfahrung insgesamt darstellt: die intellektuelle Loslösung Fichtes von der Anthroposophie im Zeichen einer analytischen Aufklärung. Indem Huberta ferner Astrid und Helge als heterosexuelles Paar zusammenbringt, entzieht sie beide dem Begehren Bernhardts. Dieser seinerseits macht Astrid zur Experimentalfigur seiner Mutterbeziehung, indem er sie Iokaste spielen läßt und mit ihr, vergeblich, zu schlafen versucht. Und Helge wird von Bernhardt in eine Liebe hineingezogen, die für Bernhardt zur Qual wird, wenn er mit dem Ekel Helges vor schwuler Sexualität konfrontiert wird. Diese Liebe wird zum schmerzlichen Lehrstück des homosexuellen Eros. Was für Bernhardt zur *ganzen* Liebe wird und sich ihm als die gültige Erfahrung des schwulen Begehrens *seit meiner Geburt* (Ödipus, 103) darstellt, das wird für den Geliebten zu den ‚Verwirrungen des Zöglings Helge' (nach Musil) –: ein pubertärer ‚Schritt vom Wege' (nach Fontane) der heterosexuellen Norm, zu der, d.h. in die Arme Astrids, er sich ängstlich und erleichtert flüchtet. Mit diesen Effekten ihrer *Lügen* (Ödipus, 115) erzielt Huberta jedoch ein paradoxes Ergebnis. Bernhardt, der die Rolle des Ödipus spielt und zugleich Ödipus ist (Ödipus, 42, 114), wird keine Frau mehr zur Iokaste zu machen begehren und keinen heterosexuellen Jungen selbstquälerisch lieben wollen. Gerade in dem Maß also, wie das Intrigen-Spiel Hubertas Erfolg hat, wird Bernhardt zum Schwulen, der am Ende zwar allein ist, aber darin ganz und gar von dem Bewußtsein geprägt, daß es eine Erfüllung seines Begehrens nur in einer schwulen Bezugswelt geben kann.

Vorbereitet wird dies durch Erfahrungen, welche die unwiderlegliche Sprache des Körpers sprechen, nämlich im Ekel. Als Bernhardt, in der Rolle des Ödipus, mit Astrid, in der Rolle der Iokaste, zu schlafen versucht, erfährt er in seiner Impotenz bis zum Ekel reichende Gleichgültigkeit dem Weiblichen gegenüber (Ödipus, 102). Umgekehrt wird er bei Helge, der nur noch – wie er sich verspricht – aus *Mitglied* (Ödipus, 82)[1] mit Bernhardt schläft, mit dessen Ekel vor schwuler Sexualität konfrontiert (Ödipus, 81, 92, 102), so daß Bernhardts Liebe zu Helge kollabiert und er sich – wie der Hofmeister bei Lenz – zu kastrieren droht: In der Rolle des Ödipus, den Bernhardt zitiert.. *O Licht! Zum letztenmal seh ich dich nun!* (Ödipus, 104; S/H, 161) will er sich die Augen, also die Hoden ausstechen.[2]

---

[1] Die Fischer-Ausgabe verbessert fälschlich „Mitglied" in „Mitleid".

[2] Die Gleichsetzung von Augen und Hoden, die in ‚Detlevs Imitationen „Grünspan"' und in ‚Versuch über die Pubertät' eine stehende symbolische Formel ist, findet sich hier das erste Mal. Es ist anzunehmen, daß Fichte diese Gleichung bei seinen Freud-Studien 1958/9 aufgegangen ist. Freud hat in seiner Schrift „Das Unheimliche", anläßlich von E.T.A. Hoffmanns Erzählung „Der Sandmann", auf die im Unbewußten hergestellte Gleichung von Augen und Hoden aufmerksam gemacht. Die symbolische

Bernhardt muß die Unvereinbarkeit hetero- und homosexueller Eros-Formen erfahren. Und dieses doppelte Scheitern (mit Helge und Astrid) bereitet dramaturgisch die Abrechnung Bernhardts mit seiner Mutter vor, die ihn besuchen gekommen ist: die Schlüsselszenen des ganzen Stücks (Ödipus, 93–96, 104–108). In der Abschlußszene des Dramas – Huberta und Bernhardt sind allein auf der Bühne: es handelt sich mithin um einen dialogisierten Monolog – offenbart Huberta ihm, daß ihre Intrige nur ein Ziel hätte: sie, die weder mit Astrid noch mit Helge ihr Begehren befriedigen konnte, wollte in der von ihr herbeigeführten Kopulation des heterosexuellen Paares nichts anderes, als *mich für einen Augenblick als winziger Schatten in der Pupille Gottes widerzuspiegeln* (Ödipus, 115).

Nimmt man Huberta als die Identifikation Fichtes auf der mütterlichen Matrix, so heißt dies: auf ihrer Linie hätte nichts als das falsche Selbst eines Mannes sich entwickeln können, der sein Begehren nur imaginär befriedigt, indem er seine Lust in einer Form, die nicht seine ist, wie ein voyeuristischer Regisseur zur Aufführung bringt, um darin für einen irrealen Moment der göttlichen Grandiosität, spekulär, im Spiegel des Auges Gottes, teilhaftig zu werden. Was – real – bleibt, ist die fettleibige Häßlichkeit Hubertas und ihr ungebrochener Appetit zu essen. Bernhardts Satz: *Vielleicht ist die Irrfahrt nicht zu Ende? Diese Sucht sich zu sehnen.*, diesen Satz des infiniten, ruhelosen Eros beantwortet Huberta mit einer Gegenfrage, ihren letzten Worten: *Vielleicht ist auch deine Sehnsucht nur Gott, Hinkfuß?* Woraufhin Bernhardt mit den letzten Wortes des Stückes kontert: *Und wenn es doch der Mensch wäre, Huberta, Sphinx?* (Ödipus, 115)

Dies ist, in der Doppelheit der offenen Frage, eine aufschlußreiche Pointe. Hätte Huberta recht, so perennierte in der Fichteschen *Sucht sich zu sehnen* ein religiöses – also mütterlich codiertes – Motiv. Das hieße: in der ewigen Unruhe, in der suchenden Sucht des Eros und des Reisens wirkte ein Wunsch nach religio – nach Rückbindung, Glaube, Heiligkeit, Kultus –: im Blick auf die späteren Religionsstudien Fichtes ist dies nicht von der Hand zu weisen. Wie umgekehrt auch zutrifft, daß die süchtige Sehnsucht ‚den Menschen' meint, folglich Homosexualität und Menschenliebe bei Fichte ein und dasselbe sind. Und weil die Antwort des Ödipus auf die Frage der Sphinx lautet: Es ist der Mensch, so wird hier, wo Bernhardt Huberta *Sphinx* nennt wie sie ihn *Hinkfuß*, mit dieser säkularisierenden, ‚humanen' Antwort die Sphinx Huberta in den Abgrund gestürzt. Also: mit diesem Stück schert Fichte endgültig aus der Matrix der Mutter aus; er bricht ihren magischen Bann, der in Gestalt Hubertas als verinnerlichte Kraft in ihm wirkte. – Beide Schlüsse des Dramas hält Fichte in Frageform offen; beide stimmen und stimmen nicht; die *Irrfahrt* wird nicht zu Ende sein, sondern erst eigentlich beginnen.

Gleichsetzung von Augen und Geschlechtsorgan geht also vermutlich nicht primär auf Hans Bellmer oder George Batailles „L'histoire de l' œil" zurück, die Fichte, so weit ich sehe, 1961 noch nicht kannte. S. dazu T. Vollhaber, a.a.O. S. 164, 219.

3. Die Energie des Wissen-Wollens

„Das Unheimliche", sagt Freud, „ist nichts Neues oder Fremdes, sondern etwas dem Seelenleben von alters her Vertrautes, was ihm nur durch den Prozeß der Verdrängung entfremdet worden ist."[1] Er bestätigt damit die Auffasssung Schellings, wonach man unheimlich alles nenne, „was im Geheimnis, im Verborgenen bleiben sollte und hervorgetreten ist."[2]

Diese Bestimmungen treffen ebenso auf den Sophokleischen wie den Fichteschen Ödipus zu. Das dem Wissen Entfremdete ist nicht selten das zutiefst Eigene, das vom Bewußtsein Abgesperrte, worin gleichwohl das Geheimnis des Ich ruht. Das Verdrängte aber bleibt virulent und strahlt, undeutlich aber mächtig, als Tremendum und Fascinosum das Ich an. Das Verdrängte drängt an die Pforten der Wahrnehmung; das Vergessene, ins dunkle Archiv des Gedächtnisses Gesperrte will erinnert werden. In diesem Sinn ist schon die Tragödie des Ödipus ein Theater der Erinnerung, die sich als unheimliche Enträtselung dem Wissen des Ödipus gewollt-ungewollt aufdrängt – in der ganzen Zwiespältigkeit des Unheimlichen, das nichts verbirgt als das Vertrauteste.

In diesem Sinn inszeniert Bernhardt den Hölderlinschen Ödipus. Die Dramaturgie des Stücks im Stück ist der Einsicht geschuldet, daß das Bewußtsein seiner selbst nicht reflexiv inne wird, sondern in Szenen und in medialen Transformationen erzeugt werden muß. Durch Versetzung und Verrückung der realen in symbolische Konfigurationen, die durch die Tragödie vorgegeben sind, vermag Bernhardt seiner selbst im Medium der fremden Maske einsichtig zu werden. Blockierte Phantasien werden freigesetzt, abwegige Möglichkeiten geprobt: im Spiegel des fernen Mythos wird das Naheliegendste, das gerade darum dem Blick entgeht, studiert. Durch die wechselseitige Durchdringung von Spiel- und Realitätsebene werden symbolische Prozesse leibhaft und die körperliche wie soziale Ebene erhält einen szenischen Ausdruck, der als solcher dann, als Spielfigur, reflexiv angeeignet wird. Alles wird für Bernhardt zum Experiment seiner selbst, und dieses wiederum zum Moment der Selbsterkundung Fichtes.

Bernhardt wird eingeführt als ruheloser Getriebener. Hier finden wir bereits die Formel, die später im ‚Grünspan' eingesetzt wird, um Detlevs fassungslose Begierde, alles zu imitieren oder sich mit allem zu identifizieren, auszudrücken: *Ich will alles ausprobieren. Ich will alles wollen, um zu wissen, was ich sein kann!* (Ödipus, 16; vgl.

---

[1] Sigmund Freud: Das Unheimliche (1919). In: ders.: Studienausgabe, hg.v. A. Mitscherlich, A. Richards, I. Strachey. Bd. IV, Frankfurt/M 1970, S. 264.

[2] Zitiert nach Freud a.a.O. S. 248. Das Zitat lautet genau: „unheimlich nennt man alles, was im Geheimnis, im Verborgenen, in der Latenz bleiben sollte und hervorgetreten ist" (in: F.W.J. Schelling: Philosophie der Mythologie. In: Sämtliche Werke, 2.Abt.Bd. 2, Stuttgart und Augsburg 1857, S. 649). Schelling spricht davon, daß der dunkle archaische Grund der griechischen Religion, die unter dem „unheimlichen Princip" gestanden habe, durch den lichten Äther des olympischen Götterhimmels überwunden worden sei.

Grünspan, 68/9). Dieser doppelt entschlossene, dieser Wille des Willens zum Wissen wird mit der Gestalt des Ödipus identifiziert. Im Gespräch mit der Mutter Helges sagt Bernhardt: *Weil ich den Ödipus spielen will, solange ich denken kann. Ödipus will wissen; auch ich will wissen!* (Ödipus, 89)

In diesem „Nachsuchen nach einem Bewußtsein" (Hölderlin) liegt der erste Grund dafür, daß Bernhardt sich mit Ödipus identifiziert. Hemmungslos unterwirft er alle diesem Programm. Dies wird von den anderen als unheimlich empfunden. Astrid fühlt bei den Proben Angst (Ödipus, 23); Werner, ein Akteur, findet *keine Ruhe mehr. Du solltest sehen, wie er die Worte aus uns herausholt!* – Huberta warnt: *Er stürzt euch alle in sein Chaos.* Und Helge: *Chaos, das ist er! Das ist wahr!* (Ödipus, 43/4) Huberta erkennt: *Er spielt im Leben genauso Theater wie im Ödipus.* Und Astrid: *Er ist Ödipus! Er ist es!* (Ödipus, 42).

Diese radikale Identifikation wird von Astrid auch als der *Mut* verstanden, *alles zu wollen, alles zu erkennen* (Ödipus, 42). Für die Anthroposophen aber folgt Bernhardt damit *den Gesetzen der Zerrüttung* (Ödipus, 45), ja er ist *dem Teufel verschrieben* (Ödipus, 35). Auch von Huberta und von seiner Mutter wird Bernhardt als Teufel bezeichnet. Es ginge ihm, so die Anthroposophen, nur um die *Zerstückung* und *Zergliederung* des Ödipus-Dramas. (Ödipus, 33) Anstatt es wie ein Einweihungs- und Mysterienspiel à la Rudolf Steiner aufzuführen (Ödipus, 62, 111) inszeniere er es *auf ätzende, analytische, zerrüttende Art* (ebd.), weswegen Bernhardt am Ende vom Heimleiter Hapf verboten wird, das Stück zu realisieren (Ödipus, 112). Hier zum ersten Mal finden wir etwas von dem Widerstand, den Fichtes Arbeiten auch ausgelöst haben. Immer geht es um Kampf, Kampf um das Darstellbare, noch eben Sagbare. Aber auch darum, die eigenen Strategien ungeschmälert anderen aufzudrücken. Selbst an Helge, dem Geliebten, interessiert Bernhardt vor allem *das, was ich aus ihm machen könnte;* woraufhin Helges Mutter fragt: *Sie fassen ihre Freundschaft als Inszenierung auf?* Und Bernhardt antwortet: *Helge und Ödipus sind ineinander verflochten.* (Ödipus, 90) In dieser Weise benutzt Bernhardt alle Personen als Spielfigurem in dem Stück, in welchem er nur nach sich selbst sucht. Selbst die Liebe zu Helge wird zum Medium der *Erkenntnis* (Ödipus, 103), um die es ihm noch dann zu tun ist, als er Helge, der sich von ihm trennen will, um eine letzte Nacht bittet – doch der sagt: *Ich möchte lieber ein bißchen weniger erkennen.* (ebd.) Am rücksichtslosesten instrumentalisiert Bernhardt die Darstellerin der Iokaste, Astrid, die ihn liebt und die er, als sie ihm sagt, *Ich liebe Dich,* strickt zurückweist: *Nimm dich zusammen ... Ich brauche deine Iokaste wichtiger als eine Geliebte!* (Ödipus, 24) Sie soll ihm die Mutter figurieren, um ihn auf die Spur seiner selbst zu bringen. Später, als Astrid mit Helge geschlafen hat und Bernhardt sie trifft, sagt sie: *Bald bist du am Ziel deiner Wünsche, Ödipus. ... Du brauchtest Iokaste dringender als eine Geliebte. Iokaste hast du erhalten.* (Ödipus, 97) Und dann wird Bernhardt, durch nichts angetrieben als durch den Willen zu wissen, ob er mit ihr, als Iokaste, schlafen kann, um dabei Freud zu bestätigen oder zu widerlegen : jetzt also wird er sie zum Zweck einer szenischen Verifikation zu beschlafen versuchen (Ödipus, 97/8). Nichts gilt der Eigensinn der anderen bei diesem ‚Ödipus, Tyrann' mit seinem unheimlichen Begehren zu wissen.

Tatsächlich wiederholt Fichte im Gegensatz zwischen der Wissensbegier Bernhardts und einer Mitwelt, die derlei Forschungsdrang als unheimlich abwehrt, eben die Konstellation, die auch bei Sophokles/Hölderlin zwischen Ödipus und den Mitakteuren besteht. Nicht ohne Grund läßt Fichte und Astrid jene dramatische Wechselrede proben, in der Iokaste Ödipus anfleht, auf weitere Nachforschungen zu verzichten. Denn sie weiß, daß Ödipus unmittelbar vor der Selbstentdeckung steht. Iokaste, die nur noch *dies Eine* zu Ödipus sagen kann: *O Armer, wüßtest nie du, wer du bist!* –: Iokaste verläßt die Szene – sie wird sich umbringen – und Ödipus hält jene Rede, in der er *sein Geschlecht* zu erforschen kundtut (Ödipus, 98/9).

An dieser Stelle rezitiert Bernhardt den Hölderlin-Text mit einem Versprecher, auf den ihn Astrid aufmerksam macht. Bei Hölderlin heißt es: „Und so erzeugt, will ich nicht ausgehen, so, / so daß ich nicht, ganz, wes ich bin, ausforschte." (S/H, 155, Vers 1103/4). Bernhardt aber sagt: *... so, daß ich nicht ganz, was ich bin, ausforschte.* (Ödipus, 99) Für Ödipus geht es um die Frage der Genealogie: wessen bin ich? wo komme ich her? Im Sophokleischen Original heißt es noch deutlicher: Ödipus will seinen „Ursprung sehn" (Soph. V, 1077), ob er nämlich hoch oder niedrig geboren sei. Er, der als Sohn der Tyche die Erfahrung des Steigens und Fallens, als der typischen Bewegung der Fortuna, gemacht habe –: er sei fest genug, wie er meint, „seine Geburt" wissen zu dürfen. Bernhardt jedoch verkürzt den Text so, daß er den von Hölderlin richtig auf Tyche/Fortuna bezogenen Satz: „Denn dies ist meine Mutter" (bei Sophokles heißt es: „Denn von dieser Mutter stamm ich ab") auf die eigene, leibliche Mutter treffen läßt. Der Versprecher offenbart, daß es Bernhardt nicht um eine genealogische Verankerung geht, sondern um das Selbstsein im Verhältnis zur Mutter (nicht: woher komme ich?, sondern was = wer bin ich?).[1] Damit wird die Recherche-Richtung des Ödipus-Stückes umgepolt: Bernhardt sucht das Geheimnis seines Selbst – das Schwul-Sein – auf dem Wege darüber, wer er im Verhältnis zur Mutter ist. Auf sie zielt das Stück im Stück, und zwar nicht, um den Fluch des inzestuösen Begehrens zu enthüllen; sondern die Mutter, so unterstellt das Unbewußte in seinem Versprecher, ist Hüterin eines Geheimnisses, das Bernhardt seine Homosexualität erklären könnte. Dieses Geheimnis will Bernhardt durch die *Zerstückung* und *Zergliederung* des Ödipus ans Licht bringen. Wahrheit ist Unverborgenheit; Wahrheit ist das dem Vergessen Entborgene, so Heidegger. Die Pointe des Fichteschen Stücks könnte darin bestehen, daß er auf einer Schicht des Ödipus-Mythos, die bei Sophopkles, Hölderlin, Freud ‚verborgen' und ‚vergessen' geblieben ist, die Spur der Homosexualität ent-deckt. Die Rätselfrage der Sphinx wäre die Frage nach der Homo-Sexualität; sie beantworten hieße Erkennen. *Selbstzergliederung! Ich will wissen, wer ich bin!* Das ganze Fichtesche Programm schon jetzt 1958 in Schweden, 1960/1 in der Provence.

---

[1] Heiner Müller in seiner Sophokles-Bearbeitung übersetzt mit Bewußtsein genau, was Bernhardt unbewußt ‚verspricht': „Und so erzeugt werd ich nicht ausgehn anders/ Wenn ich mich ganz und wer ich bin ausforschte." (Sophokles: Ödipus, Tyrann – nach Hölderlin von Heiner Müller. Programmheft Nr. 33 des Wiener Burgtheaters 1988, S. 141).

4. Hat Freud recht?

Ein Schwuler, der den ‚Ödipus' inszeniert und Freud liest, muß zwangsläufig auf die Freudianische Interpretation der Homosexualität stoßen. So auch Bernhardt. Zunächst hat die Psychoanalyse jedoch andere und durchweg positive Funktionen. Es scheint so, daß die Psychoanalyse gegenüber den Mystifikationen der Kindheit zunächst eine befreiende Wirkung hatte. Und dies auf zwei Ebenen: sie hilft Fichte bei der Ablösung von der Anthroposophie und dem *biologischen Schwarmeifer* Hans Henny Jahnns.

Wenn man das Stück insgesamt auf der Linie von Wedekinds „Frühlings Erwachen"[1] situieren kann, es also in die Tradition der literarischen Auseinandersetzungen mit der Pubertät gehört, so benutzt Fichte die Psychoanalyse dabei vor allem, um Klarheit über die psychodynamischen Konflikte der Adoleszenz zu gewinnen. Von Freud übernimmt die Einsicht, daß in der Pubertät die stillgestellten frühen Triebkonflikte der Kindheit wieder virulent werden. Libidinös verstärkt durch den biologischen Reifungsschub drängen sie aus dem Unbewußten ins Bewußte, um ihre endgültige Form zu finden: das Individuum gewinnt seine spezifische sexuelle Objektwahl und Triebrichtung. In einer solchen Suche und Krisensituation befinden sich nahezu alle Figuren des Fichteschen Stücks.

Gegenüber der Anthroposophie wird die Psychoanalyse als polemische Waffe eingesetzt. Wie erfolgreich das ist, zeigt sich an Huberta, die durch Bernhardt in ihrer anthroposophisch verschwiemelten Weltanschauung verunsichert, von der Psychoanalyse fasziniert und schließlich überzeugt wird. Insofern Huberta das in Fichte wirksame Weltbild der Mutter repräsentiert, zeigt ihre Entwicklung etwas von der konflikthaften Spannung Fichtes selbst zwischen Anthroposophie und psychoanalytischer Aufklärung. Zugleich ist Huberta eine Figur, an der Fichte die neurotisierenden Effekte der mütterlichen Introjekte studiert. Sie tauscht die anthroposophische mit der psychoanalytischen Weltdeutung nur aus und erträgt nicht, daß Bernhardt die Freudschen Deutungsmuster sofort wieder in Zweifel zieht (Ödipus, 71). Als alter ego Bernhardts studiert sie Freud gleichsam synchron mit diesem (*Studierst du Freud oder ich?*, fragt Bernhardt; Ödipus, 57/8); sie verinnerlicht *Papa Freud* aber zu einer *Papa Steiner* entsprechenden Autorität, weswegen Huberta die Freud-kritischen Diskurse Bernhardts abwehrt: *Du hast mich gezwungen*, sagt Huberta, *zu denken wie du. Denn du bist eingebrochen in meinen Glauben. Du gabst Freud solange recht, bis du mich mit ihm infiziert hattest. Dann fingst du an, das Anzweifeln anzuzweifeln.* (Ödipus, 71)

So wenig Huberta den intellektuellen Dissoziationen Bernhardts standzuhalten vermag, so aussichtslos ist sie in ihrer erotischen Entwicklung. Man darf Huberta als

---

[1] Das Stück „Frühlings Erwachen" hat für den jungen Fichte einige Bedeutung gehabt, insbesondere wohl wegen der freien Behandlung psychosexueller Probleme in der Pubertät. Hier liegt der Grund für die Aufnahme einer Szene des Wedekindschen Stückes ins ‚Lesebuch' (123ff) (vgl. Pubertät, 25, 100, 39 = Wedekind-Zitat)

Figur verstehen, mit der Fichte durchexperimentiert hat, was es bedeutet hätte, ein Mädchen zu sein. Nichts Gutes. Die Macht der Mutter wäre auf der Ebene des Körpers und der Sexualität durchgeschlagen, so daß ‚man' – Fichte, Bernhardt, ‚Mann' – froh sein kann, keine Frau zu sein. Huberta ist häßlich und dick, niemand begehrt sie. Ihr Begehren läuft ins Leere, so daß sie es nur voyeuristisch an den Effekten ihrer Intrigen befriedigen kann: was bleibt, ist der Appetit. Ihre vampiristische Partizipation an der Sexualität der Anderen ist eine verwandelte Form der ‚Speisung' des Triebes. Unter den Bedingungen der Fichteschen Sozialisation als Mädchen geboren zu sein, so scheint dies zu sagen, muß schrecklich sein. Nicht einmal Freud, der, so Bernhardt, über Mädchen nichts wisse, hält für sie eine Erklärung bereit. So läuft sie durchs Stück, gleichsam ohne Rolle – während die anderen ihren ‚Ort' in der Ödipus-Tragödie finden – und ohne Identität, eine Figur ohne Gravitation und Attraktion, wichtig nur als die zur persona verselbständigte weibliche Identifikation Fichtes.

Als Dialogpartnerin für Bernhardt in mäeutischer Funktion, die schlummernden Antworten ‚zur Geburt' bringend, erweist sie ihren Dienst ebenso wie als ‚Kupplerin' der Liebe zwischen Helge und Astrid. Diese Funktionen – das Mäeutische, das Spiegelnde und das Kupplerische – sind nicht eben die attraktiven Momente traditioneller Weiblichkeit, die Fichte seinem femininen Double zuschreibt. So ist Huberta zwar eine der zentralen ‚Kupplungen' in der Dramaturgie des Stücks, doch eben in der Position der Unselbständigkeit, der *Lüge* und Unwahrhaftigkeit (Ödipus, 115). Das zeigt den großen Abstand, den Fichte, in dieser Vor-Irma-Zeit, zum Weiblichen hält. Im Modus des Uneigentlichen und der Ich-Losigkeit bleibt die Frau Gefangene der mütterlichen Mystifikation, unerreicht von der psychoanalytischen Aufklärung, ein sich selbst rätselhaftes Bild, unverstandener Abkömmling der Sphinx, der Verschlingerin, deren Enträtselung Fichte erst später gelingen wird. Freud ist für Bernhardt/Fichte auf diesem Feld keine Hilfe.

Von zentraler Bedeutung dagegen ist die Auseinandersetzung mit dem Ödipus-Komplex. Enthält dieser für die Selbsterkenntnis des Homosexuellen überzeugende Antworten? Freud hatte schon 1897, im Verlauf seiner Selbstanalyse, im Brief an seinen Freund Wilhelm Fließ behauptet (15.10.1897): „... (man) versteht die packende Macht des König Ödipus ..., die griechische Sage greift einen Zwang auf, den jeder anerkennt, weil er dessen Existenz in sich verspürt hat." Gewiß ist Fichte, wenn er die Ödipus-Tragödie und die Freudsche Theorie miteinander verwebt zu einer Art psychodramatischer ‚Kur', der Freudschen Behauptung sehr nahe. Für den schwulen Fichte allerdings ist der „Zwang", von dem Freud spricht, ebenso befragenswert wie gefährlich, nämlich eine Form der Vernichtung von Freiheit. Fraglich ist, ob der Ödipus-Komplex für eine Ätiologie des homosexuellen Begehrens tauglich ist. Gefährlich ist die Ödipus-Theorie, weil an mehreren Stellen die Freudsche Theorie in das Bild gefaßt wird, daß der Mensch ein Hampelmann sei, mit einem Bindfaden zwischen den Beinen, an dem Freud ziehe (Ödipus, 106).

Auf beiden Ebenen wird der Universalitätsanspruch des Ödipus-Komplexes problematisiert: ist die Theorie allgemeingültig, so erfaßt sie das Individuum in so überpersönlichen Mechanismen (Hampelmann), daß der Anspruch auf Freiheit, den Bernhardt – gegen den Terminus des „Triebschicksals" gerichtet – auch auf die Ebene der Triebe ausdehnen will, vernichtet zu sein scheint. Ebenso wichtig ist für Bernhardt/Fichte, ob die Ödipus-Theorie, welche die heterosexuelle Sozialisation im Familiendreieck erfaßt, für einen Homosexuellen ohne Vater überhaupt erklärungsfähig ist.

Trotz dieser Vorbehalte ist die Psychoanalyse willkommen, weil sie nicht allein die anthroposophischen, sondern auch die Mystifikationen des Rufius Therese Schleifwind destruiert. Dieser ist niemand anderes als Werner Maria Pozzi, sprich: Hans Henny Jahnn. Die Passagen in ‚Versuch über die Pubertät' vorwegnehmend wird Jahnn hier mehrfach (Ödipus, 28, 49, 53, 95, 105/6) bezüglich seiner hormonalen Experimente und Spekulationen über Homosexualität erwähnt. Zwei Annahmen über die Ätiologie des Schwulen werden abgelehnt: zum einen, daß Homosexualität ein Effekt hormonaler Determination ist – dies wirkte 9 Jahre zuvor wie ein Donnerschlag (*Schicksalssymphonie*) –; zum anderen, daß die Homosexualität Fichtes ein Effekt der infizierenden „Einrede" Jahnns auf den Adoleszenten sei – wie es die Mutter behauptet (Ödipus, 106): Dies ist eine Variante der sogenannten „Verführungstheorie".

Es scheint, daß Fichte mit Hilfe der Psychoanalyse zwei zentrale Autoritäten seiner Kindheit und Jugend neutralisiert hat: die Mutter und Jahnn. Mit der Psychoanalyse gewann er ein Instrument, das die Etablierung eines säkularisierenden und kritischen Aufklärungsdiskurses erlaubte. Freilich waren die Effekte der Psychoanalyse ambivalent, weil der Universalitätsanspruch des Ödipus-Komplexes erlebt wurde, als ob darin die Bannkraft des Tragischen und die mythische Verschuldung auf diskursiver Ebene fortgesetzt würde. Darum hat die Verkoppelung der Ödipus-Tragödie mit der Freudschen Theorie die dramaturgische Funktion, herauszufinden, ob von der antiken Sage bis zu Freud eine mythische Linie der Festlegung des Menschen auf ein „Triebschicksal" gespannt sei. Das Kunstmittel des ‚Stücks im Stück' soll ermöglichen, im Selbstversuch experimentell zu überprüfen, ob es eine eigene Wahrheit der Homosexualität, eine eigene Freiheit des Begehrens jenseits der psychodynamischen Determinationen gibt. Bernhardt kämpft darum, ob er der Freudsche Hampelmann ist oder der Gott, als welchen er sich im Vollzug schwuler Liebe empfindet: ganz Körper gleich ganz Gott, d.i. ohne Schuld und frei (Ödipus, 49).

Von daher erklärt sich die Energie des Willens in diesem Stück. Das *Ich will! Ich will! Ich will!* (Ödipus, 97) setzt Bernhardt ein, um Freud zu falsifizieren. Nicht nur die Szenen der Tragödie sondern auch die des ‚Lebens' werden einer Theatralisierung unterworfen, in der Bernhardt sich ständig verdoppelt in Regisseur und Darsteller, Reflexionsinstanz und Spielfigur. Es ist eine Zerreißprobe.

Und nicht zufällig fällt Bernhardt, in einem seiner Experimente, der Name jener Priesterin nicht ein, die ihren eigenen Untergang prophezeite. Er will die Theorie von Verdrängen, Vergessen und Erinnern exemplifizieren und nimmt sich selbst als Probant. Ihm fallen nur Namen mit der Silbe ‚andr' ein (Andromache, Anthrazit, Androkles), bis Huberta hilft: Cassandra. Warum vergaß er die Silbe ‚Cass'? (Ödipus, 56, 59) Bernhardt, der auch französisch denkt und träumt, assoziiert dazu ‚la casse' = der Bruch, ‚casser' = zerbrechen. Ist das Verdrängte das Orakel des Ödipus (Ödipus,

56, 59)? Ist es zweideutig wie alle Orakel (Ödipus, 59)? *Heißt es: der Bruch liegt schon vor; oder heißt es: Du sollst erst etwas zerbrechen!?* (Ödipus, 59) – *Es kann auch bedeuten: daß ich selbst zerbrechen soll.* (ebd.) Und liegt in dem erinnerten Teil des Wortes Cassandra, nämlich ‚andr‘, nicht die griechische Wurzel für ‚Mann‘, aber auch für Mut/Tapferkeit (ἀνδρεία)? Wird der Mann Ödipus/ Bernhardt zerbrochen? Wird der Homo zerbrochen? Wird der Mut zerbrochen, mit dem er sein Projekt der Selbsterkundung beginnt? Soll er, umgekehrt, die Mystifikationen der Unfreiheit zerbrechen und die Freiheit gewinnen? Wird er, wie Cassandra, zum Propheten des eigenen Untergangs, in dem er Ödipus inszeniert? – Auch hier, in diesem kleinen Lehrstück der psychoanalytischen Wortassoziation und Erinnerungsarbeit, geht es um Vorgänge des Zerbrechens, der Zerstückung, der Zergliederung des Ödipus. Selbsterkundung und Zerstörung könnten dasselbe sein.

Besinnen Sie sich, ehe Sie zerbrechen, so warnt der Heimleiter (Ödipus, 35) vor der Selbstüberprüfung im Medium des „Ödipus". *Sie,* so sagt Helges Mutter zu Bernhardt, *Sie suchen selbst Ihre Zerstörung, um sich zu erneuern.* (Ödipus, 91)

Vielleicht ist das Stück ein Ritual, ein mythisches Curriculum, in welchem Fichte wie ein Initiand seine Dissoziation erprobt, um in ihrem Durchgang seiner selbst gewiß zu werden. Der Autor hält nicht wie Ödipus und Bernhardt das Messer in Händen, sondern das Instrument der Schrift. Es geht um das Blut der symbolischen Wunden und des symbolischen Zerbrechens, nicht des realen. Dies ist der Vorsprung des Autors; es ist aber schon der Vorsprung Bernhardts als sich szenisch objektivierender Ödipus im „Ödipus". Es geht um die Chance, mit ästhetischen Strategien ein Selbst jenseits der Orakel, der mythischen, mystifizierenden, diskursiven Zuschreibungen zu konstituieren. Dem dient das Ritual der Szene, das Ritual der Schrift.

5. *Kennst du Lajos?*

Für die Frage, ob Freud recht hat, nämlich die Genese der Homosexualität erklären kann, spielt im Stück die Figur des Pelle eine wesentliche Rolle. Pelle ist einer der adoleszenten Zöglinge, schwul wie Bernhardt, ein neurotisiertes Opfer seiner Objektwahl. Zwanghaft versucht er, Jungen in die Büsche zu ziehen; zugleich entschuldigt er sich für alles und jedes und wird dabei wiederum von ziellosen Aggressionen überflutet. Für Bernhardt ist Pelle eine Figur, an der er die psychoanalytische Theorie ausprobiert. Er ist Opfer eines neurotischen Zwangs, doch darin für Bernhardt lesbar als Spiegelschrift seiner eigenen Konflikte.

Die Freudsche Ödipus-Theorie wird so eingeführt, daß das Begehren der Mutter zu Aggressionen bzw. Tötungsimpulsen gegen den Vater führe. Das an die Mutter fixierte Begehren blockiere die Besetzung von Frauen, so daß Pelle *kleinen Jungen* nachliefe. Diese Erklärung der Homosexualität, auf der vereinfachten Grundlage des sogenannten positiven Ödipus-Komplexes, leuchtet Bernhardt nicht ein: *Pelle liebte seine Mutter und haßte seinen Vater. Als Ödipus tötete er ihn, als Hamlet würfe er seiner Mutter den Mord am Vater vor, von dem er selbst geträumt hätte. Warum wählt Pelle aber gerade aus verdrängter Liebe zur Mutter das Abbild des gehaßten Vaters zum Abbild seiner Begierde?* (Ödipus, 48) – Eine berechtigte Frage. Sie findet keine Antwort, weswegen Freud zunächst verworfen wird. Wichtig jedoch ist für den Fortgang, daß hier neben Ödipus Hamlet eingeführt wird: vielleicht, daß Hamlet das Rätsel der Homosexualität enthält.[1] Dieses Motiv bleibt zunächst taub.

Wenig später schlägt Huberta vor, Pelle verweigere sich der Heterosexualität, weil er das „Schmutzige" des Sex seiner Mutter erkannt habe (Ödipus, 57); Frauen lösten die Angst vor dem verbotenen Inzest aus (jede Frau ist das Abbild der Mutter), so daß er aus Vermeidung homosexuell würde (Ödipus, 58). Dagegen wendet Bernhardt ein: wenn die homosexuelle Objektwahl aus der Vermeidung des verbotenen Mutter-Inzestes entspringe, müßte *logischerweise* die heterosexuelle Objektwahl der Vermeidung des verbotenen Vater-Inzestes entspringen, so daß der Schwule schwul sei aus verdrängtem heterosexuellen Begehren der Mutter und der Hetero heterosexuell aus verdrängtem homosexuellen Begehren des Vaters. Eine Absurdität. Freud, wenn dies denn Freud ist, kann nicht recht haben (Ödipus, 57/8). In der Folge entdeckt Bernhardt, *daß Pelles Vater nicht existiert*, weil er früh gestorben sei, die Mutter nicht wieder geheiratet hat, folglich der Vater als Rivalitätsobjekt des Junges entfiele. Bernhardt entwickelt nun die These, daß Pelle sich *nach dem Vater gesehnt hat* (Ödipus, 69). Homosexualität als Suche und Sehnsucht nach dem Vater?

An dieser Stelle geht Bernhardt auf den Mythos zurück. Er hat gefunden, daß Laios ein schwules Verhältnis zu einem Jungen hatte, dem Sohn des Gastfreundes Pelops, Chrysippos, den er gewaltsam entführte (so bei Appollodor: Bilbliotheca III, 44 oder bei Hygin: Sagen, 85, 272). Manchmal wird auch Theseus als Chrysippos-Räuber genannt, manchmal Zeus selbst.[2]

Als Strafe für diese Entführung des Chrysippos ergeht der Fluch der Götter: der Sohn des Laios werde den Vater töten und die Mutter heiraten (vgl. Ödipus, 70). Dies ist eine von Freud übersehene Schicht des Mythos. Der homosexuelle Vater, der ein Götter-Privileg – wie Fichte es versteht – durchbricht; ein älterer Mann, der einen schönen Jüngling liebt; Ödipus, der von den Göttern als Instrument der Strafe für das homosexuelle Verbrechen des Vaters eingesetzt wird. Dieser Ödipus kann nicht selbst das Rätsel der Homosexualität figurieren, denn dieses liegt jetzt beim Vater.[3]

---

[1] Hamlets mögliche Homosexualität ist in der uferlosen Sekundärliteratur natürlich schon erwogen worden. – Fichte kannte „Hamlet" vermutlich schon seit seiner Pubertät; das Stück wurde am Schauspielhaus Hamburg 1947 inszeniert (Premiere: 1.1o.) – zu der Zeit, als er dort kleine Rollen spielte. – Fichte könnte auch das Gastspiel der Städtischen Bühnen Düsseldorf unter Gustav Gründgens in Hamburg am 24.8.1950 (Theater am Besenbinderhof) gesehen haben.

[2] Chrysippos wurde in einem Krieg von Pelops zurückerobert und auf Betreiben der Mutter oder Stiefmutter, je nach Überlieferung, getötet. Anschließend brachte die Mutter sich selbst um. Bezogen auf den schwulen Sohn finden wir hier das Motiv der sohnesmordenden Mutter und der Mutter als Selbstmörderin; Varianten also von Medea und Iokaste: wobei Fichte beide Mutter-Imagines auf seine Mutter überträgt. Deutlich ist auch, daß Chrysippos eine Parallelfigur zu Ganymed ist, dem von Zeus geraubten Jüngling –: Inbegriff schwuler Ver-/ Entführung des schönen Epheben.

[3] Noch 20 Jahre später hat Fichte diese in Schweden entwickelte These in Erinnerung, wenn er im Agrippina-Essay einschaltet: *Es ist wie in der Sage des Oedipus, wo ueber Lajos der Tod durch den Sohn und der Inzest des Oedipus als Strafe fuer Lajos' homosexuelle Jugenderlebnisse verhaengt wird.* (HuL I, 167) Der Nero Lohensteins als später Nachfolger des Ödipus. Wenn Fichte über Lohenstein schreibt: *Lohensteins*

An dieser Stelle des Stücks sagt Huberta: *Dein Vater wohnt in Schweden, hast du mir erzählt.* (Ödipus, 71) Schon zu Beginn – wie später auch die Mutter – hatte sie Bernhardt gefragt, ob er eigentlich in Schweden sei, *um den Vater zu suchen* (Ödipus, 17, vgl. 95). Der ‚mythische' Vater: ist er ein homosexueller Rebell gegen die Götter? Sollte der schwule Bernhardt der Mörder eines solchen Vaters sein? Freud kann also nicht recht haben. Die Schuld eines schwulen Ödipus kann nicht darin liegen, daß er die Mutter begehrt, sondern daß er ist wie das Bild des Vaters, den er sehnsüchtig sucht. Die Schuld liegt nicht im ödipalen Inzest, sondern in der Homosexualität.

Gegen diese Lesart würde Freud einwenden, daß Bernhardt auch jetzt im Netz des Ödipus gefangen bliebe: nämlich im negativen Ödipus-Komplex, bei dem der gegengeschlechtliche Elternteil gehaßt und der gleichgeschlechtliche geliebt wird. Dies ist eine Konfiguration, die als Variante des ödipalen Verlaufs insofern vorkommen könne, als der Sohn beiden Eltern gegenüber ambivalente Impulse habe: d.h. auch eine feminine Einstellung zum Vater in seiner bewunderten Potenz.

Gewiß ist, daß Bernhardt auf der Suche nach dem Rätsel seiner selbst eine Tiefenschicht des Ödipus-Mythos entdeckt, die eine andere als die Freudsche Lesart erlaubt. Im Bild des schwulen Vaters identifiziert der Sohn sein eigenes Begehren und seine eigene Schuld. Weil Laios in seiner Liebe zum schönen Jüngling Chrysippos die Götter herausfordert, so wird über ihn, der nach manchen Überlieferungen mit Iokaste niemals schläft, sondern in trunkenem Zustand von ihr verführt werden muß, eine Strafe verhängt, deren Instrument, und das ist eine besondere Perfidie, ebenfalls ein Jüngling sein wird: der eigene Sohn. In der Verweigerung des Beischlafs mit Iokaste macht sich Laios zusätzlich des Vergehens schuldig, die genealogische Folge und die dynastische Ordnung nicht fortsetzen zu wollen, um deretwillen er zum König und Gemahl Iokastes erhoben wurde.[1] Laios erfüllt auch in diesem Vermeiden der Generativität das Bild des Homosexuellen: nur gegen sein Begehren zeugt er, zu seinem eigenen Unglück. Es scheint, daß Bernhardt sich mit der Schuld des homosexuellen, mehrfach vertriebenen, rebellischen Laios identifiziert. Dieser Laios ist nicht der klassische Vater im Familiendreieck, so wie Ödipus nicht länger der klassische Sohn in den Triangulierungsdramen der Familie ist. Opfer eines schuldsprechenden Schicksal ist zuerst Laios, nicht der Sohn. Und daß die Schuld in der Homosexualität besteht, wird an jenen Bemerkungen Bernhardts ablesbar, in denen er dem tragischen Vollzug die „Hochzeit mit Gott im Untergang" – das ist die dionysische Formel des Enthusiasmus – entgegensetzt: *Das Glück ist das beste Mittel der Erkenntnis. Gott ist der menschliche Körper. ... Wenn ich glücklich bin, bin ich selbst Gott!* (Ödipus, 49) Schon hier, wie auch 25 Jahre später im Homer-Essay, identifiziert Fichte den schwulen Eros mit dem göttlichen Privileg. Dieses sich als Mensch, als Homo, anzueignen, ist Schuld: Anmaßung des Göttlichen. Genau dieses Doppelbild zeigt auch Pelle, *der mit dem Lächeln der Seligen jedweden Jungen in die Büsche begleitet* (Ödipus, 90), dort *das Schönste, das Liebste, das Unausweichlichste* (Ödipus, 57, 70)

Axiomatik funktioniert wie Traum, Irrsinn und Psychoanalyse (HuL I, 166) –: so beschreibt er damit indirekt die Verfahren seines eigenen frühen Stückes.

[1] Vgl Gabriele Groenewold: Ödipus und kein Ende. Der Mythos von Ödipus und der Sphinx. Frankfurt/M. 1985, hier: S. 149ff.

findet, aber dennoch sich immer und immer entschuldigen muß. Laios, so Bernhardt, sei der *Erfinder von Pelles Krankheit ..., aber es ist keine Krankheit.* (Ödipus, 70)

Freud hat Unrecht. Es geht nicht um das Begehren der Mutter, sondern das Begehren des Vaters. *Das Bild des Vaters erscheint in der Nähe des Geliebten,* so Fichte 1985 im Homer-Essay (HuL II, 151). – Ist der Schwule *auf ewiger Suche nach dem Bild des Vaters?* (HuL II, 177) Sucht Bernhardt im schwulen Eros ein Geliebtwerden, wie Chrysippos vom Laios geliebt wurde? Entdeckt Bernhardt die Figur eines Sohnes, der nicht unbewußt die inzestuöse Nähe zur Mutter begehrt, sondern im Gegenteil vor ihr flieht und eine Lebensreise antritt, die dem Vater gilt? Täuscht nicht die klassische Tragödie des Sophokles ebensosehr wie Freud? Während diese die Schuld des Ödipus ins helle Licht rücken, bleiben Laios und Iokaste in einem entschuldenden Dunkel. Die von Bernhardt wiederentdeckte Tiefenschicht der Ödipus-Sage identifiziert jedoch das Verbrechen, das die Tragödie in Gang setzt, in der Homosexualität des Vaters. Was aber ist dann mit Iokaste? In beiden Lesarten des Mythos bleibt sie stumm. Sie zum reden zu zwingen, wird sich als die eigentliche Absicht des Fichteschen Ödipus erweisen.

6. Die Mutter – Iokaste – Klytämnestra – Hamlets Mutter

In der neuen Ödipus-Interpretation Bernhardts ist Laios das erste Opfer und der Sohn das Opfer des Opfers. Beide kennen sich nicht und werden doch identisch gesetzt: in ihrer Homosexualität. Im Mythos gibt es zwischen Ödipus und Laios nur zwei Begegnungen, die eine bei der Geburt, bei welcher Laios den Ödipus verstümmelt und aussetzt. Auch wenn dies den mythischen Mustern der Geburt des „göttlichen Kindes" oder des „heiligen Findlings" folgt, so ist es dennoch als Mordanschlag des Vaters auf den Sohn zu werten. Bei der anderen Begegnung ermordet der Sohn den unerkannten Vater. Diese Schicht der mörderischen Vater-Sohn-Beziehung wird von Bernhardt getilgt. In der neuen Lesart markiert die Homosexualität des Sohnes vielmehr eine phantasmatische Liebesbeziehung zwischen Vater und Sohn. In seinem Begehren trägt der schwule Sohn dem unbekannten Vater die Liebe des Chrysippos nach. Er vereinigt sich mit ihm im Bild des flüchtigen Außenseiters. Tatsächlich ist Hubertas Vermutung, daß Bernhardt nach Schweden gekommen sei auf der Suche nach seinem Vater, naheliegend und psychologisch plausibel. Diese Konstellation liegt dicht an den biographischen Verhältnissen Fichtes.[1] Gewissermaßen in Nachbarschaft zum realen Vater inszeniert er auf der Bühne eine Suche nach dem symbolischen Vater. Dies ist eine literarische Grenzgängerei ‚zwischen den Welten', bei der die Kollision des fiktionalen mit dem realen Modus ständig möglich ist. Laios, der weder in der Ödipus-Tragödie des Sophokles noch in Fichtes Stück eine Rolle hat, ist dennoch präsent als die beschworene Figur des abwesenden Anderen und Fremden, der das Zeichen Bernhardts trägt.

---

[1] Fichtes Vater lebt zu dieser Zeit tatsächlich in Stockholm (s.S. 114, Anm.1 u. 184, Anm. 4 d. Buches).

Wenn aber auf imaginärer Ebene Vater und Sohn zur Bruderschaft der ‚Verzauberten' gehören, bleibt dennoch rätselhaft, was sie auseinandergerissen hat. Um dieses Geheimnis zu entschlüsseln, bedarf es der Inszenierung jener Figur der Ödipus-Tragödie, die mehr weiß, als sie sagt, und in ihrem Selbstmord abtritt als stummes Opfer des tragischen Wahns und des Begehrens der Männer: Iokaste.

Christine Olivier hat in ihrem Buch „Iokastes Kinder"[1] – und darin ist sie nicht die einzige – die Blindheit des patriarchalen Blicks der Psychoanalyse für die Position der Frauen in der Ödipus-Mythe konstatiert und die Geschichten Iokastes, Antigones und Ismenes nachgetragen. 20 Jahre zuvor, und früher auch als die homosexuellen Theoretiker wie Guy Hocquenghem, Fritz Morgenthaler, Martin Dannecker u.a.[2], hat der junge Fichte mit dieser Arbeit zur Aufhellung der Iokaste und zur Neustrukturierung der Ödipus-Konfiguration begonnen.

Natürlich geht es dabei nicht um die Entwicklung einer Theorie, sondern um szenische Arbeit am Mythos, insofern dieser Chiffren zur Entzifferung der eigenen Biographie enthält. Und hierbei, liegt der Schlüssel bei der Mutter und bei ihren theatralisierten Substituten: Astrid in der Rolle der Iokaste, hinter der die Maske der Klytämnestra erscheint; die Mutter Bernhardts; die Mutter des Geliebten Helge, Frau Schimmig.

Letztere ist insofern von Bedeutung, als Fichte mit ihr eine Mutterfigur durchprobiert, die ihren Sohn liebt, ohne ihn moralisch, psychologisch oder ideologisch zu erpressen (Ödipus, 81/2), obwohl sie sich wegen des schwulen Verhältnisses zwischen ihrem Sohn und Bernhardt sorgt (Ödipus, 51; vgl. 88–91). Als eine andere Iokaste ist auch sie „Mitwisserin", will sich aber nicht zwischen Helge und Bernhardt werfen *mit dem ganzen Gewicht meiner Mutterschaft* (Ödipus, 51). Ihre Fragen sind keine Verhöre, sie verlangt kein *Geständnis* (Ödipus, 90); auch darin ist sie Bernhardts/Detlevs/Jäckis Mutter entgegengesetzt. Sie ist anteilnehmend und verständnisvoll, so daß Bernhardt zu ihr sagt: *Ich bewundere Sie. Sie ersparen Helge viel Wirrsal. Ich beschwere ihn schon genug. Hätte meine Mutter gehandelt wie Sie!* (Ödipus, 90) Hieran ist abzulesen, was Fichte der eigenen Mutter, zu recht oder unrecht, unterstellt: daß sie sich nämlich mit dem *Gewicht der Mutterschaft* zwischen ihn und den schwulen Geliebten wirft, verständnislos und brutal. In der neuen Lesart des Ödipus-Mythos heißt dies, daß die Mutter zerstörend zwischen die Liebe von Vater und Sohn getreten sei, d.h. die Rolle der Iokaste mit der der Klytämnestra oder der von Hamlets Mutter vertauscht habe. Bereits in der Szene mit Helges Mutter wird dies spielerisch entwickelt, doch gleich zurechtgerückt: *Nein, Helsingør liegt näher als Mykene.* (Ödipus, 89) – also Hamlet näher als Orest. Wenn Bernhardt gleichwohl an der

---

[1] Christine Olivier: Iokastes Kinder. Die Psyche der Frau im Schatten der Mutter. München 1989.
[2] Guy Hocquenghem: Das homosexuelle Verlangen. München 1974. – Fritz Morgenthaler: Homosexualität, Heterosexualität, Perversion. Frankfurt/M. 1987, S. 79ff, 86ff, 95, 139. – Martin Dannecker: Der Homosexuelle und die Homosexualität. Frankfurt/M. 1986. – Es ist zu bemerken, daß es hier weder auf eine Auseinandersetzung mit Freuds Konzeption der Homosexualität noch auf die vollständige Erfassung der seither entwickelten Revisionen ankommt. Eine Analyse des Verhältnisses von Fichte zu Freud steht ebenso aus wie zu den synchronen Theoriebildungen in der Schwulenbewegung. Ansätze dazu bei Tomas Vollhaber a.a.O. – Hier, im Ödipus-Stück, geht es eher um eine dramaturgische als theoretische Bestimmung der Rolle, welche die Psychoanalyse für Bernhardt inne hat.

Ödipus-Tragödie festhält, so deswegen, weil sein Ödipus-Stück eine Wiederauflage des Shakespeareschen „Hamlet" ist – als der modernen Variante der Orestie. Die Verhältnisse komplizieren sich.

Sie spitzen sich zu: Bernhardts Mutter trifft in Stockholm ein.[1] In der ersten der beiden Begegnungen erscheint die Mutter in moralischer Vorwurfshaltung, distanzwie verständnislos. Gleich zu Beginn konfrontiert der Sohn, der einen *entsetzlichen Bart* trägt, die Mutter damit, daß er den Ödipus spiele:

MUTTER: *... Bist du immer noch in diesen entsetzlichen griechischen Tragödien verhaftet?*
BERNHARDT: *Ich bin mit meinem entsetzlichen Bart in den entsetzlichen Tragödien verhaftet.*
MUTTER: *Schon als du zehn Jahre alt warst, übtest du dir den Orest ein.* (Ödipus, 93)

Letztere Episode wird in ‚Detlevs Imitationen „Grünspan"' entfaltet. Die Mutter begreift sehr wohl, daß die mythologischen Spiegelungen des Sohns gegen sie gerichtet sind. Es geht wie im „Hamlet" um die Entdeckung einer Blutschuld, in welche die Mutter auf dunkle Weise verwickelt ist. Wie Hamlet mit einer durchziehenden Schauspieltruppe ein Stück einstudiert, das die Mutter und ihren neuen Mann des Mordes an Hamlets Vater überführen soll, so probte Detlev, ohne Wissen und Bewußtsein, auf einer magisch-imitatorischen Ebene die Rolle des Orest, die Mutter damit des Mordes an seinem Vater bezichtigend. Und so inszeniert Bernhardt, der Hamlet-Intellektuelle, nunmehr den „Ödipus" ein, um die rätselhafte Rolle der Iokaste in den Blutbädern seiner Phantasien herauszufinden. Der Ödipus auf Håknäss ist auch ein Hamlet auf Håknäss. Es sind Vater-Sucher auf der Spur einer geträumten Blutschuld, in der sie das Rätsel ihrer Existenz vermuten.

So gibt Bernhardt das Stichwort aus: *Kennst du Lajos, Mutti?* – Und als habe er einen Auslöser berührt, blitzt aus diesem Wort sofort eine erste Szene hervor, eine wilde Verknotung, die zu lösen zur einzigen Anstrengung Bernhardts werden wird:

MUTTER: *Ich verstehe, du spielst auf deinen Vater an. Ödipus – Lajos. Dein Vater! Du bist wie er! Wie er! Du hast mich betrogen: Du hast mir weisgemacht, nach Schweden zu gehen, um dich mit dem Göttlichen auseinanderzusetzen. Du bist hier, um deinen Vater zu suchen!*
BERNHARDT: *Das ist nicht wahr!*
MUTTER: *Dein Vater hat mir das Schlimmste angetan, was ein Mann einer Frau antun kann. Er hat mich geschändet und verlassen. Du, mein Sohn Bernhardt, du bist nach Schweden gegangen, um ihn zu sehen. Du bist ihm vielleicht begegnet.*
BERNHARDT. *Nein, Mutti, ich liebe nur dich! Als ich klein war, hielt ich dich für eine Königin. Ich wollte sein wie du! Ich wollte nur du sein! Nein! Nein!*
MUTTER. *Taxi! Taxi!* (Ödipus, 95/6)

Die Mutter identifiziert Ödipus mit Laios und Bernhardt mit seinem Vater. Sie bestätigt damit ungewollt, daß diese Achse nicht durch Rivalität und Haß, sondern Ähnlichkeit und Sehnsucht bestimmt sei. Die Mutter wittert eine Koalition gegen ihre Person, die das *Göttliche* (das Gesetz, die Religion, die hohen Werte, die

---

[1] Die Mutter hat Fichte tatsächlich in Järna besucht, vgl. Nanā, 103.

Anthroposophie) vertritt, – eine Koalition ‚teuflischer' Betrüger: Iokaste als ihr Opfer. Das Wort Laios löst den Kurzschluß von der mythologischen auf die reale Ebene aus: Bernhardt suche den realen Vater, um sich mit ihm gegen sie zu verbünden. Sie fühlt sich bedroht, voller Angst, die sie durch Verdächtigungen aggressiv umkehrt. Sie nimmt jedoch zurecht die gegen sie gerichtete feindliche Energie Bernhardts wahr.

Bernhardt, derart vor die Konsequenzen seiner Mytho-Phantasmen gestellt, reagiert durch Beschwörung der Kindheit, wie wir sie aus dem ‚Waisenhaus' kennen: die Liebe des schutzbedürftigen Kindes zur mater coelestis, zur stella maris, zur *Königin*, mit der er sich zu verschmelzen sucht. *Sein wie du, nur du sein* –: das ist die Identifikation des einsamen Kindes mit der Mutter, die als einziges ‚gutes Objekt' da ist. – Hier wird ein Ambivalenzkonflikt Bernhardts sichtbar: der Wunsch, sich von der Mutter zu lösen, indem er sich mit dem abwesenden Vater oder den Mann identifiziert, löst immer noch die Angst des Kleinkindes aus, das von der Mutter verlassen zu werden sich bedroht fühlt und deswegen zurück in die Verschmelzung mit ihr flüchtet. Die Aggression, die im Vorwurf des Mordes am Vater gipfelt, ist komplementär zur symbiotischen Liebe zur Königin Mutter.

Ist mithin die Homosexualität – als Suche nach dem Vater – nur ein Versuch, der narzißtischen Liebe zur Mutter zu entkommen? Homosexualität als Flucht aus der symbiotischen Verschmelzung, deren trostlose Konsequenz nicht zuletzt Huberta im Stück vorführt? – Hat Freud also doch recht?

Im Roman ‚Alte Welt' (II, 84) heißt es:
Die Vorliebe für Reisen, für Vergangenes: Ödipus.
Die Geburt, die erste Reise.
Die Reise, die Erfahrung des Körpers der Mutter dadurch, daß man ihn verliert.
Und dann folgt, wie in einer Abbreviatur, die lebenslange Odyssee durch die homosexuellen Szenen der Welt; und wieder:
König Ödipus.
Nie eine Möglichkeit der Erfüllung.
Schalen um Schalen.
Das wußte ich schon in Schweden.
Ich liebe nur meine Mutter.
Die einzige Annäherung an die Liebe und die Erfüllung
ist Irma.
Die Ärsche gaukeln nur.
Es ist deutlich, daß Fichte sich hier auf den ‚Ödipus auf Håknäss' bezieht. Beginnt mit diesem Stück die lebenslange Ent-Schichtungsarbeit, *Schalen um Schalen*, eine *Archäologie der Seele* (HuL II, 151) ohne Ende? Ist das Reisen, sind die überall gesuchten Begegnungen mit den schwarzen Körpern immer nur und wieder ex negativo die Erfahrung des verlorenen *Körpers der Mutter*? Ist die ‚Verhaftung' Fichtes, von der im Stück die Mutter spricht, eine ‚Verhaftung' im mythischen Bann der Antike, hinter welchem die Unentrinnbarkeit des mütterlichen Körpers steht und die erfüllungslose Suche nach dem Männlichen im schwulen Eros? Ist Homosexualität nur Gaukelspiel des Begehrens nach dem Eigenen, häretisches Verfehlen des einzig „Göttlichen", das die Mutter in sich hält? Wird Irma die Kompromißfigur sein

zwischen der Unentrinnbarkeit der Mutter und der *süchtigen Sehnsucht* nach dem Mann – jenseits der Magien und Phantasmen des Begehrens und der Schuld?

* * *

Von nun an beginnt das Stück sich zu überstürzen. Es folgen auf diese erste Begegnung mit der Mutter:
– der Versuch, mit Astrid, die die Rolle Iokaste spielt, zu schlafen;
– zwei Hölderlin-Rezitationen,
– der Monolog, der die Reflexion des Ödipus auf den Fluch enthält,
– die Abschiedsszene zwischen Helge und Bernhardt,
– die zweite Szene mit der Mutter, die kathartische Szene des Stücks überhaupt,
– die Beendigung der Ödipus-Inszenierung durch die Heimleitung,
– die Schlußszene zwischen Bernhardt und Huberta.

Das Stück tritt aus der müßigen in die reißende Zeit der Tragödie. Bernhardt wird von den Rollen, die er spielt, hingerissen und verliert die Regie. Alles stürzt ineinander, die Hölderlin-Texte treten ins Leben über, die Dialoge reißen die Vorstellungen in einen Wirbel, der Bernhardt mehrfach an den Rand einer psychotischen Dissoziation treibt, wenn seine Sprache nichts mehr ist als ein wildes Treiben von Sätzen, die ihn in alle Richtungen auseinanderreißen. Die Diskursordnung, die Bernhardt aufrechterhielt, gerät außer Kontrolle. Die Situationen entgleiten; Deutungsfragmente tauchen für Momente aus der Flut der Vorstellungen auf und versinken wieder; Affekte wechseln in Sekunden von Zärtlichkeit zu mörderischer Wut, von stolzer Selbstgewißheit zu gänzlicher Verlorenheit, von äußerster Willensanspannung zu letztem Hingabe-Wunsch. Es stürzen die Hüter der Besonnenheit und die schwachen Kräfte des Ich ein. Alles, jede Szene, jeder Akteur wird zum Bestandteil der zerreißenden Energien und Konflikte, die von Bernhardt nun ganz Besitz ergreifen, ihn *besessen* (Ödipus, 104/5) machen, so daß er, bei aller Mobilisierung seiner Kräfte, dennoch ganz und gar pathisch wird, unterworfen einem Prozeß der Dissoziation, eines σπαραγμός, einer tiefen Erschöpfung.

Die Spannkraft seines Willens zerreißt. Im selben Maße, wie er ein Selbst sich zu erobern sucht, entgleitet er sich. Im wilden Willen, gänzlich in die Identität des Ödipus überzuwechseln, indem er, als Ödipus, mit Astrid, als Iokaste, schläft, scheitert er durch Impotenz. Er scheitert daran aber als Bernhardt, der schwul ist und sich ekelt (Ödipus, 102). Im Versuch, Helge zu lieben, scheitert Bernhardt wiederum am Ekel Helges. Helge soll Bernhardt den Beweis liefern, daß homosexuelle Liebe ganz und nicht gespalten, ursprünglich und nicht reaktiv ist: homosexuelle Liebe soll Identität sein, Einheit, Eins. *Ich bin wie ich bin, seit meiner Geburt, wie ein Stein ein Stein ist!* (Ödipus, 103) Homosexualität ist Freiheit vom Ursprung her, nicht Effekt einer Hampelmann-Mechanik; sie lacht dem *Gott ins Gesicht*: schuldfrei, paradiesisch, selbst göttlich, magische Naturkraft: Nöck[1] und Einhorn, als welche sich beide begegnen (Ödipus, 92 u.ö.), vollendete Komplementarität: *ganz du mein einziger, ich ganz dein einziger Freund* (Ödipus, 92). Auch dies wäre eine Widerlegung Freuds. Doch

---

[1] Nöck spielten allerdings auch Hubert und Dora Mascha, was diese Textstelle noch in anderes Licht stellt, vgl. Nanā, 43.

scheitert Bernhardt daran, weil diese Idee des schuldlosen Schwulseins eine Illusion ist und dies ihm jetzt, durch den Widerhall seiner Versprecher, endgültig vorgeführt wird: genau wie Pelle begleitet er sein Werben um Helge mit Bitten um Entschuldigung. Im Unbewußten ist Homosexualität für Bernhardt so eng mit Qual und Schuld identifiziert, daß er als schwuler Ödipus die Sühne der Kastration phantasiert. Alle jene lebenslangen Ängste, daß Homosexuelle Progromen, dem KZ, stereotaktischen Operationen des Triebzentrums, Kastrationen und Verurteilungen ausgesetzt werden – alle diese Ängste spiegeln nicht allein die Ausgrenzungsstrategien der heterosexuellen Gesellschaft, sondern ebenso die verinnerlichte Schuldangst, die Bernhardt genau an jene Stelle führt, wo sein Begehren Ekel auslöst und Schuld, für die er um Verzeihung bittet –: bis er die kastrierende Blendung als König Ödipus, geschminkt mit blutenden Augen, an sich selbst symbolisch vollzieht (Ödipus, 104, 110/1).

Auf zwei Ebenen also wird Bernhardts Inszenierungswille demontiert: in der Identifikation mit Ödipus ein heterosexuelles Begehren zu erzwingen; und eine ursprüngliche Unmittelbarkeit des homosexuellen Verlangens zu erreichen. Und darin hat Freud wirklich recht, daß weder das hetero- noch das homosexuelle Begehren freiwählbare Optionen des Willens sind, sondern durch cluster von Vermittlungen erzeugt werden. Das Begehren hat seine Geschichte und ist nicht, wie es Bernhardt versucht, durch voluntaristische Akte in die subjektive Entscheidung des Individuums zu ziehen. Bernhardt kämpft zweifelsohne um die Authentizität seines Begehrens, doch diese ist nicht unmittelbar gegeben, sondern im Gegenteil erst im Durchlaufen aller Vermittlungen: von diesen wird er, nach dem doppelten Scheitern an Astrid und Helge, endgültig erfaßt.

* * *

Das Messer in der Hand (Ödipus, 104), mit welchem er sich in der Helge-Abschiedsszene zu kastrieren drohte, bricht Bernhardt nachts in das Hotelzimmer seiner Mutter ein, um sie zu verhören: muß er sich als Ödipus, gefangen in der Verschuldungslogik der Heterosexualität, blenden? Sich als Schwuler, gefangen in die Schuldqual des Begehrens, kastrieren? Oder als Orest bzw. Hamlet, den Vater rächend, die Mutter ermorden, dadurch nicht weniger der Schuld verfallend? Tatsächlich sind die Phantasmen von der Kette. Das Messer in der Hand ist das Zeichen einer dramaturgischen Ungewißheit: bewegt Bernhardt sich in den Bahnen der antiken Tragödie, in welcher die Bewegung der Sprache unausweichlich in die Bewegung der Körper umspringt und der Protagonist ein transsubjektives Gesetz „vollendet ... mit blutigen Händen" (S/H, 121, vgl. Ödipus, 100/1)? Oder wird das Tragödienschema des Ödipus transformiert in die Moderne? Steht mithin das Drama in der Nachfolge „Hamlets" und wird zur Tragödie des Bewußtseins derart, daß die blutigen Gemetzel dem Subjekts immanent sind, d.h. in diesem eine Schicht, die Schicht jener symbolischen Phantasmen bilden, in denen das Ich seine individuelle Signatur entziffert, es aber nicht mehr durch das blutige Urteil in der objektiven Ordnung der Welt positioniert wird.

Auf diesen Unterschied zwischen antiker Tragödie und modernem Drama ist Hölderlin in seinen „Anmerkungen zur Antigone" eingegangen. Hölderlin unterscheidet beides durch die Differenz von „tödlichfaktischem" und „tötendfaktischem" Wort. „Das griechischtragische Wort", führt er aus, „ist tödlichfaktisch, weil der Leib, den es ergreift, wirklich tötet." (S/H, 254) Diese Möglichkeit wird mit dem Messer in der Hand Bernhardts offengehalten: das Messer markiert, als dramatisches Zeichen, daß die Sprache, die zwischen den Akteuren getauscht wird, eine unmittelbar leibliche Energie haben könnte; das Wort wird gleichsam im Körper begriffen, indem der Körper vom Wort ergriffen wird und wirklich tötet: dies meint „tödlichfaktisch". Es ist das über Sich-Hinaus-Gerissensein, das Ekstatische der Sprache, die ihr πρᾶγμα nicht als Sprachakt, sondern, unmittelbar im Realen einschlagend, in der Körperhandlung findet. Hölderlin nennt das den Augenblick, wo in der tragischen Darstellung „der unmittelbare Gott, ganz Eines mit dem Menschen" (S/H, 254) wird, – eine Auffassung, die im Fichteschen Stück beinah wörtlich von Astrid zitiert wird: *Und Hölderlin und Ödipus? Die Erkenntnis, die Tragödie, die Hochzeit mit Gott im Untergang?* (Ödipus, 49) Gegen diese antik-tragische, besser: Hölderlinsche Auffassung, der darin seine dionysische Idee der Tragödie artikuliert, wendet sich Bernhardt. Er setzt gegen die vernichtende Einwohnung des Gottes im Ich das Umgekehrte: in der Ekstase des Körpers *selbst Gott* zu werden – das ist das Glück, nicht der Untergang (Ödipus, 49).

Diese Idee einer Ekstase des Leiblichen, die das Ich auf der vorreflexiven Stufe der Unschuld positioniert, wird in dem Maße, wie sich die Dynamik der Ödipus-Tragödie verselbständigt, zuschanden. Dramentheoretisch gesehen ist damit der Punkt erreicht, wo das unmittelbar sinnliche Bewußtsein vernichtet ist, das ödipale Fragen anhebt, aber doch ungewiß ist, ob die reflexive Distanzierung, die Hamlet gegen den Imperativ des blutigen Schuld-Rache-Mechanismus setzt – ohne ihn aufhalten zu können –, stark genug ist, die „tötlichfaktische" Figur in ihrer handlungsergreifenden Energie zu einer symbolischen Figur zu verwandeln. Denn dies genau, diese Verwandlung der pragmatischen Energie des Wortes zu einer symbolischen Figur, versucht Bernhardt durch drei Operationen. Zum ersten dadurch, daß er mit der Etablierung einer Diskursebene (Freud) eine Instanz der intellektuellen Handhabung der tragischen Energien schafft; zum anderen, indem er die kultische Tiefenschicht der Tragödie, worin ihre unmittelbar das Ich ‚besitzende' Kraft liegt, distanziert dadurch, daß er sich – wie Hamlet – der dramaturgischen Schichtung des „Stücks im Stück" bedient: so wird das „Tödlichfaktische" der Tragödie verwandelt zu einer Experimentierbühne der Reflexion. Und schließlich, indem er die Frage „Wes ich bin?" in die Frage „Was (= wer) ich bin?" verwandelt: damit verschiebt er den Schwerpunkt von der Nemesis, die das Ich unentrinnbar und vernichtend in der Genealogie des Schicksals positioniert, zu der modernen Frage nach den Mechanismen der Subjektkonstitution, die prinzipiell säkular, immanent und reflexiv aneigbar sind.

Behaupten wir also, daß Hölderlins Bestimmung der Tragödie in der „republikanischen" Moderne, deren Sprache nicht „tödlichfaktisch", sondern „tötendfaktisch" sei, mit den Verschiebungen, die Bernhardt am klassischen Ödipus vornimmt, abgedeckt ist. Hölderlin meint mit „tötendfaktisch", „daß das Wort aus begeistertem Munde schrecklich ist, und töte" (S/H, 255), jedoch nicht „im athletischen und plastischen Geiste" – den Körper zum blutigen Werk aufregend –, sondern gleichsam als sprachimmanentes Ereignis. Im „tötendfaktischen" Wort des ‚modernen' tragischen Vollzugs erhält das Subjekt seinen Ort in der symbolischen Ordnung der Sprache: es wird durch diese Sprache determiniert und terminiert (in doppeltem Sinn). Nicht aber wird, um es christlich zu umschreiben, das Wort Fleisch [Joh. 1, 14]; das hieße, daß das Wort, indem es sich in den Leibern verkörpert, im fließenden Blut das göttliche Gesetz offenbart.

Freilich brechen auf allen drei Ebenen die retardierenden und distanzierenden Maßnahmen zusammen. Die Freudsche Psychoanalyse verkehrt sich zu einer schicksalhaften Determination, die Bernhardt zum Hampelmann zu machen droht. Das „Stück im Sück" verselbständigt sich und springt auf die Realitätsebene, so daß die Trennung von Bühne und Reflexionsraum kollabiert, die Regie verloren geht und der Akteur des Ödipus zu Ödipus selbst wird – mit der drohenden Konsequenz, wie dieser von der reißenden Zeit der Tragödie einverleibt zu werden. Und die Verschiebung von der genealogischen Positionierung (wes ich bin?) zur Frage der Subjektkonstitution (was ich bin?) scheitert, indem der Wille zur ‚absoluten' Selbstsetzung des Ich zerbricht.

Das Zeichen dieser Krisis ist das Messer in der Hand Bernhardts. Offen ist, ob die Worte, die gesprochen werden, eine „tödlichfaktische" oder „tötendfaktische" Wendung nehmen. Kann die Szene als symbolische Reflexionsbühne – wie bei Hamlet – aufrechterhalten werden, oder wird eine „gänzliche Umkehr ... ohne allen Halt, den Menschen, als erkennenden Wesen unerlaubt" (S/H, 256), eintreten? Verwandelt sich die Bühne zum Schauplatz eines übermächtigen kultischen Vollzugs?

Daß diese Grenze erreicht ist, drückt sich auch darin aus, daß Bernhardts Sprache immer öfter übertritt in ein wirres Delirieren am Rand der Psychose. Wenn in der Ödipus-Tragödie die Krisis das Erscheinen eines objektiven göttlichen Fatums auslöst, so wird hier die Krisis zum Erscheinen des Wahns, in welchem sich die Vorstellungen vom Vorstellenden losgerissen haben und, umgekehrt, im delirierenden Sprechen vom Sprecher Besitz ergreifen. Wenn Huberta zu Beginn sagt: *Was? Eine griechische Tragödie mit deutschen Anthroposophen in einem schwedischen Heim vor minderjährigen Deppen? Du bist genauso verrückt wie deine Pfleglinge, Bernhardt!* (Ödipus, 9) –, so steht Bernhardt, schließlich selbst in der Aussicht, zum *Deppen*, zum Gefangenen eines Wahns zu werden. Denn dies, neben der Reflexion, wäre in der Moderne die zweite Alternative zum Blut der Tragödie: ein pathologischer Fall zu sein.

* * *

Bernhardt konfrontiert seine Mutter mit der ganzen Verzweiflung des schwulen Sohnes, aus dem die Frühgeschichte seiner Liebe hervorbricht: *O Mutter, nur du, du! Helges Schenkel, nur du! ... Ich habe von dir geträumt. Ich sog an deinen Brüsten und besamte deinen Schoß.* (Ödipus, 106/7)

Es ist zu erinnern, daß diese Passage im ‚Versuch über die Pubertät' im Kontext des Nanā-Mythos wiederkehren wird (Pubertät, 53/4). Tatsächlich liegt hier die Wurzel des Nanā-Komplexes. Diesem liegt die Ödipus-Tragödie und der ‚Ödipus auf Håknäss' zugrunde. Es ist die Begegnung mit der Mutter auf einer archaischen Ebene – eine Begegnung mit der Gebärerin (Ödipus, 105/6), psychoanalytisch gesehen, die

Begegnung mit dem Primärobjekt: hier sucht Bernhardt das Rätsel seiner Existenz. *Was haben wir*, so fleht er sie an, *mieinander gemacht, daß ich bin, was ich bin?* (Ödipus, 106). Bernhardt taucht ein in die duale symbiotische Welt vor der Differenzierung der Objekte. So wie er selbst in dieser Liebe *nur du sein* wollte (Ödipus, 96), so tragen auch alle Objekte die Signatur der Mutter: *Helges Schenkel, nur du! Nimm mich in deine Arme! ... (Er legt den Kopf in ihren Schoß)* (Ödipus, 106/7). Bernhardt situiert sich hier, in einer reaktiven Regression, auf der Stufe der All-Einheit mit der magna mater. Die All-Mutter hat alles besetzt, auch die Schenkel Helges, auch also den schwulen Eros, der, wie es jetzt scheint, untilgbar die Spur der primären Liebe zur Mutter trägt. – Bernhardt hat den Freudschen Ödipus-Komplex unterlaufen und sich um so heftiger in den Fängen der Freudschen Theorie der Homosexualität als Inversion gefangen. *Freud hat recht*, sagt er (Ödipus, 106). Die Mutter ist alles. Ist sie aber wirklich alles, so kann sie nicht nur *Königin* und stella maris, sondern dann muß sie auch die archaische böse Macht sein. So springt denn auch, ausgelöst durch die Erwähnung des Vaters, die Affektrichtung mitten in der Szene ins Gegenteil um: von der primären Liebe in primären Haß. Der narzißtische Ödipus verwandelt sich zu Orest, die Mutter zu Klytämnestra, bzw. Ödipus wird zu Hamlet, der den ermordeten Vater an der Mutter rächen soll.

Die Nennung des Vaters zerreißt, lehrbuchartig, die duale Situation: der Sohn, den Kopf im Schoß der Mutter, *springt auf* – die Situation ist trianguliert durch den abwesenden Dritten. *Vater? Wer spricht von Vater? ... Ich habe meinen Vater nicht umgebracht! ... Was hast du mit meinem Vater gemacht?* (Ödipus, 107) – In einem wahrlich ver-rückten Ausbruch der Sprache schleudert Bernhardt, der seine unbewußten Phantasmen nun vollends erbricht, eine neue Tragödie auf die Bühne.

Diese, in ernüchterter Sprache, sieht so aus: die Mutter sieht sich als geschändetes Opfer des Vaters, der nach Schweden floh und sie mit dem unehelichen Sohn sitzen ließ.[1] Die Mutter: *Ich habe ihn ausgerottet in mir!* (Ödipus, 108). Sie benutzt die Sprache der Nazis dafür, daß sie alle Besetzungen von ihrem Geliebten abzog und ihn innerseelisch tötete: nämlich das Bild von ihm auslöschte (dies ist der erste Mord in effigie im Werk Fichtes). Bernhardt antwortet: *Du hast ihn ausgerottet in mir!* (ebd.) Er bringt damit auf den Punkt, daß die Mutter ihm das Bild des Vaters vorenthalten habe – was in ‚Waisenhaus‘ und ‚Grünspan‘ tatsächlich eine Rolle spielt, wenn die Mutter Detlev das Foto des Vaters vorenthält. Statt dessen fühlt Bernhardt sich von der Mutter instrumentalisiert als Medium ihrer Rache- und Haßimpulse gegen den Vater: er fühlt sich von der Mutter in die Rolle des Ödipus gedrängt, Mörder des Vaters zu sein.

Damit macht Bernhardt eine umwälzende Entdeckung. Die symbiotische Liebe zur Mutter ist nicht **seine** Liebe, sondern sie ist das Begehren der Mutter, das er nur spiegelt: ihn ganz und gar an sich zu binden, ihn in die Identifikation mit ihr zu zwingen (*nur du sein*), ihn in eine Koalition gegen den ‚bösen‘ Vater zu ziehen und

---

[1] Das politische Motiv spielt auf dieser Ebene keine Rolle, wie auch im ‚Grünspan‘ nicht (Grünspan, 135).

ihn zugleich als Er-Zeugnis einer Schändung, das immer die Zeichen des schändlichen Vaters trägt, stellvertretend für diesen zu hassen.

Es geht nicht darum, darüber zu spekulieren, ob der Sohn auf die Mutter eigene Ambivalenzkonflikte projiziert. Wichtig ist, daß Bernhardt sich in ein Spiel eingesetzt empfindet, das nicht seines ist, ein Spiel, das die Mutter, in der Rolle der rächenden Unschuld, mit ihm und dem abwesenden Vater aufführt. Dieses Drama folgt nicht den Regeln des Ödipus, sondern einer alles regierenden, rächenden Mutter-Gottheit. Trägt Bernhardt in diesem Spiel den Namen Ödipus, so ist dessen Rolle eine ganz andere als die in der Tragödie: *Ödipus will seinen Vater nicht töten, er sucht ihn! Ich suche meinen Vater! Was hast du mit meinem Vater gemacht? Wo ist mein Vater? Helge weigert sich. Ich werde ihn nie wiederfinden. Wo ist mein Vater, Mutti?* – Die Mutter verweigert sich jeder Antwort: *Nein, und wenn du mich tötest, ich spreche dir nicht von ihm.* (Ödipus, 108) Bernhardt ist wieder an den Punkt seiner Sehnsucht nach dem Vater zurückgekehrt, zum Begehren des eigenen Geschlechts, das im schwulen Laios eine imaginäre Antwort findet. Wieder sucht er nach dem abwesenden Objekt, das ihn der allesbeherrschenden Liebe der Mutter entziehen könnte. Der schwule Vater – in dessen Symbolordnung zehn Jahre zuvor Pozzi eingetreten war – ist der Gegensignifikant zum Bild der liebenden und hassenden, in beidem absolut in Anspruch nehmenden Mutter. In diesem neu entworfenen Drama ist die Liebe zur Mutter nicht das Verlangen des Kindes, sondern das Verlangen der Mutter, die den Sohn in seinem Wunsch, selbständig zu werden, ersticken, fesseln, verschlingen will: Nanā.

Bernhardts Versuch, sich aus der Bestimmung durch die Mutter zu lösen, ist sein homosexuelles Begehren, das die Mutter verurteilt und beschämt. Eben diese Ver-Schuldung und Beschämung der Homosexualität ist die Strafe der Mutter dafür, aus ihrer Sphäre zu fliehen. Homosexualität zieht die rächende Eifersucht der Mutter auf sich. Homosexualität ist Verrat an der introjizierten Liebe der Mutter und zur Mutter. Homosexualität ist Desertation zum Feind, zum Vater, zu Pozzi, zu Testanière usw.

Der Phantasie freilich, daß es der reale Vater in Stockholm ist, begegnet die Mutter desillusionierend: *Ein verbrauchter, fünfzigjähriger Mann, mit schütteren Haaren, der dich nicht einmal erkennen würde?* An dieser Stelle wirft Bernhardt *das Messer fort und geht langsam zur Tür* (Ödipus, 108). Er wird also nicht Orest und nicht Ödipus sein, nicht Rächer des Vaters an der Mutter, kein sich blendender, kastrierender Ödipus, der die Schuld eines heterosexuellen Gesetzes büßt.

Dies ist die Peripetie des Stückes, welche die Katharsis auslöst. Nicht im Zuschauer, sondern in Bernhardt selbst, der Regisseur, Akteur und Zuschauer in einem ist. Ödipus ist zu Ende. Daß Bernhardt im nächsten Auftritt als blutig geschminkter Ödipus erscheint, bedeutet nicht, daß er von der mythischen Identifikation eingeholt würde, sondern im Gegenteil, daß sie ‚Schminke' ist, ein Prozeß, der, wenn seine Aufführung jetzt verboten wird, von diesem Verbot nicht mehr betroffen ist: das Stück ist schon zu Ende. Es hat ausgedient. Es war eine Mystifikation, in der sich ein anderes Drama verbarg. Kein Blut, nur symbolische Wunden, erlitten auf dem Kriegsschauplatz der Seele. Wunden, die das Ich gleichwohl formieren und, in seiner Zerrissenheit, gebildet haben. In der Schlußszene steht Bernhardt resigniert, zynisch, auch verzweifelt und wie Hamlet vergrübelt vor den Trümmern der zerstörten Mystifikationen und Tragödien seiner Kindheit, in denen er seinen Sehnsüchten und Schmerzen, seiner Rache und Liebe einen so gewaltigen Hallraum schuf. *Warum*, so fragt er, *muß ich alle alten Fabeln ausstehen?* (Ödipus, 114) Warum, könnte er auch fragen, muß ich erkennen? Darauf gibt es keine Antwort. Aber wenn Erkenntnis, dann ist sie bei Detlev, Bernhardt, Jäcki, Fichte eine Erkenntnis der experimentellen Imitation und Identifikation im Medium des Anderen und Fremden, aus dem die *Archäologie der Seele* (HuL II, 151), die *Buchstaben der Psyche* sich langsam herausschälen: der eigene Text.

Die Königin meiner Kindheit: eine fünfundvierzigjährige Antroposophin. ... Mein Vater ist ein Endfünfziger mit schütteren Haaren, der mich nicht erkennen würde. Ernüchterung. Desillusion. *Helge ekelt sich vor mir. Ich ekle mich vor Astrid, Mutti und ich ekeln uns gegenseitig an.* (Ödipus, 114) Verworfene Konjunktive: *Ich könnte mich freiwillig kastrieren.* Eine Gewißheit: *Denn es schwillt an, unaufhörlich. Das ist eine Art Wahrheit. Der Sex.* Viel *Irrgänge, Hindernisse, Rückfälle, Transvestitur, Unfruchtbarkeit.* Viele Versuche, Suchen, die Fichte, reisend, noch durchschreiben muß. *Und ich, zerstückt, mehr und mehr, zerschnittene Fußsehnen, mehr und mehr geblendet, Hölderlins Ödipus!* (Ödipus, 114): Identifikation mit verstümmelten Anderen seiner selbst, die er ist und nicht mehr ist. Das Ende des Theaters. Ein neuer Anfang: die Erzählungen und Romane, die in den säkularisierten Buchstaben der Prosa und nicht mehr in den magischen Ritualen des Theaters noch einmal die Rituale der Kindheit und Jugend entziffern werden. Eine andere Lebensform. Der ‚Ödipus auf Håknäss' ist geschrieben. Jäcki sitzt in Irmas Zimmer. Er zerschneidet und collagiert. Hotel Garni – Beginn der Geschichte der Empfindlichkeit. Collagen für das Stück aus Schweden. Eine Frau läßt zu, nimmt an: Irma. Nicht Klytämnestra, Hamlets Mutter, Iokaste. Eher eine Figur, welche die Sehnsucht nach Verständnis erfüllt, die an der Mutter Helges bereits aufschien. Mit Irma – anders als mit Astrid/Iokaste – wird Jäcki auch schlafen können. Neben ihr wird er, ohne das *Entschuldigung! Verzeihung!* Pelles, schuldlos und schamlos, den schwulen Eros durchreisen, *in jeder Stellung gelegen. Jedes Geschlecht gefühlt und jedes imitiert.* (Grünspan, 225) In dem neuen Dreieck, das sich mit dem Ende des ‚Ödipus auf Håknäss' etabliert, mit Jäcki – Irma – dem schwulen Geliebten wird eine ebenso stabile wie dynamische und produktive Lebensform gewonnen, jenseits des von mythischen Schuldverschreibungen beherrschten Dreiecks: Detlev/Bernhardt – die archaische Mutter – der schwule, ersehnte Vater.

VII. TRAGISCHE IDENTIFIKATIONEN

1. Szenisches Erinnern

Mit dem ‚Ödipus auf Håknäss' hat Fichte die Mechanismen der Identifikation und Imitation entdeckt, welche die autobiographischen Konstruktionen bis zum Roman ‚Versuch über die Pubertät' tragen. Aus den tragischen Mustern der antiken Tragödie gehen die literarischen *Schematisierungen* (HuL I, 62) der Mnemosyne hervor, mit denen er die Erinnerungsarbeit an der eigenen Lebensgeschichte leistet. Fichte benutzt das Theater wie einen Trance-Ritus: die Rollen der antiken Tragödien funktionieren als Ekstasen des Ichs (Bernhardts oder Detlevs), als Hinausrückungen in einen transpersonalen Zusammenhang, in welchem die Doubles Fichtes ihre Positionierung in einer unbekannten Familiengeschichte suchen.

Das Theater wird so zum Ort der *Selbstzergliederung* (Ödipus, 33), oder, wie es in ‚Versuch über die Pubertät' heißt, des *Experiments an mir selbst* (Pubertät, 52). Dieses szenische Experimentieren hat jedoch nicht den Sinn eines sich in die Zukunft entwerfenden Selbst-Konzeptes, sondern der ‚historischen' Suche nach Schichten der Vergangenheit. Das szenische Erinnern ist Fichtes „Suche nach der verlorenen Zeit". Die Bühne als Gedächtnisraum ist dabei niemals das Erinnern an wirklich Geschehenes, sondern sie ist die ästhetische Form einer Erinnerung an etwas, was so hätte gewesen sein können, oder: es ist ein Erinnern an etwas, was niemals war, aber in seiner fiktionalen Evidenz den Sinn dessen erfaßt, was im Geschehen verborgen war, jedoch nicht zum Ausdruck kommen durfte, also unbewußt oder zensiert blieb. In gewisser Hinsicht funktioniert das Theater also wie eine Deckerinnerung oder wie ein Traum. Bei einer Deckerinnerung erinnert sich das Ich an eine Szene, die insgesamt das Zeichen für eine andere, dahinterstehende Szene ist, die nicht erinnert werden kann oder darf, weil sie etwa mit unerträglichen Traumatisierungen oder Schuldgefühlen verbunden ist. Oder ein Traum verwandelt einen tabuierten Konflikt in eine fiktionale Szene, die dem Träumer seine eigene Geschichte im Medium des Anderen erzählt.

Szenisches Erinnern ist also immer fiktionales Erinnern, auch wenn es sich originaler Elemente des gelebten Lebens bedienen mag. Darin drückt sich aus, daß die Wahrheit des Vergangenen nicht in der vollständigen Rekonstruktion des Faktischen aufgehen muß. Denn das Faktische selbst, dasjenige also, was zu einem Dokument sich sedimentiert hat, stellt immer nur ein Teil der vollen Wirklichkeit des Vergangenen dar.[1] – Das gilt nicht nur für die Lebensgeschichte, aber hier besonders. Gerade auf

---

[1] Daraus entstehen methodische Irritationen, die schon jetzt in der Fichte-Forschung zu erkennen sind – als Gegensatz derer, die Texte ‚biographisch' lesen, zu denen, die das als ‚Biographismus' ablehnen und auf der Fiktionalität der Werke bestehen. Beides ist nicht richtig. Wenn etwa im Ödipus-Stück selbst so

der Ebene der Fiktionen können die symbolischen Codes verborgen liegen, die Aufschluß geben über die historische Energie eines Lebens, Aufschluß geben also nicht über die Wahrheit der Fakten, sondern die Wahrheit des ihnen inhärenten Sinns: dann wird das Arrangement des Faktischen gelesen als eine Szene, in der sich die phantasmatischen Energien der Lebensgeschichte darstellen.

So auch ist das Ödipus-Projekt zu verstehen. Es ist ein Theater der Erinnerung, Erinnerung jedoch nicht an die ‚wirkliche' Geschichte Fichtes, sondern an deren phantastische Dimension. Es geht um Geschichtsschreibung in der Form retrograder Fiktion, die Aufschluß gibt nicht über ‚reale' Impulse, Motive, Handlungen, sondern über deren imaginären Sinn. Im Stück ‚Ödipus auf Håknäss' werden diese Ebenen bereits von Huberta, von Bernhardts Mutter und einmal sogar von Bernhardt selbst verwechselt, wenn sie den szenischen Effekt der Ödipus-Aufführung dahingehend mißverstehen, Bernhardt wolle seinen realen Vater aufsuchen; während es doch darauf ankommt, die Ödipus-Inszenierung als ein Medium zu entwickeln, durch das hindurch eine ‚vergessene' Struktur entdeckt werden kann: die Suche nach dem Vater. In dieser Vater-Imago den in Stockholm lebenden Vater zu identifizieren, ist eine naheliegende, aber kurzschlüssige Versuchung. Für Fichte ist die Suche nach dem Vater eine Figur des homosexuellen Verlangens während der Kindheit und Pubertät. Sie wird entdeckt als Tiefenschicht des Ödipus-Dramas: in der Beziehung zwischen Ödipus und Laios. Diese hat mit der real möglichen Beziehung zwischen Fichte und dem – in Stockholm lebenden – Endfünfziger nichts zu tun.

Die Ödipus-Tragödie ist das imaginative Suchfeld auf zwei Konfliktachsen der Biographie: der Homosexualität und der Mutterbeziehung. Diese Achsen werden zum ersten Mal im ‚Ödipus auf Håknäss' entwickelt und im Prosawerk Fichtes immer wieder aufgenommen. Dabei gibt das Ödipus-Stück die Richtungen der epischen Suchbewegungen insofern vor, als hinter dem Hölderlinschen Ödipus bereits die „Orestie" und „Hamlet" erscheinen. Der Orestie-Stoff wird zur Aufschlüsselung der Identifikationen Detlevs wichtig (bezogen vor allem auf Goethes „Iphigenie auf Tauris" und Sartres „Die Fliegen"). Die Figur des Hamlets ist ein später Nachfolger Orests und zugleich *der Neffe des Ödipus* (Pubertät, 87): eine Überschneidung, die bereits im ‚Ödipus auf Håknäss' vorgenommen wird. Die Tragödie „Hamlet" jedoch ist, wie auch der Hölderlinsche „Ödipus, Tyrann", auch aus formalen Gründen von Bedeutung. Aus dem „Ödipus" abstrahiert Fichte den leidenschaftlichen Willen zum Wissen sowie die beiden Figuren der tragischen Zeit – die müßige und die reißende –, woran die Differenz von Alltagsbewußtsein und einer alle Verhältnisse umkehrenden Hingerissenheit, der Trance also, aufgeht. Aus dem „Hamlet" entnimmt Fichte zwei Prinzipien: zum einen die immanente Schichtung (Spiel im Spiel), bei der sich bereits

---

geringfügige Details dem Leben entnommen sind, wie z.B., daß Bernhardt in Schweden Orgel-Unterricht nimmt (auch dies noch eine Imitation Jahnns!) oder er früher in einem Stück von Tagore (= Rabindranath Tagore: Das Postamt, vgl. Grünspan, 151ff) mitgespielt habe, – so beweist dies, wie extensiv Fichte den Stoff des Lebens ins Werk übernimmt. Große Teile einer Biographie, sollte sie geschrieben werden, müssen in dieser Weise aus dem Werk erschlossen werden. Doch liegt darin auch eine methodische Falle, weil gleichwohl Werk und Leben nicht verwechselt werden dürfen und immer das ästhetische Kalkül, die retrospektiven Umdeutungen, die Funktionen und Formen der späteren „Seelenarbeit" an der Lebensgeschichte berücksichtigt werden müssen.

Grundzüge der Montage abzeichnen; zum anderen die Technik der Maskierung, die Hamlet sofort nach der Erscheinung seines Vaters wählt, um Möglichkeiten der Distanz und der Reflexion zu gewinnen. Diese Form, sich zu maskieren, wird für Fichtes Erzählen charakteristisch: in dem, als der er sich darstellt (Bernhardt, Detlev, Jäcki), ist Fichte immer zugleich er selbst und nicht er selbst; und dasselbe gilt für nahezu alle dargestellten Figuren. Darin folgt Fichte der Strategie Hamlets, der nicht nur sich selbst, sondern seine gesamte Mitwelt in Elemente einer szenischen Fiktion verwandelt, die von der Erscheinung des *lebenden Leichnams*, des Geistes des Vaters ihren Ausgang nimmt – ganz ähnlich wie im ‚Versuch über die Pubertät' bei der Erscheinung des *lebenden Leichnams* Pozzi. Inszenierung und Maskierung dienen bei Hamlet wie bei Fichte nicht etwa dem Verbergen und Entstellen, sondern dem Aufdecken und Enthüllen.

2. Lob des Arsches und Gier nach Wegwurf

In der litaneihaften Apostrophie des Arsches, *der ist wie ein Auge, das wie die Welt ist, die wie ein Arsch ist* (Pubertät, 84), – man mag darin die homosexuelle Kontrafaktur des ubiquitären Auges Gottes sehen –, in dieser Anrufung des „dritten Auges" findet sich der Satz: *Das Zyklopenauge, das sich Ödipus doppelt ausstößt.* Auch hier hat Fichte das Ödipus-Stück zu einem Homosexuellen-Drama umgewandelt. In Ödipus spiegelt sich der Schwule mit seinem verpönten Verlangen und seiner verinnerlichten Schuld. Die Vermischung von Ödipus-Sage und der homerischen Erzählung von Odysseus, dem Heterohelden, der dem Zyklopen Polyphem[1] das Auge aussticht, demonstriert, daß der Ort des Verlangens, der Anus, barbarisch ist – schuldbesetzter Gegensatz und Rückseite der herrschenden Kultur.[2] Die lyrische Anrufung des Arsches, *den ich fühlen kann, sehen, riechen, schmecken, hören, den sinnlichsten von allen!* (Pubertät, 84), diese Apostrophe markiert gerade das Gegenteil: daß nämlich das homosexuelle Verlangen in der tradierten Literatursprache keinen Ausdruck hat[3]. Der endlosen poetischen Anrufung des weiblichen Körpers korrespondiert die Unsäglichkeit des schwulen Körpers und insbesondere des Analen. Nicht ohne Hinter-Sinn plaziert Fichte die heiligende Anrufung des Arsches unmittelbar vor die Szene seiner Konfirmation: das kirchliche Ritual und Familienfest, worin eine Mannbarkeits-Initiation begangen wird, die im Namen der Heiligen Familie den Adoleszenten in die symbolische

---

[1] Im Kleinen Hauptbahnhof, 210 heißt es: ... *und aus den Locken der Unterwelt blinzelte ihm das rosa Auge des Polyphem zu.*

[2] Das hat Detlev (von der Mutter) gelernt und verinnerlicht: – *An das Arschloch mag ich nicht hinfassen. Das ist Scheiße. Das ist eklig.* (Grünspan, 59) Daran wird deutlich, wie sehr der Ekel in unserer Kultur als ein ‚leiblicher Wächter' von Normen, hier: der Heterosexualität fungiert – und um wie viel schwieriger deswegen eine homosexuelle Sozialisation ist, in der die verinnerlichten Schwellen des Ekels abgebaut werden müssen, damit das Begehren sich entfalten kann. Für das komplexe Phänomen ‚Ekel' in homosexuellen Biographien ist das Werk Fichtes aufschlußreich. Auch hier gibt es erst Ansätze bei T. Vollhaber a.a.O. S. 205–230.

[3] Nicht nur, weil das homosexuelle Begehren einer massiveren Zensur als das heterosexuelle unterworfen ist, sondern vielleicht auch, weil gilt: *Nichts ist verwundbarer als ein Männerarsch.* (Garni, 15)

Ordnung der sakrosankten Heterosexualität einführen soll. Statt Lob des Arsches also: *Harmonium, Korinther. Könige. Psalter und Harfe wacht auf.* (Pubertät, 85) Und dann *Schmorbraten, Kartoffelklöße, Liebfrauenmilch, Eierlikör.* Wenn der kirchlichen und familialen Liturgie die schmutzige Litanei des Anus vorangestellt wird, so artikuliert Fichte damit den Nicht-Ort des 14jährigen schwulen Konfirmanden im Familienkreis: ... *und ich weiß, daß ich von Großmutter und Großvater, Tante Hildegard, Tante Wilhelmine und Onkel Adolf und Onkel Emil, Tante Anna, Tante Ilse, Tante Treudel ausgeschlossen bin. Mit mir geht der Familienname zugrunde. Ich werde keine Kinder haben. Wenn sie wüßten, wer ich bin, würden sie mich mit einem etwas überlangen Schweigen aus ihren Gesprächen aussparen. Sie würden mich ins Moor werfen und kurze Stöcke über mich breiten.* (Pubertät, 86)

Der schwule Ödipus, kinderlos, ohne Zukunft, ausgeschert aus der Kette der Generationen, die verhakt wird vom Code der Familie, den er verweigert: Ödipus phantasiert seine Hinrichtung im Moor, im Schlamm, im Kot, wo er, der Liebhaber des Arsches, hingehört. Die Einsamkeit des schwulen Jugendlichen, den die Familie umsteht und umstellt. Christliche Feier, die ihn konfirmiert, während er an Hinrichtung denkt und an Hamlet und Ödipus, den Onkel Hamlets hundert Generationen zuvor (Pubertät, 87). Aus dem Shakespeareschen Stück springt ein Vers heraus: – *Und giert nach Wegwurf!* (Pubertät, 87 = Hamlet, Akt 1, Szene V, Vers 57: „and prey on garbage!").[1] Ein Satz des Geists von Hamlets Vater über die gierige Geilheit der Mutter, die den Ehemann um willen ihres Liebhabers und Schwagers umbringen läßt. *Hamlet findet es heraus.* (Pubertät, 87) – Detlev, Bernhardt, Jäcki finden es heraus: unter dem Schein harmonischer Familien herrscht die Gier nach Wegwurf, Mord, Betrug, Lüge, Blut, Geilheit. Damit identifiziert sich der gefeierte Konfirmand und heimliche Schwule. Wie früher dem Matrosen Paul, stellt er nun dem Onkel Willi nach, denn: *Ich giere weiter nach Wegwurf und entwickle die Gegenwehr des Homosexuellen zwischen allen Torten und Tanten der Welt.* (Pubertät, 87)

Eine seltsame Szene: während die reale Mutter in dieser Szene nicht ein einziges Mal erwähnt wird, sie aber als Hamlets Mutter es ist, die nach Wegwurf giert und die Mordserie der Hamlet-Tragödie auslöst[2], identifiziert sich jetzt der schwule Sohn mit der Gier nach Wegwurf, als sei dies die Formel der Verachtung, der Schuld und des Schmutzes des homosexuellen Verlangens, das er inmitten des faulen Zaubers der Familie kontraphobisch einsetzt als *Gegenwehr*, als Identifikation mit der Negativ-Identität des Homosexuellen. Nun also auch noch ein schwuler Hamlet, der, nach der

---

[1] Vgl. Garni, 170: -*Orgien finde ich gut./ Hamlet sagt von seiner Mutter: / Und giert nach Wegwurf."*– Fichte hat das Zitat falsch in Erinnerung; nicht der Sohn, sondern der Geist des Vaters sagt den Satz. Das Shakespeare-Zitat fällt Jäcki auch anläßlich des Strichers Siegfried ein: *Der arische Typ, dachte Jäcki./ – Und Wegwurf./ – Schlegelübersetzung./ Sarottimohr und Hamlets Vater.* (Kleiner Hauptbahnhof, 86) Schlegel/ Tieck übersetzen übrigens: „Und heischt nach Wegwurf."

[2] Daß es die Mutter ist, die nach Wegwurf gieren könnte, ‚wagt' der Autor 1974 noch nicht zu schreiben: erst in der ‚Geschichte der Nana' wird die Formel auf die Mutter angewendet, doppelt: daß sie mit ihrem anthroposophischen Bedürfnis nach Reinheit, mit ihren *gepflegten Händen*, ihrer Empörung über Sexualität die eigene Gier nur larviert; und daß sie ihn, den Sohn, vielleicht doch, entgegen allen Dementis, hatte ‚wegwerfen', nämlich abtreiben wollen: der Sohn als garbage, mit dem gleichwohl sie ein inzestuös-symbiotisches Begehren verbindet – die dichte Umklammerung der Haßliebe.

Hymne auf den Arsch, am Ende, wie in einem nekrophilen Ritual, die Knochen des toten Matrosen Paul in den Mund nimmt (Pubertät, 88) – schwarze Messen, welche die heiligen Handlungen des christlichen Begängnisses kontrapunktieren, After-Seiten der *Protestantenstille, Einfalt und Schlichtheit* (Pubertät, 85), die das mörderische Moor und die Gier nach Wegwurf im Untergrund der Heiligen Familie zudecken.

3. Rituale und Litaneien des magischen Grundes

Ödipus ist Aussatz – so wie Pozzi Pest ist. Der Waise und Findling. Das unglückbringende Kind. Das göttliche Kind. Das verlassene und das abgetriebene Kind.[1] Der Fichtesche Ödipus ist all das auch. Vom ‚Waisenhaus' her wissen wir, daß Detlev seine Einlieferung ins Waisenhaus als symbolische Abtreibung verstand. Die Sehnsucht nach dem abwesenden Vater, dessen Phallus noch den Kirchturm des richtenden Christengottes übertrifft (Waisenhaus, 125/172), nimmt von hier ihren Ausgang: Bernhardt identifiziert sich mit einem Ödipus, der, selbst schwul, seinen schwulen Vater Laios sucht, den die Mutter ermordet hat. Pozzi, das Double des Vaters, will Hubert adoptieren. *Ich hätte einen Vater gehabt. Ich hätte studieren können.* (Pubertät, 59/60) *Ich hätte einen Vater gehabt. Einen inzestuösen.* (Pubertät, 61) Diese Möglichkeit einer Vater-Sohn-Liebe lehnt das Ich im Roman ab.[2] Die homosexuelle Beziehung zwischen Laios und Ödipus ist imaginär und verweigert sich der Verwirklichung durch die Liebe Pozzis zum 15jährigen. Die schwule Sehnsucht nach dem Vater kehrt im ‚Versuch über die Pubertät' mitten in den Szenen der potentiellen Adoption durch Pozzi wieder: als Anrufung des mythischen Bildes des Vaters. Fichte collagiert Riten, magische Kulte, archaische Imagines verschiedener Kulturen zu einer Apotheose des Vaters. Er pointiert damit, daß dieser Vater nicht der Realitätsschicht zuzählt, sondern den magischen Schichten der pubertären Vorstellungswelt. Die Apotheose des Vaters beschwört ein mythisches Vaterbild ubique et nunquam, ein Bild außerhalb der historischen Zeit, in der das Begehren des Jugendlichen sich real mit einem Mann, der zum Vater sich anbietet, verbinden könnte. Das angerufene Bild des Vaters ist eher als ein Totem oder wie ein Fetisch[3] zu verstehen; sicher ist es ein paganes Gegenbild zum christlichen Richter-Gott; es ist die totenkultische Beschwörung eines Urvaters aus der Zeit der Sammler und Jäger:
– *Mein Vater, der du am Strand vorübergalopierst. Dein gekraustes Haar funkelt rot.*

---

[1]Vgl. dazu Karl Kerényi: Das göttliche Kind. In: C.G.Jung/ K. Kerényi (Hg.): Einführung in das Wesen der Mythologie. 3.Aufl. Hildesheim 1984, S. 39–104. – Es ist nicht unwichtig, daß Bernhardt sich, wie lebenslang auch Fichte, als Halbwaise versteht (Ödipus, 16/7), obwohl er wissen mußte, daß dies nicht stimmt. Das gehört zur ‚Legendenbildung' und schließt sich an den Mythos des göttlichen Kindes an, das regelhaft Waise, Findling, Ausgesetzter (Moses) ist. Natürlich wußte Fichte davon – und es mag ihm, in seiner Lust auf Selbststilisierung, genehm gewesen sein, neben seinen vielen Masken auch die Attitüde des ‚besonderen' Kindes aufzunehmen, dessen nicht-regelhafte familiale Umstände gerade die Auszeichnung einer ‚Erwählung' enthalten.
[2]Wobei ziemlich ungeklärt ist, ob diese ‚inzestuösen' Anträge Pozzis auf das reale Verhältnis Jahnns zu Fichte zurückgehen oder nicht eine Stilisierung ex post sind.
[3]Zum Begriff des Fetischs vgl. J.-B. Pontalis a.a.O.

Im Pardelfell ist dein Oymel versteckt; am Leder vorbei springen die Schamhaare hervor.
Mein Vater, du triebst im kirgisischen Pelz auf Eisschollen aus den sonnenlosen Tagen in den Frühling, mit eingeaschten Fellen, getrockneten Pilzen.
Mein Vater, du bist schwarz und die Salbe aus Indigo bedeckt das Loch am Scheitel, wo dir die Ärzte aus dem Atlas mit wochenlangem Schaben den Schädel öffneten.[1] *Mein Vater, du bist schwarz, du bandst selbst das Floß, du häuftest darauf das Salz und kalkuliertest die Ströme im Meer, die dich hochtrieben zum Polarkreis und herunter an den Äquator und tiefer zu der schwer auffindbaren Insel, wo du auf einer fünf Meter hohen Flutwelle eintrafst.*
Die Flut riß alle Steinkolosse von dir um.[2]
Du fandst die Gräber voller Kniescheiben, die Gräber voller linker Hände und Berge unleserlicher Gesetze auf Ebenholz.
Komm!
Vater! (Pubertät, 60)

In der Archäologie des schwulen Begehrens übersteigt Fichte hier noch die mythische Schicht, die er im ‚Ödipus auf Håknäss' als Ursprung der Homosexualität in Laios entdeckt hatte. Er übersteigt erst recht die historische Genealogie des Homosexuellen, der von Patroklos, Plato, Leonardo, Michelangelo, Buxtehude, Mozart, Friedrich dem Großen, Gründgens *ein ganzes Stollwerckalbum* voll symbolischer Väter zur Sicherung der eigenen Identität sammeln konnte (Pubertät, 36). Schon nach jener initiatorischen Eröffnung *Du bist fiftyfifty* hatte Fichte eine synkretistische Litanei eingeführt, die dem Schema einer haitianischen Totenbeschwörung nachgebildet ist (Pubertät, 40/2; vgl. Pubertät, 245, Die Trance, 80) und der Epiphanie des toten Pozzi dient. Doch die Beschwörung gilt einem archaischen Objekt, das so jenseits der historischen Figur Pozzis/Jahnns steht wie der beschworene steinzeitliche Urvater (Pubertät, 60). Das gleiche gilt von der Beschwörungslitanei, die dem begehrten Trygve/Mozart gewidmet ist (Pubertät, 56). Auch hier implantiert Fichte den Namen des Geliebten in Litaneien afroamerikanischer Götter und versetzt so den biographischen Ort einer schwulen Begegnung – Ingve Jan Trede, Hamburg 1949/50 – in die Ungeschichtlichkeit eines magischen Banns, als welcher ihm das erotische Begehren aufgeht.[3] Der Trygve-Beschwörung fügt Fichte eine poetologische Passage an, welche die poetischen Effekte der Litanei beschreibt:

---

[1] Zur rituellen Trepanation s. S. 204 u. 217 dieses Buches.

[2] Möglicherweise eine Anspielung auf die Osterinsel, die Fichte 1971 besuchte.

[3] Die Götternamen der Trygve-Beschwörung entsprechen zum großen Teil dem haitianischen Götter-Katalog in Xango, 140/1. Interessant ist, daß in dieser Litanei Nanã zuletzt genant wird – nicht etwa Erzulie, *die Jungfrau Maria des Synkretismus*, die – selbst keineswegs jungfräulich – auch die Schutzgöttin der Prostituierten und Homosexuellen ist (Xango, 142, vgl. Pubertät, 187). Die europäischen Einsprengsel beziehen sich auf Komponisten (Gesualdo, Mozart), auf Jahnns Reise zu den aquitanischen Kuppelkirchen (Solignac, Périgueux). Die Phoneme von Trygve und Mozart werden ‚vergiftet' zu Klängen des Hamburger Platt: Mozart – Zart – Zadder – Modder; Trygve – Trüge – Wäge – Trümo. – Fichte versucht mit diesen Litaneien heranzukommen an die Sprachschicht, die er im Vaudou erlebt und als literarische Grundgeste beobachtet: *Vor Lautréamont und C.G. Jung, vor Antonin Artaud und Burroughs, vor Janov, vor Foreman, vor Lil Picard hat der haitianische Vaudou eine surreale Schicht der Sprache, eine Popschicht, mit seinen Litaneien, Götterkatalogen und Tranceperformances eröffnet.* (Xango, 140)

Mit einer Litanei wird eine Vergiftung durch Wörter erreicht. Der Sinn sackt zurück und die Wörter selbst fliegen hoch und winken Nebenwörter herbei, saugen sich voll und fallen wieder herab, nicht weit entfernt von dem Ort, wo sie hochgestiegen sind.
Sie haben sich verändert wie verdorbene Speise.
Wenn die Litanei in der Nähe von körperlichen Abbildungen gewählt wird, verwandelt sie sich selbst in Zärtlichkeit, Begierde, in mehrgeschlechtliche Körper, und Hermaphroditen bewegen sich aus dem Mund heraus und zu den Augen wieder herein.
Schlimmer: Mund und Ohren fallen ab und ich werde blind. (Pubertät, 57)

Litaneien dissoziieren die Ordnung der Sprache. Die Metaphern *Vergiftung* und *verdorbene Speise* legen nahe, vom Standpunkt des grammatisch-semantischen Codes aus die Litaneien als ‚garbage', als Müll zu bezeichnen. Jenseits des Sinns – im Unsinn oder Vor-Sinn – entwickelt die Litanei eine Eigenbewegung des Steigens und Sinkens, des Sich-Verbindens und Lösens der Wörter. Das Sprechen geht in phonematischen Gesten auf, verliert damit jede signifikative Eindeutigkeit; es wird entkonventionalisiert zur bedeutungslosen Motorik von Klängen, Namen, Rhythmen: Signifikantenketten ohne Signifikat.[1] Der hermeneutischen Rezipientenerwartung wird solches Sprechen ‚verdorbene Sprache', Müll, nach welchem der Schwule giert. Nicht umsonst setzt Fichte derartige sprachmagische Litaneien oder hymnische Apostrophen gerade dann ein, wenn es darum geht, das Begehren unterhalb oder jenseits seiner sprachlich-semantischen oder kulturellen Codierung zu markieren.[2] Selbst der Mythos, wie er ihm in Ödipus oder in der Orestie begegnet, folgt einem semantischen Code; der Mythos ist nämlich narrative Ordnung, die Tragödie deren ritueller Vollzug. Sie folgen dem symbolischen Code eines Schicksals, einer Nemesis, welche, in der Hochzeit des Gottes mit dem Frevler, die heilige Ordnung der Götter und der Genealogie der Familie wiederherstellt. In den Litaneien bzw. den lyrischen Apostrophen des Urvaters jedoch wird eine vormythische Schicht des nicht-familialen Verlangens, das ordnungslose Begehren der Homosexuellen beschworen. Darum behauptet Fichte, daß die Litanei *in der Nähe von körperlichen Abbildungen* zum Wunsch selbst würde, und zwar zu einem polymorphen, mehrgeschlechtlichen Körper, zu Hermaphroditen, die aus der Sprache hervorspringen.

Das polymorphe Begehren ist keiner symbolischen Ordnung eingeschrieben – auch nicht der des Mythos –, so wie die Litanei keiner grammatisch-semantischen Struktur folgt. Das polymorphe Begehren verweigert sich der Generativität des in der genealogischen Kette situierten Sex; so wie die Wörter der Litanei sich der trans-

---

[1] Vgl.: *Das Sprachverhalten der Magie gliedert sich in Glossolalie, das Reden in Zungen, das begeisterte, das schwaermende Reden, Délire verbal, die ‚Langage' des Vaudou, Litaneien. (...) Das magische Sprachverhalten ist fein und eng strukturiert, wie die Reimformen und die rhythmischen Formen der Barockdichtung.* (HuL I, 187).

[2] Die Entsemantisierung in den Litaneien nimmt Techniken der Konkreten Poesie und des Neuen Hörspiels auf, wie sie Fichte in seinem Hörspiel „Ich würde ein..." erprobt hat. Die Differenz zur Poetik der Konkreten Poesie und des Neuen Hörspiels liegt darin, daß Fichte Entsemantisierungen nicht aus rein ‚linguistischen' oder artifiziellen Gründen vornimmt, sondern weil er darin eine interkulturelle Sprechweise und einen Bezug zum disorder der Homosexualität entdeckt zu haben glaubte. Die Techniken der Sprach-Litaneien verweisen ferner auf einige Züge des Surrealismus und Dadaismus, wie Fichte zweifellos wußte (Xango, 140).

formativen Generativität der Grammatik und Semantik sich verweigern. Im Grenzfall – wie hier anläßlich Trygves – ähnelt sich die Litanei der Kultform des heiligen Lallens[1] an, in welchem selbst die Namen durch Wiederholungen, Rhythmisierungen, willkürliche Assoziationen entsemantisiert und zu reinen Klangkörpern werden. Die rhythmische Bewegung von Klangkörpern trifft sich mit der Form des polymorphen Verlangens: die magische Sprachschicht ist der magischen Schicht des Begehrens komplementär. Die Wörter werden selbst zu ‚Hermaphroditen‘ – zu Zeichen des unvordenklichen Ursprungs von Sprache und Eros. Die Sprache wird plastisch, sie verläßt den Mund, dringt in die Augen wieder ein, d.h. sie bildet einen eigenen, autopoetischen, in sich kreisenden Leib, der den sinnlichen Körper, der das Ich mit der Welt der Objekte ‚draußen‘ verbindet, ausschaltet: *Mund und Augen fallen ab und ich werde blind.* An die Stelle des sinnlichen Körpers tritt der in sich kreisende, polymorphe, nicht-semantisierte, nicht auf ein identisches Bewußtsein hin zentrierte Leib der Schwärze. Blind, taub, stumm werden für die Dinge und Wörter der codierten Welt – also schwarz –, so wie in der Litanei die Wörter ‚blind, taub und stumm‘ werden für die grammatisch-semantische Ordnung. Der Leib des Begehrens ist nichts als ein Fluxus vielgestaltiger Regungen, die niemals der Logik des Entweder-Oder (tertium non datur), sondern des Sowohl-Als-Auch, der Polyvalenz folgen. Mehrgeschlechtliche Körper, Hermaphroditen, aus der Sprache herauswachsend, vom Mund in das Auge, so immer kreisend, bewegend, rhythmisierend.

Ist dies linguistisch gesehen eine prägrammatische, so psychodynamisch eine präödipale, so historisch eine prämythische Welt. Magische Rituale der Sprache und des mehrgeschlechtlichen Körpers in einem. Wir können an dieser Schicht der Selbstsituierung des Schriftstellers und Erotologen Fichtes folgendes ablesen: die *Selbstzergliederung*, mit der Bernhardt beginnt und die von Detlev/Jäcki fortgesetzt wird, bezieht sich zuerst auf das Material der gelebten Biographie. Daraus entsteht die Form des autobiographischen Erzählens. Die Lebensgeschichte wird situiert in die Geschichte einer Familie von den Großeltern bis zum Enkel als Teil der deutschen Geschichte, insbesondere des Faschismus und der Bundesrepublik. Von da ausgehend wird Fichte sich seinen Ort als Schriftsteller im Zusammenhang der europäischen Tradition suchen. Dazu dienen die Essays in ‚Homosexualität und Literatur‘.

Auf der Ebene der psychodynamischen Konflikte des coming out übersteigt Fichte eine historisierende Situierung der Homosexualität, indem er als phantasmatische Schicht der (Familien-)Geschichte den Mythos entdeckt, dessen symbolische Ordnung die Protagonisten in ihren verschiedenen Identifikationen mit mythischen Figuren (Orest, Ödipus usw.) aufdecken. An keiner Stelle des mythischen Ensembles, selbst nicht in der ‚vergessenen‘ Schicht der homosexuellen Codierung des Ödipus durch Laios, entgehen die Figuren dem Bann des Gesetzes, das als symbolische Ordnung ihres Sprechens und als Schuld-Strafe-Mechanismus ihres Begehrens über ihnen liegt. Der Mythos enthüllt auf dem Grund der symbolischen Ordnung „die blutigen Hände", das Verbrechen, die Blutschande, das hybride Begehren, die tödliche

---

[1] Den Ausdruck übernehme ich von Peter Pörtner, der ähnliche Sprachphänomene in der japanischen Sutra studiert hat (Peter Pörtner: Die Hannyashingyô oder der Tiefsinn des Lallens. In: Sprache und Kultur H. 16, 1982, S. 79–87 u. H. 17, 1983, S. 77–108).

Rache. Der phantasmatische Grund der Familie ist das zwar vom tödlichfaktischen Wort ins tötendfaktische Wort gemilderte Gemetzel, Gemetzel also nicht mehr der Körper, sondern der Phantasien. Durch Einschreibung des Subjektes aber in den mythischen Bann konstituiert es sich als unverwechselbare Identität, fixiert auf seine Schuld. In den lyrischen Apostrophen und Litaneien dagegen versucht Fichte – unter dem Eindruck der Trancereligionen – die ‚Urgeschichte' Europas noch zu hinterschreiten – hin auf einen vorsymbolisches, magisches, der Ordnung des Sinns entzogenes Sprechen und hin auf ein vorsubjektives, der Ordnung der Geschlechter entzogenes polymorphes Begehren. In drei Schichten von Imitation und Identifikation entwickelt Fichte seine Biographie: Geschichte, Mythos, Magie. Mit der letzten, der magischen Schicht, versucht Fichte, das eigene homosexuelle Verlangen jenseits von Schuld und Sühne als eine nicht weiter ableitbare, quasi naturhafte Bannkraft zu setzen, die in keinem mythischen, historischen oder autobiographischen Code zu fassen ist, sondern bloßer Ausdruck des Ausdruckslosen ist – „tanzendes Wort" (B. Lang)[1] eines desemantisierten Sprechens im gestischen Anruf, im sinnlosen Lallen, im rhythmischen Kreisen der Litanei. Hier liegt, wenn überhaupt, das Paradies Fichtes, sprachlich und erotisch.

4. ‚Die Geschichte der Nanā'

Die Mütter. Der Schlüssel

Der Mythos, wie ihn Fichte kennenlernt, ist tragisch und vernichtend. „Gibts ein uralt Übel, empfing es Ödipus." (S/H, 169) Am Ursprung der Übel – aber auch der Wonnen – steht in der Phantasie Delevs, Jäckis und Huberts die Mutter. Niemand übertrifft ihre Bedeutung. Sie hat ihn geboren und überlebt – wie sie *ihren Widersacher* Hans Henny Jahnn überlebt hat (Garni, 115). Schon 1982 stellt Fichte die rhetorische Frage: – *Wer von uns beiden bleibt auf der Strecke?* (Nanā, 115) Ein Kampf von Liebe und Haß ohne Ende. Die früheren literarischen Versuche, diesen Kampf zu bewältigen, standen im Glauben: ... *mit Schreiben befreit man sich*. Jetzt kommentiert Fichte:
– *Nichts wird aufgearbeitet.*
– *Es rinnt nur tiefer.*
– *Es sintert weiter nach allen Seiten.* (Nanā, 115)

Der *Versuch, durch Schreiben zu überleben* (Pubertät, 213) ist nur in dem einen Teil gelungen: vom Schreiben leben; nicht aber die Mutter überleben. „Vor den Vätern sterben die Söhne", schrieb Thomas Brasch. Fichte stirbt vor der Mutter. Und wenn auch nur irgendetwas an dem erschreckensten Satz seines Werkes stimmt: *Nanā ist der*

---
[1] Nach Bernhard Lang: Das tanzende Wort. Intellektuelle Rituale im Frühjudentum, im Christentum und in östlichen Religionen. In: ders.(Hg.): Das tanzende Wort. Intellektuelle Rituale im Kulturvergleich. München 1984, S. 15–48.

Tod. (Nanā, 10; Schulfunk, 558) – so läge darin, daß Fichte als erster *auf der Strecke* bleibt, eine unausweichliche Konsequenz: denn wie sollte man den Tod überleben? Und wie ein Leben für sich gewinnen, wenn die Todesgöttin zugleich Schöpfungsherrin ist, Mutter des Schlammes, prima mater(ia)? Ist die Mutter unabwendbare Überwältigung, der man ebenso in der Gier nach Leben erliegt wie in der Sehnsucht nach Tod? Die Gebärerin ist die Verschlingerin, die Liebende ist die Mordende, die Schützende mit dem Mantel der mater coelestis ist die Preisgebende, die den Sohn abtreiben, aussetzen – ausliefern wollte auch dem KZ: *Nanā. / Ilse Koch.* (Nanā, 92, 119; Kleiner Hauptbahnhof, 200) Weit mußte Fichte sich von Hans Henny Jahnn entfernen, um eine eigene Sprache und einen eigenen Stand als Autor zu finden. Schließlich erst nach Jahnns Tod. Hat Fichte zwischen Osterinsel und Togo, Finnland und Chile jemals so weit sich von der Mutter entfernt, daß er ‚bei sich' und nicht zugleich, positiv wie negativ, ‚durch sie' und ‚bei ihr' war? Wie ist es zu dem sadomasochistischen Kampf um Leben und Tod gekommen? Zu diesen sich wiederholenden Szenen einer ebenso absichtslosen wie unvermeidlichen Qual? Was kettet beide zusammen auf einem Lebensschiff, auf dem es für beide zugleich kein Leben geben kann? Was ist trauriger für einen Menschen, der über dreißig Bücher geschrieben hat, von denen einige im Erinnern der Literaturgeschichte bleiben werden – was ist trauriger als: *Sie hat mich laufen lassen. / – Um mich einzufangen. / – Man kann auch im Laufen würgen.* (Nanā, 103)? Ist Nanā wirklich der Tod – grausame Göttin, die ihr Spiel mit dem flüchtenden Opfer spielt? Ist Freiheit immer nur die Illusion, welche die Gefangenschaft vergessen läßt? Ist Glück immer nur das Gefühl, das über das Mörderische im Fond der Beziehungen täuscht? All die Männerärsche *gaukeln nur* (Alte Welt II, 85) –: waren sie bloßer Schein eines Begehrens, der über die Verfallenheit an die „Hypnerotomachia" (Francesco Colonna) mit der Mutter hinwegtäuscht?

Ein letztes Mal gilt es, die Mutter, Nanā, ihre Figuren und Masken anzusehen, wie es in Marokko und Maranhão der 46jährige Schriftsteller wieder und wieder tat – im Wissen, daß es eine definitive und befreiende Klarheit über die Ursprünge und Wahrheit dieses Liebe-Haß-Kampfes nicht gibt: *Jäcki wußte, daß er es nie mehr wissen würde.* (Nanā, 101)

– *Die Mütter.*
– *Der Schlüssel.*
– *Chiavare, Faust, Fist,*

heißt es im ‚Kleinen Hauptbahnhof' (121) in Anspielung auf Fausts Gang zu den Müttern und auf deren Sexualität[1]: gieren Mütter nach Wegwurf? Wer auf den Grund will, muß zu den Müttern – dieses Stereotyp ist Fichte natürlich nicht entgangen. Und wenn dies Allgemeingut (und Gemeinplatz) ist, wenn die Psychoanalyse vom nutritiven Kreislauf der primären Symbiose bis in alle Verästelungen der sexuellen Objektwahl die Bedeutungsräume des Mütterlichen ausgeschritten hat –: warum muß immer wieder darüber geschrieben werden, primär, sekundär, tertiär? Diese Frage ist

---

[1] ‚Chiavare' ist beziehungsreich: abschließen – festnageln – einprägen – ficken/vögeln. – ‚Fist' ist ebenso eine Übersetzung von ‚Faust' wie es – bei Fichte – auch das fist-fucking assoziieren läßt. In den drei Wörtern: eine weite Allusionsspanne.

ebenso berechtigt wie sinnlos. Sie ist berechtigt, wenn immer wieder nur herauskäme, was im begrifflichen Wissen der Psychoanalyse schon formuliert ist. Sie ist sinnlos, weil das Schreiben des Individuellen niemals im Begrifflichen erschöpft werden kann und es immer schon, jedenfalls in unserer Kultur, den Anspruch auf Verstehen als ein Recht voraussetzt. Im Frühstückssaal des Hotels in Agadir stellt sich Jäcki vor, auf seine Umgebung und auf seine Biographie durch ein umgekehrtes Fernglas zu blicken:
Das verkehrte Bild.
Die winzige Unendlichkeit der Linse.
Das Bild wieder.
Wieder das Bild der Mutter.
Abzug um Abzug.
Irma wurde nicht gezwungen, das Bild der Mutter zu suchen. (Nanā, 128)
Jäcki aber ist gezwungen – und diesen Zwang, *Abzug um Abzug* Kopien der Mutter zu entwerfen, die niemals auf ein ‚Negativ' oder ‚Urbild' referieren, den Zwang zum Schreiben also gilt es zu verstehen. Nicht um die Wahrheit der Mutterbeziehung geht es. Sondern um Bilderfolgen, Bildbesessenheit, Wiederholungen, Variationen, Rituale – eine erschöpfende Anstrengung, ein Kreisen, das Jäcki *nicht mehr zusammenkriegt* (Nanā, 115). Es geht um den Ursprung der Energie, die Fichte zum Schreiben zwingt und die sich allen anderen Schreibbewegungen – der Homosexualität, der Irma-Geschichte, der Reisen – mitteilt und diese vielleicht bestimmt. Es geht um das Funktionieren der Fichteschen Literatur, nicht um Dora Mascha (die vielleicht wie Fichte selbst deren Opfer ist). Fichtes Literatur ist der lebenslange Versuch zu einer Trennung, die immer Flucht bleibt und deswegen nicht gelingen kann; ein Schreiben, das vom Bild der Mutter befreien soll, und als dieses Schreiben sich in die matrilinearen Bilderwelten immer tiefer verstrickt. Das Schreiben ist Entfernung von der Mutter und zugleich sadistisches Quälen der Mutter (und darin Herstellen intensivster Nähe). Was, wenn nicht dies, gehört zu den notwendigen Fragen der Interpretation.

Die Motti: Luther und Benn

Zwei Motti stellt Fichte dem Roman voran: das vierte Gebot des „Kleinen Katechismus" von Martin Luther und das (nicht ganz korrekt zitierte) Gedicht „Mutter" von Gottfried Benn aus der Sammlung „Söhne" von 1913.[1] Im Luther-Essay von 1983 – der ebenso wie die Arbeiten zu ‚San Pedro Claver' eine intensive Beschäftigung und wütende Abrechnung mit der Luther-Bibel und ihrer Theologie bezeugt – heißt es von den *Denkformen des kleinen Katechismus*, daß sie *aus dem Unbewußten heraufrattern, wenn ich „Luther" höre.* (HuL II, 48) Tief eingespurte Automatismen und Indoktrinationen eines autoritären Regimes und sadomasochistischen Clinches mit dem Ziel der *Zerstörung des Ich* (ebd., 49, 57): das ist Luher ebenso wie Loyola, Protestantismus wie Katholizismus. Qual. Unterwerfung durch Schuldzuweisung,

---

[1] Gewiß sind Fichte auch nicht die Gedichte aus der Sammlung „Morgue" (1912) entgangen, die große Nähe zu den Anatomie-Szenen in Fichtes Romanen aufweisen.

Gehorsamseinübung, Folter, Progrome, Versklavung, Verfolgung von (sexuellen) Minderheiten, Frauenunterdrückung usw. Dies sind für Fichte die Kennzeichen der biblischen Tradition. Alle Befreiungsmöglichkeiten der Ersten und Dritten Welt *können durch ... Gottes Wort verhindert werden* (HuL II, 60). Das Christentum ist für Fichte nicht eine Theologie der Versöhnung, sondern gigantischer Apparat der Gewalt und der Seelenfolter. Das Katechismus-Zitat ist vor diesem Hintergrund zu lesen; doch auch als biographisches Zitat der Zeit um 1948, wo Fichte den Katechismus im Konfirmandenunterricht auswendig zu lernen hatte (HuL II, 48) – gipfelnd in einer Konfirmation, hinter deren Schauseite von Familienglück und Gotteslob das Gemetzel der Hamlet-Tragödie sich ebenso verbirgt wie der (erwartete) Vollzug des Todesurteils am 14jährigen schwulen Hubert (Pubertät, 85–88). Das Katechismus-Zitat ist böser Hohn und Entlarvung einer Heimtücke: heißt das 4. Gebot nicht auch, daß derjenige, dem es nicht wohlergeht und der nicht lange lebt, sich dieses als Strafe für eigene Schuld anrechnen muß? Muß das ‚Ehren' der Eltern nicht deswegen geboten werden, weil es an Liebe mangelt? Was soll ein solches Gebot anderes als Unterwerfung des Kindes auch dann, wenn die Eltern Ursache der Passion des Kindes sind? Was soll dieses Gebot für einen, der seinen Vater nicht einmal kennt? Was soll es für einen, der seine Mutter des versuchten Kindesmordes verdächtigt? Was soll es, wenn das Mutter-Kind-Verhältnis lebelang ein sadomasochistischer Kampf ist? Oder ist es gerade der Sinn, diesen Sadomasochismus auf der ältesten Schicht der menschlichen Beziehungen zu etablieren, *auf daß* das Machtspiel der Obrigkeiten um so reibungsloser funktioniert? Ist nicht die Mittel-Zweck-Logik des Satzes (Du sollst ... ehren, auf daß ...) eine einzige Perfidie, ein Vertragskalkül ohne Erlösungsgarantie, die jeden, der sich darauf einläßt, zum Verlierer macht?

* * *

Ich trage dich wie eine Wunde
auf der Stirn, die sich nicht schließt.
Sie schmerzt nicht immer
und das Herz fließt
sich nicht daraus tot.
Nur manchmal plötzlich
bin ich blind und spüre
Blut im Munde. (Nanā, 7)

Das Benn-Gedicht, das Fichte – wie auch andere Zeugnisse einer unheilvollen Mutter-Kind-Beziehung (Agrippina; Iphigenie; Hamlet von Shakespeare, Schlegel und Döblin; Ödipus von Hölderlin/Sophokles; Unica Zürn) – bereits in sein ‚Lesebuch' (1976) aufgenommen hatte, zeigt gegenüber dem Hohn der Erpressung und der sadomasochistischen Qual des Luther-Satzes eine andere Seite: Schmerz und Trauer. Die Mutter: ein anderes Kains-Mal, das nicht für Brudermord, sondern für die andauernde Verletzung steht, welche die Mutter für den Sohn bedeutet. Die Mutter-Wunde, die sich nicht schließt, nicht verheilt, die auch nicht verbluten läßt, nicht tötet. Blutzeichen, das immer präsent, nicht immer gespürt ist, doch *manchmal plötzlich* das Gesicht mit Blut überströmt, so daß im augenblicklichen Blindsein die

Welt ausgeschlossen ist und nichts spürbar ist – als eben das Blut, das eine eigenartige Vermischung ist aus Mutter und Sohn: **ein** Blut. Eine Bluttaufe.

Es kann nicht anders sein: was jeder Fichte-Leser hierbei sofort assoziiert – ja vom Titelbild der Xango-Taschenbuchausgabe und vielen Fotos Leonore Maus vor Augen hat –, dies muß Fichte selbst bei diesem Gedicht gedacht haben: das afroamerikanische Ritual des Blutbades. Einritzen der kahlrasierten Kopfhaut – Schlachten des Opfertiers über dem Haupt des Novizen – Überströmen des Gesichts mit Blut – Augenschließen – Vereinigung mit dem Gott/ der Göttin im Nu, in der Plötzlichkeit, im Umschlagen des profanen Bewußtseins in die Besessenheit durchs Göttliche – Trance.

Mir scheint unzweifelhaft, daß Fichte dieses Gedicht, wie etwa auch die lyrischen Zitate im Hörspiel ‚Ich bin ein Löwe‘, radikal in eigenes Sprechen verwandelt und dem eigenen Bilder- und Erfahrungsraum einverleibt hat. Das Benn-Gedicht wird zur Ikone des Nanā-Kultes, des Blutopfer-Rituals, dessen Beschreibung nicht zufällig dem Benn-Zitat unmittelbar folgt. Correspondances: das expressionistische Gedicht, mit den für Benn so untypischen Rilkeschen Klängen, wird zum Bild des afroamerikanischen Opferrituals für Nanā, worin sich die Passionsgeschichte eines protestantischen, schwulen Lokstedter Jungen reflektiert. Nachträglich verwandelt sich dadurch die im Zeichen Luthers vollzogene Initiation, mit Phantasien des Todes im Moor, in ein verdecktes Bild des Nanā-Rituals. Statt Aufnahme in die christliche Gemeinschaft ein symbolischer (ritueller) Tod im *Schlamm*, im *Müll*, in welchem die Initianden des Nanā-Kultes gebetet oder begraben werden: zu einem Sterben, aus dem eine Wiedergeburt und Reintegration des Ich auf einer anderen Stufe des Seins angestrebt, nicht aber gewiß ist. Das Blut könnte *Fruchtwasser bedeuten, wie bei der Geburt* – aber: *Nanā ist der Tod.* (Nanā, 9/10) Es ist offen, ob dieselbe Göttin, die mit der schöpferischen Materie und dem „kosmogonischen Eros" (L. KLages) identifiziert wird, nicht auch oder vor allem oder zuletzt der Tod ist, oder beides – so, wie Demeter und Persephone sich in Fruchtbarkeit und Tod, Schöpfung und Vergängnis teilen – zwei Seiten der magna mater, die beides in sich darstellt: Herrin des Lebens **und** des Todes.

Der Nanā-Kult

Die Göttin Isis, so berichtet James George Frazer in „The Golden Bough", weist so zahlreiche Attribute und Eigenschaften auf, „daß sie in den Hieroglyphen ‚die Vielnamige' ... und auf griechischen Inschriften die ‚Myriadennamige' genannt wird".[1] Eine der Traditionslinien der Isis läuft auch zur Jungfrau Maria, deren Beiname Stella Maris sich, nach Frazers Vermutung, dem Syrius verdankt, dem Stern der Isis, die auch Schutzgöttin der Seefahrer war.[2] Damit sind wir mitten in den privaten Mythologien, Ritualen und Kulten, die Fichte um das *Bild der Mutter* geschichtet hat.

---

[1] James George Frazer: Der Goldene Zweig. Das Geheimnis von Glauben und Sitten der Völker. (1922) Reinbek bei Hamburg 1989, S. 557.
[2] ebd. S. 559.

Auch diese weist eine ähnliche Vielnamigkeit und Polysemie auf wie Isis: Dora, Dora Mascha, Mutti, Schutzmantel-Madonna, Meerstern, Medea, Klytämnestra, Iokaste, Antigone, Sonne, Mond, Sterne, Morgenröte, Kassiopeia, Wega in der Leier, bester Vater und Vormund, Flüsterin, Verschlingerin, Glück, Schönheit, Wärme, Größe, Zukunft, Tagmutter und Nachtmutter, Ilse Koch, Jemanha, Nanã, Nanã Buruku, Nanã Buluku, Herrin der Brunnen und Quellen, älteste Mutter des Wassers und des Schlamms, Tod (Grünspan, 29, 114, 132, 209; Pubertät, 35/4, 119; Mina, 89, 197–199; Forschungsbericht, 52; Nanã, 9/10, 50/1, 73, 119, 124, 129ff.)

1974 erschien der letzte Roman Jäckis – nämlich der ‚Versuch über die Pubertät'.[1]
Er hatte die Geschichte von Laken, vom Traum, vom Fleck des Hinkenden (= Ödipus, H.B.) verdichtet, verdünnt zu einem Wortnetz, das niemand aufriß, der nicht in afrikanischer Mythologie bewandert war oder alle Rundfunksendungen Jäckis gehört hatte.
Als Nanã trat sie auf, die Urmutter, Schlammutter, Nachtmutter, der genauen Tagmutter entgegen. ...
Er mußte aus der Stenotypistin ein Kunstwerk zusammentippen. (Nanã, 50/1)

Fichte bezieht sich hier auf das kryptische Zitat des Nanã-Kultes als Allegorie der Mutter im Pubertäts-Roman (Pubertät, 53/4). Fichte schachtelte dort mehrere Inzest-Szenen zusammen: die nächtlichen Pollutionen bei Phantasien, die *älteste Mutter*, den *Meerstern* (Pubertät, 53) einzulaichen; den Ödipus-Mythos und die tödlichen Vergewaltigung Jemanhas durch deren Sohn Orungan: aus dem toten Leib der Göttin entspringen Flüsse und der Götterpantheon (Pubertät, 53). Diesen afrikanischen kosmogonischen Mythos hatte Fichte bereits in den Grünspan-Roman versteckt (Grünspan, 29). Derselbe Weltentstehungs-Mythos erscheint, erneut eingelassen in Motivketten aus der Ödipus-Mythe, auch im Nanã-Roman: *Lajos. / Nanã. / Schlamm. / Was ist Iokastes Fluch? / Die Frösche. / Kröten. / Laich. / Oduduwa wird vom Sohn verfolgt. / Sie stürzt. / Aus ihrem Schoß stoßen die Berge, die Bäume.* (Nanã, 73)

Die archaischste Schicht des Nanã-Mythos wird gebildet durch den inzestuösen hieros gamos der *Urmutter*, der *alten Allmutter* (Forschungsbericht, 52; Lazarus, 300) mit ihrem Sohn. Heilige Hochzeit, aus der die Welt entsteht: ein nahezu ubiquitär verbreitetes Muster von Kosmogonie-Mythen. Der Nanã-Kult besteht, im geheimsten, in der rituellen Wiederholung der Weltschöpfung aus dem Opfer einer archaischen Muttergöttin: Welt aus ihrem (oft zerstückelten) Leib (Schoß, Brüste). Wenn Fichte diese mythischen Vorstellungen 1974 benutzte, um pubertäre Phantasmen zu bebildern, so deswegen, weil ihm die nächtlichen Phantasien als korrespondierende Wiederauflagen von biographisch sehr frühen Mustern (die Vereinigung mit der als magna mater empfundenen Mutter) und von mythengeschichtlich frühen

---

[1] Tatsächlich bleibt diese Aussage wahr bis zum Beginn der postumen Veröffentlichung der Romane der ‚Geschichte der Empfindlichkeit'. Fichte bezeichnet Jäcki hier als Autor des Romans – wie überhaupt in der ‚Geschichte der Empfindlichkeit' Jäcki als Autor des Fichteschen Werkes vor dem roman fleuve erscheint; zugleich aber ist Jäcki – im Frühstückssaal-Kapitel – Autor auch der ‚Geschichte der Nanã'; man kann verallgemeinern: Autor des roman fleuve. Das zeigt, wie sinnlos es ist, künstliche Trennungen zwischen Autor und Werk vorzunehmen. Der Abstand zwischen Fichte und Detlev/Jäcki ist nicht größer als die Abstände, die durch Erinnerung, Selbstreflexion, Selbstthematisierung, Rollenvielfalt, biographische Schichtungen in jedem Subjekt entstehen. Was umgekehrt nicht der Einsicht im Wege steht, daß jede Lebensgeschichte oder Biographie Fiktion ist mit potentiell unendlichen Fassungen.

Weltentstehungs-Riten erschienen. Die Identifizierung von Nanã mit dem Meerstern, der Jungfrau Maria, hinter der Isis steht, hat dabei eine eigenartige Umdeutung der Heiligen Familie zur Folge: Maria und Jesus als inzestuöse Mutter-Sohn-Konfiguration – ohne Vater, der in der Biographie Fichtes so abwesend ist (oder scheint) wie der Vater Orungans bzw. Oduduas oder Nanãs Göttergemahl. Schon im ‚Waisenhaus', dem Haus der lädierten Familien, wird Detlev vorgeworfen, er hätte behauptet, der Sohn aus der Verbindung der Mutter Maria mit Jesus Christus oder selbst das Christkind zu sein, das heißt der göttliche Sohn der Weltenmutter (Waisenhaus, 77). Diese ‚heidnischen' Elemente im christlichen Zentralmythos finden im afroamerikanischen Nanã-Kult ihre Spiegelung, wenn es heißt, Acossi oder Lazarus (sie sind derselbe, vgl. Lazarus, 223) sei als *Nanãs Sohn* auch *Herr der Welt* – also in statu Christi. Die älteste Schicht des hieros gamos, der auch im Isis/Osiris-Mythos begegnet, heißt folglich nichts weniger, als daß Detlev/Jäcki, als Sohn der Allmutter, selbst göttliche bzw. christo- und eschatologische Züge trägt. Psychogenetisch sind solche Konstellationen auf eine im Zeichen des Primärnarzißmus (Alleinheit, Allmutter) durchlebte ödipale Phase zurückzuführen. Das wird hinreichend auch dadurch belegt, daß Fichte selbst Teilkongruenzen herstellt zwischen den archaischen Allmutter-Phantasien und dem Ödipus-Mythos (schon im ‚Ödipus auf Håknäss', Pubertät, 53/4; Nanã 73, 50/1 u.ö.).

Nanã ist Schöpfungsgöttin, Göttin der prima materia, der natura naturans. Sie nimmt alle die Züge auf, die zwischen ‚Ödipus auf Håknäss' und ‚Grünspan' die Mutter Detlevs apostrophieren und als alleinige mater coelestis feierten (bes. Grünspan, 114). Auf der matrilinearen Achse ist keine stärkere Idealisierung denkbar als die das Kind und die Welt umhüllende Himmelskönigin in ihrem Sternenglanz. Dem gegenüber tritt an Nanã, der Nachtgöttin des Pubertierenden, eine intensive Sexualisierung (hieros gamos, Inzest, Einlaichen, Vergewaltigen) und Materialisierung hervor (Schlamm, Sumpf, Matsch, Wasser als Urmaterie der Schöpfung), ohne daß die Qualität der Alleinheit aufgegeben würde: sie wird jedoch erotisch dynamisiert und zeigt, vor allem im gewaltförmigen hieros gamos von Mutter und Sohn, Merkmale eines Kampfes, einer „Hypnerotomachia" (F. Colonna).

Die Phantasie der Allmutter erhellt auch die seit 1974 regelmäßig wiederkehrende Vorstellung des Ich, das als Tautropfen das All widerspiegelt. Dies ist eine naturmystische Vorstellung – und innerhalb Europas auch der Naturmystik entstammend –, die sich als narzißtischer Wunsch nach Verschmelzung mit dem ‚archaischen oder primären Objekt', mit dem mütterlichen All zu erkennen gibt. All und Tautropfen entsprechen der Figur: „Du bist das Ganze. Und ich bin ein Teil von dir." (Heinz Kohut), so aber, daß das Element zugleich das Ganze darstellt: Spiegelung des Makrokosmos im Mikrokosmos.

Schonung der Mutter?

Schon auf dieser archaischen Stufe treten Ambivalenzen auf. Davon ist bereits die Allegorie geprägt, Detlev sei als zerrissene Ameise seit Jahrtausenden aufbewahrt im umhüllenden Bernstein (Waisenhaus, 63). Diese „Mumifizierung" ist nicht nur als

Allegorie der Kunst, sondern auch des Todes zu lesen: die Mutter trägt den toten Sohn als Trophäe um den Hals.

Es ist mithin fraglich, ob richtig ist, wenn Fichte schreibt: *Nanā ist der Tod – aber das wußte Jäcki damals noch nicht, so weit war er damals mit seinen Forschungen noch nicht.* (Nanā, 51) Dies trifft gewiß zu für die Forschungen über den Nanā-Kult. Die Mutter-Bilder aber waren längst, nein, wurden von Beginn an in der heillosen Spaltung entwickelt, daß das Lebensschaffende und das Tötende, das Himmlische und das Mörderische auf ein und dieselbe Figur projiziert wurden. Klytämnestra, Medea, die Abtreiberin, die Aussetzende, die Hinrichtende, die Verhörende –: dies waren Signifikanten und Masken der Nanā, bevor es diese gab.

Ebenso zweifelhaft ist, ob zutrifft, daß Fichte die Mutter *vor sich und dem Leser ... entschuldigte* (Nanā, 50) und er den *Trick mit Nanā* erfunden habe, um Dora Mascha zu schonen: *Die Mutter bemerkte die Anstrengung nicht, mit der Jäcki zurückschritt, vor Proust, vor Freud, Shakespeare, Sophokles, Empedokles, zu Morgen und Mond, Laich, Quappen und Schlamm.* (Nanā, 111)

Was denn wäre die Entschuldigung der Mutter *vor sich und dem Leser*? Dies bezieht sich auf die Nacht der Premierenfeier von Paul Claudels (1868–1955) Stück „L'échange" (Der Tausch; vgl. Garni 106), das wie das Stück „Tote ohne Begräbnis" im Britischen Kulturcenter „Die Brücke" 1949 aufgeführt wurde. Die Mutter soufflierte (wie schon zuvor im Sartre-Stück, Nanā, 73). Sie war also die *Flüsterin*, die zur *Verschlingerin* sich verwandelte, als sie im Musikzimmer ihren Sohn erblickte mit dem Schwanz Gerd Werners im Mund (Nanā, 74), jenes (heterosexuellen) Schauspielers, der den Mörder des François (also Fichtes) spielte. In Lokstedt verhört die Mutter den Sohn die ganze Nacht – Fichte hat es immer wieder erzählt, zuerst im Roman von 1974: als eine der großen Traumatisierungen des Sohnes durch die Mutter, die als Klytämnestra, Medea und Iokaste zugleich (Pubertät, 119) ihren Sohn ohrfeigt – und *umgekehrt* wie im „Ödipus, Tyrann" (Nanā, 74) – den Sohn einer wütenden Befragung unterwirft: so, als praktiziere sie selbst die faschistischen Folterverhöre des Sartreschen Stückes, die sie zuvor so entsetzt hatten (Pubertät, 119). Schon hier, 1974, erscheint also die Mutter in der Nähe Ilse Kochs.

Was also soll die Entschuldigung der Mutter sein? Etwa, daß Fichte 1974 die Wut der Mutter als ihre Furcht deutete, der Sohn könnte als Schwuler zum Objekt der gesellschaftlichen Diskriminierung werden (Pubertät, 120)? Ist es Schonung, wenn er nichts schrieb von *der Lüsternheit*, welche die Mutter bei diesem Verhör empfunden habe – und die er nun, 1981, erkannt zu haben glaubt (Nanā, 50)? Aber stellt denn bei irgendeinem Leser das Verschweigen der verdrängten Sexualität der Mutter eine Entschuldigung dar, wenn der Mutter gleichzeitig Kindesmord, Gattenmord, Sohnesinzest und Sohnesverfluchung (Medea, Klytämnestra, Iokaste, vgl. Pubertät, 119 mit Nanā, 50/51, 73) vorgeworfen wird? War die Mutter nicht schon hinsichtlich der nächtlichen Pollutionen des Sohnes als Zensorin (*Tagmutter*) aufgetreten (Pubertät, 53, Nanā 50/51)? Hatte die Mutter nicht schon im ‚Grünspan' die onanistischen Spiele des Sohnes zensiert, ja ihm über den *Onkel Doktor* Kastration angedroht (Grünspan, 58; vgl. Nanā, 97)? War nicht schon im ‚Grünspan' die Gleichsetzung von Iokaste und Medea vollzogen worden (Grünspan, 90), kindermordende **und** inzestuöse Mutter? Bestand nicht schon im ‚Waisenhaus' der Verdacht, die Mutter würde Detlev *tot* wünschen (Waisenhaus, 79)? – *Medea bringt ihren Mann um.* (Grünspan, 128) –: bedeutete dieser – mythologisch unzutreffende – Satz nicht den Verdacht, daß die Mutter den Vater Detlevs zumindest symbolisch umgebracht hatte? Hatte Fichte dies nicht schon im ‚Ödipus auf Håknäss' der Mutter vorgeworfen: sie habe den Vater *umgebracht* bzw. in ihm den Vater *ausgerottet*? Bestand nicht der entscheidende Unterschied zwischen ‚Waisenhaus' und ‚Grünspan' darin, daß aus der Himmelskönigin, die vielleicht über ihre mörderischen Absichten nur täuscht, die Mörderin geworden war, an deren positive kosmische Allmacht nur noch präpubertäre Erinnerungen geknüpft sind (Grünspan, 114)? War die Mutter nicht spätestens hier zur Feindin geworden, an der Rache zu vollziehen zum Phantasma des Pubertierenden im Zeichen der „Orestie" wurde?

Entschuldigung, Schonung der Mutter?

Welchem Leser der früheren Romane werden die Mutter-Passagen so vorgekommen sein, daß darin *Jäcki ... seine Mutter schön, repräsentativ – eine interessante Persönlichkeit in rostrotem Mantel* (Nanā, 50) schildern wollte? Und wenn Jäcki aus der Mutter ein *Kunstwerk zusammentippen* wollte oder *beschloß, dies Loblied zu schreiben* (Nanā, 52/53) –: war es denn je anders gewesen, als daß dabei neben der uralten Liebe eine Anklage herauskam, mit ungeheuerlichen Schuldvorwürfen?

Ist die ‚Geschichte der Nanā' mehr und anderes als eine Radikalisierung der Enttäuschung über die Mutter, der Wut gegen sie, des Kampfes mit ihr, der Rache an ihr?

„Iphigenie", Familienkrieg, Theatermorde

Für den Leser, der den ‚Ödipus auf Håknäss' nicht kennen konnte, bildete der Grünspan-Roman den entscheidenden Einbruch des infantilen Bildes der mater coelestis. – *Wir fahren vom Schnee in die Tarnung* (Grünspan, 9), ist der erste Satz des Romans. Und wie Hamburg getarnt und *angemalt* (Grünspan, 10) ist, im vergeblichen Versuch, gegen die Bombenangriffe geschützt zu sein; und wie die schöne Heimatstadt von Detlevs Kindheit zerrissen, gerichtet, zerstört werden wird, so auch wird der Roman die Tarnung der Mutter zerreißen, bis unter der Schminke der *Leichner-Stifte* die *Leichen* (Grünspan, 140; Nanā, 32, 57, 127) sichtbar werden, das Gemetzel, das Blut, die „Schmutzigen Hände" der Täter im Verborgenen. Das Flehen der Iphigenie wird nicht erhört werden: „O enthalte vom Blut meine Hände!" (Iphigenie V. 549). Im Gegenteil: es wird ein Spiel in Gang gesetzt, bei dem nicht die humanisierende Artemis durch ihre Priesterin Regie führt, sondern der Krieg, der sein Echo findet in den wilden Rachephantasien des Frühreifen, die ihn, Orest, in den Familienkrieg treiben.

Am Beginn der gemeinsame Besuch der *unverheirateten Mutter mit dem altklugen Sohn* (Grünspan, 14) im Schauspielhaus: Goethes „Iphigenie auf Tauris". Fichte plaziert diesen Besuch zeitlich vor den Bombenangriff, obwohl die „Iphigenie" erstmals am 24.3.1944 gegeben wurde, präzise 8 Monate nach dem *Terrorangriff*. Diese Vertauschung hat ihren kompositorischen Sinn. Denn der Besuch der „Iphigenie" ist eine Fahrt *in die Tarnung*: das neobarocke Schauspielhaus mit seinem ornamentalen

Prunk – im Gegensatz zum Kriegstheater mit den Verwundeten in Scheyern – ist der Raum, worin das Drama des Humanismus ein *Verdecken* (Grünspan, 14) des Krieges ist und Tarnung für die anhaltenden Qualen des Geschlechts der Tantaliden, die trotz des *Es ist genug!* der Iphigenie (Grünspan, 16, 18; Iphigenie V. 900), die in diesem Satz mit Trauer und Entschiedenheit die Logik des blutigen Schicksals durchstreicht, sich Bahn brechen – auf dem Schauplatz des Krieges **und** auf dem Schauplatz der Phantasien Detlevs.

Nichts stimmt in dieser friedlichen Idylle von Mutter und Sohn im Schauspielhaus. Der abwesende jüdische Vater erscheint wie der Geist von Hamlets Vater in Detlevs Kopf. Als Gefahr faschistischer Verfolgung. Wäre der Vater hier, *hätten sie alle drei nicht mehr lange zu leben* (Grünspan, 15). Es ist *Tarnung*, daß sie im Theaterfoyer wandeln, als gehörten sie hierher und nicht ins KZ. Und ebenso Tranung ist das zärtliche Einverständnis von Mutter und Sohn. Denn für Detlev ist *am eindrucksvollsten die Rede des Orest, aus der zitiert wird: – das von der Mutter heil'ger Gegenwart in sich zurückgebrannt war* (Grünspan, 15 = Iphigenie V. 1024/5), sowie: – *und eine alte, leichte Spur des frechvergoßnen Blutes oftgewaschenen Boden* (Grünspan, 16 = Iphigenie V. 1027/8). Fragmente jener Szene, in der Elektra im heimgekommenen Orest „der Rache Feuer" aufbläst, am „Orte, wo sein Vater fiel" (Iphigenie V. 1023, 1026). Diese Verse und das „Es ist genug!" (Iphigenie V. 918) überschwemmen Detlev und er heult *alles, was sich dahinter verbirgt heraus, ohne zu schniefen, daß die Mutter es nicht merkt.* (Grünspan, 16) Was aber sich *verbirgt* und zur Enttarnung ansteht, kleidet Detlev in die konjunktivische Frage: – *Hättest du meinen Vater umgebracht, weil er sich um nichts mehr kümmerte?* (Grünspan, 16)

Orest wird damit zu einer der Imitationen Detlevs: die Spur einer Recherche ist für Detlev gelegt – so wie die „Spur den frechvergoßnen Blutes" Orest auf die Bahn des Muttermordes bringt. Den Roman hindurch wird Detlev in der Maske des Orests die Mutter mit dem Vorwurf des Gattenmordes und mit der Drohung seiner Rache konfrontieren. Mit dem Besuch der „Iphigenie" beginnt, zeitgemäß, der ‚totale Krieg' zwischen Detlev und der Mutter: der Schauplatz, ausgerechnet, ist das klassische Drama der Versöhnung im Zeichen einer humanen Ethik und, später, Sartres „Die Fliegen", die Hubert, gegen den Willen der Mutter, die das Stück aber gelesen hat, am 22. oder 23. 2.1948 als Gastspiel des Düsseldorfer Schauspielhauses unter Gustav Gründgens in den Hamburger Kammerspielen besucht (Grünspan, 179ff.; Nanā, 56, 64–66). Beide, die Mutter (Nanā, 61, 86, 141/2) und der Sohn, üben die Iphigenie ein, wobei Fichte der Mutter die Eingangsverse Iphigeniens mit ihrer Sehnsucht nach Verheimatung (Versöhnung)[1], Detlev dagegen vor allem die Muttermord-Verse zuordnet.

Höhepunkt ist die Szene der Stimmschulung, die Detlev erhält, als er – *keiner wußte warum?* – zu lispeln begonnen hatte (Grünspan, 82ff; Nanā, 62).[2] In dieser Szene

---

[1] Von daher erklärt sich, warum im ‚Grünspan' die Mutter auch Iphigenie heißt (Grünspan, 132, 114, 209): Iphigenie ist eine der Imitationen Dora Maschas in der Logik Detlevs: eine ihrer ‚Tarnungen', denn als Opfer ihres Vaters stellt sie sich vergeblich dar – das ‚glaubt' der Erzähler der ‚Geschichte der Nanā' nicht; während viel eher sie die Gatten- und Sohnesmörderin ist.

[2] Auch am Lispeln wird der Mutter die Schuld gegeben: Nanā, 109:

344

schmilzt Detlev Medea, Iokaste und Klytämnestra zusammen und metamorphorisiert sich selbst zu Orest: *Ich bin Orest.* (Grünspan, 131 = Iphigenie V. 1092 ff) Bei Goethe ist dieser Satz die offenbarende Selbstidentifizierung, die Orest einleitet damit, er wolle nicht länger die Priesterin mit „falschen Worten" betrügen und das „lügenhaft Gewebe" und die „List" zerreißen: „Zwischen uns / Sei Wahrheit!" (Iphigenie V. 1077ff) Wahrheit also auch zwischen Mutter und Sohn. Wahrheit im Drama der ἀναγνώρισις, der Wiedererkenntnis, die zu durchleben kartharische Wirkungen hat. Katharsis ist bei Fichte ein Zustand der Trance, der Hingerissenheit zu einer Klarheit, die eine Ekstase des Ich ist. So gestaltet Fichte bereits die Grünspan-Szene, im Muster von Trance-Ritualen, in denen ein „Abzeß" entleert wird (A. Artaud).

Zunächst ist es eine Szene der Angst. – *Warum muß mein Kind den Muttermörder arbeiten und ihn mir vorsprechen, ruft Mutti.* Detlev kommentiert: – *Mutti hat Angst.* Und das bezweckt er: die Mutter in die Enge, in die Angst zu treiben. Er, der selbst *Angst vor Medea* hat, die ihn umbringen will, *keilt Klytämnestra zwischen den Schuhschrank und Badehocker ein.* Und Detlev wird ekstatisch. Der Text Goethes reißt ihn hin zum Triumph über die Mutter: *Ich bin glücklich! Ich bin Orest! Bin ich glücklich, die Mutter vor mir zu sehen mit angsterfülltem Gesicht, vor ihrem Sohn, der ihr das Herz ausreißt? Ich spiel es. Seit der Zerstörung der Krüppel gibt es keine andauernden, anhaftenden Gefühle mehr. Aber wie glücklich ich für diesen Augenblick bin als Orest.* (Grünspan, 132)

Der Krieg ist da – die Vivisektion – die Zerstückelung – Herz ausreißen (vgl. die Anatomie-Szene in ‚Versuch über die Pubertät'), die Krüppel; es lodert der Bomben und „der Rache Feuer" (Iphigenie V. 1023 = Grünspan, 132). Inmitten der „reißenden Zeit", die mit dem Bombenangriff 1943 eingesetzt und jede Kontinuität zerschlagen hatte, so daß alles nur huschendes Nu und fragmentierter Augenblick ist, erlebt Detlev die Entfesselung seiner Rachewut als totalen Krieg **und** totale Befreiung: *Detlev taumelt, seine Lippen zittern, die Wörter* werden *abgerissen* – er redet in Zungen, besessen, glossolalisch –, so daß, was er ausstößt, sich anhört *wie die Schreie der unter Phosphor versengenden Tiere.* Und als der Lispelnde den Höhepunkt seiner Zornes-Entrückung erreicht: *Und Klytämnethra fiel durch Thoneth Hand* (Grünspan, 133), da fallen endgültig Krieg und Mutter-Sohn-Beziehung zusammen: das ist die *Wahrheit zwischen uns*, die Detlev nun *in Ermattung* sinken läßt, in die Erschöpfung nach der Ekstase: *Die Iphigenie ist platt. Medea weint. Die Flamingos flattern phosphorn in die Nacht. / Herden brennender Löwen, unlöschbarer Krokodile fallen über das Einfamilienhaus her.* (Grünspan, 133)[1]

In der Szene aus „Tote ohne Begräbnis", bei der Hubert von Gerd Werner erwürgt wird (Pubertät, 82f), werden alle phantasierten Morde wieder gegenwärtig: der Knickweg-Mörder in Lokstedt, dem Detlev nachts zu begegnen fürchtet wie einer

---

[1] In Grünspan, 133 ist es Herr Thiessen, ein Statist der Kammerspiele, bei dem Detlev Sprachunterricht nimmt und der den hübschen Jungen durchkitzelt (Grünspan, 128, 131ff). Er kommentiert den ekstatischen Auftritt Detlevs mit - *Süß!* (Grünspan, 133). In der ‚Geschichte der Nanā' spricht Detlev den Orest niemand geringerem als Peter Mosbacher vor – auch er kommentiert: – *Süß!* (Nanā, 62). Mosbacher gegenüber gerät die Mutter in Verdacht, seine vergessene goldene Uhr gestohlen zu haben, als er bei den Fichtes in Lokstedt übernachtet hatte (Nanā, 62ff). Herr Thiessen heißt in Nanā, 109: Stierle.

personfizierten Strafe der eigenen Mordwünsche gegenüber der Mutter: – *Ich will die Mutter nicht töten*, denkt er in der Angst vor dem Mörder in den Büschen: – *Ich müßte mich umbringen lassen.* (Grünspan, 185, vgl. 159/60)[1]; – und eben jene Iphigenie-Szene, in der Detlev Verse aufsagte *zitternd, schwitzend, lispelnd, mit Schwärze vor den Augen, nicht mehr Imitation der Sprache von Goethe, Identifikation, Auslöschung des Selbst, Umkippen, der Imitierte sein, der Auslöscher selbst.* Der Muttermörder im Rausch des Blutes, ‚geritten' vom Dämon der Rache (formuliert in den Fichteschen Vokabeln der Trance).

Dies alles wird gegenwärtig bei den Proben zu „Tote ohne Begräbnis". Und es kann nicht überraschen, daß Hubert seine Ermordung erlebt als Rache am Rächer, als vernichtende Strafe und zugleich als sexuelle Auslöschung durch den begehrten Gerd Werner. Diesem kann er anders denn als Opfer, das von von den ersehnten *Gralshänden* (Pubertät, 78) erwürgt wird, nicht begegnen, so daß *Gerd ... mich, François, quasi wirklich mit der Ökonomie des Sexualverbrechens* (Pubertät, 78) ermordet –: ein Ritual des Menschenopfers und der sexuellen Preisgabe.

Die ‚Waffe' Sartre im Krieg mit der Mutter half jedoch nur teilweise. Detlev hatte zunächst versucht, Roberts pubertäre Unverfrorenheiten gegen die Mutter *nachzumachen* (Grünspan, 114/5, vgl. Nanā, 96/7, 120) – Ablösungsmanöver gegen die übermächtige Mutter. Das gelang ihm nicht. Daraufhin übertrug Detlev seine Widerstände auf das Feld der Literatur und des Theaters, das er mit der Mutter in der Nachkriegszeit teilte. Für beide galt: *Das Theater ersetzte das Leben.* (Nanā, 60) Hier bekam Detlev zwei Trümpfe in die Hand: kurz nachdem die Mutter die Aussicht auf eine Schauspielkarriere aufgeben mußte (Nanā, 61/2)[2], begannen seine eigenen Erfolge als Kinderdarsteller. Während die Mutter als Souffleuse von nun an *halb unter der Erde, im Kasten* – aus dem Tartarus, in den die Tantalidin gestürzt war (Nanā, 62) – den Schauspielern die Stichworte zuzuflüstern hatte (teilweise in Stücken, in denen ihr Sohn auftrat), begann Detlev im Rampenlicht zu glänzen – nun auch noch ökonomisch unabhängig von der Mutter (Nanā, 106). Zum zweiten aber nutzte Detlev die Nachkriegsmoderne – Sartre, Roblés, Camus, Jahnn, Genet (Nanā, 68) – als Einsatz im Kampf mit der Mutter. Die Sartreschen „Fliegen" erhalten in der Rezeption von Hubert und Dora Mascha die Deutung, daß hier der Muttermord als bewußte Entscheidung des Willens und als Möglichkeit der sozialen Integration erscheint – was für die Mutter *Verachtung des Menschen* (Nanā, 65) und Salvierung

---

[1] Eine wichtige Profanation der Ängste des Kindes vor Mord und Strafe ist es, daß der ältere Jäcki genau in der Knickweg-Region *mit den Eiern gucken geht*: nach schwulen Partnern (Grünspan, 185ff). Immer wieder die angstlösende Kontrafaktur des mythischen Mord-Rituals durch Rituale des Sex.

[2] Dora Fichte wurde im Deutschen Bühnen-Jahrbuch Jg. 56 (1945/8), S. 227 beim Thalia-Theater (Schlankreye) als Souffleuse geführt. Über Statisterie kam sie nie hinaus. Mit dem *Abschied vom Theaterspielen* (Nanā, 62) ist das Scheitern der Hoffnung auf eine Schauspielexistenz an einer der großen Bühnen Hamburgs gemeint. Danach spielte Dora Fichte nur noch kleinere Rollen am Harburger Stadttheater, mit dem sie durch die Städtchen der Nordheide tingelte – vom Sohn verachtet für diese Tätigkeit an einem ‚schlechten' Theater mit Boulevard-Stücken (Nanā, 66f). Dann wurde sie arbeitslos (Nanā, 67), soufflierte (Nanā, 69) am Theater im Eppendorfer Gemeindehaus bzw. an der Studiobühne „Die Brücke" (Nanā, 72/3), war erneut arbeitslos und arbeitete erst wieder als Stenotypistin bzw. Kontoristen, als Fichte nach Frankreich gegangen war (Nanā, 106). Das Harburger Theater – Ort ihres letzten Engagements – mußte nach 115 Jahren Ende 1949 schließen.

von faschistischen Verbrechen (Grünspan, 180ff) bedeutet, für Detlev aber *Freiheit, Mutti! Die neue Zeit!* (Grünspan, 181). Der Besuch der „Fliegen", wofür Detlev den *dreidoppelten Preis* (Grünspan, 179) zahlt – tatsächlich berichten die Zeitungen von ungeheuren Schwarzmarktpreisen und langen Schlangen vor den Kammerspielen schon morgens um halb sechs inmitten der Kriegstrümmer[1] – wird zu einem herrlichen sadistischen Lustakt gegen die anthroposophische Mutter. *Mütter töten ... ohne Reue.* Doch eben diese Entlastung, so zeigt die Trance-Szene mit Gerd Werner in „Tote ohne Begräbnis", leistet das Sartresche Orest-Stück schließlich doch nicht. Keineswegs wird Detlev die Schuldängste los, die nicht nur ihn, sondern wohl jedes Kind befallen, das wie er Todeswünsche gegen die Mutter brütet.

Was freilich erfolgreich zum Schlachtfeld verwandelt werden konnte, ist die literarische Moderne. Wenn die Mutter *täglich ... jetzt gegen Sartre, Camus, Jahnn, Genet* (Nanā, 68, 73) kämpft, so wird die *Flüsterin* und *Verschlingerin* dabei zur Verliererin: *Sie gab auf. / – Ich kann dem nicht mehr folgen, was mein Sohn mit fünfzehn schon alles reinwürgt.* (Nanā, 68) –: was vor allem aber der Sohn ihr *reinwürgt*, die sich wieder auf die Steinersche Anthroposophie zurückzuziehen beginnt, ihrerseits den Sohn damit quälend. In der ‚Geschichte der Nanā' stilisiert Fichte sogar den Ohrfeigen-Auftritt in der „Brücke" und das nächtliche Verhör als *Höhepunkt* eines *literarischen Kampfes. Der Dr.* (= Steiner, H.B.) *haute Wedekind, Goethe Hans Henny Jahnn, Paul Claudel haute Sartre eine runter.* (Nanā, 74) So abwegig dies klingt, ist es doch als Indiz dafür zu werten, daß es zwischen Mutter und Sohn kein Feld gab, das nicht in den Liebe-Haß-Kampf einbezogen wurde. Gleichsam automatisch mußte die Mutter jede literarische Identifikation Detlevs niedermachen, so wie dieser umgekehrt jede literarische Ambition in eine Waffe gegen die Mutter verwandelte. Dadurch prolongierten beide ihre wechselseitige Abhängigkeit, wenn auch in Form agonaler Polarisierung. Diese ermöglicht gerade das nicht, was als einziges beiden geholfen hätte – sich zu trennen.

Die Bildungsschlacht wird lebenslang geschlagen. Davon zeugen die Schilderungen der Besuche Jäckis und Irmas bei der Mutter und dieser bei jenen in der Dürerstraße (Grünspan, 209–215 als Entsprechung zu Nanā, 133–142, 79ff), bei denen eine alte Frau und ein erwachsener Schriftsteller in einer ‚perversen' Kommunikationslogik zielsicher auf den Punkt gemeiner Verletzungen zusteuern (vgl. Kleiner Hauptbahnhof, 112–119) Es sind Dokumente einer sadomasochistischen Gesprächsfinesse, die immer nur belegt, daß hier zwei Menschen ihre Ungetrenntheit nur in der Form mutueller Uneinigkeit und Quälerei leben können: ewig junge und mumienalte Szenen einer Symbiose, aus der keiner sich hat lösen können und die auch nach hunderten Vorhängen immer wieder die Bühne öffnet für ein Dacapo der sich weidenden Qual. *So vergifteten sie sich gegenseitig.* (Nanā, 99) Rituelle symbolische Tötungsakte. Fragmente des Nanā-Kultes.

---

[1] Vgl. Nanā, 65: hier redet Fichte von *Würsten, Gänsen, Teppichen und tausend Mark* im Einsatz für Karten zu den „Fliegen". Die Hamburger Allgemeine vom 24.2. 1948 berichtet von 200 bis 600 Mark für die Eintrittskarten.

Nanā. Ilse Koch

Mit diesem schlimmsten aller Namen, die er der Mutter erteilt, herangeholt aus der mythischen Ferne Klytämnestras und Medeas in die Gegenwart der faschistischen Vernichtungslager, ist der Sohn ans Äußerste seiner Schuldklagen gelangt. Doch auch an den Punkt, an dem der Anklagende sich vor sich selbst entsetzt und schuldig fühlt: zu denken, daß diejenige, die ihn vor dem Faschismus gerettet hat, als andere Ilse Koch ihn vernichten wollte. Im ‚Kleinen Hauptbahnhof', zwei Jahre nach der ‚Geschichte der Nanā' fertiggestellt, erzählt Jäcki Irma über den Waisenhaus-Roman (den er gerade schreibt). Irma hat ihn gefragt, ob die Mutter ihn gehaßt habe; in seiner Antwort zweifelt Jäcki, ob die im ‚Waisenhaus' gegebene Lesart stimme, wonach die Mutter, um ihn vor der Naziverfolgung zu schützen, nach Schrobenhausen gegangen sei und ihn *blutenden Herzens im Waisenhaus ablieferte.*
Sie wollte ihn los sein. Sie mußte damit rechnen, daß sie als Rassenschänderin verladen würde. Daß Detlev mit ihr in die Dusche mußte. Ohne ihn stünde sie besser da. Sie war arisch. Sie hatte einen guten deutschen Namen. Sie war von einem widerlichen Juden mit Mäusezähnen, der keine Achtung vor der Deutschen Frau empfand, fast vergewaltigt worden, hintergangen worden, verführt worden, konnte sie sagen; sie hatte sich von dem lebensunwerten Material lange getrennt, es immer wieder weggegeben, endlich losgeworden bei den schwarzen Schwestern, im Waisenhaus, Schimmelbrot. Irma! Irma! Sie wollte nicht Detlev zum Waisen machen. Sie wollte kinderlos überleben. Das ist nicht wahr. Das habe ich nicht gedacht. Das schreibe ich nicht. Detlev rennt schneller, schneller, schneller, schneller, schneller zwischen die Armen, in den weichen, flatternden Mantel hinein. Die Mutter kommt ihm einige Schritte entgegen. Laßt die Teufel doch kommen. – Dann war alles warm und blau und weich und drehte sich. – So denk ich mir es. (Kleiner Hauptbahnhof, 200)

Dieser Text ist ungeheuerlich.

Kein größerer Gegensatz denkbar zwischen der Mutter, die, um ihre Haut zu retten, den Sohn nicht zum Waisen, sondern zur Leiche machen will, und der Schutzmantel-Madonna, mit der er zur Alleinheit verschmilzt (Kleiner Hauptbahnhof, 199 = Grünspan, 114). Tertium non datur. Entweder KZ-Schergin, die ihren jüdischen Geliebten im faschistischen Vokabular tötet und den halbjüdischen *Balg* (Nanā, 108) als *lebensunwertes Material* umbringt – oder taumelnde Verschmelzung mit dem schönsten Körper, der alles und eines ist. Der flehentliche Anruf Irmas – als solle sie ihn aus dieser unerträglichen Alternative retten (vielleicht tut sie dies wirklich). Der Versuch zur Selbstzensur des Denkens und Schreibens, hilflos und vergeblich, weil der Waisenhaus-Roman dennoch schon diesen zerreißenden Gegensatz der Mutterbilder preisgibt.

Die ‚Geschichte der Nanā' hat diese Schere von Liebe und Haß nicht bewältigt, sondern vertieft. *War es nicht von allem Anfang ihr Wunsch gewesen, ihn zu vernichten?* (Nanā, 93), fragt er. In der ZEIT hatte Dora Fichte in einem Leserbrief gegen das mißverständliche Zitat von Fritz J. Raddatz (= Albers) protestiert, sie habe Hubert abtreiben wollen. Raddatz hatte – tatsächlich entstellend – jene Stelle im Roman, an der Hans Eppendorfer über den Abtreibungsversuch seiner Mutter berichtet (Pubertät, 248), auf Fichte selbst bezogen – zumindest läßt sein Text diesen Schluß zu.[1] Immer wieder kommt Fichte darauf zurück (Nanā, 34, 41/2, 111/2); und kein Zweifel, daß Fichte die Mutter der Abtreibung – in welcher Form auch immer – für schuldig hält. Die kryptischen Erinnerungen an *Winsen*[2] (Nanā, 66, 98, 115) – Fichte kommt nicht mehr an ein deutliches *Bild* heran – werden zur frühesten Spur davon, daß die Mutter ihn *allein* gelassen, ihn *nie geliebt*, ihn *immer leicht weggegeben* habe, *seine Handlungen ersticken*, ihn *ausrotten*, seine *Arbeiten ruinieren* wollte (Nanā, 66, 92, 98, 93, 107). *Sie berichtete mir alles, was sie gegen mich unternommen hatte. / – Denn sie wollte ja nur mein Bestes.* – so skizziert er die Beziehungsfalle, als sie ihn zur HJ anmeldet und dabei als *Mischling Ersten Grades* angibt [Nanā, 118, was im ‚Grünspan' (71/2) noch als listige Maßnahme geschildert wird]. Was denn sollte dies heißen von einer Frau, die als Stenotypistin im *Arbeitsamt Kieler Straße* die *Einberufungen für die Mischlinge Ersten Grades* schrieb? Für jene Mischlinge, die ins Lager kamen und *die BB-Kellerschrumpfleichen der Terrorangriffe für einen Professor ausgraben* mußten (Nanā, 118) – für Siegfried Gräff also (Grünspan, 34 – 54). Ganz sicher ist dies nichts als eine perfide Unterstellung des Sohnes, der auf Kosten der Mutter eine seiner bevorzugten correspondances zwischen seinen Werken herstellt: in diesem Fall mit Halbwahrheiten spielend. Tatsächlich wurden KZ-Häftlinge von Gräff rekrutiert; doch an dieser Ungeheuerlichkeit seine Mutter mitwirken zu lassen, ist eine Aggression ersten Ranges. Die Denunziation des Sohnes durch die Mutter – als *Akt heroischer List* zur Rettung beider dargestellt (Nanā, 118) – wird durch diesen Kontext als heimtückisches Kalkül dargestellt, das insgeheim *das Gegenteil* mitintendierte: *Ausrottung. / Meine. / Ihre.* Mord und indirekter Selbstmord: was für eine Frau! *Gier nach Wegwurf: Wollte sie sich wegwerfen? / – Wollte sie mich wegwerfen?* (Nanā, 112)

An allem und allen ist die Mutter schuldig geworden. Durch den Umzug nach Schrobenhausen hat sie das Kind von den geliebten Großeltern trennen wollen (Nanā, 47). Den Großvater, der gegen sie tätlich wurde, hat sie von den faschistischen Behörden abholen lassen wollen (Nanā, 119). Über Jäckis *Welt* hat sie seit seiner Geburt *ein Netz von Propaganda* geworfen (Nanā, 108: ein Nazi-Ausdruck). Das Foto des Vaters – das ‚Bild das Vaters' im Sohn – hat sie verbrannt: *45. / Das letzte Feuer des Krieges. / Das brennende Bild des Juden.* (Nanā, 35, 78; Grünspan, 128; vgl. Ödipus, 173): nach dem Krieg die Judenvernichtung in effigie fortsetzend! – Die Kette ihrer

---

[1] Der Leserbrief der Mutter von Fichte erschien am 8.11.1974 in der ZEIT, Nr. 46, S. 14: „Das besprochene Buch meines Sohnes ‚Versuch über die Pubertät' habe ich nicht gelesen. Die unter anderem zitierte Stelle, mich betreffend, entspricht nicht der Wahrheit. Ich sehe dieses als eine Verunglimpfung an. Es täte mir leid, wenn mein Sohn 40 Jahre lang eine solche Meinung von mir gehabt hätte. Dieses Zitat läuft wohl (und vielleicht noch andere?) unter ‚dichterische Freiheit'. Die Veröffentlichung in der ZEIT mit großer Leserschaft – ein von 308 Seiten ohne jeden Zusammenhang herausgegriffenes Zitat – wem nützt es? Oder wollen Sie mir schaden, Herr Dr. Raddatz?" Die Rezension von Raddatz: Ein Haarsieb aus Neugier und Entsetzen, erschien in der ZEIT, Nr. 42, 11.10.1974 (vgl. Thomas Beckermann a.a.O. S. 100–104, hier 101).

[2] Winsen an der Luhe, Stadt in der Nordheide. Offenbar ist Fichte als sehr kleines Kind in ein Winsener Krankenhaus eingeliefert worden.

Zerstörungen: bringt der Sprachlehrer Detlevs die „Medea" von Grillparzer ins Spiel, so *schlug* die Mutter *mit Theodor Storm zurück* (Nanā, 109; vgl. Grünspan, 128); Hans Henny Jahnn *wurde ... niedergemacht. Die Freundschaft zu Yngve ging an ihren Vorschriften kaputt.* – *Alexander wurde ästhetisch vernichtet.* – Bruno *ließ sie nicht herein* und *beleidigt ihn* (Nanā, 109; halbfett von H.B.).[1] Dulu Kruck wurde kritisiert und Jäcki und Irma versuchte die Mutter auseinanderzubringen (Nanā, 94). Nach dem Tod Opas ruiniert sie den von Detlev geliebten Garten (Nanā, 13, 25, 121ff; Kleiner Hauptbahnhof, 119, 195f), verkauft das Haus der Kindheit, die Nachbesitzer reißen die Quitte, *den Wunderbaum des Lebens* heraus (Grünspan, 46/7). Die Mutter ermöglicht mithin genau das, was Jäcki im ‚Grünspan' als das anhaltenden Faschismus im Gegenwarts-Hamburg konstatiert: Vernichtung. Und schließlich läßt sie der geliebten toten Oma das Herz herausschneiden und zu einem anatomischen Ausstellungsstück machen (Nanā, 124, 129f); sie liefert die Oma also den Zerstückelungs-Medizinern Gräffscher Prägung aus. Ist das die Anthroposophin: *Rosa. / Himmelblau. / Das lachsrosa Gebetbuch.* (Nanā, 98)?

Im Inhaltsverzeichnis der ‚Geschichte der Nanā' notiert Fichte zweimal *Zerstückelungsphantasie* (Nanā, 145) – Zerstückelung der Mutter. Im Text wird dies nur knapp angedeutet (Nanā, 99, 120). Doch ist damit das Zentrum der Beziehung zur Mutter benannt. In geheimer Verbindung mit dem Zerstückeler Siegfried Gräff: die Mutter als Nanā und Ilse Koch, die ihren Sohn abtreiben, ausrotten, wegwerfen will –: das ist die Phantasie einer archaischen Göttin, die Zerstückelungsopfer für sich fordert. Zugleich bestätigt die *Zerstückelungsphantasie*, daß Fichte genau den Mord suchte, den Hans Eppendorfer vollzog: Rache, die den Körper der Mutter (bzw. ihrer Stellvertreterin) *zerfetzt* (Pubertät, 248–251= Nanā, 120). Die Aufregung um den ZEIT-Leserbrief, die Jäcki fast *durchdrehen* (Nanā, 112) läßt, rührt genau an diese *Wunde auf der Stirn*. Jäcki **darf** der Mutter nicht glauben, er **muß** annehmen, sie habe liebelos und heimtückisch ihn vernichten wollen –: so als ob das **seine** Zerstückelungsphantasien rechtfertigen würde. Hans Eppendorfer beging Fichtes Mord, Eppendorfers Mutter vollzog zugleich die Abtreibung der Mutter Fichtes. So will es der Text. Und in dieser Enge *keilt* Detlev/Jäcki die ‚Kindermörderin' immer wieder ein. Er kann nicht ertragen, daß **er** es ist, der von wilden Mordphantasien erfüllt ist – er, der zweite Gandhi, der non-violence-Schriftsteller. Vielleicht ist die Mutter an dem Liebesbedürnis des kleinen Kindes wirklich schuldig geworden (doch wer darf das sagen?). Von irgendeinem Zeitpunkt an aber **brauchte** Fichte die Mutter als Schuldige und stellte als solche sie immer wieder (textuell) her – weil es offenbar noch unerträglicher war, ‚Ich' zu sagen zu den lebenslangen Zerstückelungswünschen, die er, angstvoll und schuldverfallen, gegen sie hegte. Fichte ist bis zu dem Punkt vorgedrungen, in sich selbst die mörderische Wut wahrzunehmen; doch er konnte dies nur zugestehen, indem er, solchermaßen Täter, sich auch darin als Opfer setzte eines allmächtigen Mutterdämons, der ihn zerstückelt.[2] Beides vermutlich ist *Tarnung*: die

---

[1] Zu Bruno vgl. Pubertät, 236f, 238, 241f, 244.
[2] In diesem Punkt ist Fichte eigentümlich fatalistisch: *Es ist alles Ausdruck von Einem, seit Urzeiten bis hin zur Konsumgesellschaft, bis zum Sexus als Ware: Aggression, Zerfetzen.*"(HuL I, 138: Pasolini-Essay). Aber gewiß universalisiert Fichte einen Impuls, den er bei sich selbst als unterhintergehbar wahrnimmt, ins

rosa und himmelblaue Anthroposophie der Mutter **und** der wehrlose Gandhiismus des Sohnes. Für einander sind sie ohne Entrinnen Gewalttäter, gefangen in das, was Fichte begrifflich benennen, aber nicht überschreiten konnte: die *Dialektik des Sadomasochismus*.

Schreiben, Befreien, Quälen

Jäcki wollte die Zerstörung, die Nachkriegszeit, die Angst zerstören, er wollte das Bild seiner Mutter wiederfinden, er wollte es zerstören und schaffen./ Er log. (Nanā, 49), sagt Fichte über den Grünspan-Roman.

Was aber schützt den Leser davor, daß der Satz *Er log* nicht gelogen ist? Wenn *jedes Bild von Leuten aus Wörtern ... falsch ist* (ebd.) –: ist dann nicht auch *jedes Bild* in der ‚Geschichte der Nanā' falsch? Warum soll jetzt stimmen, daß die Waisenhaus-Zeit von der Mutter geplant war, um Hubert von den Großeltern zu trennen; aber nicht mehr stimmen, daß sie ihn vor möglicher Verfolgung bewahren wollte? Wieso ist jetzt wahr, daß im nächtlichen Verhör die *Lüsternheit* der Mutter dominierte; aber nicht mehr wahr, daß sie Angst hatte vor seiner Zukunft als Schwuler? Was ist von der *Wahrheit* einer Beschreibung zu halten, wenn der Sohn in der Phantasie zwar der Mutter die schlimmsten Verbrechen anlasten kann, jedoch die Vorstellung, sie hätte sich im Goetheanum *für drei biologisch-dynamische Eier* prostituieren sollen, mit drei Punkten abbricht (*Weiter mag ich es nicht aussprechen*, Kleiner Hauptbahnhof, 121) – wie ein Autor im 19. Jahrhundert, und das von Fichte, der wie wenige die Sprache für sexuelle Phantasien und Praktiken öffnete?

Oder ist der Nanā-Kult nicht vielmehr – wie die Szene der „Grossen Anatomie" – das Schema, in welchem der Stoff des Lebens nunmehr organisiert wird? Also eine Art Form oder Konfiguration, die eine Re-Lektüre und Reproduktion der früheren Romane ermöglicht – nicht aber deren Außerkraftsetzung oder Aufhebung?

Ohne Zweifel gehen in die ‚Geschichte der Nanā' Motive der Annäherung an die Mutter ein (die Großeltern waren immer schon positiv besetzte Figuren). So etwa, wenn Jäcki erstmals auffällt, daß er von der Kindheitsgeschichte der Mutter fast nichts weiß und er selbst vielleicht es war, der die *Kindergeschichte der Mutter nicht aufkommen lassen wollte* neben der eigenen (Nanā, 23). Oder: was geschah in der *Lücke* (Nanā, 23, 33; vgl. Mina, 16) der 12 Jahre zwischen Rudolf Steiners Tod und der Begegnung mit Jäckis Vater (Nanā, 33)?[1] – Doch über solche Ansätze kommt Fichte in der Rekonstruktion des Lebens der Mutter kaum hinaus.

Überhistorische: das aber ist ein Mißverständnis, wie, womöglich, einem Bedürfnis nach Schuldvermeidung entsprungen.

[1] 12 Jahre stimmt nicht ganz. Rudolf Steiner starb 1925, die Begegnung mit Erwin Oberschützki fiel ins Jahr 1934. Fichte hat Steiners Tod offensichtlich 1922 angesetzt (Nanā, 33). 12 Jahre ‚passen' besser für die eigene Kurzbiographie zwischen 18 und 30 Jahren: Ende der Theaterkarriere bis zur Veröffentlichung des ersten Romans (Nanā, 33/4). Doch auch das stimmt nicht ganz: m.W. mußte Fichte das Theaterspielen nicht lange nach dem „Purpurstreifen" (18.8.1951) aufgeben. Er ist arbeitslos und geht stempeln; lernt französisch und ist das erste Mal in Frankreich (1952); nach der Rückkehr ist er immer noch arbeitslos und soll die Schauspielprüfung (Auflage des Arbeitsamtes) absolvieren. Er fällt durch die Prüfung (Pubertät, 234; Nanā, 76). Daraufhin will Fichte nach Frankreich in die Landwirtschaft

Denn ihr gegenüber kann Fichte jene Kunst nicht entfalten, die entscheidend zum Gelingen seiner Bücher beiträgt: die Kunst des Fragens und die Kunst des Zuhörens. Insofern ist innerhalb der ‚Geschichte der Empfindlichkeit' der Nanã-Roman das Gegenstück zum ‚Forschungsbericht': wird dieser zum Roman dadurch, daß er das Fehlschlagen einer ethnologischen Recherche ‚erzählt', so wird innerhalb des (auto-)biographischen Strangs des Œuvres die ‚Geschichte der Nanã' zum Roman dadurch, daß er das Scheitern des Schriftsteller-Sohnes ‚erzählt', die Geschichte der Mutter erzählen zu können. Das weiß Fichte.

Schon zu Beginn schildert er eine mißlingende Befragung der Mutter und sein – ganz untypisches – Aufgeben. Dem folgt der im Typoskript[1] gestrichene Satz: *Er versagte vor ihr als Ethnologe* und ein kurzer Gesprächsfetzen zwischen Irma und ihm: – *Herodot hat auch nicht seine eigene Mutter interviewt,* entschuldigt sich Jäcki. – *Aber Sophokles hat, antwortete sie.* (Nanã, 26)

‚Ödipus hat' – aber auch er ist gescheitert. Und auch Sophokles ließ *Lücken* und *Lügen* (Mina, 16): die Homosexualität des Laios etwa. Und in der Befragung der Iokaste scheitert Ödipus deswegen, weil er nicht sehen kann, was sie sieht, und weil er nur sieht, was er sehen will: so bleibt Iokaste eine rätselhafte Figur, eine Lücke. Und ein gleiches geschieht bei Fichte. Und dies kann anders auch nicht sein, wenn die Kommunikationsmuster zutreffend geschildert sind, die in den Gesprächsszenen mit der Mutter dominant sind. Das empfindliche Instrument der Frage und die empfindliche Kunst des Zuhörens müssen kaputtgehen, wenn Mutter und Sohn mit Sätzen nur *ohrfeigen,* wenn die Sprache überwältigt wird von den sadistischen Energien, die jedes Wort zur Waffe und jedes Hören zur Wunde machen.

Darum trifft in gewisser Hinsicht zu, daß Fichte *von den greisen, lesbischen Spinatwachteln in São Luis* – die Priesterinnen der Casa das Minas (!) – *nach sechs Monaten mehr weiß als von meiner Mutter nach sechsundvierzig Jahren* (Nanã, 128). Das trifft zu bezüglich desjenigen Wissens, das durch behutsame Befragung zu erheben ist; auch wenn das ‚Haus der Mina' die Grenzen dieses Wissens dokumentiert. Was Fichte von den Priesterinnen aber niemals gewinnen konnte, ist eben die über 46 Jahre durchlebte innere ‚Bilderfolge' – im ‚Kleinen Hauptbahnhof' (119, 115) spricht er von *den Bahnhofslichtspielen seines Kopfes* –, die nicht im Wissen terminiert, sondern Ausdruck einer Passion ist. Fichte erkennt, daß er sich mit 46 Jahren an ein Projekt macht, das ein Projekt nicht sein kann: die Beschreibung der Mutter, *deren Erkenntnis ihm jetzt vielleicht für immer entrückt war* (Nanã, 128). Tatsächlich geht es in diesem Roman um die Verstellung von *Erkenntnis,* weil die Dialog- und Beziehungsstruktur zwischen Mutter und Sohn ein mechanisches Agieren ist. Wechselseitiges Fragen und Antworten, erst recht Interviewformen sind unmöglich. So daß der Roman vor allem *Lichtspiel* im Kopf ist. Im Nanã-Roman bleibt Fichte wesentlich in der Enklave seiner

---

(Pubertät, 236), bleibt aber noch eine unbestimmte Zeit in Hamburg, bevor er 1953 in die Provence geht: mit 18 Jahren. Es ist zumindest stilisiert, wenn Fichte das Ende des Theaters auf 1953 setzt und dies als eigene Entscheidung ausgibt (Nanã, 33); wohingegen dieses Ende eine schmerzliche Niederlage war, die 1951 begann.

[1] Die Fischer-Ausgabe des Nanã-Romans folgt einem anderen Typoskript als demjenigen, das Fichte in den roten Aktenordnern der ‚Geschichte der Empfindlichkeit' als letztgültiges hinterlassen hat.

Bilder. *Kino sind verschieden starke Schatten* (Grünspan, 203): das ist die Situation der Bewohner in Platons Höhle, welche Schattenspiele, nicht Originale vor sich haben, deswegen in der δόξα, nicht in der ἀλήθεια leben. Die Herodotsche Historiä und Apodeixis sind der Mutter gegenüber unmöglich. Und der Nanā-Roman ist deswegen nicht der Schlußstein, der dem autobiographischen Gebäude seine statische Stabilität verleiht (vgl. Kleists berühmten Brief vom 18.11.1800, wo er die Stabilität des Torbogens darin erkennt, daß „alle Steine auf einmal einstürzen wollen" und dieser Zusammensturz im Schlußstein zur stabilen Balance wird). Zum Schlußstein kann die ‚Geschichte der Nanā' nicht werden, sondern sie ist Teil der Schattenbilder in der Inkluse einer heillos verstrickten Beziehung; sie ist einer der stürzenden Steine in der monumentalen Architektur des „Einen Buches", das Ruine bleiben muß.

Doch vielleicht ist die Ankunft bei diesem Wissen des Nicht-Wissens (Nanā, 10, 115) – daß es den Schlußstein nicht gibt – daß es *Abzug um Abzug* immer *Bilder* sind, die nicht die *Erkenntnis* der Mutter, sondern das *Lichtspiel* im Kopf des Sohnes erzählen –, vielleicht ist diese Einsicht doch ein Ende, eine Befreiung vom Zwang zur Wahrheit, die nicht mehr herzustellen ist, ein Loslassen wenigstens hiervon, eine Art Abschied.

Seine Literatur nannte Fichte einmal *eine Art poetischer Lehranalyse*.[1] Es ist ein Versuch der Befreiung durch Literatur. Und wenn Literatur überhaupt therapeutische oder emanzipative Funktionen haben kann, so ist deren Voraussetzung, daß das Medium, in dem jemand sich befreien will, selbst frei ist. Das aber ist keineswegs selbstverständlich. Und ich meine damit nicht die vielfältigen sozialen Determinanten der Literatur im literarischen Feld, mit denen Fichte ziemlich souverän umzugehen gelernt hatte; vielmehr die Tatsche, daß jedes Schreiben ein Agieren sein kann, auch in der Weise, daß im Schreiben genau die Konflikte prolongiert werden, von denen zu befreien die erklärte Absicht des Schreibenden ist. Hier gilt es zwischen intendiertem und symptomatischem Sinn des Textes zu unterscheiden (nach Gottfried Gabriel[2]), derart, daß – in diesem Fall – die Intention Fichtes auf Erkennen der Mutter zielen kann, während der Text unter der Hand dieses Erkennen zugleich verhindert; daß Fichte sich schreibend von der Mutter ablösen will, während das Geschriebene zum Symptom wird eines beharrlichen Festhaltens an den sadistischen Energien, die Mutter und Sohn aneinander fesseln.

Daß der intendierte am symptomatischen Sinn zuschanden werden kann, ist eine weitere Einsicht des Romans:

Jäcki hatte geglaubt, mit Schreiben befreit man sich. ...
– Nichts wird aufgearbeitet.
– Es rinnt nur tiefer.
– Es sintert weiter nach allen Seiten.
– Wer von uns beiden bleibt auf der Strecke? (Nanā, 115)

---

[1] Thomas Beckermann a.a.O. S. 117. – Interessant ist, daß Fichte die de Sade'sche Literatur als *Therapie eines Mannes* qualifizierte, *der sich vor der Psychose bewahrt hat* (HuL I, 131).

[2] Gottfried Gabriel: Zur Interpretation literarischer und philosophischer Texte. In: L. Danneberg, F. Vollhardt, H. Böhme, J. Schönert (Hg.): Vom Umgang mit Literatur und Literaturgeschichte. Positionen nach der „Theoriedebatte". Stuttgart 1992, S. 239–250.

Die befreiende-therapeutische Absicht trägt das Schreiben. Dessen Effekt ist, daß das zu Befreiende sich ins noch Ungreifbarere rhizomartig oder fluidal ausbreitet. Die Schlacht geht weiter – nein, sie wird in der Literatur selbst, die von ihr befreien soll, ausgetragen.
Jäcki wußte, daß seine Mutter unter seinen Texten litt.
Er schrieb sie nicht für sie, glaubte er.
Er schrieb nicht, um seine Mutter zu quälen.
Er schrieb, um seiner Mutter zu entkommen. (Nanā, 110).
Doch alles kann zugleich umgekehrt sein: der ‚für sich' zu schreiben glaubt, schreibt ‚für sie', u.d.h. hier: schreibt, um sie zu quälen, schreibt, um durch diese Qual in größter Ferne, sei's São Luis oder Agadir, die innigste Nähe herzustellen, die die Qual hergibt. *Quälen durch Sprachwerke* (HuL I, 96) – so beschreibt Fichte die Energie der Sade'schen Literatur; das aber gilt auch für Fichtes Schreiben über die Mutter. Im sadomasochistischen Feld muß darauf der konsequenteste Konter sein, daß diejenige, die mit Texten vexiert werden soll, die Texte nicht liest – was wiederum den Quäler quält. Ein gekonnter Zug ist ferner, wenn die Mutter Jäcki, der über Haiti schreibt, mit einem *Haiti-Aufsatz der Touristikredakteurin quälen konnte* (Nanā, 107). Er schenkt ihr ‚Petersilie', sie liest den Band nicht; er wiederum weigert sich, *eine Kurzgeschichte aus der Frau im Spiegel anzuhören* (Nanā, 88), nachdem die Mutter das ‚Waisenhaus' damit kommentiert hatte, *sie wollte nicht wieder in einem Roman verarbeitet werden* (Nanā, 34). Sie *weigerte (...) sich, seine Bücher zu lesen*, weil, wie der Sohn meint, sie *seine Handlungen ersticken* (Nanā, 93), d.h. ihn töten will. Er hingegen schreibt nur über Erfahrungen, Themen und Milieus, die sie entsetzen müssen oder als Muttermörderin figurieren lassen. Wie ein Reißverschluß ziehen sich die haarfein aufeinander abgestimmten, bösartigen Mißverständnisse, unaufgelösten Gemeinheiten, stillen Verletzungen, die absichtliche Nichtbeachtung zusammen und bilden die Verbindung, in der beide immer fester ins sadomasochistische Spiel verhakt werden.

Dabei hat die ebenso absichtliche wie zwanghafte Nichtwahrnehmung des anderen eine besondere Bedeutung. Zum Beispiel: die Mutter wird am Krebs operiert. In den Tagen zuvor hat sie Jäcki mit diversen Unsäglichkeiten malträtiert. Jäcki besucht sie im Krankenhaus. Sie hat Blähungen: *Es sind so fürchterliche Blähungen! Weißt du, ich glaube, hätte ich nicht meine geisteswissenschaftliche Ausbildung, ich würde mich umgebracht haben!* Jäcki versteht diesen schwer erträglichen Satz als Appell an sein Mitleid. Er erinnert sich an eine suizidale Krise der Mutter, aus der er sie *angeblich* durch sein Flehen (*Mutti, geh nicht fort.*, Nanā, 82, 41, 98–100) erlöst haben soll – was wiederum nichts anderes bedeutete als: Ich lebe doch nur für dich, du bist mein ein und alles (Nanā, 92/3); also: niemals habe ich dich abtreiben wollen. Mit diesem Barmen nach Bestätigung läßt Jäcki sie leerlaufen, indem er ihr *kurz und leise* sagt: – *Du hättest es lieber vorher tun sollen – dann hättest du uns allen viel Arbeit erspart!* (Nanā, 82)

Jäcki hört den wie immer jämmerlichen Appell der Operierten als *Erpressung* (Nanā, 98) der Masochistin; und kontert mit dem genauen Gegenteil des von ihr Erwünschten: statt Mitleid zu zeigen, wiederholt er das großväterliche Diktum *Wärst du doch im Dreck verkommen.* (Nanā, 41, 43) Ihrer Suizid-Androhung begegnet er mit dem Todeswunsch. Und erfüllt damit ihre masochistische Erwartung.

Die Szene mag sich so abgespielt haben oder nicht. Entscheidend ist, daß derjenige, der sie erzählt, andere Möglichkeiten hätte als derjenige, der sie erlebt. Der Erzähler aber verdoppelt die Szene und vermerkt mit sarkastischer Genugtuung, daß die Mutter, die alte Hexe, nie wieder davon sprach, *sich wegen Blähungen zu erhängen.* (Nanā, 82)[1] Es gibt keinen erzählerischen Abstand; insofern hört Fichte hier ein zweites Mal an ihrem Ruf nach seiner Zuwendung und seinem Verständnis vorbei. Er fragt weder nach der Herkunft ihrer verqueren Äußerungen noch nach der Angemessenheit seiner Reaktionen. Stattdessen wiederholt die Szene die absolute Passform eines erpresserischen Masochismus und eines herzlosen Sadismus: sie wiederholt also genau das, was beide sich vorwerfen. Der Text übersieht die projektiven Selbstanteile daran ebenso wie die in schrecklicher Verdrehung ausgedrückte Enttäuschung und Trauer über die Unmöglichkeit, (sich) lieben zu können.

Hans Eppendorfer brachte die Mutterstellvertreterin um. Dafür ging er 10 Jahre ins Gefängnis. Jäcki und Dora Mascha, Fichte und seine Mutter, gebildet, empfindlich, feinsinnig, theatralisch, literarisch beide, und beide mit einer verinnerlichten Hemmung vor Aggressionen ausgestattet, vollziehen ihre Tötungsrituale im Sprachterror ihrer Kommunikationsakte, die sämtlich geschliffene Messer sind, und auf der Ebene der Literatur (bzw. ihrer Rezeption). Wer will entscheiden, was der bessere Part ist. Gesellschaftlich mag die kommunikative oder literarische Gemeinheit immer höher bewertet sein als die kriminelle körperliche Aktion. Es wiederholt sich hier der Unterschied, den Hölderlin zwischen dem töldlichfaktischen und dem tötendfaktischen Wort setzte: immer geht es zwar um tödlichen Kampf (*Wer von uns beiden bleibt auf der Strecke?*), doch dabei um die Differenz, ob das Wort den Körper so ergreift, daß dieser wirklich tötet, oder ob es ein imaginärer, darum immer wiederholbarer, ritueller „Mord aus Worten" (Hölderlin) ist. Das letztere ist der Fall Fichtes und seiner Mutter.[2]

In mancher Hinsicht wiederholen sich hier Rituale, wie sie Fichte bei Sade analysiert, besonders im Verhältnis zu dessen Schwiegermutter. Die ‚Geschichte der Nanā' ist Fichtes sadianischer Roman, Roman einer Gefangenschaft und eines unerlösten Leidens. *Phantasiegebilde realisieren*, führt Fichte über Sade aus, um das gängige Vorurteil, Sade sei Sadist, zu widerlegen und die Autonomie des literarischen Prozesses ins Recht zu setzen, *Phantasiegebilde realisieren heißt aber für ihn ... nicht, Sadist werden, sondern Sadisten beschreiben.* (HuL I, 96). Diese Differenz ist grundsätzlich auch im Fall des Nanā-Romans zu beachten. Doch steckt in diesem Argument auch ein Imunisierungsversuch gegen das, was man die Infizierung der Darstellung durch

---

[1] Er hat ihr den Mund gestopft – und wenn es einen Wunsch Fichtes gab, so diesen. *Die Souffleuse im Ruhestand glaubte nicht mehr daran, daß man ihr zuhören wollte und erwidern. / Die Telefonate wurden zu zweistündigen Monologen. / Ihre Sätze stampften auf der Stelle, die Perioden endeten nicht mehr, die Parataxen erfrischten niemanden, ausufernde Flächen von Vorwürfen.* (Nanā, 39) Diese endlose Rede der Mutter will der Sohn erwürgen. So wie er glaubt, daß sie sein endloses Schreiben erwürgen möchte. Ihr schließliches Schweigen dokumentiert nur einen Scheinsieg des schreibenden Sohnes.

[2] So gilt für das Schreiben Fichtes über seine Mutter, was er über den „göttlichen Marquis" notierte: *Sades Mythen sind wie das Durchbohren der Puppe.* (HuL I, 131)

das Dargestellte nennen könnte. Die ‚Geschichte der Nanā' ist die Beschreibung eines sadomasochistischen Rituals – und, mindestens in Teilen, zugleich sein Vollzug. Dazu ist nicht (mehr) nötig, daß die Mutter den Roman liest. Ihr Nichtlesen wie sein Weiterschreiben gehören ebenso zur ‚Szene' wie ihre *zweistündigen Monologe* am Telefon, denen der Sohn eh nicht (mehr) zuhört – was sie auch nicht mehr glaubt (Nanā, 39). Ihre Monologe und sein – im Verhältnis zu ihr – monologisches Schreiben sind Dokumente einer ‚Unerhörtheit', die sie wechselseitig ebenso sich zufügen wie erleiden. Beide sind auf der Strecke so lange, bis einer auf der Strecke bleibt. So gibt es eine lebenslange Treue auch in der Qual. Der Roman versucht ihr durch *Darstellung* zu entkommen und wiederholt doch die Figur, die Fichte als dominant im Verhältnis zur Mutter ansieht: daß dem Entkommen das Eingefangenwerden teleologisch folgt. Das ist ein endloser Sadomasochismus, für den die Verantwortung abzutreten durch Schuldzuweisung an die Mutter der 46jährige zu alt ist – und zu jung, zu sehr Sohn, um diese andere Aufführung von „Huis Clos" (Jean Paul Sartre) zu verlassen.[1]

Reflexe primärer Liebe

Der Satz *Sie hat mich nie geliebt* (Nanā, 92) ist die Formel eines Mangels, der als Ursprung behauptet wird, in Wahrheit aber eher der Effekt einer Enttäuschung ist, einer nicht mehr rekonstruierbaren Vertreibung aus dem Paradies der primären Liebe. *Einmal wird doch alles gut. / ... Dann bist du da. / – Und gehst nie mehr fort.* (Nanā, 92): Formeln eines eschatologischen Versprechens, das von der Mutter und dem Sohn gleichermaßen gesprochen werden kann, eines Versprechens, das unerfüllbar, absurd, verrückt ist und sich immer nur ver-spricht: Ausdruck einer Sehnsucht und Ausdruck des verdrängten Wissens des Gegenteils: *Einmal wird alles wieder gut. ... Nie mehr.* (Nanā, 94) Diese Lektion lernt Fichte im Frühstückssaal durch die Figur des Kellners, der nichts ist als Projektionsfläche eines inneren Exerzitiums des Erzählers: das Durchprobieren des eigenen Begehrens (wie auf einer Bühne).

Nie mehr. – Aber einmal irgendwann früher? Doch: *Wie war der Anfang?* (Nanā, 100/1) Jäcki versucht abzutauchen bis auf die Empfindungen bei und nach seiner Geburt (Nanā, 101, 128) – und stößt auf die Wand des Vergessens. Die Szenen mit dem *entsetzlichen Knaben* im Hotel in Agadir (Nanā, 100f) und mit dem Frühstückskellner sind Versuche, ein Erinnern in Gang zu setzen an die Urgeschichte der Mutter-Sohn-Beziehung. Doch anders als in der Morgue in Bahia, anders als bei den israelischen Bombern über Kairo, welche die *Eihaut des Unbewußten* platzen lassen, bleibt hier die Erinnerung stumm. Wohl nicht nur, weil dort das Erinnern ausgelöst wurde in Situationen einer schockartigen Preisgabe, worin das Ich ver-setzt und das Erinnern in es einfällt wie eine fremde (magische) Macht; hier aber die Erinnerung durch intellektuelle Steuerung gleichsam reflektorisch eingeholt werden soll. Wohl nicht nur

---

[1] Das Stück „Huis Clos" mit dem berühmten Zitat „Die Hölle, das sind die anderen" kannte Fichte (vgl. Pubertät, 226) aus der Inszenierung von Wolfgang Liebeneiner in den Kammerspielen, Erstaufführung 17.4.1949 (mit Hilde Krahl, Richard Lauffen, Edda Seippel).

wegen dieser Differenz bleibt dieser präsymbolische Raum der frühesten Mutter-Kind-Beziehung verschlossen. Es gibt in der Sprache nur Spuren dessen, was selbst vorsprachlich ist und niemals in die Sicherheit des Wissens eintritt – Spuren einer möglichen Vergangenheit. Auch dieses Suchen nach dem *Anfang* ist ein unmögliches Projekt: *Er wußte, daß er nicht über die Voraussetzungen seines eigenen Denkens nachdenken konnte, ohne dies Denken selbst zu zerstören. – / Sie.* (Nanā, 91)

Es scheint, daß der Ruf *Mutti, geh nicht fort!* (Nanā, 41, 98, 99), mit dem das Kind *angeblich* die Mutter vom Suizid zurückhielt, der Reflex einer elementaren Trennungs- und Verlustangst ist, wie sie bereits für das ‚Waisenhaus' erkannt wurde. Das Bild der Ummantelung des Kindes durch die Mutter trägt nicht die Schritte in die Welt und hält nicht in der Abwesenheit der Mutter als Gefühl des eigenen Daseins an. Trennung von der Mutter wird als *Angst vor ihrem Sterben, ihrem Selbstmord, dem Weggehen, dem Entzug* (Nanā, 99, 96) erlebt. Die Abwesenheit der Mutter ist die Abwesenheit des Geliebtseins und eine Aussetzung dem Tode. Davon scheinen die frühesten Ängste ebenso auszugehen wie die Schuldvorwürfe, die Mutter habe ihn umbringen wollen (d.h. sie habe ihn *immer leicht weggegeben*, Nanā, 98). Aus Gründen, die nicht zu ermitteln sind und ebenso in Dispositionen der Mutter wie in den objektiven Umständen ihres Lebens liegen können, ist sie sichtlich nicht in der Lage gewesen, die Seperationsphase des Kindes so zu begleiten, daß dieses die Ablösung von ihr nicht nur negativ als Trauma, sondern auch als Gewinn von Unabhängigkeit und erweiterten Handlungsräumen erlebte. Einiges spricht dafür, daß die Mutter – selbst niemals den eigenen Eltern wirklich *entkommen* (Nanā, 46)[1] – ihre häufige berufsbedingte Abwesenheit, die für sie als alleinerziehende Mutter unvermeidlich war, im Blick auf die besondere Schutzbedürftigkeit des *Mischlings Ersten Grades* als Schuld erlebte. Es scheint auch so, daß die Mutter diese Trennungen mit übermäßigen Beteuerungen des Gegenteils auszugleichen suchte: – *Deine Mutti liebt dich doch so. / – Du bist doch mein ein und alles. / – Ich hab doch nur dich. / Wir haben doch nur uns. / Ich tu doch alles für dich. / Wir gehören doch zusammen.* (Nanā, 92/3) Das sind Formeln einer narzißtischen Symbiose, ungeeignet, das Mißtrauen des alleingelassenen Kindes zu befrieden, aber verlockend genug, ein solches Versprechen von Liebe, in der Ich und Du sich eins und alles sind, zu verinnerlichen: die Falle der Dyade, die immer wieder als das *schönste Licht* (Waisenhaus, 148) erscheint, doch nie wirklich ist; die das Begehren des Kindes fixiert, ohne es je zu erfüllen.

Es scheint ferner, daß auf dieser Basis eine Art sekundärer Verschmelzung beider installiert wurde, die angesichts der realen Getrenntheit und der Todesängste des verlassenen Kindes wenig überzeugend wirken konnte: *Jäcki fing an*, heißt es über das Kind, *das Leben der Mutter zu erleben. ... Die Mutter fing an, Jäcki zu erleben.* (Nanā, 44) Daß dies keineswegs positiv gesehen wird, zeigt die Metapher des *Polyp*, der sich

---

[1] Es ist bemerkenswert, daß die Lebensgeschichte der Mutter die gleiche Figur von Flucht und Eingefangenwerden aufweist wie das Leben des Sohnes. Er beobachtet an ihr dieselbe Paradoxie, die ihn kennzeichnet. Das könnte, muß aber nicht bedeuten, daß die Mutter an ihm wiederholt, was sie selbst erlitten hat: von ihren Eltern sich lösen wollen, aber nicht können. Genauso aber könnte es bedeuten, daß der Sohn an ihr nur das wahrnimmt, was ihn selbst kennzeichnet: dies wäre ein Symptom einer fortgesetzten Symbiose.

in Leib und Leben der Mutter einkrallt und festsaugt (Nanā, 44) – in Wiederherstellung der vampiristischen Symbiose, als welche sie bereits sein intrauterines Leben faßt (Nanā, 92). Wie negativ die Symbiose erlebt wurde, reflektiert auch die Frage des erwachsenen Jäcki: *Nahm sie je Anteil an mir? / – Oder war ich immer nur ein Teil von ihr, für sie?* (Nanā, 97) –: das Kind als willenloses Verfügungsobjekt der Mutter.

Ein heilloser Zirkel: die Getrenntheit wurde als tödliche Aussetzung erlebt wie umgekehrt die Gesten der Liebe als terroristische Symbiose. Das ist die absolute Negativvariante dessen, was Robert Musil den Zustand der „Ungetrennten und Nichtvereinten" nennt. Bei Musil ist dies die Formel einer utopischen, in sich gespannten Zweieinigkeit; für Fichte wäre es die Formel eines vernichtenden Clinches. Nichts macht dies schlagender als die Vermutung, die Mutter, die selbst nicht „Entkommene", hätte ihn nur entkommen lassen, um ihn einzufangen: ein sadistisches Jo-Jo, Negativ jenes Fort-Da-Spiels, welches S. Freud als eine Allegorie eines positiven Übergangs von Symbiose in Seperation entdeckte. Wenn irgendetwas gründlich mißlungen ist an dieser Mutter-Sohn-Beziehung, dann die Ablösungsphase auf allen Stufen des infantilen, pubertären und erwachsenen Lebens.

Nicht ohne Schrecken liest man, daß Fichte das Jo-Jo-Spiel der Mutter in Beziehung setzt zu seiner Bewegungslust – nämlich gehen, sich lösen, Raum gewinnen, reisen wollen (Nanā, 100ff). Das nährt die Idee, als stünden noch die weitesten Reisen des Schriftstellers unter dem inneren Zwang, vor der Mutter bis in die fernste Ferne zu fliehen – um dort auf diese zu stoßen: Nanā. Laufen lassen, um ihn einzufangen (Nanā, 103). Hetzte sich einer, der seit 1943 nie mehr Zeit zu haben glaubte, zu Tode wie der Hase, der immer auf denselben, bewegungslosen Igel stößt, der „allwedder da" ist? Blieb der Sohn so *auf der Strecke*?[1]

Sind die endlosen Staffetten der schwulen Geliebten, wie es Fichte einmal – und das ist ein Tiefpunkt der Verzweiflung – vermutet, wirklich nur Gaukelspiel, Entfernungsversuche von der Mutter? Hat sie recht, wie es Jäcki im Kopfkino phantasiert, als er sie über seine schwule Begier und seine Selbstrechtfertigungen vor ihr sagen läßt: *– Du tust es doch aus Enttäuschung. / – Aus Idealismus mit deinen Puppenjungen.* (Kleiner Hauptbahnhof, 121) Waren am Ende alle die Provokationen, der Schwule, der poète maudit, der unter Strichern, Zuhältern, Prostituierten sein Geld verdiente und ausgab, nur Appelle an ihre Liebe, die auch dort ihn anzunehmen bereit und in der Lage sein sollte, wo es ‚undenkbar' schien? Und erfüllte Fichte nicht vielleicht die Wünsche der Mutter auch dort, wo er als Kinderdarsteller, Arbeiter, Schriftsteller gegen sie zu arbeiten schien: immer der besondere, einzigartige, immer der spiegelungsbedürftig Suchende, der ihren Blick und ihr beglücktes Aufleuchten verlangt und dem die Affirmation durch andere (Leser, Freunde, Geliebte) immer nur Stellvertretung ist – außer vielleicht Irma?

---

[1] *War er fern, beruhigte es sich. / Noch die Briefe an sie entstanden unter ihrem Zwang. / – Mutti, geh nicht fort!* (Nanā, 99) – Der Aufbruch 1952 nach Frankreich wird als Flucht bezeichnet (Nanā, 110) – aber auch als zweite Geburt (Pubertät, 216). Als Versuch also, einer zu werden, der nicht durch die eigene Mutter geboren ist, Versuch, eine eigene Existenz aus sich selbst zu erzeugen.

Im Frühstückssaal des Hotels in Agadir glaubt Jäcki im Kellner die Figur der Vergeblichkeit wiederzuerblicken, die von frühester Kindheit an sein Leben im Zeichen der Mutter bestimmt: immer den begehren und für sich gewinnen zu müssen, der sich ihm ganz entzieht – das Unmögliche begehren. *Ich liebe nur den, der mich nicht liebt* (Nanā, 91) – *Ich muß den zum Lieben zwingen, der mich nicht liebt.* (Nanā, 130/1, vgl. Pubertät, 77, 64ff): ein doppelter Zwang von Subjekt und Objekt.

Es sind zwei Distanzierungsvorgänge, die Fichte in Agadir dieses Muster des *Unmöglichen* (Nanā, 91) durchschauen und verabschieden läßt. Dies ist zum einen das Altersbewußtsein, welches ihn, statt in der Bahn des anankastischen Sex zu agieren, die Beobachtung und das Schreiben wählen läßt: *Er wollte in Ruhe arbeiten. / Die Gier auf alles war erloschen. / Jetzt wollte er alles beschreiben.* (Nanā, 88) Darin kündigt sich, resigniert und erleichtert zugleich, das Ende der *ozeanischen Weltumarmung* und der *weltweiten Verschwulung* an (Pubertät, 69; Grünspan, 221), das Ende einer Utopie, die nicht nur ein Reich der Freiheit, sondern auch eines erzwungenen-erzwingenden Wiederholungsrituals war. Die Distanz des Ältergewordenen soll ein Schreiben ermöglichen, das die zuvor gelebte Triebkraft erkennbar zu machen verspricht. Fichte glaubt, in der anankastischen Begier des Unmöglichen – der *kühne Kellner* als Metonymie aller begehrten Männer – eine Abzweigung seines Verhältnisses zur Mutter zu erkennen.

Der zweite Distanzierungsmechanismus zerreißt auch diese Annahme. Jäcki führt das Gedankenexperiment mit dem umgekehrten Fernglas durch (Nanā, 124–131): so wird die Umgebung und die eigene Lebensgeschichte sowohl konzentriert wie in die Ferne gerückt. Diese ‚Entrückung' der Bilder durch das umgekehrte telescoping führt zum Bewußtsein, daß die *Erkenntnis* der Mutter *vielleicht für immer entrückt war* (Nanā, 128): zu fern, zu alt, zu undeutlich, zu dunkel; Bildspuren an der Grenze, wo Wahrnehmungskonturen sich endgültig auflösen und Unsichtbarkeit und Vergessen zusammenfallen. Damit aber entfällt auch die Klarheit des Satzes, daß er immer denjenigen geliebt habe, der ihn nicht liebte. Das sollte *die Wahrheit über das Verhältnis zwischen sich und seiner Mutter* (Nanā, 131) sein, erkannt am Frühstückskellner, dem kühnen afrikanischen Nomaden, Löwen, Würger, Schakal – der sich am Ende als *ein Tansvestit als Damentröster* (Nanā, 131) erweist oder vielleicht auch das nicht. Alles ist Bild, Spiel, Effekt von Optiken: *Abzug um Abzug*, Belichtungen von Irmas Kamera, Kopfkino, Ferne oder Nähe je nachdem, welche Linse das Okular ist, ein Okulieren im doppelten Sinn: ein Äugeln und Aufpropfen, Wahrnehmen und ‚Veredeln' (künstlich machen, Kunst machen): die Welt ist Projektion (Berkeley), Perspektive, Empfindlichkeit. Keine Wahrheit ‚hinter' der Wahrnehmung, sondern deren ewiges *Lichtspiel* und Metamorphose, vorübergehend angehalten und zu einem Bild fixiert, das eine Zeit lang die Formel für ein ganzes cluster von Erfahrungen und Geschichten werden kann. Wie jenes Bild des Kellners, das alle Geschichten über das ‚Begehren des Unmöglichen' zu resümieren und auf einen Ursprung, die Mutter, zu beziehen schien. Aber auch das ist Schein, Lichtspiel.

In der Schilderung der ersten, weichenstellenden Begegnung von Fichte und Peter Michel Ladiges (Kleiner Hauptbahnhof, 217ff) sagt Ladiges den Satz: – *In den 120 Tagen von Sodom gibt es eine Bemerkung: Ich wünsche mir etwas. Aber das kann ich wirklich nicht schildern. Inmitten all diesen äußersten Schrecken ein Verweis darüber hinaus, ins Unmögliche, nicht mehr Aussprechbare. Das ist Sade.* (Kleiner Hauptbahnhof, 219). – Das ist auch die Sadesche Schreibweise: jenseits des Dargestellten eine Qual, mit der Darstellung selbst über sich hinauszugelangen an ein Unmögliches und Unsagbares. Das könnte auch die Formel sein für die Schreibweise Fichtes im Verhältnis zur Mutter, wie es am Bild des Kellners ihm aufzugehen scheint – und das als Projektion, die über seinem Leben lag, nun zerstiebt. Ohne daß eine ‚Wahrheit‘, ein ‚Urbild‘, eine ‚Erkenntnis‘ und ‚neue Realität‘ an die Stelle der sadomasochistischen Bilderfolgen tritt. Das letzte Kapitel (Nanã, 133ff) zeigt beide, Mutter und Sohn, ihr Spiel mechanisch weitertreiben. Es gibt für Dora Mascha, die Iphigenie, nicht eine Möglichkeit wie für Ifigenia in der Casa das Minas: nämlich Tabuverletzungen rituell wiedergutzumachen; es gibt nicht die Möglichkeit der Versöhnung, die die Goethesche Iphigenie erfleht als Rettung *vom Leben hier, dem zweiten Tod* (Nanã, 142, 120, 86). Für den Sohn aber gibt es das Ritual der Nanã.

Der Nanã-Kult: *Explosion*

Im Roman ‚Explosion‘ schildert Fichte die Teilnahme von Leonore Mau und ihm an einem Blutbad-Ritual für Nanã. Nach anfänglichen Verweigerungen der 90jährigen Priesterin Nanã wird es für die beiden eingerichtet, als sie der Greisin, die den Namen der Göttin trägt, schwarze Seife aus Afrika für Einweihungsriten, zwei frische Colanüsse, Wahrsage-Kauris, Pfeffer und eine schwarze riesige Kauri von der Osterinsel geschenkt haben; Irma erhält sogar Fotografier-Erlaubnis. Von der uralten Priesterin heißt es, sie sei ein *lebender Leichnam*[1]: *Ihre Seele ist schon lange weg!* Bedingung für die Teilnahme am Blutopfer-Ritus ist sexuelle Abstinenz und daß beide, Irma und Jäcki, weiß gekleidet erscheinen: wie bei vielen Ritualen sind auch hier Reinheitsregeln einzuhalten. Für Fichte ist das Nanã-Blutbad ebenso Tremendum wie Fascinosum. Vor allem aber hat er Angst vor Überwältigung durch den magischen Bann, Angst vor Distanzverlust und Hineinverwandlung ins Ritual, welches für ihn nicht nur irgendein afroamerikanischer Ritus, sondern die Szene seiner Biographie ist. So ist Fichte außerstande die Bedingung der Abstinenz einzuhalten. In der Nacht zuvor **muß** er eine Schwulenbar aufsuchen und mit einem Seemann (natürlich: ein Matrose!) sich zu Orgasmen treiben, die sein Bewußtsein auslöschen.

In Jäcki war ein unwiderstehlicher Hang zur Profanation. Er fand das ziemlich widerlich, denn er sagte sich, so ganz konnte er einer Religion nicht entkommen sein, so ganz konnte er sie nicht nur beschreiben, wenn er sogar dem Zwang ausgesetzt wäre, sie zu profanieren, in den Schmutz zu ziehen. Schlimmer, in den Schmutz zu ziehen, der ihm kein Schmutz bedeutete, der schon wieder einen heiligen Schimmer hatte wie der Schlamm Nanãs ...

---

[1] Es handelt sich um die 90jährige Priesterin Nanã, die auch in Nanã, 140 erwähnt ist und deren Foto im Xango-Bildband, S. 168 wiedergegeben ist. Als lebender Leichnam wird die 90jährige schon im Trance-Feature a.a.O. S. 30ff von 1974 bezeichnet. Die im folgenden wiedergegebene, nicht näher nachgewiesenen Zitate beziehen sich auf die Seiten 381-394 der von Leonore Mau hergestellten Typoskript-Fassung des nur handschriftlich vorliegenden Romans ‚Explosion‘.

Es ist wie zu Beginn von ‚Versuch über die Pubertät': das drohende *Zerbrechen des Bewußtseins* im Toten-Ritual des Sezierers kontert Fichte mit dem Ritual der sexuellen Auslöschung; der Angst vor Distanzverlust und Identifizierung im Blutbad Nanās begegnet er durch den Distanzverlust in der sexuellen Ekstase. Es scheint so, daß der eine Zwang durch einen anderen Zwang ausgependelt werden soll; daß der phallische Sex mit Männern einer Choreographie folgt, die abhängig bleibt von dem Bann, der von der Mutter ausgeht und ihn zu überwältigen droht. Der Sex in seiner endlosen Wiederholung ist selbst ein Ritus, der eine phallische Integrität (gegen die Angst vor Desintegration und Kastration) zelebriert, eine Palliativ gegen die Auflösung im mütterlichen Schlamm, die manische Beschwörung eines Fetisches, des Phallus, der Halt bietet gegen die Zerstückelung in der nigredo des Nanā-Kultes.

Erst solchermaßen ‚gewappnet' mit den Zeichen des apotropäischen Fetischs, vom Schwanz des Seemanns markiert als ‚Mitglied' der profanen Religionsgemeinschaft des mannmännlichen Eros – aber auch wie ein Märchenkind mit magischen Gaben für ein gefährlichen Weg ausgestattet –, wagt Fichte den Besuch der blutigen Zeremonie.

Dennoch wird er „ins Ritual entstellt" (Benjamin). Die magische Ausstrahlung und sympathetische Macht der Schlachtungen, des Blutes der Opfertiere, des rituellen Todes der Teilnehmer im Zeichen der Schlamm-Mutter erfaßt auch Jäcki:
Jäcki wird schlecht.
Er muß kotzen.
Irma zittert. ...
*Als alles vorbei ist, liegen die Kranken und Eingeweihten wie Gefolterte und Verschiedene ... *[1] auf den Kräuerbetten.*
Jäcki und Irma tasten sich zur Sprache zurück.
– *Hinterher leicht fühlen.*
– *Das war wohl das Geheimnis des Ödipus.*
– *Wie.*
– *Die rausgeschnittenen Augen.*
– *Ich verstehe nicht.*
– *Artaud auch nicht.*
– *Sag noch mal.*
– *Die griechische Tragödie.*
– *Und?*
– *Katharsis.*

Damit endet die Nanā-Szene. Fichte findet zurück zum Anfang seines Schreibens: ‚Ödipus auf Håknäss' und dem Versuch, im Schema der dionysischen Auffassung Ödipus-Tragödie das Rätsel seiner Existenz zu entziffern. Im Nanā-Ritual, in der erlebten Auslöschung des Bewußtseins, dem rituellen Todes und der Wiedererweckung (Lazarus, Nanās Sohn, der auch Ödipus ist) macht Fichte die Stufen der tragischen Katharsis durch, die als Besessenheit durch die Göttin Nanā und als

---

[1] Unentziffertes Wort.

Einswerden (als tödliche Hochzeit) von Mensch und Gott verstanden wird.[1] Das Leichtwerden ist ein Effekt der Katharsis nach der Auslöschung der profanen Existenz. Doch in der Logik der mythischen Phantasien Fichtes heißt dies zugleich: er wird leicht durch das Erleiden einer symbolischen Kastration (die den psychischen Kern der Zerstückelung und des rituellen Todes bildet); er wird eingeschmolzen in den Leib der Muttergöttin. Dieser präödipale Inzest bedeutet jedoch auch seine Hinrichtung und seinen Tod. Dieselbe archaische Instanz, mit der zu verschmelzen das primäre Verlangen ist, bedeutet den Tod. Dies ist der Sinn der endgültigen Formel für die Mutter: *Nanā ist der Tod.* Die Vereinigung mit ihr ist die Auslöschung durch sie. Eine Befreiung gibt es nicht – kein Desounin[2] –, sondern im Gegenteil die Unterwerfung unter das unerbittliche Gesetz der Göttin, die das Objekt des Wunsches und die Todesgöttin in einem ist. Allenfalls in den Endlosschleifen und im Stakkato der sexuellen Rhythmen schafft sich das Begehren einen Raum, in welchem durch die Ekstasen mit Männern, für die Augenblicke des Orgasmus, der *alten Urmutter* entkommen werden kann. Wenn aber *die Gier auf alles ... erloschen* ist (Nanā, 88), dann bleibt nichts mehr als das Schreiben: in der Literatur versucht Jäcki den Halt zu finden, der à la longue auch durch den Phallus-Fetisch nicht zu erlangen war. Wie auch? Wie soll die noch so mächtige Konzentration des aufgerichteten Fleisches, das nie anders als schließlich doch in sich zusammensinken muß, ‚standhalten' den auflösenden Kräften der prima materia, der Rückverwandlung in Schlamm, Matsch, Wasser – der Verwesung, Zersetzung, Faulung (putrefactio): dies sind Vokabeln Fichtes für den Tod, den zermürbenden Tod, den Hans Henny Jahnn in seiner ‚ägyptischen' Angst vor Verwesung vergeblich durch die Mumifizierung des Fleisches zu besiegen suchte.

Der Nanā-Kult bedeutet die letzte Umdeutung der Ödipus-Mythe. Iokaste, zur Nanā geworden, ist nicht eine Figur im tragischen Spiel der Götter mit den Menschen. Sie ist die Herrin selbst des Spiels, Göttin, mit der zu verschmelzen der Tod ist. Gewissermaßen ist die Nabelschnur das Würgeband, die Lebensader der Hinrichtungsstrang. Sie ist als Weltenschöpferin und Gebärerin der Inbegriff des Lebens – und legt im ältesten Begehren des Sohnes die Spur aus, auf der dieser unausweichlich ihr Opfer wird. Nicht Saturn, der mütterliche Dämon frißt seine Kinder.

Im ‚Kleinen Hauptbahnhof' (121) erscheint das synkretistische Bild von Klytämnestra-Medea, der hundert Orangen im Einkaufsnetz vor der Brust hängen und die furchtbar mit den Augen rollt. Das Groteske daran ist der stilistische Versuch zur Profanation eines Schreckbildes: Bild der vielbrüstigen (schwarzen) Diana von Ephesos, der Menschenopfer fordernden Demeter (Kleiner Hauptbahnhof, 121), der noch

---

[1] Dies entspricht den Homologien, die Fichte z.B. am Ende des Pasolini-Essays aufstellt: *Die Idee der Katharsis des Aristoteles, die Idee des Théâtre de la Cruauté bei Artaud gehen von der Voraussetzung aus, daß die horrende Darstellung des Zerfleischens den Menschen von seinen Nöten und Ängsten befreit.* (HuL I, 139, vgl. 131). In ‚Explosion' scheint Fichte von der therapeutischen Funktion, die Aristoteles wie Artaud dem rituellen Theater zubilligen, nicht mehr eindeutig überzeugt zu sein.

[2] Auf den Vorgang des Desounin spielt Fichte auch beim Tod der Großmutter an. So, als sei er auch an sie durch einen *schlimmen Ritus* gebunden, durch *einen inzestuösen Wunsch*, muß der *Geist der Schlammmutter* aus dem Kopf der Oma *wieder entlassen* werden (Nanā, 124).

älteren Vorzeitgöttin (Erich Neumann), der verschlingenden Erzeugerin. Die Darstellung des afroamerikanischen Nanã-Ritus wird von Fichte bis zur Ununterscheidbarkeit vermischt (synkretistisch) mit den eigenen aggressiven Besetzungen der Mutter und den Urängsten vor ihr, so daß Nanã, die kosmogonische Schöpferin, nahezu alle Attribute des „negativen Elementarcharakters" der Grossen Mutter erhält.[1] Mir scheint, daß das Schöpfungs- und Wiedergeburtsmysterium, das dem Nanã-Ritus zugrundeliegt, von Fichte zum Tragischen verdunkelt wird, indem er die Ödipus-Mythe in den Nanã-Kult hineinprojiziert und die destruktiven, Blut- und Sohnesopfer fordernden Aspekte des Mutterdämons die positiven Seiten Nanãs überwuchern läßt.

Das gilt wohl auch vom *Krötenton*, mit dem der ‚Versuch über die Pubertät' beginnt. Schlangen, Kröten und Frösche sind der Nanã heilig. Als Erd- und Wassertiere sind sie jenen Materien nah, deren Herrin Nanã ist: Wasser, Schlamm, Matsch, Sumpf, Erde. Die ihr geweihten Tiere müssen respektiert und dürfen nicht getötet werden (Mina, 197/8).[2] Die Plazierung des Nanã-Kultes auf den Sonnabend vor Ostern deutet darauf hin, daß er der rituellen Folge von Tod (Hinrichtung) und Wiedererweckung im christlichen Ostern als verwandt angesehen wird – freilich nicht auf der patrilinearen, sondern matrilinearen Linie. Daß es um das Mysterium von Tod und Wiedergeburt geht, erklärt auch den zeremoniellen Abschied der Teilnehmer, *als ginge es zum Sterben*, sowie ihre Einbettung im Müllgrab (Nanã, 9).[3] Wenn die Tänzer in beiden Händen einen Frosch halten, so tanzen sie mit Nanã. Ihr zu gehören, setzt das *Zerbrechen des Bewußtseins*, die Auslöschung der biographisch-sozialen Identität voraus. Das Essen gemeinsam mit den Hunden aus einem Teller (Nanã, 9; vgl. Mina, 308ff) gehört zu den Prozeduren der Regression auf Bewußtseinsstufen, auf denen es eine Trennung der Kreaturen nicht gibt: alle sind Geschöpfe der *Allmutter*. Die Beerdigung im Müllberg und die Korrelation von Nanã mit der Urmaterie verdeutlichen, daß die Teilnehmer zum *Wegwurf* degradiert werden müssen (die Alchemisten nennen diesen Zustand „Faulung" oder putrefactio), um jenseits davon Anschluß zu gewinnen an die prokreativen Kräfte der Muttter-Materie.

---

[1] Erich Neumann: Die Grosse Mutter. Eine Phänomenologie der weiblichen Gestaltung des Unbewußten. Olten und Freiburg i. Br. 1985, S. 147ff.

[2] Das gilt auch in der magischen Tradition des sogenannten deutschen Aberglaubens: bei Strafe ist es verboten, Kröten zu quälen oder zu töten. Auch haben Kröten große Bedeutung im geheimen Rezeptwissen von Heilerinnen, insbesondere bei Frauenkrankheiten. Das hängt mit ihrer Beziehung zur Fruchtbarkeit zusammen; die Kröte ist ein Gebärmutter-Symbol (siehe Nanã-Kult). Zugleich sind Kröten jedoch gefährlich, giftig und Erdesser; sie können als Schatzhüterinnen auftreten oder verwunschene Seelen figurieren (nach: Handwörterbuch des deutschen Aberglaubens, Bd. V, Sp. 608–635). Vgl. Christoph Gerhardt: Kröte und Igel in schwankhafter Literatur des späten Mittelalters. In: Medizinhistorisches Journal, Bd. 16 (1981), H. 4., S. 340 – 359.

[3] Dazu gehört auch die Verbindung Nanãs mit dem St.-Lazarus-Fest, das in seinem Rhythmus von Krankheit-Tod-Wiedergeburt sowohl typologisch als Christus-Parallele (Lazarus als Nanãs Sohn) wie auch als Entsprechung zu afrikanischen Wiedergeburtsmysterien gesehen werden kann. Die Verbindung mit Lazarus macht weiterhin verständlich, warum der Nanã-Ritus nicht nur Bluttaufe, sondern auch eine Heilungsprozedur ist: ihre Kult dient auch rituellen Therapien (Nanã, 9; Explosion). Die Krankheit ist ein „kleiner Tod", den zu durchleben die Voraussetzung zur Gesundung (Wiedergeburt) darstellt.

Diese positiven und therapeutischen Aspekte des Nanã-Kultes werden von Fichte nicht getilgt, aber doch wohl von der Seite des Todes her verdunkelt. Der erste Satz im ‚Versuch über die Pubertät': *Zu Anfang nur der Ton.* (Pubertät, 11) wird dadurch in der Auslegung unsicher. Daß es sich dabei um den Krötenton (vgl. Pubertät, 53) handelt, ist gewiß. Als Gegensatz zum johanneischen: „Im Anfang war das Wort" kann der Satz seine Bedeutung gewinnen innerhalb eines matrilinearen Schöpfungsmythos. Am Anfang steht die *Allmutter, Urmutter,* Nanã. Der verblosen 1. Zeile folgt eine Zeile nur aus Verben: *Anschwellen. Sich Vorstülpen.* Und: *Damit war es vorbei.* Ist das nur auf den Ton bezogen? Oder, aufgrund der phallischen Konnotation der Verben, schon auf das gerade vollzogene sexuelle Ritual mit dem Schwarzen im Müll des Palastes? Diesen Palast jedoch als heimliche Stätte des männlichen Sex zu verstehen, ist darum nicht sicher, weil hier auch einige der Nanã zugeordneten Elemente wiederkehren: so die Jungfrau Maria (sie gehört zu Nanã, insofern Fichte Nanã mit der stella maris identifiziert); so ferner das Wasser, das Gift, die Krankheiten. Im ersten Absatz des Romans bildet Fichte eine Art Synkretismus aus Wörtern, der sowohl als Hinweis auf die soziale Verelendung Bahias wie auf die eigenartigen Assemblagen der Kulte gelesen werden kann. Wie immer auch – mir scheint, daß der Beginn des Romans auf verdeckte Weise zwei Rituale gegeneinander führt: den kosmogonischen Kult der Urmutter und das sexuelle Ritual des Sohnes. Ebenso unklar ist, wem der Samen des Sohnes gehört: ist er als *Laich* ein Lustopfer für die schwarze Göttin, die Mutter, die mit *Leichner-Stiften* und *Leichenstiften* (Nanã, 32, 57/8, 120; Grünspan, 140; Pubertät, 53) geschminkt ist wie eine Maske der Lust und des Todes; oder ist der Samen *Wegwurf* an die Männer, eine immer wiederholte Verausgabung des Ich und eine Huldigung der Schönheit schwarzer Männer? Ebenso gegeneinandergeführt werden von Anfang an der präverbale *Ton* und das *Wort*, welches das Medium des Sohnes ist. In einer Umgebung von Elend, Krankheit, Tod, Müll, Ruin, Faulung bietet der Sohn den Sex als Gegenbann zur Nanã auf. Doch in den Worten, die er darüber schreibt, wird die Sprache zu einem Versuch, in welchem er sogar noch das, was ihr vorausgeht – der Ton –, wenn nicht darstellen, so doch benennen kann. Schrift ist Unabhängigkeit vom Ton – so wie Fichte im Schreiben unabhängig zu werden suchte von der gebärenden und vernichtenden Potenz des archaischen, vorsprachlichen Mutterdämons, der hier, auf der ersten Seite des Romans, seine Anwesenheit durch die Kröte bereits markiert: die Mutter ist erster Anfang und letztes Ende, tönende Gebärmutter und Todeston. Gegen beide schreibt der Roman bis zur letzten Seite an.
Nanã ist der Tod.
Ich komme wieder.
Durch den Spiegel. (Schulfunk, 558)

Nanã ist nicht zu überleben. *Die Gier auf alles war erloschen.* Es gibt keine Heilung, keine Wiedergeburt, keine Rettung im Sex. Fichte bleibt *auf der Strecke.* Vielleicht gibt es wirklich nur die Wiedergeburt im Imaginären, *durch den Spiegel* des Textes. Nur für den Autor, der tot ist, gelten die Verse des Empedokles, die wie eine versöhnte Variante des Mysteriums der Nanã klingen. Der Text wäre die rituelle Wiederholung und Vorwegnahme des Todes sowie eine metamorphotische Erweckung in Wörtern. Dem vernichtenden hieros gamos des Sohnes mit der Mutter im Tod, seine Verwandlung des Körpers in Schlamm und Verwesung, wird der Autor als zweiter Lazarus entgegengehalten, der in der Schrift zum „Herren der Welt" wird, zum Geretteten im immateriellen Reich der Zeichen.[1]

---

[1] Ein vorliterarischer Versuch, Nanā zu überleben, besser: zu unterleben, ist die Flucht in die Landarbeit, welche Fichte in der ‚Geschichte der Nanā' erstmals deutet als einen Rückgang auf den Status von prähistorischen Sammlern und Tierhütern, als eine Rückkehr *zum barfüßigen Ahnen in den Frühwald* und ein Beginnen *noch einmal ganz von vorn*. Die Landarbeit erhält symbolisch den Sinn einer Rückkehr zum Urvater, den Testanière figuriert, statt zu Nanā, der Schlammmutter. Zugleich ist die Flucht in die Landwirtschaft ein Versuch Fichtes, sich mit den bäuerlichen Vorfahren zu vermitteln (Nanā, 12, 38). Gegen das Geborensein durch die Mutter ist es ein Versuch zur Verankerung in einer männlichen Genealogie (vgl. Pubertät, 60).

VIII. ‚DER PLATZ DER GEHENKTEN' – *EINE ANDERE ANORDNUNG VON EMPFINDSAMKEITEN.*

> Marokko war sehr erschreckend für mich. Ich kenne es jetzt tiefer und würde Dir abraten in ein so krankes, böses, elendiges Volk zurückzukehren.
> (Fichte an P.H. Boll, 15.5.1970)[1]

1. Prolog. Schichtungen und Schaltungen

Nach der ‚Organisierten Ägypten-Rundreise' im Oktober 1969 reisen Hubert Fichte und Leonore Mau im Frühjahr 1970 nach Marokko.[2] Unterwegs trennen sich beide und Fichte besucht noch Marakesch, wo er 6 Wochen bleibt. Der Freund und Maler Peter Hinrik Boll, der lange in Marakesch lebte, hatte Fichte, auf dessen Anfragen hin, in langen Briefen Marakesch als ein Schwulen-Mekka geschildert.

Irma hatte noch Fotoaufträge für eine Illustrierte zu erledigen. In einem Brief teilte sie Jäcki mit, sie würde am 1.4.1970 das Flugzeug Agadir-Casa-Paris nehmen. Die Zeitung La Vigie meldet am gleichen Tage den Absturz des Flugzeuges. *Niemand soll den Absturz überlebt haben.* (Platz, 47, 208) Der Absturz wird auch im Funk-Feature von 1971 notiert, eine persönliche Beunruhigung schimmert hier gerade eben noch durch.[3] Wie bei fast allen Reise-Features dieser Zeit blendet Fichte die Geschichte Jäckis und Irmas ebenso aus wie seine sexuellen Erlebnisse. So wie der Roman ‚Alte Welt' im Verhältnis zur ‚Organisierten Ägypten-Rundreise 1969' trägt auch der Roman ‚Der Platz der Gehenkten' im Verhältnis zum Feature ‚Djemma el Fna' diese autobiographischen Schichten nach. Zusammen mit dem *Studenten, der Koffka kennt,* versucht Jäcki nachts am Schalter der Royal Air Maroc Klarheit über den Absturz zu erlangen (Platz, 212): – *Die Frau, von der Sie reden, ist nicht auf der Liste* (der Liste der Toten). Zurückgekehrt ins Quartier schläft der Erzähler und wird von Robert geweckt, der ihm die Zeitung mit *la liste des morts* übergibt: *Irma fehlte. / Ich dachte: –*

---

[1] Der Briefwechsel zwischen Boll und Fichte befindet sich in der Staats- und Universitätsbibliothek Hamburg.
[2] Reisepaß-Vermerk 2.2.1970: Einreise Agadir.
[3] Hubert Fichte: Djemma el Fna – Platz der Gehenkten. Frühjahr 1970. SWF 31.7.1971, S. 182, 183, 184.

Das besagt gar nichts. (Platz, 11) – *Irma steht nicht drauf. / Das besagt gar nichts. / Eine Frau ohne Paß und Namen.* (Platz, 213)

Ein Telefonanruf in Hamburg klärt auf, daß Irma/Leonore Mau die innermarrokanische Route mit dem Bus genommen hatte, weil sie *etwas sehen* wollte (Platz, 213, 214). Die professionelle Bild-Neugier hatte der Fotografin das Leben gerettet.

1985, in Paris, trennen sich Schriftsteller und Fotografin erneut, weil Fichte noch einmal Agadir besuchen wollte, die Reise von 1971 teilweise reinszenierend (Platz, 109) – denn er arbeitet jetzt am Roman ‚Der Platz der Gehenkten' (Platz, 210).

Mit diesen beiden Trennungen 1970 und 1985 setzt der Roman ein: *Ich war allein*. Irma hat den Nachtbus nach Fez (1970) bzw. den Schlafwagen (vom Gare du Nord nach Hamburg 1985) genommen (Platz, 9 vgl. 109/10).

Ich war allein: Hubert Fichte. So beginnt es. Im Roman heißt es: *Jäcki war endlich allein. ... /Irma war abgestürzt. / – Ich bin frei.* (Platz, 209 = 1970); aber es heißt auch: *Ich war allein.* (Platz, 210 = 1985): Der Autor und sein Double, Ich und Jäcki, Erzählzeit und erzählte Zeit. Der Autor – 1985 auf den Spuren Jäckis reisend – inszeniert das *Erleben der Djemma el Fna* nach (Platz, 109): der Autor doubelt sein Double. „Wer kein festes Ich-Zentrum hat", sagt Gustav René Hocke über die manieristischen Vervielfachungen und Maskierungen auf der Bühne, findet sich wieder als „doublé und dédoublé".[1] Mit einer solchen Identitätsverwirrung beginnt die Traum-Sequenz des Romans: die Nacht nach dem Absturz – Träume von Verlust, Verwechslungen, Vertauschungen von Pässen, welche die Identität ausweisen sollen, doch nicht können. Im „Labyrinth" (Hocke) der Traumbilder verliert sich die Identität in vielfachen Permutationen. Nicht einmal der Modus ist deutlich: träume ich, erinnere ich, erinnere ich einen Traum, träume ich ein Erwachen, in dem ich einen Traum erinnere, habe ich wirklich geträumt, habe ich, was ich zu träumen geglaubt habe, erlebt, habe ich geträumt, was ich jetzt erinnere, was erinnere ich, was vergesse ich?

Ich war endlich allein – Ich war frei – Irma ist tot –: dies ist der Schrecken, ist die Angst, ist die Schuld, ist die Befreiung in einer Nacht, in der es kein „festes Ich-Zentrum" mehr gibt. An diesem Punkt will der Autor 1985 sich wieder heranschreiben. Und von ihm ausgehend macht sich der *Schriftsteller ... an die Beschreibung des Platzes der Gehenkten* (Platz, 109). Wieder – wie im ‚Waisenhaus', im ‚Grünspan', in ‚Pubertät' – wird die Zeit des Erzählens aus einer **Situation**, einer minimalen Zeitsequenz entwickelt.

Beides aber, die Szene, aus der das Erzählen hervorgeht, und das Erzählte selbst liegt 1971 bereits vor – allerdings getrennt. Der Stoff des Romans ‚Der Platz der Gehenkten' ist vollständig im Feature ‚Djemma el Fna' enthalten – ja, der Roman von 1985 geht aus dem Feature von 1971 durch Verknappung und Reduktion hervor. Und im vorletzten Kapitel des ebenfalls 1971 veröffentlichten Romans ‚Detlevs Imitationen „Grünspan"' – am Ende des großen stroboskopischen Kapitels im psychodelischen Schuppen Grünspan – wird ein dem Leser notwendig unverständlicher Text *Mein Traum* (Grünspan, 238–240) eingeschaltet, der 1985 den Beginn des

---

[1] G.R.Hocke: Manierismus in der Literatur a.a.O. S. 218.

Romans ‚Platz der Gehenkten' bilden wird. Nach der Einschaltung *Mein Traum* verwandelt sich der Text in einen délire verbal über LSD – eine Diffusion also nicht nur der Identität in den Doubles der Pässe, sondern in der Sprache selbst, die im psychodelischen Wirbel jede grammatische Ordnung verliert.

Man erkennt erneut die außerordentliche Vernetzungsdichte des Grünspan-Kapitels 143. Nicht nur, daß es über die Echnaton-Anspielungen die ‚Organisierte Ägypten-Rundreise 1969' mit der Obduktions-Szene zu Beginn des ‚Versuch über die Pubertät' verbindet[1]; nicht nur, daß es biographisch über die Gräff-Assoziationen zurückgebunden wird an den Bombenangriff im Juli 1943; nicht nur, daß es kompositorisch präzise dem ersten Erzählzeit-Kapitel (Nr.15, Grünspan, 25–31) in der Schwarzen-Bar „Sahara" auf St.Pauli korrespondiert, von wo Fichtes Interessen nicht nur an schwarzen Männern (Jeff – Eddie), sondern sein Forschungsinteresse an afroamerikanischen Ritualen ausging[2]; nicht nur, daß dieses Kapitel mit der Figur Otto Habermann (Cartacola/o), der auch zu Beginn des Marakesch-Romans auftaucht, auf Fichtes *Soul-Musical-Moritatenoperette* über den *Damenimitator* Cartacola/o verweist; schließlich auch, daß es in nucleo die Erzählzeitebene des Romans ‚Platz der Gehenkten' enthält, macht dieses Kapitel zu einer der wichtigsten poetischen Schaltstellen des Gesamtwerkes von Fichte, in welchem die Fäden der Biographie von der Kindheit bis hin zur Beendigung des letzten Romans 1985 und die Fäden der Forschungen in drei Kontinenten zusammenlaufen. Die entscheidenden Szenen der poetologischen Schichtungen, Vernetzungen, Korrespondenzen sind immer Räume/Orte: der Balkon, die Palette, Sahara, Grünspan, die Morgue, das Zimmer im Hotel Garni, der Hauptbahnhof, die Djemma el Fna. Ähnlich, wie das Zimmer Irmas auf Seite 1 von ‚Hotel Garni' den Raum bildet, in welchem das gesamte Frühwerk, ausgehend vom ‚Ödipus auf Håknäss', mit dem Großprojekt der ‚Geschichte der Empfindlichkeit' zusammengeschaltet wird, wird die Diskothek Grünspan im Kapitel 143 zu einem Raum, der gewissermaßen die Programm-software für eine unübersehbare Zahl von Motiven und Strängen, Werken und Forschungsunternehmen darstellt.

Alles vom Roman ‚Platz der Gehenkten' ist mithin 1971 schon vorhanden. Was noch fehlt, ist die Zusammenschaltung der Teile und das poetische Kalkül des Romanes im Ganzen. Beides findet Fichte offensichtlich erst auf der nachinszenierten Reise im Frühjahr 1985.

Die kompositorische Lösung liegt formal darin, daß die Traumsequenzen, der Absturz Irmas und die Erzählzeit 1970 und 1985 synchron geschaltet werden und nunmehr den Rahmen des großen Mittelteils über die Djemma el Fna bilden. Diese Form-Idee findet eine inhaltliche Entsprechung: der persönliche Schrecken über die Flugzeugkatastrophe und den (vermeintlichen) Tod Irmas korrespondiert damit, daß der Platz der Gehenkten eigentlich *Das Beendete. / Der Tod. / Der Platz der Toten.* (Platz, 108) heißt und somit der kollektive Raum eines Volkes ist, *das Angst hat. / Das*

---

[1] Vgl. dazu S. 193ff. dieses Buches.

[2] So die Selbstaussage von Hubert Fichte in dem mit Gisela Lindemann 1981 geführten Interview: „In Grazie das Mörderische verwandeln" a.a.O. S. 308/9.

einen schrecklichen Augenblick erlebt. (ebd.) Irmas Tod und der Platz der Toten, der Angst, des schrecklichen Augenblicks verweisen aufeinander. Der Roman ist Trauma-Bewältigung.

Zum anderen löst sich Fichte vollständig von der Feature-Form der Radioarbeit von 1971. An die Stelle der Collage-Technik des Reise-Features tritt ein hochmanieristisches Kalkül, das den Stoff nach arithmetischen und graphischen Gesichtspunkten organisiert. Es geht nicht mehr um Reise-Literatur mit Referenzen auf die Djemma el Fna und dem Medium Radio geschuldeten Höreradressierungen und Veranschaulichungen, mit moralischen Bewertungen, mit sozialen Einschätzungen und narrativen Erklärungen; sondern es geht um Form, Artifizialität, Kalkül und Messung, kurz: um ein poetologisches Programm.

Freilich hängt dieses mit der Einfügung der autobiographischen Ebene zusammen, auf die das Feature verzichtet hatte. Autobiographische Schicht: es steht mithin Jäcki/Ich als Autor, Homosexueller, Partner Irmas, als *Bi* und als Medium im Zentrum und in Frage. Wieder erfordert die Erfahrung eines Raumes der Toten die poetische Selbstreflexion des *Ich allein* heraus: Reflexion der beiden Gegenkräfte, über die das Ich verfügt – das Schreiben und die Sexualität im „Zwischenreich".

Darum sind zwei Veränderungen des Funk-Feature von 1971 wesentlich (ich sehe von den vielfachen Lakonisierungen in Richtung auf einen phänomenalistischen Stil ab). Das ist zum einen die ungleich größere strukturelle Bedeutung, welche die Darsteller, Mimen, Skriben und Erzähler im Roman erhalten: als Spiegelungen des europäischen Schrift-Stellers. Und es ist zum anderen die völlig veränderte Funktion der Koran-Zitate. Im Feature von 1971 haben die Suren-Fragmente eine entweder kontrafaktische oder kommentierende Funktion zu den vorher oder nachher erzählten Situationen. Im Roman dagegen entfallen nahezu sämtliche Bezüge des Korans auf die gegenwärtige gesellschaftliche Situation in Marakesch; statt dessen werden die Suren-Zitate strikt auf die Haltung des Korans zum ‚Laster' und zum ‚Dichter' bezogen: Fichtes Roman wird dadurch zu einer Gegenschrift des Korans und er bezieht seine ästhetische Konstruktion aus der Umkehrung des formalen Aufbaus der Heiligen Schrift des Islam. An die Stelle eines ethnographischen Reise-Features tritt ein Roman, der – ähnlich wie das Hörspiel ‚Ich bin ein Löwe' – in der Form selbst eine zentrale, vielleicht die grundlegende Selbstbegründung der profanen, bisexuellen Ästhetik Fichtes enthält.

2. Heilige und Profane Schrift

Ich beginne mit der Frage der Form, insoweit sie bestimmt ist durch den Koran. Die Schrift und das Schreiben sind wesentliches Thema. Fichte setzt seinen ‚Platz der Gehenkten' in Beziehung auch zu den oralen Literaturformen und zur Schriftkunst, wie sie auf diesem Platz ausgeübt werden. Die nachhaltigste Auseinandersetzung aber mit anderen Schriften als seiner eigenen findet mit dem Koran statt.

‚Koran' heißt, wie ‚Bibel', „Schrift / Buch". Daß Koran die Schrift selber ist, das Monopol der Schrift, beruht auf der Heiligkeit dieses Buches. Der Koran ist wie die

Bibel das Buch der Bücher. Für beide gilt gleichsam der Satz: ‚Ich bin Dein Buch, Du sollst keine anderen Bücher haben neben mir'. Der Koran ist für die gläubige islamische Welt das ungeschaffene Wort Gottes.[1] Offenbart durch Visionen und Auditionen in Mekka und Medina, erfährt Muhammad der Prophet (570–632 n.Chr.), analog zu den alttestamentlichen Propheten, das Wort Gottes, das mithin keine Kreation eines Menschen darstellt, sondern sich eines Menschen als Sprachrohr bedient. So sagt im Roman Fatni, der Beamte: *Natürlich ist der Koran Gottes Wort! Es gibt keinen Menschen, der eine Sure des Korans erfinden könnte.* (Platz, 116) Das Anordnungsprinzip des Korans ist bemerkenswert. Die Suren werden in absteigender Länge geordnet; das ist ein „im Orient nicht ungebräuchliches System".[2] Diese Ordnung folgt keinem Sinn. Im Gegenteil wurde durch diese Anordnung z.B. die Chronologie der Visionstexte völlig durcheinandergebracht. Auch eine theologische Ordnung ist in diesem System nicht enthalten. Bei dieser Form liegt nun Fichtes erste Anknüpfung an den Koran:

Die Texte des Korans werden kürzer von Sure zu Sure.
Die Texte des Platzes der Gehenkten werden länger.
Ich möchte das Gesetz der schrumpfenden Glieder durch das Gesetz der wachsenden Glieder ausgleichen. (Platz, 13)

Dieses willkürliche Formprinzip – wenn man darin nicht eine sexuelle Bedeutung erkennen will[3] – muß jedoch einen Anfang finden. Fichte – und das scheint noch willkürlicher – wählt dazu die Übersetzung der Sure 17,1 und läßt darauf 17 Seiten lang je nur eine Zeile pro Seite folgen. Dann folgen zwei Seiten lang je 2 Zeilen, drei Seiten lang je 3 Zeilen usw. bis hin zu 17 Seiten zu je 17 Zeilen, wobei das Maß gelegentlich überschritten wird (auch die formale Ordnung des Korans ist nicht makellos). Im Inhaltsverzeichnis (Platz, 7) ist der arithmetische Aufbau angegeben.

Die Form des Korans ist ihren Inhalten gegenüber gleichgültig. Alle Texte des Korans sind gleichermaßen heilig. Dem Wort Gottes ist das menschliche Ordnen nach dem Prinzip der Subtraktion ganz und gar äußerlich. Eben weil die Texte kanonisch sind, können sie beliebig angeordnet werden. Wo immer man zu lesen (oder zu hören) beginnt, man steht in der Mitte des Wortes. Fichte überbietet die Formstruktur des Korans noch dadurch, daß er über das Prinzip der Addition bzw. Subtraktion hinaus noch die Multiplikation als Form hinzufügt. 2 x 2 bis 17 x 17. Ist das Spielerei der Form? Pythagoräischer Manierismus?

---

[1] Der Koran. Übertragen v. Max Henning. Eingeleitet von Annemarie Schimmel. Stuttgart 1986, S. 5 u. 15. Der arabische Ausdruck al-qur'än enthält noch stärker als die ‚Bibel' die Bedeutung der Verkündigung. Wörtlich heißt Koran: Schriftverlesung. Dieser liturgische Zweck gilt jedoch auch für die christliche Bibel, insofern im Zentrum des Gottesdienstes die Verkündigung (Verlesung) des Wortes Gottes steht. Oft wird der Koran auch als al-Kitäb bezeichnet = Schrift/Buch. Obwohl unerschaffen, ist der Koran in gewisser Hinsicht Kopie – nämlich der Urschrift im Himmel; diese wird nach Sure 97 in der „Nacht der Macht" auf die Erde gebracht. Sie wird in einzelnen Suren offenbart und mit einem Verkündigungsauftrag versehen – daher das oft vorangestellte ‚Sag!'.
[2] Ebd. S. 13.
[3] Gert Mattenklott erkennt in den „schwellenden Gliedern" ein erotisches Zeichen, in: ders.: Hubert Fichte: Erotologie als Form a.a.O. S. 21.

Die Roman-Arithmetik radikalisiert das Fichtesche Prinzip der Sprachverknappung. Der Text baut sich aus mikrologischen Elementen auf: vom Buchstaben „A" und dem hebräischen Namen des Buchstaben „A" = „Aliph" zum Namen des Platzes: *Djemma el Fna* [die elementare Denotation: Namensgebung]; von einfachen Konjunktionen bis zu einfachen Sätzen, Mitteilungen, Faktogrammen; von kleinen Scherben einzelner Szenen und Situationen bis hin zu Handlungssequenzen und elementaren Narrationen. Schließlich erscheinen Kunstformen, die vorgefunden werden auf dem Platz selber, nämlich in der Literaturpraxis der Mimen oder Erzähler, vor allem des Negerjungen, der zum tradierten Typ des oralen Erzählers gehört; bis schließlich in komplexen Raffungen ein ganzer Tagesablauf der Djemma el Fna folgt: dies ist das letzte Textstück, das dem Text ‚Platz der Gehenkten' gewidmet ist.

Fichte erprobt mithin elementare Formen der Sprache, der Berichts, der Erzählung, so allerdings, daß dabei ein komplexes Netz von Korrespondenzen, Wiederholungen, Erweiterungen, Differenzierungen entsteht, im Verhältnis zu dem das aufwendige arithmetische Voranschreiten simpel ist. Schließlich wird der ganze Roman zu einem Schreiben über das Schreiben. Gegenüber dem Koran, der aufgrund der Heiligkeit der Schrift keinerlei metareflexiver Ebene bedarf, befindet sich der Roman auf der Suche nach dem Ort der profanen Schrift, die nicht aus der Erleuchtung hervorgeht. Es geht um die Entgegensetzung von „Heiligem" und „Profanem" in der Schrift selber und darauf nimmt jenes Wort des *Ausgleichens* (Platz, 13) Bezug. Fichte will das Gesetz der abnehmenden Glieder durch das der zunehmenden *ausgleichen* das meint: ‚ausbalancieren', ‚auspendeln'. In Wahrheit handelt es sich um mehr: um den Roman als eine Gegenschrift zum Koran.

Ferner ist das Fichtesche Gesetz der anschwellenden Textmengen, anders als die formale Ordnung des Korans, auch inhaltlich bestimmt. Die Zunahme der Textumfänge stellt einen Prozeß der Annäherung dar. Von der Rätselhaftigkeit des absolut Einzelnen – und was gäbe es Isolierteres als den nackten Buchstaben „A" –: von diesem Einzelnen also steigt der Text zwar nicht zur Enträtselung irgendeines Geheimnisses auf (es gibt in diesem Text keine Offenbarung); wohl aber bildet sich ein Gefüge, entstehen Sequenzen von Elementen und Szenen, die zueinander in eine offene Verweisungsdynamik treten und auf zwei Ebenen zu steigender Sicherheit führen: das ist einerseits das Sehen und Hören und das ist andererseits das Schreiben. Das (menschliche) Sehen und Hören setzt sich entgegen dem vollkommenen Sehen und Hören Gottes in der ersten Surenübersetzung: *Gott ist der, der hört und der vollkommen sieht.* (Platz, 14) Dieser Gott, dem die Welt vollkommen transparent ist, hat sich dem Schriftsteller Muhammad offenbart und so entsteht das absolute, das heilige Buch. Die Schreibweise Fichtes konkurriert mit der göttlichen Transparenz und der Offenbarung des Heiligen in der Schrift.

Drittens werden Bezüge zum Koran durch eingestreute Übersetzungen von Fragmenten aus vier Suren gesetzt. Das Übersetzen des Korans und das Schreiben des Romans werden so aufeinander bezogen, daß Fichte seinen Roman schließlich als Kontraposition zum Koran behauptet. Inmitten der libinös hochbesetzten Welt der Araber spricht Fichte seinen Roman gegen den heiligen Grundtext des Islams an, ohne daß in irgendeiner Weise die Praktiken der islamischen Gesellschaft, wie sie auf der

Djemma el Fna in Spiegelsplittern eingefangen ist, diskriminiert würden. Die Ablehnung des Korans liegt auf derselben Ebene wie die Ablehnung der Bibel im Hörspiel ‚Grosses Auto für San Pedro Claver': Kritik eines heiligen Grundtextes, der ganze Geschichten von Völkern und Kontinenten nicht heil und heilig gemacht, sondern verstümmelt und zerstört hat. Das ist an jenen Passagen des ‚Platzes der Gehenkten' zu sehen, wo an Alltags-Praktiken der islamischen Gesellschaft die Härte des Gesetzes vorgeführt wird – bis hin zu Verstümmelungen: der Koran, als der heilige Text, ist der unterwerfende, verstümmelnde Text.

An vier Stellen werden Übersetzungen aus dem Koran eingeschaltet: nach der Exposition, d.h. vor Beginn des ersten Blocks der 17 x 1 Zeile. Dann nach dem Block der 5 x 5 Zeilen; nach dem Block der 16 x 16 Zeilen und nach dem Block der 17 x 17 Zeilen, vor Beginn des Roman-Abspanns. Vor jeder Koran-Übersetzung steht der Fünfzeiler:

Aufwachen.
Zwischen Traum und Traum.
Die Stimmen der Sänger vom Turm.
Gottes Wort.
Sauer. (Platz, 12 / 45 / 173 / 206)

Dieser rituell wiederholte Fünfzeiler bildet in mehrfacher Weise eine Gelenkstelle. Zunächst könnte er heißen, daß Fichte in Marakesch zwischen zwei Träumen durch die Ausruferstimmen von den Minaretts geweckt wird und *Gottes Wort* hört: das sind die folgenden Koran-Passagen. Das Wort Gottes aber ist *sauer*, abgestanden. Das hieße, daß alle Texte zwischen den Koran-Rezitationen Traum-Texte wären. Das kann nicht wörtlich gemeint sein. Doch immerhin verweist das Wort *Traum* auf die ursprünglichste Form des poetischen Phantasierens. Tatsächlich wird der gesamte arithmetisch konstruierte Romanteil eingehängt in Rahmentexte, die in seltsamer Weise Traum und Realität, aber auch Zeiten (1970 und 1985) vermischen bis zur Unkenntlichkeit. Auch wird in den poetologischen Stücken des Romans immer wieder Bezug auf das Träumen genommen:

Wo bin ich?
Zwischen Traum und Traum? (Platz, 107)
Wo befinde ich mich, wenn ich schreibe?
Hier oder dort oder in der Mitte oder nirgends?
Doch: Das Leben ein Traum?
Die nächtliche Reise?
Zirkeltraum? (Platz, 215)

Bin ich schreibend – *hier*: hier auf der Seite, die ich beschrifte? Oder *dort* –: dort, in Marakesch? Bin ich schreibend *hier* im Jetzt, 1985, wo der Roman entsteht, oder *dort* im Damals, 1970 auf der Djemma el Fna? Bin ich weder hier noch dort, sondern in einem Mittenraum, einem Zwischenraum, einem Medium – wie *zwischen Traum und Traum*, einem Raum des Aufwachens *zwischen* den Träumen? Ist das Schreiben ein Aufwachen zwischen Träumen? Heißt dies, wie Calderon de la Barcas metaphysisches Welttheater überschrieben ist, „Das Leben ein Traum?" Wäre Schreiben ein Bewußtwerden des Traums, des Lebenstraums? Oder ist das Schreiben *nirgends*, ohne

Raum? Oder bin ich, der Autor, in einem *Zirkeltraum* befangen – in einer kreisenden Wiederholung des Imaginären? Dies nimmt Bezug darauf, daß Fichte das Schreiben 1985 *unter Bedingungen* aufnimmt, *die er dem Erlebnis der Djemma el Fna nachinszeniert hat* (Platz, 109). Er reist 1985 in umgekehrter Richtung die Strecke Agadir – Casa – Paris, die 1970 Irma genommen hatte – genauer: hatte nehmen wollen, wie Fichte glauben mußte, als er allein nach Marakesch reiste.
Es entsteht beim Schreiben eine doppelte Verdoppelung.
Wie in einem Zirkeltraum. (Platz, 109)

Doppelte Verdoppelung: 2x1x2 = 4. Vier Ichs? Das ist das „Ich" des Schreibens 1985; das ist Jäcki 1985, der sich von Irma trennt und Irmas Strecke von 1970 zurückfährt, um das erlebende Ich auf der Djemma el Fna 1970 nachzuinszenieren, der schon damals, 1970, ein Schreibender war. „Ich" fingiere das Fingieren der Fiktion:
Wo bin ich?
Doppelt oder zweimal halb? (Platz, 107)[1]

Ich träume, daß ich aufwache und im geträumten Aufwachen mich an einen Traum erinnere, den ich, als ich nicht mehr träume, daß ich aufgewacht bin, in Variationen weiterträume:
Wo befinde ich mich, wenn ich schreibe? ...
Zirkeltraum ?
Was habe ich vergessen? ...
Welches Vergessen erinnere ich? (Platz, 215/16)

Dieser Zirkeltraum und Kampf ums Erinnern wird im Roman vorgeführt. Es geht um den Status der Texte, um die Identität des Autors und den Raum der Schrift.

Stellen die Texte *die nächtliche Reise* (Platz, 215) dar? Mit dieser Formel sind wir unversehens zum Koran zurückgekehrt. Denn der Name der Sure 17, die Fichte als erstes übersetzt, lautet: *Die nächtliche Reise.* Dieser Titel bezieht sich auf eine nächtliche „Himmelsreise der Seele", die Muhammad legendär terminierte[2] – so wie Fichte seine Traumreise auf den 1. April 1970 setzt. Der von Fichte übersetzte Vers eröffnet diejenige Sure, in welcher, durch die schamanistische Nachtfahrt Muhammads zwischen Raum und Zeit, der Text des Korans als eine Offenbarung Gottes beglaubigt wird. Es geht in der nächtlichen Reise um die Heiligung der Schrift.

---

[1] Natürlich geht es hier auch um das Thema Bisexualität – diese ist das „Zwischen" par excellance und darum für Fichte auch der Ort des Schriftstellers. Zugleich ist es ein kryptisches Zitat aus der Palette, 270: *Und da hängt Jäcki, der kaputte, sich an den reinen... Klaus Martin und singt ihm eine Hymne vor von Buddha und Achill, preist ihm die Nonviolence und das zweistimmige Oymeln, nicht Halbehalbe, sondern doppelt doppeln.*

[2] Die schamanistische Himmelsreise Mohammads von der Kaaba nach Jerusalem (was als Ziel der Reise an „die ferne Betstätte" gerne angenommen wird) fand statt am 17. Rabi'al-awwal eines nicht genau feststehenden Jahres zwischen 610 und 620: es geht hier also um ein Phänomen, das Fichte in seinem Schamanismus-Studien sehr genau kennengelernt hat. Die Himmelsreise bzw. die Elevationen zeichnen einen Menschen als Heiligen, Propheten, Schamanen aus – so daß fortan auch seine Rede Zeichen des Heiligen trägt. Ist Fichtes Schreiben *zwischen Traum und Traum* die profane ‚Nachinszenierung' eines heiligen Ritus?

Von dergleichen Sicherung der Autorschaft kann bei Fichte keine Rede sein. Dem Literaten wird nicht der Segen, nicht die Erwählung Gottes zuteil, die ihn zum Medium des ungeschaffenen Buchstabens der Gottesschrift verwandelt. Im Gegenteil.

Die dritte Koran-Einschaltung Fichtes nämlich, Sure 26, Vers 165 – 173 und Vers 224, ist, wie die Sure selbst, mit *Die Dichter* überschrieben (Platz, 174). Die Sure reiht verschiedene Warnungs-Episoden aneinander, in denen ein beauftragter Botschafter sein Volk zu heiligem Wandel aufruft und vor Sünde und göttlichem Gericht warnt. Die von Fichte übersetzte Stelle zitiert die im Alten Testament berichtete Lot-Episode (Genesis 19). Die Warnung Lots vor sexueller Unzucht, insbesondere vor Homosexualität, wird von den gottesverachtenden Bewohnern Sodoms und Gomorrhas ausgeschlagen. Die Stadt wird durch ein Gottesgericht zerstört.[1]

Schon die zweite Koran-Einschaltung (Platz, 46) übersetzt mit Sure 7, Vers 78 – 82 denselben Stoff. Allah droht durch Muhammad, ebenso wie Jahwe durch Lot, den Schwulen – dem *perversen Volk*, wie Fichte in moderner Sprache übersetzt (Platz, 46) – die Verwerfung und das Strafgericht an.[2] Fichte radikalisiert dieses göttliche Progrom gegen die Homosexuellen beim dritten Koranzitat von Sure 26 noch dadurch, daß er zur Spruchgruppe 165 – 173 der Lot-Episode den Einzelvers 224 hinzumontiert, der dadurch den Schluß der Sodom und Gomorrha-Episode darstellt: *Den Dichtern folgen die Irrenden.* (Platz, 174)

Dieser Vers entstammt einem Kontext, in welchem Muhammad vor solchen warnt, „auf welche die Satane herniedersteigen", das sind „Sündige", „Lügner" und eben „die Dichter" (Sure 26, Vers 221–3), welche in der vorislamischen Tradition als von überirdischen Mächten Inspirierte galten. Ihre Inspiration stellt für Muhammad, der wie jeder Religionsgründer die Inspiration monopolisiert, eine Konkurrenz dar. Darum denunziert Muhammad die Dichter als Satanisten. Fichte tut ein übriges, wenn er durch seine Montage die Dichter als Verführer Sodoms und Gomorrha erscheinen und sie damit schuldig am Untergang der Städte werden läßt.

Damit identifiziert sich der schwule Dichter Hubert Fichte als Satanisten, der in jüdisch-christlicher (Lot) wie in islamischer Tradition das Strafgericht Gottes herabbeschwört. Er ist der Perverse der Schrift, der Verräter Gottes, der Verführer des Volkes. Aber er ist auch derjenige, dessen *nächtliche Reise* und dessen *zwischen Traum und Traum* begründete Autorschaft sich entgegengesetzt der Schrift der Religionen darstellt, welche die moralische Ordnung durch die Inanspruchnahme der Göttlichkeit der Schrift etablieren.[3]

---

[1] Eine eher witzige Pointe allerdings bleibt es, daß Lot, der der Homosexualität nicht erlegen ist, sich mit seinen beiden Töchtern rettet, die mit ihrem Vater schlafen, wodurch Lot zum Stammvater der Moabiter und Ammoniter wird, – als könnte Inzest durchaus etwas sein, worauf Gottes Segen ruht, während die Homosexualität zum Untergang ganzer Städte führt. – Nebenher: Fichte wußte natürlich, daß der alliierte Bombenangriff auf Hamburg im Juli 1943 den Namen „Operation Gomorrha" trug.

[2] Vgl. den Luther-Essay HuL II, 55; Fichte kommentiert hier die Lot-Episode: *Sappho und Marcel Proust./ Es ist eine Politik der verbrannten Erde. Sakralfaschismus. Dichterverbrennung.*

[3] Es ist nicht zu übersehen, daß die Sure 26 den Dichter als enthusiasmós darstellt, als vom Daimon besessen – wie es Platon ausdrückt. Mit dieser Stigmatisierung identifiziert sich Fichte – und bezieht daraus sein Selbstbewußtsein als Schriftsteller. – Zu erinnern ist hier, daß auch Marcel Proust den IV. Band seiner „Recherche", denjenigen Band, der ausdrücklich die Perversion und Homosexualität zum Thema hat,

Die Konkurrenz zwischen dem Propheten des göttlichen Wortes und dem verworfenen Dichter der profanen Erleuchtung wird im vierten Koran-Zitat auf die Spitze getrieben. Fichte übersetzt Sure 81, Vers 1 – 13. Es handelt sich um eine lange Wenn-Periode, wie sie in religiöser und hymnischer Rede häufig benutzt wird (den Leser auch an Detlevs Konditional-Konstruktionen erinnert). In dieser Wenn-Periode wird durch prophetische Antizipation die Apokalypse ausgemalt, um im Vers 14 zu terminieren: daß nämlich „dann", im Vollzug der Apokalypse, die das Gericht über jede Seele herstellt, auch „jede Seele wissen wird, was sie getan hat": im Empfang ihres Urteils nämlich. Fichte indes bricht seine Übersetzung, die nach der gespannten 12-gliedrigen Wenn-Klimax explosiv auf das „Dann" stößt, genau nach dem „Dann" ab – und setzt an die Stelle des göttlichen Strafgerichts nur ein Wort: *Nein!* (Platz, 207)

Dies ist die bündige Unterbrechung der apokalyptischen Mechanik, die insgeheim über dem ganzen Text des Romans liegt, ja über dem literarisch inszenierten Leben Fichtes. Denn die biographisch späteste Gerichtsszene, jene doppelte Hinrichtung im Hörspiel ‚Ich bin ein Löwe' stellt ihrerseits schon einen Kulminationspunkt von apokalyptischen Strafphantasien dar, welche sich seit dem ‚Waisenhaus' durch das Werk Fichtes ziehen. Die Hinrichtungsszene des Hörspiels bezieht sich einerseits auf Homosexualität – das Gericht der Nanā –, andererseits auf die Poesie – das Gericht der olympischen Götter über den Dichter. Indirekt wird damit das *Nein!* Fichtes nicht nur gegen Allah, Jahwe und den christlichen Gott, sondern auch gegen die Zeusreligion und die Muttergottheit Nanā gerichtet: sie alle sind religiöse Repräsentanten des heterosexuellen Gesetzes, das seine Geltungskraft durch Verdammnis, Hölle, Apokalypse, durch das Strafgericht gegen die Sodomisten aller Couleur durchzusetzen trachtet. Die großen monotheistischen Religionen sind Heiligungen der heterosexuellen Norm. Die Heterosexualität errichtet sich als Gesetz durch die Dämonisierung der Perversion, wie sie sich gleichzeitig darin ihren eigenen Alptraum schafft und ihre geheime Obsession. Das ist die attraktive Hölle der sexuellen Leidenschaften jenseits des familialen Gesetzes.

Fichtes *Nein!*, das den apokalyptischen Bann des Korans unterbricht, ist der Einspruch gegen die Schuld-Strafe-Phantasien, denen er sich selbst unterworfen hatte. Dieses *Nein!* aber ist auch eine indirekte Erklärung für sein „Ja" zur afroamerikanischen Religion, wenn und insofern diese keine Apokalypse der Homosexualität enthält. Es ist auch sein „Ja" zu dem älteren, zweigeschlechtlichen Zeus vor seiner heterosexuellen Reinigung, jenem androgynen Zeus Labendreus, der für Fichte ein transkontinentaler Verwandter des bisexuellen Gottes Xango ist. Dieses *Nein!* ist ferner das Nein zu einer Autorschaft, die sich durch göttliche Inspiration gesichert weiß und sich von daher zu einem Schriftmonopol aufspreizt. Mit diesem einen Wort *Nein!* durchkreuzt Fichte die Autorschaft Muhammads und setzt ihr die unausräumbare Zweifelhaftigkeit des profanen Autor-Ichs entgegen, dessen Schreiben auch *eine nächtliche Reise* ist, doch ohne göttliche Sanktion; ein herkunftsloses Sprechen *zwischen Traum und Traum*, das seinen Raum und seine Geschichte nicht im hieros

---

mit „Sodom und Gomorrha" überschreibt, so wie Ingeborg Bachmann ihre Erzählung lesbischer Liebe mit „Ein Schritt nach Gomorrha" betitelt. Sodomie ist in christlicher Tradition der Titel für Perversion schlechthin, besonders für Homosexualität.

logos gesichert vorfindet, sondern sucht in immer neuen Sprachexperimenten und immer neuen Anknüpfungen des Autor-Ichs an historische *Brüder*, von Herodot bis Genet, von Empedokles bis Bobrowski.[1]

Am Ende des Romans, der mit dem erneuten Besuch des erdbebenzerstörten Agadir endet, wird allerdings deutlich, daß das kraftvolle *Nein!* keineswegs einen historischen, sondern allenfalls einen biographischen Einschnitt bedeutet. Agadir ist eine postapokalyptische Stadt, wie Sodom und Gomorrha. Der letzte Abschnitt beginnt: *Die chthonischen Tage sind vorbei.* (Platz, 217)

Vorbei ist die augenblickslang empfundene Erfüllung der Utopie des Schreibens und der Sexualität in Marakesch 1970 – dies liegt zurück wie eine Urgeschichte, chthonisch. Die Städte proben ihre Apokalypse oder haben sie bereits, wie Agadir, hinter sich. Kein archaischer Erzähler mehr wie der Negerjunge, sondern Fernsehen. Aidskranke und Fundamentalisten bevölkern den Strand. Das Gottesgericht über die Sodomisten ist da: Aids. Die Fundamentalisten gewinnen die Hoheit über den Sex zurück. Die Zensur triumphiert: *Das Verbot übertreten heißt, sich der Todkrankheit überantworten. / Gottes Wort.* (Platz, 217)

Gottes Wort! Ihm folgt nicht mehr, wie in den Wiederholungssequenzen des Aufwachens zwischen Traum und Traum: *Sauer*. Noch erkennt, wiedererkennt Fichte Spuren der chthonischen Tage von 1970. Sentimentalische Fundstücke einer ausgelöschten Vergangenheit. Die Schrift aber, die jetzt Gültigkeit beansprucht: das sind die Worte *Allah, Alwatan, Almalik.* Das ist *Gott, Marokko, König.* (Platz, 218) Schriftzüge, mit denen der *böse Berg Agadirs* beschriftet ist, durch monumentales Ausrasieren der Gebüschzone in Buchstabenform. Dies ist die Schriftformel des reaktionären Reichs Gottes nach der Apokalypse Sodoms und Gomorrhas und Agadirs. Wenig Trost: *Einige Buchstaben sind zugewachsen.* In den Trümmern stochert noch jetzt, nach beinahe 20 Jahren, eine entmutigte Bevölkerung – so wie Fichte jetzt in den Bruchstücken der Vergangenheit sucht. Und als zweiter Schriftzug, der den Roman abschließt, am Strand in Riesenlettern, so daß die 60000 TUI-Reisende es aus dem Flugzeug heraus lesen können: *James vous dit Bon Voyage. / Au revoir.* (Platz, 218)[2]

Postapokalypse: das ist die in diesen beiden Schriftzügen zusammengefaßte Koalition von touristischem Neokolonialismus und reaktionärem Gotteskönigtum. Ende der Hoffnungen, die in winzigen Erinnerungsfragmenten aus der Zeit vor 20 Jahren noch präsent sind. Da hieß es:

Der uralte Traum:
Sich mit allen vereinigen. (Platz, 217)

Dies ist ein kryptisches Zitat Jäckis aus ‚Detlevs Imitationen' und dem ‚Versuch über die Pubertät':

---

[1] Diese Deutung des „Nein!" erfährt Bestätigung, wenn man realisiert, daß Fichte im Feature von 1971 die apokalyptische Sure noch vollständig zitiert und das „Nein!" fast unauffällig einmontiert (Djemma el Fna, a.a.O. S. 218).

[2] Diese Stelle steht in Korrespondenz zu den Inschriften, die ein Negerjunge 1970 für Irma und Jäcki auf den Strand von Agadir schrieb (Platz, 213/4).

Ich kann mir die Freiheit, wenn ich ehrlich bin, nur als eine gigantische weltweite Verschwulung vorstellen (Grünspan, 221). So 1971, kurz nach dem ersten Marakesch-Aufenthalt und dem ersten Agadir-Besuch. Und 1974 heißt es, über das prosaisch gewordene Ich:
– *nicht mehr das allesumoymelnde Spiel, sondern Abgrenzung auf das Ich allein.*
Ich – die weiße Zeit, die so schnell ausverkauft ist.
Nicht mehr die schwarze Zeit der Gegenwärtigkeit selbst.
Ich : aufgeklärt, unmagisch, verlogen. (Pubertät, 37)

Schwarze Zeit der Gegenwärtigkeit, allesumoymelndes Spiel, Freiheit, weltweite Verschwulung -: das sind die Formeln des *uralten Traums*, der in Marakesch augenblickslange Gegenwart hatte, nun aber begraben liegt unter den Trümmern des zerstörten Agadir, ebenso wie der *uralte Traum* verschüttet ist im durchrationalisierten Ich, das seine Aufgeklärtheit mit dem Verrat seines Traums bezahlt hat. Postapokalypse auch dies.

Was bleibt, ist Schreiben, Schreiben den Spuren entlang. Was aber fort ist, unwiederholbar, das ist die Aura der Djemma el Fna, als Nähe, so fern sie sein mag (Benjamin), Aura, die dem Platz erst durch die nachgetragene sprachliche Vergegenwärtigung zuwächst, Aura, die unbetretbar ist wie das Paradies, das einst erträumte. Der letzte Satz realisiert den Abschied: *Ich nehme den Nachtbus, Irma nach.*

Schreiben und die einzige biographische Konstante: Irma. Das ist alles. Die Utopie ist ein U-topos; ein Nirgendort, ein Zwischenraum vielleicht *zwischen Traum und Traum.*

3. Klassen und Katastrophen

Die äußerste Verknappung der Darstellungs-Sprache täuscht keineswegs darüber, daß der Roman eine marktplatzhafte Buntheit entfaltet: wie sie jede exotische Erwartung hegt. In kurzen fotografieähnlichen Standbildern oder knappen Szenen wie Filmsequenzen wird der Leser in Kontakt gebracht mit einem Zauberer, einem Schuhputzer, einem Wasserverkäufer, den Skriben, den Zeitungsausrufern, dem Bratspießchenhersteller, einem Würstchenmacher, einem zehnjährigen Schmuckverkäufer, einem Meerkätzchenschausteller, einem Eseltreiber, zwei Pillenverkäufern, einer Wahrsagerin mit dem Ei, mehreren Schaustellern, einem Dentisten, den Schlangenbeschwörern, der Rahaligruppe (deren Show darin besteht, kochendes Wasser zu trinken), der Gnaua-Gruppe (Trommel- und Tanzgruppe), einem Hochzeitszug, einem Begräbniszug, einem Auto-Pilger-Zug, Küchen- und Essensstand-Betreibern, Affenschaustellern und mehreren Berufserzählern. Des weiteren Krüppel aller Art, Blinde, Lahme, einer ohne Unterleib, ein Greis ohne Nase, eine bettelnde Negerin mit Kind: alles Menschen, die auf der Djemma el Fna oder von ihr leben. Ohne feste Zuordnung sind: ein Schüler, ein Lehrer, ein Student, der Sohn des Schuldirektors – Interviewpartner aus der Bildungsschicht, die ebenfalls auf dem Platz zu finden sind. Dazwischen dann, als zweite Population, trudeln die Touristen, Hippies und Schwulen aus Europa und den USA. Die Händler und Bettler des Platzes leben von ihnen, vor allem aber die Stricher, die daneben noch schlechtbezahlten Berufen nachgehen. Der Platz der Gehenkten erscheint zuerst als ein entzündetes ökonomisches Gewebe, das vollständig durch die Mangelökonomie eines Landes in der 3. Welt beherrscht ist; weswegen der Tourismus eine Art Geld-Kolonialismus ist.

Das gilt insbesondere von der Schwulenszene, welche durch die sogenannten Ricardtanten präsent ist. Das sind bös karikierte, klatschsüchtige, alternde Schwule, die ihren Verlust an sexueller Attraktivität in Europa, hier, im Mekka des billigen Schwulenstrichs, kompensieren. Sie alle sind Vertreter der Mittelschicht, wenn nicht gar der Finanzbourgoisie aus dem Foubourg St. Germain, aus dem Jet-Set (Krupp von Bohlen-Halbach), aus den USA wie Paul Getty, oder aus der Kulturbourgeoisie wie Antonioni, Yves St. Laurent oder Bernhard Buffet und natürlich Fichte selbst.

Mehrere Stricher bekommen ganze Textblöcke eingeräumt und werden dadurch individualisiert – stärker jedenfalls als die Freier: Omar, Buzi, Buchtar, der Starneger; Graischa, Ituni; Arafa, mit dem Fichte zwischenzeitlich eine Art Ehe, eine Irma-Beziehung hat, freilich auf der Ebene der Freier/Stricher-Ökonomie: gegen Bezahlung also; Driss dann und vor allem Gaouty, der sechs Textstücke eingeräumt bekommt und zu den wichtigsten Schwulenbegegnungen in Fichtes Werk zählen darf; daneben anonyme Strichkontakte mit Arabern und Schwarzen. Die Stricher dürften hier in Marakesch wie auch in anderen Ländern zu den wichtigsten Informanten und Interview-Partnern Fichtes gehören. – Die Schwulenszene ist durch den Sex-Tourismus der europäischen Bourgeoisie induziert und bildet eine eigene Schicht mit eigener Topographie auf der Djemma el Fna: Café Sport, Hotels, Schwulen-Hammams und Klappen.[1]

Es gibt folglich drei Schichten des „Platzes der Gehenkten": die Schicht der Schausteller, Händler, Krüppel und Bettler; die Schicht der Freier und Stricher; die Schicht der Schreiber, Erzähler, Mimen, Schriftsteller.

Alle Ebenen werden durch ein Vermittlungsmedium zusammengehalten: das ist das Geld. Die Rolle des Geldes wird durch jene Passagen verallgemeinert, in denen es um Massenarbeitslosigkeit, die Bevölkerungsexplosion und wirtschaftliche Strukturschwäche in einem diktatorisch regierten Land der 3. Welt geht. Freilich ist das ein nur angedeuteter Hintergrund. Die Ökonomie ist wichtig, insofern der Platz der Gehenkten ein Ort des Geldstroms ist, der ununterbrochen Menschen miteinander vermittelt: Touristen mit Marokkanern, Freier mit Strichern, Händler mit Kunden, Bettler mit Gebern, Diebe mit Bestohlenen, Vorführer mit ihrem Publikum. Ein pausenloser Puls von Energien geht durch den Platz, angetrieben von der Not, aufs mühsamste das zur Subsistenz nötige Minimum an Geld abzuzweigen vom Fluß der Münzen und Scheine, der über den Platz spült.

Die europäischen Touristen und Schwulen sind zugleich Lebenserhalter und Schmarotzer, also immer Herren einer Ausbeutung zur Befriedigung ihres exotisti-

---

[1] In diesem Sinn hatte Peter Hinrik Boll Fichte – auf dessen Bitten hin – ausführlich geschrieben: leuchtende Farben der Schwulen-Szene. Es ist nicht sympathisch, wie Fichte seinen Freund zum ‚Rapport' beordert; und nicht ohne Anrührung liest man die detaillierten Berichte Bolls mit Adressen und Empfehlungen sowie die ausführlichen Darstellungen der sexuellen Praktiken mit Halbwüchsigen – die Fichte verlocken sollen in dieses Paradies des Möglichen.

schen oder sexuellen Begehrens. Sieht man genauer hin, löst sich jeder Exotismus des Platzes auf, weil alle Figuren, von wenigen Ausnahmen abgesehen, von der stummen Gewalt gelenkt werden, die auf diesem Platz Regie führt. Die vielfältigen Übersetzungsmöglichkeiten seines Namens machen dies deutlich:
Djemma el Fna heißt gar nicht Der Platz der Gehenkten.
Djemma heißt Die Moschee, Die Versammlung.
Also vielleicht Der Platz.
Fna heißt Das Fenster.
Das Beendete.
Der Tod.
Der Platz der Toten.
Nicht Der Platz der Gehenkten.
Oder:
Djemma el Fitnah.
Die Versammlung des Volkes, das Angst hat.
Das einen schrecklichen Augenblick erlebt. (Platz, 108)

Djemma el Fna: *Das klingt wie beim Henken.* Und dann zitiert der Richter aus München, eine Parallelfigur zum Herrn aus Basel, eine Henkerszene aus Homer, die Fichte kommentiert: *Von Homer bis Himmler!* (Platz, 106) Eigensinnig beharrt der Romantitel auf der falschen Übersetzung. Ist eigentlich Europa ein Platz der Henker? Von Homer bis Hitler? Mehrfach wird auf den Faschismus Bezug genommen, auf die KZs der Juden und Schwulen, auf den 2. Weltkrieg, der Europa zum Platz der Henker und Gehenkten machte. Bis Nordafrika.

Die Übersetzungsmöglichkeiten und Assoziationen von Djemma el Fna verwandeln diese zu einem Platz der Katastrophe, der Angst, der Apokalypse, des Todes, der hier wie im „Fenster" ansichtig wird. Jetzt realisiert man erst die durch den Text gewebten Züge des drohenden, eingetretenen, beinahe eingetretenen, omnipräsenten Todes: der Flugzeugabsturz, der 82 Menschen Menschen und beinahe Irma in den Tod gerissen hat; das große Erdbeben von Agadir; der Untergang von Sodom und Gomorrha; als heiliges Wort droht der Richtspruch Gottes; Djemma el Fna = Gottes KZ. Unmittelbar vor der apokalyptischen Sure 81 steht der Bericht über Moulay Ismail, der für seine gigantischen Bauwerke 60000 christliche und schwarze Sklaven arbeiten ließ, die nachts in unterirdischen Kerkern angekettet werden. Diese Kerker sind heute zu besichtigen:
In den sieben mal sieben Kilometern der unterirdischen Tonnengewölbe
Der Staub von den Sohlen der 60000 Touristen
über dem Staub der 60000 Gefangenen des Moulay Ismail. (Platz, 172)

KZ- Sightseeing wie in ‚San Pedro Claver' (wie in Deutschland). Die Katastrophe der 60000 Sklaven wiederholt sich als bewußtlose Form des Erinnerns; eben das ist postkatastrophisch: der piranesische Alptraum der Kerker toristisch aufbereitet für die 60000 TUI-Reisenden, denen im Roman der letzte Schriftzug gilt: Strandbotschaft hinauf zu ihrem Flugzeug. Auch die Kerker sind eine Djemma el Fna, Platz der Toten.

La liste des morts – das Verzeichnis der Toten des Flugzeugabsturzes: *Irma fehlte. / Ich dachte: / Das besagt gar nichts.* (Platz, 11) Daß einer/eine, daß Du oder Ich nicht auf der Liste der Toten, Verurteilten, Gehenkten, Umgekommenen, Verschütteten, Gerichteten steht –: dies *besagt nichts*. Die Djemma el Fna kann auch eine *Liste der Toten* sein, Platz der Apokalypse, die droht, Platz der Katastrophen, die schon waren, Platz der Katastrophen, denen man gerade noch entgangen ist.

Der *schreckliche Augenblick* bildet eine weitere Schicht des ‚Platzes der Gehenkten', die unterste oder oberste; und, so darf man sagen, die gesamte Poesie Fichtes ist darauf gerichtet, den *schrecklichen Augenblick* hinter uns, vor uns, den *schrecklichen Augenblick* jetzt zu bewältigen, auf dem Platz der Gehenkten die Schrift zu behaupten, Gegenbilder zu finden und das unterbrechende *Nein!* zu setzen gegen die apokalyptische Sure 81. Fichtes Poetik ist zuerst ein Reflex des Schreckens (nicht eine „Ästhetik des Schreckens") und dann der Versuch, in der Sprache einen Gegenbann und eine Ausflucht zu finden.

Ist man aufmerksam geworden auf die universale Gewalt, so akzeptiert man, warum der Roman auf dem falschen Titel ‚Platz der Gehenkten' besteht. Dann entdeckt sich, daß die Djemma el Fna nicht im entferntesten der Ästhetik des üppig-bunten Exotismus entspricht, sondern bis in die Feinstrukturen hinein vom *schrecklichen Augenblick*, von der Gewalt und dem Tod erfüllt ist.

4. Mikrologien

Der Schrecken im Augenblick: an 10. Stelle der siebzehn einzeilig beschrifteten Seiten findet sich: *Leergeeiterte Augenhöhlen.* Nur dies. Sonst weiße Seite. So wie hier den beiden Wörtern der Körper der beschrifteten Seite fehlt, so begegnet dem Blick der Augen, in diesem Nu des Schreckens, nichts als *leergeeiterte Augenhöhlen* ohne Körper.

Man muß nur versuchen und wird es kaum aushalten, diesen beiden Wörtern so lange sich auszusetzen, wie das Lesen einer Seite in Anspruch nimmt. Der horror vacui der weißen Seite befällt einen wie der Schrecken aus den leergeeiterten Augenhöhlen in die Augen des Schreibenden fällt.

Die Leere der Seiten hat zu tun mit dem Schrecken, der die Dinge isoliert. Sie springen einen aus absoluter Vereinzelung an, vermittlungslos. Das ist Schreck auch dann, wenn das solchermaßen solitäre Ding nicht selbst schrecklich ist wie die leergeeiterten Augenhöhlen. *Der Zauberer färbt das Wasser schwarz.* (Platz, 25) Schwarzes Wasser – weiße Seite. Kein Beobachtungskontinuum, kein Deutungskontext, keine Schriftlinearität, die gewöhnlich die Dinge in eine Ordnung plaziert. Dem Verstehen so dunkel wie das schwarze Wasser ist das Weiß der Seite.

La Vigie! La Vigie! La Vigie! La Vigie! (Platz, 26)
Vigie: das ist der Ausguck auf dem Schiff, aber ich sehe nichts als leeres Weiß. Erst später (Platz, 46) begreife ich, daß hier der Zeitungsverkäufer seinen Ausruf durch die leere Seite hallen läßt; es ist der Ruf, der den Schrecken ankündigt: Flugzeugabsturz, 82 Tote, Irma tot. Das Weiß der Seite und der Absturz. Starre vor Schreck.

Arabesken in Arabesken. (Platz, 23) – : diese Verdoppelung von verschlungenen Pflanzenornamenten, aber die Seite ist leer und sieht mich an wie die Realisierung des Satzes „Ornament ist Verbrechen" von Adolf Loos. Die Graphik der Seite im Widerspruch zum Inhalt der Wörter.

Kinderwagen voller Kälberbeine. (Platz, 27) –: auf der leeren Seite diese Wörter wie Kinderwagen voller Kälberbeine auf dem leeren Platz der Gehenkten. Das Echo des Schreckens aus surrealistischen Bildern.

Einer – wer, wann, wo, warum zu wem? – sagt: – *In den Schulen soll geschossen worden sein.* (Platz, 28) Kälberleichenteile in Kinderwagen, Kinderleichen in Schulgebäuden. Was ist geschehen? Die leere Seite weigert jede Antwort und läßt die Schüsse auf Schüler durch ihren weißen Raum knallen. Schrecksekunde des Lesens. Eine Seite lang.

Nachts schlagen sich die Kinder auf dem Asphalt um Essensreste. (Platz, 31) Die leere Seite ist so gierig auf Druckerschwärze wie die hungernden Kinder auf Essen. Der Satz, verweilend gelesen, stumm umgeben von Weiß: die Gefräßigkeit des Lesens, das Begehren nach bekömmlichen Satzmengen, stockt und erschrickt über sich selbst: Lesen ist Fressen; doch ist diese Seite so wenig wie das Buch zum Verschlingen. Lesekonsumismus. Exotismus. Tourismus. Die Leere um den einen Satz erinnert deren Kehrseite: den Hunger der Kinder, während Kälberbeine in Kinderwagen über den Platz rollen und das Wort Gottes von den Minaretten das Heil verkündet.

Djemma el Fitnah.
Die Versammlung des Volkes, das Angst hat.
Das einen schrecklichen Augenblick erlebt. (Platz, 108)
‚Die Wörter auf dem Platz der Seite.
Die Versammlung von Wörtern, die Angst haben.
Die einen schrecklichen Augenblick erleben.'

Geht das denn? Fichte läßt uns die arithmetische Ordnung des Buches betreten wie einen Platz, den die Wahrnehmung nicht mehr organisiert. Gewöhnlich treten die Dinge in unsere Wahrnehmung ein in Reih und Glied, sie sind vorstrukturiert, ausgerichtet auf uns als Wahrnehmungszentrum; sie sind in Lage- und Abstandsbeziehungen koordiniert; sie finden in vertrauten Anordnungen ihren Ort; sie bilden den Hintergrund von wahrgenommenen Bewegungen; sie sind vorab in ihrer Bedeutsamkeit ungefähr erschlossen. Der Augenblick der Wahrnehmung eines Platzes ist gewöhnlich ein komplexes Phänomen von diffus gestreuter Aufmerksamkeit, welche gerade in ihrem vagen Schweben die Integration von sinnlichen Anschauungen, kulturellen Deutungsmustern, zeiträumlichen Koordinationen und sozialen Stereotypen der Bedeutungsbildung leistet.

Robert Musil nennt es „den Firnis der Gewohnheit", der sicherstellt, daß das, was wir sehen, „Seinesgleichen" ist. Eben dieses „Seinesgleichen" hat Fichte in seinem Roman zerschlagen. Die Dinge fallen in ihre rätselhafte Einsamkeit zurück. Splitter von Geräuschen, Sätzen, optischen Eindrücken; Szenen springen willkürlich ins Auge und auf die Seite. Daß nach dem Prinzip der arithmetischen Ordnung auf einer Seite nicht mehr Platz hat als 1, 2, 3 ... Zeilen, reflektiert den Schmerz im Auge, wenn die Dinge aus ihrer Reihe springen und wie kleine Splitter auf die Netzhaut treffen. Das absolut Einzelne ist in der Wahrnehmung beinahe nicht auszuhalten – es sei denn in mystischer Versenkung –, und man schließt das Auge. Schwärze. Die Seite bleibt weiß. Dieses Aussetzen der Wahrnehmungsordnung ist zunächst ein Aussetzen der erzählerischen Ordnung, welche die Wörter auf das Band der Zeilen flicht zu einem Block, der oben links und unten rechts mit der vorangegangenen und der folgenden Seite zu einem Kontinuum zusammengefädelt ist.[1] Hier aber springen Wörter auf die Seite, ein oder zwei Zeilen, und behaupten das Ganze des Blattes. Spät erst empfinden wir beim Lesen einer Sequenz, einer ganzen Seite die bemerkenswerte Genugtuung, die von einer kontinuierlich bedruckten Seite ausgeht und uns eine Ordnung und einen Sinnzusammenhang annehmen läßt. Dieses aber, daß das Vereinzelte das Ganze einnimmt, ist eine Dissoziation des Sprach- und Wahrnehmungszusammenhangs, wie sie jedem Schrecken eignet. Der Schrecken hackt aus dem Kontinuum der Zeit den Augenblick heraus und erzeugt Leere um dieses Nu. Selbst wie gemeißelt starrt das Subjekt auf das Ding und in seine Umgebungsleere. Dies kann, wie es Fichte stilistisch schon in der ‚Palette‘ ausprobierte, in größter Geschwindigkeit geschehen oder wie beim stroboskopischen Lichtzerhacker (Grünspan), so daß eine merkwürdige Festnagelung der Aufmerksamkeit bei gleichzeitigem Bilderbeschuß der Netzhaut entsteht. Dies kann auch zu einem pointillistischen oder tachistischen Zerfall der Wahrnehmungseinheit, der Umrißlinien, der Raumkoordination führen, die sprachlich-literarisch ihr Pendant findet im Verlust von Grammatik und Satzgefüge bei temporeichem Hintereinanderschalten von Sprachfetzen, wie man es etwa bei frühen Großstadtschilderungen in der Literatur der Weimarer Republik findet. Oder man kann, wie Fichte hier, die Vereinzelung dehnen, vergleichbar mit bestimmten puristischen Bildtechniken der modernen Kunst. Um jedes zum Augenblick hingerissene Objekt breitet sich, so blitzhaft wie gedehnt auch immer, ein leerer Raum, der, wie Alexander Kluge einmal Karl Kraus zitierte, die Dinge oder Wörter um so fremder zurückblicken läßt, je inständiger sie angesehen werden. Alles derart in den Stillstand Gebannte ist unmenschlich, nackt, grausam, erschreckend. Die einzelne Zeile fällt auf die Seite wie ein Stein ins Wasser und verschwindet im Rätsel ihrer selbst, während die Wellen der Assoziationen sich spurenlos über die leere Oberfläche ausbreiten. Der Einschlag des Wortes oder des Satzes auf der Seite ist, wie Benjamin sagt, ein Choc, der pariert wird im Schrecken, daß ‚es‘ und nur ‚es‘ da steht in seiner unsäglichen Unvertrautheit und bedeutungslosen Andacht. Das kann man die *schwarze Zeit der Gegenwärtigkeit* (Pubertät, 37) nennen.

Krauseminze und Aas.

Das derart isolierte, ins Auge oder auf die Seite Gekrallte muß keineswegs selbst schrecklich sein. Im Gegenteil eignet dem Schönen selbst ein Schrecken. Denn, recht betrachtet, ist das Schöne ein Ereignis, das den Anschauenden wehrlos macht durch

---

[1] Man vergleiche die ungeheure Dichte der die Seiten wie Monumente füllenden Textblöcke bei Peter Weiß (Ästhetik des Widerstands) oder bei Brigitte Kronauer (Berittener Bogenschütze). Es wäre an der Zeit – jetzt, wo im Zeitalter der Medien das Buch als Medium ins Bewußtsein tritt – Untersuchungen anzustellen zur ‚Grafik‘ der Schrift, das Verhältnis von Fülle und Leere der Seite. Es sind hier Entdeckungen zu machen. Der ganze Unterschied von Syntax und Stil der Sprache zwischen Peter Weiß und Hubert Fichte wäre daran zu entwickeln, wie beide Autoren ‚die Seite füllen‘.

das Unwiderstehliche, womit es ins Subjekt eintritt, dieses abrupt von seinen habituellen Rollen abschneidet und sich als einzig das Jetzt Erfüllende behauptet. Vielleicht so (aus der 2er-Gruppe):
Das Mädchen führt den blinden Vater über den Platz der Gehenkten.
Antigone und Ödipus. (Platz, 32).

Etwas Ungenanntes, vielleicht Zart-Mitgehendes oder Mutig-Bestimmtes im Gestus des Mädchens, das den Blinden führt, echot eine mythische Konfiguration heran: so begleitete einst die vom Gesetz unbeeindruckte Antigone ihren geblendeten Vater bis zu seinem Tod (Sophokles: Ödipus auf Kolonnos). Hier nun der blinde Alte, zur großen Population der Krüppel und Bettler der Djemma el Fna gehörig, seinem Geschick der Armut unterliegend, das in Wahrheit ein Effekt der göttergleich trohnenden Machthaber und Reichen des Muslimischen Königreiches ist, – hier nun wird dieser Alte, der seine Verkrüppelung trägt wie die Sühne einer Schuld, assoziiert mit dem schuldlos schuldigen Ödipus und seiner Tochter, die jenseits von Schuld und Sühne und mithin in der bloßen Geste des Menschlichen steht. Wie hier das namenlose Bild zweier Araber zusammenstößt mit dem Bild im Kopf des Sehenden, der sich erinnert an die das Gesetz negierende Teilnahme Antigones an dem Verurteilten und Geschlagenen: das mag wohl das Schöne sein, diese Assoziation zweier Bilder über Zeiten und Kulturen hinweg, stehenbleibender Moment mitten auf dem Platz der Gehenkten – jenseits desselben. Im Schrecken über diesen Augenblick des Schönen will die Seite darüberhinaus leer bleiben.

Darin wird etwas spürbar von dem im Weiß der Seite auslaufenden Staunen darüber, daß nach der Apokalypse noch Raum bleibt für die Gesten des Menschlichen, das bei Fichte seit jeher das Maß des Schönen ist.

Antigone sagt zum königlichen Gesetz und zum mythischen Bann *Nein!*, wie hier der Autor das apokalyptische Gericht der Sure 81 durch das *Nein!* durchkreuzt. Schon der junge Detlev hatte den Antigone-Stoff kennengelernt und ähnlich rezipiert wie die Goethesche „Iphigenie", deren „Es ist genug!" eine andere Form des Neinsagens war: *Nein* zum tragischen Verfallen der Familie an das göttliche Gesetz.

Klaus Heinrich hat in seinem Buch „Versuch über die Schwierigkeit nein zu sagen"[1] darauf hingewiesen, daß die Verneinung ein elementarer Akt der Selbstbehauptung gegen die Macht der identifizierenden Zuschreibungen ist –: Identifizierung durch die Macht, das Gesetz, den Mythos, die Gewalt, die Klasse, das Schicksal, die Folter.

In der kleinen Miniatur Fichtes hebt der Name Antigone an dem arabischen Mädchen etwas Unbeschriebenes hervor, das Fichte nicht in Worte faßt oder fassen kann, weil vielleicht jedes andere Wort als der Name „Antigone" zu einer sprachlichen Entgleisung führt. Offenbar hat Fichte an dem Mädchen etwas wahrgenommen, was jede Identifikation, die in dem sozialen Schicksal des blinden Bettlers liegt, dementiert und in den sprachlosen Ausdruck des noch darin und dagegen sich behauptenden Menschlichen verwandelt.

Furcht und Mitleid, terreur et compassion: die Tragödie ist aus dem Theater ausgewandert, Antigone und Ödipus auf dem Platz der Gehenkten. Die Wucht der so-

---
[1] Frankfurt/M. 1964.

zialen Wahrnehmung erinnert etwas von der ästhetischen Gewalt der antiken kultischen Aufführungen, von denen wir uns kaum noch eine Vorstellung machen können. Nichts davon sagt Fichte, er nennt nur; und er läßt die Seite weiß für den nachdenkenden Versuch des Lesers.

Könnte es so sein? Nicht die Götter sind das Jenseits des Menschen, sondern der Mensch ist das Jenseits der Götter. Nämlich: dann erst, nach der Apokalypse, nach der Katastrophe, worin das göttliche Gesetz triumphiert, beginnt die Stunde des Menschen.

Ich benötige viele Worte, um anzudeuten, was vielleicht Fichte im Weiß der Seite leer gelassen hat, um es mit zwei Zeilen ein Bewenden haben zu lassen.

5. Spuren des Glücks

In einer Welt des Schreckens, die noch in die Träume reicht, gibt es Spuren des geglückten Lebens.
Das Schild einer Schildkröte.
Daran befestigt der Instrumentenbauer einen gedrechselten Steg.
Er klebt ein Trommelfell darüber.
Jetzt stimmt er die Seiten.
Schildkröte, Baumstamm, Ziegenfell, Katzendarm.
Orpheus Lyra. (Platz, 52)
Auch hier erhält die Beobachtungsgegenwart ein mythisches Echo. Der Afrikaner, der aus tierischen Stoffen und Holz ein Saiteninstrument baut, ist für Fichte das Bild des Erfinders der Kithara, der Musik überhaupt. Eine paradiesisch befriedete Natur lauschte einst der Musik des Orpheus (freilich hier mußten Tiere ihr Leben lassen). Im Tartarus bezauberte Orpheus den Gott des Todes, und der Ort der Qualen und Strafen wurde für die Dauer seines Spiels zu einem Auditorium, das von aller Marter erlöst war. Denken wir uns den Schriftsteller, wie er auf dem Platz der Toten, einem anderen Tartarus mit so viel endloser Qual, den ruhigen Handgriffen des Instrumentenbauers folgt; wie er, was sein Stil ist, diese Arbeitsvorgänge in eine knappe, nüchterne Sprachreihe bringt; wie er noch einmal die Stoffe aufzählt, aus denen das Instrument entsteht, eine Kurzlitanei: und dann der „Sprung ins andere Genus" –: die mythische Assoziation, blitzhaft auf dem Platz der Gehenkten den archaischen Zauber der Musik vergegenwärtigend. Eine Spur gelingenden Lebens, genauer: dessen mythischer Schein, auf der Djemma el Fna.

Noch einmal (Platz, 171) wird die Aufzählung der Musikinstrumente des Orchesters eines Hochzeitszuges mit der Formel abgeschlossen: *Orpheus Lyra.*

* * *

Fichte beschreibt, wie der Bratspießchenverkäufer, der ein Glied wie eine Cocacolaflasche hat, aus freien Stücken ihm einen hözernen Schlüsselanhänger drechselt. *Ich sehe mir das ganz genau an.* (Platz, 154) und Handgriff für Handgriff wird notiert: der Arbeitsvorgang *dauert so lange, wie ich es erzähle* (Platz, 155). Diese Koinzidenz von

Erzählzeit und erzählter Zeit ist der glückende Zusammenfall zweier getrennter Existenzen und Tätigkeiten: des afrikanischen Drechslers und des europäischen Schreibers. Indem Fichte seinen Text auf die Zeit der Arbeit des Drechslers abstimmt[1], nimmt er die Gabe dieses Mannes – noch einmal – an und hebt sie in der Gleichzeitigkeit der Tätigkeiten auf: als Erinnerung an ein winziges Stück freiwilliger, schenkender Begegnung, auf einem Platz, wo alles um die elementare Existenz geht. Der Drechsler ist fertig. Er schenkt. *Er seufzt, als er den Griff des Bratspießchens wieder einspannt.*

Wie der Platz der Gehenkten den Drechsler in diesem Seufzer wieder vereinnahmt, so war die freie Gabe ein Augenblick des Glücks. Gespiegelt in der Koinzidenz der Zeiten.

* * *

Nachts in einem Garten verhaken sich die Blicke Fichtes und eines von seiner Djellabah eingehüllten Afrikaners.
Er steigt ab, legt das Fahrrad vorsichtig an den Straßenrand.
Er rafft die Djellabah hoch, und im Mondlicht wippt ein heidnischer Schwanz. ...
– Noch einmal, fragt er, und mit ihm 1400 Jahre Hidschra.
– Soll es schnell gehen oder willst du, daß ich langsam mache?
– Langsam, bitten mit mir 2000 Jahre Christentum.
Als ich ihm danach Geld anbiete:
– Kein Geld, es ist für die Freude des Herzens. (Platz, 156)

Sicher –: eine schwule Mondscheinidylle. Alles ist Strich. Alles ist Geld. Hier einmal, überraschend wie das Drechseln des Schlüsselanhängers, ein Geschenk, in dem sich zwei Kulturen begegnen. *Freude des Herzens.* Glück des zufälligen Begegnens, Begehrens, Trennens. Aber Sexualität ist komplizierter als die Gabe des Schlüsselanhängers. Anders als die Koinzidenz von erzählter Zeit und Erzählzeit, anders als die mythischen Projektionen Antigones oder Orpheus', vermag im Kurzdialog über die Façon du Sex das Mitsprechen der 1400 Jahre mohammedanischer und der 2000 Jahre christlicher Kultur nicht zu überzeugen. Wenn etwas geglückt ist an dieser Begegnungsform, die dem flottierenden Verlangen und dem Begehren nach willkürlicher Verkoppelung nahekommt, dann gerade, daß in diesem Augenblick der Bruch der Fremdheit zwischen den Kulturen und ihrer Geschichte schweigt und nichts als zwei Körper den Augenblick erfüllen, geschichtslos, kulturlos, bloße Organe des Sex, der sich noch den kargen Austausch der Wörter unterwirft. Das wäre genug. Zuviel ist die ideologische Projektion der zwei Kulturen auf den nackten Körper des Sex. Zuviel ist die Bitte nach Wiederholung. Gut ist, daß der Araber, den Fichte in der alten Manier der ‚Palette' nun *Freude des Herzens* nennt, zur Verabredung am nächsten Tag nicht kommt. Das Glück des Gelingens ist gestört.

* * *

---

[1] Dafür weicht Fichte sogar vom arithmetischen Schema ab: 42 Zeilen anstelle von geforderten 16.

Neben dem Becken mit heiligen Aalen – oder sind es Welse, die von den Kindern mit hartgesottenen Eiern gefüttert werden? – in grünsilbernem Bäumchen sitzt eine Hexe und rafft und grabscht.
Sie ist bis über die Ohren mit Bettlaken zugebunden.
Das Bäumchen wie vom Sturmwind gerüttelt.
Bricht der Ast?
Stürzt die Hexe?
Was rapscht sie nur?
Blüten für einen Tee?
Die Hexe gleitet zu Boden, die Mumie.
Aus dem Gras nimmt sie eine münzenbesetzte Ledertasche hoch und steckt die Beute hinein.
Die Mumie – nur die Arme sind nackt und die unbehaarten Beine – bindet sich Lederbänder um beide Handgelenke.
Mit blitzenden Krampen wie Schlagriemen.
Die Mumie wirft sich ein kurzes Röckchen über.
Hängt sich ein, zwei, drei, vier, fünf funkelnde Messingnäpfe ans Röckchen.
Über die Brust quer den Gurt mit der Tasche.
Quer einen Rucksack.
Der Schlauch baumelt mit der Messingspitze.
Und noch ein silberverzierter Napf.
Nun den Hut auf den Kopf des Lazarus, wollegeknüpft, rundherum Bommeln, schreiend rot, giftgrün.
Die Hexe nimmt die Bimmel aus dem Gras.
Und ding ding ding geht die Hexe, ding ding ding geht Lazarus ding ding ding geht der Wassermann aus Meknes, aus Rabat, vom Platz der Gehenkten auf die Touristen zu.
Der Wassermann spült den Messingnapf aus, daß es nur so schwappt, läßt reichlich aus dem Lederschlauch rinnen und reicht den Napf dem Durstigen.
Sahara!
Und verlangt einen Dirham.
Ich frage ihn, was er da eigentlich in dem Bäumchen gegrabscht hat.
Der Wassermann schämt sich.
Er sagt in akzentfreiem Französisch:
– Grüne Mandeln.
Er langt in die Tasche und hält mir eine ganze Hand voll grüner Plüschmandeln hin.
Ich stehe vor einem anderen Berg – Digne und Ganagobie.
Ich hüte die Schafe und schlage mir zum Zeitvertreib ein paar unreife Mandeln aus Testanières Bäumen.
Ich beiße hinein.
Da Cheval Blanc – hier jetzt der Atlas.
Die zarten Häute schmecken nach Eiszapfen. (Platz, 193/194)

    Hier ist das Spiel der phantasierten Metamorphosen von Hexe, Mumie, Lazarus in seinen Leichentüchern und dem Wassermann aus den optischen Irritationen und dem Nichtverstehen der Beobachtungen konkret evoziert und zu einer glücklichen Humoreske gestaltet, die sich in den einfachen Gesten des Wasserbietens, des stillenden Trunkes, der Bezahlung und der Gabe einer Handvoll Mandeln sehr leicht auflöst und wieder öffnet zu einem imaginären Raum der Erinnerung: die Provencelandschaft, Arbeit bei Aimé Testanière 1953 und 1959, Erinnerung an den ‚Versuch über die Pubertät'. Damals dort – heute hier: ein assoziatives, freundliches Begegnen der Landschaften und ihr Einswerden im frischen Geschmack der Mandelhäute. Utopischer Moment.

6. Glück oder die Poetik des Erscheinens

Fichte schläft mit einem namenlosen Neger:
Er dringt noch einmal in mich ein, verharrt; er ist eingeschlafen.
Ich bewege mich nicht.
Ich fühle durch die Träume hindurch in mir eine Cocacolaflasche, eine Aubergine, wie ein Embryo. (Platz, 200/201)

Diese aus dem Körperspüren hervorgehende Traumphantasie, das Geschlecht des anderen inkorperiert zu haben und als Fremdeigenes in sich zu halten wie eine Frau den Embryo: dies ist, im Zwischenraum von Wachen und Träumen, ein Sich-zwischen-den-Geschlechtern-Phantasieren: auch dies ist eine alte Phantasie. In der ‚Palette' beschreibt Fichte eine Groteske, die Geburt eines Kindes durch Heidi in der Wilfredobar, einem Transvestiten-Schuppen. In diese Szene montiert er kleine Geschichten, etwa die eines Mannes, der sich eine Seltersflasche hineinpraktizierte, um *an etwas Wehenähnliches ranzukommen* (Palette, 339). Und ein Wunsch, der heißt: *Wer hätte nicht davon geträumt, seinem Freund ein Kind zu schenken.* Er erzählt von einem Ritus in Argentinien, wo es um die Simulation einer Geburt durch einen Mann geht, dem ein Hering eingeführt wird, den er wieder gebiert: *Er hats geschafft. Er kann sich verdoppeln. Das Kind ist da.* (Palette, 341) Er erzählt von dem Neid-Haß-Gemisch der Transvestiten gegenüber Heidi.[1]

Unterhalb der satirischen Schicht ist das Wissen vergraben, daß kein Mann, ob hetero, schwul oder bi, an die Gebärpotenz der Frau heranreicht. Aber das Phantasma, als Mann dem geliebten Mann eine perfekte Frau zu sein, hat hier seinen Ursprung und kehrt wieder in der Traumphantasie, die Aubergine des Negers als Embryo zu inkorporieren. Psychoanalytisch ist dies die Phantasie des inkorporierten Phallus, eine Phantasie der archaischen, omnipotenten Mutter, wie sie durch die klinischen Studien Melanie Kleins als Traumbild entdeckt wurde.

Ist es nach diesem nächtlichen Traum, der die duale Geschlechterordnung ins doppelt Eingeschlechtliche aufhebt, ein Zufall, daß *der Neger am nächsten Morgen seinen Personalausweis bei mir* vergessen hat, die carte d'identité, die jeden ausweist als Name und Geschlecht, die *vergessen* werden durch die Inkorporation der Identitätsmarke Phallus als Embryo im Anus? Ist es Zufall, daß von hier aus das Motiv des verlorenen, nicht vorweisbaren, vertauschten, vergessenen Passes sich durch den

---

[1] Vgl. Roberto Zapperi: Der schwangere Mann. München 1984.

gesamten Roman zieht? Hier in dieser Nacht, wo erst der Neger sich *unter mir wie ein Säugling kauert* und dessen Phallus dann embryonenhaft in der Anus-Vagina *verharrt*, hier in dieser Nacht ist für die Zeit des Halbtraumes das Glück der Identitätsauslöschung da.

* * *

Gaouty – er ist die wichtigste Begegnung. Gaouty *unheimlich und elegant* (Platz, 102), Cognac trinkend, um den Koran wegzuspülen (Platz, 66), *tut so, als liebe er mich*. Ein begehrter Stricher, *meistens bleibt er der marokkanische Gigolo* (Platz, 148). Niemals, auch nicht bei Arafa, mit dem *es ... etwas von Ehe* hat, *Irma mit Dödel in violett* (Platz, 158), unterschlägt Fichte diese Ebene, das Geld: *Ich bleibe für ihn der Freier, den er bedient* und dem umgekehrt Fichte *das Lesen* beibringt (Platz, 158). Fichte bleibt der weiße Europäer, der Geld hat und der, bei Arafa wie Gaouty, immer auch phantasiert, daß er *eines Tages oder eines Nachts um einen Berber-Schmuck* erschlagen wird (Platz, 158/182). Vielleicht ist das aber auch *zwischen Traum und Traum* die Erinnerung an den ermordeten Winckelmann. Oder Erinnerung an Pasolini. *Jeder kann der nächste sein. ... – Jeder hat schon einmal seinem Mörder nachgeblickt; jeder würde ihm wieder und wieder begegnen.* (HuL I, 133ff) Ermordet werden: *Für einen Schwulen ist es doch eigentlich der natürliche Tod.* (Kleiner Hauptbahnhof, 16) Vielleicht ist es auch ein von Angst gefütterter Wunsch, von demjenigen ermordet zu werden, von dessen *Wildheit ... ich träumte, als ich vierzehn war* (Platz, 181). Vielleicht wäre es auch nur gerecht, einen reichen europäischen Freier umzubringen. Vielleicht ist es umgekehrt nur das europäische Vorurteil des Freiers, daß jeder dieser Stricher, die immer hinter dem Gelde her sind, auch ein Mörder sein könnte. Djemma el Fna, *schrecklicher Augenblick, der geschieht*. All das ist so. Alles ist so. Demütigend, gewaltsam, ausbeuterisch, kalkulierend, fremd. – In dem Text, der alle Erfüllung benennt, aber nicht beschreibt, heißt es:
Als ich aus der Dusche zurückkomme, wühlt Gaouty in meiner Brieftasche.
Er errötet nicht.
Er legt die Brieftasche auf den Tisch.
Bin ich eine von den durchtriebenen Tunten mit Goldreifen am Arm, welche eine volle Brieftasche für Stricher hinlegen?
Gaouty sagt:
– Ich habe nichts herausgenommen.
– Ich liebe dich.
– Ich wollte nur sehen, wie es in so einer europäischen Brieftasche aussieht.
– Du bist stärker als ich.
– In Casa den Engländer wollte ich nicht bestehlen, ich wollte ihn abstechen und ausrauben. (Platz, 182)

Wieder: Winckelmann. Die Verachtung für den Freier. Der Haß. Abstechen, ausrauben. Fichte nicht? Daß einer nicht sur la liste des morts steht, *besagt nichts*, wie es immer wieder heißt. – Was aber besagen die Sätze Gaoutys?

Hat er wirklich nichts herausgenommen? Liebt er Fichte wirklich? Ist Fichte wirklich stärker als Gaouty? Wer mag das glauben? Aber wenn man es nicht glaubt, die Sätze also gelogen wären, dann wäre auch der Satz über den Engländer gelogen und dann könnte es ja auch heißen: Was immer hier eben war, natürlich bestehle ich dich, wie ich es schon einmal versucht habe mit dem Berberschmuck für Irma (Platz, 148), und ich liebe dich nicht und ich bin auch stärker als du – aber hab keine Angst, ich töte dich nicht.

Und Fichte? Ist er nicht *eine von den durchtriebenen Tunten*? Oder bilden die fünf Spiegelstrichsätze keineswegs, wie bei Fichte oft, fünf Sätze desselben Sprechers, sondern sind ein Wechselgespräch, wie bei Fichte auch oft? Dann würde Fichte sagen: *Ich liebe dich, Du bist stärker als ich*, also: du könntest mich umbringen. Und Gaouty: den Engländer ja, aber dich nicht. Man weiß das alles nicht. All diese hermeneutischen Versuche tragen der Tatsache keine Rechnung, daß der Text eine schlüssige Deutung nicht zuläßt. Es ist unsinnig, zwischen Freier und Stricher, noch dazu in einer solchen Situation, hermeneutische Sinnarbeit zu leisten. Die Situation zwischen Freier und Stricher ist jenseits des Geldes genau so zwiespältig, wie der Text hier keine Auskunft bereithält für den Erklärungswunsch des Lesers.

Die Lage ist: einer, der sagt, ich liebe dich, kann dich dennoch bestehlen; von einem, der *dreimal beweisen will, daß er mich begehrt*, kann es doch heißen: *Vielleicht bringt er dich um* (Platz, 182). Oder es ist nicht so, aber auch nicht so oder so oder so.

Das Zerbrechen der Texthermeneutik spiegelt wieder, daß es etwas gibt, was kein Freier je erfahren wird: das Geheimnis des Strichers. Niemals werden der Strich des Autors und der Strich des Strichers eine parallele Linie bilden. Wie der Stricher in dem, wer er ist und was er denkt und fühlt, immer dunkel bleibt – oder weiße Seite –, so wird auch der Strich des Autors dem Leser immer, trotz aller Worte, Geheimnis bleiben. Er verkauft ihm Worte wie der Stricher seinen Körper – beide auf Zeit, und niemals wird dabei sich das verschleierte Bild der Wahrheit enthüllen, wie die Mythologie der Wahrheit in den schönen und schrecklichen Bildern es andeutete: das Bildnis von Sais, das Bildnis der nackten Göttin Diana vor Aktaion, das Bildnis des nackten Gottes Zeus vor Semele. Es gibt keine Nacktheit unter den Kleidern und keine Wahrheit hinter den Worten und hinter den Gesten: nicht hinter den Gesten und Worten des Autors und hinter der Nacktheit des Strichers.

Aber es gibt die Anerkenntnis eben hiervon. Und das heißt: die Realität der Prostitution so rückhaltlos anzuerkennen, daß im Umschlag jedes Erleben ermöglicht wird. Niemals wirst du auch nur einen Millimeter Terrain jenseits der Haut des Geliebten in Besitz, in Besitz der Wahrheit und der Schrift nehmen können. Niemals wird jenseits der Oberfläche des Textes auch nur das Geringste des Autors uns gehören. Es geht um die Anerkennung des Totalen der Oberfläche, Haut und Text, Gebärde und Ausdruck. Dann vielleicht wird eintreten, wovon in Spuren dieser Text Fichtes dennoch erzählt, indem er erzählt, daß er davon zu sprechen nicht fähig ist. – Wovon zu sprechen nicht fähig ist? Davon, daß die rücksichtslose Fremdheit zwischen Freier und Stricher jedes Glück des Körpers einschließen kann. Daß die rücksichtslose Fremdheit zwischen Autor, Text und Leser jede textuelle Lust einräumt. *Kann man Küssen beschreiben?* Nein. Kann man marokkanische Stricher überhaupt küssen? Nein. Alles ist falsch, was hinter etwas kommen will: was bedeutet es, wenn Gaouty doch küßt? Mit solchem Wissenwollen ist alles verdorben, wie alles verdorben ist, wenn der Leser, der den Text küßt, wissen will, was der Text für den Autor bedeutet. Das

Einfachste ist das Schwierigste: der Kuß, reine Oberfläche. Aneinanderliegen der Lippen, Aneinanderliegen von Zeilen und Augen. In dem Begehren, daß in diesem Kuß sich sättigt, ist alles enthalten, indem nichts enträtselt wird. All die Fragen, die Fichte stellt, ob er das *Tasten, Riechen, Schmecken, Hören, Sehen* hat *abbilden* können mit *Kringeln auf Papier*, ob er *in der Beschreibung vorgedrungen* ist *bis zu Enzymen, Fibern*, ob er *die Ergriffenheit* hat *schildern können, als ich sah, daß bei dem Geliebten die Hoden in den Bauch zurückrutschten* (Platz, 181) – allen diesen Fragen antwortet das Nein, weil sie alle auf das Inkommensurable zielen, das in keiner Sprache einzuholen ist. Wohl aber kann der Text davon erzählen in Spuren, die spürbar machen, daß hier, in dieser Begegnung mit Gaouty, in der Anerkenntnis der durch keine Kommunikation und keinen Text auszulöschenden Fremdheit, in der Ohnmacht der Worte, gleichwohl das Rätsel eines Glückes anwesend ist in seiner sich niemals preisgebenden Oberfläche: der Haut, den Gesten, den Wörtern. Dabei ist jeder am tiefsten Punkt seiner Einsamkeit angekommen: der Freier, der Stricher, der Autor, der Leser – ohne Namen werden Worte und Samen getauscht, und es macht nichts. An keiner Stelle wird die Szene des Textes zu einer Utopie, wie Torsten Teichert[1] meint, oder zu einer Idylle. An keiner Stelle gelingt dieser Text so, wie die variierten Verse Bobrowskis gelungen sind:

Zu deiner Braue hinauf
mein Mund
trägt Federn und Zweige. (Schulfunk, 576)

Ein solcher Vers, der in seiner sprachlichen Fügung autonom ist, stellt den Zusammenfall von Zeichen und Bedeutung her, der seit je als Zustand der erlösten Sprache, der Erfüllung und des Paradieses gegolten hat. Wer diesen Vers spricht, sagt etwas das erste Mal wie Gott oder wie Adam, als er die Dinge und Lebewesen durch ihre Benennung erst zu ihrem Wesen erhob, nämlich taufte. Eben dorthin will der Eros, der im Zusammenfall von Signifikant und Signifikat sich die sprachliche Korrespondenz geschaffen hat für das Verlöschen aller Grenzen in der „Vollendung der Liebe" (Musil).

Nie anders denn als Zitat gibt es solche Texte von Fichte. Fichte ist auch sprachphilosophisch ein radikal nachparadiesischer Autor.

Für das, was ihm mit dem Stricher Gaouty wiederfuhr, nämlich *glücklich* zu sein *wie mit Irma* (Platz, 181), erfindet Fichte nichts. Im Gegenteil treibt er den Mangel der Sprache, daß nämlich ihre Zeichen arbiträr sind, durch eine Flut von Fragen, Vieldeutigkeiten, Ungewißheiten hervor, die diese Arbitrarität noch verstärken. Darin liegt auch Schmerz, Schmerz darüber, im Schreiben die Trennung, unwiderruflich und unüberbrückbar, von dem zu vollziehen, was die Haut Gaoutys zu ihm sprach. Für Fichte ist Schreiben: abwesend sein. Dies ist, wie Brigitte Kronauer ihren Fichte-Essay überschreibt, die „diffizilere Lektion".[2] Hier wird sie gelernt im Abwesendsein

---

[1] Torsten Teichert a.a.O. S. 308. – Teichert hat als erster diesen Roman als einen Höhepunkt der Fichteschen Kunst gewürdigt (ebd. S. 275–310). – Vgl. jetzt auch Andrea Allerkamp (1991) a.a.O. und hans-Jürgen Heinrichs: Die Djemma el-Fna geht durch mich hindurch. Oder wie sich Poesie, Ethnologie und Politik durchdringen. Hubert Fichte und sein Werk. Bielefeld 1991.
[2] Brigitte Kronauer: Die diffizilere Lektion. In: Thomas Beckermann a.a.O. S. 243–254.

des Strichers, so anwesend er sein mag. Und diese Lektion wird weitergegeben in den Spuren auf der Oberfläche von Wörtern und Haut, die sich so weit zurückziehen, wie sie in die Präsenz zu zwingen begehrt werden. Die *schwarze Gegenwärtigkeit*, die begehrte négritude von Text und Haut gibt es nicht. Glück ist Oberfläche, die sich jedem Eindringen entzieht. Den Geliebten zu enthäuten heißt ihn töten – ein Begehren, welches schon der Büchnersche Danton kannte, als er darüber verzweifelt, daß das Naheseinwollen auch dann und gerade dann nicht zur Erfüllung gelangt, wenn man die Schädeldecke des Geliebten aufbricht. So zerbricht auch die Oberfläche der Texte, sucht man ihren Hintersinn. Die Wörter sind ‚Oberflächenhäutchen', sind der feine Film, der sofort zerreißt, wenn das Begehren hinter den Film will.

Diese Metapher der Filmhaut, wie sie aus der Szene mit dem Stricher Gaouty entspringen könnte, diese Metapher führt noch einmal zum Nachdenken über den poetischen Status der Sätze dieses Romans. Film und belichtete Haut, der Oberflächenfilm auf Flüssigkeiten, Zelluloid. Wir erinnern: *Tautropfen spiegeln Tautropfen im All – Nichts.* So im Roman ‚Der Platz der Gehenkten' (109/215), im Hörspiel ‚Ich bin ein Löwe' (Schulfunk, 548), im ‚Versuch über die Pubertät' (38) und im ‚Kleinen Hauptbahnhof' (50). Jetzt, wo endlich, anläßlich der schwarzen Haut Gaoutys, diese Metapher einfällt, wird rücklaufend noch einmal deutlich, daß das Formexperiment mit der Zeilenarithmetik auch ist, was Rolf Dieter Brinkmann einen „Film in Wörtern" nennt. Der Roman ist eine Hommage in Wörtern an die Kunst Irmas. Irma, die abgestürzt und tot ist, tot geglaubt wird: Hommage an die Fotografie, an den Film. Die Seiten des Buches, die ein blitzhaftes Anleuchten und Fixieren einer Sinneswahrnehmung enthalten, möchten von der denkbar kürzesten Belichtungszeit und dem denkbar kleinsten Bildausschnitt bis hin zu sequentiellen Bildreihen, kulminierend in der einen Tag langen Belichtung der Djemma el Fna (Platz, 202 – 205) –: die Seiten dieses Buches wollen sein wie Bilder, reine Oberfläche, Film, Flimmerhaut.

Was ist der ‚Platz der Gehenkten', der so gar nicht heißt? *Für die Hippies ist es eine Welt, die aus Pfeifen besteht.* (Platz, 82) *Platz des Khiff ... Für Irma wäre es eine Welt aus Lichtstärke, Fokus, eintausendstel Sekunden. / Für Wolli eine Welt aus Hühnern.* (ebd.)

Es gibt kein An-Sich der Djemma el Fna. Für Irma Fotos, für Fichte schwarze Haut und weiße Seite. Die Wörter, die nach und nach auf die Seite fallen, sind Belichtungen der Djemma el Fna im Medium der Sprache. Man kann so wenig hinter den Spiegel greifen, um die Wirklichkeit des Bildes zu haben, wie man hinter die Oberfläche der Schrift auf der Seite kommt. Wir, die Leser, haben Darstellung, nicht aber Dargestelltes. Es ist das Medium des Geldes, das Gaouty zur Erscheinung bringt. Anders denn als so Vermittelten gibt es ihn für Fichte nicht und als eben dieses Vermittelte ist Gaouty die Erscheinung des Traums des Begehrens, als er 14 Jahre war. Das ist das Glück der Bilder –: es beim Glück des Erscheinens belassen können, eines Erscheinens, worin die undurchdringliche Haut des Anderen, ihre Fremdheit, zum Film wird, zur Oberfläche der Bilder. Das muß durchaus nicht heißen, daß der Andere bloße Projektionsfläche ist. Sondern der Andere ist, durch Belichtung und sein Ins-Bild-Fallen, die Erscheinung einer Empfindung, die selbst nicht dargestellt werden kann: nicht im Bild, nicht in der Sprache. Die ‚Geschichte der Empfindlichkeit' ist keine Geschichte der Authentizität von Wahrheit hinter der Erscheinung, von Eigentlichkeit und Hintersinn, sondern sie ist, im ‚Platz der Gehenkten' jedenfalls, der Versuch, Seite für Seite eine Sprache der Erscheinungen zu entwickeln in Analogie zur Lichtempfindlichkeit des Films.

* * *

Vielleicht ist diese Aufnahmeempfindlichkeit in Bezug auf die Haut und das Dasein eines anderen Menschen viel schwieriger als hinsichtlich von Dingen und Szenen in größerer Fokaldistanz. Möglicherweise ist es darum auch nicht Gaouty, von dem es niemals ein sicheres Bild gibt, sondern die Szene auf dem Kamelmarkt, welche die Fichtesche Ästhetik der *Aufnahme* der Dinge in Wörtern am reinsten enthält.
Kamelmarkt.
Glück.
Nicht in dem sehr hohen Sinn:
Das Eintreffen des Ideals.
Im niederen, vegetativen Sinn glücklich.
Die Sonne wärmt mich und ich atme ohne Beschwerden.
Hinter den Palmen die Eiskristalle des Atlas.
Hier auf dem Markt:
Beteiligte Augen, kühne Gesichtsschnitte, gewaltige Hände.
Schmalgesichtige mit langen glatten Haaren, vielleicht aus Rabat.
Die Blauen Männer von Goulimime.
Abstrakte Lippen der Neger.
Übertriebene Finger.
Geheimnisvoll allongierte Kinderschädel.
Wie gut sie riechen! (Platz, 137)
Sogleich wird an dieser Szene eine Einschränkung sichtbar, die der Text benennt. Das, was hier als Glück erfahren wird, liegt diesseits der ungleich schwierigeren Verwicklung mit dem anderen Menschen. Glücklich ist hier der Aufnehmende „für sich", in porös-rezeptiver Weise dem Markt leibsinnlich geöffnet, doch allein, ohne die komplexeren Empfindlichkeiten, die zwischen interagierenden Körpern entstehen. Haut, sonnengewärmt; Atem, der mit Leichtigkeit erfüllt ist; Bilder, die sich ins Auge setzen; Gerüche, die gut sind. Vegetative Empfindlichkeit, also Nerven, Sinne, Reize: der Leib als empfindliches Aufnahmeorgan. Der Text unterstellt dabei keine Unmittelbarkeit, sondern artikuliert, zugleich mit der sinnlichen Aufnahme, das Bewußtsein, welches das Glück der Sinne abgegrenzt weiß zum höheren Glück des *eintreffenden Ideals*. Das ist eine bei Fichte seltsame und seltene Formulierung, nahe bei Schiller und Hegel. Und weil in der Hoch/Niedrig-Relation eine Wertung mitschwingt, scheint es auch, als mache der Text die Werthierarchien im Erscheinen des Schönen mit, wie sie in der klassischen Ästhetik gesetzt werden zwischen dem Höchsten, dem sinnlichen Scheinen der Idee, und dem Niedrigsten, dem ersten Aufdämmern des Schönen in Naturdingen.

Genauer betrachtet, hat der Text mit idealistischer Ästhetik jedoch nichts zu tun; und diese, das Mißverständnis disponierende, hegelsche Formulierung vom *Eintreffen des Ideals* nimmt nicht auf diese Tradition Bezug. Denn was hier *Ideal* meint, ist nicht ein Gebilde des Geistes, der erscheint. Sondern wieder, und nichts weiter und nichts weniger, meint es als den ebenso unmittelbaren wie ungeheuren Urwunsch, den Wunsch nach Begegnung mit einem anderen Menschen, *dieser allerunmöglichsten, schwierigsten Situation,* wie es in ‚Pubertät' heißt. Das ist: Begegnen mit der Mutter, Pozzi, Alex, Jeff, Irma, Henri oder mit Gaouty. Im Verhältnis hierzu auf dem Kamelmarkt ein leichteres Glück, unbeschwert von dem, was auch Robert Musil das Problematischste der Liebe nannte: die Frage nach dem anderen, der Schmerzfrage, die in allen Gaouty-Texten gegenwärtig bleibt. Der Kamelmarkt gibt ein Glück vor Kain und Abel her. Kein Mord, keine Negation, kein Mißverstehen, kein Raub, keine Sprache. In distanter Unverbundenheit erlebt das Körper-Ich die Freiheit des Ästhetischen vor der Dazwischenkunft des Sozialen: Atmen ohne Beschwerden. Darum nennt Fichte das Glück vegetativ. Die Szene ist vollkommen ichzentriert. Das Auge ist frei, nur die optischen Signale zu selegieren, die ihm ästhetischer Reiz sind. Es entsteht keinerlei Silhouette, keine Wahrnehmungsganzheit, keine Objektkonstanz. Der Blick löst optische Segmente von den Menschen ab und fügt sie zusammen wie ein kubistisches Bild, zu einer eigenartig-unpersönlichen, überpersönlichen Menschenphysiognomie aus Einzelheiten, die „für sich" bleiben. Zu erinnern ist hier die große Bedeutung, die afrikanische Masken und Physiognomien für die frühen kubistischen Bilder Picassos hatte, oder an Carl Einsteins grundlegenden Versuch über „Negerplastik" von 1915. Die Sprache als Oberflächenhäutchen, als Medium der Aufnahme, zeigt sich hier als gänzlich verschieden von Irma Fotografierkunst. Es gibt keinen Bildrahmen, keinen Fokus, keine Totale, keine Lichtregie, keine Raumkoordinierung. Kein Abbild also. Sondern die losgelösten Körpersegmente treten einzeln aufs Blatt und fügen sich auf der planen Oberfläche parataktischer Verschiebungen zu einem kubistischen Arrangement. Auch kann man sich bei diesem flächigen Ineinanderschieben von Formen, Ausdrücken, Gesten, Segmenten, Linien, Konturen erinnern an einige der Aquarelle August Mackes, die er auf der mit Paul Klee und Louis Moillet unternommenen Tunesien-Reise 1914 malte.

Gegenüber den bei Macke stark und leuchtend ins Bild tretenden Aquarellfarben, ist hier die doppelte Rückbindung an den Körper charakteristisch. Rückbindung zunächst an den eigenen Körper, der im Raum des eigenleiblichen Spürens und sensuellen Wahrnehmens sich selbst gegenwärtig ist; und Rückbindung an Körperlichkeit insofern, als ‚Kamelmarkt', ‚Sonne', ‚Palmen', ‚Atlas' den Szenenhintergrund bilden für die totale Dominanz der Reize in dieser Collage der sensorischen und expressiven Zeichen von Körpern. Wenn dies eine Ästhetik vor Kain und Abel genannt wurde, so war damit gemeint, daß die Sinnenästhetik dieses Textstücks diesseits der Dazwischenkunft der sozialen Gefühle wie Konkurrenz, Neid, Mißtrauen, Begehren und ihres Gegenteils liegt. Die Textbilder werden zu eigentumslosen Eigentum und erhalten einen a-sozialen, bloß ästhetischen Eigensinn. Und dies nennt Fichte Glück.

Gewiß ist dieser Text, ebenso wie andere des ‚Platzes der Gehenkten', auch eine Antwort auf „Die Stimmen von Marakech" (1967) von Elias Canetti, der sein Buch mit drei „tragischen" Begegnungen mit Kamelen auf dem Markt beginnen läßt. Torsten Teichert hat die Reaktionen Fichtes auf dieses Buch Canettis dargestellt, das

Fichte für poetologisch verfehlt hält und wogegen er insgesamt den ‚Platz der Gehenkten' als den überbietenden Kontrapunkt setzt. Insbesondere deutlich wird dies durch einen Vergleich der Passagen über die Esel bei Fichte und Canetti.[1] Während Canettis Einfühlungsästhetik zu einer Sprache des Pathos und des Mitleidens in einem alteuropäischen Sinn führt, verweigert sich Fichte, beinahe vollständig, der Sprache der Emotionen, welche zuletzt immer „Gemütserregungskunst" (Clemens Brentano) im Dienst des darin sich darstellenden Subjekts ist. Der Kamelmarkt bei Canetti ist ein Theater von Tiertragödien, denen er nur dreimal beiwohnen mag, weil sie seine humanistische Ästhetik nicht erfüllen und ihn bloß traurig und hilflos mitleidend machen. Vermutlich kritisiert Fichte das als Subjektivismus, der auch dort herrscht, wo die Kamele nicht Opfer in Tragödien darstellen, sondern für ein humoristisches Spiel zwischen alten englischen Damen und Kamelphysiognomien Anlaß geben – lavatersch läßt Canetti karrikierende Analogien hin- und herhüpfen.

Fichte, der ganz andere ‚Tragödien' und Grausamkeiten in Marakesch entdeckt, ist in seinen Texten viel subjektiver und objektiver zugleich als Canetti. Am Kamelmarkt-Text kann man beides beobachten. Fichte ist subjektiv darin, daß er alles Objektive nur eintreten läßt über seine Sinne und keinerlei dem Objekt geschuldetes Einfühlen, keinerlei hermeneutisches Sich-ins-Andere-Versetzen erlaubt. Es gibt keine „objektive Hermeneutik" des Kamelmarktes oder der Djemma el Fna. Und Fichte ist andererseits ‚objektiver' als Canetti darin, daß gerade diese Verweigerung zu den oblique und kubistisch gesetzten Bildern führt. Sie erhalten dadurch ein „Für-sich-Sein" zurück, das die Fremdheit und die Alterität der Erscheinungen bewahrt. Hiermit, daß dieser Roman eine Antwort auf Literatur ist, bin ich zurückgekommen an den Anfang: den Roman als Roman über die Schrift, über das Schreiben.

7. Mündlichkeit und Schriftlichkeit

Um das Schreiben geht es zuerst und zuletzt, und das hat nicht nur mit der ‚déformation professionelle' zu tun: ein Literaturwissenschaftler sieht überall nur Literatur. Sondern so ist es schon bei Fichte: jede soziale, affektive, politische Erfahrung geht letztlich in der einzigen Moralität, der des Schreibens, auf. Das mag ein bedenkliches Programm sein: alles ist, um Schrift zu werden. Das ist eine Obsession, die vielleicht insoweit gelungen ist, als nahezu alles, worüber Fichte nicht geschrieben hat – doch zu seinem Leben gehörte –, schon jetzt in Bedeutungslosigkeit versinkt. Um so wichtiger die Frage nach der Bedeutung des Schreibens.

Verwandlung in Buchstaben, Lettern, Schrift. Damit endete das Kapitel über das Hörspiel ‚Ich bin ein Löwe'. Im ‚Platz der Gehenkten' heißt es:
Ich.
Jäcki.
Verwandelt sich in Lettern. (Platz, 85)
Jäcki ist eine *Versuchsperson* des Schreibenden, der Jäcki in Lettern verwandelt. Aber:

---

[1] T. Teichert a.a.O. S. 300–304.

Wo bin ich?
Doppelt oder zweimal halb?
Kann ich nur in der Spaltung existieren?
Zwischen Traum und Traum?
Tautropfen spiegeln die Oase.
Bin ich ein Foto von Irma? (Platz, 107)

Ganz schwul und ganz hetero? Doppelt? Halb schwul und halb hetero? Zweimal halb? Was ist Bi? Fragen aus ‚Detlev', der ‚Palette', ‚Pubertät', ‚Hotel Garni'.

Spaltung und Zwischenraum. Liegt hier der Ort der Existenz des Schriftstellers? Ein Medium, ein verwandelndes Dazwischensein, Spiegelung wie der Tautropfen? Oder bin ich selbst ein Bild, durchs Medium gegangen, wie durch das Objektiv Irmas? Oder beides: Medium und vermittelndes Bild: Ich im Zwischenraum und Ich vermittelt als Jäcki, Detlev, Roman.

Hier, auf dem ‚Platz der Gehenkten', der so gar nicht heißt, geht es nicht nur um den Realort des Platzes, sondern ebenso um den Ort des Schreibens und des Schriftstellers. Auf der Djemma el Fna –: die Skriben, Schreiber in einer vorwiegend analphabetischen, vorletteralen Kultur:
Morgens hocken die Skriben da. ...
Eine Touristin will ein Foto machen.
Die Skriben halten das Pult vors Gesicht. (Platz, 44)
Sie, die das Medium der Schrift sind, lassen sich nicht ins Medium Bild holen: ins Objektiv. Sie rühren ihre Tinte aus schwarzen Klößen und Asche von Wolle an, *zeichnen Gitter aus gelber Tusche aufs Papier. / Dahinein schreiben sie. / Keile und Gekröse für Litaneien.* Bräunliche Tinte, die *an die Sepiazeichnungen von Claude Lorrain erinnert.* (Platz, 76) Im *Gitterwerk* des *Amulettpapiers. Lagerlisten und Liebesbriefe* (Platz, 44). *Buchstaben der Beschwörung.* Die Skriben – das sind Schriftsteller in unbekannten Zeichensystemen, Skripturen. Brüder Fichtes:
Der Skribe ist bi.
Zwischen Auftraggeber und Papier.
Zwischen Schreibgerät und Platz der Gehenkten. (Platz, 107)
Der Ort der Schrift: dazwischen. Metaxü. Medium. Bi. Die Schrift: ist selbst ein Platz. Mit eigenen *Gesetzen* (Platz, 107). Eigener Materialität. Eigener Kunst. Eigener Professionalität. Eigener Form. – Hierum geht es in diesem Roman: die Doppelspältigkeit des Schriftstellers und das Problem der Sprache und Form. Ein ‚Roman', der, indem er den ‚Platz der Gehenkten' in Marakesch in Wörter verwandelt, zugleich seine eigene Möglichkeit reflektiert, seinen *Platz* als Forum der Zeichen.

Vielfach sind die Brechungen und Spiegelungen des Schriftstellers Fichte in anderen Medien, Skripturen, Codes, Formen. Der ‚Platz der Gehenkten' hat eine ähnlich allegorische Funktion wie der Zaubermarkt in Bé: Szene poetologischer Reflexionen zu sein, auf der sich die kulturell vielfältigen Medien und Formen der Darstellung kreuzen, so wie der reale Platz ein Raum der sich durchkreuzenden Kulturen, Klassen, Individuen und Handlungen ist.

Sgraffitti auf Klappen, arabische Skriben, Strandschrift, die Schriftzüge auf dem *bösen Berg*, in das *Käppi* eines Alten gehäkelte Schriftzeichen; Zeitung, Fernsehen, Foto; der Singsang der Bettler, die Litaneien der Verkäufer; das Murmeln der Wahrsager; die *Stimmen der Sänger vom Turm*; der Schrei des Zeitungsverkäufers eingelassen in den akustischen Raum der Djemma el Fna; ägyptische Lieder einer Verschleierten, die stundenlang wiederholte Gesangsphrase der bettelnden Mutter mit dem Säugling; das *pentatonische Schrummschrumm*; der ‚phonetische' Text…
Der ding ding ding
der ding ding Wa ding ding
der ding ding Wa ding ding Wasser! Wasser!
Der ding ding Wa ding ding Wasser ding ding Mann ding ding
Der Wassermann
Geht ding ding sehr ding ding… (Platz, 189) –:
das endlose Glöckchengebimmel des Wassermanns; das Hochzeitsorchester; das Rahaliorchester; die Trommeltanzgruppe der Gnaua; die afrikanische Musik; *Hupen! Hupen! Hupen!*; das Geschrei; immer die Bettelrufe. Suren. Das Deklamieren homerischer Verse (Platz, 106). Das Plappern der Ricard-Tanten. Nachrichten. Heilige Worte:
– *Aah dinah diai Allah Sidi ben Abbas!*
Schrein die Bettler und Lahmen bis zum Sonnenuntergang. (Platz, 111)
Heil Hitler! (Platz, 103)
Auf die Geräuschkreise des Platzes der Gehenkten zu – (Platz, 95)
In mir dröhnt es. (Platz, 70)
Die Trommeln reden.
Mein Zwerchfell vibriert wie sie. (Platz, 157)[1]

Fichte will arabisch lernen; Arafa, der Geliebte, lernt von Fichte schreiben, sie buchstabieren das römische Alphabet. Ituni, der Stricher, schreibt einen Brief. Die Schriftsteller, die auf der Djemma el Fna erwähnt werden: Proust, Kafka, Herodot, Villon, Goethe, Foucault, Platen, Ladiges, Emile Mauchamp, de Sade, Céline, Strindberg, Ginsberg, Burroughs, Corso, Ferlinghetti, Robbe-Grillet, Genet, Erich Fried, Frisch, Sartre, Marcuse, Cocteau, Eichendorff. Mehr wirklich nicht.

Am wichtigsten aber: die Skriben, der Mime, die Sufi, die Wortwitz-Erzähler und der Negerjunge, welcher die Geschichte von den Brüdern Pfund und Halbes Pfund erzählt.

Sie am ehesten sind die Gegenbilder, Spiegelungen, an denen Fichte sein Schreiben reflektiert. Unter ihnen ist der Negerjunge der wichtigste. Er ist Berufserzähler, der morgens *eine kurze Geschichte* und abends über sechs Wochen hingesponnene Fortsetzungsromane erzählt, die er zumeist selber erfindet. In unmittelbarem Kontakt zu den Zuhörern seiner Worte, die zugleich Zuschauer seiner Gesten sind, ver-körpert er für Fichte das Erzählen:

---

[1] Kongenial hat Peter Michel Ladiges als Regisseur des Features ‚Djemma el Fna – Platz der Gehenkten. Frühjahr 1970' (SWF 31.7.1971) der gesamten Eingangsphase des Textes eine Tonspur von Geräuschen der Djemma el Fna zugrundegelegt.

Der Negerjunge verwandelt sich in den König, die Mutter, den Däumling, den Guul, in den Vogel Strauß.
Die Hände, die mageren, überlängten Finger bilden die Geschichte ein zweites Mal ab.
Über das schwarze Gesicht rinnt das Öl der Erzählung.
Die Wörter hängen als Dornengestrüpp zwischen den Lippen. (Platz, 175)

Körper der Erzählung sein – das ist das Gegenbild zur Verwandlung des Ich in Lettern. Gegenbild aber auch zu Christus, dem Gesalbten mit der Dornenkrone. Fichte setzt diesen Text unmittelbar der Sure 26 *Die Dichter* gegenüber, der Verfluchung der Literatur. Gott, der sich im Propheten das Medium der Schrift wählt – Christus, der Märtyrer der heiligen Texte – Fichte, der sich in Lettern verwandelt – und nun: im Negerjungen die doppelte Präsenz des Erzählens in Wörtern, die wie Dinge sind (Dornengestrüpp), und in einem Körper, der transfigurierte Wörter ist. Schauspieler und Dichter in einem Leib. Ein Beruf zum Geldverdienen.

Fichte war zuerst Schauspieler: er selbst und ein anderer im Angeblicktwerden durch die Zuschauer; Schauspiel, eine Kunst ganz des Augenscheins; ein Glanz im Auge der anderen; ein Übergehen der Bedeutung in Gesten, ein Übergehen des Körpers in Bedeutung; Gegenwärtigkeit; Verwandeln in das, was das Ich nicht ist: Zauber der Identifikation; Verkörperung des Imaginären.

Fichte scheiterte an der Schauspielerei. Die Professionalisierung des Schriftstellers gelang ihm erst ein Dutzend Jahre später. Und nun, auf dem ‚Platz der Gehenkten' die Begegnung mit dem Negerjungen, der beides ist: Schauspieler und Erzähler.

Ist Gott im Koran gegenwärtig, gegenwärtig im Wort? Ist der Schriftsteller gegenwärtig in der Schrift? Das Beispiel des Negerjungen scheint sagen zu wollen, daß es nur eine Präsenz des Wortes gibt, und das ist die Verkörperung des Wortes in der traditionellen Institution des Erzählers in oralen Kulturen.

Der Wechsel des Schauspielers Fichte zum Schriftsteller Fichte war ein Erfolg, der mit der prinzipiellen Abwesenheit des Autors in der Schrift bezahlt wird. Es gibt kein Gegenwärtigsein in der Schrift und keine Verkörperung in ihr. Schrift ist Absenz, wie Erzählen Präsenz ist. Das vielleicht meint Michel Foucault, wenn er im Essay „Was ist ein Autor?" dem „Erzählen und Schreiben" die Funktion zuspricht, „den Tod abzuwenden". Doch beide haben „in unserer Kultur eine Metamorphose erfahren": „das Schreiben ist heute an das Opfer gebunden, selbst an das Opfer des Lebens; an das freiwillige Auslöschen, das in den Büchern nicht dargestellt werden soll, da es im Leben des Schriftstellers selbst sich vollzieht. Das Werk, das die Aufgabe hatte, unsterblich zu machen, hat das Recht erhalten, zu töten, seinen Autor umzubringen."[1]
Ich.
Jäcki.
Verwandelt sich in Lettern. (Platz, 85)

Die Verewigung in der Schrift ist zugleich der Mangel an Gegenwärtigkeit. Der Bann, in den der Negerjunge zieht, ist der von keiner Schrift wiederzugewinnende Traum des Autors von der Symbiose seines Körpers und seiner Wörter mit den Augen

---

[1] Michel Foucault: Was ist ein Autor? In: ders.: Schriften zur Literatur. Frankfurt/M. – Berlin – Wien 1979, S. 12.

und Ohren seines Publikums. Diese rituelle Symbiose hat der Negerjunge noch Allah voraus, der aus dem Mangel seines Nichtgesehenwerdens und Nichtgehörtwerdens sich hinaussehnte und in Muhammad sein Double schuf, ohne je die Differenz dadurch löschen zu können, daß er, sich in heilige Schrift verwandelnd, gleichwohl niemals selbst Schrift ist, die ihn immer nur meint, doch sein Anwesen abweist. So bringt selbst Gott das Opfer, von dem Foucault spricht: er opfert die Reinheit des Geistseins und opfert seinen Leib, der in Christus stirbt, um die aus diesem Opfer erblühende Schrift zu heiligen und zu verewigen zum Zeichen seiner selbst in absentia. In dem Augenblick, wo die Religion in dieser Weise ihr Zentrum in der Schrift fand, unterlag auch Gott ihrem Gesetz, wie jeder Schriftsteller, der sich seinem Werk zu opfern hat für den ungewissen Lohn der Transsubstantion seines Körpers – Brot und Wein – in ewige Bedeutung und in Bedeutung des Ewigen.

Der Erzähler in Oralkulturen, als eine nicht-letterale, profane Institution mit rituellen Praktiken der Beraufsausübung, dieser Erzähler hat in Fichtes ,Platz der Gehenkten' darum eine zentrale Position, weil ihm und nur ihm, weder Gott noch Autor, es gelingt, die Hörenden an die sinnliche Präsenz seines Leibes zu binden, indem er sich in diejenigen Wörter verkörpert, die er zugleich erzählt. Im „Schreib-Spiel" dagegen hat der Schriftsteller, wie Foucault sagt, die „Rolle des Toten (zu) übernehmen", er markiert nur noch „die Einmaligkeit seiner Abwesenheit".[1]

Und so läßt Fichte den armseligen Negerjungen die Geschichte vom armseligen Jungen Pfund erzählen, der mit Schläue und List vom Diebstahl lebt und den Fallen der Verfolgung entgeht, so daß er, eben dadurch, erlöst wird, vom König dessen Tochter erhält und hoher Würdenträger wird.

Es ist dies ein Glücksmärchen, das auf dem Mechanismus profaner wie zugleich illegaler Schläue beruht und die verwandelnde Erlösung auf die gesetzlose Gewitztheit, nicht auf eine metaphysische Ordnung zurückführt. Dieser Erzähler verkündet nicht *Das Wort Gottes. Sauer.* Sondern er eröffnet in mitunter makabren Späßen eine Partie über Techniken der ‚Selbsterhaltung von unten', die nur gewonnen werden kann durch ausgefuchste Überbietung jeder Nachstellung von Seiten des Gesetzes. Dies ist eine Geschichte, die zu Hause ist auf dem Platz *der Versammlung des Volkes, das Angst hat,* auf der Djemma el Fna. Keine Chance für einen Schriftsteller und seine ganz andere *Gier, sprechend zu überleben* (Forschungsbericht, 35).

„Erfahrung, die von Mund zu Mund geht, ist die Quelle, aus der alle Erzähler geschöpft haben", sagt Walter Benjamin in seinem Essay „Der Erzähler", dem Epitaph dieser oralen Literaturform.[2] Fichte kommt nach Marakesch als Vertreter einer Kultur, in der längst, durch die strategische Besetzung der Position des Erzählers durch die pragmatische Information einerseits und die technologischen Massenmedien andererseits, die „Mitteilbarkeit der Erfahrung"[3] als Kunstform untergegangen ist. Das Erzählen war ein Mundwerk wie das Zimmern oder Drechseln ein Handwerk war, eine integrale Praxis der Vormoderne.

---

[1]Ebd.
[2]Walter Benjamin: Der Erzähler. In: ders.: Illuminationen. Frankfurt/M. 1961, S. 410.
[3]Ebd. S. 412.

Die für die moderne Gesellschaft charakteristische „Information hat ihren Lohn mit dem Augenblick dahin, in dem sie neu war. ... Anders die Erzählung; sie verausgabt sich nicht. Sie bewahrt ihre Kraft gesammelt und ist noch nach langer Zeit der Entfaltung fähig."[1] So auch die Geschichte des Negerjungen, die keinerlei Information übermittelt. Ihre Kunst besteht vielmehr darin, dem Volk auf dem Platz der Gehenkten eine Erfahrung zu vergegenwärtigen, die ihre Referenz in keiner einzigen Realsituation hat und an solche auch nicht gebunden ist. Wohl aber gelingt dem Negerjungen – ohne Psychologie, ohne Individualisierung, ohne romaneske Form – ein episches Modell, das Modell der dem Tod abgelisteten Selbstbehauptung, in welchem sich Härte und Hoffnung des Lebens eines Volkes spiegelt – wie von alters her.

Der Roman dagegen ist eine Geburt aus der Einsamkeit des Individuums, der Heimatlosigkeit und der gottverlassenen Welt, wie schon Georg Lukács wußte.[2] Bei Fichte kommt hinzu: *Die doppelte Einsamkeit des Bisexuellen.* (Platz, 205) Die Erzählung dieses Negerjungen dagegen besiegelt in ihrem Präsentismus die Zugehörigkeit des Erzählers zur archaischen Geschichte seines Volkes, die noch nicht, wie die europäische Kultur, dem Gesetz der sich beschleunigenden Temporalisierung und Verausgabung jeder Praxis und jeder Kunst unterworfen ist. Der Erzähler ist das Gedächtnis des Volkes, der Fernseher dessen Auslöschung (Platz, 217).[3] Der Körper des Negerjungen, der sagt, was er ist, indem er sich verwandelt in das, was er erzählt, stellt im Augenblick des Erzählens eine Gesellschaft her, zu der er ebenso gehört wie die Zuhörer. Das Erzählen ritualisiert die dem Tod, der Apokalypse, dem Untergang abgeluchste Dauer des Volkes der Djemma el Fna. Das ist seine Funktion. Der Negerjunge erzählt nicht Historien, nicht heilige Offenbarungen, nicht den Text der Einsamkeit des Individuums. In unpersönlichen, ritualisierten Formen und Mustern vergegenwärtigt er das immer wieder gelingende, immer wieder unwahrscheinliche Entkommen, nicht als die Geschichte einer Erwählung (wie Lots Entkommen), sondern als das sich im Illegalen zu Hause wissende, schnippchenschlagende, listige Überleben. Eine solche Geschichte erzählt das, was das Volk, sofern es jetzt hier noch sitzt und zuhört, immer schon war, und spricht somit von der bösen Wahrheit der Zeiten und dem gehärteten Mut des Überlebens. Dafür erhält der Negerjunge seinen Lohn.

Viel historische Zeit, viel kultureller Raum liegt zwischen dem Negerjungen und dem Autor Fichte, zwischen dem Negerjungen und einem in Marakesch erwarteten Literaturkongreß der *Beatgeneration* oder einem angeblich von Jean Genet zu leitenden *Hippie-Symposion.* Der weltweit touristisch hochgerüstete Literaturbetrieb einerseits – und in Marakesch das Aussterben des Erzählers andererseits. Beides hängt miteinander zusammen. Die Qualität, die der Negerjunge verkörpert, ist am Ende zerstört wie Agadir durch das Erdbeben:

---

[1] Ebd. S. 416.

[2] Georg Lukács: Die Theorie des Romans. Ein geschichtsphilosophischer Versuch über die Formen der großen Epik. Neuwied und Berlin 1963, S. 53–82.

[3] In ähnlicher Weise sieht Fichte durch das Fernsehen auch die Interview-Form zerstört (Mina, 17).

Keine zweite Erzählung mehr aus Händen, Füßen, Ohren, Augen, Wimpern zur Erzählung aus dem Mund.
Das Fernsehen lehrt auch hier die falsche Gefaßtheit. (Platz, 217)

Der Negerjunge ist im Zeitraum zwischen erzählter Zeit 1970 und Erzählzeit 1985 zur bloßen Erinnerung geworden, Figur einer untergegangenen oralen Kultur. Untergegangen ist auch der Traum Fichtes, daß in der Literatur Körper, Schrift und Leser sich begegnen könnten. Nur noch Erinnerung ist auch, was schon 1970 für den professionell mit Sony, Zettelkästen und Schreibmaschine arbeitenden Schriftsteller Fichte das Glück der Ausnahme war:

So einfach kann man leben.
Ein Unterschlupf in einem weißen Innenhof, Kapuzinerkresse oder Morningglory.
Etwas Tongerät für Couscous und Tajine, ein tönerner Holzkohleofen.
Nicht vergessen: Einen elektrischen Heizer.
Eine Bastmatte, zwei Djellabahs, spitze gelbe Papuschen, Unterhosen.
Ein Stylo Bic.
So habe ich gelebt.
Etwas Papier, in Schweden habe ich auf Toilettenpapier geschrieben.
Einmal am Tag, in der Nacht, kommt Buchtar oder Arafa oder Gaouty.
Alles andere ist Luxus, Überfluß, sehr angenehm, aber Luxus.
Und Zeitungen, Bücher, Wörterbücher. Der Autor und seine Doubles.
Buchtar und Arafa wollen zehn Dirham.
Wie verdiene ich die?
Als Jäger? Als Sammler? Als Hippie? Als Skribe?
Ich kann weniger Arabisch als Buchtar, Arafa, Gaouty. (Platz, 138)

8. Der unerschöpfliche Buchstabe

Ich.
Jäcki.
Verwandelt sich in Lettern. (Platz, 85)
    Was ist ein Autor?
Der Skribe.
Die nächtliche Reise. (Platz, 14)

Der Roman beginnt mit halb erinnerten Traumsequenzen, in denen es nicht wie in der Erzählung des Negerjungen um überpersönliche Mechanismen der Selbsterhaltung geht, sondern um deren Gegenteil: Diffusionen des Ich. *Ich war allein*, das sind die ersten drei Worte des Romans, die immer neu wiederholt werden. Ihnen gegenüberstehen die letzten beiden Wörter des Romans: *Irma nach.* Jetzt aber zu Beginn: ein Wirbel, ein Durcheinander von schwulen Freunden, von Namen, die nichts sagen und die nicht auseinander zu halten sind. Fragen über Fragen: Werde ich geliebt, werde ich geschätzt, kann ich meine Identität ausweisen, Verwechselungen der Pässe, wer ist eigentlich wer, Irma ist abgestürzt. Diese Traumdissoziationen, die weder eine Ordnung des Traums, noch eine klare Unterscheidung von Traum und Wachen,

Imaginärem und Realem, Erinnern und Vergessen markieren, erschweren vor allem die Identifizierung eines Subjekts. Der so entstehende Text hat keinen irgendwie zurechenbaren Status, weil es eine Ordnung des Subjektes, das in diesem Text spricht, nicht gibt. Das Subjekt ist selbst ein Markt sich überkreuzender Relationen, unklar voneinander getrennten Schichten, durcheinandergehender Modi, sich verschachtelnder Ebenen ohne Kern und Hülle. *Filme wie Zwiebelschalen übereinander, ohne Kern?* (Pubertät, 244)

Zwar gibt es zwischen der Exposition und dem Schluß den Bogen der Trauer, der 1970 und 1985 – Erzählzeit und erzählte Zeit – verbindet. Die Trauer über die Zerstörung einer Kultur, die Trauer über das Altwerden. Das Altwerden des Autors und Fichtes selbst. Vielleicht gibt es die Ahnung einer Schuld: *Irma war abgestürzt. Ich bin frei.* Irmas Tod als Befreiung, schon gegenwärtig im Satz: *Jäcki war endlich allein.* (Platz, 9, 209 und 210) Ein Satz, der die Trennung der Wege von Jäcki und Irma affirmiert. Zwar gibt es wirklich zwei Reisen allein, 1970 und 1985, zwei wirkliche Trennungen von Irma; zwar gibt es wirklich die Zeitungsausgabe „La Vigie" vom 1.4.1970 mit der Meldung vom Flugzeugabsturz – sie liegt jetzt in der Staatsbibliothek Hamburg –; zwar gibt es wirklich Horst und Uwe und Otto (unter welchen Namen auch immer). Doch dieses ‚Es gibt' reicht nicht hin, den Status des Textes und seiner Referenzen aufzuklären. Die Spuren des Wirklichen sind nicht wirklicher als die Spuren des Traums und die Spuren der Erinnerung des Traums im Aufwachen und die Spuren von alledem im Text.

Doch: Das Leben ein Traum?
Die nächtliche Reise?
Zirkeltraum? (Platz, 215)

Der ‚Platz der Gehenkten' ist ein imaginärer Raum der Vermischungen, der den Realort so hinter sich gelassen hat wie den Autor; oder: der den Realort so wenig erreicht wie den Autor. *Die Djemma el Fna geht durch mich hindurch. / Wie die Tinte das Bibelpapier des Korans durchdringt.* (Platz, 85). Der Autor als Aufnahmegrund von Zeichen, welche die Wirklichkeit als Spur in ihm hinterläßt; Papier der Sinne. Die Djemma el Fna, das Ensemble ihrer Bilder, akustischen Reize, Gerüche, Erfahrungen, Gefühle, streicht durch das Ich und streicht das Ich durch: durchscheinend geworden, ist es das Papier der Schrift, die auf niemals mehr rekonstruierbare Weise Erinnerungen zwischen *Traum und Traum* fixiert. Außen und Innen sind so wenig ein kategoriales Ordnungsschema, das den Status der Texte aufklären könnte, wie die Zeitachsen 1970/1985. Die Differenz der Djemma el Fna zum Platz der Gehenkten – die Differenz von Ort und Text – ist unaufhebbar. Doch ebenso macht ihr Ineinanderübergegangensein sie für den Autor ununterscheidbar – so, wie zu Beginn das Träumen und das Sich-Erinnern keine modale Differenzierung der textuellen Zustände mehr erlaubt. Der Autor hat keine carte d'identité; und daß nicht auch er auf der Liste der Toten steht *besagt nichts*, wie es nichts besagt, daß Irma nicht draufsteht. *Eine Frau ohne Paß und Namen* (Platz, 213), Irma, die lebt und welcher ein Mann, der der Autor dieses Buches ist, rückkehrend vom apokalyptischen Trauma Agadir, rückkehrend vom Ort der Katastrophe seiner Träume, nachreist nach Hamburg, wo er bald sterben wird.

Was ist ein Autor?

Kein an die Gegenwart des Körpers gebundenes Dasein, das die Wirklichkeit eines Raumes, eines Platzes, einer wirklichen Zeit dieses Platzes garantiert. Ein Autor ist das Opfer seines Körpers an den Text, der Papier ist, das wie das Ich des Autors ist, durch den die Djemma el Fna hindurchgeht.

Der Autor ist ein ganz in die Schrift investiertes, skripturales Dasein. Es gibt wirkliche Reisen nach Marakesch. Aber: *Auf der Reise zur Fata Morgana werden.* (Platz, 215) Fata Morgana: sie ist das Imaginäre der Djemma el Fna und ihres Mediums, des Autors, verwoben in Wörtern.

Wo befinde ich mich, wenn ich schreibe? ...
Sich mit Spiegelscherben beschneiden.
Der Zwitter.
Wegspiegeln.
Auf der Reise der Fata Morgana werden
zwischen Traum und Traum.
Der Tautropfen der Inder, der das All spiegelt. ...
Tautropfen spiegeln Tautropfen im All – Nichts. (Platz, 215)

Spiegel-Metaphern. Der Übergang ins Spekuläre, Imaginäre des Textes verletzt den Körper des Autors, kastriert, verwandelt in *Zwitter: Der Skribe ist bi*, nämlich Medium. Die Kastration des Mediums besteht darin, daß es die Dinge nicht mehr berührt. Der Geliebte, der Gaouty küßt, wird zum kastrierten Autor, der einen Text schreibt, welcher den Hauch des Glücks dieser Begegnung noch trägt, wenn beide tot sind, aber in den Worten, die das Küssen nennen, nicht küssen kann. Das ist die Trauer jedes Textes. Es kann bei Fichte sogar sein, daß das Küssen ‚da' war, um Erinnerung zu werden, um Wörter und Form zu werden, in denen das Küssen das Zeichen der „Einmaligkeit seiner Abwesenheit" (Foucault) ist. In den Spiegeln der Wörter, ihrer Unwirklichkeit, wird verewigt, was niemals war. Eine zweifelhafte, selbst spekuläre Ewigkeit, wie Fichte zum Schluß in Anspielung an Jorge Luis Borges bemerkt. Tautropfen, die Tautropfen spiegeln, spiegeln das Bild, das sie selbst im Spiegel des anderen sind – wie zwei voreinandergestellte Spiegel, deren immer inständiger werdendes wechselseitiges Zurückwerfen ebenso ins Unendliche geht wie ins Nichts: *Spiegeln ... im All – Nichts.* Autorsein: das ist Übergehen ins Imaginäre. Dieses bildet den seltsamen Status der Literatur.

Auf geheime Weise war diese Einsicht schon präsent zu Beginn des großen Mittelteils über die Djemma el Fna, zu Beginn der 17 einzeilig bedruckten Seiten – als kryptische Erinnerung erneut an Jorge Luis Borges. Ich erinnere: Auf Seite 15 steht: „A." Auf Seite 16 steht: „Aliph". Nur dies.

Borges, der Bibliothekar, am Ende des Romans erwähnt (Platz, 215), und der Autor der „Bibliothek von Babel", die das Universum und das Unendliche ist, hat eine Erzählung geschrieben über einen verrückten Schriftsteller Carlos Argentino Daneri. Sie heißt „Das Aleph". Dies ist der geheimnisvolle, kabbalistisch bedeutsame, magische erste Buchstabe des hebräischen Alphabets.[1] Der wahnsinnige Daneri be-

---

[1] Borges, der „Aleph" vokalisiert, Fichte, der natürlich ein wenig anders vokalisiert: Aliph.

hauptet, daß in seinem Keller das Aleph zu sehen sei – und tatsächlich, der Erzähler sieht es auch. Was ist das Aleph?

„Nun komme ich zum unaussprechlichen Mittelpunkt meines Berichts; hier beginnt meine Verzweiflung als Schriftsteller. Alle Sprache ist ein Alphabet aus Zeichen, deren Anwendung eine den Gesprächspartnern gemeinsame Vergangenheit voraussetzt; wie soll ich anderen das unendliche Aleph mitteilen, das mein furchtsames Gedächtnis kaum erfaßt?" [1]

Das Aleph ist das simultane Sehen des gesamten Kosmos in gleichmäßiger Schärfe vom Allerkleinsten bis zum Allergrößten. Das Aleph ist: das All im Auge Gottes. Es ist „der Punkt, in dem alle Punkte zusammenlaufen"[2], Koinzidenz und Evidenz. In der Kabbala ist das Aleph der erste Buchstabe der heiligen Sprache, das „En Soph, die unbegrenzte und lautere Gottheit".[3] Das Aleph ist die Bibliothek von Babel, das Universum des Buches und das Universum der Dinge in einem Punkt zusammentreffend. Es ist Spiegel, Kristall, Licht, unendlich konzentrierend, strahlend oder es ist, nach einer anderen Tradition vielleicht „die Welt – der ganze Kosmos – im Innern einer der Steinsäulen"[4] der Amr-Moschee in Kairo –: wer weiß es, was weiß der wahnsinnige Daneri, was weiß Borges, was Fichte?

Aleph / Aliph. Djemma el Fna / Platz der Gehenkten. Platz, der durch mich hindurchgeht. Platz der *offenen Geometrien* (Platz, 197), Ort, in dem alle Linien sich kreuzen, alle Spiegelungen sich treffen, alle Wörter zusammen sind. Das Aleph ist eine Unmöglichkeit, ist eine Unmenschlichkeit. Borges: „Unser Geist ist durchlässig für das Vergessen."[5] Dieses Vergessen ist die Erlösung des Menschen von Gott, vom Aleph, als der absoluten Gegenwart des Seins, die unerträglich ist und Wahnsinn. Das „Aliph" des Schriftstellers Fichte ist die „Ewigkeit", die, nach Foucault, in den Buchstaben des Schreibens gesucht wird, „um den Tod abzuwenden". Das Aleph ist als Inbegriff des Unendlichen der Schrift, die alle Dinge enthält, die absolute Obsession des Schriftstellers, der Gott ist. Das Aleph ist, theologisch und poetologisch, die coincidentia oppositorum und die discordia concors.

Nehmen wir an, die erste Surenübersetzung Fichtes wäre die Sure 114 „Die Menschen" gewesen, die letzte des Korans. Das Formprinzip dieses Buches von Fichte hätte ein ‚Platz der Gehenkten' erfordert, der mit 114 einzeiligen Seiten beginnt, dann von 2 x 2 Zeilen auf je einer Seite zu 3 x 3 bis zu 112 x 112 Zeilen, 113 x 113 Zeilen, 114 x 114 Zeilen fortschreitet. Das wäre flammender Wahnsinn. Und das ist das Aleph, nur ein Abschein des Aleph, aber der vollendete Irrsinn poetischer Besessenheit des Sagens. Grobgeschätzt wäre das ein Roman von 10.000 Seiten. 19 Bände ‚Die Geschichte der Empfindlichkeit': Abschein des Aleph, der Bibliothek von Babel, des Universums der Schrift.

---

[1] Jorge Luis Borges: Das Aleph. In: ders.: Die zwei Labyrinthe. München 1986, S. 123.
[2] Ebd. S. 127.
[3] Ebd.
[4] Ebd. S. 128.
[5] Ebd.

Aber: *Aufwachen zwischen Traum und Traum* – das ist Erinnern und Vergessen, das sind Ungereimtheiten, Schnitte, blinde Stellen, Hülsen, trübe Sichten und mithin genau das Gegenteil dessen, was Aleph bedeutet: das Kleinste und Größte in absoluter simultaner Evidenz und Klarheit. Fichtes Text reflektiert auch die Wohltat des Vergessens als Befreiung von der schrecklichen Unausschöpflichkeit des Alphabets, das alle Dinge enthält. Das ist ein Aufwachen für den Abschied vom Gott-Traum des Schriftstellers. Das Setzen der wenigen Wörter des ‚Platz der Gehenkten', der niemals auch nur einen Hauch der Djemma el Fna erschöpft. Abschied vom Aleph, das alles enthält; Abschied vom *uralten Traum: / Sich mit allen vereinigen.* (Platz, 217)

Rückkehr 1985 nach Agadir: das ist das Lernen der Djemma el Fna, die unerreichbar ist. Es gibt nicht den Blick, der alles sieht, es gibt nicht die Schrift, die alles in Lettern verwandelt; es gibt nicht den Körper, der sich mit allen vereinigt; es gibt aber das Vergessen, das Erinnern, die Wörter, die die Spur des Endlichen zeichnen. Statt der universalen Simultaneität des Aleph ein Verrinnen der Zeit: 1970 – 1985: einer fährt zurück in eine Vergangenheit, die es nicht gibt, findet eine zerstörte Welt, findet das Altwerden der Dinge und der eigenen Biographie. Das Aleph ist endlos; der ‚Platz der Gehenkten' findet ein Ende im Vergessen und Erinnern, melancholisch, wissend, verabschiedet vom Traum der *schwarzen Gegenwärtigkeit* und der Magie der Buchstaben und der Schrift, getrennt vom Körper Gaoutys, getrennt vom Paradies ebensosehr wie von der Apokalypse, von Bibel und Koran, von Negerjunge und Gnaua-Gruppe.

Ich nehme den Nachtbus, Irma nach. (Platz, 218)

Subscriptio des Typoskripts:

Agadir, im Mai 1985/
Othmarschen, den 16. Juli 1985.

Auf der Reise zur Fata Morgana werden. Gaukelbild des Textes, der als einziges bleibt.

9. Epilog. Die Idee des „Einen Buches"

Das Aleph – der magische Erste Buchstabe, der alles enthält.
In ‚Mein Freund Herodot' heißt es:
Bei Hekataios zum ersten Mal ein Superbuch – etwas Riesiges, Weltumspannendes, unheimlich Unübersichtliches wie die Welt selbst. (HuL I, 384)

Das Buch als das Labyrinth, das die Welt ist. Arbeit schon hier an der „Bibliothek von Babel"? – Und weiter:

Die ganze Welt als Buch – bei Mallarmé etwas später: nur das Buch noch ganz als Welt – wird zum ersten Mal deutlich an Herodots neun Büchern der Historien – ἱστορία *– was zu Unrecht mit ‚Geschichte' übersetzt wird.* (HuL I, 385)

Es ist nicht bekannt, ob Fichte sich besonders intensiv mit Mallarmé auseinandergesetzt hat. Allerdings berichtet Gustav René Hocke im Kapitel über „Ars combinatoria" (und eine solche ist Fichtes Kunst wohl zuerst) über das Mallarmésche Projekt „Le livre" (das auf 20 Bände geplant war, während Fichte 19 Bände der ‚Geschichte der Empfindlichkeit' projektiert).[1] Es ist auch nicht bekannt, ob Fichte sich mit der Kabbala und dem europäischen Hermetismus auseinandergesetzt hätte – obwohl der von ihm geschätzte Quirinus Kuhlmann in diese Tradition gehört. Doch auf letzteren, wie vielleicht auch auf Lohenstein, ist er durch Gustav René Hocke ebenso aufmerksam geworden wie darauf, daß die Poetik des „Einen Buches" auf Mallarmés Studien des Hermetismus bzw. der Romantik (Novalis) zurückgeht. Die Bedeutung des Aleph in der Kabbala und den Hinweis auf Jorge Luis Borges Erzählung „Das Aleph" konnte Fichte ebenfalls dem Buch von Hocke entnehmen.[2] Bei Hocke konnte er auch lesen, daß Buchstaben- und Zahlenmystik im Orient verbreitet war und im Manierismus erneut triumphierte; konnte er ferner erfahren, daß Schriftkunst auch die Kunst der graphischen Anordnung der Zeichen auf der Seite ist[3] –: eben darin besteht wesentlich die Poetik des ‚Platz der Gehenkten'. Mallarmé spricht vom Dichter als „Buchstabenzauberer", so berichtet Hocke[4]: und Fichte entwickelt Buchstabenzauber im Hörspiel ‚Ich bin ein Löwe' und im Roman ‚Der Platz der Gehenkten'. Von Gottfried Benn zitiert Hocke, daß es ein poetisches Sensorium gäbe, es „gilt der Chiffre, ihrem gedruckten Bild, der schwarzen Letter, nur ihr allein"[5] –: und ‚Der Platz der Gehenkten' darf insgesamt als eine Auseinandersetzung über die poetische Dialektik der weißen Seite und der schwarzen Letter, als Auseinandersetzung mit dem Problem des Graphismus und Lettrismus in der Romankunst gelten. Der zentrale Terminus der Fichteschen Poetik und Schreibpraxis ist die ‚Korrespondenz' – bei Hocke zuerst hat er das auf Baltasar Gracian (correspondencias) und Charles Baudelaire (correspondances) zurückgehende Schreibkonzept kennengelernt. Und was sind Fichtes Bücher anderes als eine Kunst der geheimen und offenen, chiffrierten und sympathetischen Korrespondenzen, die ein Netz über die Zeiten, Literaturen, Kulturen auswerfen (Lesebuch, 11)? Wir haben Beispiele davon kennengelernt. Diese Korrespondenzen-Kunst ist Bestandteil der manieristischem ars combinatoria und entwickelt sich wesentlich in der Spannung von Esoterik und Exoterik – auf deren Komplementarität als manieristischen Stil Hocke verweist[6]: schon Gracian spricht von „correspondencia recondita" und davon, der Künstler solle „concordar los extremos repugnantes"[7]. Dies ist das Prinzip der discordia concors, wie es Fichte an Lohenstein hervorhebt und selber endlos praktiziert. Sollte es ein Zufall sein, daß Hocke Permutationen, Kombinatorik, Montage für formale Merkmale manieristischer Kunst hält – und Fichte diese zunehmend bewußter zu seinen entscheidenden Konstruktionstechniken macht? Sollte es ein Zufall sein, wenn Hocke von polyglotter

---

[1] G.R. Hocke: Manierismus in der Literatur a.a.O. S. 51ff.

[2] ebd. S. 22/23, 44f.

[3] ebd. S. 18ff, 23, 29.

[4] ebd. S. 29.

[5] ebd. S. 29. – Ein typischer Fall: Hocke zitiert aus Benns brühmtem Marburger Vortrag „Probleme der Lyrik" von 1951; das Zitat jedoch ist ein Selbstzitat Benns aus „Epilog und lyrisches Ich" von 1922/28; vgl. G. Benn: Gesammelte Werke, hg. v. D. Wellershof. Wiesbaden 1968, Bd. 8, S. 1878 = Bd. 4, S. 1075.

[6] G.R. Hocke a.a.O. S. 10.

[7] ebd. S. 59.

Esoterik der Manieristen spricht – und wir zahllose Beispiele davon bei Fichte finden? Wie erklärt sich anders als durch die Lektüre Hockes, wenn der „style idéogrammatique", von dem Guillaume Apollinaire spricht, bei Fichte zu einem seiner poetologischen Leitbegriffe wird?[1] Oder: sind die Konjunktivketten des angstgepeinigten Detlevs im ‚Waisenhaus' nicht gut mit der Hockeschen Überschrift „Konditionalstil der Angst" wiedergegeben?[2] Ist ferner die manieristische Vorstellung, daß die Ideen der Dinge „wie in Buchstabenkästen der Setzereien" eingeschlossen liegen[3], nicht wie ein Konzept für die protoliterarischen Setzkastenspiele Detlevs zu lesen? Findet der von Hocke kolportierte ästhetizistische Grundsatz Mallarmés: „Tout au monde exist, pour aboutir à un livre"[4] nicht ein Echo in der Fichteschen Erklärung zu „leben, um eine Form der Darstellung zu erreichen"[5]?

Wie ist möglich, bei Hocke ein Zitat des Philosophen Johann Gottlieb Fichte (sic!) zu finden, das wie eine Reflexion aus den Traumsequenzen und Poetikpassagen des Romans ‚Platz der Gehenkten' klingt. „Es ist kein Sein. ... Bilder sind: sie sind das Einzige, was da ist, und sie wissen von sich, nach der Weise der Bilder: – Bilder, die vorüberschweben, ohne daß etwas sei, dem sie vorüberschweben; die durch Bilder von den Bildern zusammenhängen, Bilder, ohne etwas in ihnen Abgebildetes, ohne Bedeutung und Zweck. Ich selbst bin eins dieser Bilder; ja ich bin selbst dies nicht, sondern nur ein verworrenes Bild von den Bildern. – Alle Realität verwandelt sich in einen wunderbaren Traum, ohne ein Leben, von welchem geträumt wird, und ohne einen Geist, dem er träumt; in einen Traum, der in einem Traume von sich selbst zusammenhängt."[6] Und der Terminus roman fleuve, welchen Fichte wie selbstverständlich für seine ‚Geschichte der Empfindlichkeit' benutzt[7], findet sich ebenfalls bereits bei Hocke als eine Spielform des manieristischen Großromans mit seinen labyrinthischen Gängen, Verschachtelungen, Vernetzungen, demiurgischen Konstruktionen.[8] Und wenn Fichte deutsche Literatur mit barocker Literatur identifiziert (Lesebuch, 16) und zwar aufgrund ihres artifiziellen Kalküls –: warum, wenn nicht deswegen, weil er hier die Anknüpfung findet an jenen von Hocke – historisch fahrlässig – konstruierten europäischen Raum der manieristischen, antiklassischen, bewußt disharmonischen, zwischen Manie und Manier, Rausch und Meßkunst ge-

---

[1] ebd. S. 129.
[2] ebd. S. 136.
[3] ebd. S. 14.
[4] ebd. S. 53.
[5] Th. Beckermann a.a.O. S. 116.
[6] G.R. Hocke a.a.O. S. 76. – Hocke entnimmt das Zitat aus Wilhelm Weischedel: Abschied vom Bild. In: ders.: Wirklichkeit und Wirklichkeiten. Berlin 1960, S. 166. Ich habe das Zitat, das Hocke fehlerhaft wiedergibt, original zitiert nach J.G. Fichte: Die Bestimmung des Menschen (1800). In: Werke, hg.v. F. Medicus, Bd. 3, Leipzig 1910; S. 341. Das Fichte-Zitat ist deswegen so ungeheuer, weil es keineswegs nur die bündige Formulierung eines radikalen Berkeleyschen Idealismus darstellt, sondern gelesen werden kann wie eine metapoetische Reflexion über die Konstruktion des Romans „Der Platz der Gehenkten". Und noch wichtiger vielleicht: es formuliert aufs genaueste die Konsequenz des gegenwärtigen Zeitalters der Computersimulationen und der „virtual reality".
[7] Fichte/Lindemann: In Grazie das Mörderische verwandeln a.a.O. S. 314.
[8] G.R. Hocke a.a.O. S. 228ff.

spannten Kunstformen. Es sind die poètes maudits, deren poetisches Kalkül Hocke entwickelt und an denen Fichte sein eigenes Schreiben schult; die Manieristen als Verwandte, als Brüder im Geist der poiesis, des künstlichen Machens und nicht des intuitiven Ausdrucks. Fichtes Literatur ist alles andere als mimetisch, sie ist manieristisch.[1] Ja, Fichte steht der Tradition des realistischen Erzählens und des Nachahmungsprinzips denkbar fern. Sollte man nicht eher sagen, daß seine Verschaltungs- und Vernetzungskunst sich ebenso entwickelt in Anknüpfung an die ars memoriae des Raimundus Lullus (der Verschiebeplan des Gedächtnisses) wie im Übergang zur permutativen Kombinatorik und zu den Datenbanken der Computer (die Vernetzung, die Bausteintechnik, die systematische Datenerhebung und Anlage von Karteien bei Fichte)?

Das Unheimliche des Romans ‚Platz der Gehenkten' ist die kaum zu überbietende Gegensätzlichkeit von äußerstem Kalkül und Manie, von Logik und Traum. Man hält es kaum für möglich, daß ein aufklärerisch-wissenschaftlicher Autor wie Fichte im Übergang vom Feature ‚Djemma el Fna' zum Roman ‚Platz der Gehenkten' jetzt, 100 Jahre nach Mallarmé und nahezu 200 Jahre nach Novalis und Friedrich Schlegel, noch einmal die hypertrophe Idee des absoluten Buches poetisch zu experimentieren wagen würde. Ja, das Projekt eines roman fleuve dürfte bei einem Autor, der aufgrund seiner Medienerfahrungen sich des Endes der Gutenberg-Galaxis bewußt sein mußte, selbst schon von der Manie getrieben sein, das Ephemere und Illiterate aller Erfahrung und erst recht der Medienwelt zu überbieten dadurch, daß nichts, was nicht geschrieben ist, überhaupt nur war: Alles ist Tod, was nicht Buchstabe wird, so daß das Schreiben unter der Hand eine Transsubstantiation des Verfalls in die – wenn es nur ginge – steinerne Schrift des unzerstörbaren Seins ist. Nicht Mumifizierung des Körpers – *Ägyptisches Museum* –, sondern Metamorphose des Leibes in die Ordnung der Lettern ist die profane Religiösität dieser Ästhetik.

Ich interessiere mich weniger für mein Leben als für meinen Roman Fleuve. / Ich will anfangen fürs Schreiben zu leben, nicht wie bisher leben um was zum Schreiben zu haben, heißt es schon für 1967 im Roman ‚Alte Welt' (I, 407).

Das ist, noch einmal, eine vollständige Indienstnahme des Lebens für die Literatur, jenseits des Ästhetizismus: denn nicht wie bei diesem wird das Profane und Stumpfe ausgeschieden, weil es zu einer Ästhetik des Pretiosen nicht taugt. Sondern im Gegenteil versammelt Fichte das Profane und Armselige, das Bedeutungslose und Elende der eigenen Erfahrung und der wahrgenommenen Welt in sein Werk – als sei alles so eigensinnig sprechend und so aus sich selbst heraus zur Mitteilung drängend, daß es seinen Auftritt auf der Bühne der Literatur verdient.

Hans Blumenberg hat in seinem Buch „Die Lesbarkeit der Welt" die Ideengeschichte des liber mundi in ihrer fast 2000jährigen Spannkraft entwickelt. Das ist hier nicht zu wiederholen. Wichtig ist, daß die Literatur des 19. Jahrhundert – nach dem Scheitern der Enzyklopädie der französischen Aufklärung, die den letzten Versuch der Versammlung des Weltwissens und damit der Welt selbst in einem Buch unternahm –

---

[1] Sabine Röhr hält in ihrer im übrigen nützlichen Arbeit den Begriff der Mimesis m.E. zu unrecht für eine zentrale Kategorie der Fichteschen Poetik (Sabine Röhr: Hubert Fichte. Poetische Erkenntnis. Montage – Synkretismus – Mimesis. Göttingen 1985).

auf seltsame Weise die Idee des Weltbuches aufnahm, überbot und zugleich entleerte.[1] Der „Heinrich von Ofterdingen" und die „Lehrlinge zu Sais" von Novalis stehen ganz in dem megalomanischen Bann, mit den Mitteln der Ästhetik die gescheiterte Idee der Enzyklopädie dennoch zu realisieren. Das Programm des enzyklopädischen Romans ist es, den zerfallenen und zerrissenen Weltzustand vollständig in Kunst – und das heißt in Buchstaben – zu überführen, welche die verdunkelten Chiffren der Schöpfung darstellen: ideogrammatisches Schreiben auch dies. Der Roman sollte, nach Friedrich Schlegel, der hier Novalis folgt, eine andere Bibel sein. In dem Maße, wie, bedingt durch soziale und wissenschaftliche Prozesse, die Welt aus ihrer vormaligen Schriftförmigkeit floh, sollte Kunst die notwendig vergebliche Anstrengung auf sich nehmen, das heillos Illiterate der Welt und des Wissens zu „romantisieren", mithin in die Ordnung der Poesie zu überführen. An die Stelle der Welt, die ein Buch war, sollte zumindest das Buch treten, das die Welt war. Das ist die ästhetische Eschatologie der Frühromantik, die historisch ausstrahlte noch bis zum hermetischen Modell des Einen Buches von Mallarmé. Zwischen Novalis und Mallarmé, die beide Adepten des Hermetismus waren, aber liegt Flauberts „Versuchung des heiligen Antonius" und „Bouvard und Pécuchet": das eine ein Roman, der ein Buch aus Büchern ist, und das andere ein Roman, worin die bibliomanen Helden in völliger Weltlosigkeit zu Kopisten des immer schon Geschriebenen werden. Zombies der Babylonischen Bibliothek, die an die Stelle der natura loquax und des liber mundi getreten ist. Die Grandiosität des Weltbuches tritt in die Pathologie in des weltlosen Buch(staben)wahns über, dessen tragisch-groteske Geschichte Elias Canetti im Roman „Die Blendung" erzählt ebenso wie Jorge Luis Borges in der „Bibliothek von Babel" und in „Das Aleph". Hic liber est mundus – dieser über Jahrhunderte vorwärts wie rückwärts lesbare Satz kann nur noch Ausgeburt des narzißtischen Autarkiewahns von Bibliomanen sein, nicht mehr die Formel einer Metaphysik der Schrift, die zugleich eine Kosmologie enthält.

Das mußte Fichte wissen – und das wußte er auch, als er die Überforderung, die in dieser Idee der absoluten *Verwörterung der Welt* liegt, schon bei Herodot studierte. Fichte war sich völlig im klaren darüber, daß alle Schrift unendlich hinter der Welt und dem Kosmos der Erfahrung zurückbleibt und daß kein Buch eine „andere Bibel" (Schlegel) und jede Bibel nur ein anderes Buch ist. Schon bei Novalis und Mallarmé ist die Überanstrengung und die Erschöpfung spürbar, wenn das „Eine Buch" nicht nur ein Buch, sondern die Welt selbst zu figurieren hatte. Alles Schreiben, so wußte Fichte, ist ein Ermangeln, nicht ein Vollenden der Realität und der Existenz. Gleichwohl – wie es bei Fichte die Chiffren der Empedokleischen Kosmologie und Metempsychose gibt, im Widerspruch zur wissenschaftlichen Disziplin und zurückhaltenden Vorsichtigkeit seines Denkens und Schreibens, so gibt es auch die Magie der Lettern und die untergründige Metaphysik des Buches als Welt und der Welt als Buch. Und damit positioniert Fichte sich in bestimmter Weise in der Tradition der manieristischen Kunst.

---

[1] Hans Blumenberg: Die Lesbarkeit der Welt. Frankfurt/ M. 1981, S. 233–299.

Die Bibel – ich nicht, heißt es lakonisch in ‚Mein Lesebuch' (16) – und das gilt für den Koran ebenso. Aber für Fichte gilt vielleicht doch: die Literatur in der Art einer Bibel. Was heißt denn Literatur *als ein Netz von Beziehungen – Correspondances ... Als ein Netz von Beziehungen aus Sprache – über das Innere und über die Welt* (Lesebuch, 11)? Sein ‚Lesebuch' aus deutschen Zeugnissen legt Fichte so an, daß ein Teil der Quellen „Literatur über Literatur" ist, ein anderer Teil in unmittelbarer Beziehung zum *Inneren* (von Fichte selbst) steht – wodurch das *Innere* sich als eben literaturförmig/-geformt erweist. Schließlich legen die deutschen Quellen ein Netz von internationalen, multikulturellen Correspondances aus, die den weltumspannenden Charakter des literarischen Prozesses dokumentieren sollen. Mithin: das ‚Lesebuch', als bloße Quellensammlung, bei all seinem bewußten Fragmentarismus, realisiert dennoch unter der Hand die Konzeption eines Weltbuches, alle Sprechweisen und Gattungen umfassend, alle (eigenen) privaten Probleme aufnehmend und aufhebend, eingeschichtet in die ideale Synchronizität aller Zeiten und Räume, selbst wenn die Quellen nur drei verschwindende Jahrhunderte einer verschwindenden Nationalliteratur umfassen. So eröffnet Fichte aus diesem kleinen Fenster deutscher Literatur dreier Jahrhunderte eine Perspektive auf das Ensemble der Literatur von drei Jahrtausenden. Das Lesebuch wird zur Allegorie des multikulturellen, zeitüberspringenden, strukturalen Kosmos der literarischen Sprechweisen. Die harmlose Beiläufigkeit des Lesebuches in einer Standardreihe des Fischer-Verlages täuscht. Das Arrangement der Texte enthält ein höchst anspruchsvolles Literaturkonzept. Das ‚Ödipus auf Håknäss' hätte auch einsetzen können ... mit einer weißen Seite, einem A auf einer leeren Seite, einem Aleph. Es enthält mithin auch die Idee der „Bibliothek von Babel", die Idee des Buches aller Bücher à la Flaubert, des Weltbuches Mallarmés, des roman fleuve, dessen Fluß ohne Ufer ist und auf der Suche nach der verlorenen Zeit der Geschichte der Empfindlichkeit, die die Geschichte der Welt nicht ist, aber sein soll. – Das Aleph ist der roman fleuve.

„Ich habe die Grundrisse eines wunderbaren Werks entworfen ... Ich brauche zwanzig Jahre", schreibt Mallarmé[1] – und das hätte, beinah, Fichte auch schreiben können.[2] Für beide ist es eine Auseinandersetzung mit der leeren, der weißen Seite, auf der die Grapheme sich eintragen in einer Ordnung, die, für Mallarmé, der Ordnung der Sternzeichen in der Leere des Weltalls entspricht. John Locke hatte den Menschen als leere oder weiße Seite bzw. als leeres Kabinett gefaßt. Menschwerdung hieß danach die Beschriftung des white sheet und die Versammlung der Welt im Kabinett der Erinnerung – so wie die Naturalienkabinette der Fürsten im Abbild der Welt zugleich ihr Wesen zur Darstellung zu bringen zu hatten.[3]

---

[1] Blumenberg a.a.O. S. 319.
[2] Vgl. den frühen, versteckten Hinweis auf Mallarmés Projekt in der Palette, 331: *Le Livre – das Fietscher?* Ahnte Fichte hier bereits, das aus der Radioform des Features und der Collage sein roman fleuve erwachsen würde?
[3] John Locke: Versuch über den menschlichen Verstand. 2 Bde. 4.Aufl. Hamburg 1981, S. 107/8 (leeres Blatt); 117/8 (leerer Spiegel und in Staub geschriebene Schriftzeichen), 38 (leeres Kabinett). Die Vorstellung Lockes geht auf die mittelalterliche tabula-rasa-Konzeption zurück (und: nihil est in intellectu, quod non erat in sensu)

Wenn Fichte jedoch auf die weiße Seite ein „A", auf die nächste ein „Aliph" und auf die folgenden Seiten die elementaren Bausteine der Sprache setzt, so entspricht das weniger der rationalistischen Anthropologie des englischen Sensualisten als vielmehr der kabbalistischen Tradition der Schöpfung der Welt aus den Buchstaben des Alphabets. Eine Parallele findet man in dem Spätwerk des niederländischen Emblematikers Otto van Veen (1556–1629), des ersten Lehrers von Peter Paul Rubens: Physicae et Theologicae Conclusiones (2.Aufl.1621). Hier wird eine – durchaus häretische – Kosmologie nicht nur diskursiv, sondern zugleich ikonologisch in Form von geometrischen Schemata und von Buchstaben-Figuren gefaßt. Am Serien-Beginn der Buchstabenbilder, am absoluten Anfang der Welt also, steht ein „A" auf einer leeren Seite. Der Kommentar dazu lautet: „De Ente et Uno. Deus Ineffabilis, Ens unicum, Trinum, Aeternum, omnia continens A."[1] Die alleinige göttliche Substanz – A – trennt sich in sich selbst und setzt sich ein B als das Nichts entgegen. Aus dieser polaren kosmischen Dualität von Sein und Nichts wird die Welt erschaffen (bei Robert Fludd in Bewegungen des Alphabets). Christoph Geissmar, der das Buch van Veens wiederentdeckt hat, sieht im A auf der weißen Seite das Gegenstück zum schwarzen Quadrat „Et sic in infinitum" von Robert Fludd (bzw. von Kasimir Malewitsch).[2] Bei Fludd finden sich viele kosmologische Schemata, gefaßt als Figuren des (hebräischen) Alphabets. Dabei kann das Aleph eine lichtvolle (weiße) und ein dunkle (schwarze) Seite haben – in sich selbst also polar strukturiert sein wie Gott in seinen dionysischen und apollinischen Hypostasen.[3] Die Sphären des Kosmos ordnen sich nach den 21 Buchstaben des Alphabets, hervorgehend aus dem Beginn des Beginns = dem Aleph.[4]

Natürlich sind hier keine direkten Einflüsse auf Fichte zu konstatieren. Wohl aber hat Fichte über die Manierismus-Studien Hockes und über seine sehr gute Kenntnis des Werkes von Jorge Luis Borges eine vermittelte Einsicht gewonnen in die hermetischen Hintergründe einer Poetik des roman fleuve als „Weltbuch". Fichte hat nicht nur die alte hermetische Dialektik von Weiß und Schwarz, die dynamische Spannung der leeren und beschrifteten Seite, die geometrisch-arithmetischen Figuren der Kosmologie, die ‚Alphabetisierung' der Welt aus der kreativen Magie der Buchstaben verstanden als theologischen Hintergrund einer verlorenen abendländischen Metaphysik-Tradition, sondern auch als ‚Figuren' einer manieristischen Poetik und Kunsttheorie, die nicht nur im 17. Jahrhundert, sondern auch in der Moderne – beginnend bei Mallarmé, aber ebenso bei Hugo Ball, Franz Marc u.a. bis hin zu Borges – das Dopppelgesicht der Avantgarde trägt. Innerhalb der ‚Geschichte der Empfindlichkeit' enthält der Roman ‚Der Platz der Gehenkten' in seiner Formstruktur die Metatheorie dieses Großprojektes. Fichte hat auf eine noch nicht

---

[1] Otto van Veen: Physicae et Theologicae Conclusiones. 2.Aufl. Orsellis 1621, S. 4/5. Das Buch von van Veen findet sich im Abbildungsteil der Dissertation von Christoph Geissmar: Bilder zu Jakob Böhme. Diss. Hamburg 1990, Abb. 202–224.

[2] Christoph Geissmar a.a.O. S. 82. – Siehe auch S. 264ff. dieses Buches.

[3] Joscely Godwin: Robert Fludd. Hermetic Philosopher and Surveyor of Two Worlds. London 1979, S. 30.

[4] J. Godwin a.a.O. S. 21.

Abb. 18. Otto van Veen: De Ente et Uno.
In: Physicae et Theologicae Conclusiones. Orsellis 1621, S. 5.

völlig transparente Weise ungefähr zur Zeit des Abschlusses des ‚Versuch über die Pubertät' das Bewußtsein dafür entwickelt, daß seine gesamte schriftstellerische Arbeit auf ein einziges Werk zielt, das nicht nur alles bis dahin, sondern auch alles künftighin Geschriebene ebenso wie das gelebte Leben absorbieren sollte. Das ist die Idee des „Einen Buches" – sei's das Mallarmésche „Le Livre" oder seien es die neun Bücher der Historien Herodots. Früher schon, am Ende der 50er Jahre, hatte bereits die Idee von ihm Besitz ergriffen, daß das Ziel des Lebens im Schreiben liegt – eine gleichsam letterale Teleologie: *Ich wollte schreiben. / Nur noch schreiben.* (Garni, 119) Dies ist das Drängen des Lebens zum Buchstaben – und dem begegnet, vom entgegengesetzten Ende her, die Entfaltung der Welt aus den Elementarbausteinen der Sprache: A – Aliph – Djemma el Fna. Damit stehen wir mitten in der manieristischen Buchwelt – der Welt aus Sprache, Büchern, Correspondances. Eine befremdliche impassibilité des Autors ist, nein, muß die Folge sein – als Kehrseite einer Empfindlichkeit, die nicht als sozialarbeiterische compassion (wie in den 50er Jahren), sondern als Empfindlichkeit des Mediums zu verstehen ist. Der poète maudit Fichte: das heißt, verdammt zu sein, alles in Schrift zu verwandeln, welche gegenüber der unendlichen Empfindlichkeit des Leibes, durch den die Welt hindurch geht, die einzige, letzte Unbeirrbarkeit darstellt, die nur noch durch den alles beendenden Tod überboten wird. Das Enigmatische des Fichteschen Werkes – jenseits seiner immer auch aufklärerisch-exoterischen Impulse – erscheint hier, im ‚Platz der Gehenkten', in seiner äußersten Zuspitzung, in der Konzeption einer Autorschaft und einer Schrift, welche – als Gegensetzung zur Heiligen Schrift – auf die Koinzidenz mit der Welt aus ist: *Zirkeltraum* des Autors.

Alles lag bereits vor: der Stoff der Reise nach Marokko und die Traumsequenz (das Feature ‚Djemma el Fna' und das Grünspan-Kapitel Nr.143). Jetzt aber löst sich das Schreiben aus der Referentialität der Zeichen und biegt sich auf sich selbst zurück. Doch indem alles zum Element des Kalküls einer Schrift wird, die zum Kreis – zum Kosmos – zum Weltbuch werden will, nimmt der Autor auch den Preis auf sich, daß damit eine modale Differenzierung von Traum und Wirklichkeit, von Signifikant und Signifikat nicht mehr möglich ist. Die Arbeit des Romans besteht nur noch darin, das schon (1970/71) Geschriebene **neu** zu schreiben, nicht etwa – wie bei Flauberts „Bouvard et Pécuchet" – zu kopieren, sondern es vollständig einer Form zu unterwerfen. Schreiben ist nicht mehr Arbeit am Stoff des Lebens; sondern Auseinandersetzung mit der leeren Seite, das heißt ein Problem der graphischen Anordnung der Lettern im Weiß des Blattes. Nicht mimetische oder deiktische Gesten bestimmen den Text – im Gegenteil werden diese programmatisch aufgelöst; sondern die Arbeit an der Seite ist eine Frage des numerischen Kalküls, der letteralen Magie und der Wiederholung in der Form des Kreises (*Zirkel*).

Zweifelsohne zeigt der ‚Platz der Gehenkten' auch, daß dieses Äußerste einer Autorschaft auch ein Reflex der Trauer ist: Trauer über den Ausschluß des Schreibenden aus dem Geschriebenen. Der ‚Platz der Gehenkten' ist der Titel auch einer Abwesenheit, der Abwesenheit der Djemma el Fna, deren auratisches Bild ebenso unerreichbar im Erinnern liegt wie die Zeit 1970 für den nachinszenierenden Schriftsteller 1985. Die Welt, die Sprache (geworden) ist, ist nur Sprache – und in den weiten weißen Flächen hält das Schweigen auch den Raum offen für das Ausdruckslose jenseits der Schrift. Daß derart das Stumme immer gegenwärtig bleibt, bewahrt das Projekt das Romans vor einem Ästhetizismus, der das, was nicht Form ist, für nichts achtet. Die Trauer im Text, das Schweigen jenseits des Textes, im Weiß der Seiten, hält die Unmöglichkeit und die hybride Überforderung der Idee des Weltbuches bewußt. Die Trauer gehört zur Wahrhaftigkeit des Schriftstellers Fichte, die noch über das Schreiben hinausgeht. Die impassibilité der Schrift schließt nicht die sensibilité des Schreibenden ein, sondern umgekehrt.

Freilich zeigen die Textstufen vom Reise-Feature über die Traumpassagen im ‚Grünspan' bis hin zum Roman ‚Platz der Gehenkten' auch, was die ‚Geschichte der Empfindlichkeit' im ganzen sein sollte: nicht Stoff eines Lebens und Forschens, sondern strengste Durcharbeitung von Texten, die schon über den Stoff des Lebens und Forschens geschrieben waren. Das ist in Erinnerung zu behalten, wenn aus dem Nachlaß eine Reihe von Bänden erschienen ist und noch erscheinen wird, die in keiner Weise der strengen Poetik des roman fleuve entsprechen, sondern, aufgrund des Todes von Fichte, in einer Verfassung vorliegen, die in manchen Fällen nicht mehr zeigt – als eben die stoffversammelnden Texte, die einer poetischen Konstruktion noch zugeführt werden sollten.

ANHANG

A. Zur Zitierweise des Werkes von Hubert Fichte

Vorbemerkung

Zitate aus dem Werk Fichtes werden im laufenden Text einheitlich nach dem unten aufgeführten Abkürzungsverzeichnis nachgewiesen. Einige Buchveröffentlichungen sind nicht in diese Regelung aufgenommen, weil sie - wie z. B. im Fall der Hörspiele über den Heiligen Pedro Claver – in spätere Bände aufgenommen wurden. Die übrigen Texte von Fichte werden in Anmerkungen nachgewiesen. Bei den Buchveröffentlichungen bis einschließlich ‚Petersilie' wurde diejenige Ausgabe standardisiert, deren Seitenzählung mit derjenigen der entsprechenden Taschenbuch-Ausgabe übereinstimmt. Hinsichtlich der ‚Geschichte der Empfindlichkeit' folge ich bei der Bandzählung und den Titeln den Entscheidungen, die der Herausgeber Ronald Kay im Nachwort zu ‚Psyche. Glossen.' (1991) erläutert hat. Die Abweichungen zu früheren Editions-Konzepten der ersten Herausgeber (Gisela Lindemann, Torsten Teichert) ergeben sich daraus, daß Ronald Kay nunmehr die Verfügung letzter Hand vom 20.2.1986 als maßgebend für die Veröffentlichung von Bänden, die unter dem Titel ‚Die Geschichte der Empfindlichkeit' erscheinen dürfen, eingesetzt hat. Auslassungen in Zitaten werden durch drei Punkte gekennzeichnet, Zeilenumbrüche in fortlaufenden Zitaten durch Schrägstriche markiert.

Abkürzungen

[Die in Klammern gesetzten Jahreszahlen benennen das Jahr der Erstausgabe.]

Turku	Der Aufbruch nach Turku. Frankfurt/M. 1985 (1963).
Waisenhaus	Das Waisenhaus. Frankfurt/M. 1978 (1968).
Palette	Die Palette. Frankfurt/M. 1978 (1968).
Grünspan	Detlevs Imitationen „Grünspan". Frankfurt/M. 1979 (1971).
Wolli	Wolli Indienfahrer. Frankfurt/M. 1978. (enthält auch: Interviews aus dem Palais d'Amour, 1972).
Xango	Xango. Die afroamerikanischen Religionen. Bahia, Haiti, Trinidad. Frankfurt/M. 1976.

Pubertät	Versuch über die Pubertät. Frankfurt/M. 1982 (1974).
Ledermann	Hans Eppendorfer: Der Ledermann spricht mit Hubert Fichte. Frankfurt/M. 1977.
Peterslie	Petersilie. Die afroamerikanischen Religionen. Santo Domingo, Venezuela, Miami, Grenada. Frankfurt/M. 1980.
Genet	Jean Genet. Frankfurt/M. u. Paris 1981.
Lazarus	Lazarus und die Waschmaschine. Kleine Einführung in die afroamerikanische Kultur. Frankfurt/M. 1987.
Garni	Hotel Garni. (Die Geschichte der Empfindlichkeit, Bd. I) Frankfurt/M. 1987.
Kleiner Hauptbahnhof	Der kleine Hauptbahnhof oder Lob des Strichs. (Die Geschichte der Empfindlichkeit, Bd. II) Frankfurt/M. 1988.
Schuld	Die zweite Schuld [Sperrfrist bis zum Jahr 2006] (Die Geschichte der Empfindlichkeit, Bd. III).
Liebe	Eine glückliche Liebe. (Die Geschichte der Empfindlichkeit, Bd. IV) Frankfurt/M. 1988.
Alte Welt I/II	Alte Welt. Band I/II. (Die Geschichte der Empfindlichkeit, Bd. V) Frankfurt/M. 1990.
Platz	Der Platz der Gehenkten. (Die Geschichte der Empfindlichkeit, Bd. VI) Frankfurt/M. 1989.
Explosion	Explosion. Roman der Ethnologie. (Die Geschichte der Empfindlichkeit, Bd. VII) Frankfurt/M.
Schwarze Stadt	Die schwarze Stadt. (Die Geschichte der Empfindlichkeit, o. Nr.) Frankfurt/M. 1990.
Psyche	Psyche. (Die Geschichte der Empfindlichkeit, o. Nr.) Frankfurt/M. 1990.
Forschungsbericht	Forschungsbericht. (Die Geschichte der Empfindlichkeit, o. Nr.) Frankfurt/M. 1989. [als Bd. XV. veröffentlicht].
Naná	Die Geschichte der Naná. (Die Geschichte der Empfindlichkeit, o. Nr.) Frankfurt/M. 1990.
Hamburg Hauptbahnhof	Hamburg Hauptbahnhof. Register. Die Geschichte der Empfindlichkeit, o. Nr.) Frankfurt/M. [im Erscheinen].
HuL I/II	Homosexualität und Literatur. Bd. I/II. (Die Geschichte der Empfindlichkeit. Paralipomena Bd. 1) Frankfurt/M. 1987/88.

Mina	Das Haus der Mina in São Luiz de Maranhão. Materialien zum Studium des religiösen Verhaltens. (Die Geschichte der Empfindlichkeit. Paralipomena Bd. 2) Frankfurt/M. 1989.
Schulfunk	Schulfunk. Hörspiele. [veröffentlicht als: Die Geschichte der Empfindlichkeit. Paralipomena Bd. 4] Frankfurt/M. 1988.
S/H	Sophokles: Oedipus der Tyrann / Antigone. Deutsch von F. Hölderlin. Eingeleitet von W. Schadewaldt, Frankfurt/.M. 1957.

B. Bibliographie

Vorbemerkung

Es werden nur verwendete Primär- und Sekundärquellen verzeichnet. Die vollständige Erfassung der Primärquellen, der Rezensionen und Forschungsliteratur zum Werk Fichtes wird an der Hubert-Fichte-Arbeitsstelle (Universität Hamburg, Literaturwissenschaftliches Seminar, Von-Melle-Park 6, D-2000 Hamburg 13) vorbereitet. Diese Bibliographien werden im Sommer 1992 als Datenbanken zur Verfügung stehen; dasselbe gilt für den Nachlaß Hubert Fichtes. 1993 werden ein Repertorium des Nachlasses sowie die Bibliographien auch in gedruckter Form zugänglich sein. Aus diesem Grund erübrigt sich hier eine extensive bibliographische Erschließung.

1. Weitere Werke Hubert Fichtes

Fichte, Dora: Leserbrief. In: DIE ZEIT, Nr. 46, S. 14.
Fichte, Hubert: Bahia-Tagebuch 1971. Funkfeature SWF 21./28.10.1972 (285 S).
Fichte, Hubert: Die Buchstaben der Psyche. Zürich 1988.
Fichte, Hubert: Die Trance in den afroamerikanischen Mischreligionen. Funk-Feature 11.5.1974. (105 S).
Fichte, Hubert: Djemma el Fna – der Platz der Gehenkten. Funk-Feature SWF 31,7.1971 (230 S).
Fichte, Hubert: Drei Briefe an H.H. Jahnn. Hg. v. G. Schäfer. In: FORUM Homosexualität und Literatur H.5, 1988, S. 77–88.
Fichte, Hubert: „Ich würde ein ...". Hörspiel SWF 6.1.1972 (29 lose Partiturblätter).
Fichte, Hubert im Gespräch mit Peter Laemmle. NDR 28.10.1980 [Rundfunkmanuskript].
Fichte, Hubert: Lustverlust. Ansichten eines alten Mannes 1972–1982. Hörspiel SFB 5.2.1985.
Fichte, Hubert: Organisierte Ägypten-Rundreise 1969. Funk-Feature SWF 3.10.1970.
Fichte, Hubert: Weiße Eier fotografieren. In: Sprache im technischen Zeitalter H. 104, Jg. 25 (1987), S. 300–303.

Fichte, Hubert/Boll, Peter Hinrich: Briefwechsel (Nachlaß Hubert Fichte, Staatsbibliothek Hamburg).
Freeman, Thomas: Gespräch mit Hubert Fichte über Hans Henny Jahnn. In: FORUM Homosexualität und Literatur H. 8, 1989, S. 93–106.
Lindemann, Gisela/Fichte, Hubert: „In Grazie das Mörderische verwandeln". In Sprache im technischen Zeitalter H. 104, Jg. 25 (1987), S. 308–317.
Mau, Leonore: Grosse Anatomie. Fotomappe. Text von Hubert Fichte. Hamburg 1977.
Mau, Leonore/Fichte, Hubert: Xango. Die afroamerikanischen Religionen. Bd. I: Bahia, Haiti, Trinidad. Texte und Fotografien. Frankfurt/M. 1976.
Mau, Leonore/Fichte, Hubert: Petersilie. Die afroamerikanischen Religionen. Bd. III: Santo Domingo Venezuela Miami Grenada. Frankfurt/M. 1980.
Zimmer, Dieter E.: Leben, um einen Stil zu finden - schreiben, um sich einzuholen. Gespräch mit Hubert Fichte. In: Thomas Beckermann (Hg.): Hubert Fichte. Materialien zu Leben und Werk. Frankfurt/M. 1985, S. 116–121.

2. Von Fichte benutzte Quellen und Primärliteratur

Achroyd, Peter: Chatterton. Reinbek b. Hamburg 1990.
Anouilh, Jean: Antigone. In: Ders. Dramen Bd. I, München 1960, S. 23–88.
Artaud, Antonin: Das Theater und sein Double. Frankfurt/M. 1979.
Bellmer, Hans: Die Puppe. Spiele der Puppe. Anatomie des Bildes. Frankfurt/M. - Berlin - Wien 1983.
Bellmer, Hans: Photographien. München 1984.
Benjamin, Walter: Berliner Kindheit um neunzehnhundert. Fassung letzter Hand. Frankfurt/M. 1987.
Binon-Cossard, Gisèle: La Candomblé Angola. Paris 1970.
Biographies des Troubadours. Textes des XIIIe et XIVe Siècles. Ed. par J.Boutière et A.-H. Schutz. Toulouse et Paris 1950.:
Bobrowski, Johannes: Gesammelte Werke in 6 Bdn, hg. v. E. Haufe. Berlin 1987.
Boccaccio, Giovanni: Das Dekameron. München 1952.
Böhme, Thomas: Stoff der Piloten. Berlin/DDR 1988.
Borges, Jorge Luis: Das Aleph. In: ders.: Die zwei Labyrinthe. München 1986, S. 112–128.
Brunswig, Hans: Einsatzerfahrungen des Brandschutzdienstes. 3 Bde. Hamburg 1959.
Brunswig, Hans: Feuersturm über Hamburg. Die Luftangriffe auf Hamburg im zweiten Weltkrieg und ihre Folgen. Stuttgart 1978.
Busch, Ralf (Hg.): Heino Jäger. Gemälde Zeichnungen Radierungen. Hamburg 1988.
Cabestanh, Guilhem de: Les Chansons. Ed.par A. Lǎngfors. Paris 1924.
Caidin, Martin: The Night Hamburg died. New York 1960.
Christoph, Johann Gottsched: Versuch einer Critischen Dichtkunst. Reprint der 4. Aufl. 1751. Darmstadt 1982.
Curtius, Ernst Robert: Europäische Literatur und lateinisches Mittelalter. Bern 1948.
Der Koran, Übertragen v. M. Henning. Eingeleitet von A. Schimmel. Stuttgart 1986.
Diderot, Denis: Gespräche mit d'Alembert. In: ders.: Philosophische Schriften. Hg.v.Th.Lücke, Bd.1 Berlin 1984, S. 511–580.
Diels, Hermann (Hg): Die Fragmente der Vorsokratiker. 2. Aufl. Bd. 1/2, Berlin 1906/7.

Diels, Hermann/Kranz, Walter (Hg.): Die Fragmente der Vorsokratiker. Bde. 1–3 Berlin 1951/2.
Donne, John: An Anatomy of the World (1611). In: ders.: Complete Poetry und selected Prose. Ed. J. Hayward. London/ New York 1946.
Eliade, Mircea: La Chamanisme. Paris 1968.
Fichte, Johann Gottlieb: Die Bestimmung des Menschen (1800). In Werke, hg.v. F. Medicus, Bd.3, Leipzig 1910, S. 261–415.
Fludd, Robert: Utriusque Cosmi Maioris scilicet Minoris Metaphysica, Physica Atque Technica Historia ... 2 Bde. Oppenheim 1617.
Frazer, James George: Der goldene Zweig. Das Geheimnis von Glauben und Sitten der Völker (1922). Reinbek b. Hamburg 1989.
Freud, Sigmund: Das Unheimliche. In: ders.: Studienausgabe, hg. v. A. Mitscherlich u.a., Bd.IV, Frankfurt/M. 1970, S. 241–274.
George, Stefan: Werke in 2 Bdn. München und Düsseldorf 1958.
Goethe, Johann Wolfgang: Werke. Hamburger Ausgabe. Hg. v. E. Trunz. Hamburg 1948 ff.
Gräff, Siegfried: Ergebnisse pathologisch-anatomischer Untersuchungen anläßlich der Angriffe auf Hamburg in den Jahren 1943–45. Hamburg 1948 (2. Aufl. 1955).
Griechische Sagen. Hg. v. L. Mader. Zürich 1963.
Herodot: Historien. Hg. v. H. W. Haussig. Stuttgart 1971.
Hocke, Gustav René: Die Welt als Labyrinth. Manier und Manie in der europäischen Kunst. Hamburg 1957.
Hocke, Gustav René: Manierismus in der Literatur. Sprach-Alchemie und esoterische Kombinationskunst. Hamburg 1959.
Hölderlin, Friedrich: Hyperion. In: Sämtliche Werke. Hg. v. D.E. Sattler, Bd. 11. Darmstadt und Neuwied 1984.
Homer: Ilias. Hg. v. R. Hampe. Stuttgart 1979.
Ibsen, Henrik: Peer Gynt. Dt. v. Christian Morgerstern. In: Dramen. 4. Aufl. Berlin 1990.
Irving, David J.: ...Und Deutschlands Städte starben nicht. Ein Dokumentarbericht. Zürich 1963.
Jacobi, Friedrich Heinrich: Allwills Briefsammlung. In: Werke. Hg. v. F Roth u. F. Köppen. Bd.1, Darmstadt 1980, S. 337–350.
Jacobi, Friedrich Heinrich: Briefwechsel 1775–1781. In: Gesamtausgabe des Briefwechsels. Hg.v. M. Brüggen/S. Sudhof, Reihe 1, Bd.2, Stuttgart Bad Cannstatt 1983.
Jahnn, Hans Henny: Fluß ohne Ufer. 3 Bde. Hg. v. Uwe Schweikert und Ulrich Bitz. Hamburg 1986.
Jahnn, Hans Henny: Spur des dunklen Engels. In: ders.: Dramen Bd. II. Hg. v. W. Muschg. Frankfurt/M. 1965, S. 397–610.
Jahnn, Hans Henny: Dramen I (1917–29). Hg. v. U. Bitz. Hamburg 1988.
Jahnn, Hans Henny: Lessings Abschied. Am Rande der „Bösen Vierziger". In ders.: Werke und Tagebücher. Hg.v. Th. Freeman/ Th. Scheuffelen. Bd.7, Hamburg 1974, S. 105–126.
Jahnn, Hans Henny: Reise zu den Kuppelkirchen Aquitaniens. In: Werke und Tagebücher. Hg. Th. Freeman/Th. Schäuffelen. Bd. 7, Hamburg 1974, S. 419 - 436.
Jahnn, Hans Henny: Thomas Chatterton. In: ders.: Dramen Bd. II. Hg. v. W. Muschg. Frankfurt/M. 1965, S. 611–748.
Kleist, Heinrich von: Die Marquise von O. In: ders.: Werke und Briefe, hg. v. P. Goldammer. Bd. 3, Berlin u. Weimar 1978, S. 113–157.

Lautréamont: Die Gesänge des Maldoror. In: ders.: Das Gesamtwerk. Reinbek b. Hamburg 1988.

Lessing, Gotthold Ephraim: Werke in 10 Bdn. Hg.v. K.Rilla. 2.Aufl. Berlin u. Weimar 1968.

Lévi-Strauss, Claude: Traurige Tropen (1955). 4. Aufl. Frankfurt/M. 1982.

Locke, John: Versuch über den menschlichen Verstand. 2 Bde. 4. Aufl. Hamburg 1981.

Mansfield, Jaap (Hg.): Die Vorsokratiker. 2 Bde. Stuttgart 1986.

Merkel, Inge: Das große Spektakel. Salzburg und Wien 1990.

Métraux, Alfred: Le Vaudou Haitien. Paris 1958.

Möller, Detlev Kurt: Das letzte Kapitel. Geschichte der Kapitulation Hamburgs. Hamburg 1947.

Moritz, Karl Philipp: Anton Reiser. Ein psychologischer Roman. Stuttgart 1972.

Musil, Robert: Der Mann ohne Eigenschaften. Hg. v. A. Frisé. Reinbek b. Hamburg 1978.

Musil, Robert: Die Versuchung der stillen Veronika. In: ders.: Vereinigungen. Frankfurt/M. 1990, S. 107–181.

Musil, Robert: Tagebücher. Hg. v. A.Frisé. Reinbek bei Hamburg 1976.

Ovid: Metamorphosen. Hg. v. H. Breitenbach. Stuttgart 1980.

Penzoldt, Ernst: Der arme Chatterton. (1928) Frankfurt/M. 1990.

Pound, Ezra: ABC des Lesens. Berlin und Frankfurt/M. 1974.

Rilke, Rainer Maria: Werke in 3 Bdn. Hg. v. R. Sieber-Rilke u. E. Zinn. Frankfurt/M. 1973.

Rimbaud, Arthur: Briefe und Dokumente. Heidelberg 1961.

Sappho: Lieder. Griechisch und deutsch. Hg. v. M. Treu. 7. Aufl. München und Zürich 1984.

Sartre, Jean-Paul: Dramen. Reinbek b. Hamburg 1949.

Schelling, F.W.J.: Philosophie der Mythologie. In: Sämtliche Werke, 2.Abt.Bd.2, Stuttgart und Augsburg 1857.

Schiller, Friedrich: Werke. Cotta'sche Ausgabe in 12 Bdn. Stuttgart 1867.

Shakespeare, William: Hamlet, englisch u. deutsch hg. v. L.L. Schücking. Reinbek b. Hamburg 1957.

Sophokles: Ödipus, Tyrann - nach Hölderlin von Heiner Müller. Programmbuch Nr.33 des Wiener Burgtheaters 1988.

Stendhal: La Provence au XIIe siècle. In: ders.: De l'Amour. Paris 1965, S. 191–195.

Sternberger, D./Storz, G./Süskind, W.E. : Aus dem Wörterbuch des Unmenschen. 1. Aufl. München 1962.

Veen, Otto van: Physicae et Theologicae Conclusiones. 2. Aufl. Orsellis 1621.

Vigny, Alfred de: Chatterton (1835). Paris 1973.

Würzburg, Konrad von : Das Herzmaere. Hg. v. K. Rolleke. Stuttgart 1968.

Zürn, Unica: Anagramme. In: Gesamtausgabe Hg.v. G. Bose u. E. Brinkmann, Bd.1, Berlin 1988.

3. Sekundärliteratur

Aldrich, Robert: Weiße und farbige Männer. Reisen, Kolonialismus und Homosexualität zwischen den Rassen in der Literatur. In: FORUM Homosexualität und Literatur 7, 1989, S. 5–24.

Allerkamp, Andrea: Die innere Kolonisierung. Bilder und Darstellungen des/ der Anderen im deutschsprachigen, französischen und afrikanischen Literaturen des 20. Jahrhunderts. Diss. Hamburg 1989 (erscheint 1992).

Allerkamp, Andrea: „Ihm ging es um die Darstellung eines Steins aus Stein - in Wörtern." Anmerkungen zu Hubert Fichtes Entwurf poetischer Doubles. In: Cahiers d'Etudes Germaniques Nr. 21, 1991.

Aly, Götz: Je mehr, desto lieber. Über den Umgang mit Präparaten von Nazi-Opfern vor 1945 und danach. In: Die ZEIT Nr.6, 3.2.1989, S. 69/70.

Aly, Götz u.a.: Aussonderung und Tod. Die klinische Hinrichtung der Unbrauchbaren. Beiträge zur Nationalsozialistischen Gesundheits- und Sozialpolitik Bd.1, Berlin 1985.

Aly, Götz u.a.: Reform und Gewissen. „Euthanasie" im Dienst des Fortschritts. Ebd. Bd. 2, Berlin 1985.

Anders, Günther: Die Antiquiertheit des Menschen. Bd.1 Über die Seele im Zeitalter der zweiten industriellen Revolution. 7.Aufl. München 1987.

Aurnhammer, Achim: Androgynie. Studien zu einem Motiv in der europäischen Literatur. Köln Wien 1986.

Bataille, George: Der heilige Eros. Frankfurt/M. Berlin Wien 1979.

Beck, Evelyn Torton: Frauen, Neger und Proleten. Die Stiefkinder der Utopie. In: R.Grimm/J.Hermand (Hg.): Deutsches Utopisches Denken im 20.Jahrhundert. Stuttgart Berlin Köln Mainz 1974, S. 30–49.

Beckermann, Thomas (Hg.): Hubert Fichte. Materialien zu Leben und Werk. Frankfurt/M. 1985.

Behre, Maria: „Des dunklen Lichtes voll". Hölderlins Mythoskonzept Dionysos. München 1987.

Benjamin, Walter: Der Erzähler. In: ders.: Illuminationen. Frankfurt/M. 1961, S. 409–435.

Benjamin, Walter: Gesammelte Schriften. Taschenbuch-Ausgabe in 12 Bdn. Hg. v. R. Tiedemann, Frankfurt/M. 1980.

Bitz, Ulrich: Die dunkle Quelle des Lichts. Anatomische Schriften von Hans Henny Jahnn und Leonardo da Vinci. In: FORUM Homosexualität und Literatur H. 8, 1989, S. 7–30.

Blumenberg, Hans: Die Lesbarkeit der Welt. Frankfurt/M. 1981.

Bodenheimer, Aron Ronald: Warum? Von der Obszönität des Fragens. 2.Aufl. Stuttgart 1985.

Böhme, Gernot: Symmetrie. Ein Anfang mit Platon. In: Symmetrie in Kunst, Natur und Wissenschaft. Austellungskatalog. Darmstadt 1986, Bd. 1, S. 9–16.

Böhme, Hartmut/Tiling, Nikolaus (Hg.): Leben, um eine Form der Darstellung zu finden. Studien zum Werk Hubert Fichtes. Frankfurt/M. 1991.

Böhme, Hartmut: Umgekehrte Vernunft. Dezentrierung des Subjekts bei Marquis de Sade. In: ders.: Natur und Subjekt. Frankfurt/M. 1988, S. 274–307.

Böhme, Hartmut: Vergangenheit und Gegenwart der Apokalypse. In: ders.:: Natur und Subjekt. Frankfurt/M. 1988, S. 380–399.

Böhme, Hartmut: Zur anthropologischen und autobiographischen Dimension der Frage im Werk Hubert Fichtes. In: Jürgen Barkhoff/Eda Sagarra (Hg.): Anthropologie und Literatur um 1800. München 1992.

Böhme, Hartmut: „Eine Schematisierung von Zerstückelungsphantasien". Über einen Ursprung der Fichte'schen Literatur. In: FORUM Homosexualität und Literatur H.10, 1990, S. 5–21.

Burkert, Walter: Homo Necans. Interpretationen altgriechischer Opferriten und Mythen. Berlin und New York 1972.

Colpe, Carsten: Die „Himmelsreise der Seele" als philosophie- und religionsgeschichtliches Problem. In: FS Joseph Klein, hg.v. E. Fries. Göttingen 1967, S. 85–104.

Dannecker, Martin: Der Homosexuelle und die Homosexualität. Frankfurt/M. 1986.

Deleuze, Gilles: Woran erkennt man den Strukturalismus? In: F. Châtelet (Hg.): Geschichte der Philosophie. Bd. VIII Das XX.Jahrhundert. Frankfurt/M - Berlin - Wien 1975, S. 269–302.

Derrida, Jacques: Die Stimme und das Phänomen. Frankfurt/M. 1979.

Derrida, Jacques: Grammatologie. Frankfurt/M. 1983.

Detlev, Kurt Möller: Das letzte Kapitel. Geschichte der Kapitulation Hamburgs. Hamburg 1947.

Devereux, George: Angst und Methode in den Verhaltenswissenschaften. Frankfurt/M. - Berlin - Wien 1973.

Dodds, Erec Robertson: Die Griechen und das Irrationale. Darmstadt 1970.

Duerr, Hans Peter: Traumzeit. Über die Grenzen von Wildnis und Zivilisation. Frankfurt/M. 1978.

Dülmen, Richard van: Das Theater des Schreckens. Gerichtspraxis und Strafritual in der frühen Neuzeit. 2. Aufl. München 1988.

Durzak, Manfred: Zitat und Montage im deutschen Roman der Gegenwart. In: ders.: (Hg.): Die deutsche Literatur der Gegenwart. Aspekte und Tendenzen. Stuttgart 1971, S. 211–229.

Foucault, Michel: Überwachen und Strafen. Die Geburt des Gefängnisses. Frankfurt/M. 1976.

Foucault, Michel: Was ist ein Autor? In ders.: Schriften zur Literatur. Frankfurt/M. - Berlin - Wien 1979, S. 7–31.

Freeman, Thomas: Hans Henny Jahnn. Hamburg 1986.

Gabriel, Gottfried: Zur Interpretation literarischer und philosophischer Texte. In: L. Danneberg, F. Vollhardt, H. Böhme, J. Schönert (Hg.): Vom Umgang mit Literatur und Literaturgeschichte. Positionen nach der „Theoriedebatte" Stuttgart 1992, S. 239–250.

Geissmar, Christoph: Bilder zu Jacob Böhme. Diss. Hamburg 1989 (erscheint 1992).

Gennep, Arnold van: Übergangsriten. (1909) Frankfurt/M. 1986.

Gerhardt, Christoph: Kröte und Igel in schwankhafter Literatur des späten Mittelalters. In: Medizinhistorisches Journal, H.4, Bd. 16 (1981), S. 340 - 359.

Godwin, Joscelyn: Robert Fludd. Hermetic Philosopher and Surveyor of Two Worlds. London 1979.

Goffman, Irving: Asyle. Über die soziale Situation psychiatrischer Patienten und anderer Insassen. Frankfurt/M. 1972.

Gorsen, Peter: Das Prinzip Obszön. Reinbek b. Hamburg 1969.

Gorsen, Peter: Henri Noveau und die Ästhetik der perversen Sexualität. In: E. Knödler-Bunte/Th. Ziehe (Hg.): Der sexuelle Körper. Berlin 1984, S. 156–165.

Gorsen, Peter: Sexualästhetik. Reinbek b. Hamburg 1972.

Grimm, R./Hermand, J. (Hg.): Blacks and German Culture. University of Wisconsin Press 1986.

Groenewold, Gabriele: Ödipus und kein Ende. Der Mythos von Ödipus und der Sphinx. Frankfurt/M. 1985.

Gronemeyer, Horst: Magister Graeff - der Alsterdante. Hubert Fichte in der Hamburger Staats- und Universitätsbibliothek. In: Auskunft H. 2, Jg.9 (1989), S. 205–209.

Guldin, Rainer: Der grausame Schlächter. Überlegungen zu Hans Henny Jahnns „Jeden ereilt es". In FORUM Homosexualität und Literatur H. 8, 1989, S. 31–60.

Guldin, Rainer: Riten am Rande. In: H. Böhme/N. Tiling (Hg.): Leben, um eine Form der Darstellung zu erreichen Frankfurt/M. 1991, S. 113–134.

Guldin, Rainer: Riten der Randzonen. Hubert Fichtes Untersuchungen zur Tradition des Abartigen. Diss. Zürich 1984.

Hage, Volker: Collagen in der deutschen Literatur. Zur Praxis und Theorie eines Schreibverfahrens. Frankfurt/M - Bern - New York - Nancy 1984.

Hauschild, Thomas: Der böse Blick. Ideengeschichtliche und spzialpsychologische Untersuchungen. 2. Aufl. Berlin 1982.

Heinrichs, Hans-Jürgen: Die Djemma el-Fna geht durch mich hindurch. Oder wie sich Poesie, Ethnologie und Politik durchdringen. Hubert Fichte und sein Werk. Bielefeld 1991.

Heinrichs, Hans-Jürgen: Hubert Fichte – Die unendliche Geschichte der Empfindlichkeit. In: ders.: Fenster zur Welt. Positionen der Moderne. Frankfurt/M. 1989, S. 309–369.

Hocquenghem, Guy: Das homosexuelle Verlangen. München 1974.

Imdahl, Max: Barnett Newman Who's afraid of red, yellow und blue III. In: Chr. Pries (Hg.): Das Erhabene. Zwischen Grenzerfahrung und Größenwahn. Weinheim 1989, S. 233–252.

Ingold, Felix Phillip: Literatur und Aviatik. Europäische Flugdichtung 1909–1927. Frankfurt/M. 1980.

Keilson-Lauritz, Marita: Durch die goldene Harfe gelispelt. Zur George-Rezeption bei Hubert Fichte. In: FORUM Homosexualität und Literatur H.2, 1987, S. 27–52.

Klotz, Volker: Zitat und Montage in neuerer Literatur und Kunst. In: Sprache im technischen Zeitalter H.60 (1976), S. 259–277.

Koller, Alexandra: Hubert Fichte „Das Waisenhaus" und Schrobenhausen. Fiktion und Wahrheit - ein Vergleich. Facharbeit des Schyren-Gymnasiums Pfaffenhofen 1987.

Koller, Reinhold: Die Rolle des Altgriechischen im Werk Hubert Fichtes. In: H.Böhme/N.Tilling (Hg.): Leben um eine Form der Darstellung zu erreichen. Studien zum Werk Hubert Fichtes. Frankfurt/M. 1991, S. 227–244.

Kreutzer, Leo: Hubert Fichte oder Für eine Ästhetik der Antiquiertheit des Menschen. In: ders.: Literatur und Entwicklung. Studien zu einer Literatur der Ungleichzeitigkeit. Frankfurt/M. 1989; S. 76–94.

Kristeva, Julia: Die Revolution der poetischen Sprache. Frankfurt/M. 1978.

Kriwet, Ferdinand: Sehtexte - Hörtexte, in K. Schöning (Hg.): Neues Hörspiel. Frankfurt/M. 1970, S. 37–45.

Kronauer, Brigitte: Die diffizilere Lektion. In: Th. Beckermann (Hg.): Hubert Fichte. Materialien zu Leben und Werk. Frankfurt/M. 1985, S. 243–254.

Lang, Bernhard: Das tanzende Wort. Intellektuelle Rituale im Frühjudentum, im Christentum und in östlichen Religionen. In: ders. (Hg.): Das tanzende Wort. Intellektuelle Rituale im Kulturvergleich. München 1984, S. 15–48.

Lindemann, Gisela: Der Dichter als Setzer. In: Th. Beckermann (Hg.): Hubert Fichte. Materialien zu Leben und Werk. Frankfurt/M. 1985, S. 284–294.

Lukács, Georg: Die Theorie des Romans. Ein geschichtsphilosophischer Versuch über die Formen der großen Epik. Neuwied und Berlin 1963.

Lyotard, Jean François: Beantwortung der Frage: was ist postmodern? In Tumult H.4 (1982), S. 131–142.

Lyotard, Jean François: Das Erhabene und die Avantgarde. In: Merkur H.2 (1984), S. 151–164.

Lyotard, Jean François: Post-Skriptum zum Schrecken und zum Erhabenen. In: ders.: Postmoderne für Kinder. Wien 1987, S. 91–98.

Madsen, Bertil: Auf der Suche nach einer Identität. Studien zu Hubert Fichtes Romantetralogie „Das Waisenhaus", „Die Palette", „Detlevs Imitationen 'Grünspan'", „Versuch über die Pubertät". Stockholm 1990.

Maffesoli, Michel: Der Schatten des Dionysos. Zur einer Soziologie des Orgiasmus. Frankfurt/M. 1986.

Mahnke, Dietrich: Unendliche Sphäre und Allmittelpunkt. Beiträge zur Genealogie der mathematischen Mystik. Halle/Saale 1937.

Mattenklott, Gert: Hubert Fichte Erotologie als Form. In: FORUM Homosexualität und Literatur H.9, 1990, S. 19–31.

Mayer, Hans: Auf der Suche nach dem Vater. Rede über Hubert Fichte. In: DNR H. 1, Jg.98 (1987), S. 84–102.

Menninghaus, Winfried: Walter Benjamins Theorie der Sprachmagie. Frankfurt/M. 1980.

Métraux, Alfred: Le Vaudou Haitien. Paris 1958.

Meyer-Kalkus, Reinhart: Wollust und Grausamkeit. Affektenlehre und Affektdarstellung in Lohensteins Dramatik am Beispiel von „Agrippina". Göttingen 1986.

Mitscherlich, Alexander/Mielke, F. (Hg.): Medizin ohne Menschlichkeit. Frankfurt/M. und Hamburg 1960.

Mitscherlich, Alexander: Wissenschaft ohne Menschlichkeit. Heidelberg 1949.

Mollenhauer, Klaus: Der Körper im Augenschein. Rembrandts Anatomie-Bilder und einige Folgeprobleme. In: D. Kamper/Chr. Wulf (Hg.): Der Schein des Schönen. Göttingen 1989, S. 177–203.

Morgenthaler, Fritz: Homosexualität, Heterosexualität, Perversion. Frankfurt/M. 1987.

Navratil, Leo: Folter ohne Gefühl. In: F. J. Raddatz (Hg.): Das ZEIT-Museum der 100 Bilder. Frankfurt/M. 1989, S. 235–238.

Neumann, Erich: Die Grosse Mutter. Eine Phänomenologie der weiblichen Gestaltung des Unbewußten. Olten und Freiburg i. Br. 1985.

Olivier, Christine: Iokastes Kinder. Die Psyche der Frau im Schatten der Mutter. München 1989.

Pleger, Kirstin: Lohensteins „Agrippina" bearbeitet von Hubert Fichte. Bezüge - Entsprechungen - Umdeutungen. Magister-Arbeit Hamburg 1990.

Pontalis, J.-B. (Hg.): Objekte des Fetischismus. Frankfurt/M. 1972.

Pörtner, Peter: Die Hannyashingyô oder der Tiefsinn des Lallens. In: Sprache und Kultur H.16, 1982, S. 79–87 u. H.17, 1983, S. 77–108.

Poulet, George: Metamorphosen des Kreises in der Dichtung. Frankfurt/M. - Berlin - Wien 1985.

Pries, Christine (Hg.): Das Erhabene. Zwischen Grenzerfahrung und Größenwahn. Weinheim 1989.

Putscher, Marielene: Geschichte der medizinischen Abbildung. 2 Bde. München 1972.

Raddatz, Fritz J.: Ein Haarsieb aus Neugier und Entsetzen. In: Th. Beckermann (Hg.): Hubert Fichte. Materialien zu Leben und Werk. Frankfurt/M. 1985, S. 100–104.

Raddatz, Fritz J.: Eros und Tod. Literarische Porträts. Frankfurt/M. 1983.

Raphael, Max: Die Farbe Schwarz. Zur materiellen Konstitution der Form. Frankfurt/M. 1989.

Rath, Gerhard: Hubert Fichtes Schlüsselroman „Versuch über die Pubertät". In ders.: Fremd im Fremden. Zur Scheidung von Ich und Welt im deutschen Gegenwartsroman. Heidelberg 1985.

Röhr, Sabine: Hubert Fichte. Poetische Erkenntnis. Montage - Synkretismus - Mimesis. Göttingen 1985

Roth, Karl Heinz/Aly, G. : Das „Gesetz über die Sterbehilfe bei unheilbar Kranken". In K.H. Roth (Hg.): Erfassung und Vernichtung. Von der Sozialhygiene zum „Gesetz über Sterbehilfe". Berlin 1984, S. 101–179.

Schäfer, G.: Pasolinis Auge. Über die Wahrnehmung im Werk Hubert Fichtes. In: FORUM Homosexualität und Literatur H.1, 1987, S. 21–37.

Schmitz, Hermann: System der Philosophie. Bd.I/I: Die Gegenwart. Bonn 1964.

Schmitz, Hermann: System der Philosophie. Bd.II/1: Der Leib. Bonn 1965.

Schöne, Albrecht: Zum Gebrauch des Konjunktivs bei Robert Musil. In: Euphorion Jg. 55, 1961, S. 196- 220.

Schöning, Klaus (Hg.): Neues Hörspiel. Essays, Analysen, Gespräche. Frankfurt/M. 1970.

Schöning, Klaus (Hg.): Neues Hörspiel. Texte – Partituren. Frankfurt/M. 1969.

Seligmann, S.: Die Zauberkraft des Auges und das Berufen. (1910/21) Wien o.J.

Shearman, John: Manierismus. Das Künstliche in der Kunst. Frankfurt / M. 1988.

Sierk, Hans Willy: Auch zum Jungvieh hatte er ein gutes Verhältnis. Hubert Fichte in Süderholm. In: das nachtcafé 30, (1988/9) 14. Jg., S. 93–96.

Simo, D.: Interkulturalität und ästhetische Erfahrung. Untersuchungen zum Werk Hubert Fichtes. Stuttgart 1992.

Spielmann, Peter (Hg.): Osteuropäische Avantgarde. Ausstellungskatalog des Museums Bochum. Bochum 1988.

Steingräber, Erich (Hg.): Deutsche Kunst der 20er und 30er Jahre. Austellungskatalog München 1979.

Stoessel, Marleen: Aura. Das vergessene Menschliche. Zu Sprache und Erfahrung bei Walter Benjamin. München 1983.

Teichert, Torsten: „Herzschlag aussen". Die poetische Konstruktion des Fremden und des Eigenen im Werk von Hubert Fichte. Frankfurt/M. 1987.

Tiling, Nikolaus: Vom Sprechen zum Schreiben - Anfänge einer Schriftsteller-Laufbahn. In: H. Böhme/N. Tiling (Hg.): Leben, um eine Form der Darstellung zu erreichen. Frankfurt/M. 1991, S. 245–263.

Turner, Viktor: Das Ritual. Struktur und Anti-Struktur. Frankfurt/M. u. New York 1989.

Turner, Viktor: Vom Ritual zum Theater. Der Ernst des menschlichen Spiels. Frankfurt/M. u. New York 1989.

Vollhaber, Tomas: Das Nichts – Die Angst – Die Erfahrung. Untersuchungen zur zeitgenössischen schwulen Literatur. Berlin 1987.

Wangenheim, Wolfgang von: Hubert Fichte. München 1980.

Weber-Kellermann, Ingeborg (Hg.): Das Buch der Weihnachtslieder. 5. Auflage München 1988.

Weischedel, Wilhelm: Abschied vom Bild. In: ders.: Wirklichkeit und Wirklichkeiten. Berlin 1960, S. 158–169.

Weiss, Christina: Seh-Texte. Zur Erweiterung des Textbegriffes in konkreten und nachkonkreten Texten. Nürnberg 1984.

Weitemeier, Hanna (Hg.): Schwarz. Ausstellungskatalog Düsseldorf 1981.

Zapperi, Roberto: Der schwangere Mann. München 1984.

Zeman, Herbert: Die ‚versus rapportati' in der deutschen Literatur des 17. und 18. Jahrhunderts. In: Arcadia 9 (1974), S. 134 –160.

C. Danksagung

Auf dem langen Weg von den Vorlesungen über Hubert Fichte an der Universität Hamburg im SS 1989 und im SS 1990 bis zum fertigen Text (im Dezember 1990) und von der anschließenden Verlagssuche bis zur endgültigen Computer-Einrichtung des Buches (im Oktober 1991) haben mir vielfältig geholfen: Eva Back und Astrid Umbreit, Peter Matussek, Uwe Schreiber und Nikolaus Tiling. Ihnen gilt mein herzlicher Dank. Von meinen ehemaligen Doktoranden Petra Dietsche, Torsten Teichert und Tomas Vollhaber habe ich schon während ihrer Promotionszeit sehr viel über Hubert Fichte gelernt. Leonore Mau hat mir in vielen Gesprächen Hinweise auf Sachverhalte gegeben, die nur sie kennt. Uwe Schweikert möchte ich dafür danken, daß er auf denkbar unkomplizierte Weise mir die Veröffentlichung im Metzler-Verlag ermöglicht hat. Dem Kulturwissenschaftlichen Institut (Essen), an dem ich seit dem 1.10.1990 für das Projekt „Kulturgeschichte der Natur" arbeite, habe ich dafür zu danken, daß ich mir immer wieder Zeit für die Arbeit über Hubert Fichte nehmen konnte. Nicht in Danksagungen ist die Schuldigkeit abzutragen, die mir im Verhältnis zu denjenigen, mit denen ich lebe, alltäglich daraus erwächst, daß ich Bücher schreibe.

Maske und Signal: Homosexualität und Literatur

VERLAG J. B. METZLER

**Wolfgang Popp
Männerliebe**
Homosexualität und Literatur
1992. 430 Seiten, geb., DM 48,–
ISBN 3-476-00828-2

Wolfgang Popps Buch gilt einem Thema, das in der Literaturwissenschaft noch immer weitgehend tabu ist: der Liebe und Sexualität zwischen Männern. Der Autor, der sich seit über einem Jahrzehnt mit der Erforschung der homosexuellen Literatur beschäftigt, stellt dar, unter welch unterschiedlichen Perspektiven die Männerliebe seit der Mitte des 19. Jahrhunderts in der Literatur zur Sprache kommt: Männerfreundschaft, Sehnsucht nach der Unschuld, Sexualität und Gewalt, Maske und Signal, Schwule und Faschismus, Schwule und Politik, Humor, Ironie und Satire. In den Blickpunkt rücken neben deutschsprachigen Autoren von Kleist bis Hubert Fichte auch zahlreiche Autoren der europäischen wie der amerikanischen Literatur.

J. B. Metzler Verlag
Postfach 10 32 41
7000 Stuttgart 10

Die Aktualität der deutschen Literatur

VERLAG J. B. METZLER

Deutsche Literaturgeschichte
Von den Anfängen bis zur Gegenwart
3., überarbeitete Auflage
1989. X, 622 Seiten, 400 Abb., geb., mit Schutzumschlag, DM 36,–
ISBN 3-476-00667-0

Deutsche Literaturgeschichte auf einen Blick: Lebendig, unterhaltsam, aktuell, reichhaltig illustriert. Sie geht sozialgeschichtlich vor, behält jedoch die traditionellen Epochen bei. 13 Kapitel führen durch die Literatur vom Mittelalter bis zur Gegenwart. Der Schwerpunkt liegt in der Moderne: Die Autoren und ihre Werke des 20. Jahrhunderts, insbesondere nach 1945 in beiden deutschen Staaten, werden ausführlich behandelt. Weiterführende Literaturangaben sowie Autoren- und Werkregister vervollständigen den Band. Marginalien und zahlreiche Abbildungen aus der Welt der Literatur betonen die lebendige Darstellung. Die „Deutsche Literaturgeschichte" bietet auch in der dritten Auflage einen ebenso materialreichen wie unterhaltsamen Überblick.
»Diese Literaturgeschichte mit der breiten Behandlung der modernen Literatur seit dem Vormärz schließt eine Marktlücke.«   *Mitteilungen des Philologenverbandes*

J.B. Metzler Verlag
Postfach 10 32 41
7000 Stuttgart 10